故宮

博物院藏文物珍品全集

故宮博物院藏文物珍品全集

懋勤殿本淳化閣帖

（下）

主編：尹一梅

商務印書館

懋勤殿本淳化閣帖（下）

Model Calligraphy of Chun Hua Ge (II)
(Collected in the Maoqin Hall of the Imperial Palace)

故宮博物院藏文物珍品全集
The Complete Collection of Treasures of the Palace Museum

主　　編：尹一梅
編　　委：王　禕
攝　　影：趙　山　劉志崗　馮　輝　馬曉璇　田明潔

出 版 人：陳萬雄
編輯顧問：吳　空
責任編輯：段國強
出　　版：商務印書館（香港）有限公司
香港筲箕灣耀興道 3 號東滙廣場 8 樓
http: //www.commercialpress.com.hk
製　　版：深圳中華商務聯合印刷有限公司
深圳市龍崗區平湖鎮春湖工業區中華商務印刷大廈
印　　刷：深圳中華商務聯合印刷有限公司
深圳市龍崗區平湖鎮春湖工業區中華商務印刷大廈
版　　次：2020 年 7 月第 1 版第 3 次印刷

ISBN 978 962 07 5507 1

All inquiries should be directed to:
The Commercial Press (Hong Kong) Ltd.
8/F., Eastern Central Plaza, 3 Yiu Hing Road, Shau Kei Wan, Hong Kong.

故宮博物院藏文物珍品全集

總序

楊新

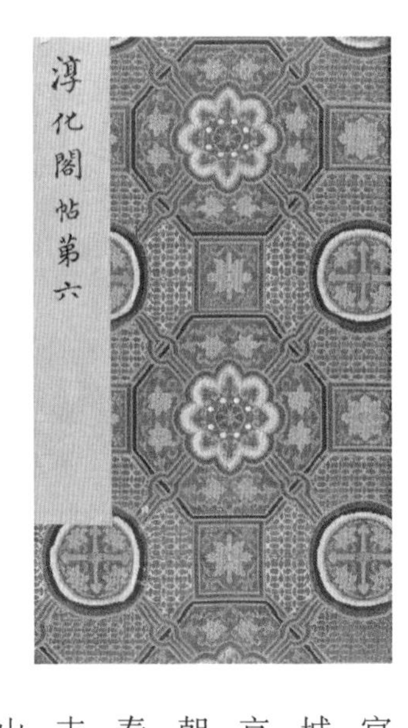

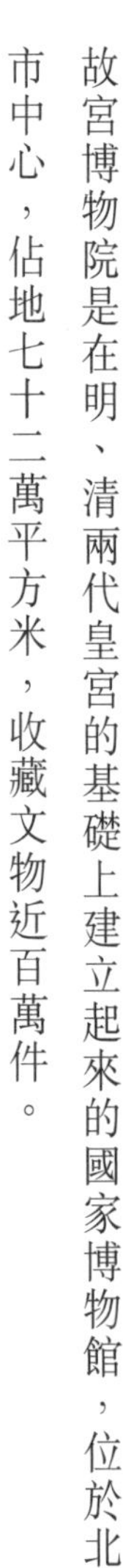

故宮博物院是在明、清兩代皇宮的基礎上建立起來的國家博物館，位於北京市中心，佔地七十二萬平方米，收藏文物近百萬件。

公元一四〇六年，明代永樂皇帝朱棣下詔將北平升為北京，翌年即在元代舊宮的基址上，開始大規模營造新的宮殿。公元一四二〇年宮殿落成，稱紫禁城，正式遷都北京。公元一六四四年，清王朝取代明帝國統治，仍建都北京，居住在紫禁城內。按古老的禮制，紫禁城內分前朝、後寢兩大部分。前朝包括太和、中和、保和三大殿，輔以文華、武英兩殿。後寢包括乾清、交泰、坤寧三宮及東、西六宮等，總稱內廷。明、清兩代，從永樂皇帝朱棣至末代皇帝溥儀，共有二十四位皇帝及其后妃都居住在這裏。一九一一年孫中山領導的「辛亥革命」，推翻了清王朝統治，結束了兩千餘年的封建帝制。一九一四年，北洋政府將瀋陽故宮和承德避暑山莊的部分文物移來，在紫禁城內前朝部分成立古物陳列所。一九二四年，溥儀被逐出內廷，紫禁城後半部分於一九二五年建成故宮博物院。

歷代以來，皇帝們都自稱為「天子」。「普天之下，莫非王土；率土之濱，莫非王臣」（《詩經．小雅．北山》），他們把全國的土地和人民視作自己的財產。因此在宮廷內，不但匯集了從全國各地進貢來的各種歷史文化藝術精品和奇珍異寶，而且也集中了全國最優秀的藝術家和匠師，創造新的文化藝術品。中間雖屢經改朝換代，宮廷中的收藏損失無法估計，但是，由於中國的國土遼闊，歷史悠久，人民富於創造，文物散而復聚。清代繼承明代宮廷遺產，到乾隆時期，宮廷中收藏之富，超過了以往任何時代。到清代末年，英法聯軍、八國聯軍兩度侵入北京，橫燒劫掠，文物損失散佚殆不少。溥儀居內廷時，以賞賜、送禮等名義將文物盜出宮外，手下人亦效其尤，至一九二三年中正殿大火，清宮文物再次遭到嚴重損失。儘管如此，清宮的收藏仍然可觀。在故宮博物院籌備建立時，由「辦理清室善後委員會」對其所藏進行了清點，事竣後整理刊印出《故宮物品點查報告》共六編二十八冊，計有文物一百一十七萬餘件（套）。一九四七年底，古物陳列所併入故宮博物院，其文物同時亦歸故宮博物院收藏管理。

二次大戰期間，為了保護故宮文物不至遭到日本侵略者的掠奪和戰火的毀滅，故宮博物院從大量的藏品中檢選出器物、書畫、圖書、檔案共計一萬三千四百二十七箱又六十四包，分五批運至上海和南京，後又輾轉流散到川、黔各地。抗日戰爭勝利以後，文物復又運回南京。隨着國內政治形勢的變化，在南京的文物又有二千九百七十二箱於一九四八年底至一九四九年被運往台灣，五〇年代南京文物大部分運返北京，尚有二千二百一十一箱至今仍存放在故宮博物院於南京建造的庫房中。

中華人民共和國成立以後，故宮博物院的體制有所變化，根據當時上級的有關指令，原宮廷中收藏圖書中的一部分，被調撥到北京圖書館，而檔案文獻，則另成立了「中國第一歷史檔案館」負責收藏保管。

五〇至六〇年代，故宮博物院對北京本院的文物重新進行了清理核對，按新的觀念，把過去劃分「器物」和書畫類的才被編入文物的範疇，凡屬於清宮舊藏的，均給予「故」字編號，計有七十一萬一千三百三十八件，其中從過去未被登記的「物品」堆中發現一千二百餘件。作為國家最大博物館，故宮博物院肩負有蒐藏保護流散在社會上珍貴文物的責任。一九四九年以後，通過收購、調撥、交換和接受捐贈等渠道以豐富館藏。凡屬新入藏的，均給予「新」字編號，截至一九九四年底，計有二十二萬二千九百二十件。

這近百萬件文物，蘊藏着中華民族文化藝術極其豐富的史料。其遠自原始社會、商、周、秦、漢，經魏、晉、南北朝、隋、唐，歷五代兩宋、元、明，而至於清代和近世。歷朝歷代，均有佳品，從未有間斷。其文物品類，一應俱有，有青銅、玉器、陶瓷、碑刻造像、法書名畫、印璽、漆器、琺瑯、絲織刺繡、竹木牙骨雕刻、金银器皿、文房珍玩、鐘錶、珠翠首飾、家具以及其他歷史文物等等。每一品種，又自成歷史系列。可以說這是一座巨大的東方文化藝術寶庫，不但集中反映了中華民族數千年文化藝術的歷史發展，凝聚着中國人民巨大的精神力量，同時它也是人類文明進步不可缺少的組成元素。

開發這座寶庫，弘揚民族文化傳統，為社會提供了解和研究這一傳統的可信史料，是故宮博物院的重要任務之一。過去我院曾經通過編輯出版各種圖書、畫冊、刊物，為提供這方面資料作了不少工作，在社會上產生了廣泛的影響，對於推動各科學術的深入研究起到了良好的作用。但是，一種全面而系統地介紹故宮文物以一窺全豹的出版物，由於種種原因，尚未來得及進行。今天，隨着社會的物質生活的提高，和中外文化交流的頻繁往來，無論是中國還是西方，人們越來越多地注意到故宮。學者專家們，無論是專門研究中國的文化歷史，還是從事於東、西方文化的對比研究，也都希望從故宮的藏品中發掘資料，以探索人類文明發展的奧秘。因此，我們決定與香港商務印書館共同努力，合作出版一套全面系統地反映故宮文物收藏的大型圖冊。

要想無一遺漏將近百萬件文物全都出版，我想在近數十年內是不可能的。因此我們在考慮到社會需要的同時，不能不採取精選的辦法，百裏挑一，將那些最具典型和代表性的文物集中起來，約有一萬二千餘件，分成六十卷出版，故名《故宮博物院藏文物珍品全集》。這需要八至十年時間才能完成，可以說是一項跨世紀的工程。六十卷的體例，我們採取按文物分類的方法進行編排，但是不囿於這一方法。例如其中一些與宮廷歷史、典章制度及日常生活有直接關係的文物，則採用特定主題的編輯方法。這部分是最具有宮廷特色的文物，以往常被人們所忽視，而在學術研究深入發展的今天，卻越來越顯示出其重要歷史價值。另外，對某一類數量較多的文物，例如繪畫和陶瓷，則採用每一卷或幾卷具有相對獨立和完整的編排方法，以便於讀者的需要和選購。

如此浩大的工程，其任務是艱巨的。為此我們動員了全院的文物研究者一道工作。由院內老一輩專家和聘請院外若干著名學者為顧問作指導，使這套大型圖冊的科學性、資料性和觀賞性相結合得盡可能地完善完美。但是，由於我們的力量有限，主要任務由中、青年人承擔，其中的錯誤和不足在所難免，因此當我們剛剛開始進行這一工作時，誠懇地希望得到各方面的批評指正和建設性意見，使以後的各卷，能達到更理想之目的。

感謝香港商務印書館的忠誠合作！感謝所有支持和鼓勵我們進行這一事業的人們！

一九九五年八月三十日於燈下

目錄

帖目

法帖第六　王羲之書一

法帖第七　王羲之書二

法帖第八　王羲之書三

法帖第九　王獻之書一

法帖第十　王獻之書二

法帖第六王羲之書一

Part Six: Model Calligraphies of Wang Xizhi, Jin Dynasty (1)

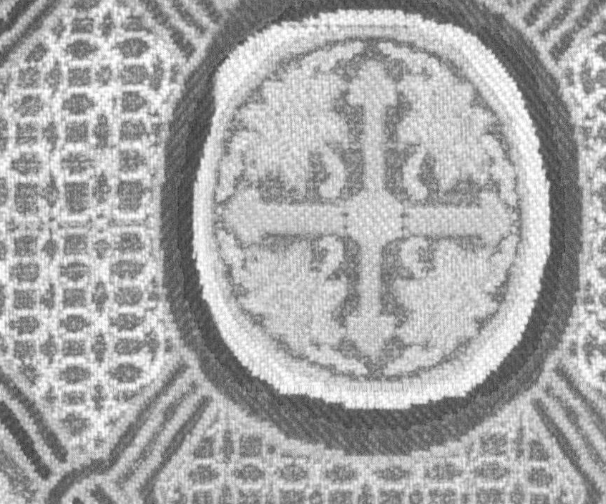
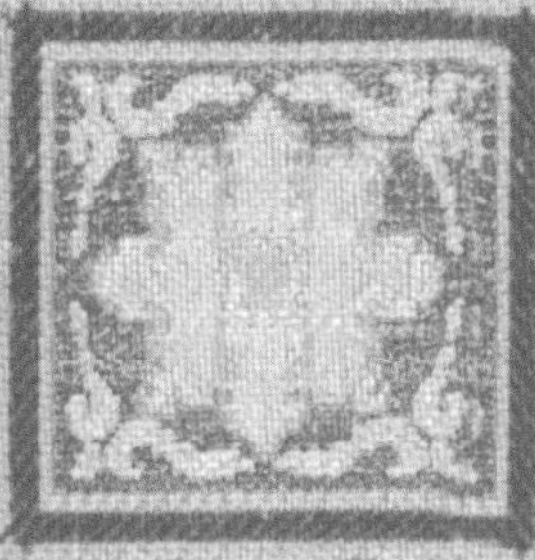
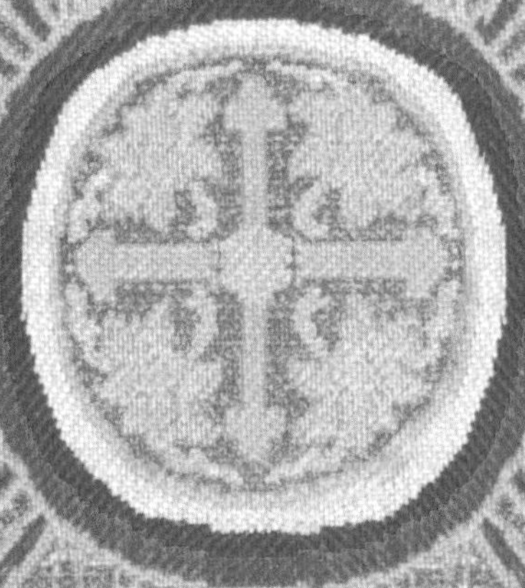
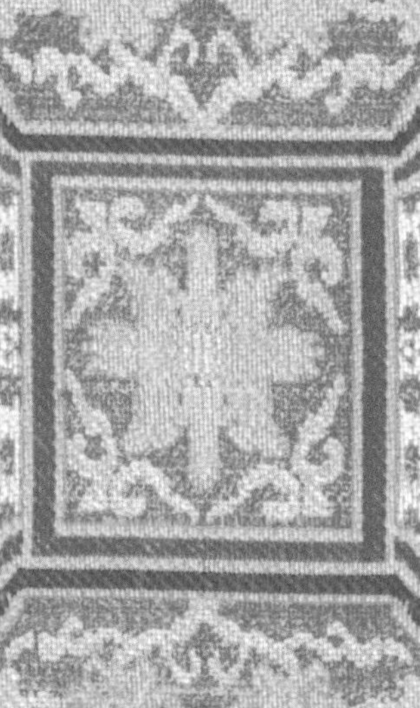
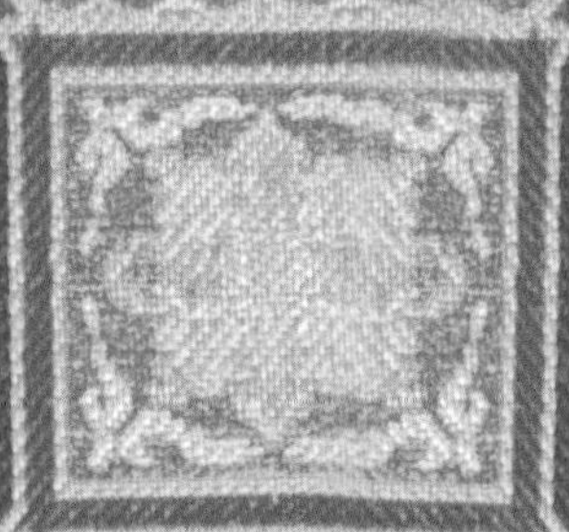

1

適得書帖
Shi De Shu Tie

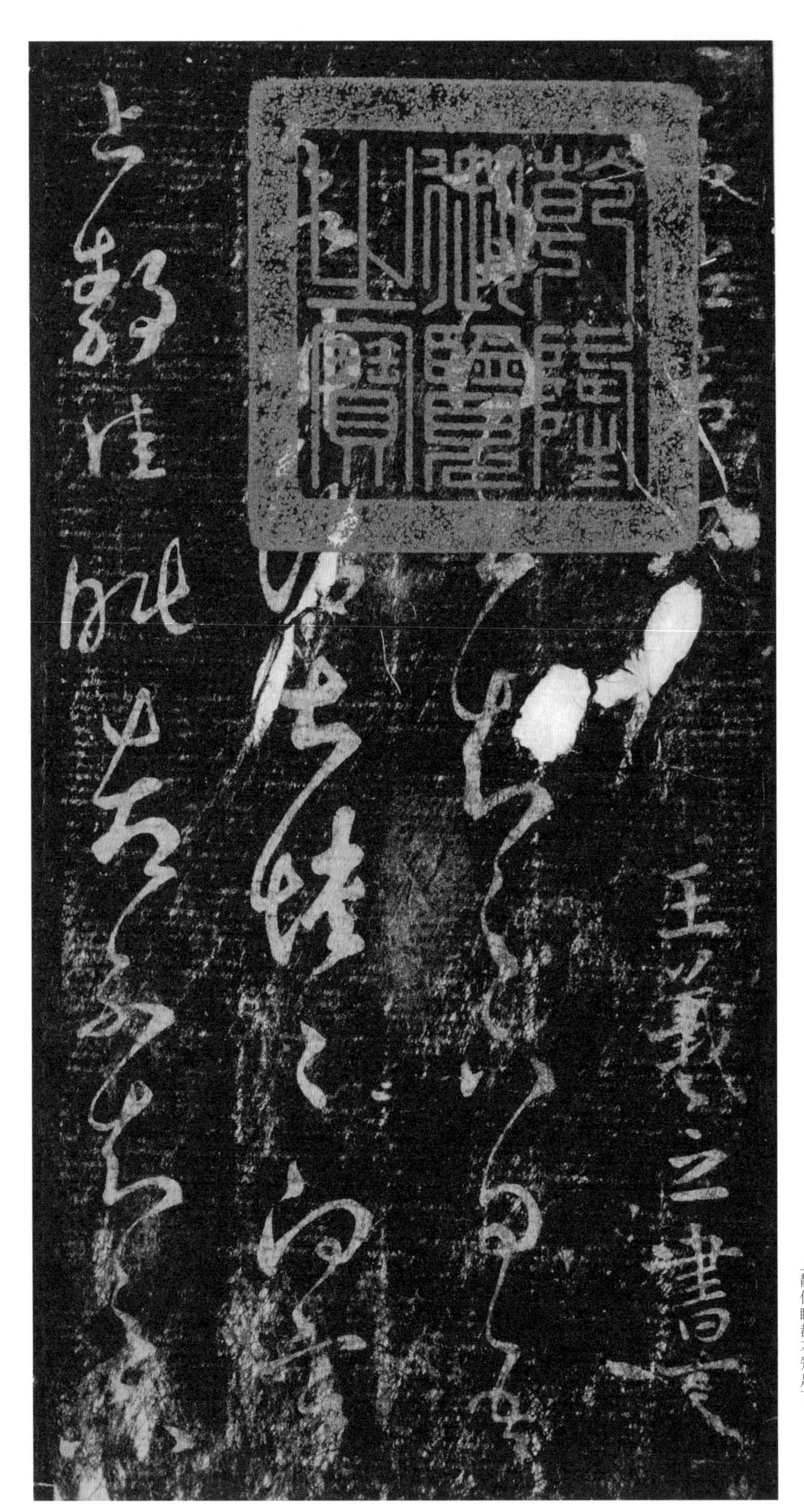

適得書帖　釋文：
適得書知足下問吾
欲中冷甚憒憒向宅
上靜佳眠都不知足下

2

知欲帖

Zhi Yu Tie

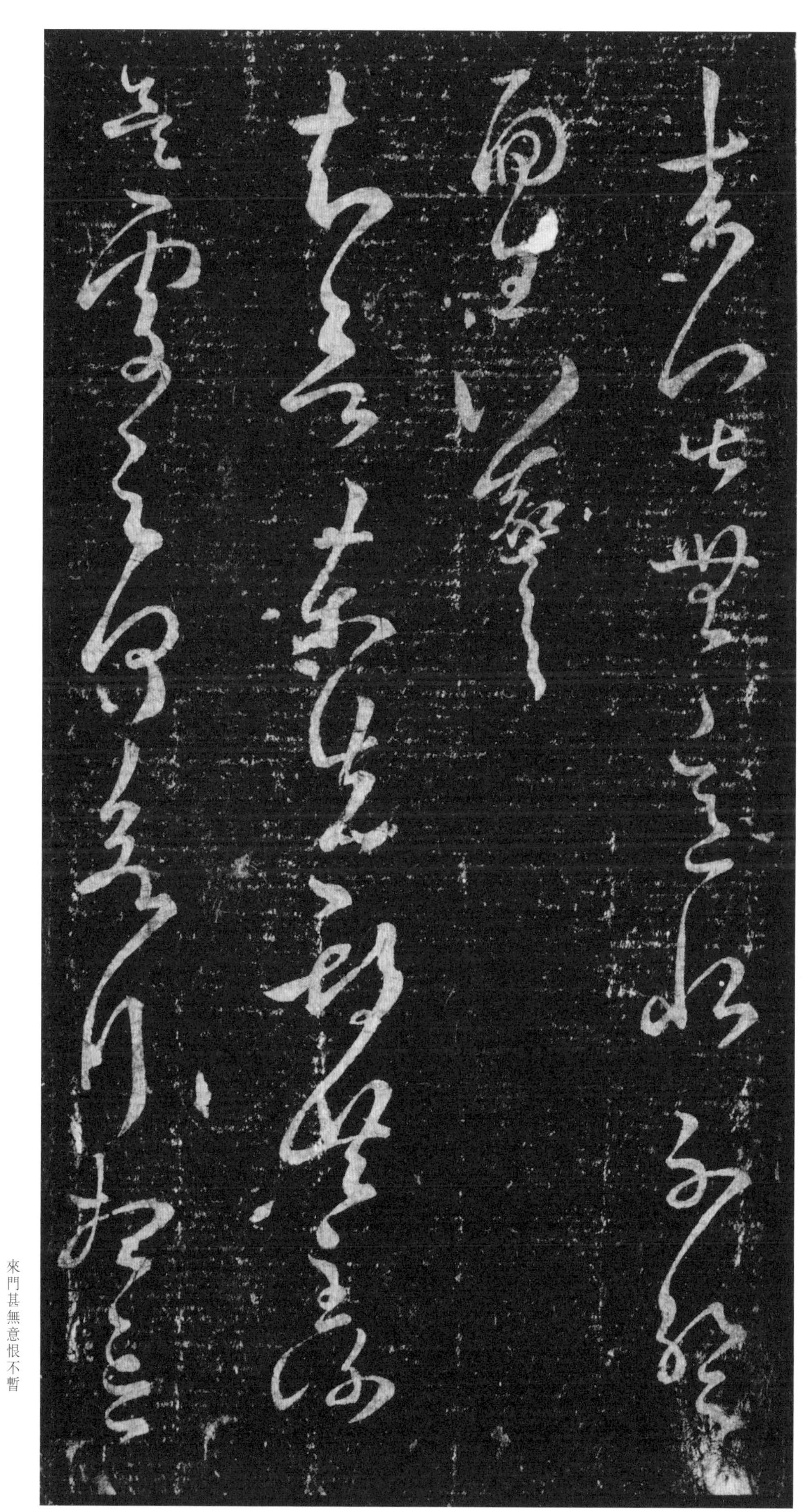

來門甚無意恨不暫面王羲之

知欲帖 釋文：

知欲東先期共至謝吳處云何欲行想忘

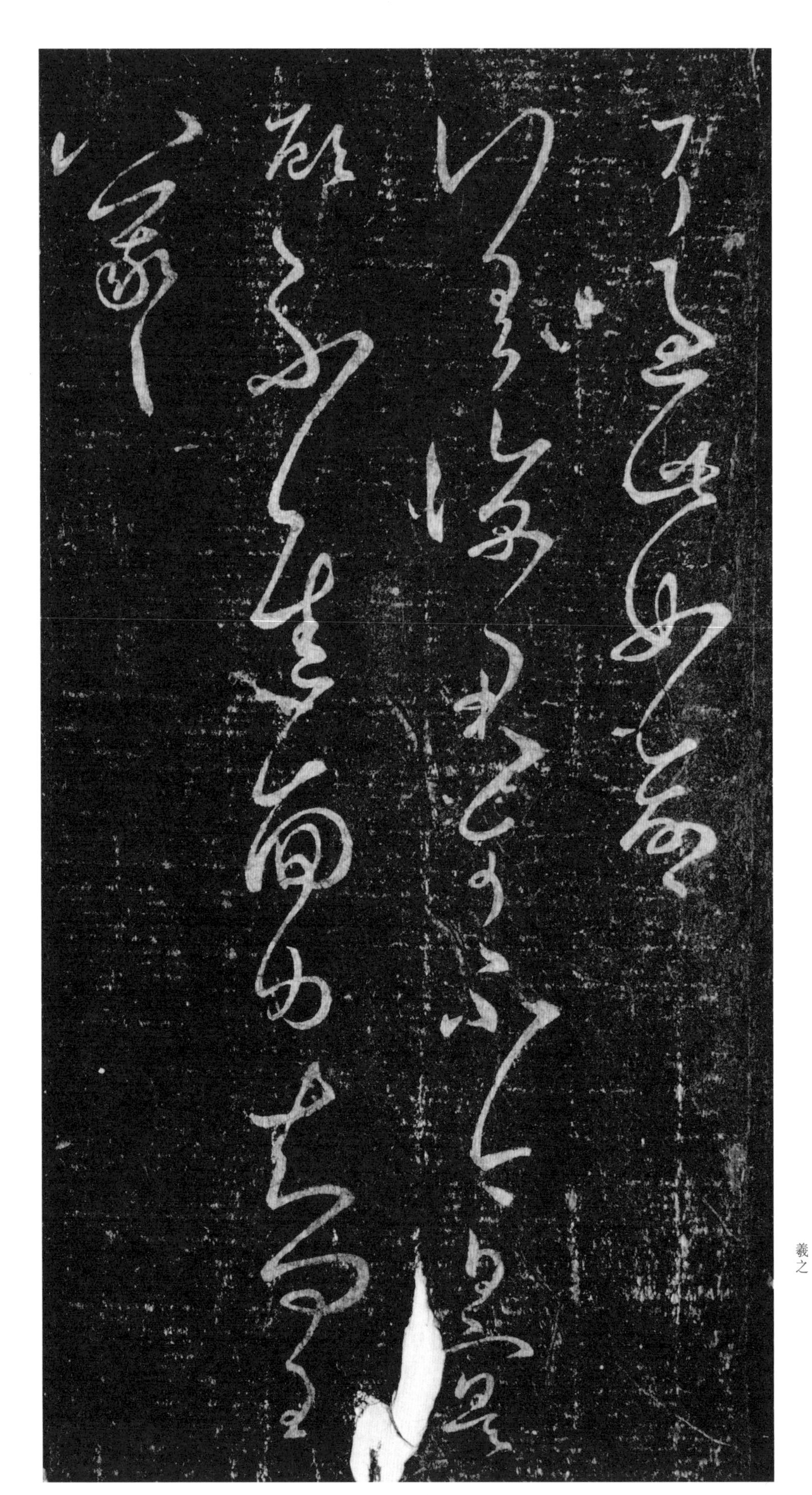

差涼帖
Cha Liang Tie

3

耳過此如命
差涼帖　釋文：
差涼君可不今日寔
顧不遲面力知問王
羲之

4

奉對帖
Feng Dui Tie

5

汝不帖
Ru Bu Tie

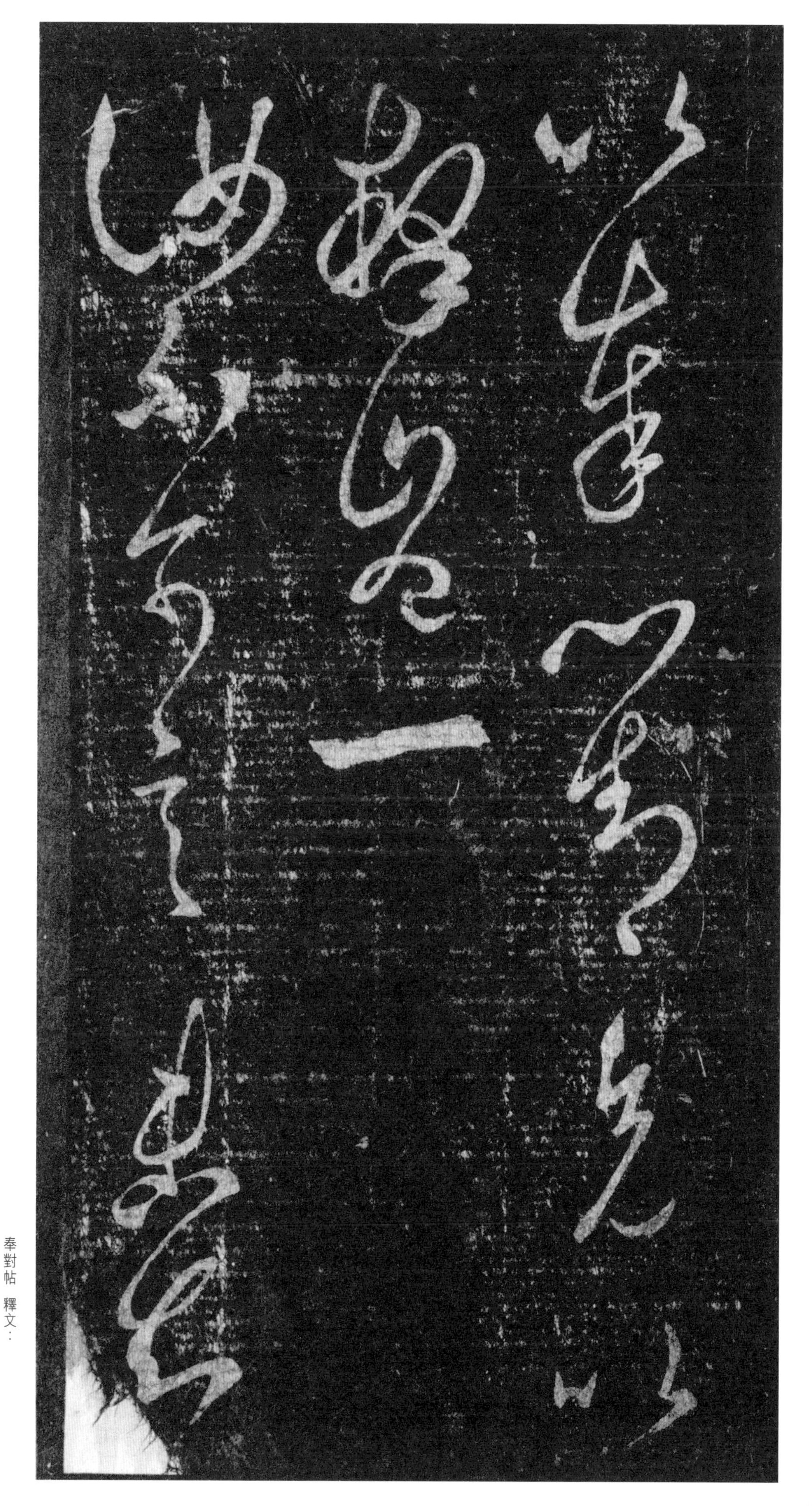

奉對帖　釋文：
比奉對對兄以
釋豈一
汝不帖　釋文：
汝不可言未知

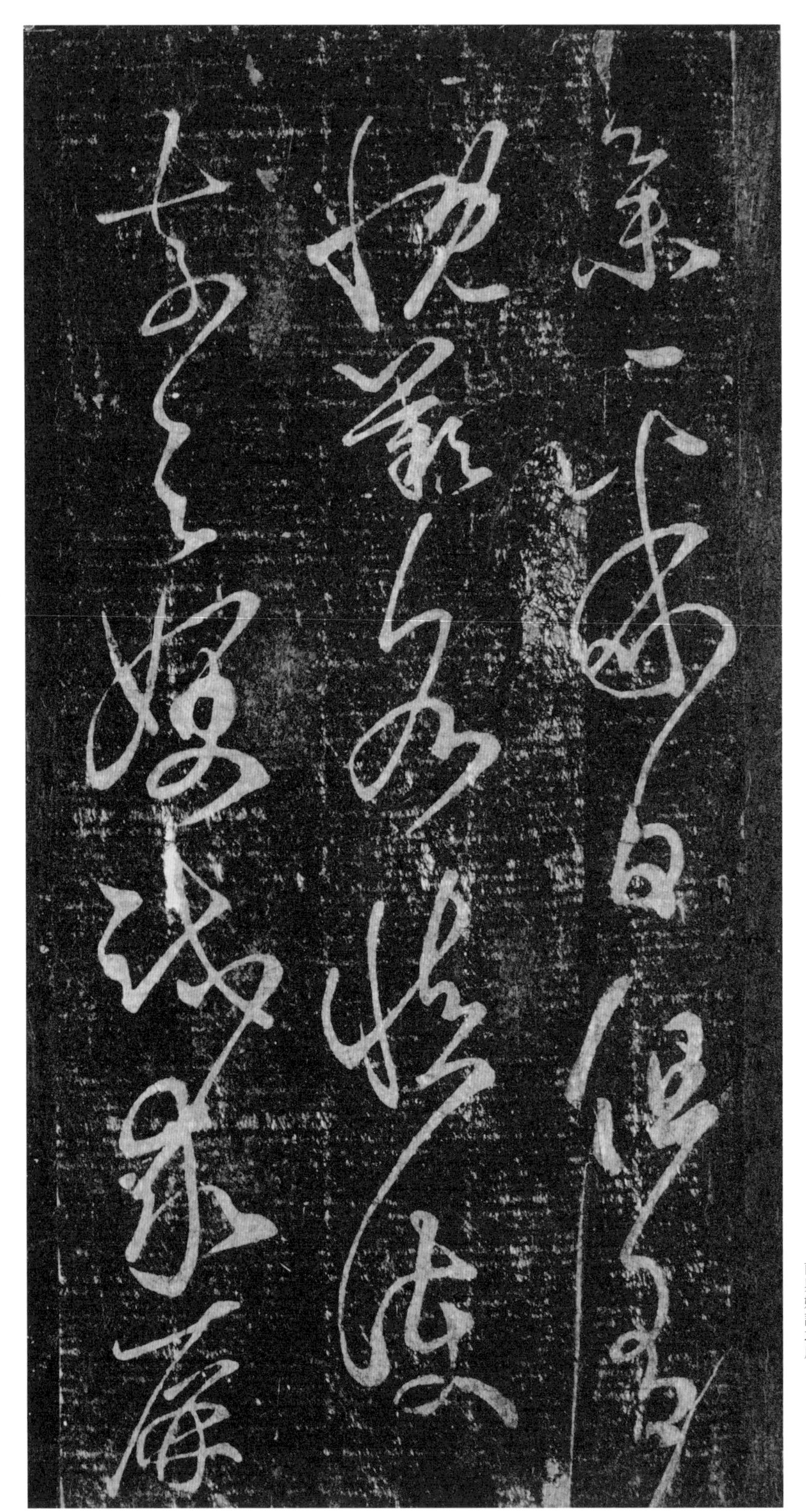

集聚日但有
慨歎各慎護
前與嫂試求屏

6

奄至帖

Yan Zhi Tie

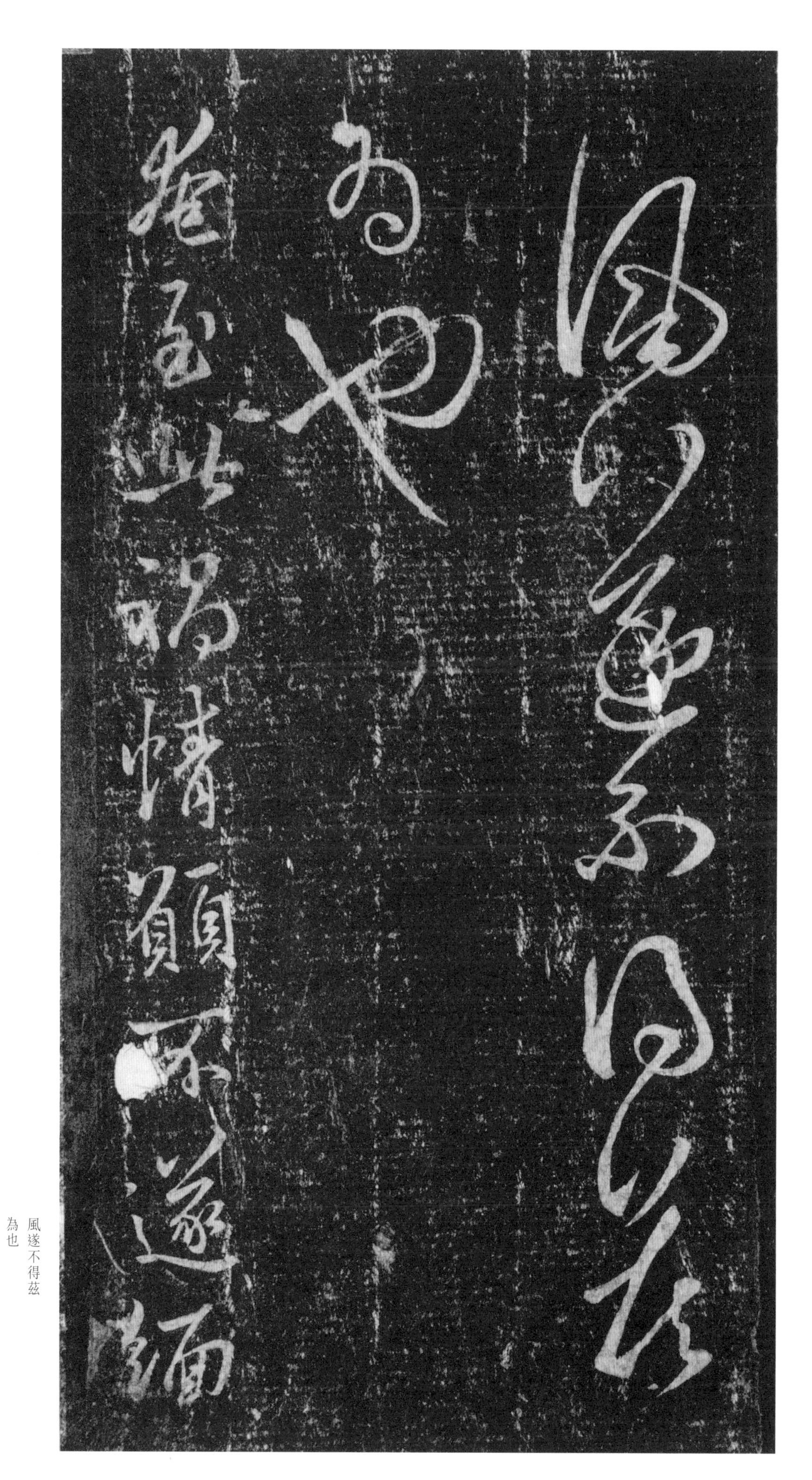

風遂不得茲

為也

奄至帖 釋文：

奄至此禍情願不遂緬

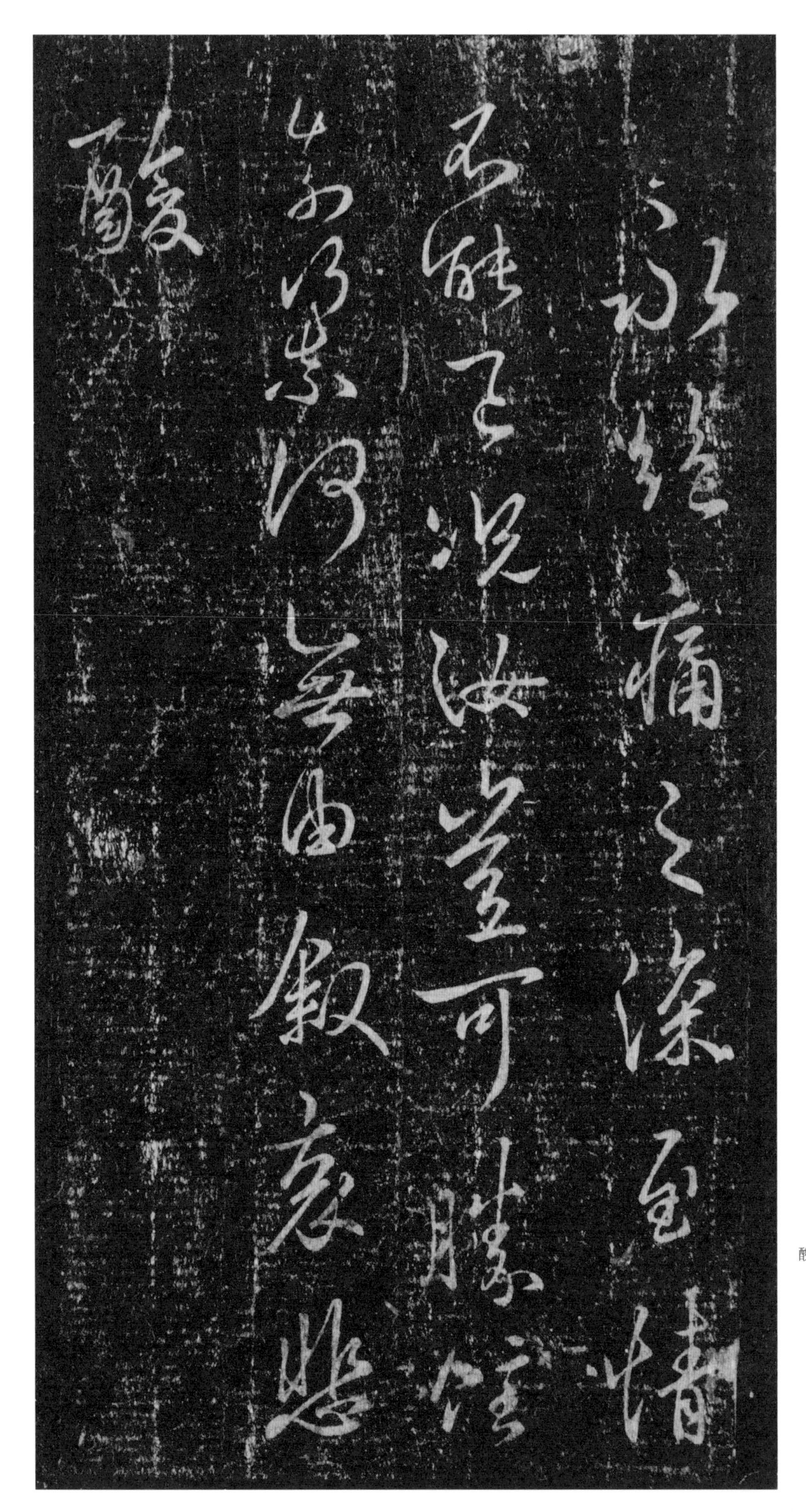

□永絕痛之深至情
不能已況汝豈可勝任
奈何奈何無由敘哀悲
酸

7

日月帖

Ri Yue Tie

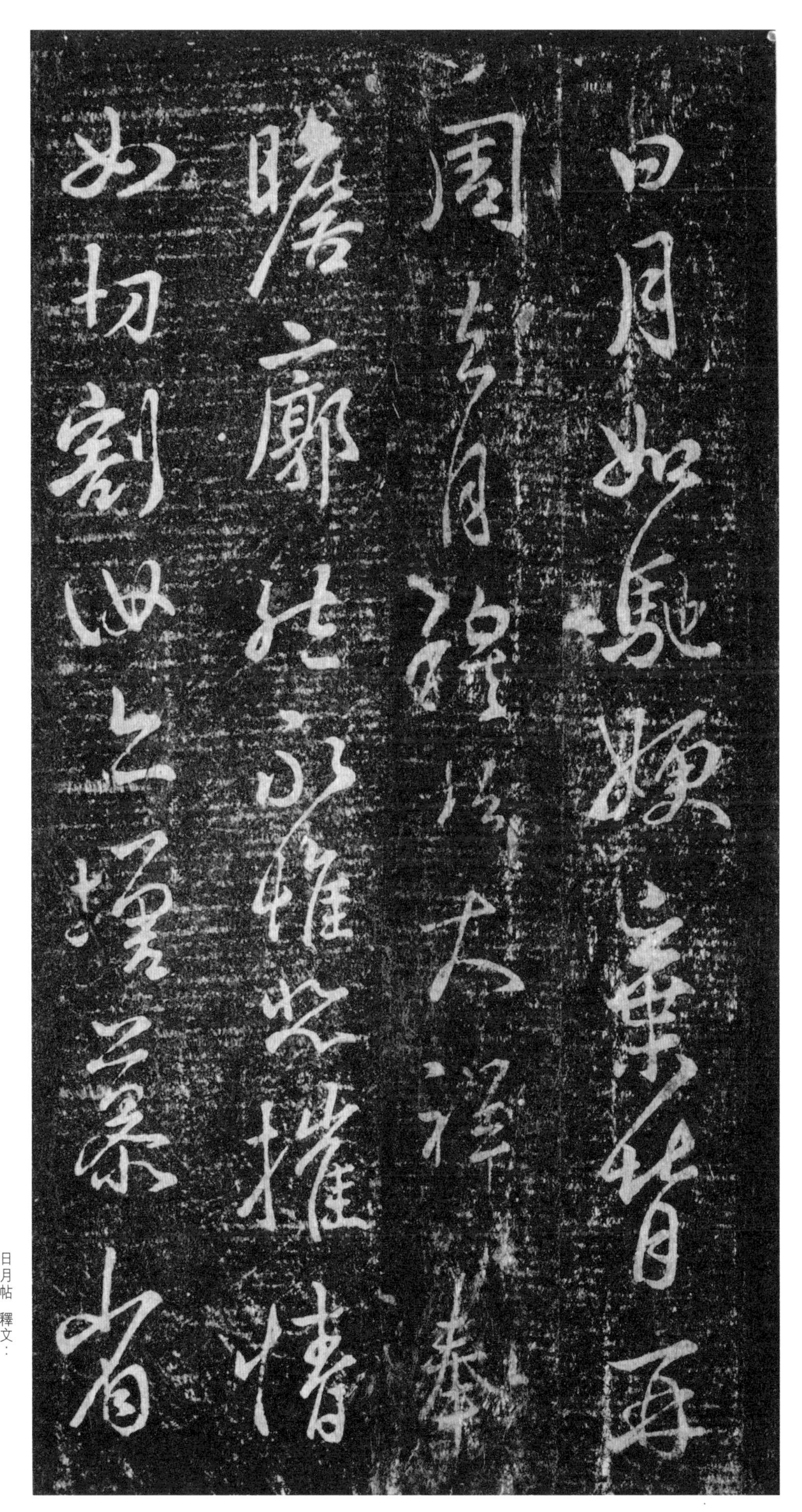

日月帖 釋文：

日月如馳嫂棄背再

周去月穆松大祥奉

瞻廓然永惟悲摧情

如切割汝亦增慕省

兄靈柩帖
Xiong Ling Jiu Tie

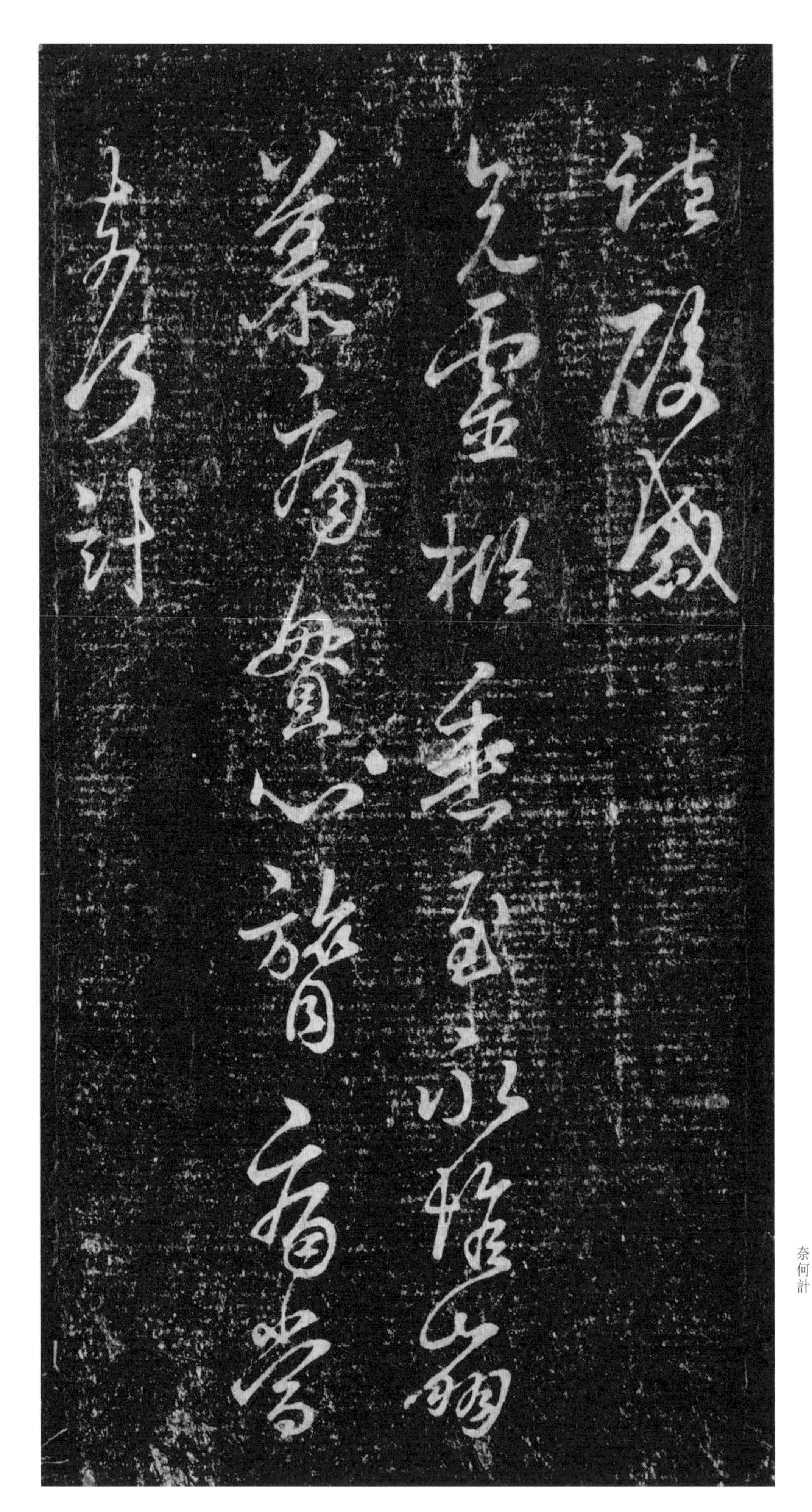

疏酸感

兄靈柩帖 釋文：
兄靈柩垂至永惟崩
慕痛貫心膂痛當
奈何計

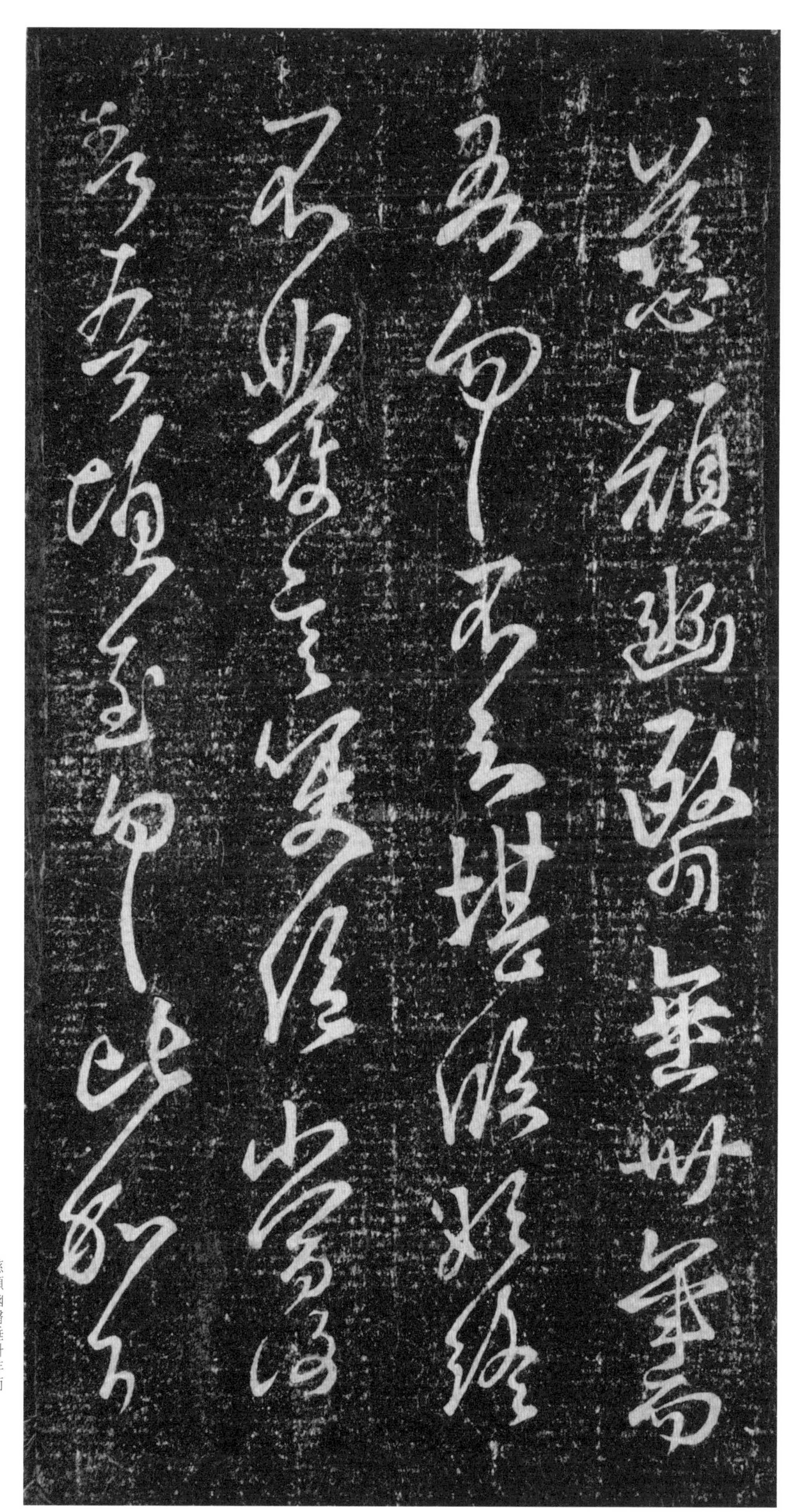

慈顏幽翳垂卅年而
吾勿勿不知堪臨始終
不發言哽絕當復
奈何吾頃至勿勿比加下

9

省別帖
Xing Bie Tie

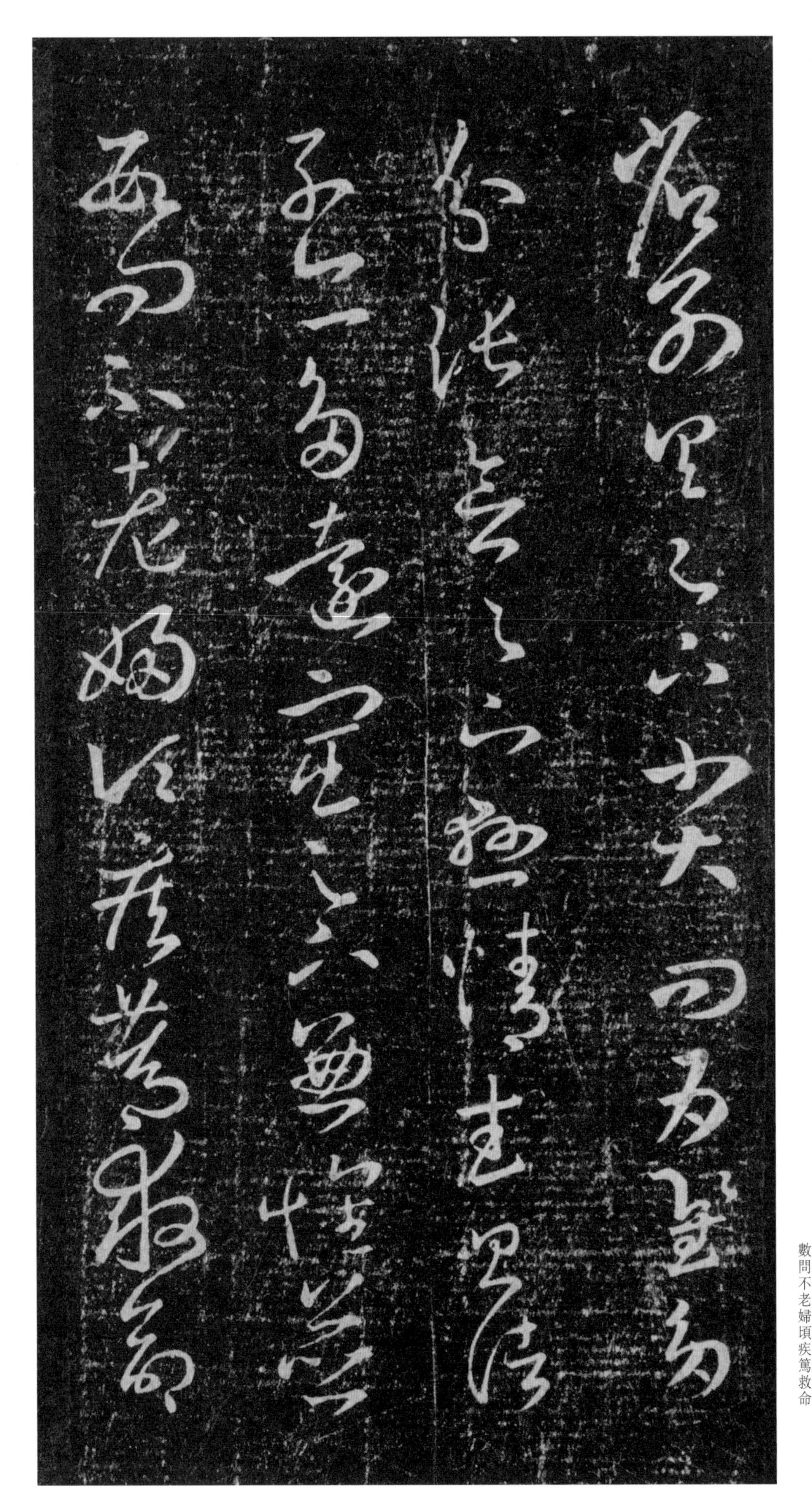

省別帖　釋文：
省別具足下小大問為慰多
分張念足下懸情武昌諸
子亦多遠宦足下兼懷並
數問不老婦頃疾篤救命

10 旦夕帖
Dan Xi Tie

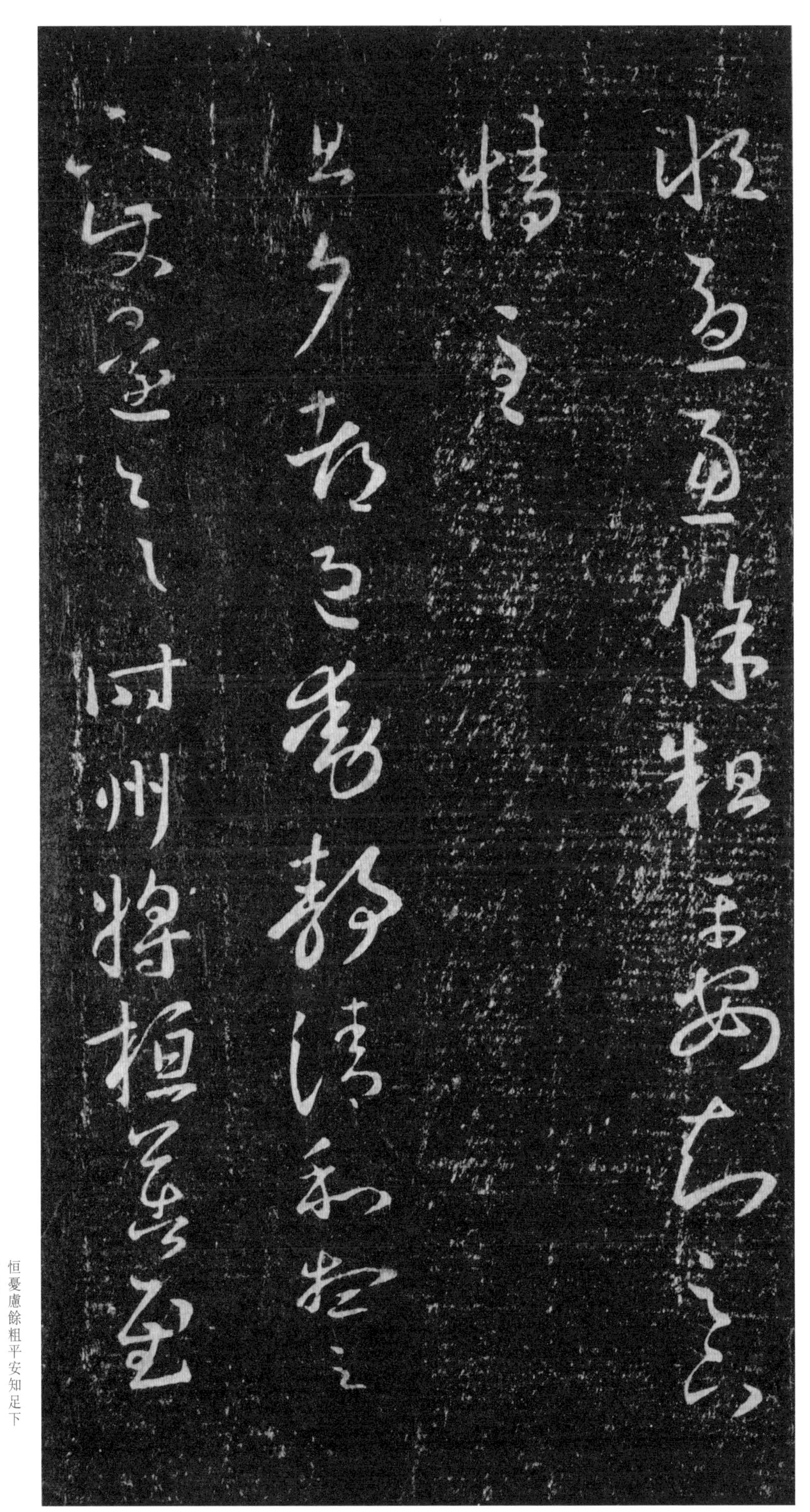

恒憂慮餘粗平安知足下
情至

旦夕帖　釋文：
旦夕都邑動靜清和想足
下使還具時州將桓公告慰

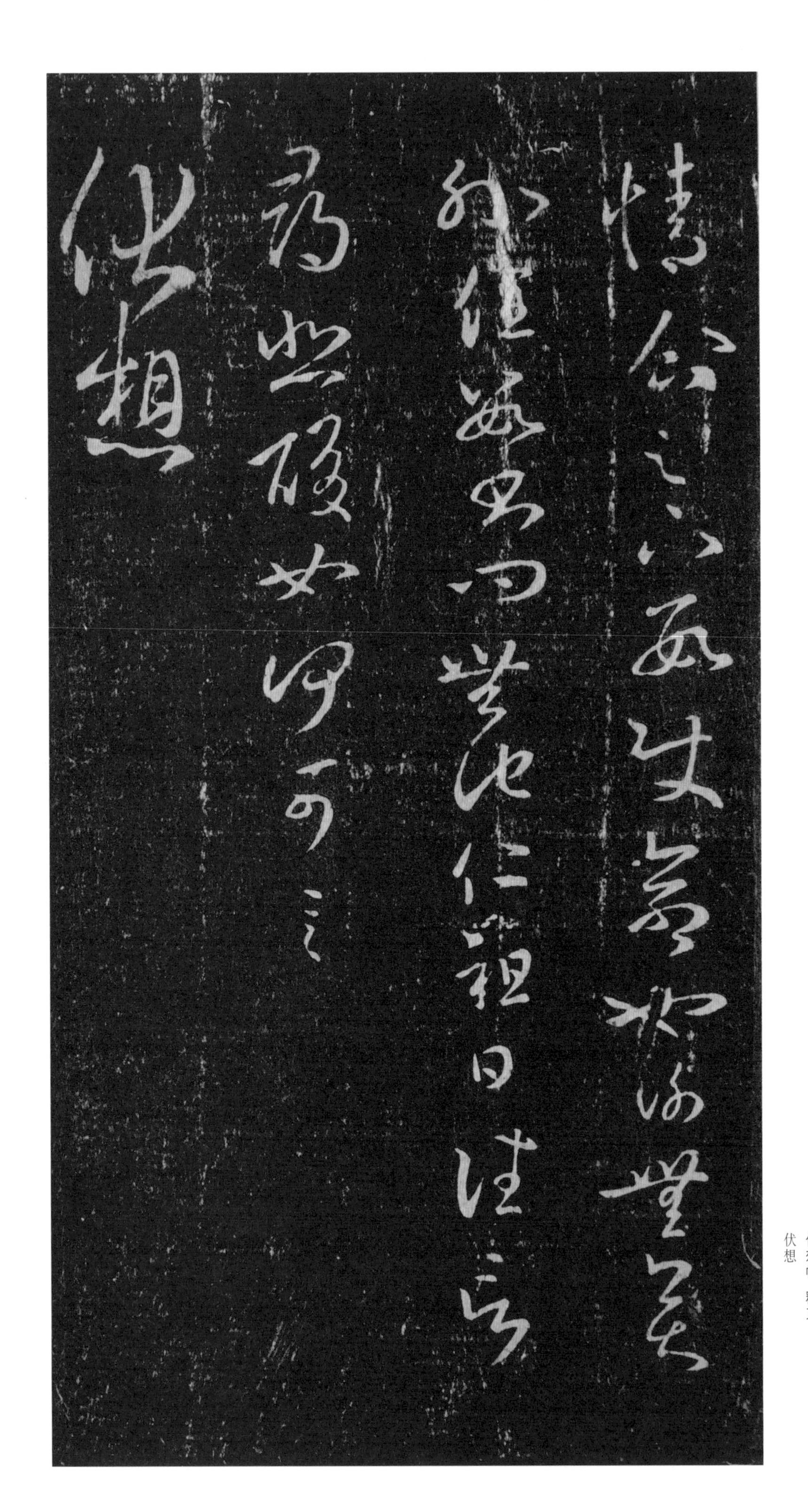

11 伏想帖

Fu Xiang Tie

伏想帖　釋文：

伏想

情企足下數使命也謝無奕

外任數書問無他仁祖日往言

尋悲酸如何可言

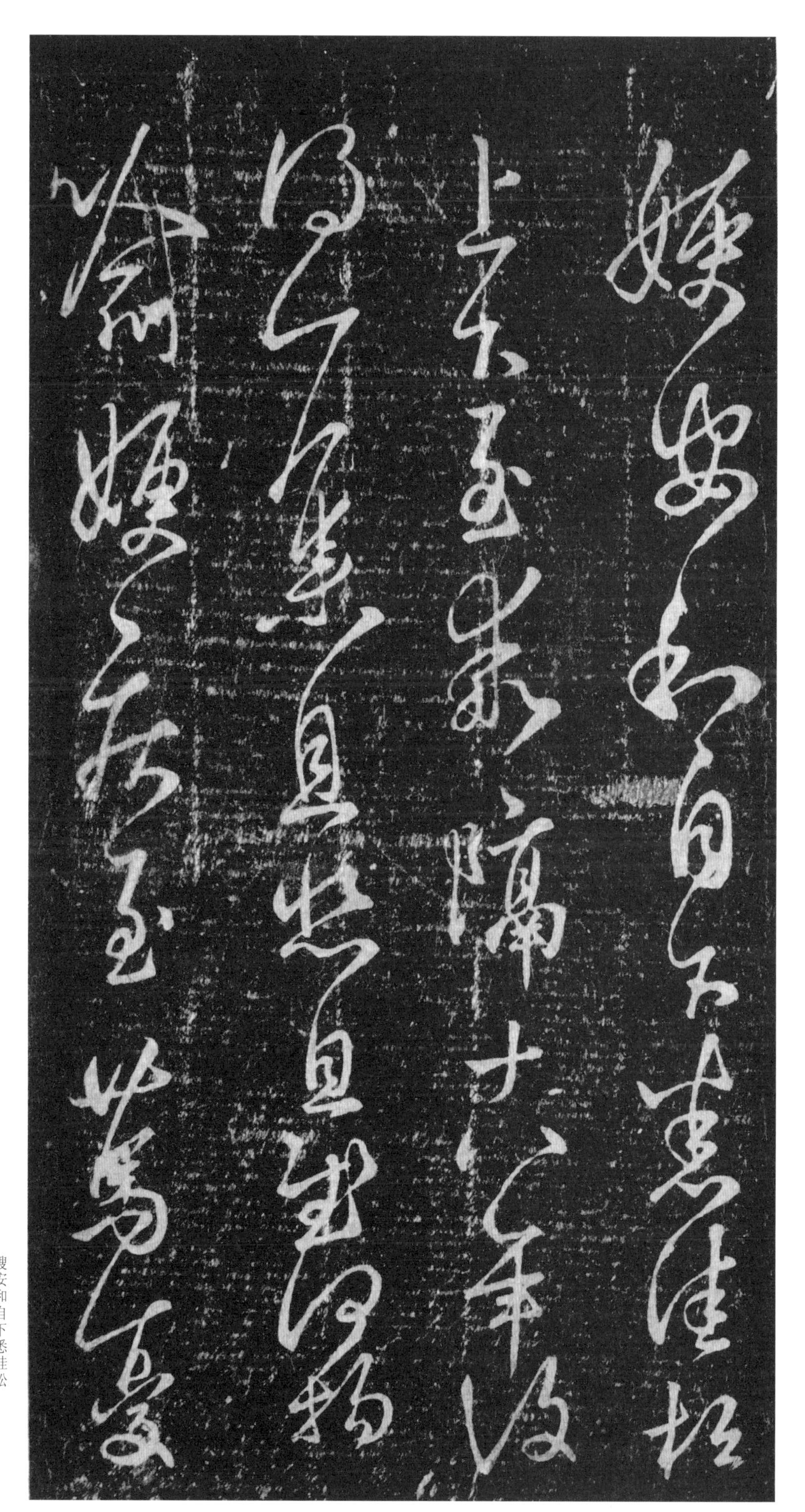

嫂安和自下悉佳松
上下至乖隔十八年復
得一集且悲且慰何物
喻嫂疾至篤憂

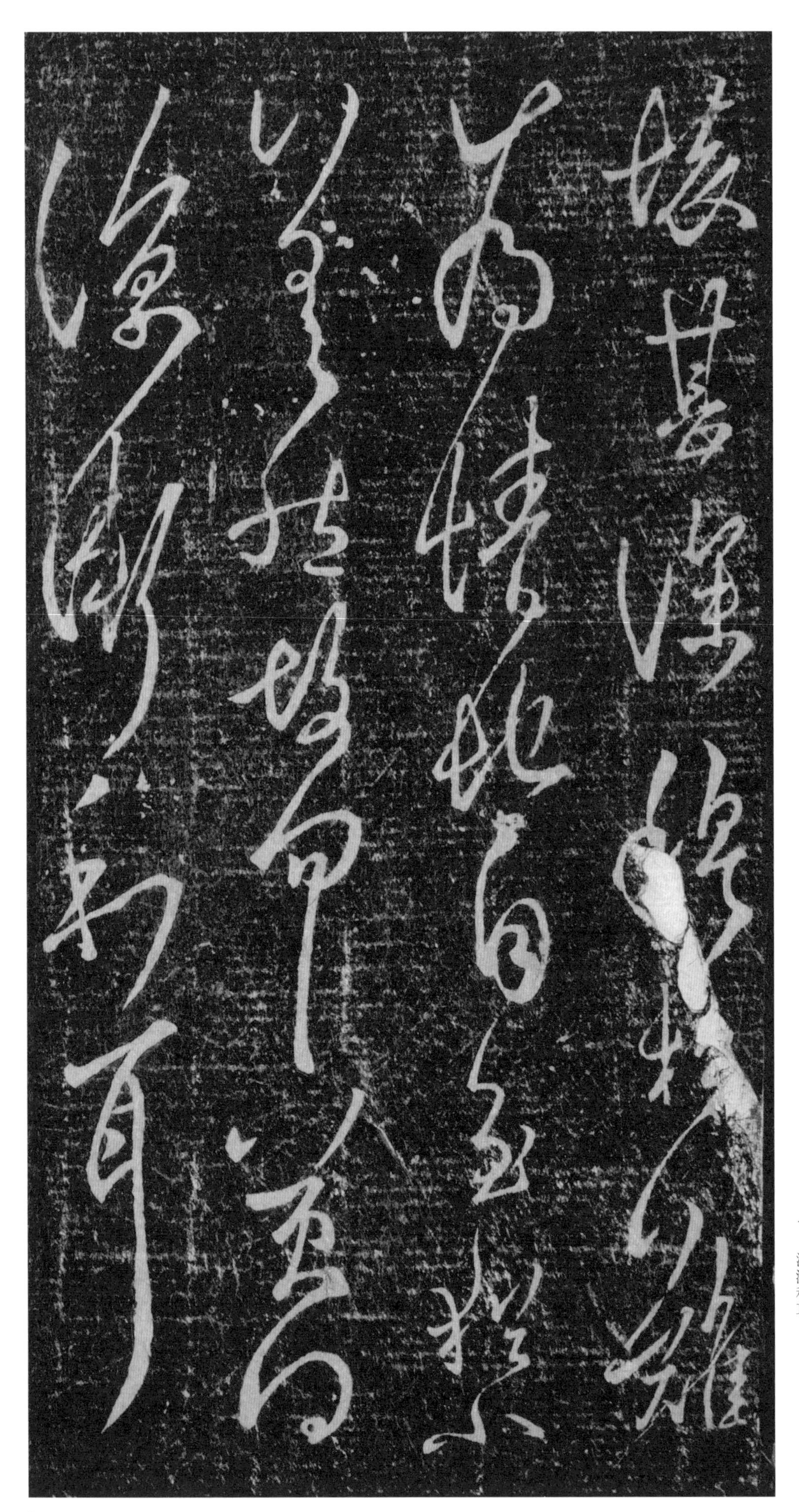

懷甚深穆松難
為情地自至猶小
差然故勿勿冀得
涼漸和耳

12

諸從帖
Zhu Cong Tie

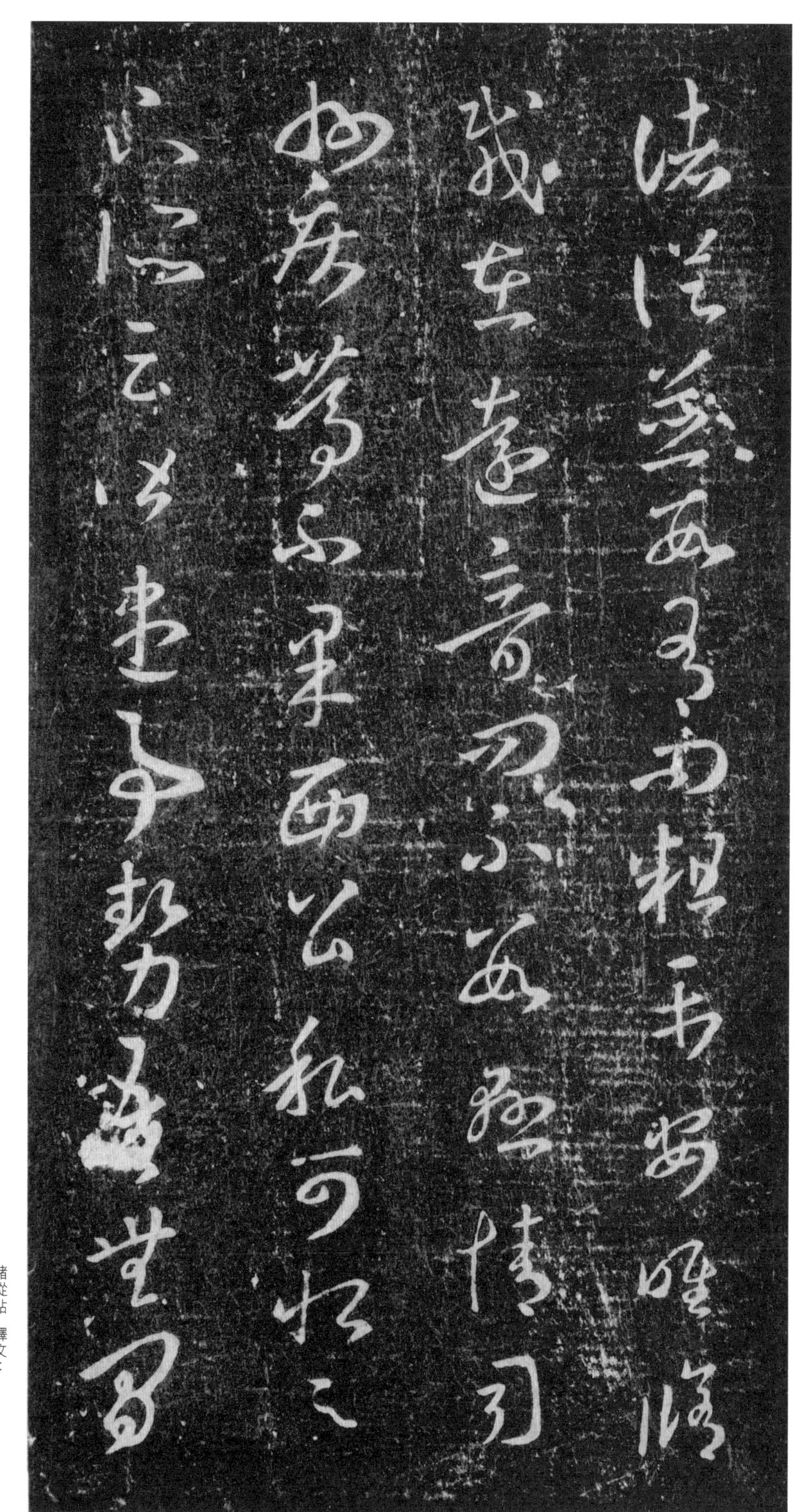

諸從帖　釋文：
諸從並數有問粗平安唯脩
載在遠音問不數懸情司
州疾篤不果西公私可恨足
下所云皆盡事勢吾無間

諸賢帖
Zhu Xian Tie

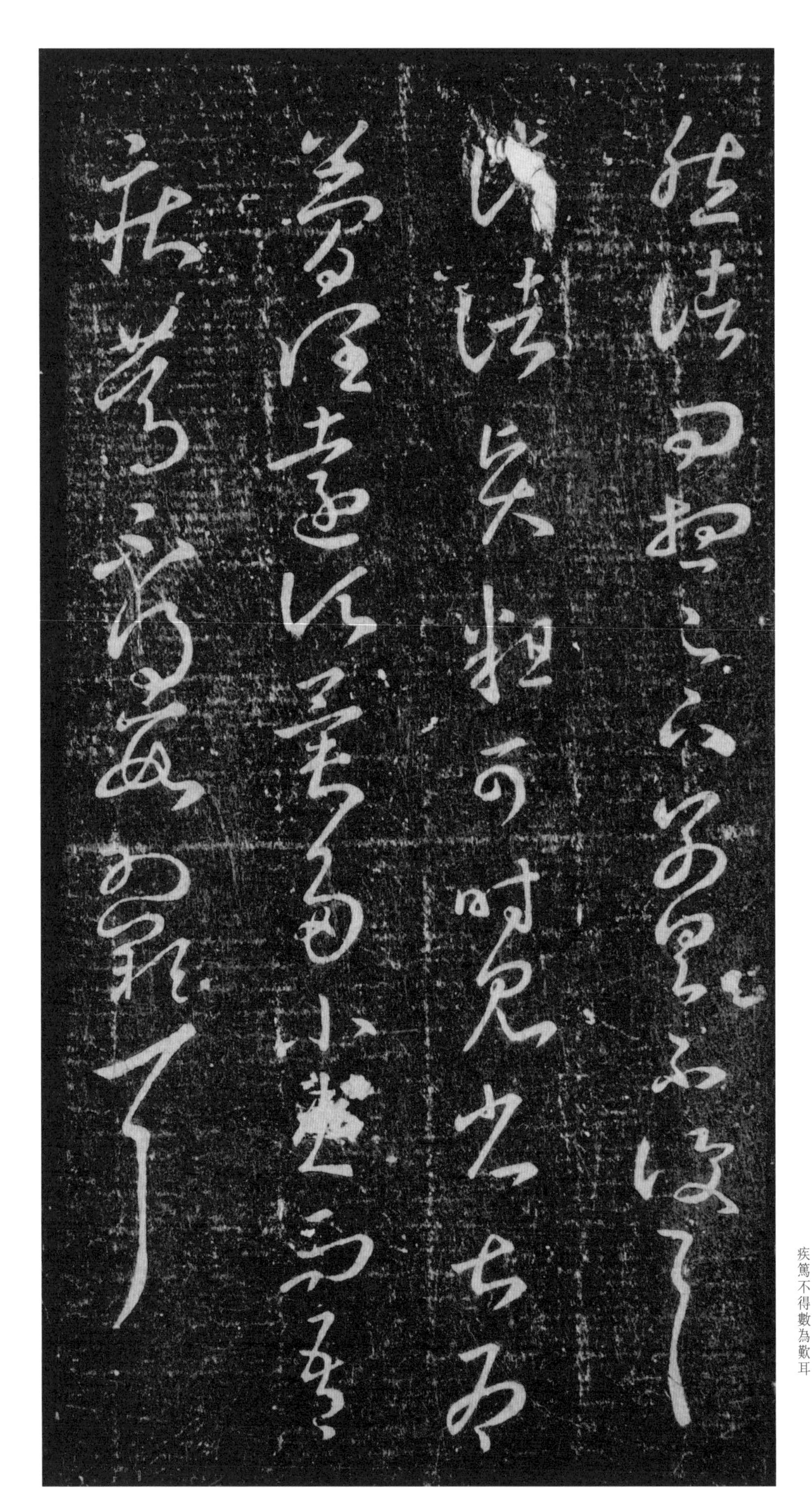

然諸問想足下別具不復一一

諸賢帖 **釋文**：

此諸賢粗可時見省甚為簡闊遠須異多小患而吾疾篤不得數為歎耳

14 宰相帖
Zai Xiang Tie

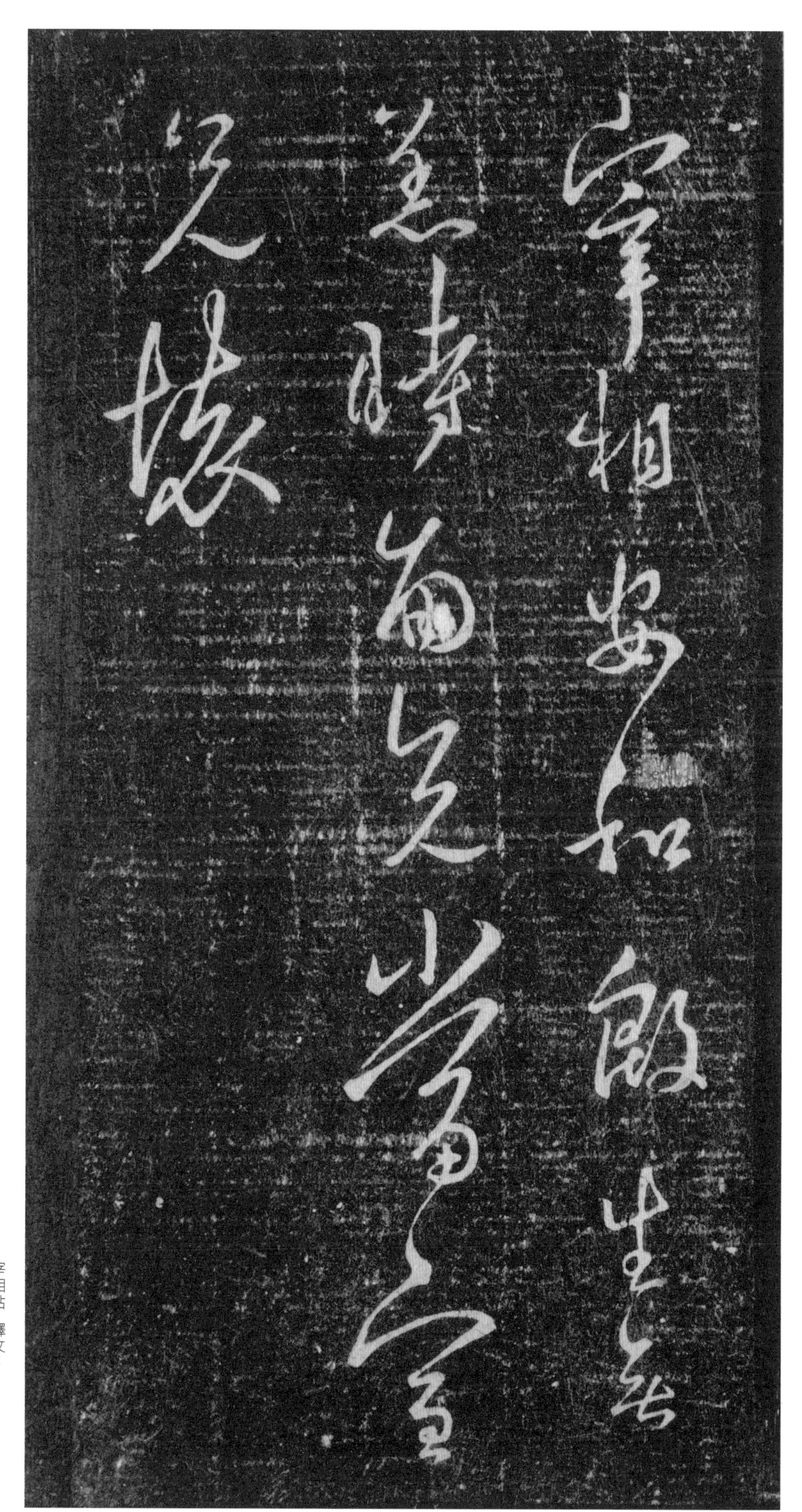

宰相帖　釋文：
宰相安和殷生無
恙時面兄當宣
兄懷

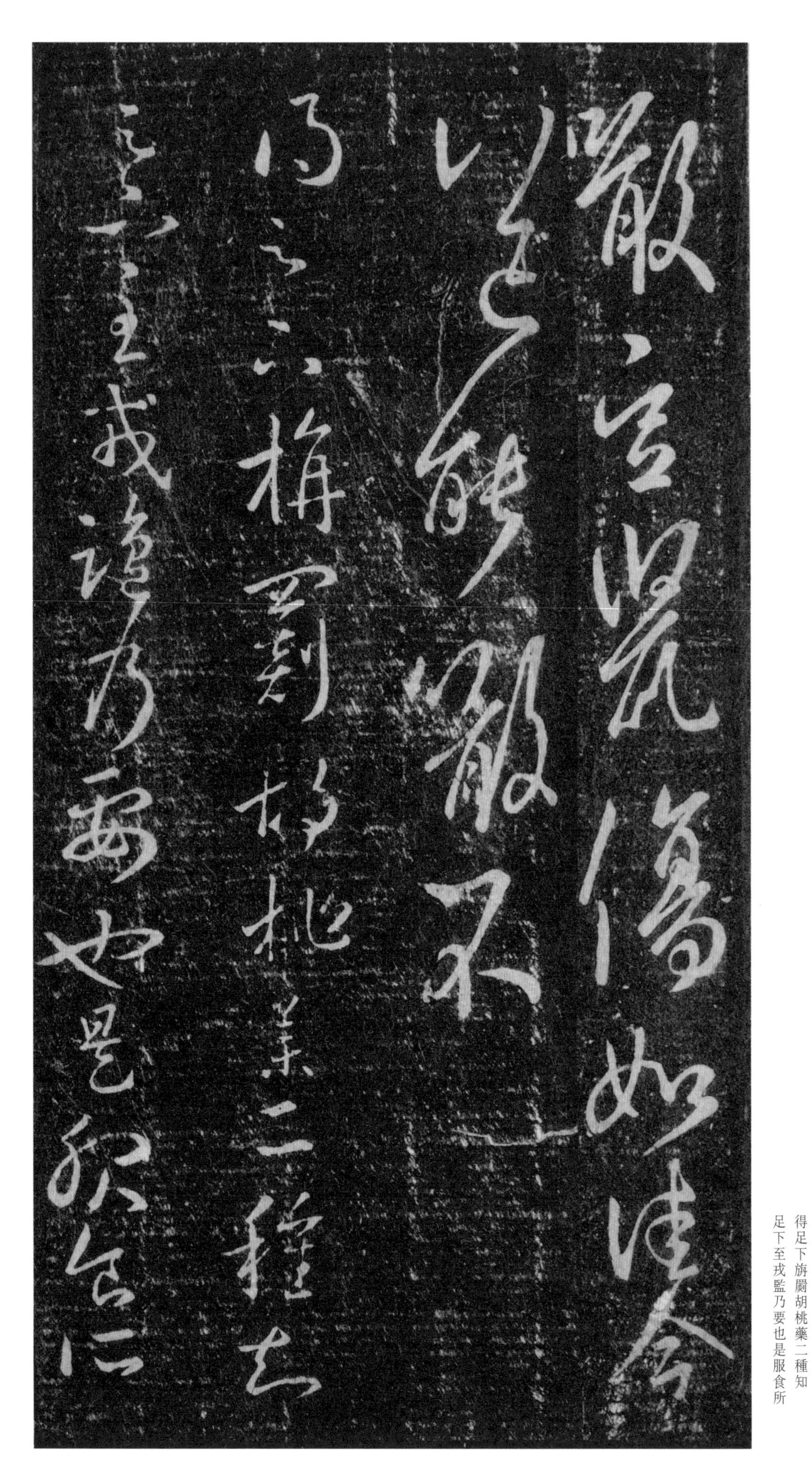

15

啗豆帖
Dan Dou Tie

16

旃罽帖
Zhan Yan Tie

啗豆帖　釋文：
啗豆鼠傷如佳今
送能啗不

旃罽帖　釋文：
得足下旃罽胡桃藥二種知
足下至戎監乃要也是服食所

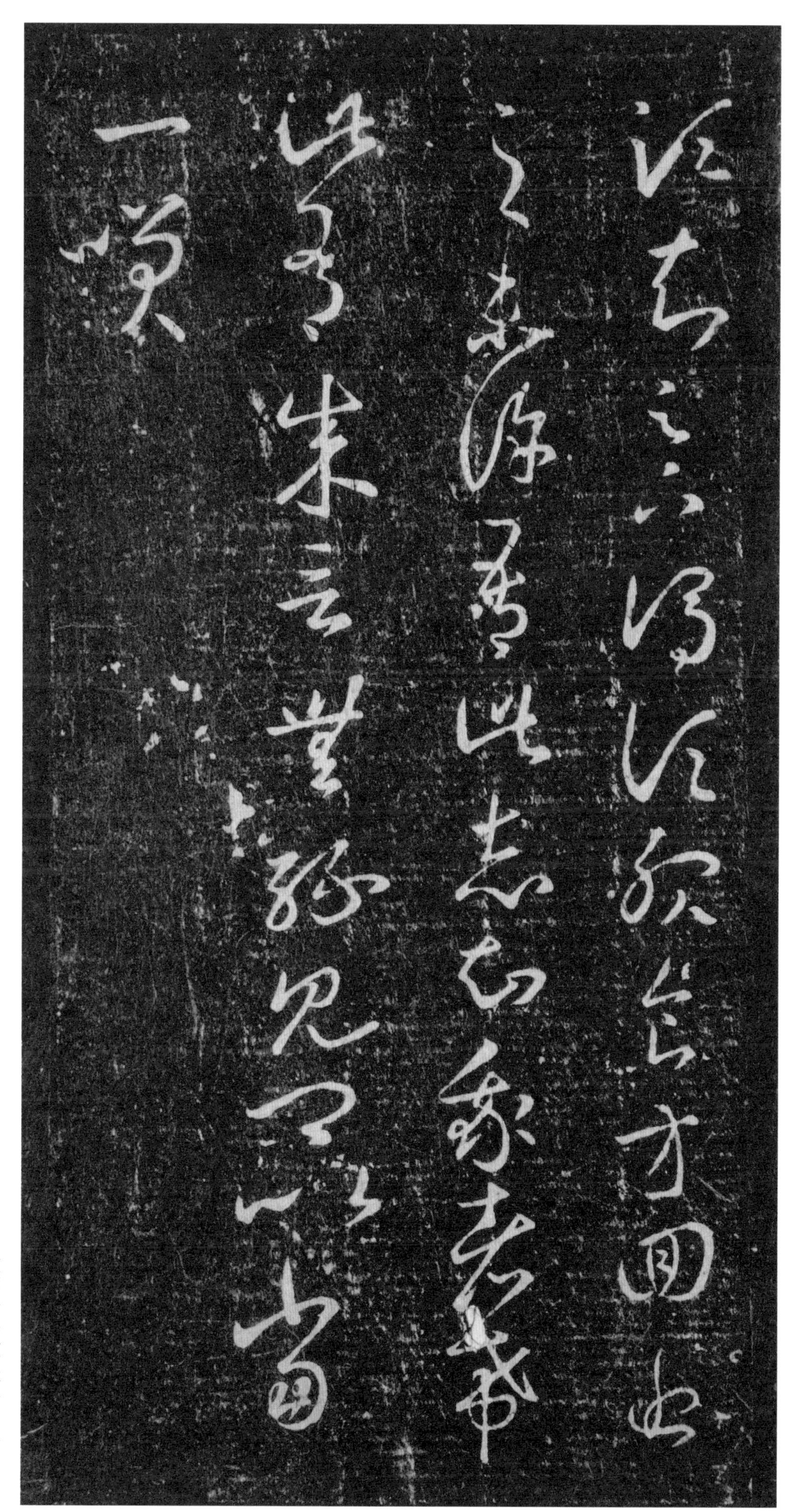

須知足下謂頃服食方回近
之未許吾此志知我者希
此有成言無緣見卿以當
一笑

17 秋中帖 Qiu Zhong Tie

18 又不能帖 You Bu Neng Tie

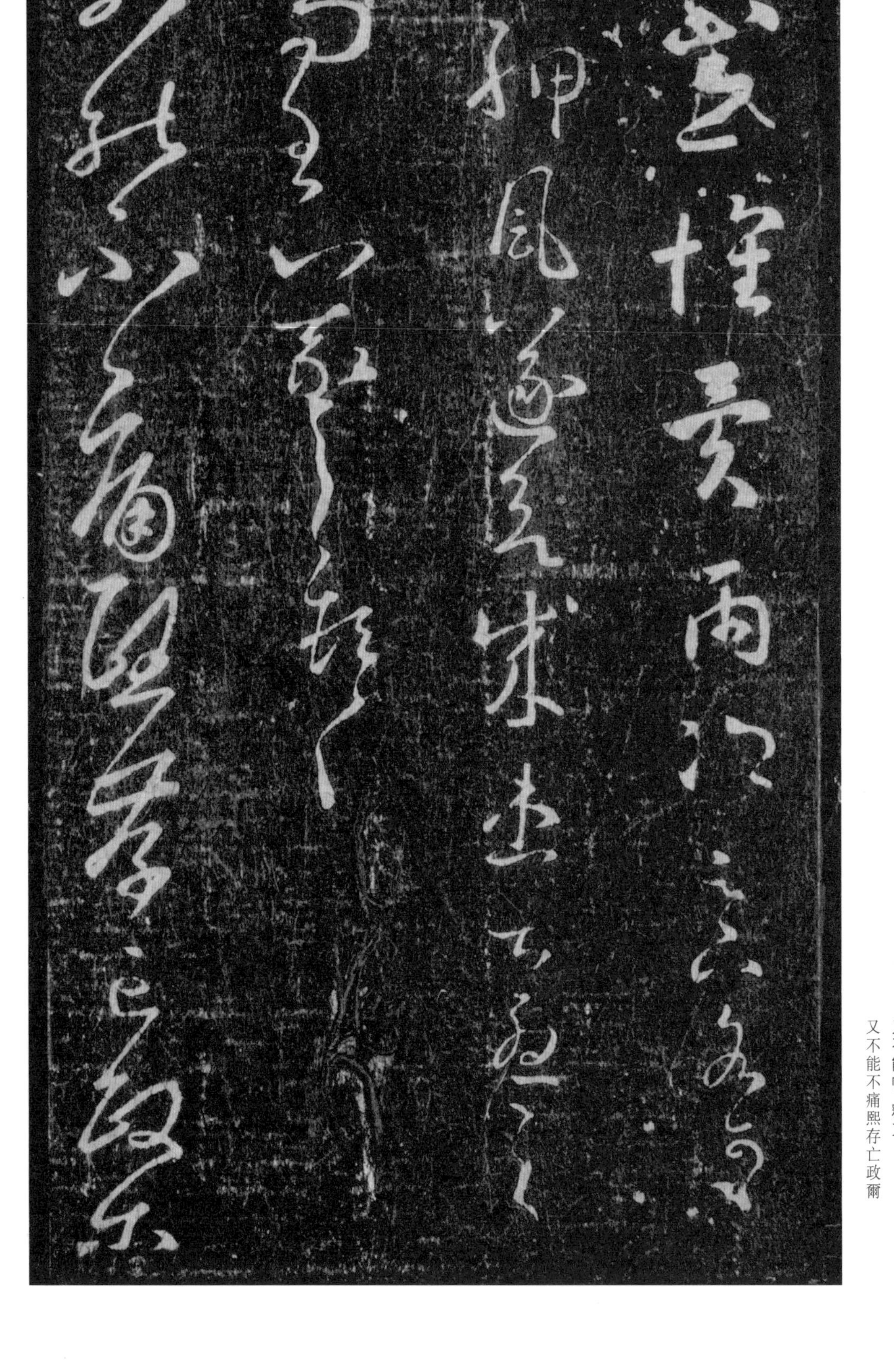

秋中帖 釋文：
秋中感懷異雨冷足下各可可
耳胛風遂欲成患甚憂之
力知問王羲之頓首

又不能帖 釋文：
又不能不痛熙存亡政爾

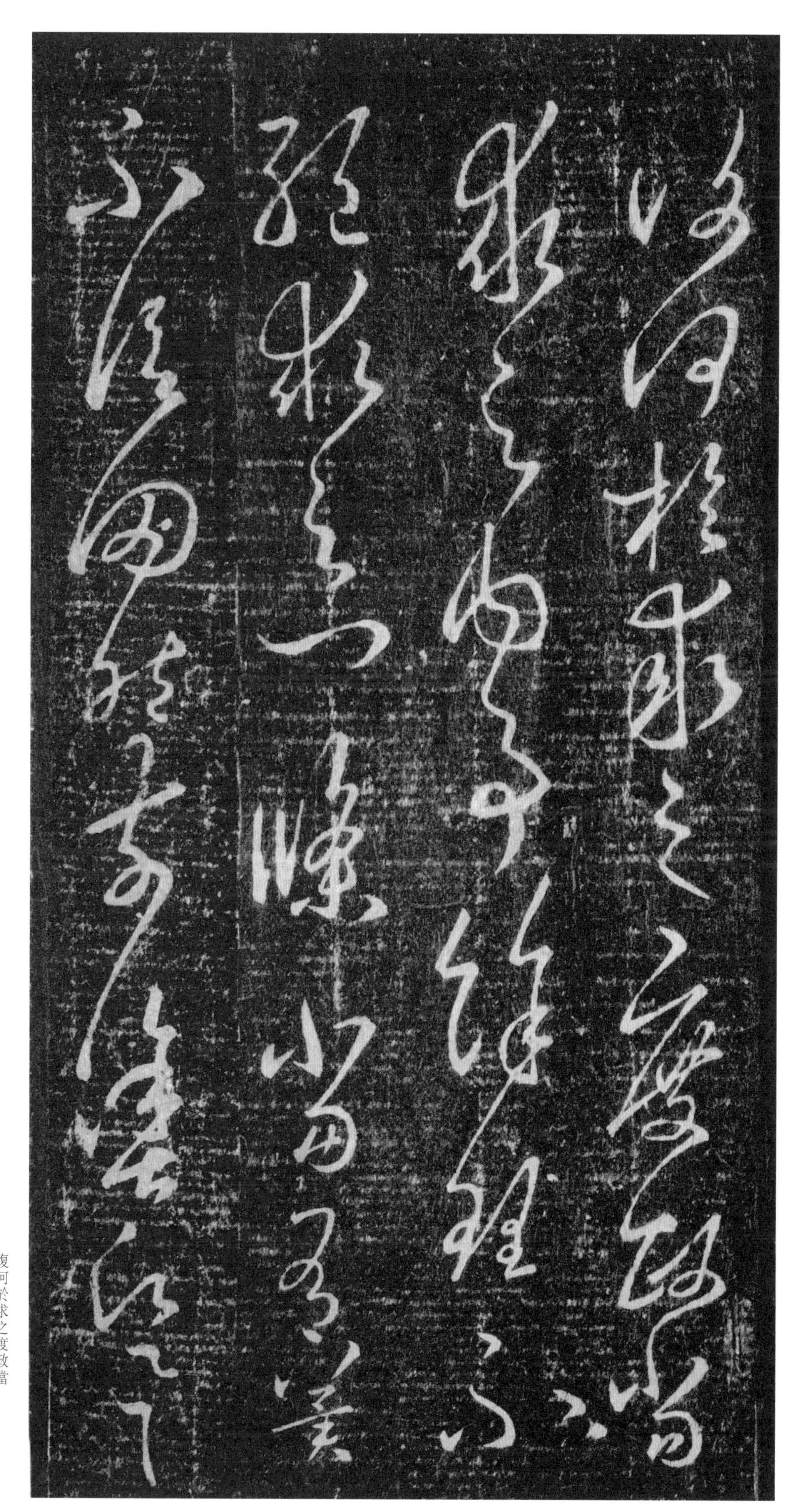

復何於求之度政當
求之內事餘理不
絕求之一條當有冀
不信罔然前塗願具

疾不退帖

Ji Bu Tui Tie

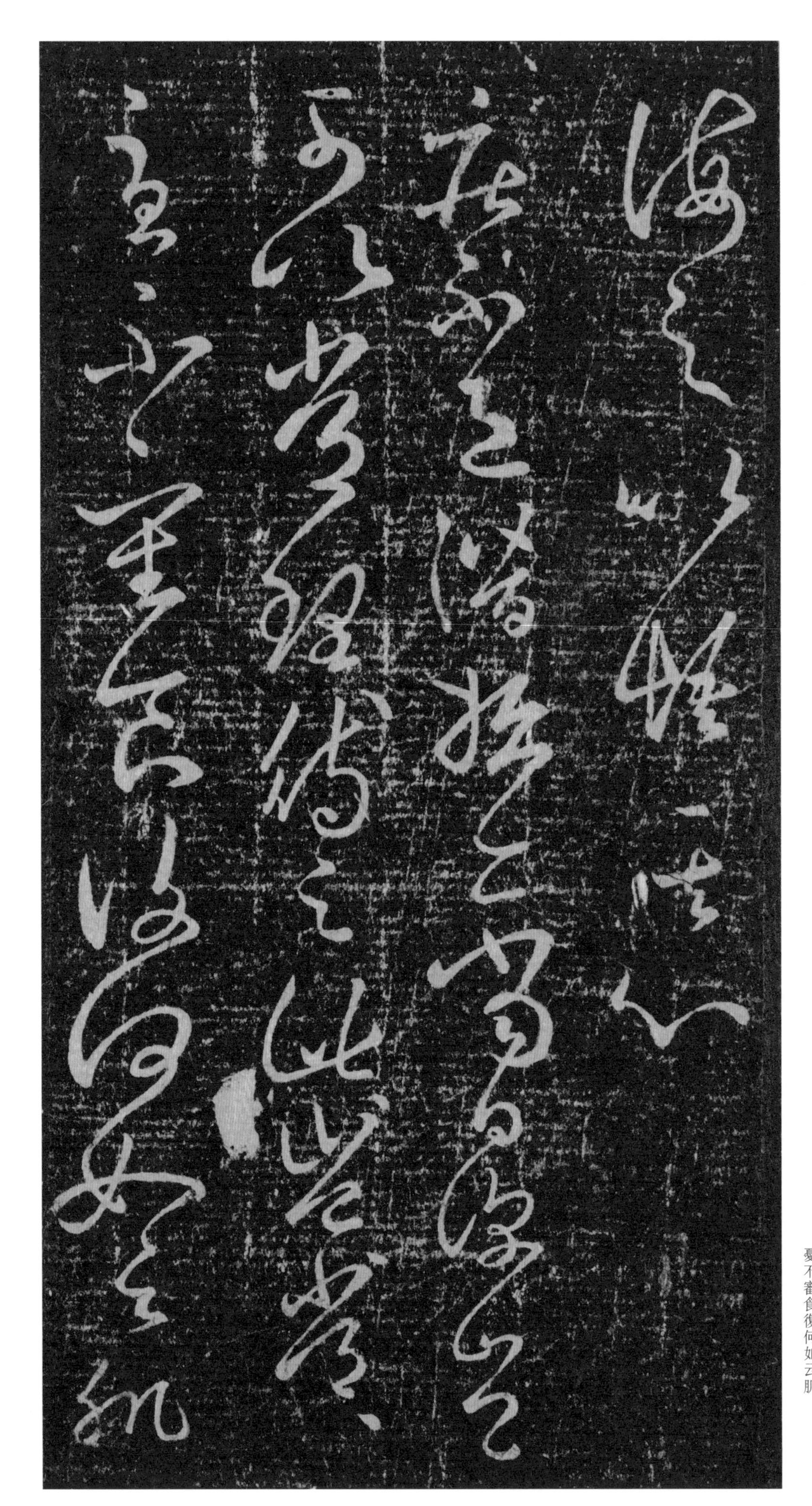

誨之以悟其心

疾不退帖　釋文：

疾不退潛損亦當日深豈可以常理待之此豈常憂不審食復何如云肌

20

兒女帖

Er Nu Tie

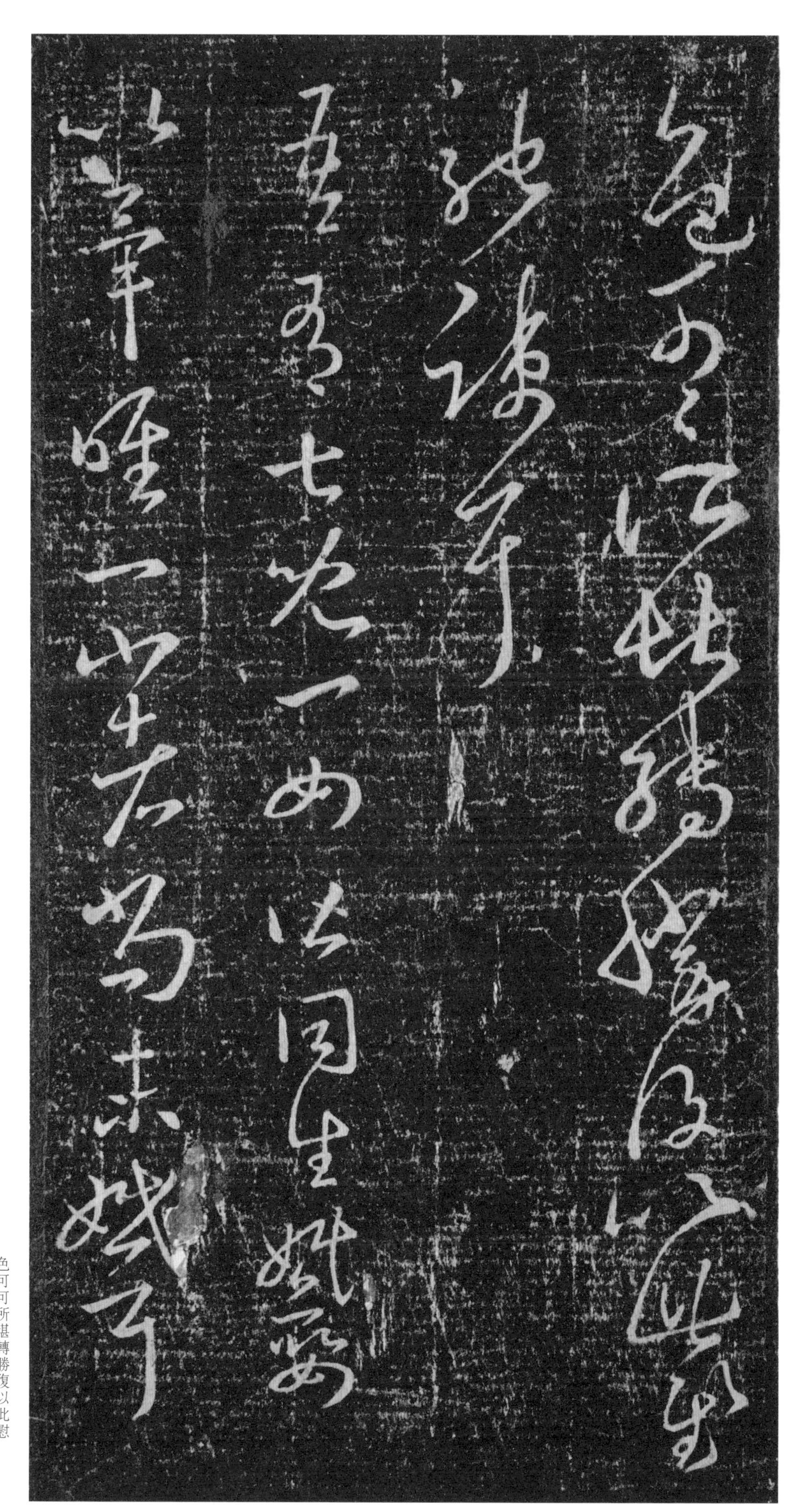

色可可所堪轉勝復以此慰馳竦耳

兒女帖　釋文：

吾有七兒一女皆同生婚娶以畢唯一小者尚未婚耳

21

彼土帖

Bi Tu Tie

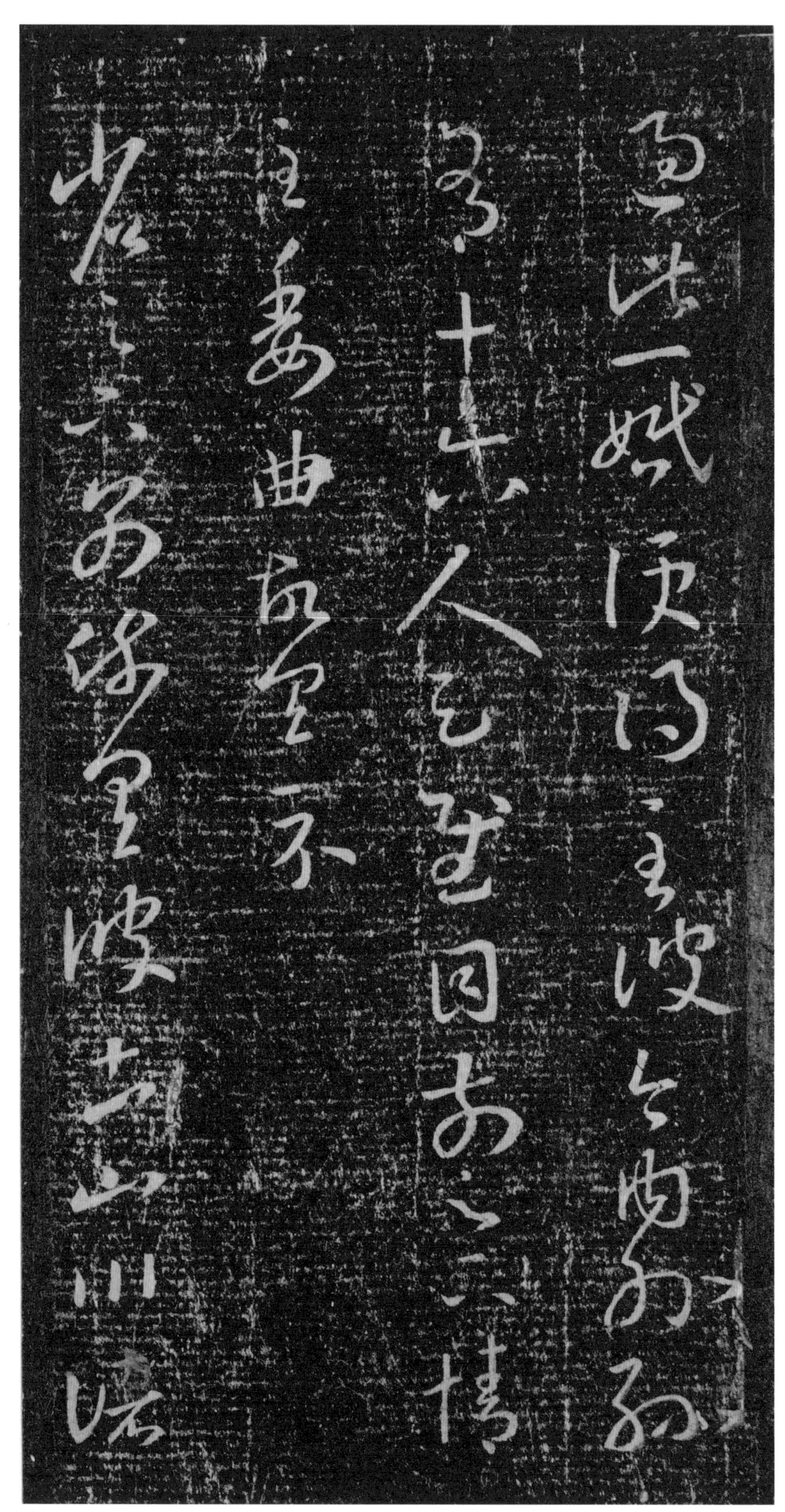

過此一婚便得至彼今內外孫
有十六人足慰目前足下情
至委曲故具示

彼土帖　釋文：

省足下別疏具彼土山川諸

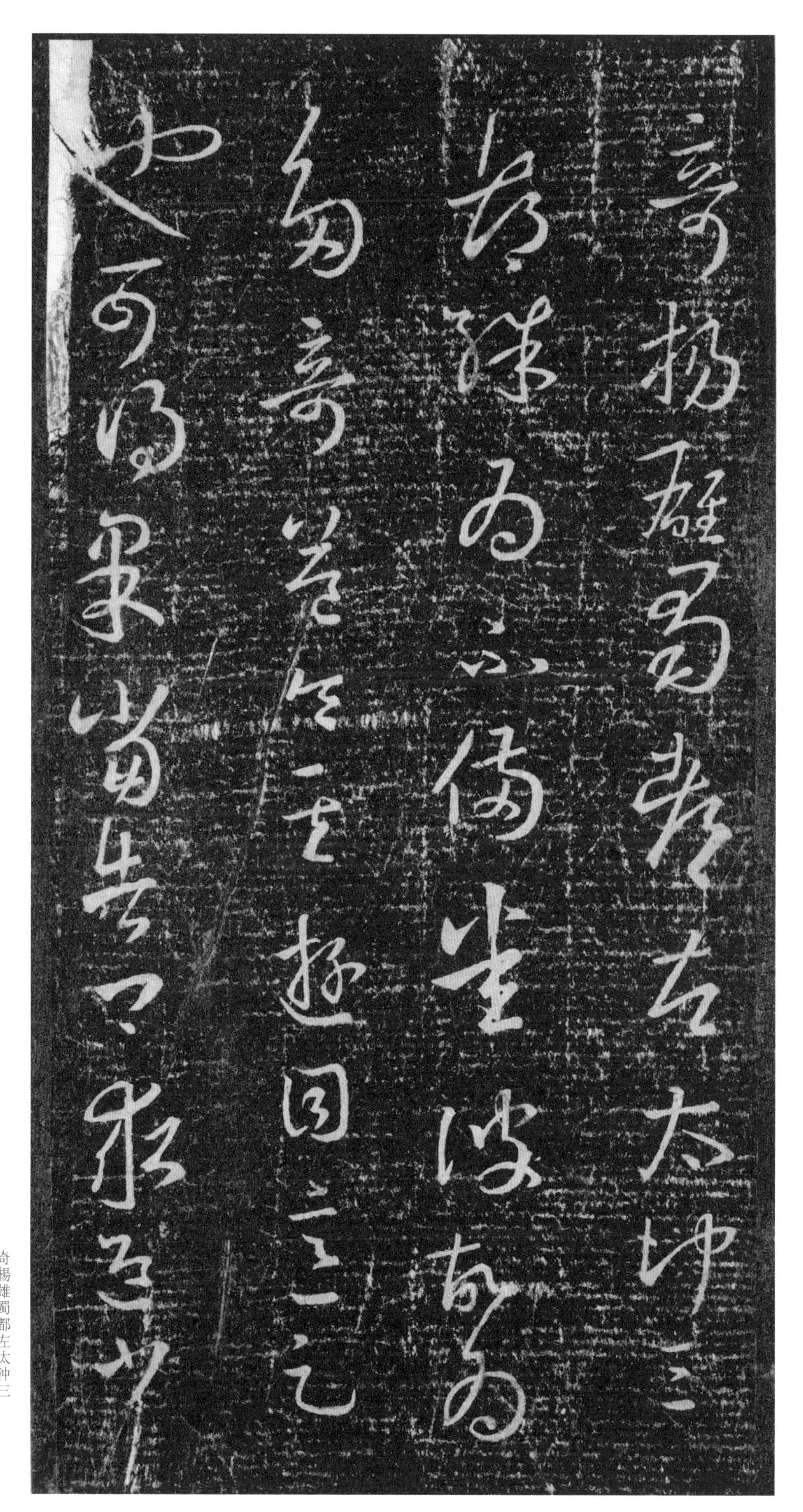

奇楊雄蜀都左太沖三
都殊為不備悉彼故為
多奇益令其遊目意足
也可得果當告卿求迎少

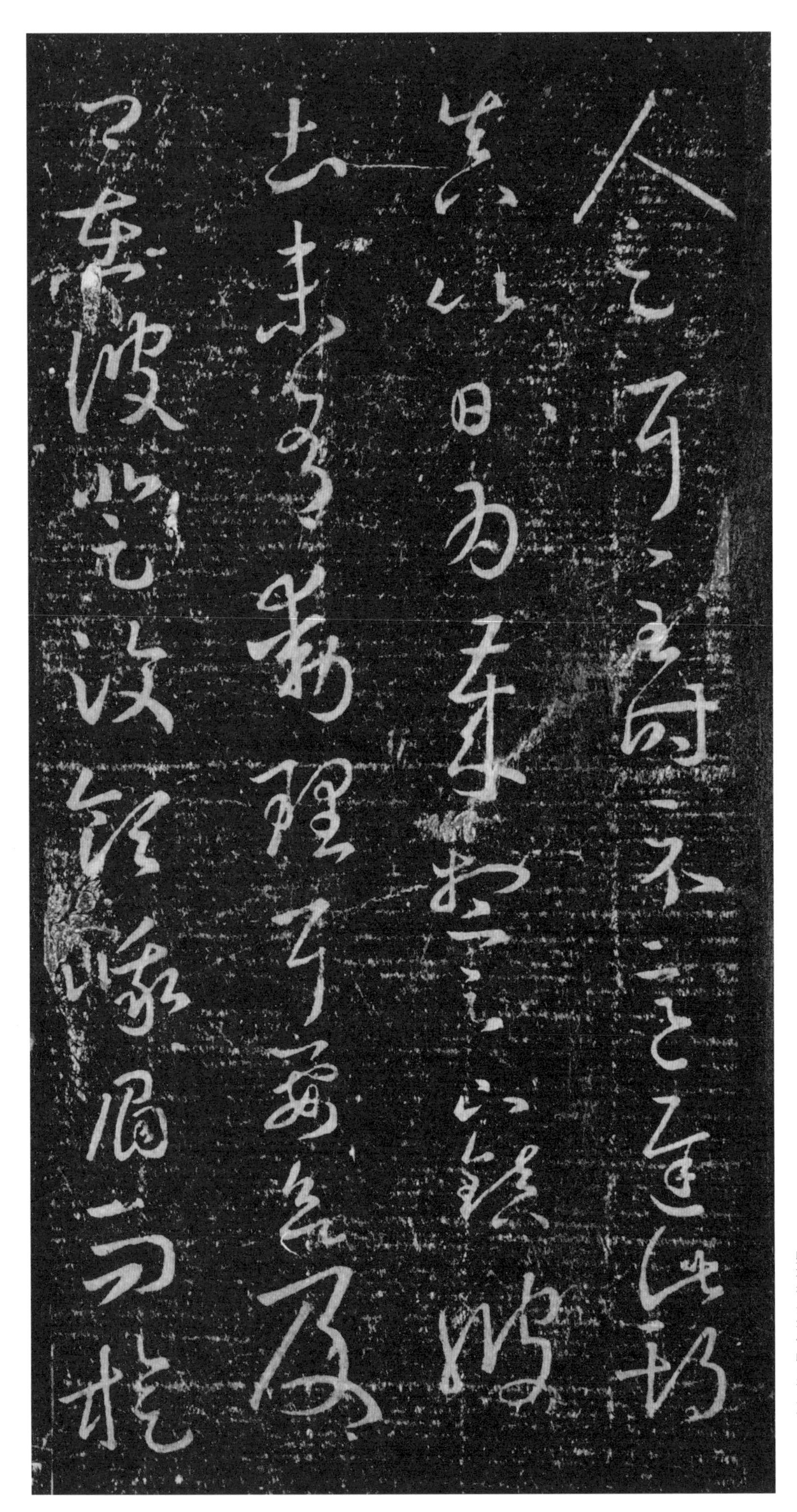

人足耳至時示意遲此期
真以日為歲想足下鎮彼
土未有動理耳要欲及
卿在彼登汶領峨眉而旋

22

譙周帖

Qiao Zhou Tie

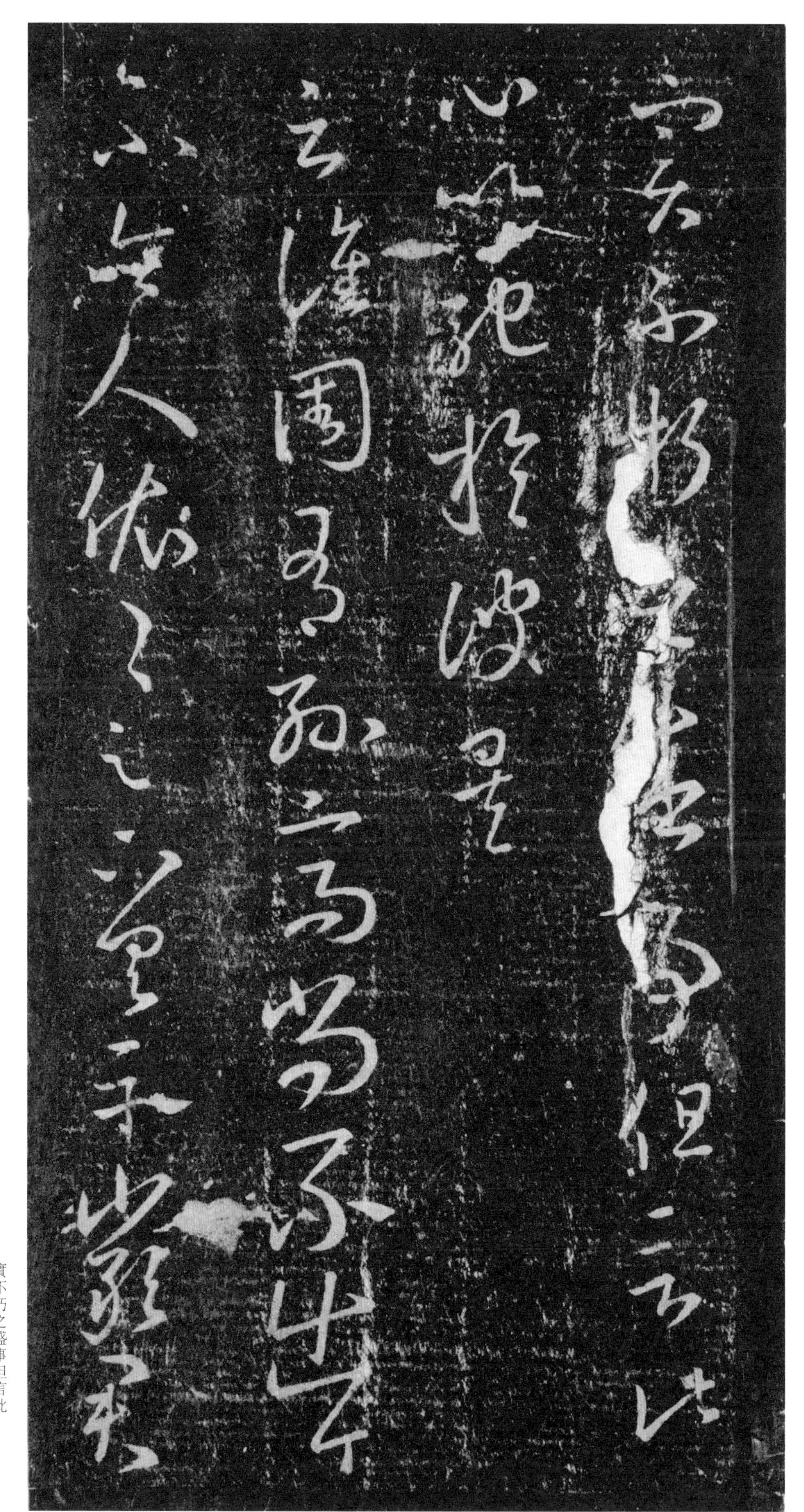

譙周帖 釋文：

實不朽之盛事但言此
心以馳於彼矣
云譙周有孫高尚不出今
不令人依依足下具示嚴君

23

夫人帖
Fu Ren Tie

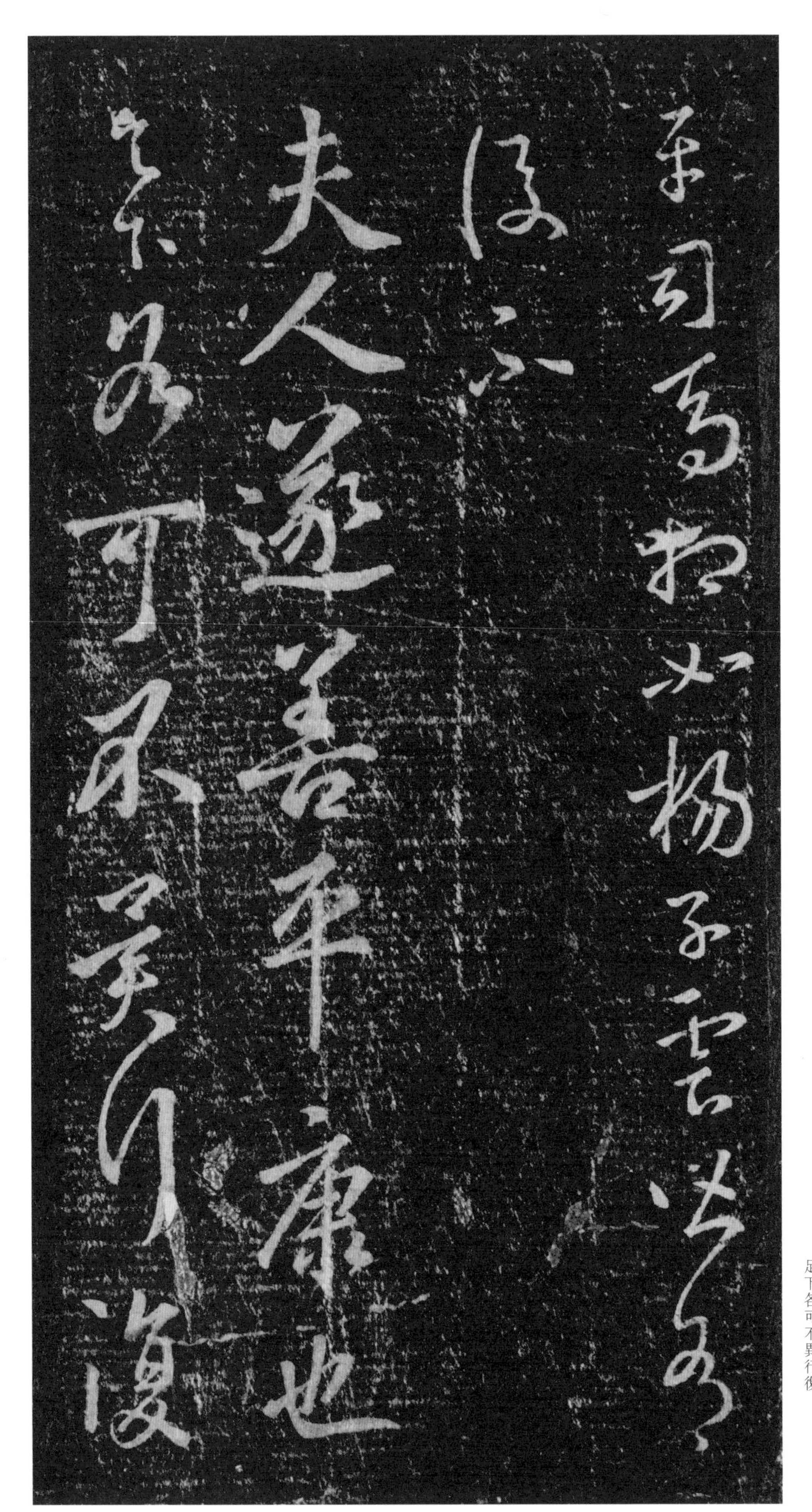

平司馬相如楊子雲皆有
後不
夫人帖　釋文：
夫人遂善平康也
足下各可不異行復

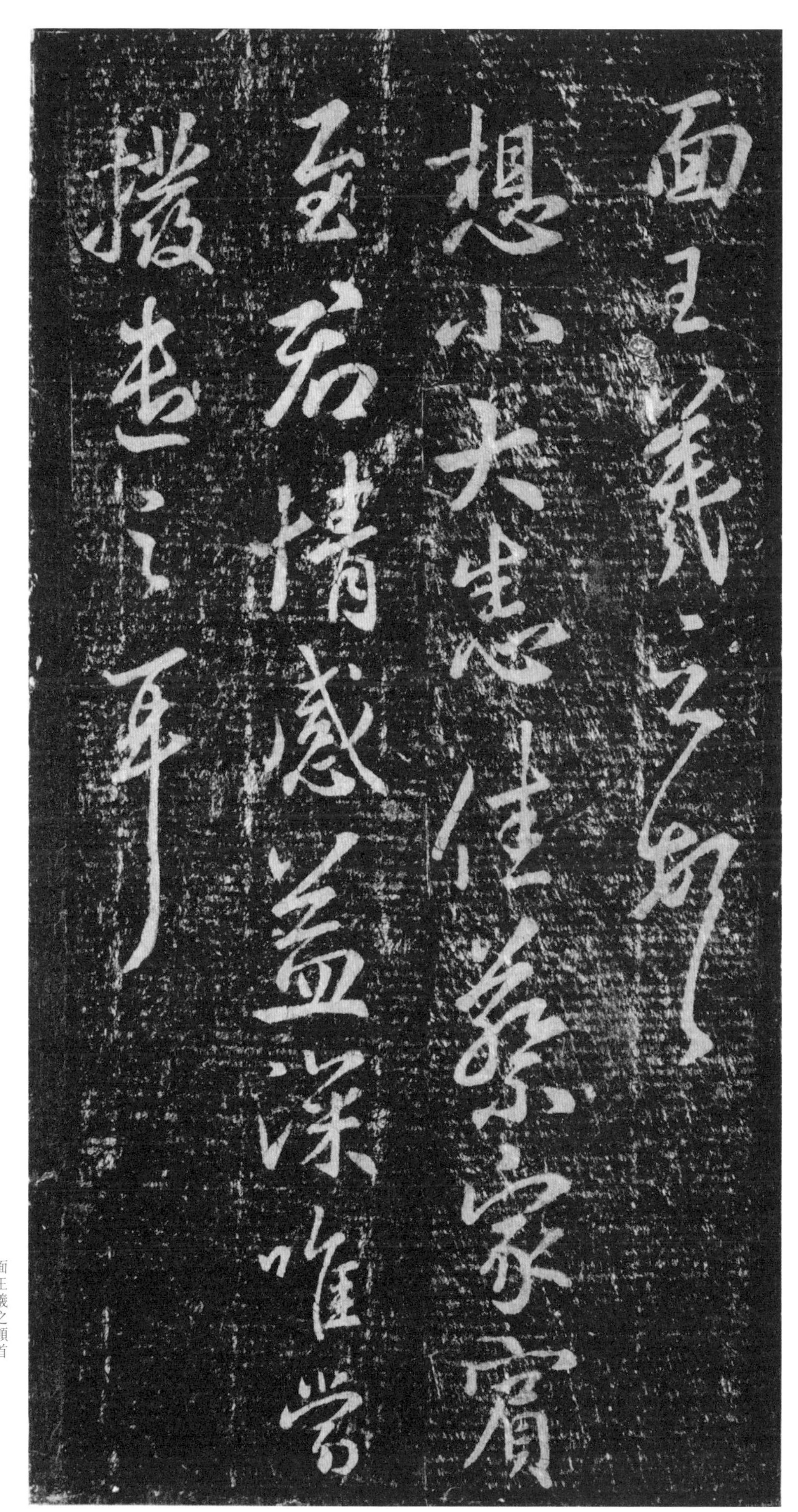

蔡家帖 釋文：
面王羲之頓首
想小大悉佳蔡家賓
至君情感益深唯當
撥遣之耳

散勢帖
San Shi Tie

25

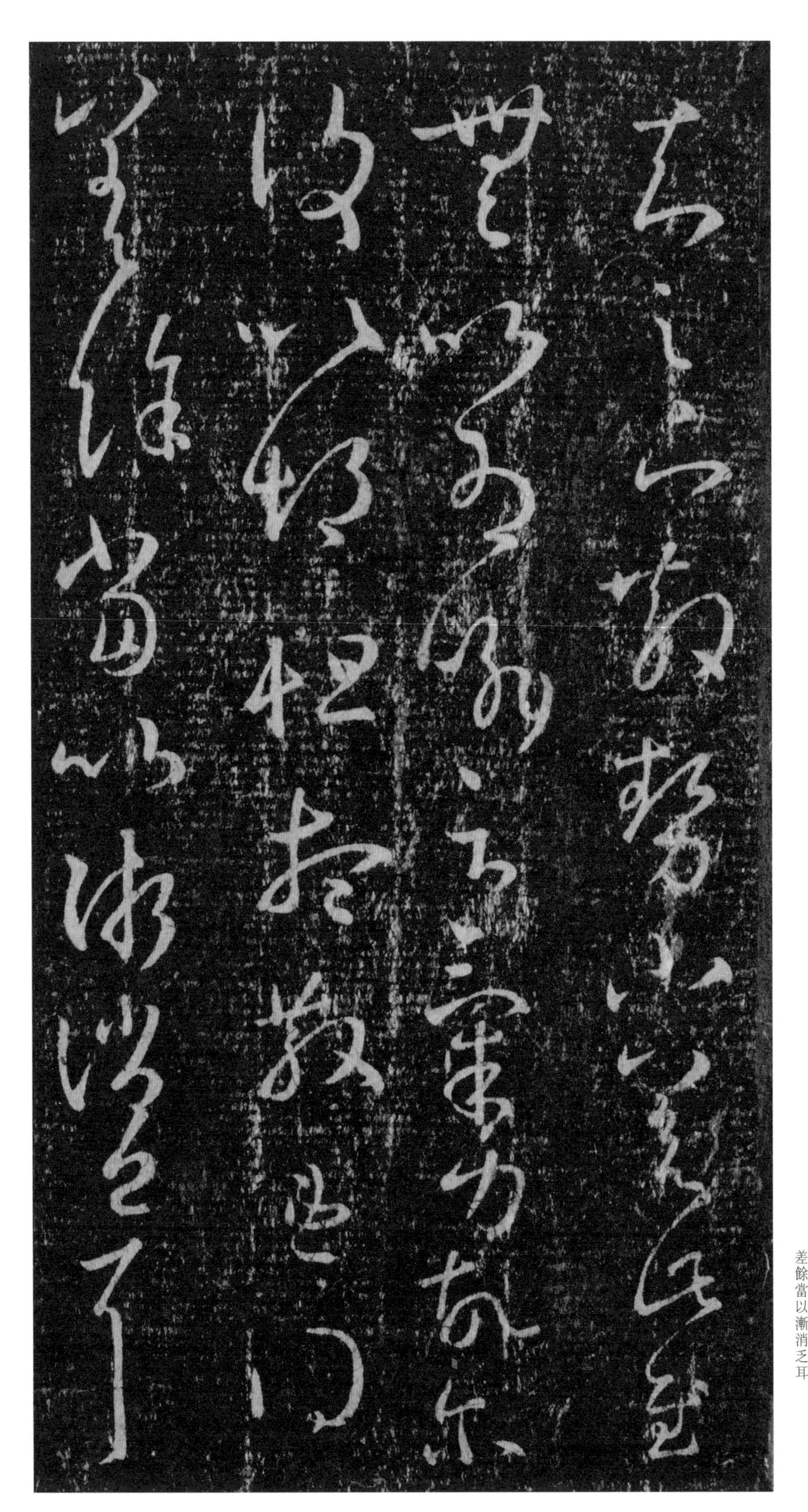

散勢帖 釋文：
知足下散勢小差此慰
無以為喻云氣力故爾
復以悒悒想散患得
差餘當以漸消乏耳

26

衰老帖

Shuai Lao Tie

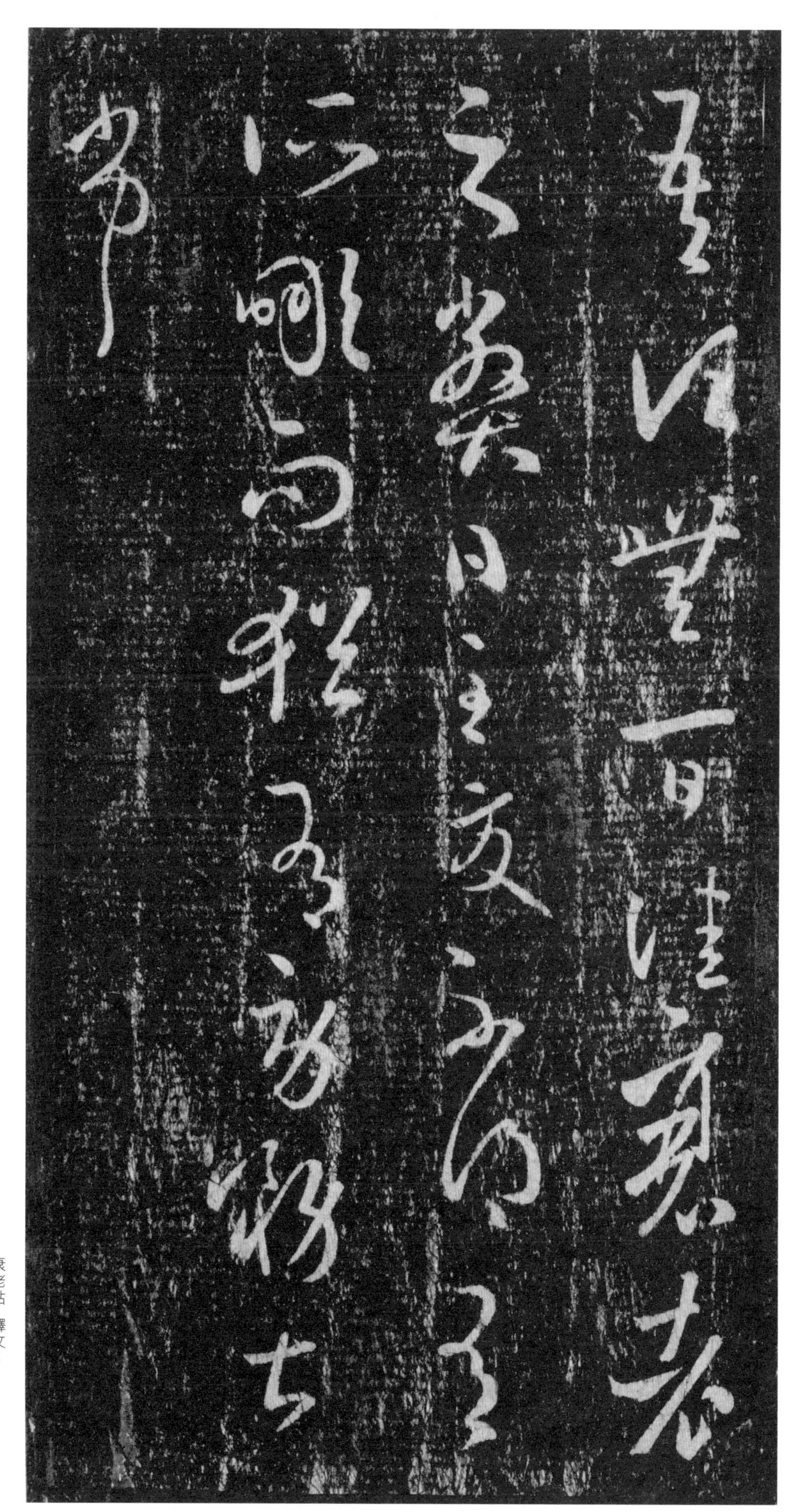

衰老帖 釋文：

吾頃無一日佳衰老之弊日至夏不得有所噉而猶有勞務甚劣劣

27 昨得帖 Zuo De Tie

28 不快帖 Bu Kuai Tie

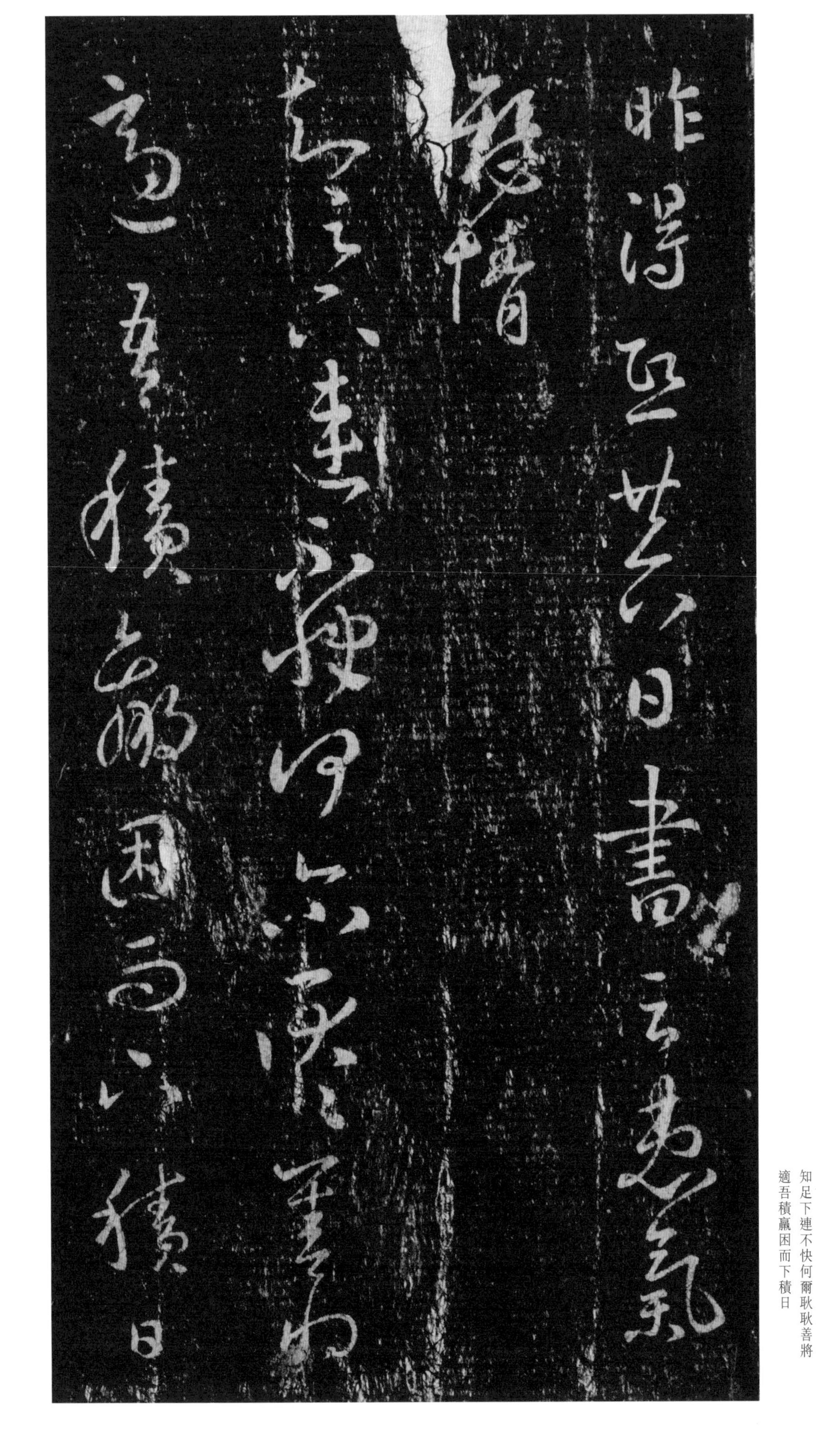

昨得帖　釋文：

昨得熙廿六日書云患氣懸情

不快帖　釋文：

知足下連不快何爾耿耿善將適吾積羸困而下積日

29

小佳帖
Xiao Jia Tie

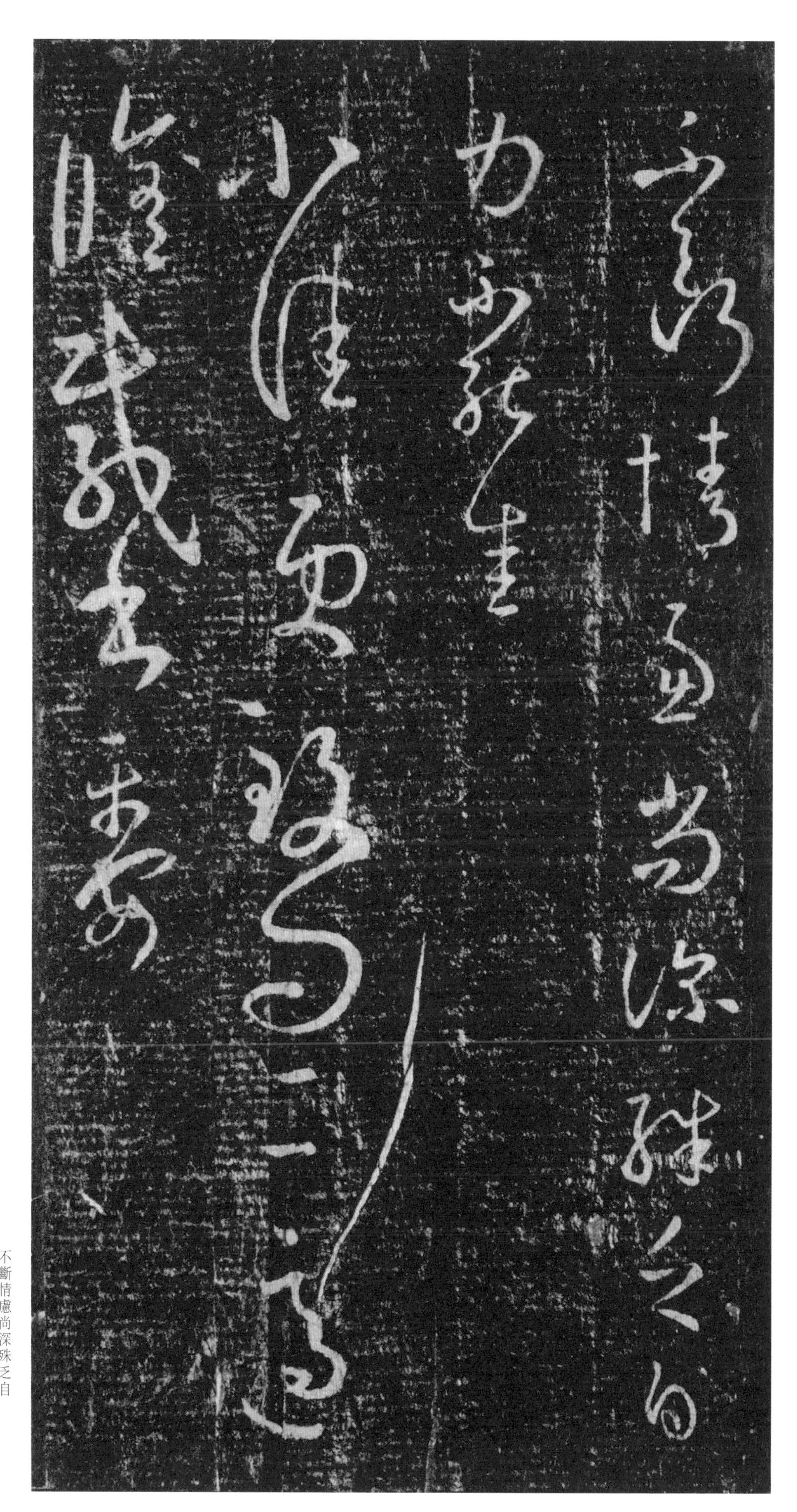

不斷情慮尚深殊乏自力不能悉

小佳帖　釋文：

小佳更致問一一適

脩載書平安

奉告帖
Feng Gao Tie

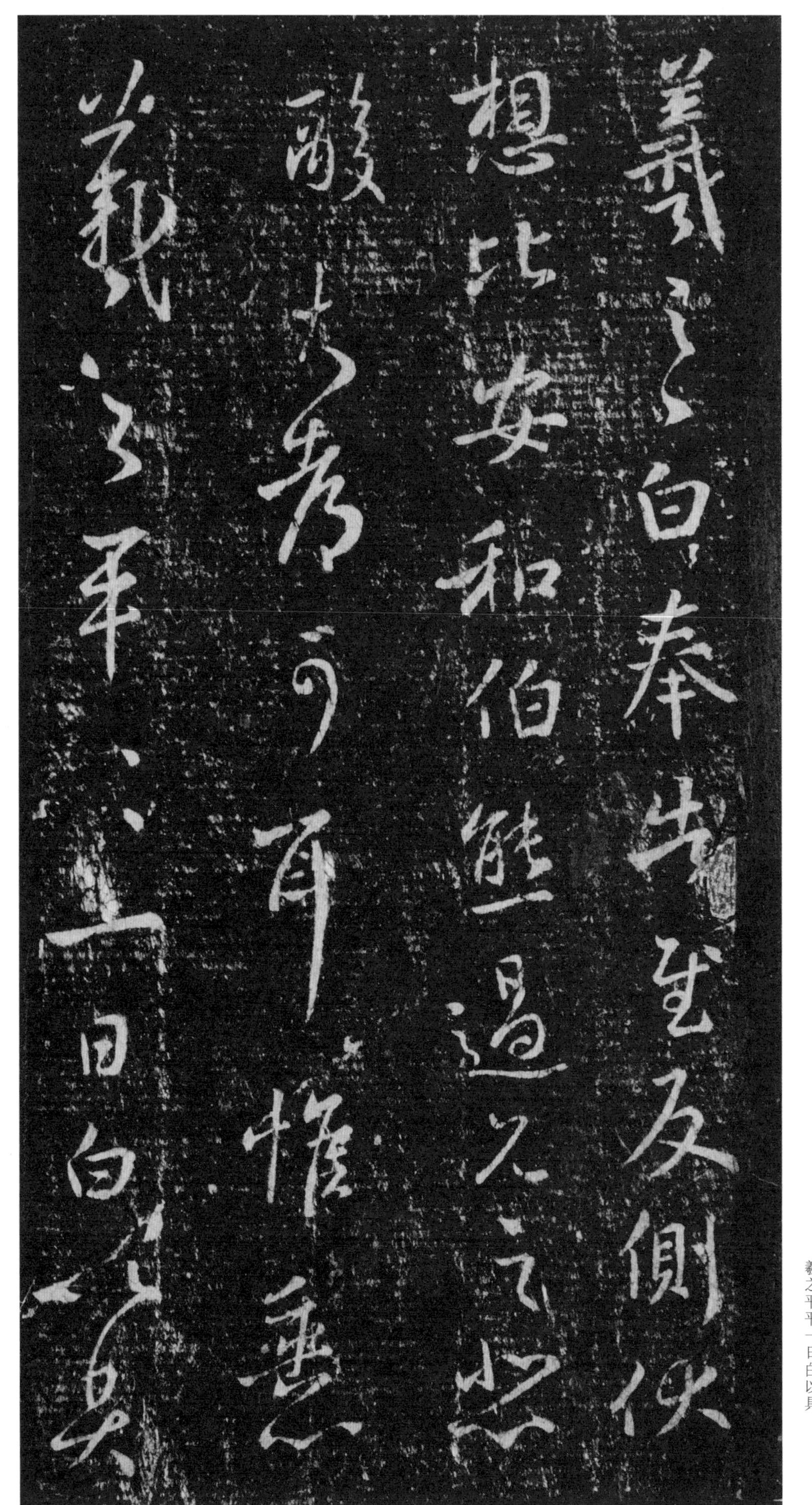

奉告帖　釋文：
羲之白奉告慰反側伏
想比安和伯熊過見之悲
酸大都可耳惟垂心
羲之平平一日白以具

31

鯉魚帖
Li Yu Tie

32

月半帖
Yue Ban Tie

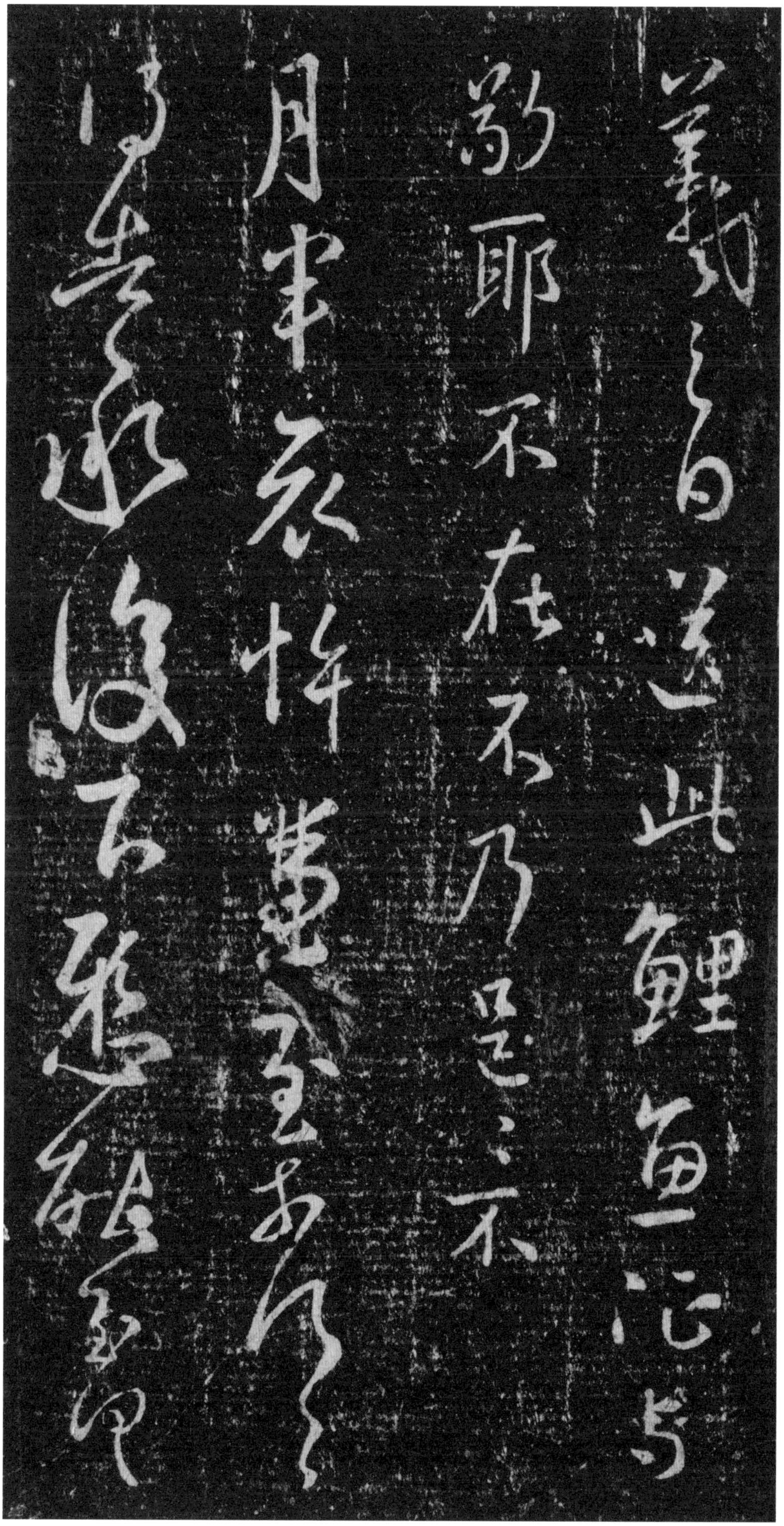

鯉魚帖　釋文：
羲之白送此鯉魚征與
敬耶不在不乃邑邑不

月半帖　釋文：
月半哀忭兼至奈何奈何
得告承復下懸耿至匆匆

33 鄉里帖 Xiang Li Tie

34 行成帖 Xing Cheng Tie

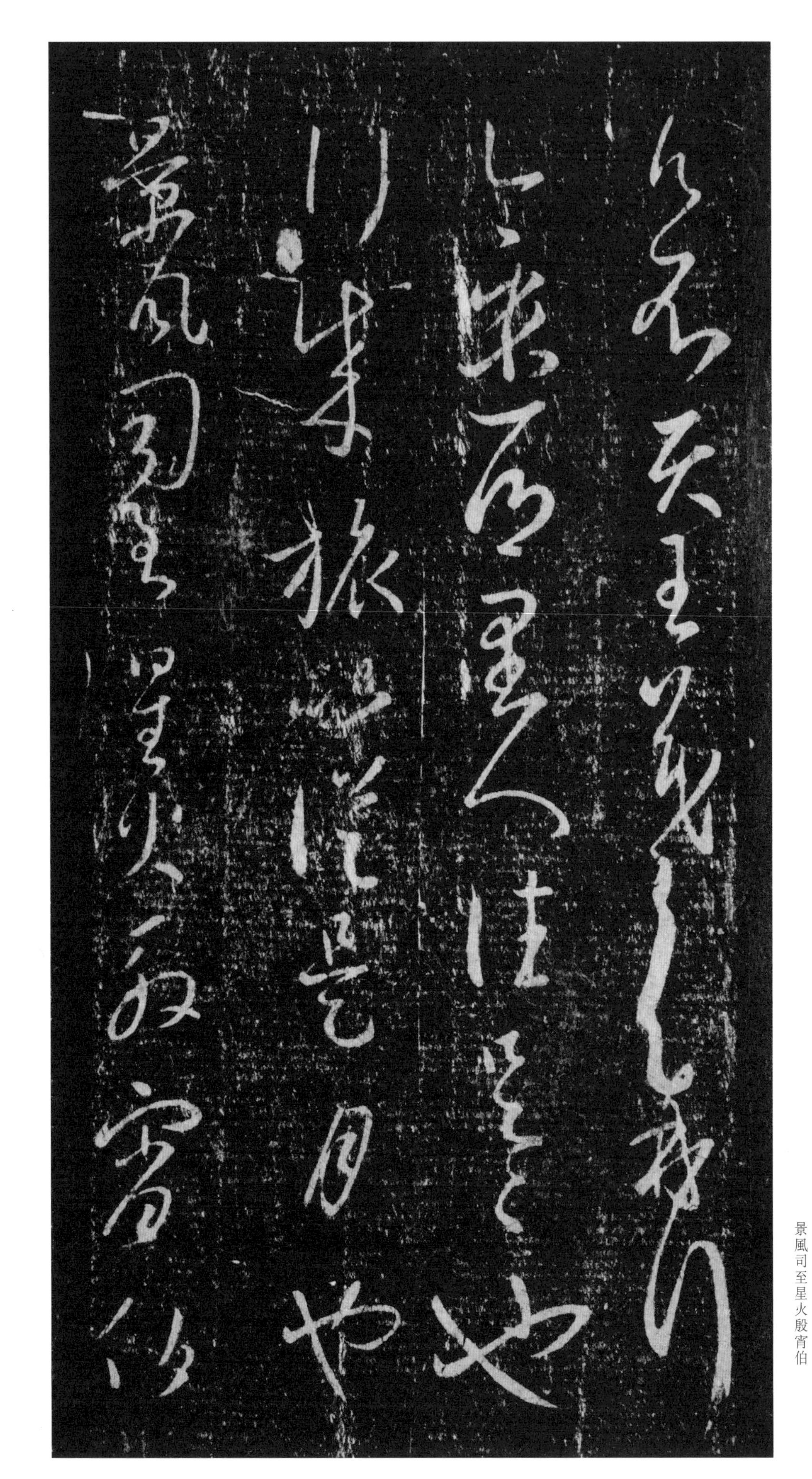

白不具王羲之再拜

鄉里帖　釋文：

今遣鄉里人往口具也

行成帖　釋文：

行成旅以從是月也

景風司至星火殷宵伯

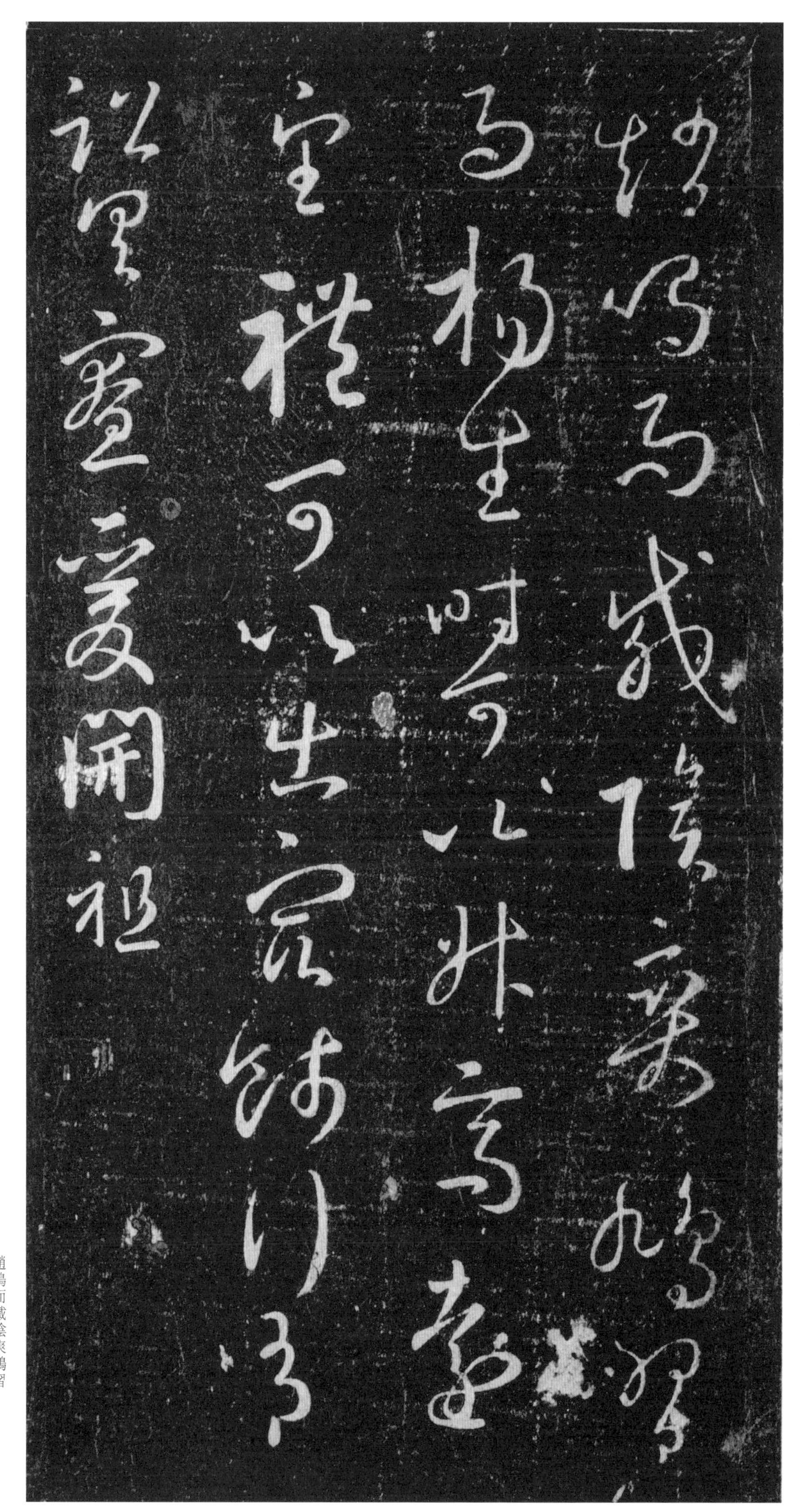

趙鳴而載陰爽鳩習
而揚武時可以升高遠
望禮可以出宿餞行有
詔具寮爰開祖

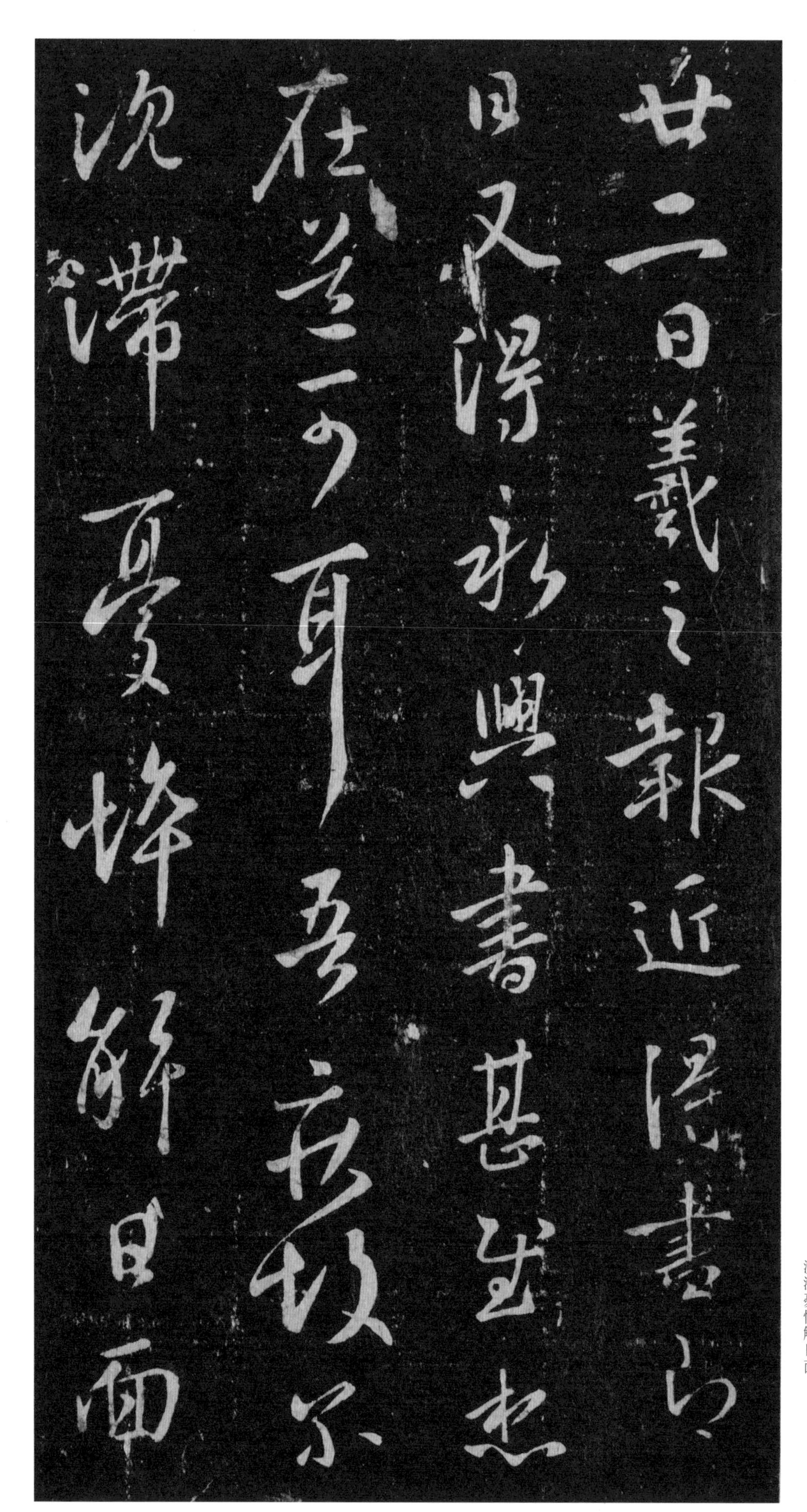

永興帖　釋文：
廿二日羲之報近得書即
日又得永興書甚慰想
在道可耳吾疾故爾
沉滯憂悴解日面

四月廿三帖
Si Yue Nian San Tie

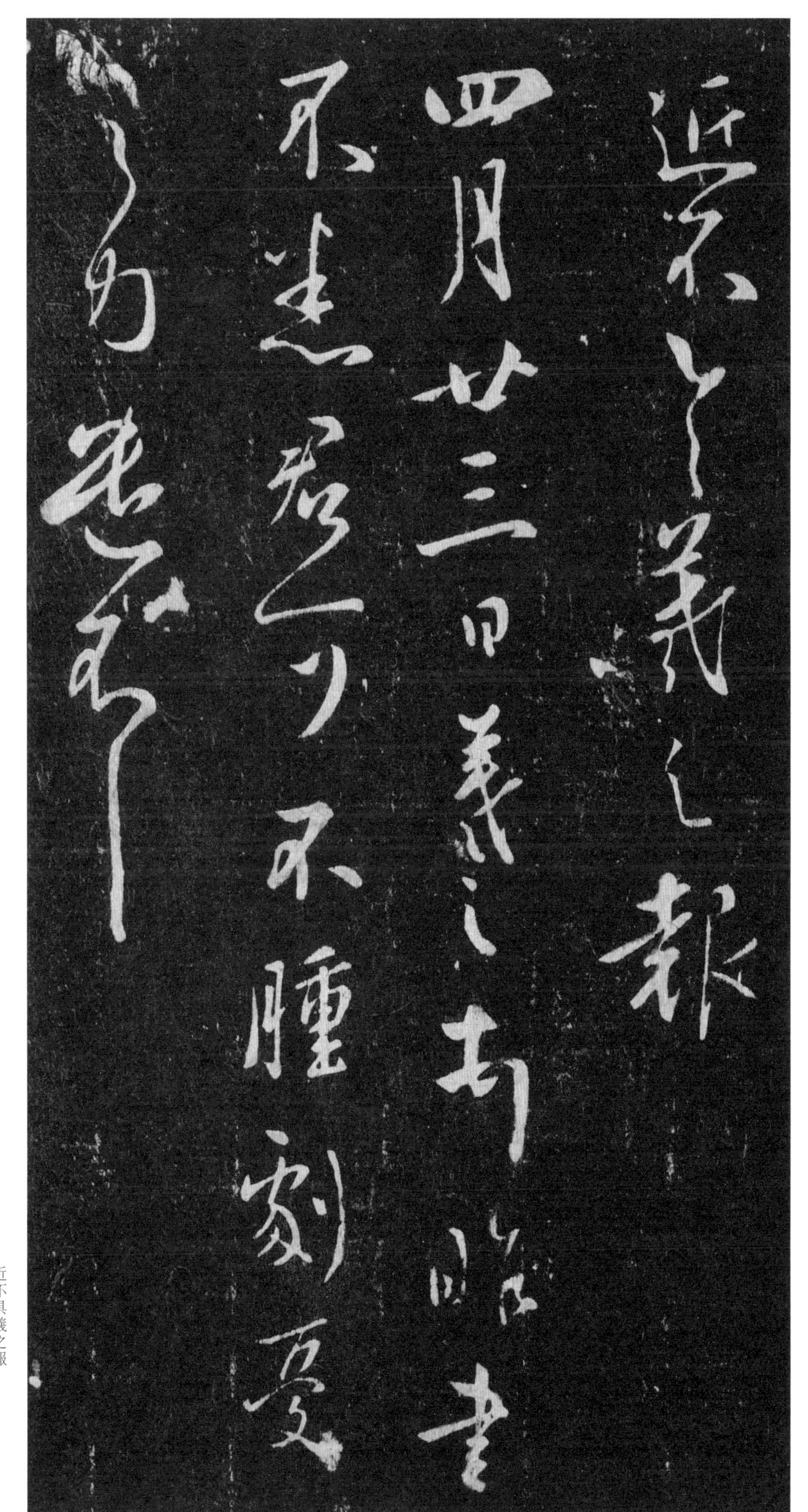

近不具義之報

四月廿三帖　釋文：

四月廿三日義之頓首昨書
不悉君可不腫劇憂
之力遣不具

闊別帖

Kuo Bie Tie

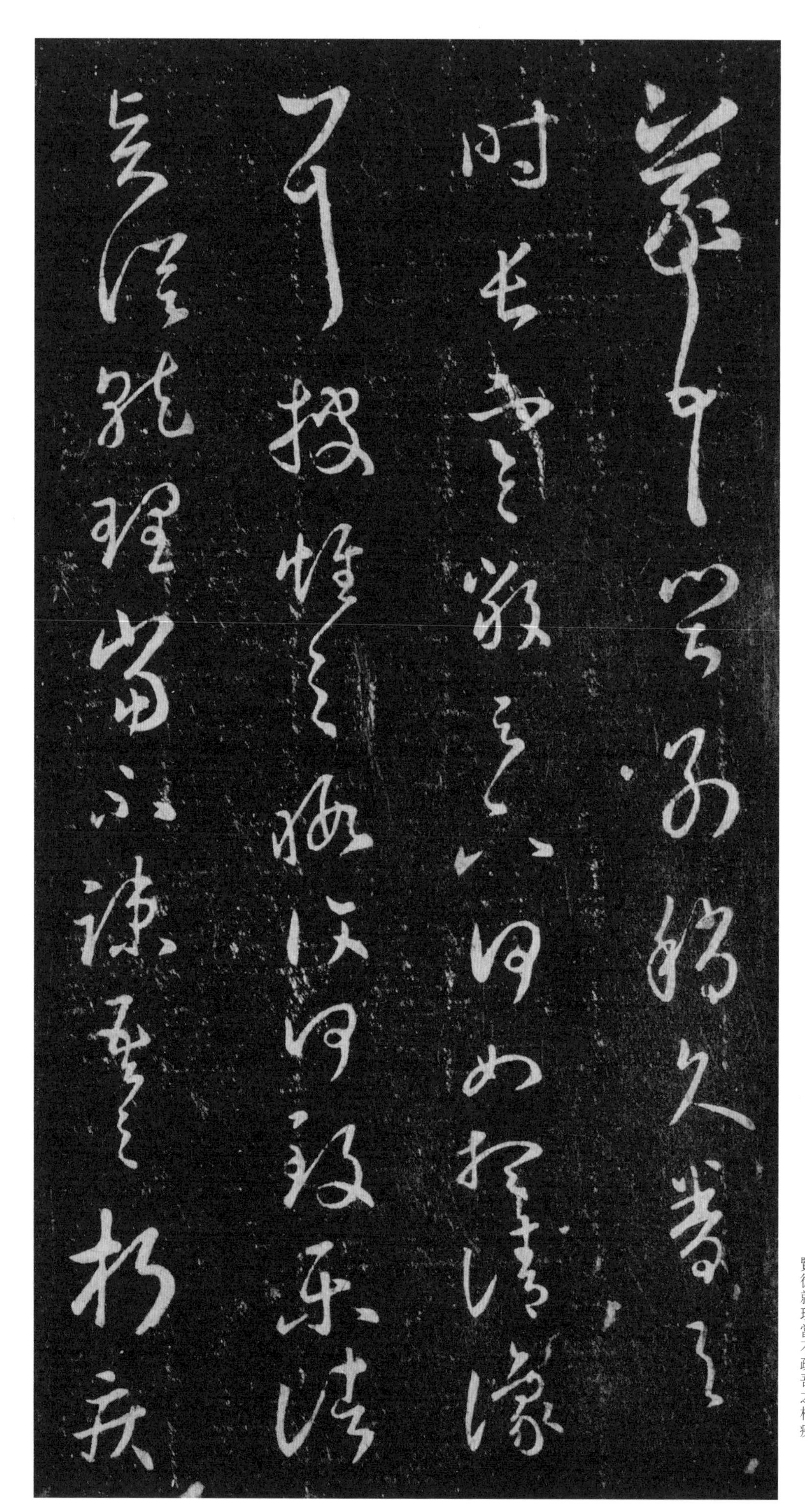

闊別帖　釋文：

羲之頓首闊別稍久眷與
時長寒嚴足下何如想清豫
耳披懷之暇復何致樂諸
賢從就理當不疏吾之朽疾

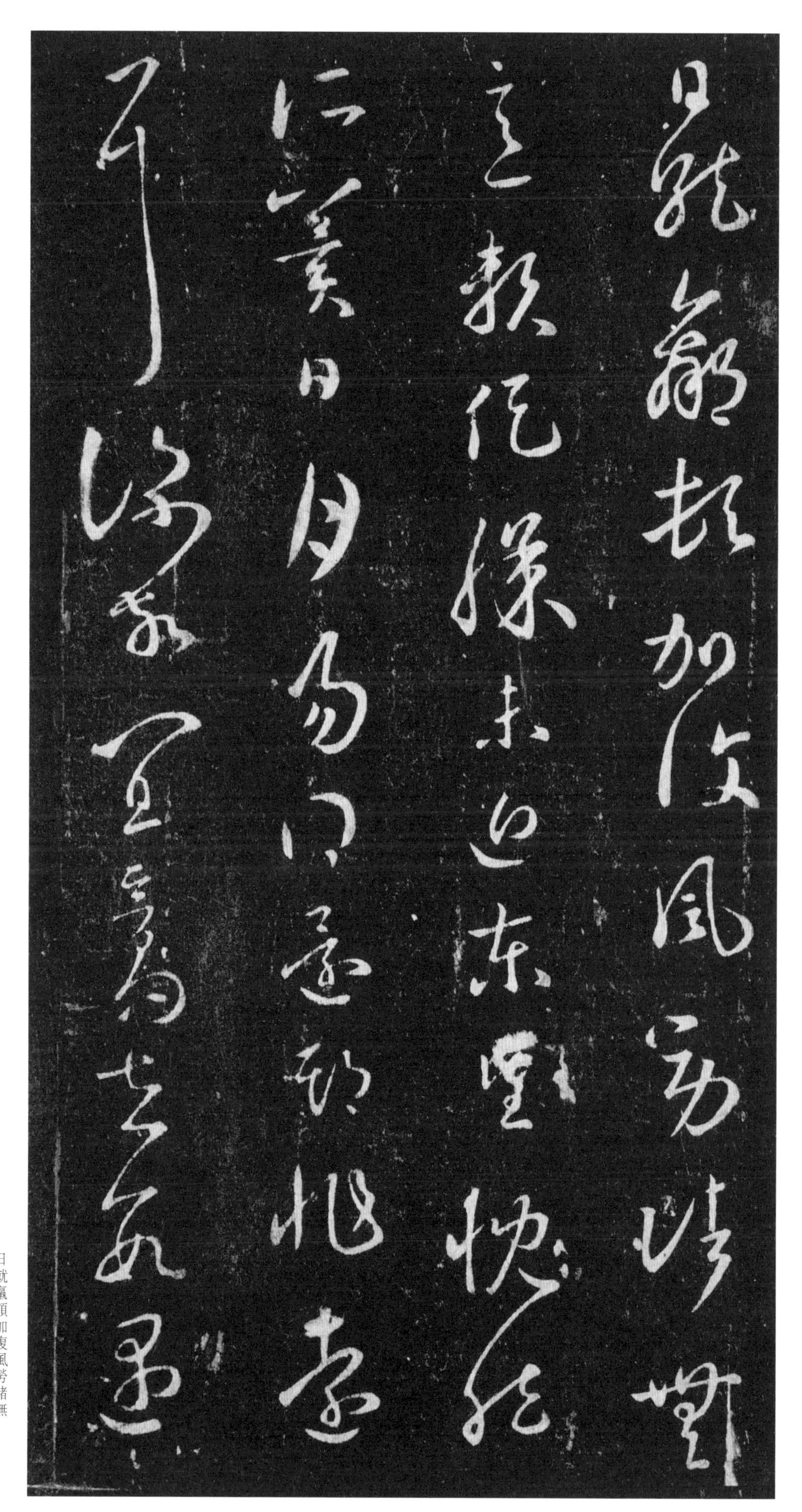

日就羸頓加復風勞諸無
意賴促膝未近東望慨然
所冀日月易得還期非遠
耳深敬宜音問在數遇

極寒帖
Ji Han Tie

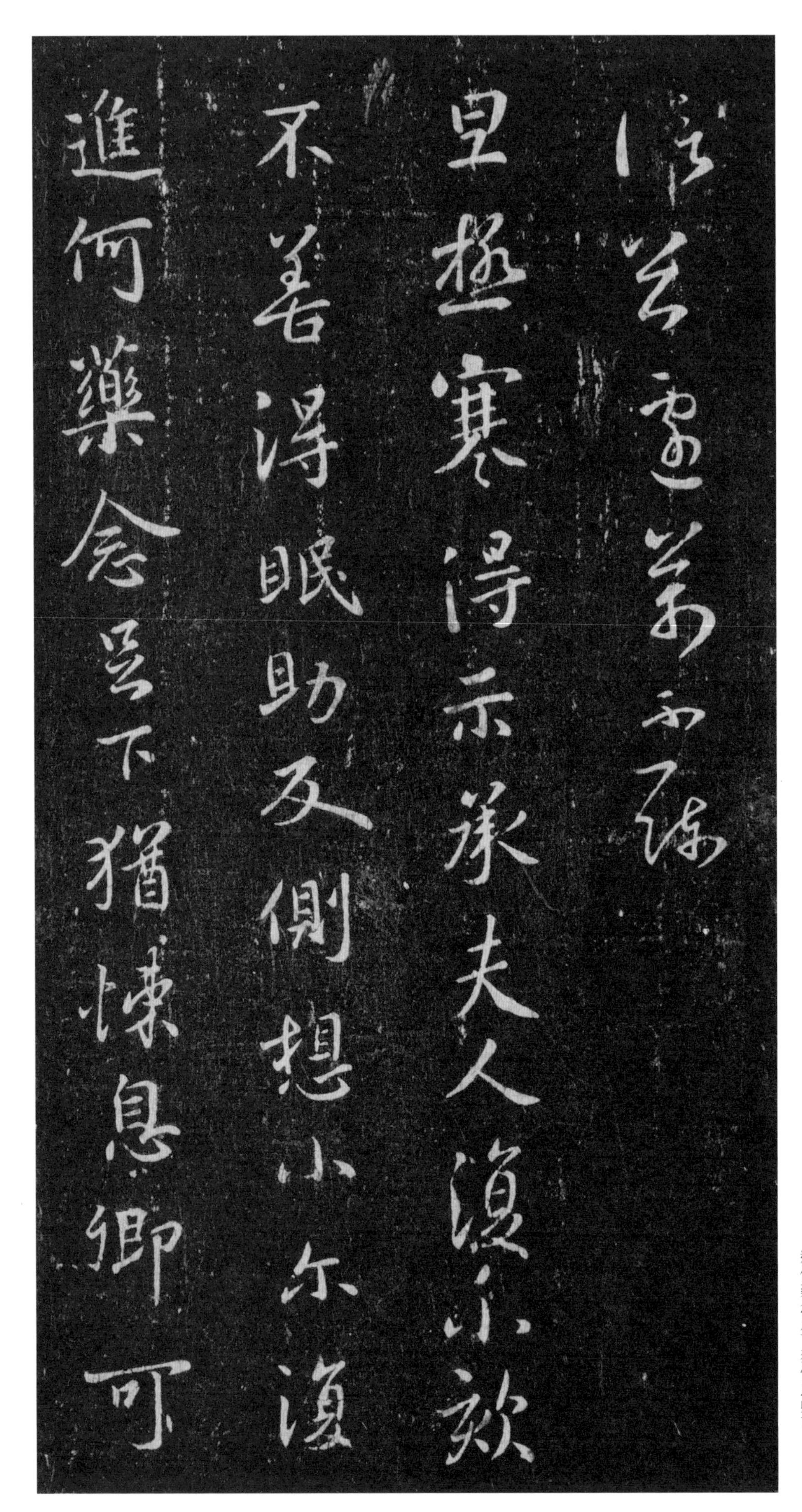

信忩遽萬不一陳

極寒帖 釋文：

旦極寒得示承夫人復小欬
不善得眠助反側想小爾復
進何藥念足下猶悚息卿可

39 虞休帖 Yu Xiu Tie

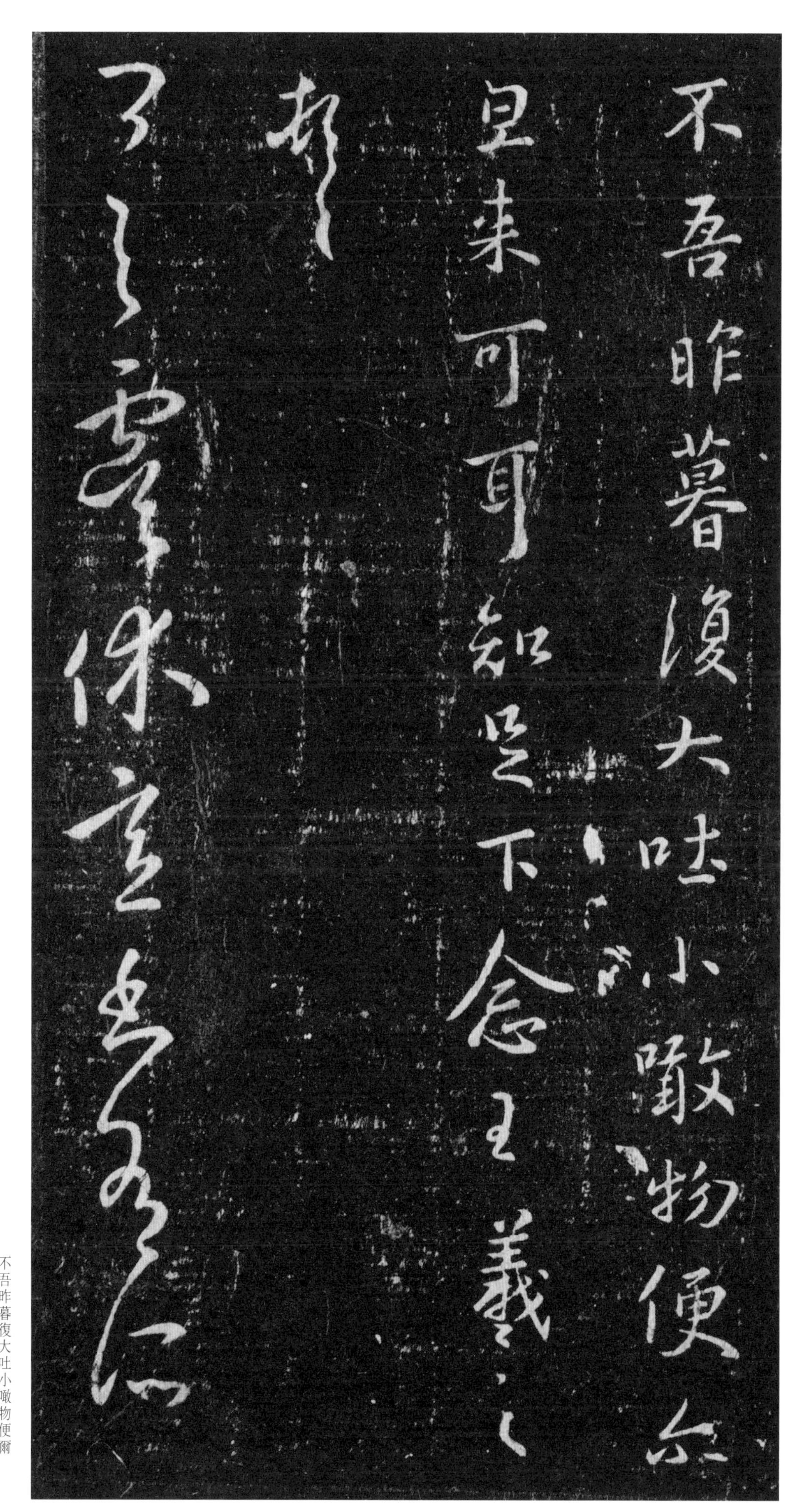

虞休帖 釋文：

不吾昨暮復大吐小噉物便爾

旦來可耳知足下念王羲之

頓首

卿與虞休意書有所

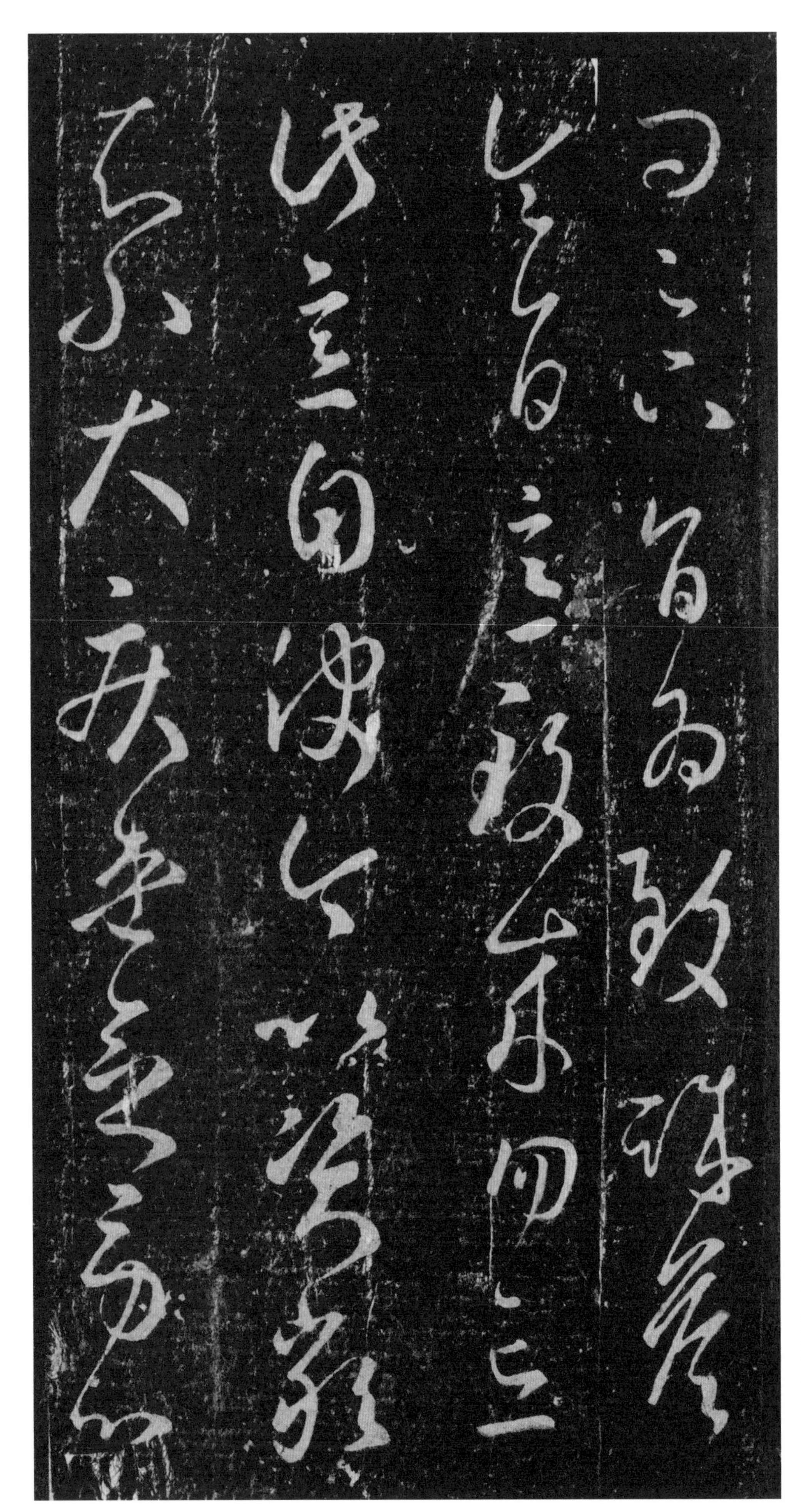

問足下旨為致誠答
令旨意致來勿忘
此意自決今以資嚴
知小大疾患念勞心

40

建安帖

Jian An Tie

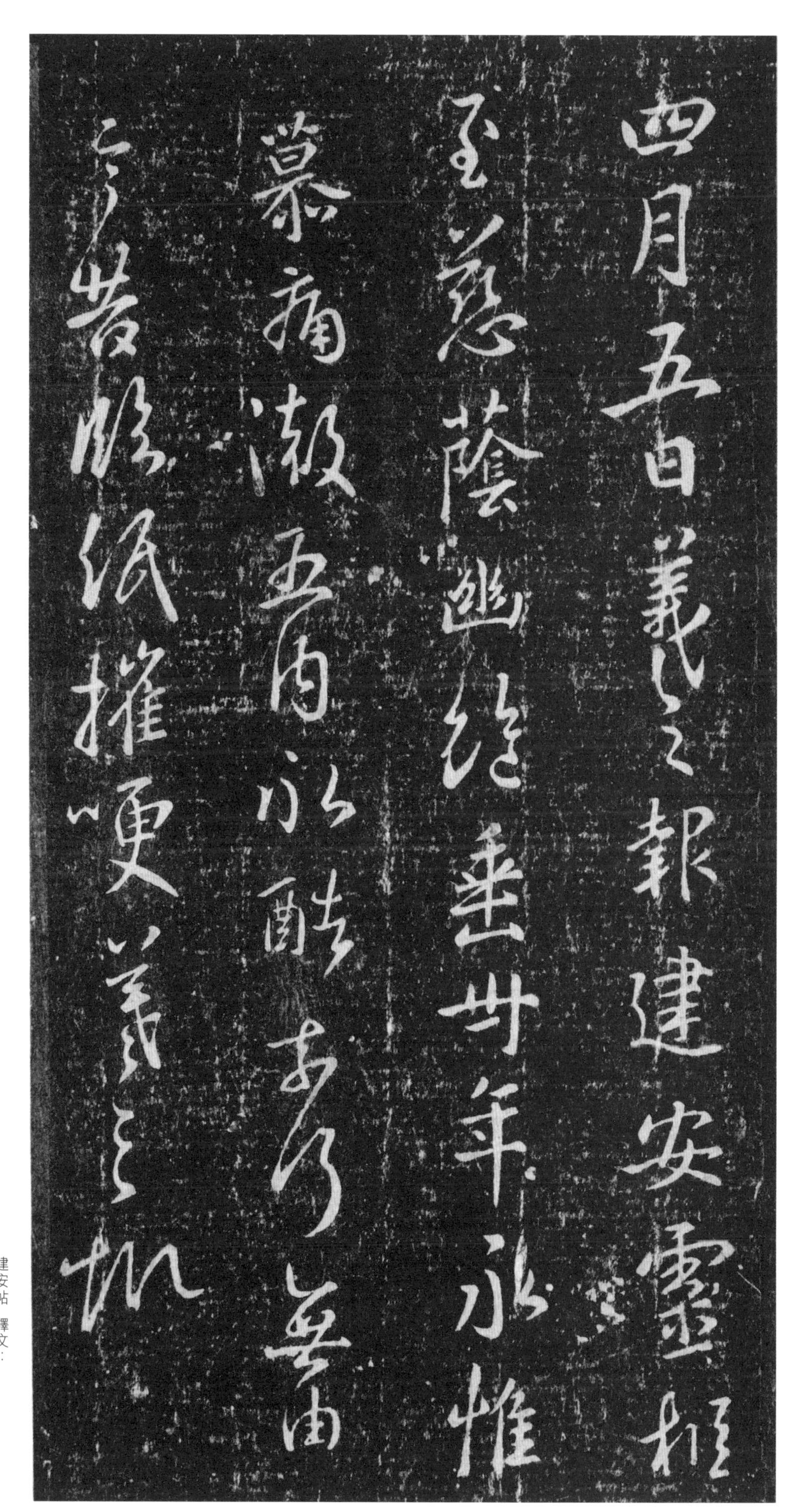

建安帖　釋文：

四月五日羲之報建安靈柩

至慈蔭幽絕垂卅年永惟

慕痛徹五內永酷奈何無由

言發臨紙摧哽羲之報

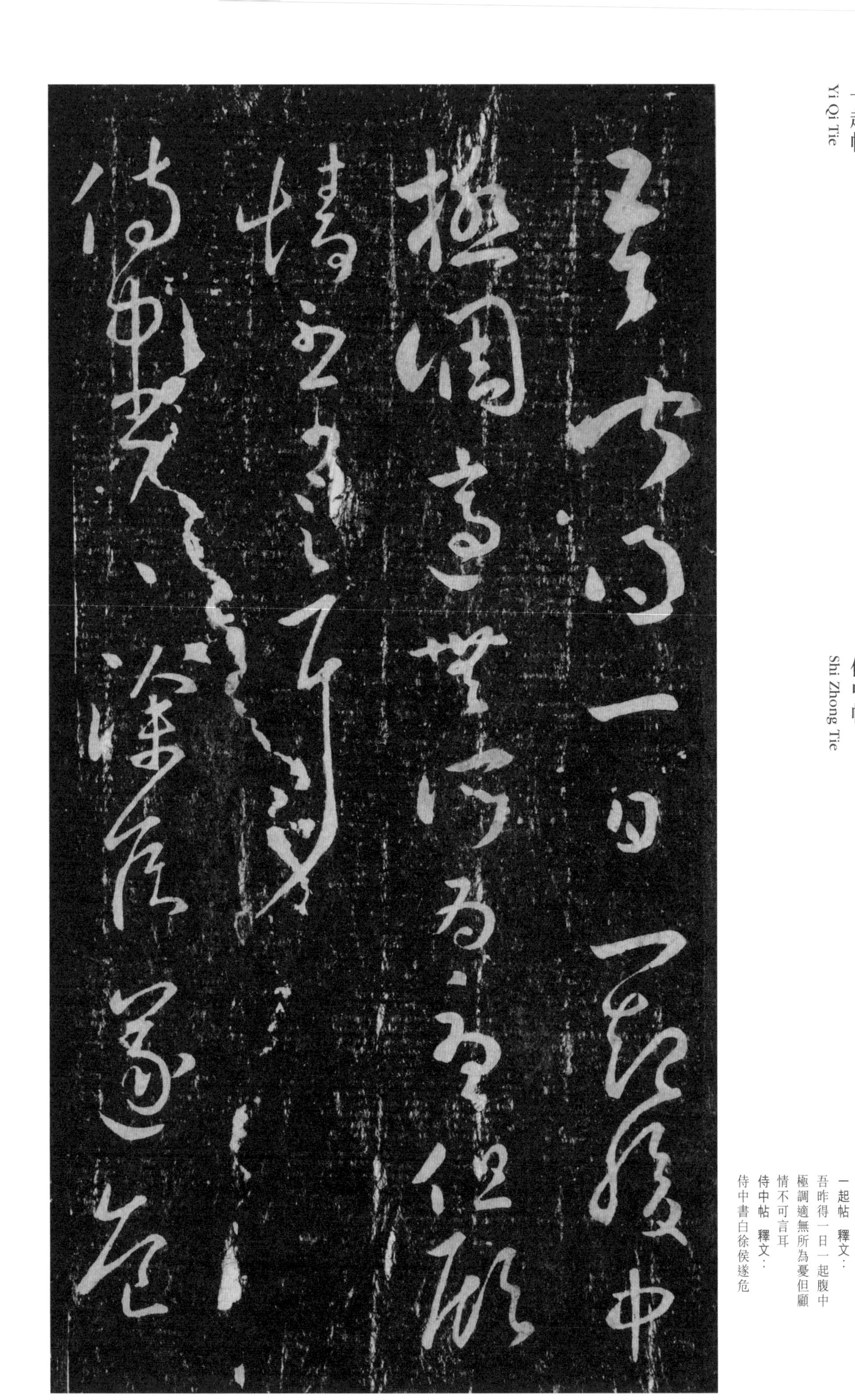

41

一起帖
Yi Qi Tie

42

侍中帖
Shi Zhong Tie

一起帖 釋文：
吾昨得一日一起腹中
極調適無所為憂但顧
情不可言耳
侍中帖 釋文：
侍中書白徐侯遂危

43

敬豫帖
Jing Yu Tie

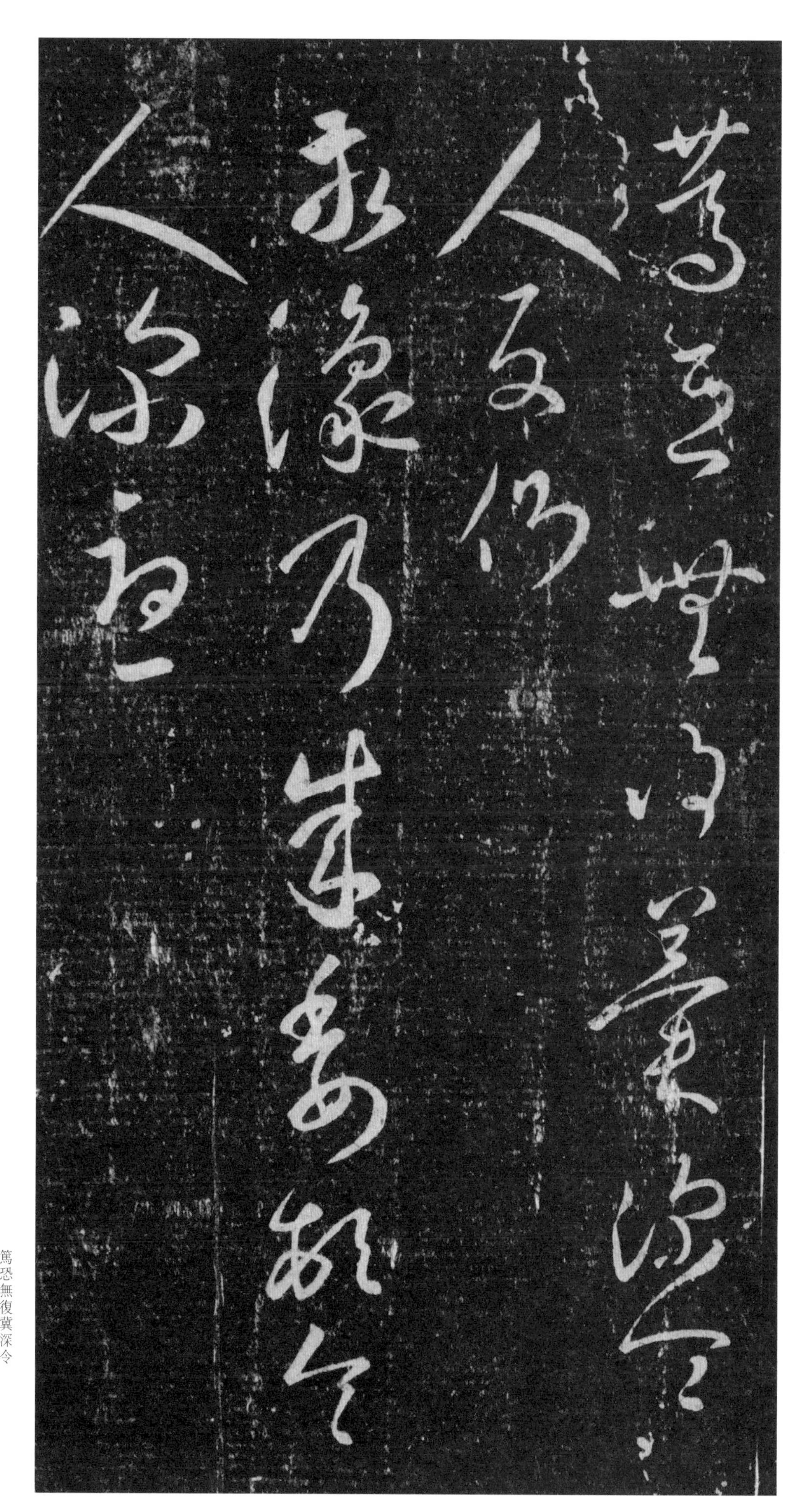

篤恐無復冀深令人反側

敬豫帖 釋文：
敬豫乃成委頓令人深憂

44

清和帖
Qing He Tie

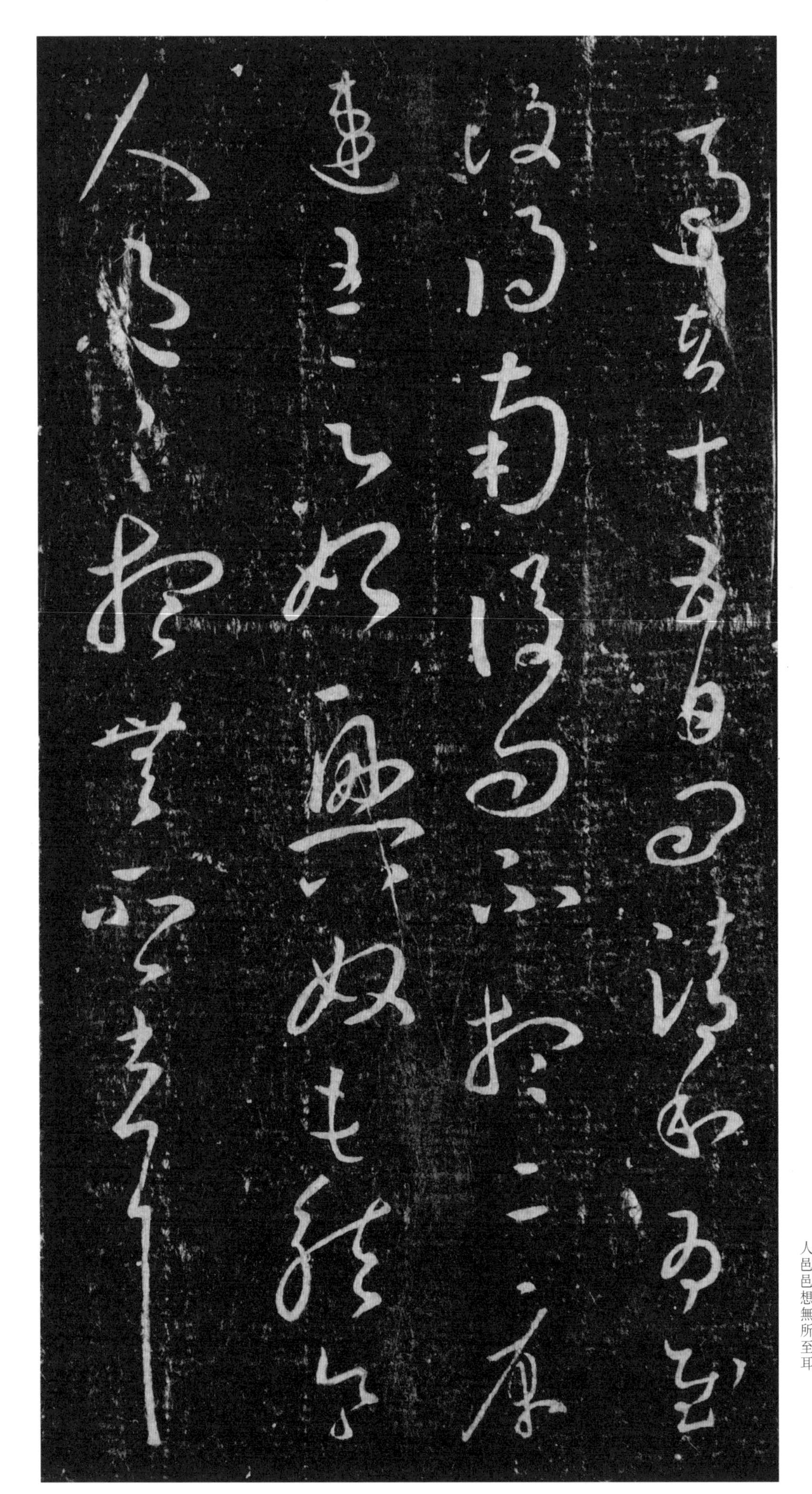

清和帖　釋文：
適知十五日問清和為慰
復得南後問不想二庾
速至云始興奴屯結令
人邑邑想無所至耳

45 追尋帖

Zhui Xun Tie

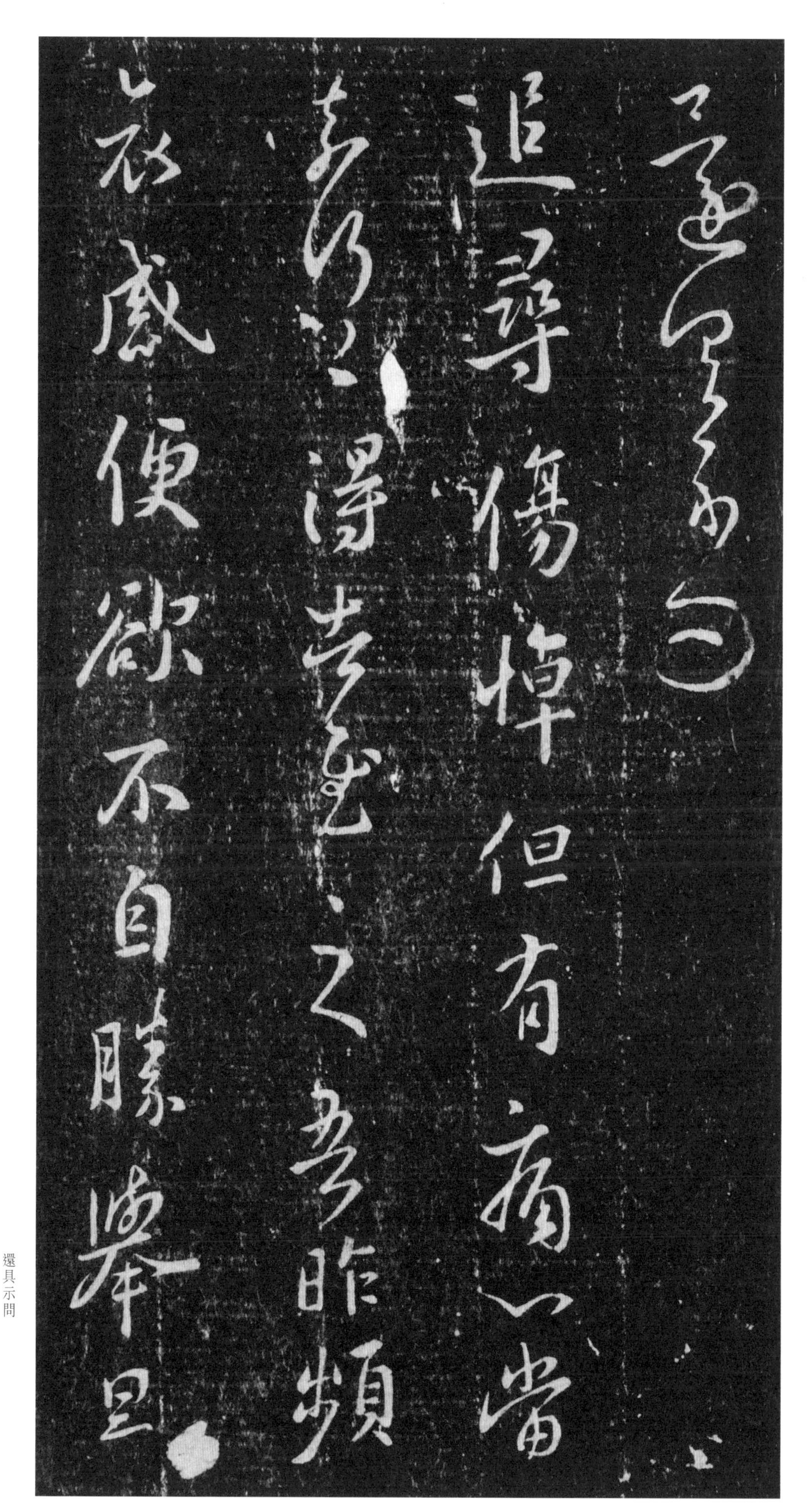

還具示問

追尋帖 釋文：

追尋傷悼但有痛心當
奈何奈何得告慰之吾昨頻
哀感便欲不自勝舉旦

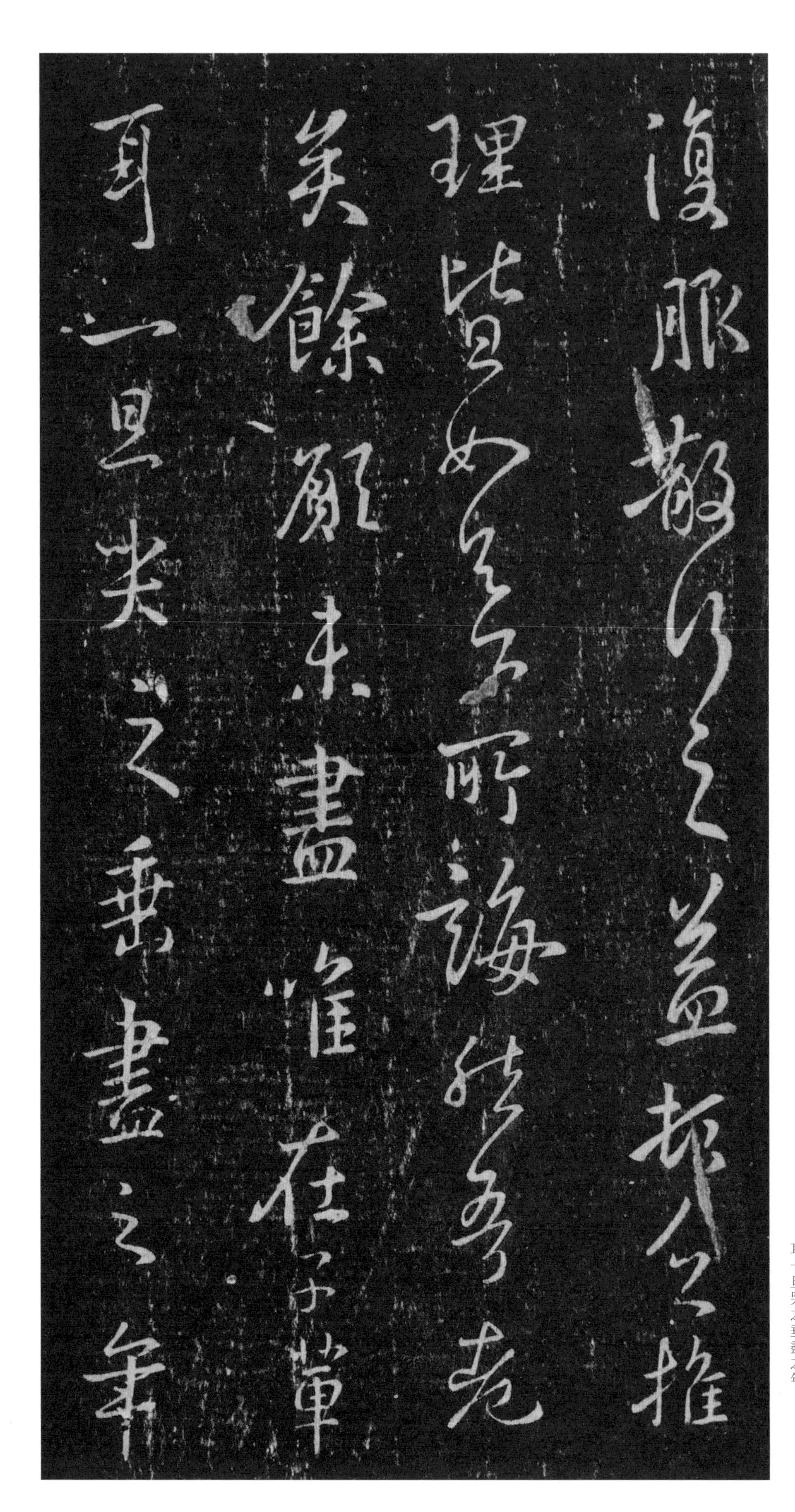

復服散行之益頓乏推
理皆如足下所誨然吾老
矣餘願未盡唯在子輩
耳一旦哭之垂盡之年

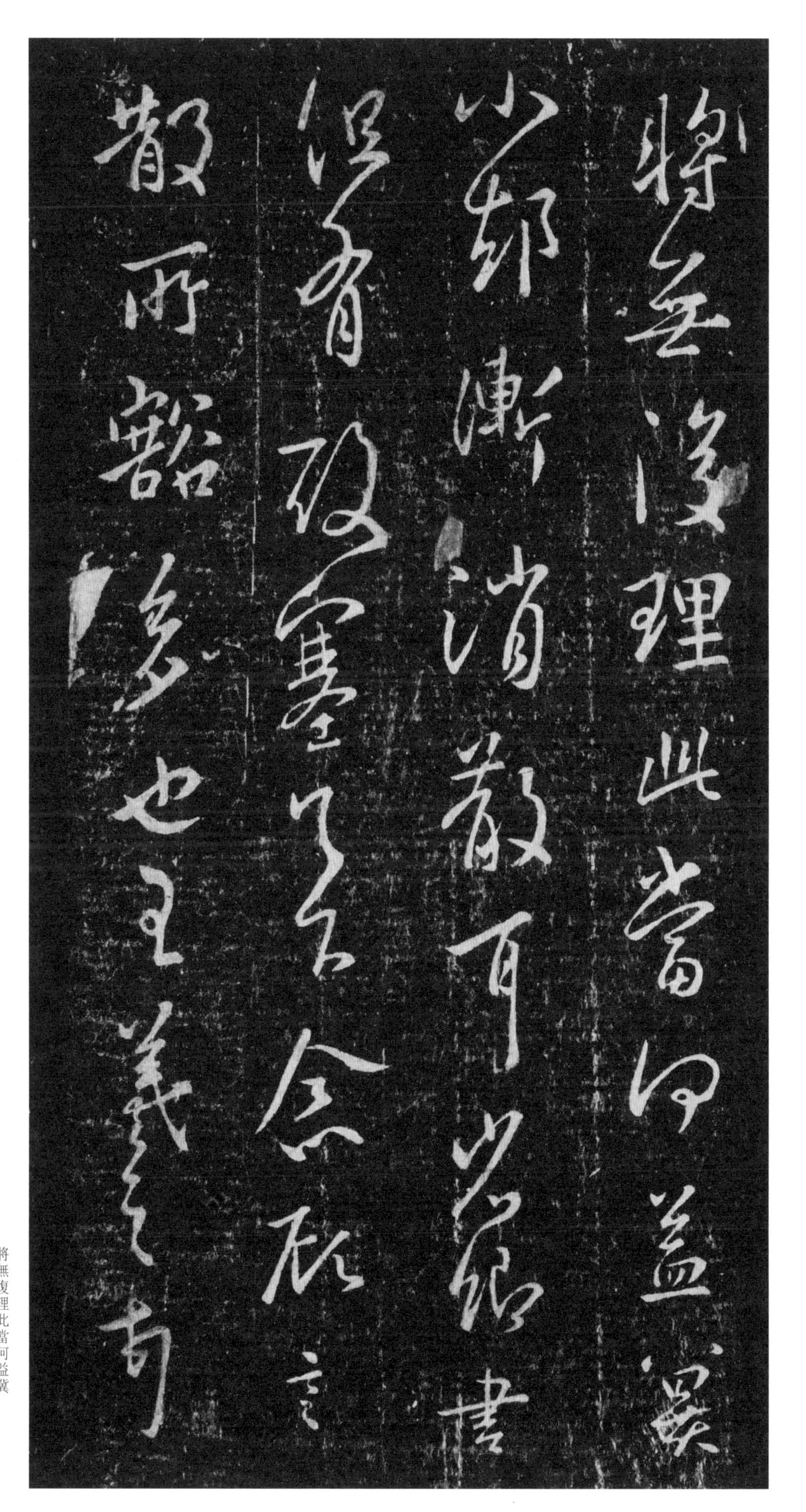

將無復理此當何益冀
少卻漸消散耳省卿書
但有酸塞足下念顧言
散所豁多也王羲之頓首

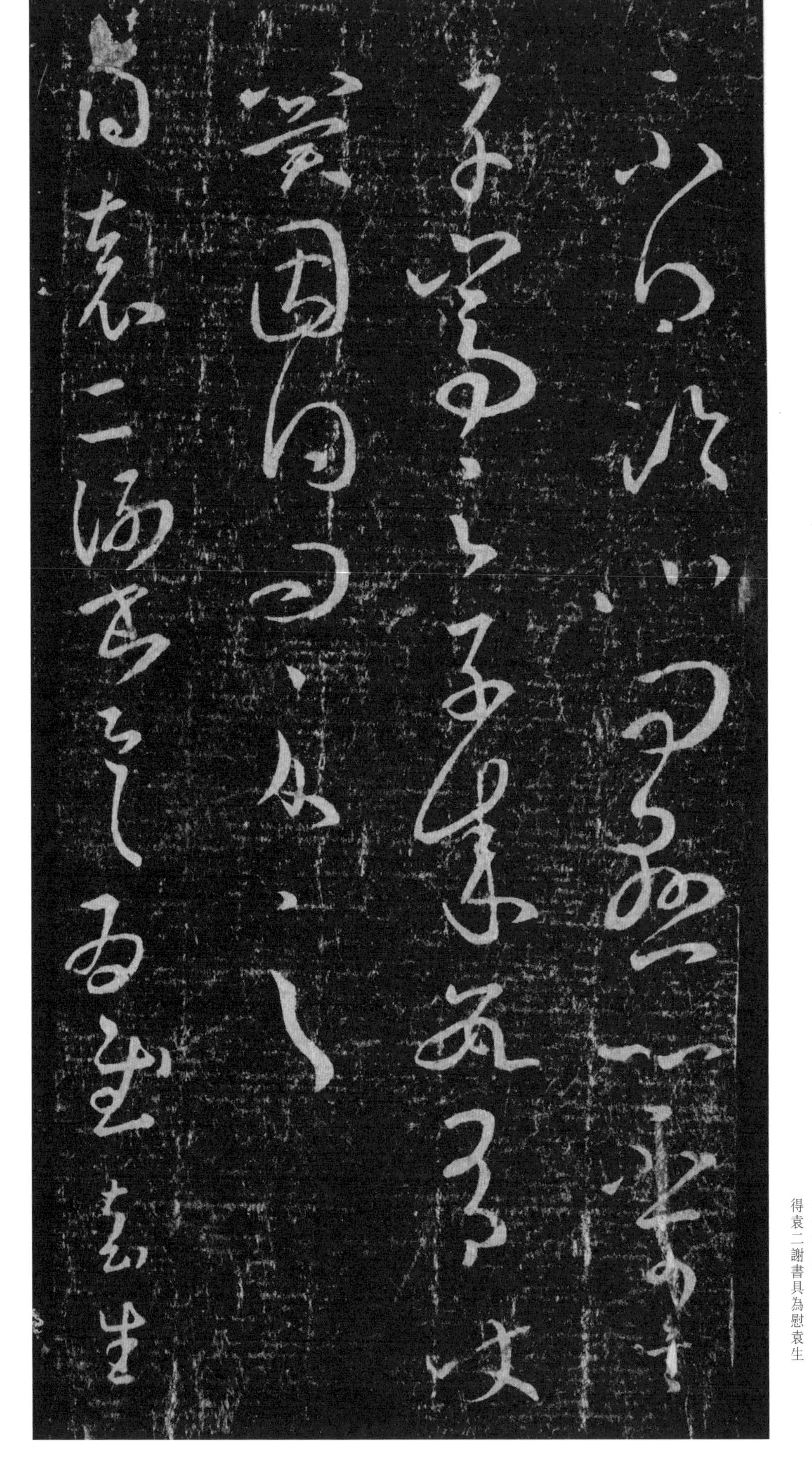

46

臨川帖
Lin Chuan Tie

47

袁生帖
Yuan Sheng Tie

臨川帖　釋文：
不得臨川問懸心不可言
子嵩之子來數有使
冀因得問示之

袁生帖　釋文：
得袁二謝書具為慰袁生

知賓帖
Zhi Bin Tie

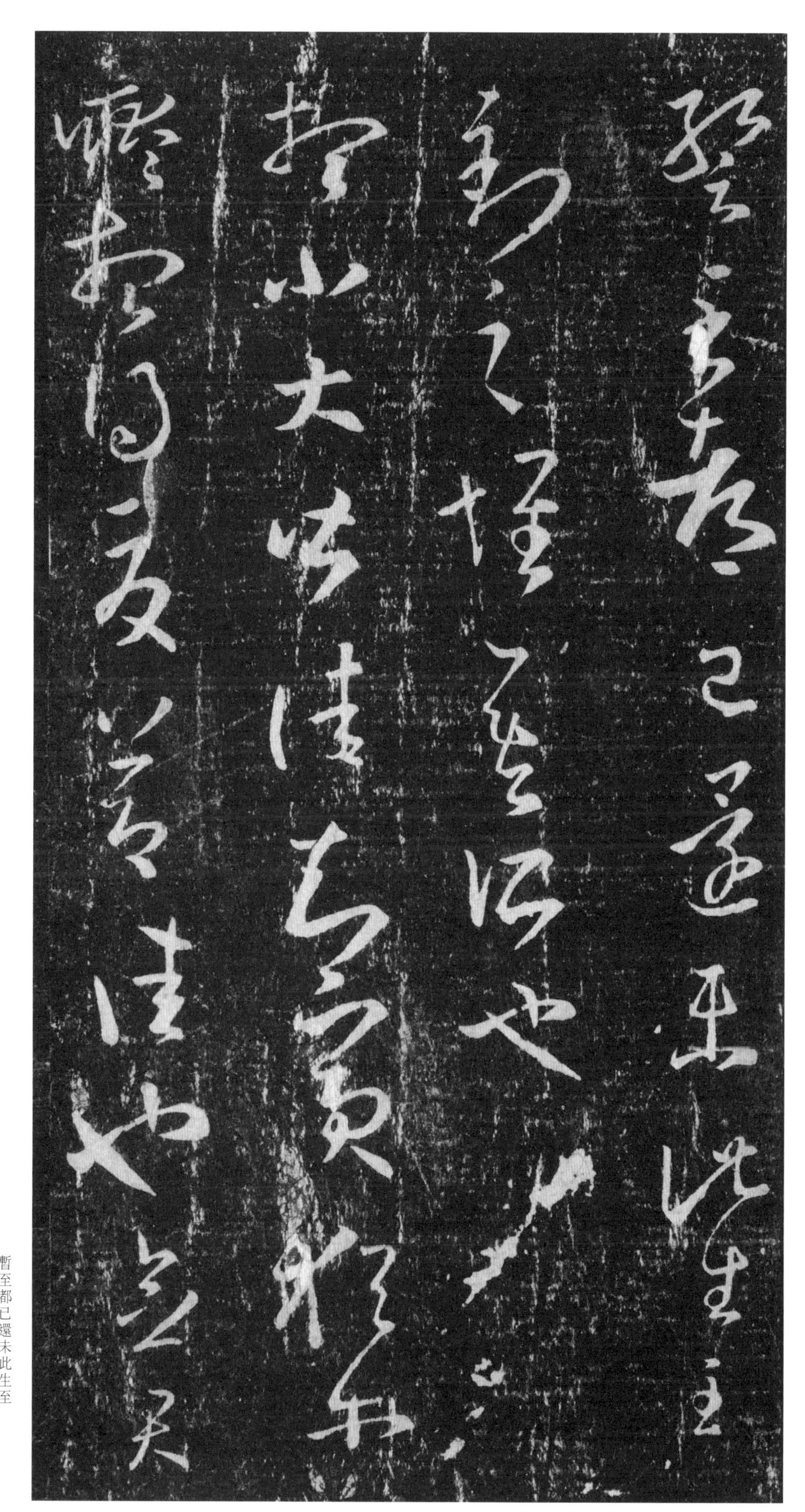

知賓帖 釋文：

暫至都已還未此生至到之懷吾所也
想小大皆佳知賓猶爾耿耿想得夏節佳也念君

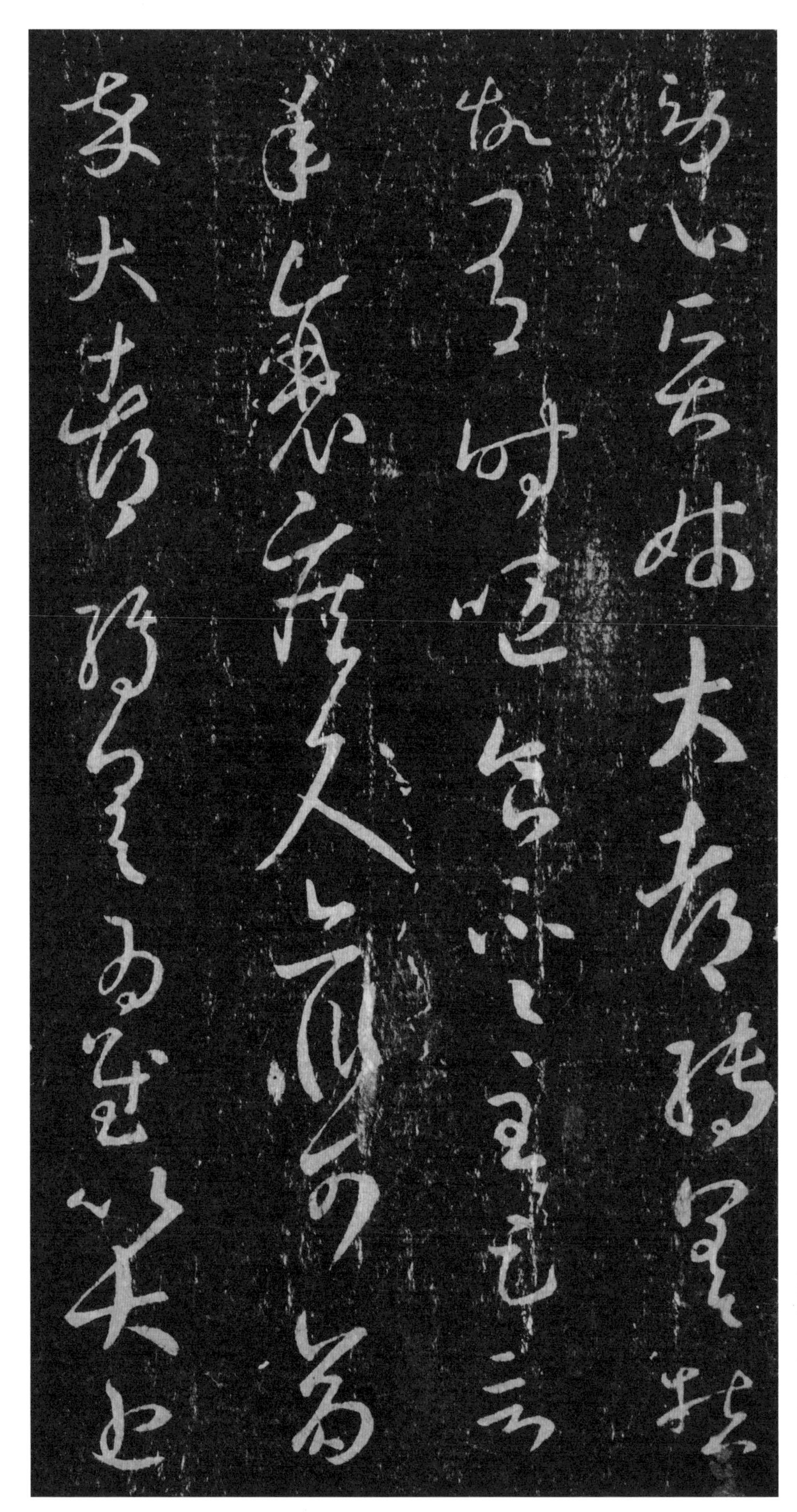

勞心賢姊大都轉差扶
故有時嘔食不已至足言
年衰疾久亦非可倉
卒大都轉差為慰以大近

49

適太常帖

Shi Tai Chang Tie

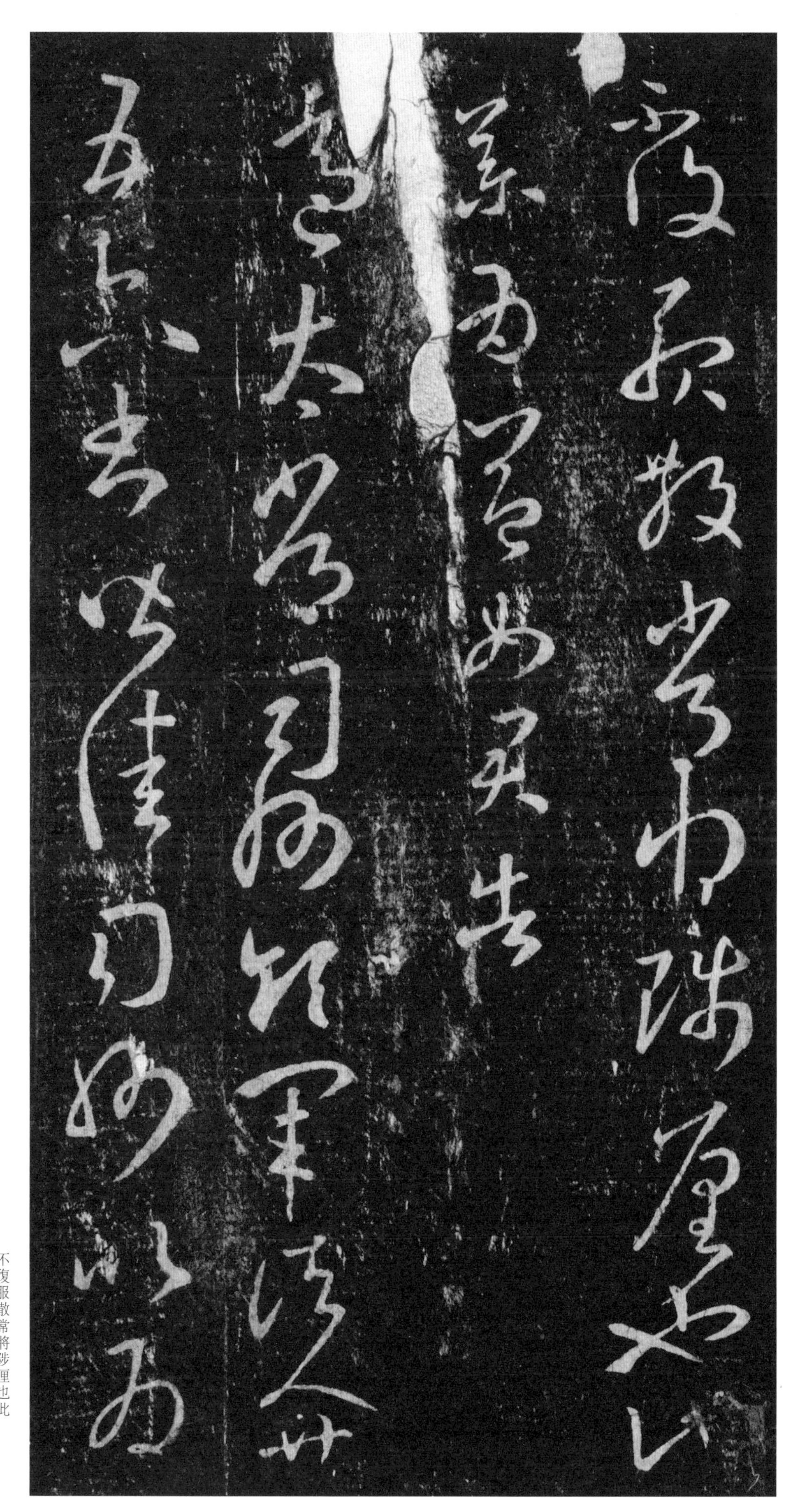

不復服散常將陟厘也此藥為益如君告

適太常帖 釋文：

適太常司州領軍諸人廿五六書皆佳司州以為

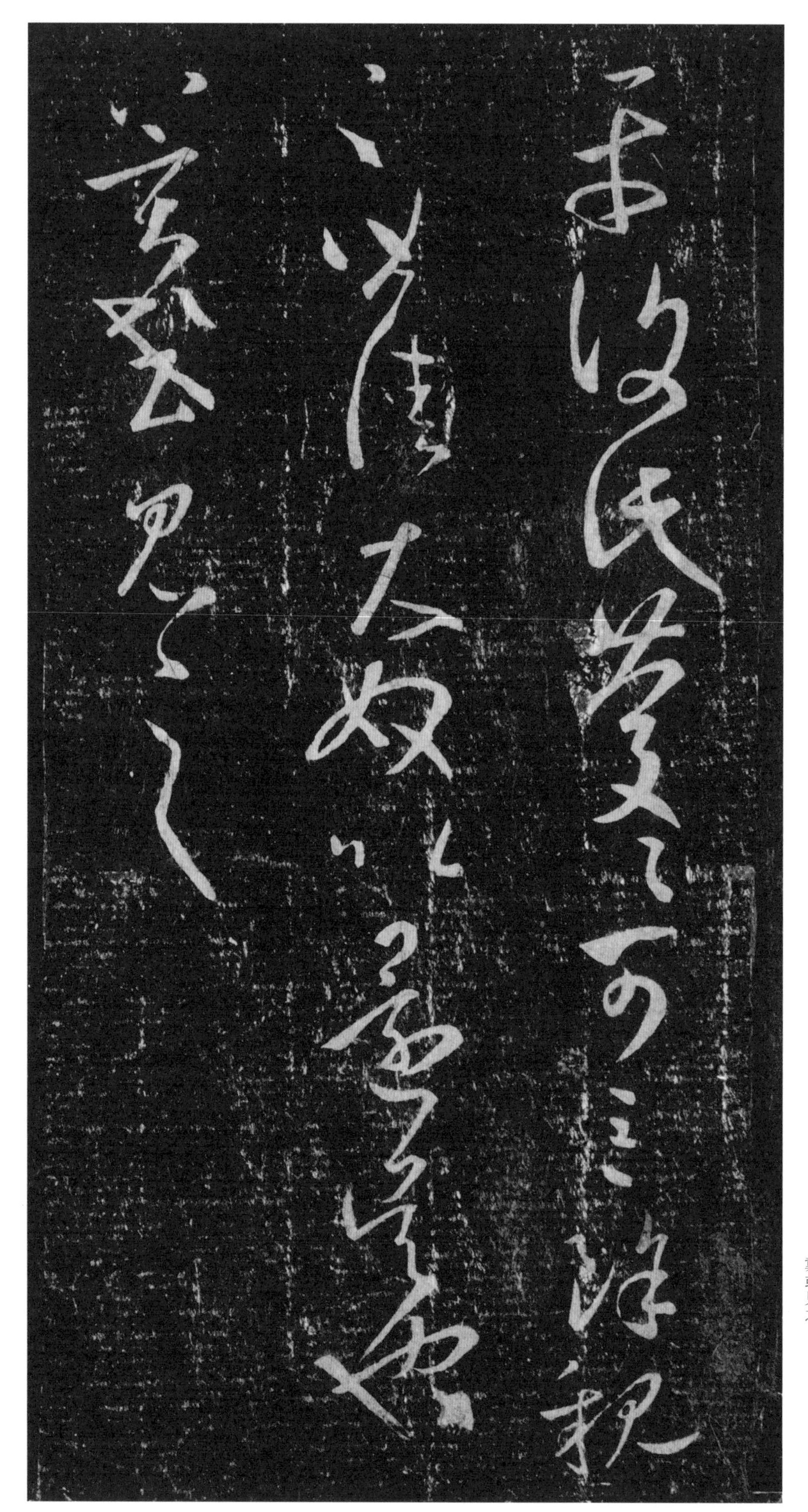

平復此慶慶可言餘親
親皆佳大奴以還吳也
冀或見之

50

司州帖

Si Zhou Tie

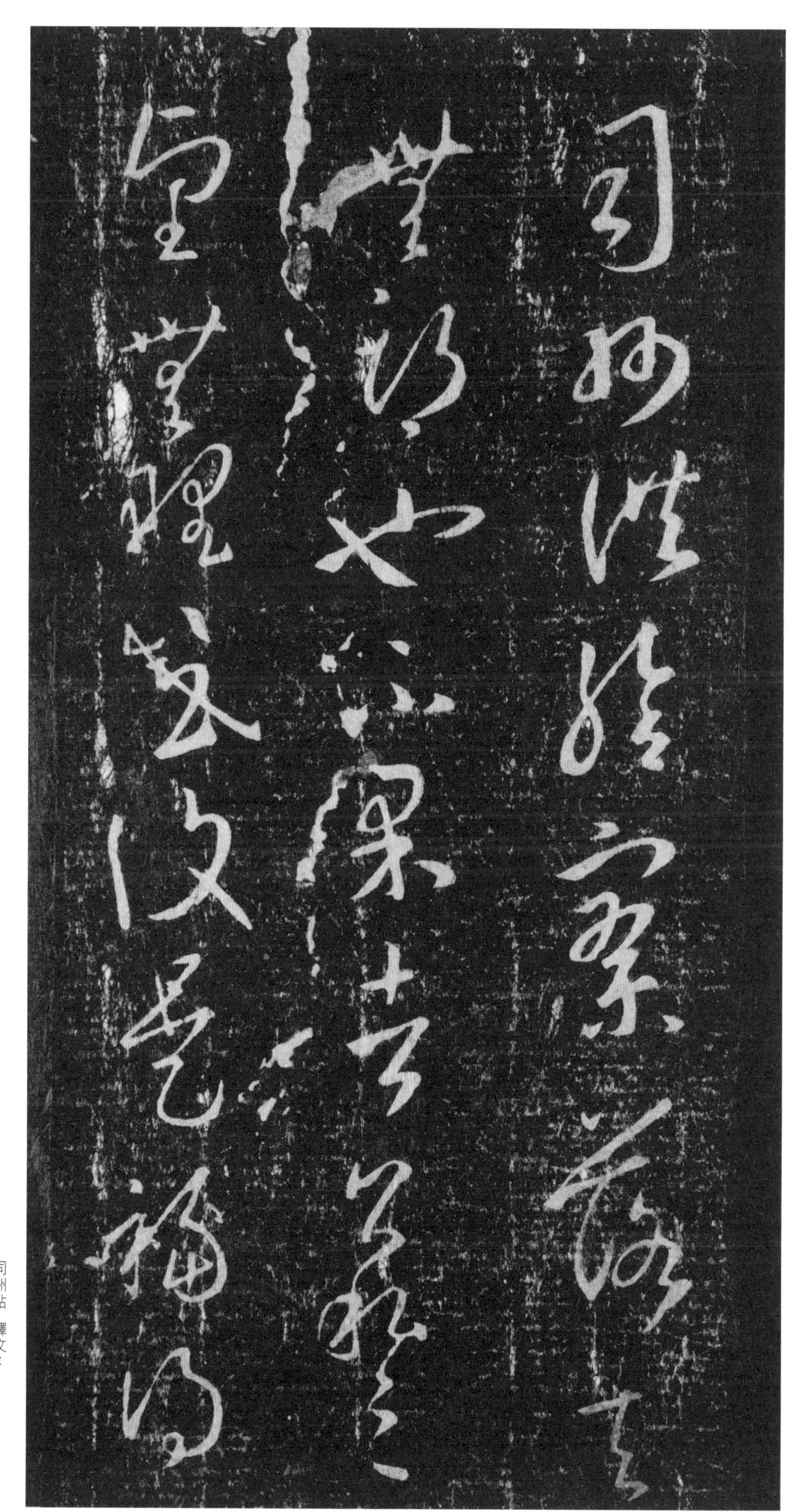

司州帖 釋文：

司州供給寥落去

無期也不果者公私之

望無理或復是福得

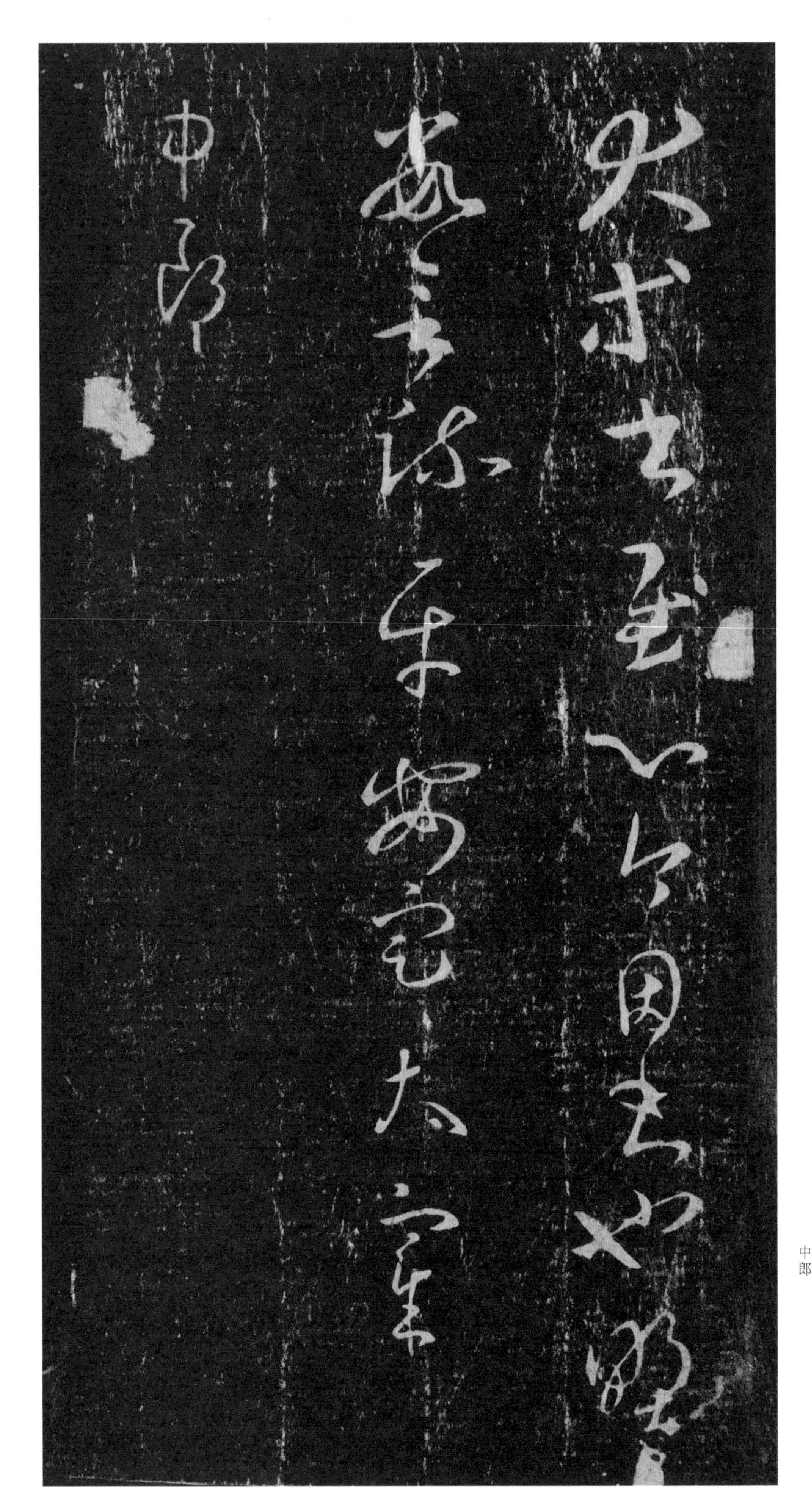

大等書慰心今因書也墅
數言疏平安定太宰
中郎

51

里人帖

Li Ren Tie

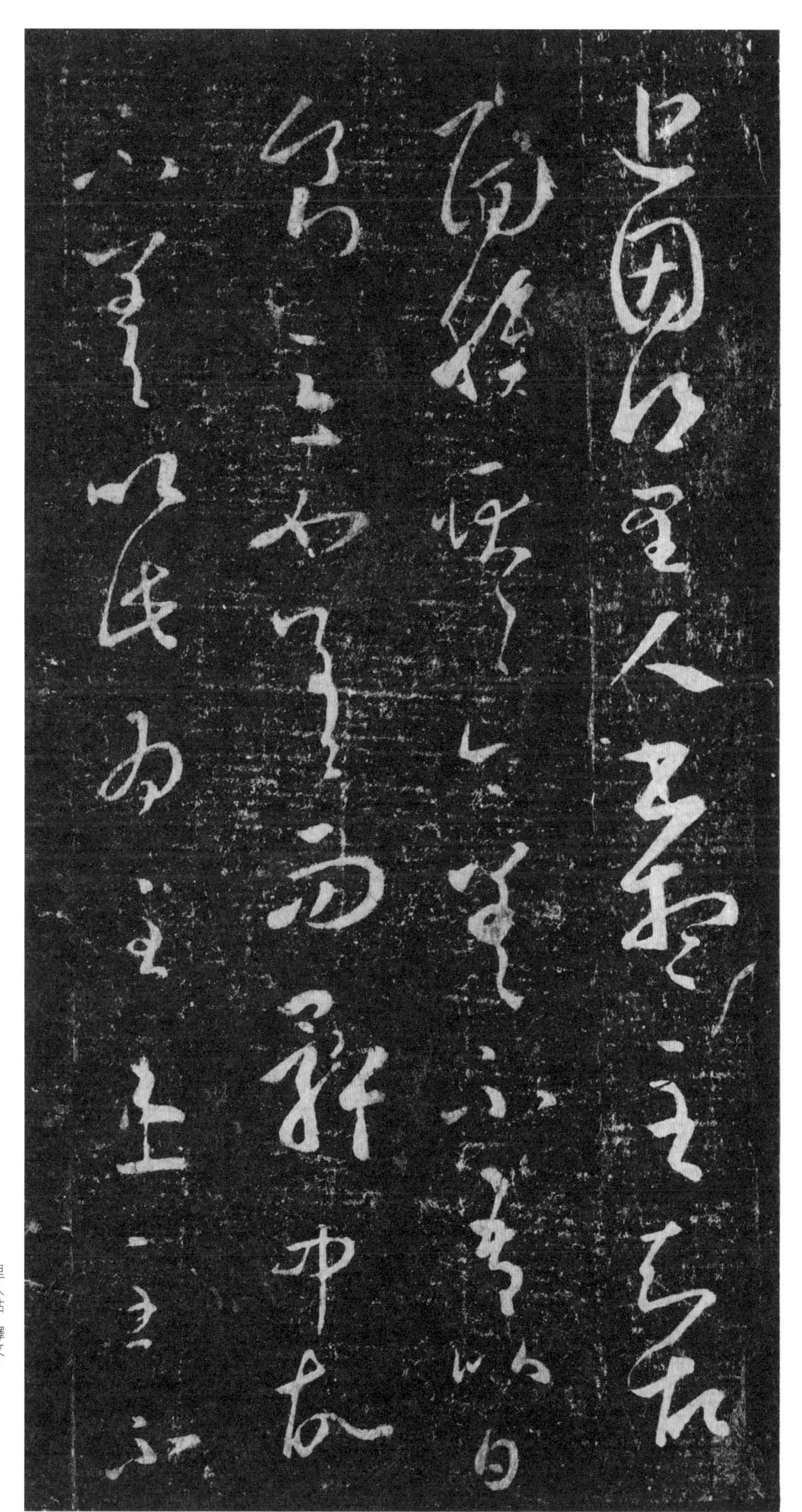

里人帖 釋文：
近因得里人書想至知故
面腫耿耿今差不吾比日
食意如差而髀中故
不差以此為至患至不

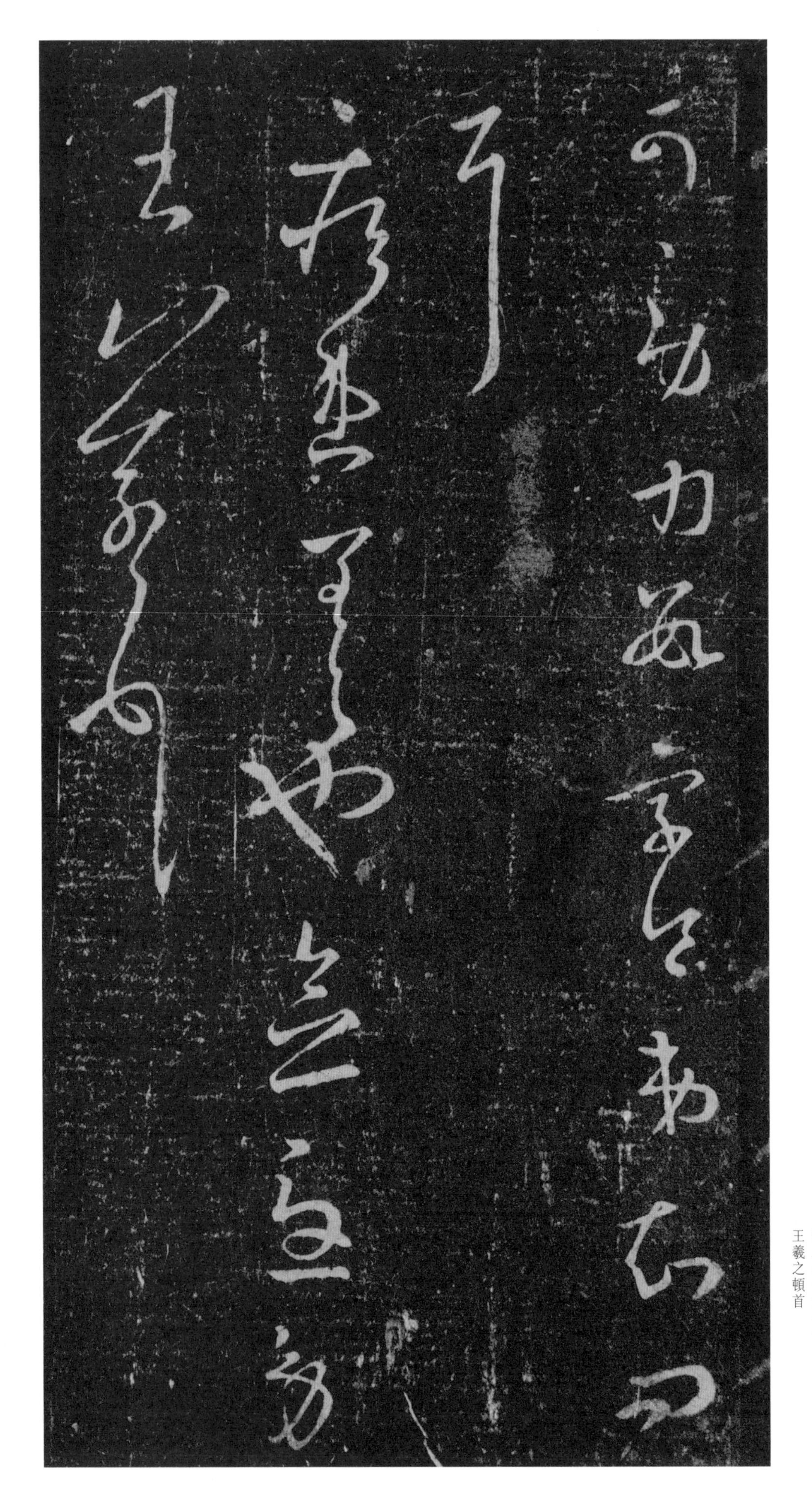

可勞力數字令弟知問
耳

疾患帖　釋文：
疾患差也念憂勞
王羲之頓首

53

想弟帖

Xiang Di Tie

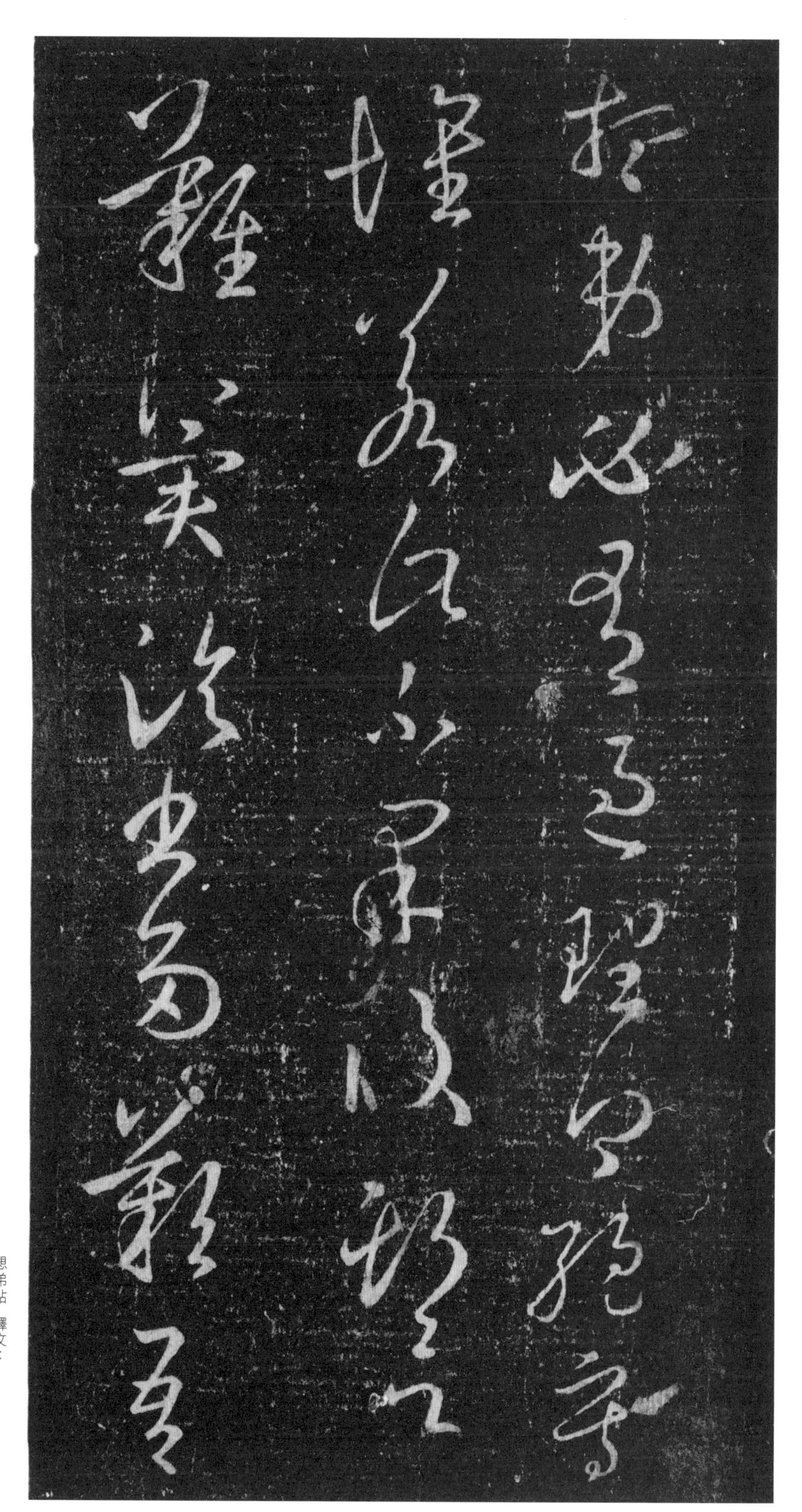

想弟帖 釋文：

想弟必有過理得暫寫懷若此不果復期欲雜糞臨書多歎吾

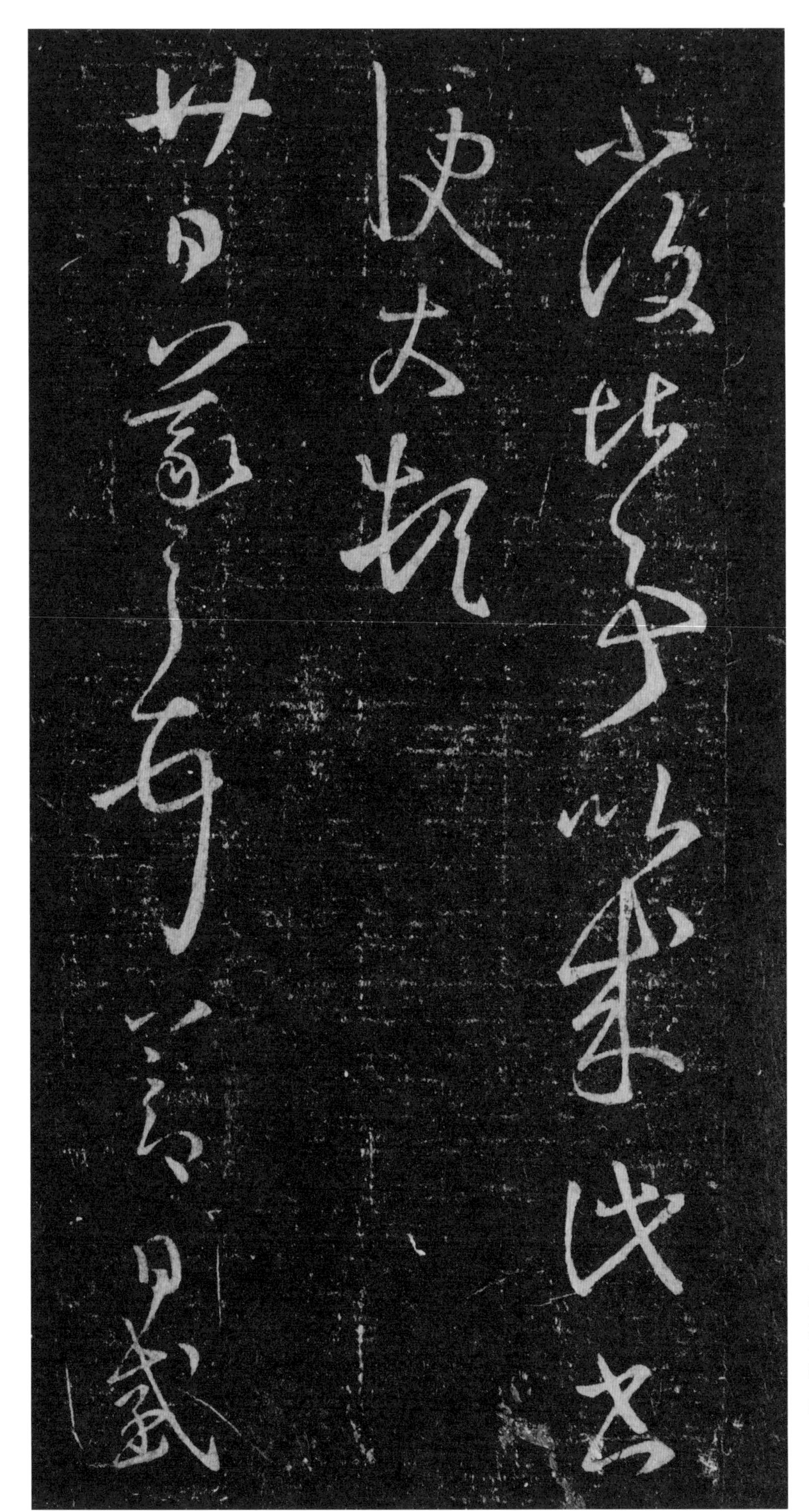

節日帖　釋文：
廿日羲之頓首節日感
不復堪事比成此書
便大頓

55

僕可帖

Pu Ke Tie

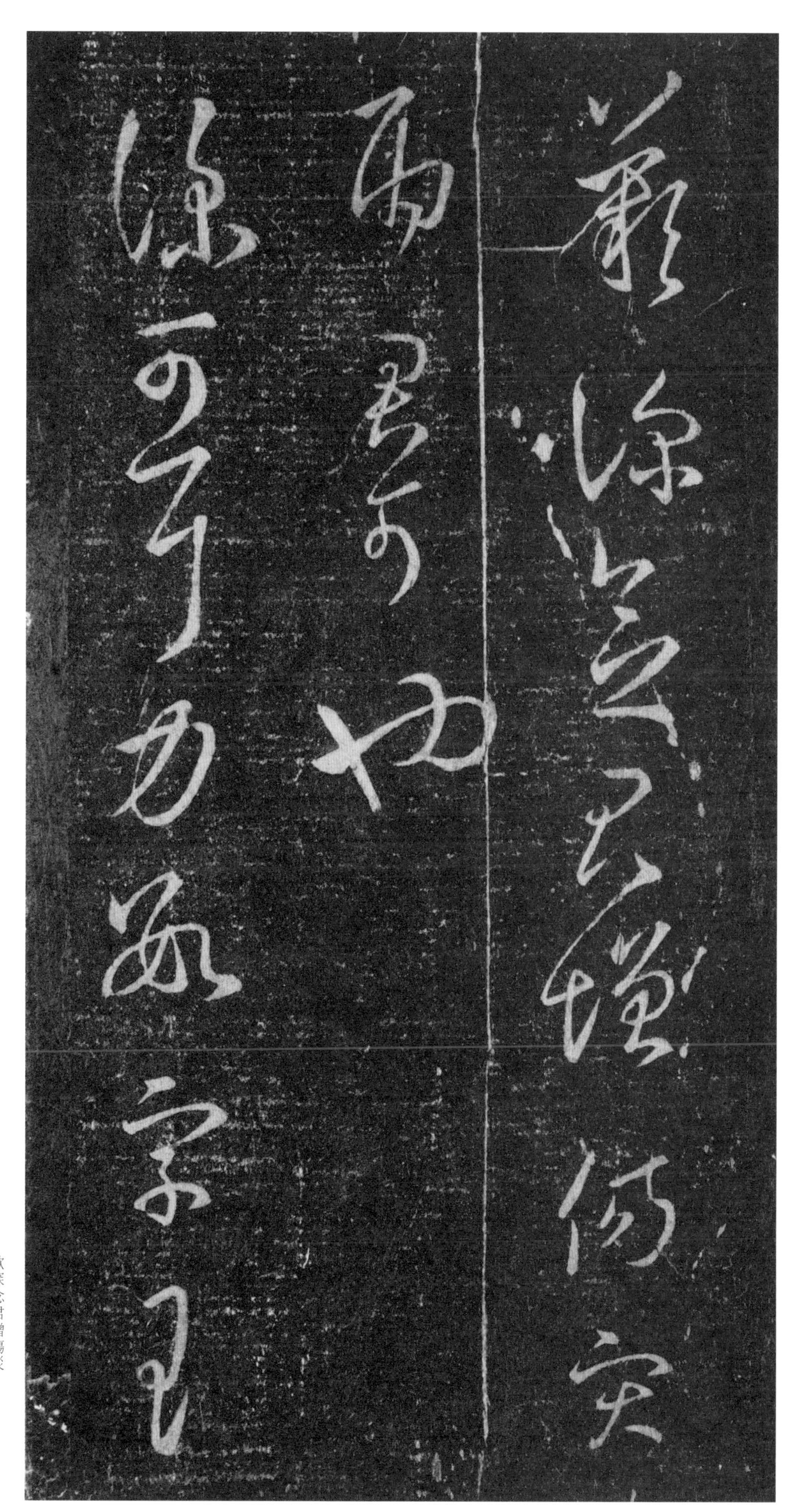

歎深念君增傷災

雨君可也

僕可帖　釋文：

僕可耳力數字王

定聽帖
Ding Ting Tie

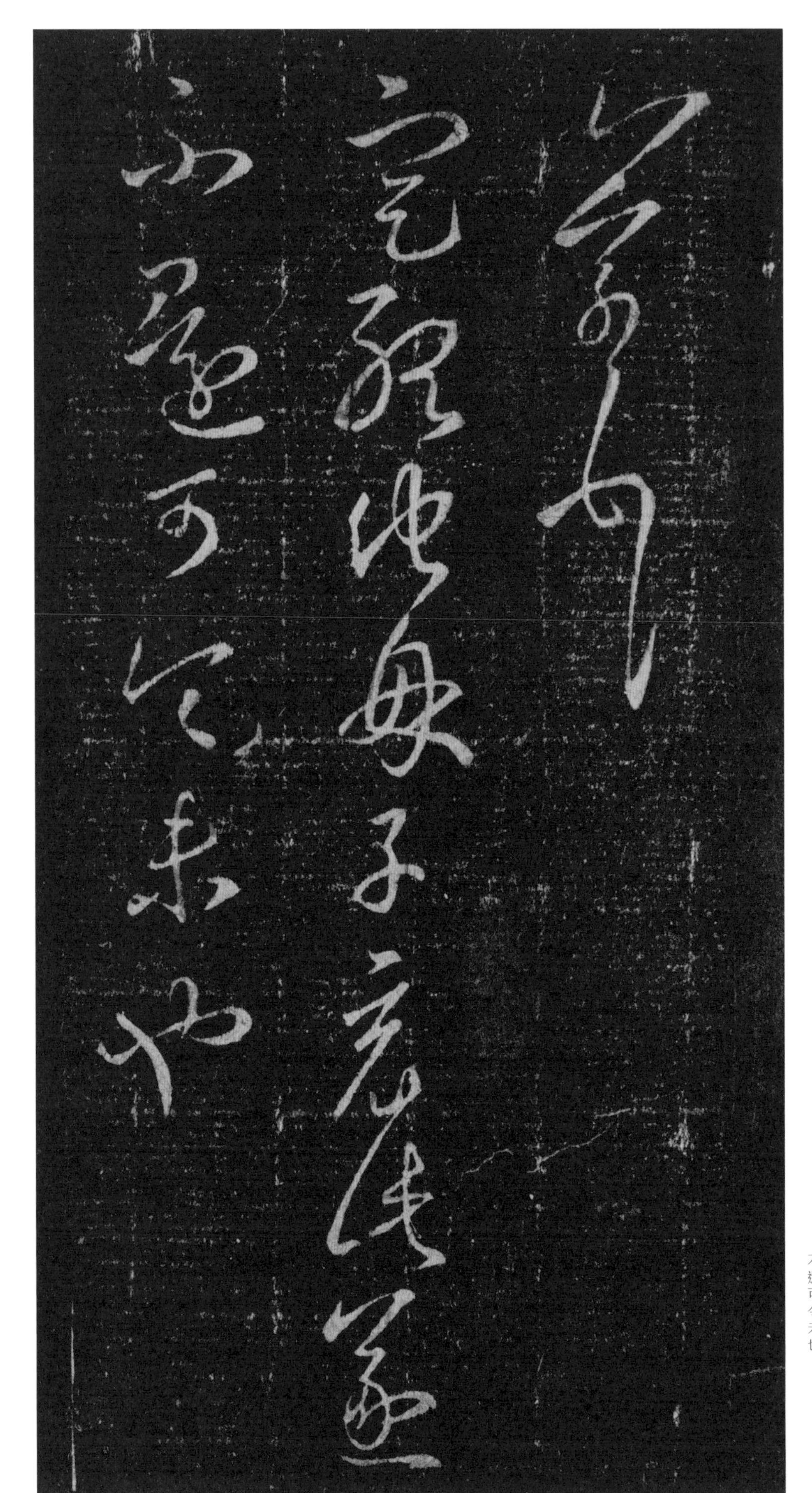

羲之頓首

定聽帖　釋文：

定聽他母子哀此遂不還可令未也

57

重熙帖
Chong Xi Tie

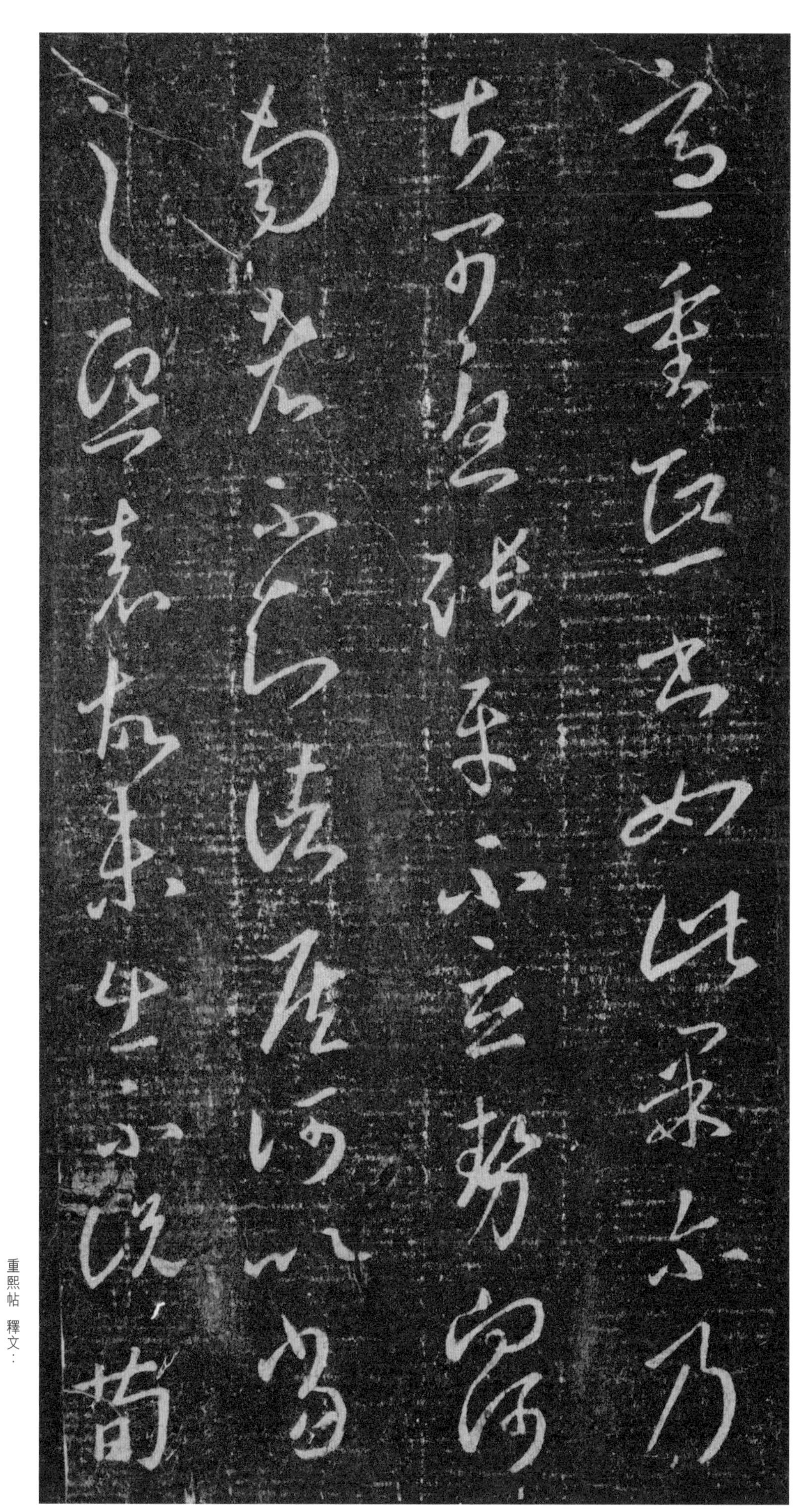

重熙帖　釋文：
適重熙書如此果爾乃
甚可憂張平不立勢向河
南者不知諸侯何以當
之熙表故未出不說苟

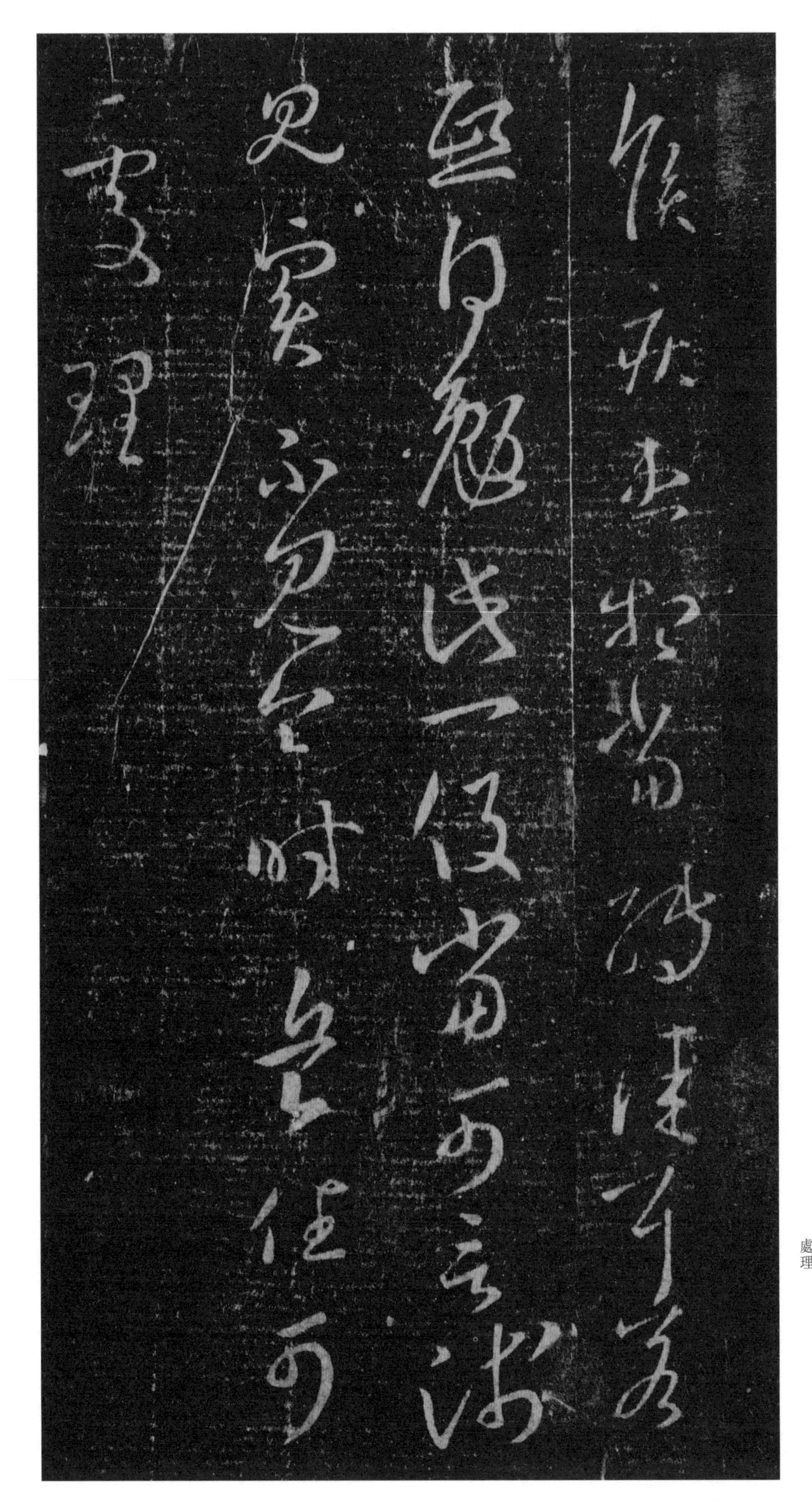

侯疾患想當轉佳耳若
熙得勉此一役當可言淺
見實不見今時兵任可
處理

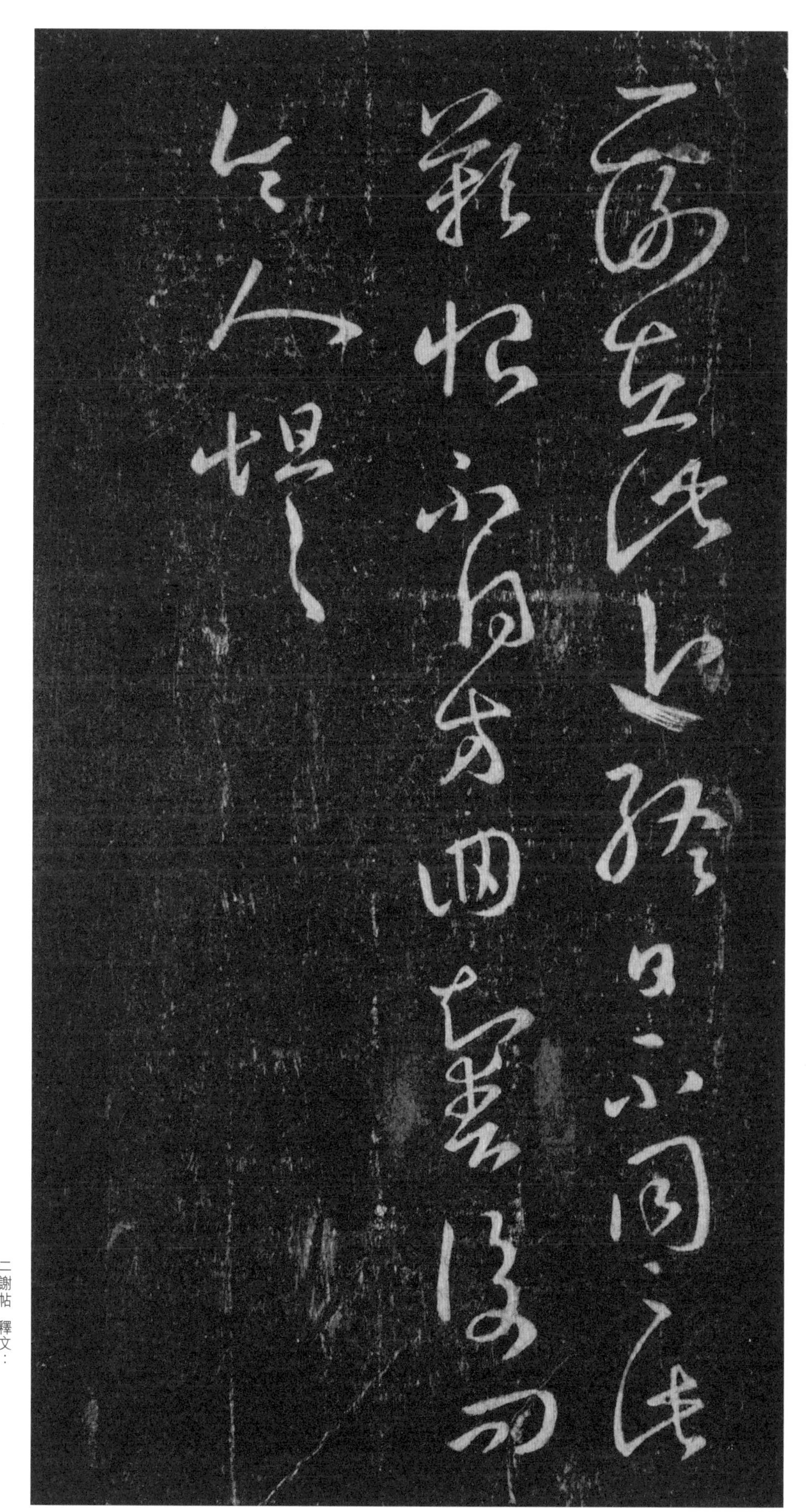

二謝帖 釋文：
二謝在此近終日不同同此
歎恨不得方回知爽後問
令人怛怛

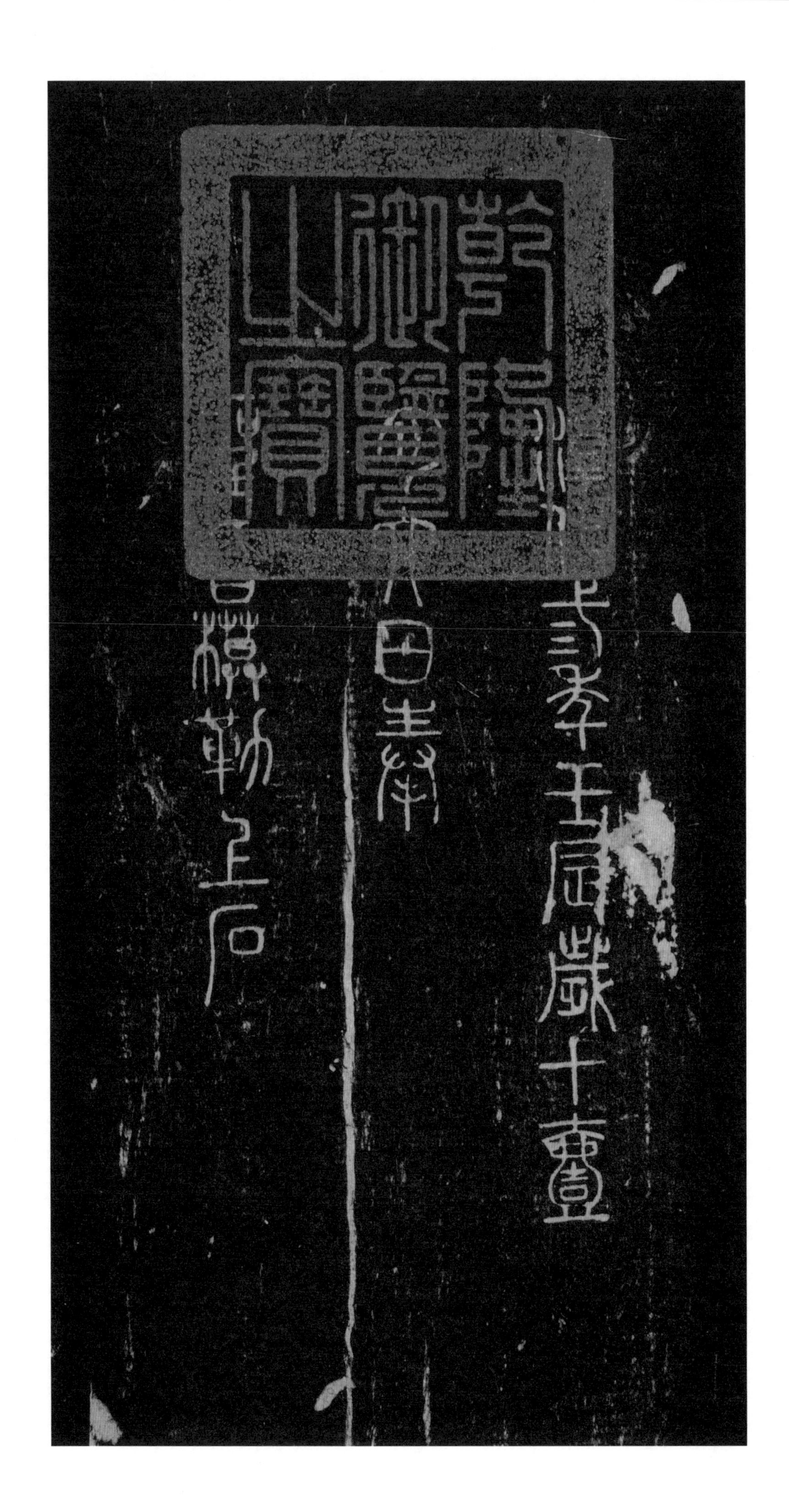

法帖第七王羲之書二

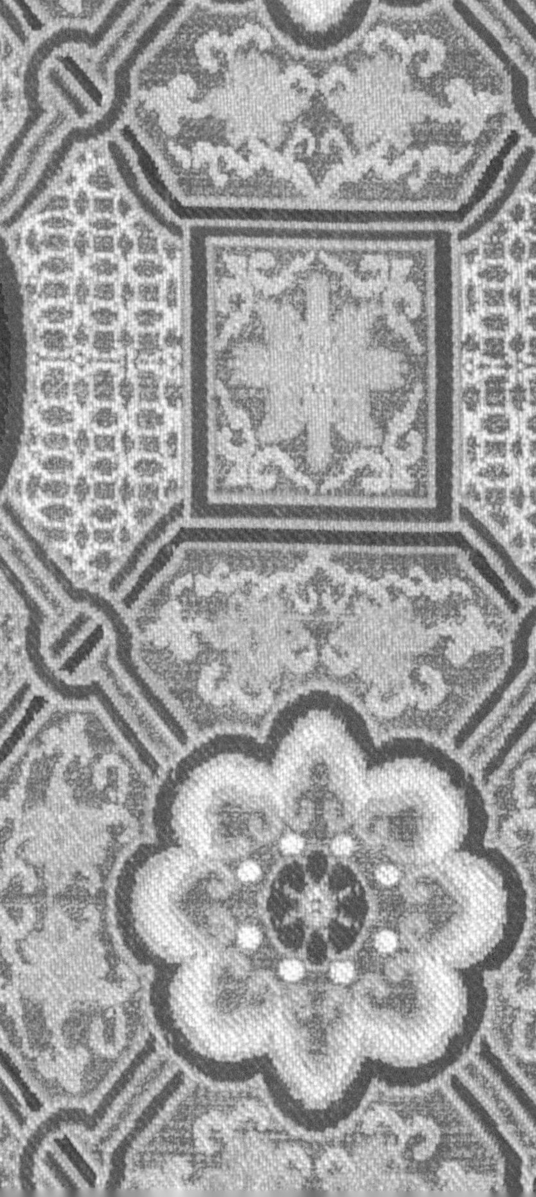
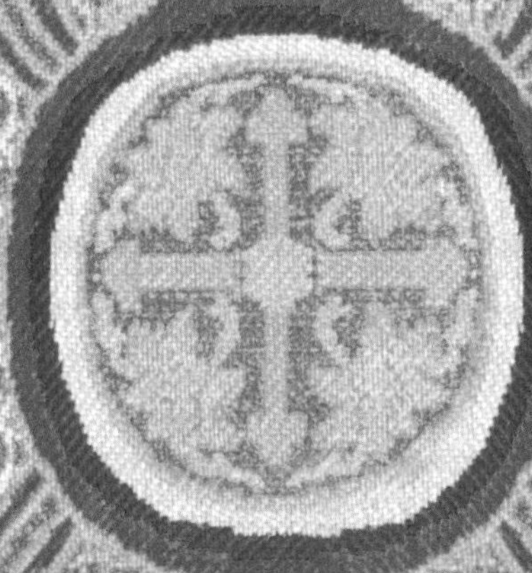
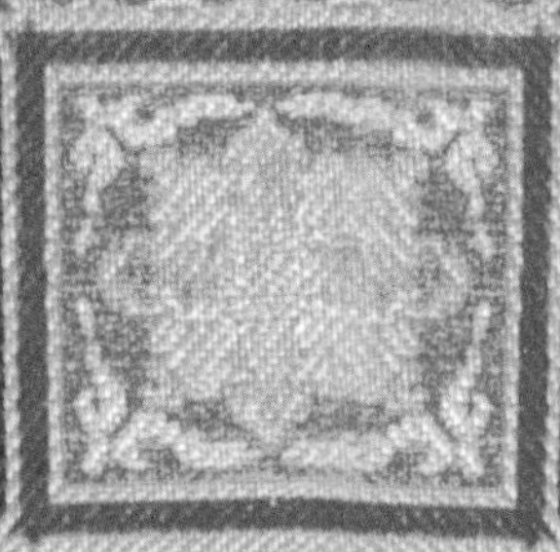

Part Seven: Model Calligraphies of Wang Xizhi, Jin Dynasty (2)

1

秋月帖

Qiu Yue Tie

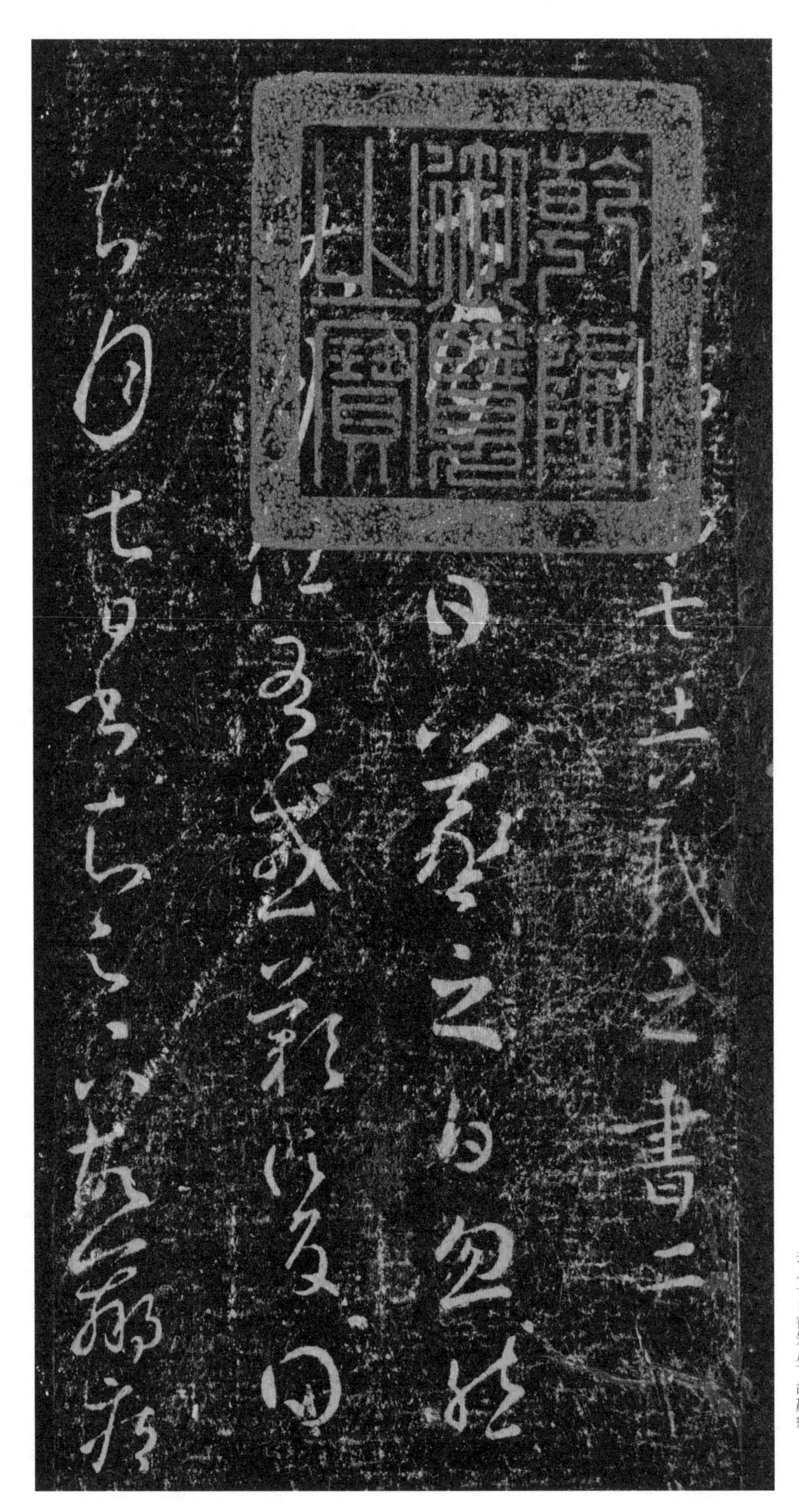

秋月帖　釋文：

七月一日羲之白忽然

秋月但有感歎信反得

去月七日書知足下故羸疾

2

桓公帖
Huan Gong Tie

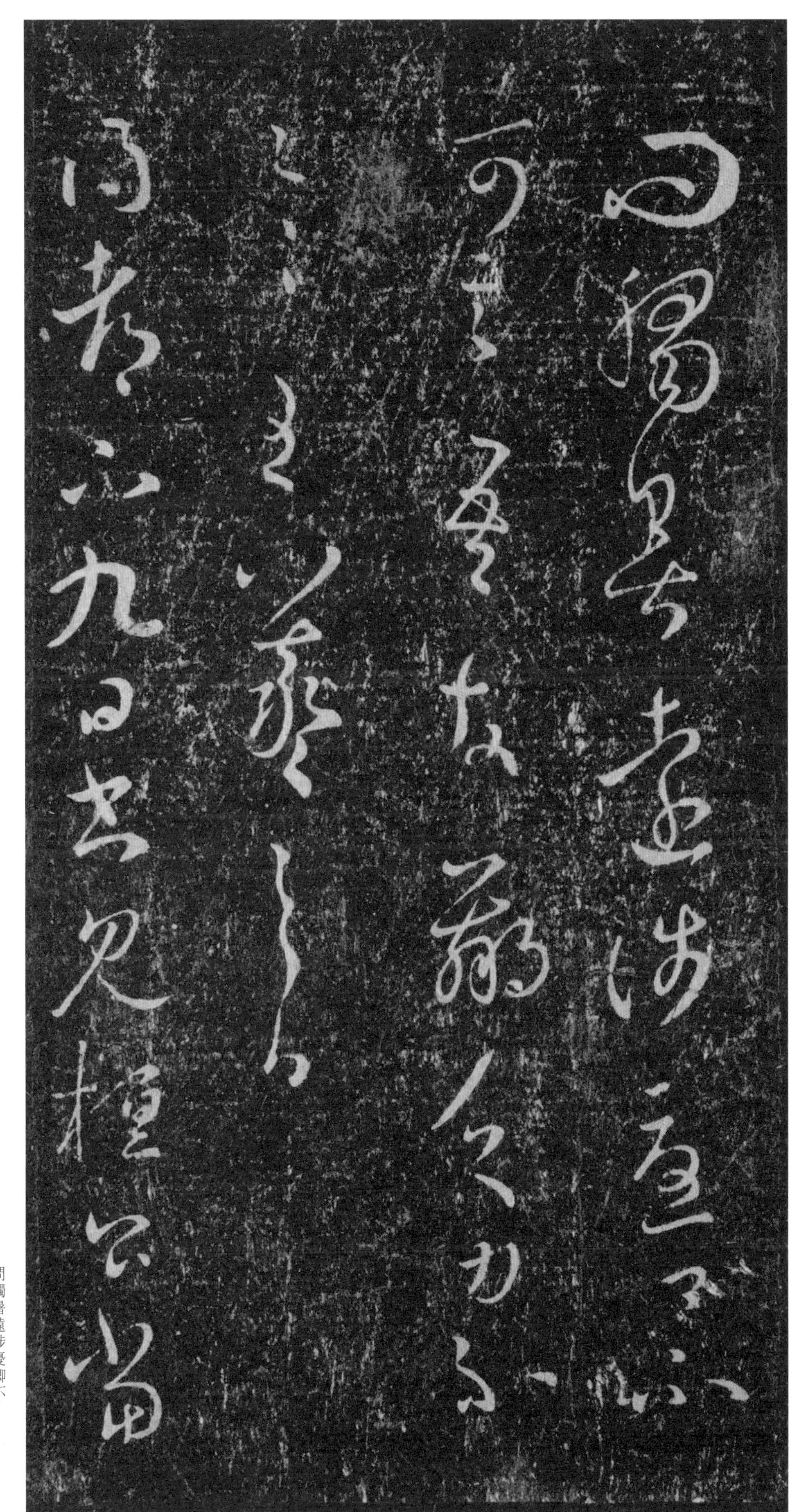

桓公帖　釋文：
問觸暑遠涉憂卿不
可言吾故羸乏力不
具具王羲之白
得都下九日書見桓公當

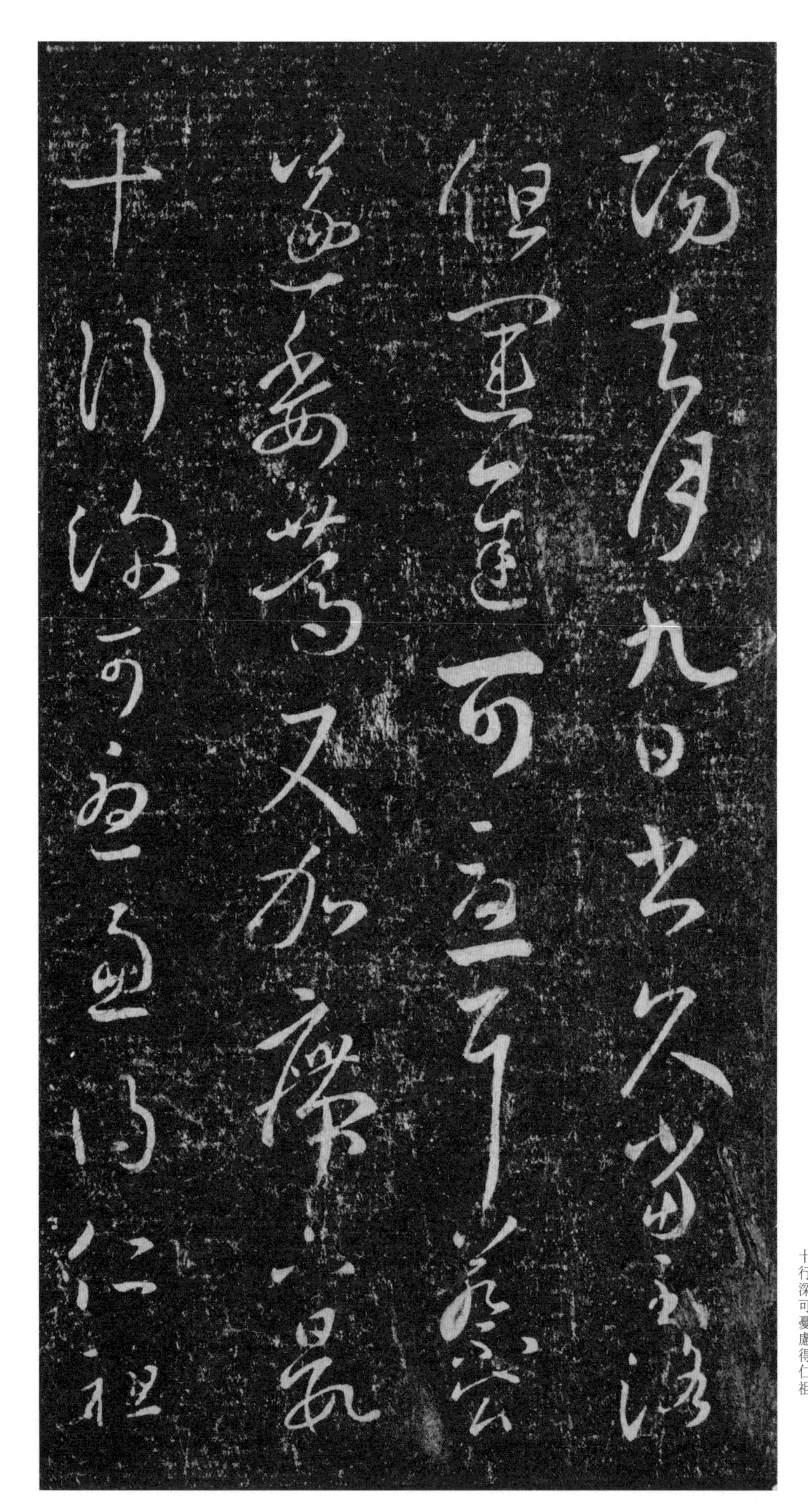

陽去月九日書久當至洛
但運遲可憂耳蔡公
遂委篤又加㾓下日數
十行深可憂慮得仁祖

3

謝光祿帖

Xie Guang Lu Tie

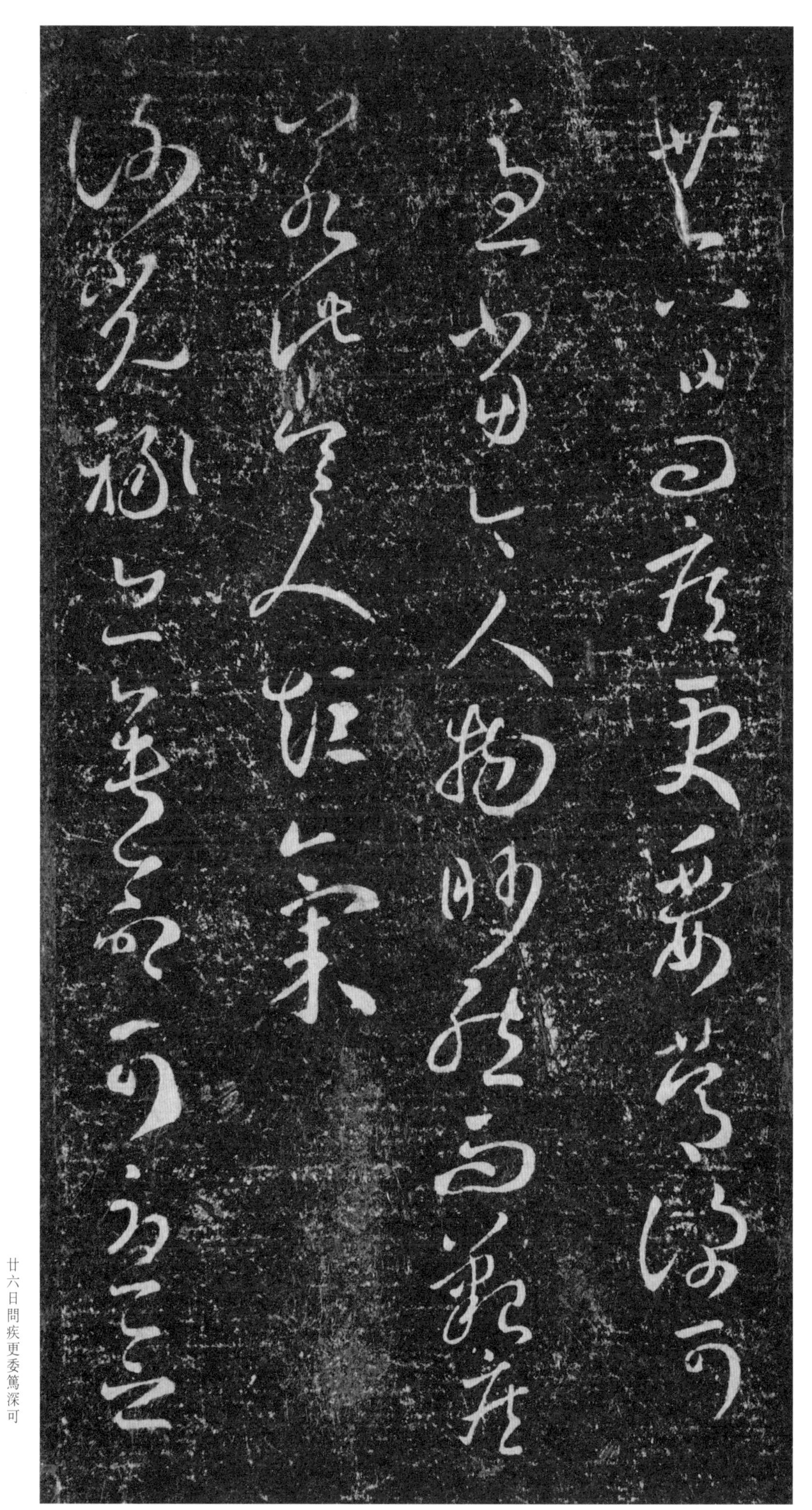

謝光祿帖　釋文：

廿六日問疾更委篤深可

憂當今人物眇然而艱疾

若此令人短氣

謝光祿亦垂命可憂念

4 徂暑帖
Zu Shu Tie

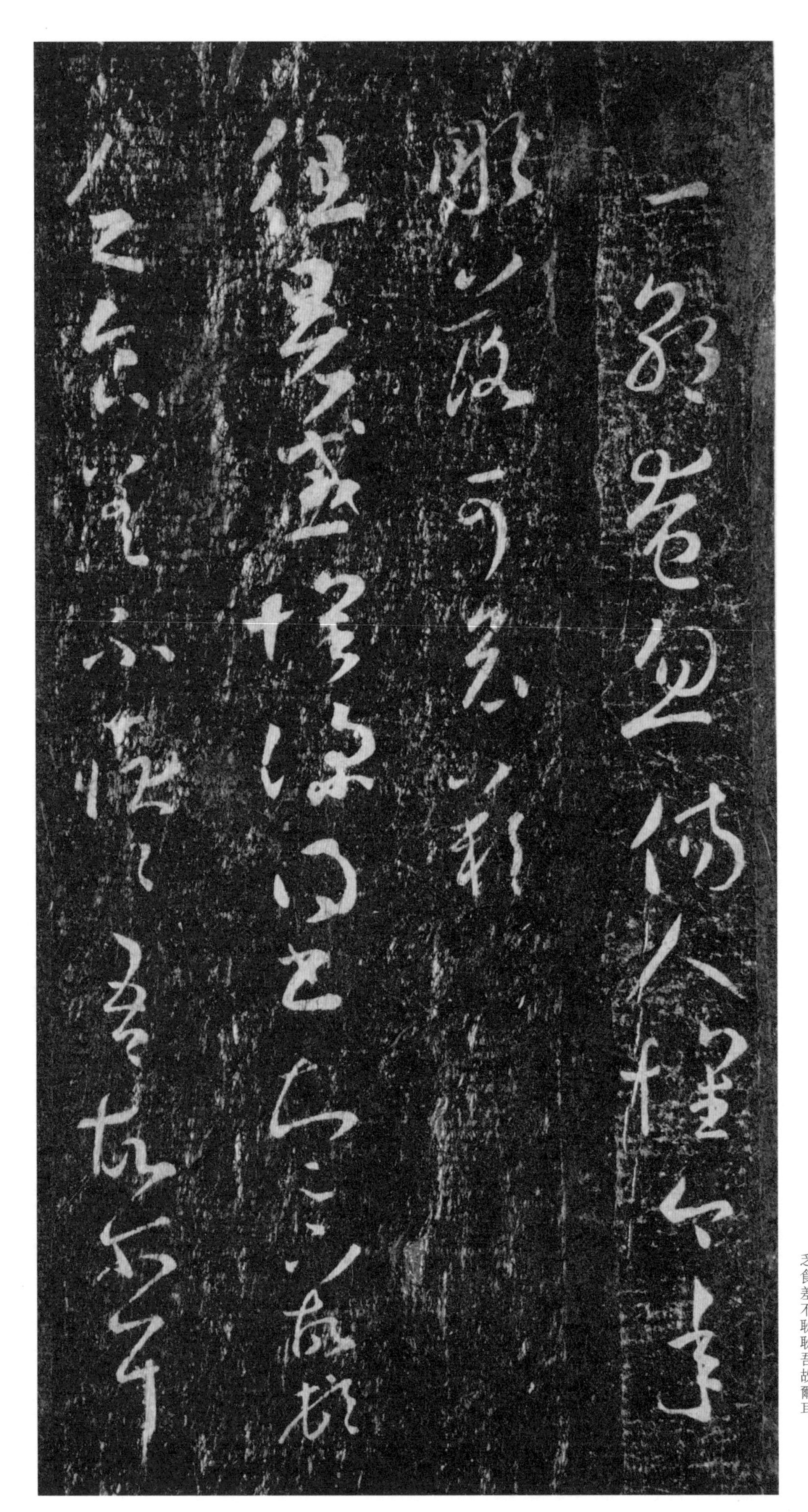

一朝奄忽傷人懷今年

彫落可哀歎

徂暑帖　釋文：

徂暑感懷深得書知足下故頓

乏食差不耿耿吾故爾耳

5

月半念帖

Yue Ban Nian Tie

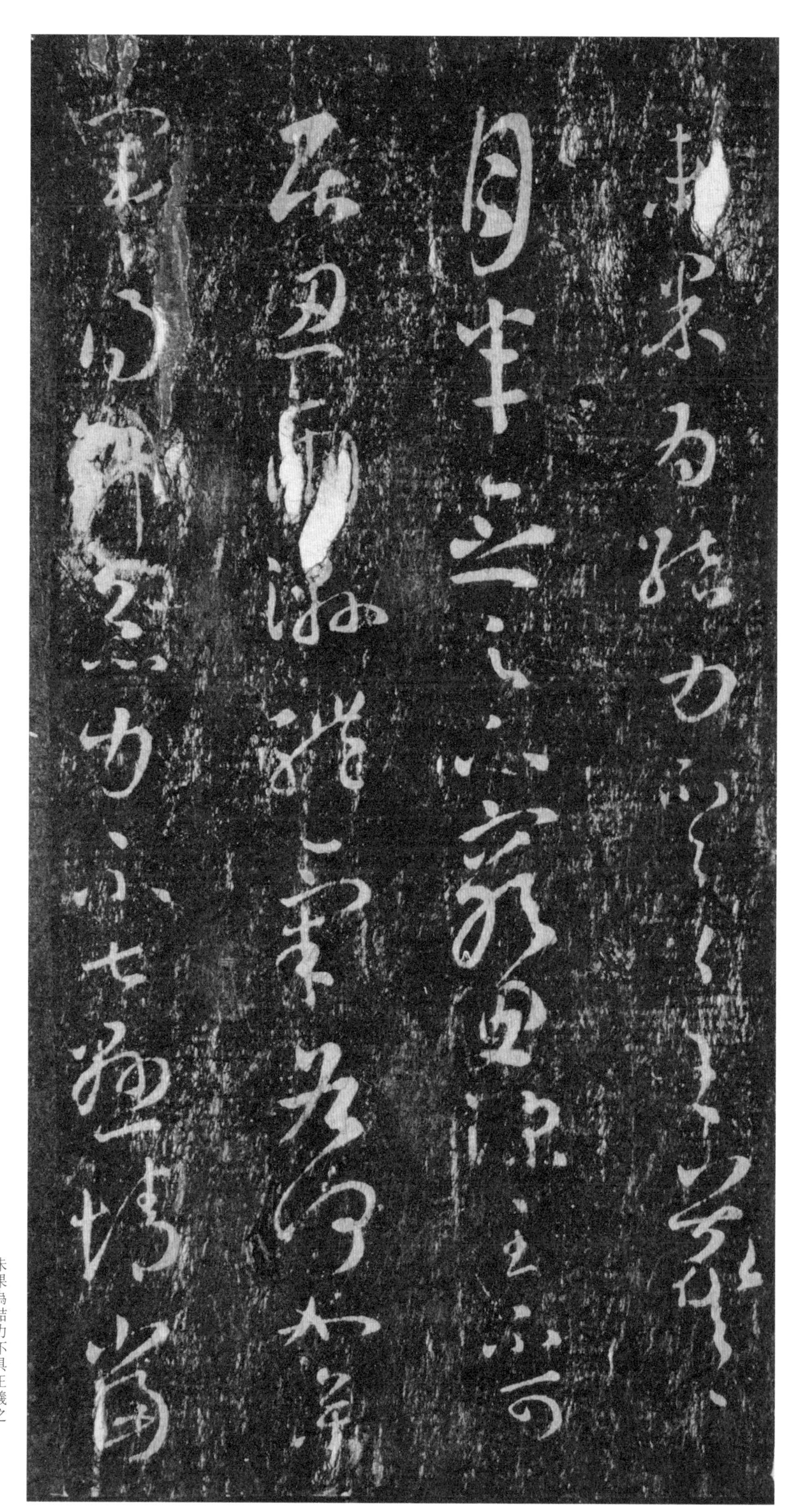

未果為結力不具王羲之

月半念帖　釋文：

月半念足下窮思深至不可

居忍雨濕體氣各何如參

軍得針灸力不甚懸情當

6

長素帖
Chang Su Tie

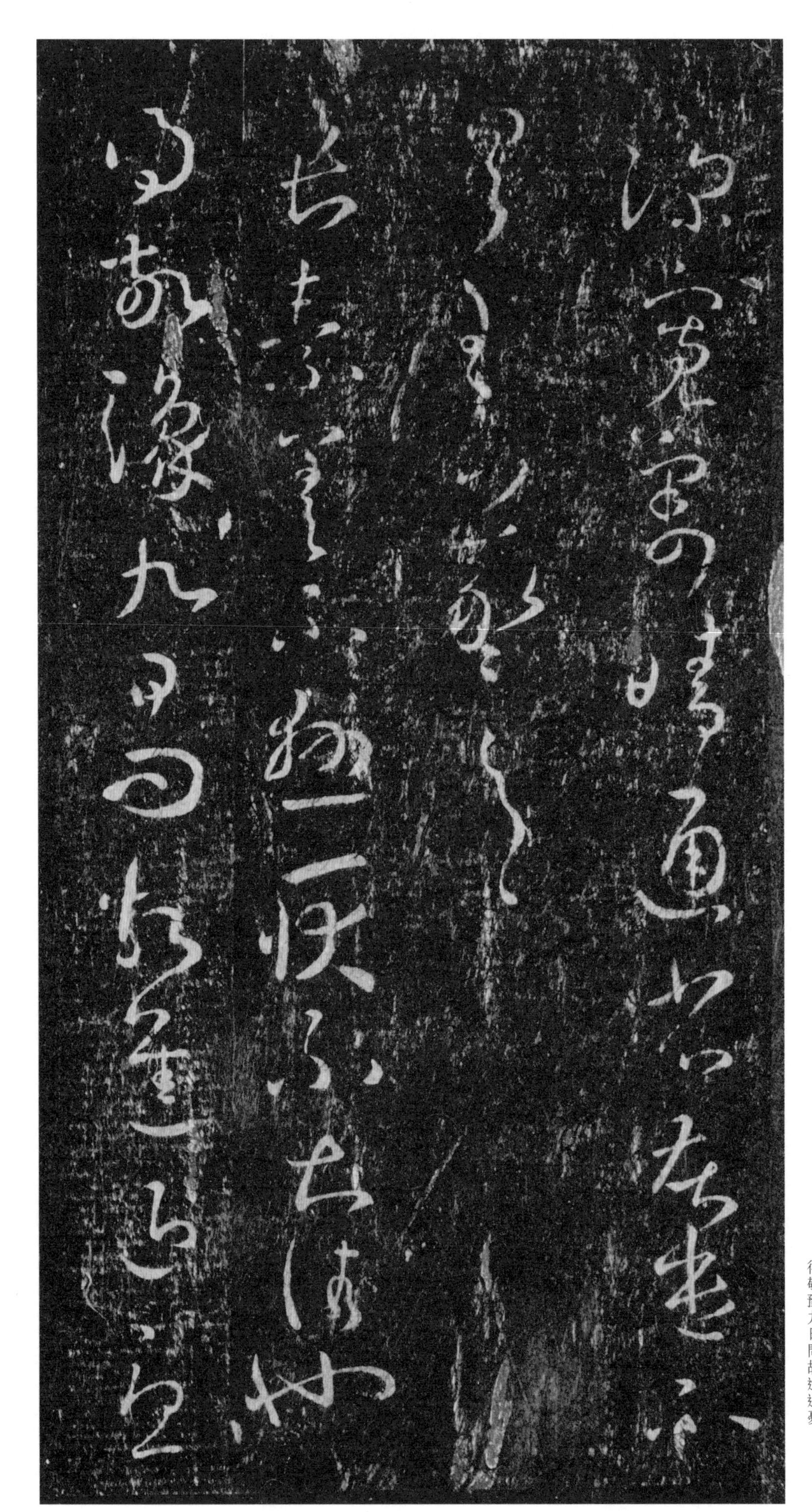

深寬割晴通省苦遺不
具王羲之白
長素帖 釋文：
長素差不懸耿不大佳也
得敬豫九日問故進退憂

7

知念帖

Zhi Nian Tie

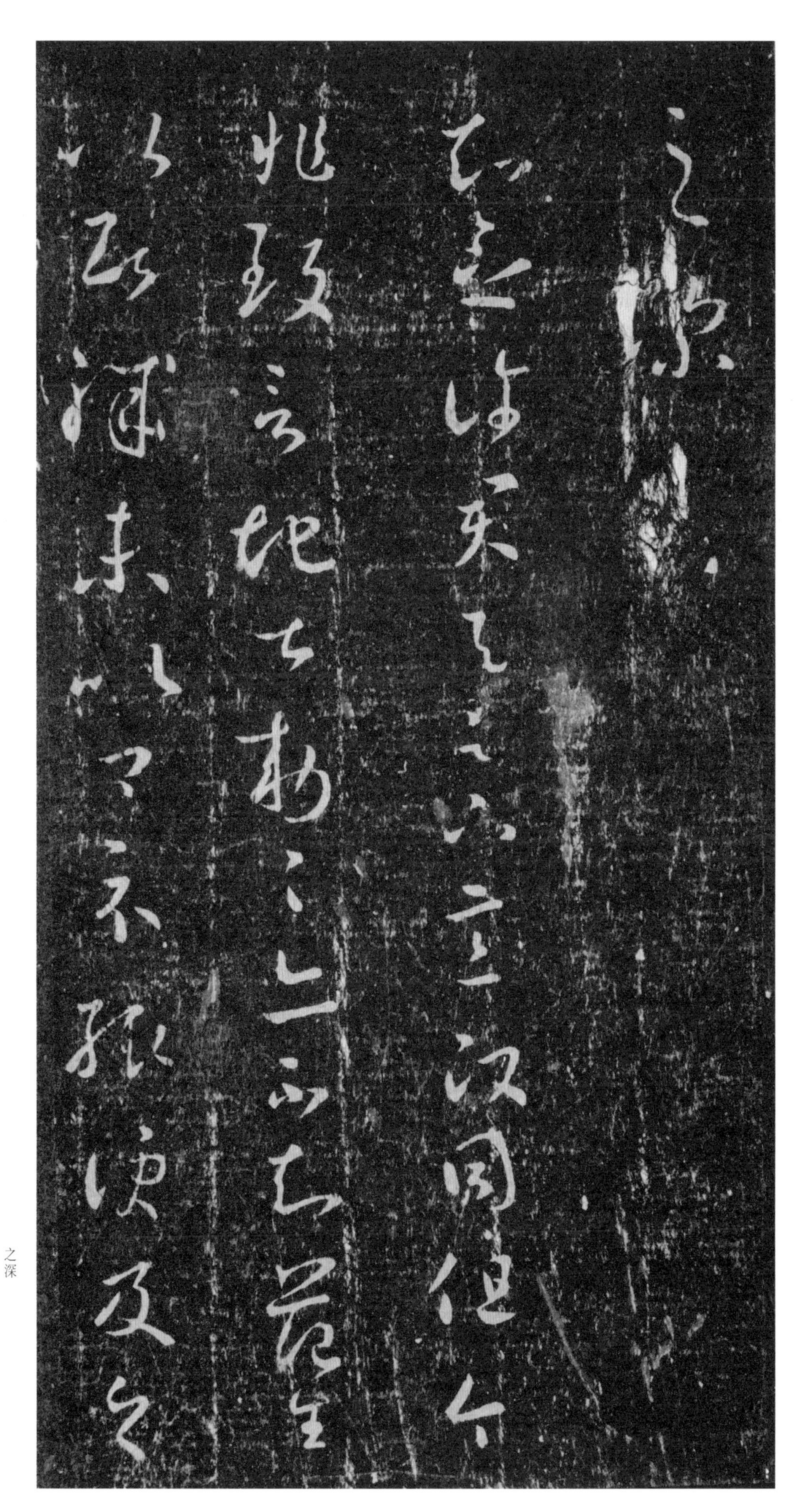

之深

知念帖　釋文：

知念許君與足下意政同但今

非致言地甚敕敕亦不知范生

以居職未以卿示輒便及之

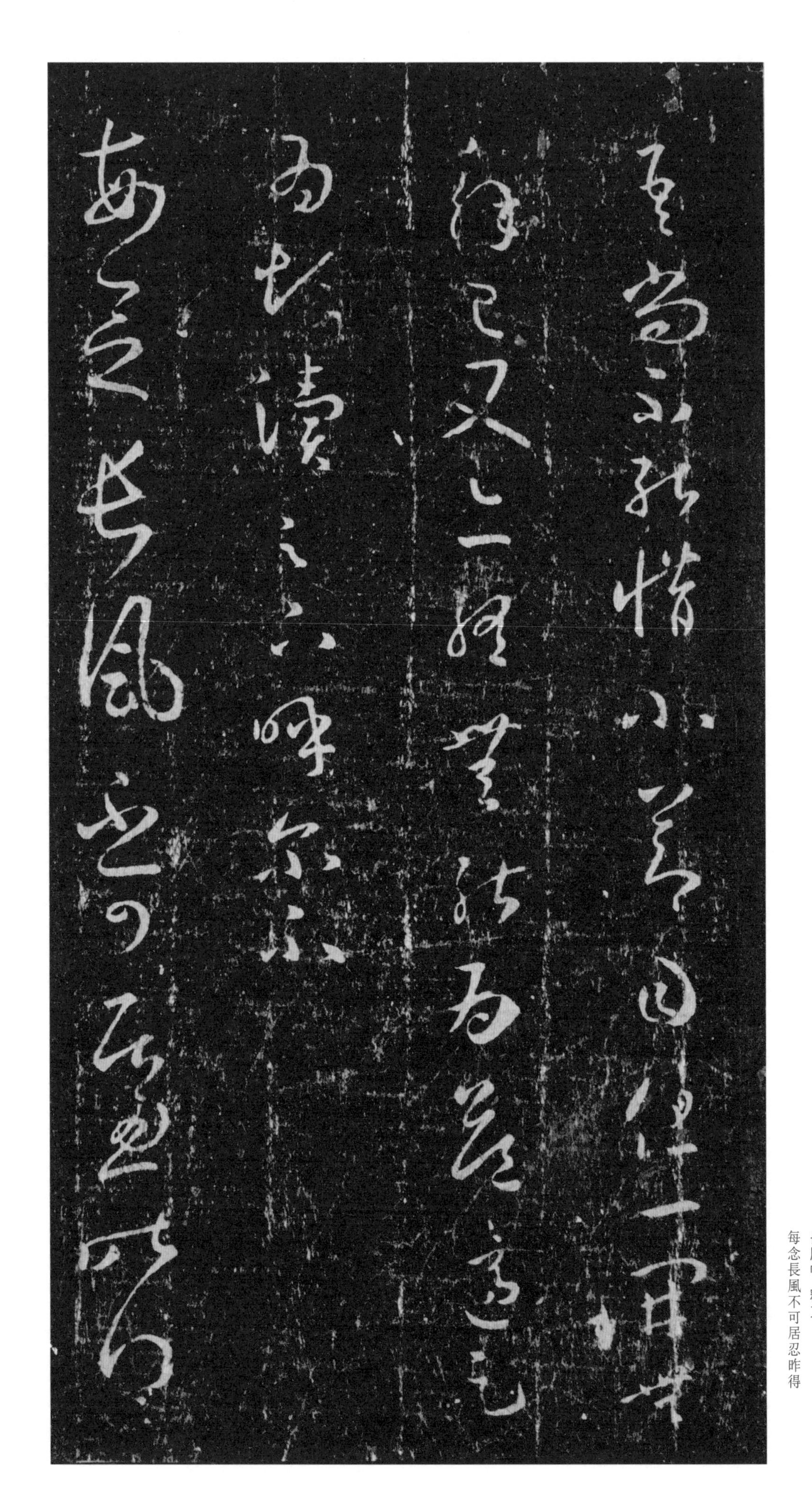

8

長風帖

Chang Feng Tie

長風帖　釋文：

每念長風不可居忍昨得

為煩瀆足下呼爾不

解已又亦終無能為益適足

吾尚不能惜小節目但一開無

9

謝生帖

Xie Sheng Tie

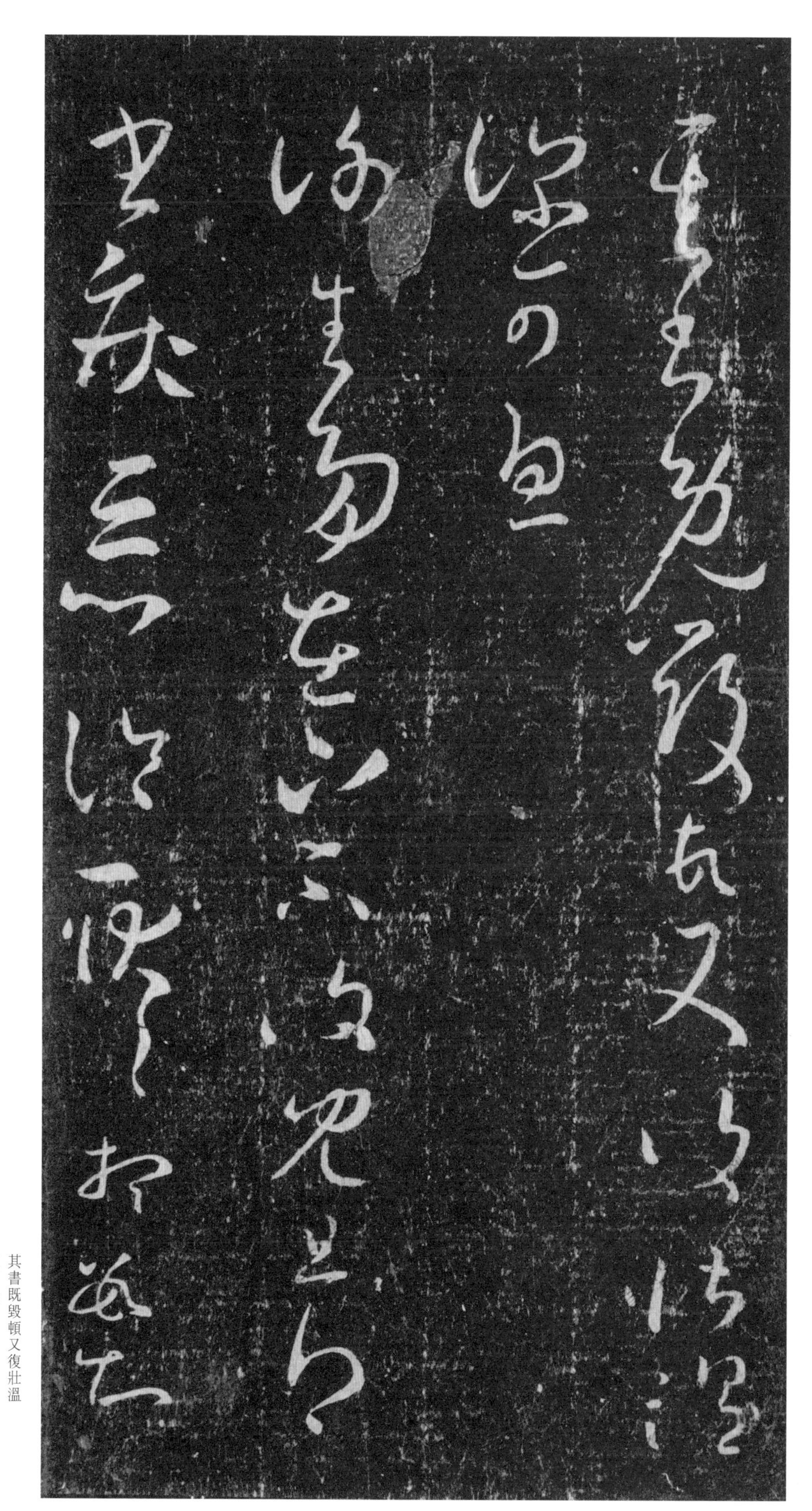

其書既毀頓又復壯溫
深可憂

謝生帖 釋文：
謝生多在山不復見旦得
書疾惡冷耿耿想數知

初月帖
Chu Yue Tie

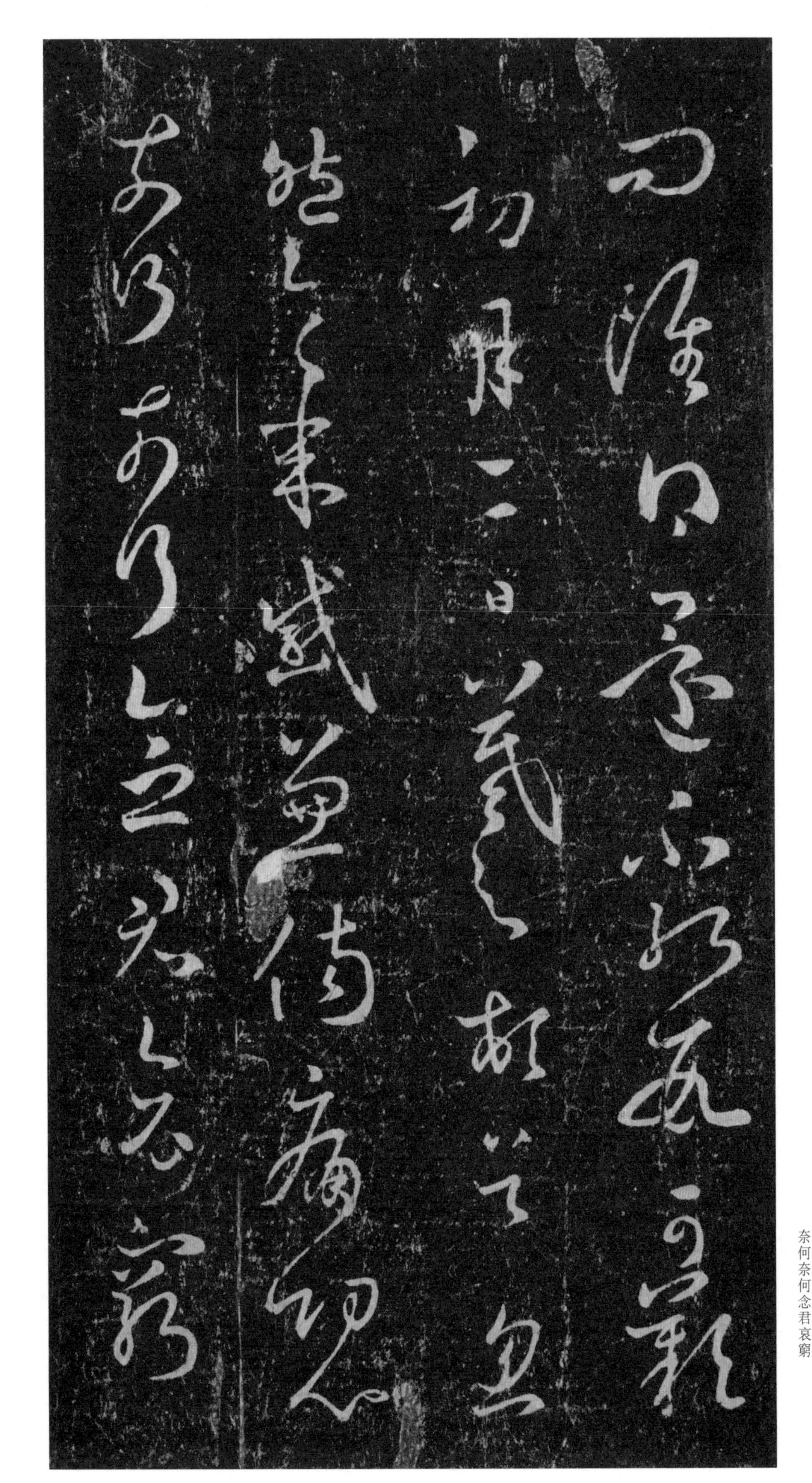

初月帖　釋文：
初月二日羲之頓首忽然今年感兼傷痛切心奈何奈何念君哀窮問雖得還不能數可歎

11

時事帖

Shi Shi Tie

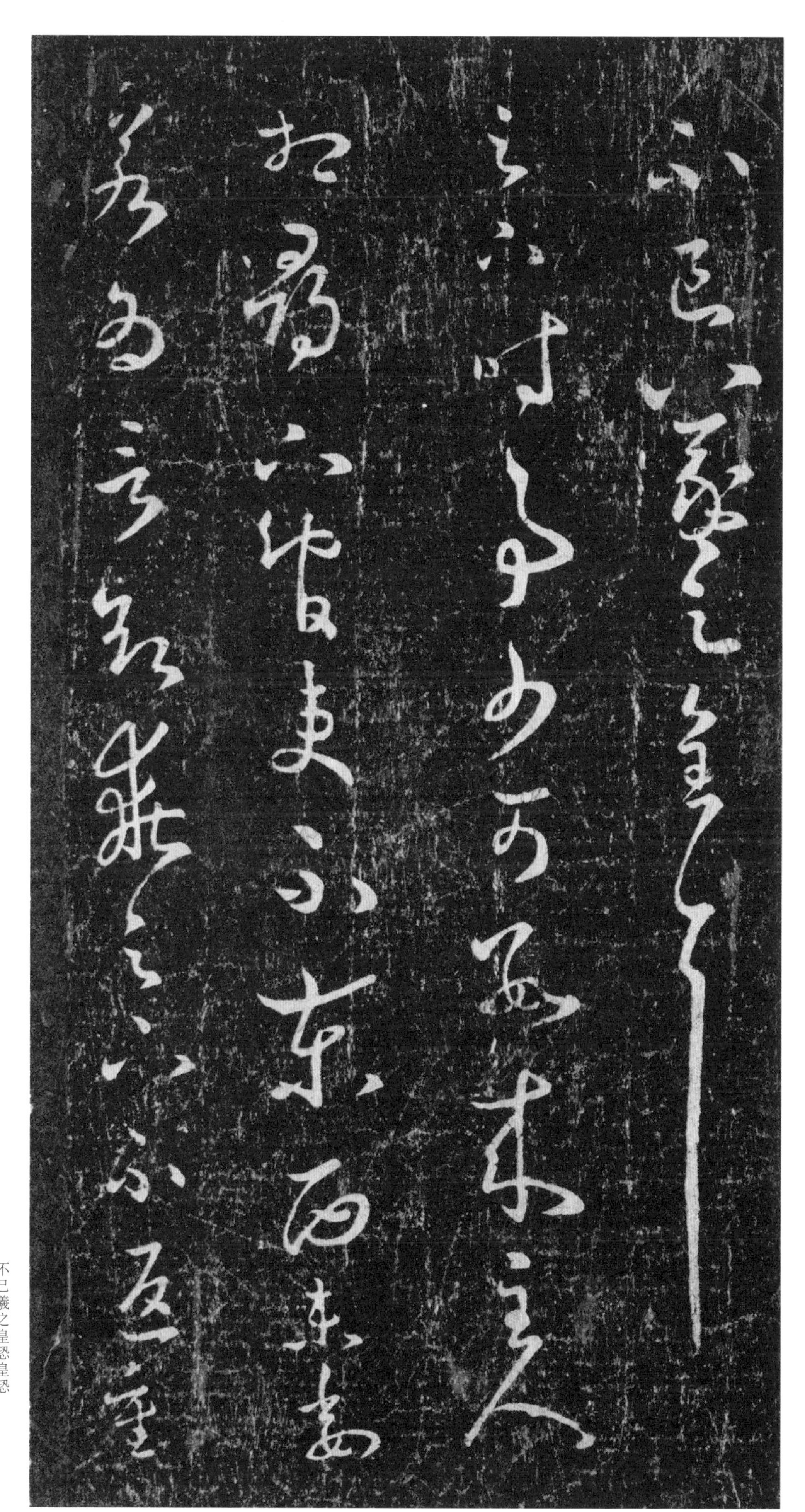

不已羲之皇恐皇恐

時事帖　釋文：

足下時事少可數來主人

相尋下官吏不東西未委

若為言敘乖足下不返重

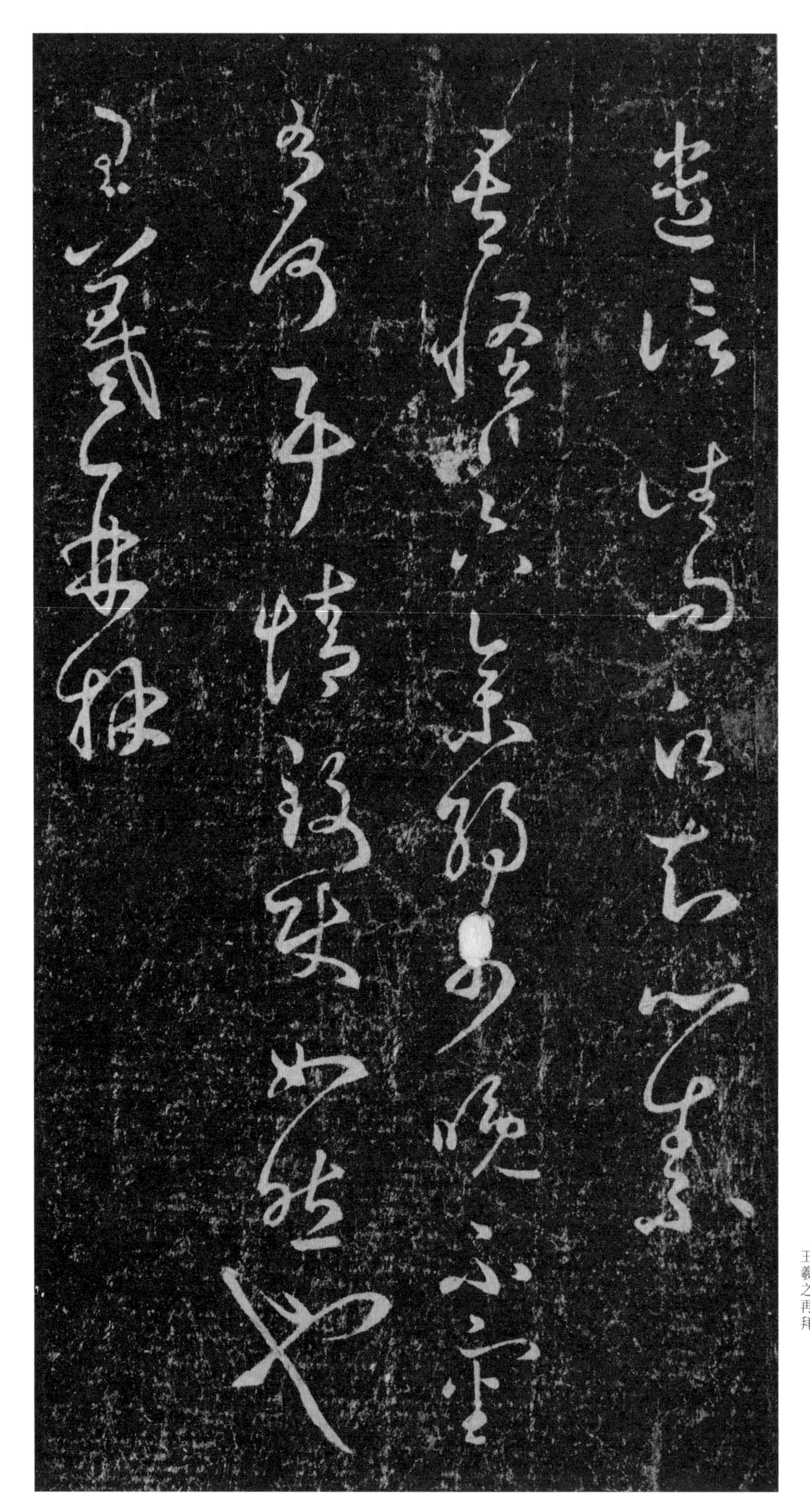

參朝帖
Can Chao Tie

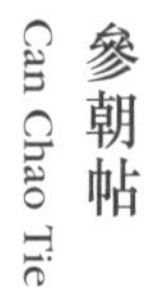

遣信往問願知心素

參朝帖　釋文：

吾怪足下參朝少晚不審
有何事情致使如然也
王羲之再拜

13

前從洛帖

Qian Cong Luo Tie

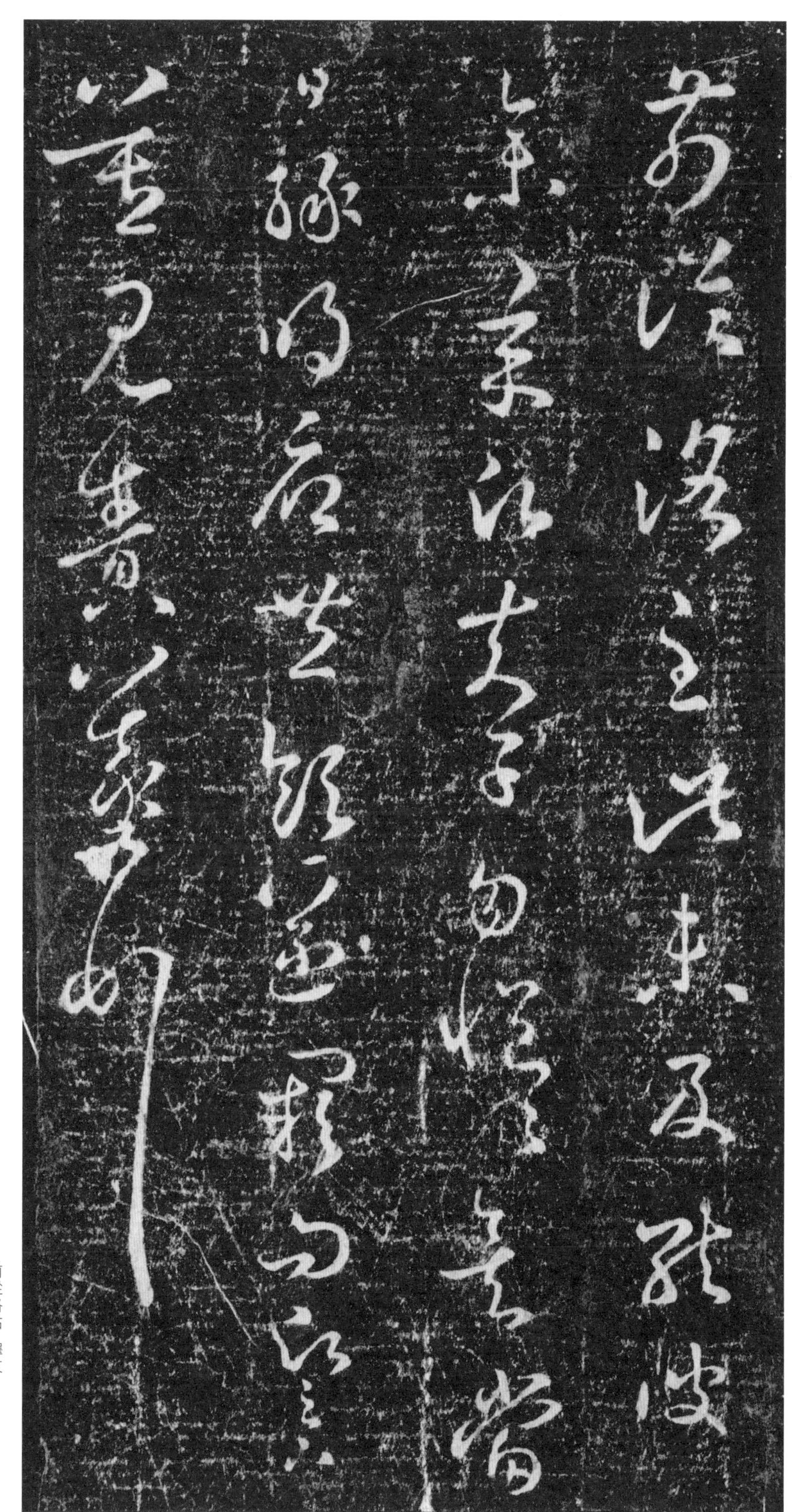

前從洛帖　釋文：

前從洛至此未及就彼

參承願夫子勿悒悒矣當

日緣明府共飲遂闕問願足下

莫見責義之頓首

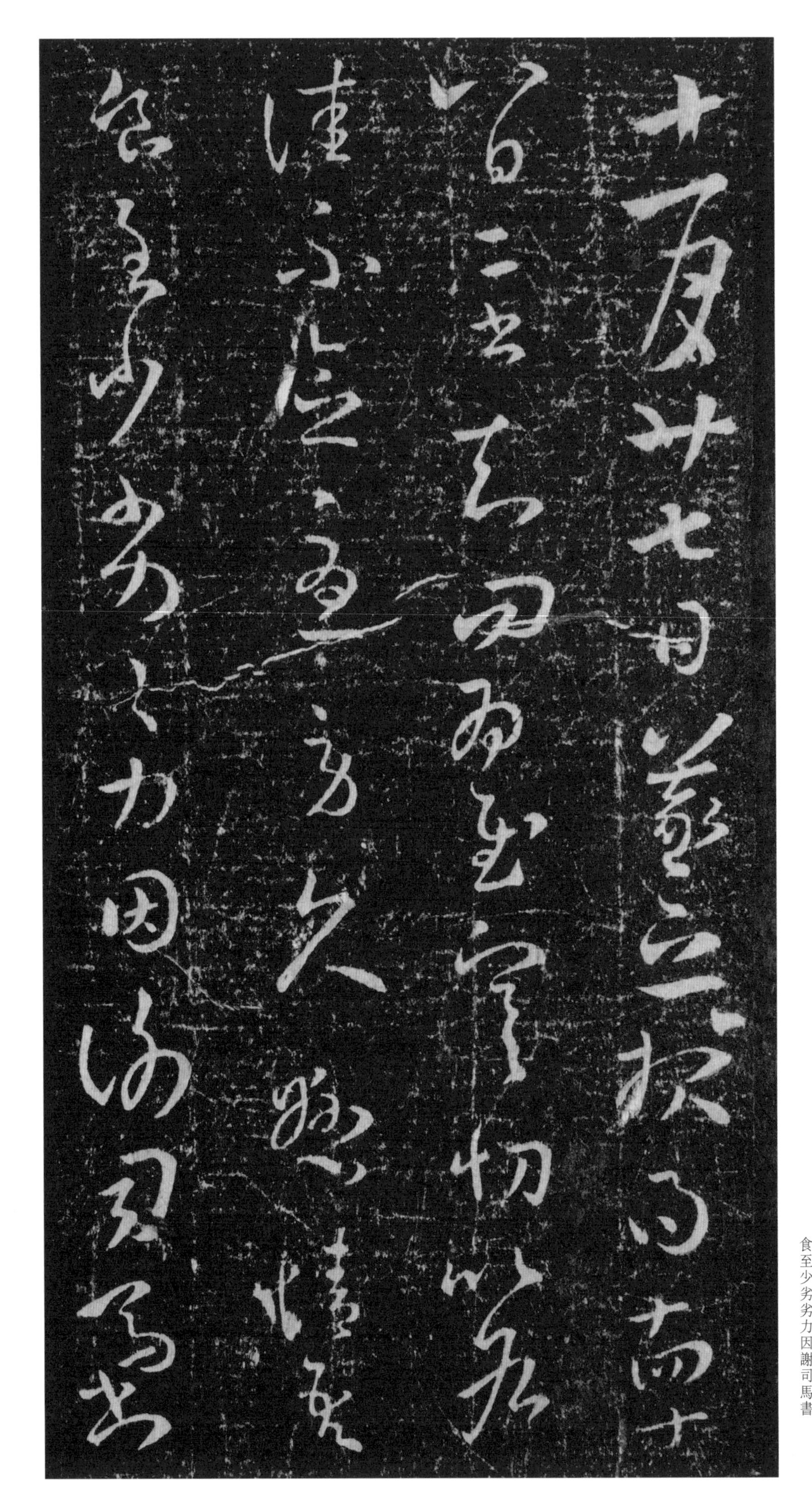

14

二書帖
Er Shu Tie

二書帖 釋文：

十一月廿七日羲之報得十四十八日二書知問為慰寒切比各佳不念憂勞久懸情吾食至少劣劣力因謝司馬書

15

十月七日帖

Shi Yue Qi Ri Tie

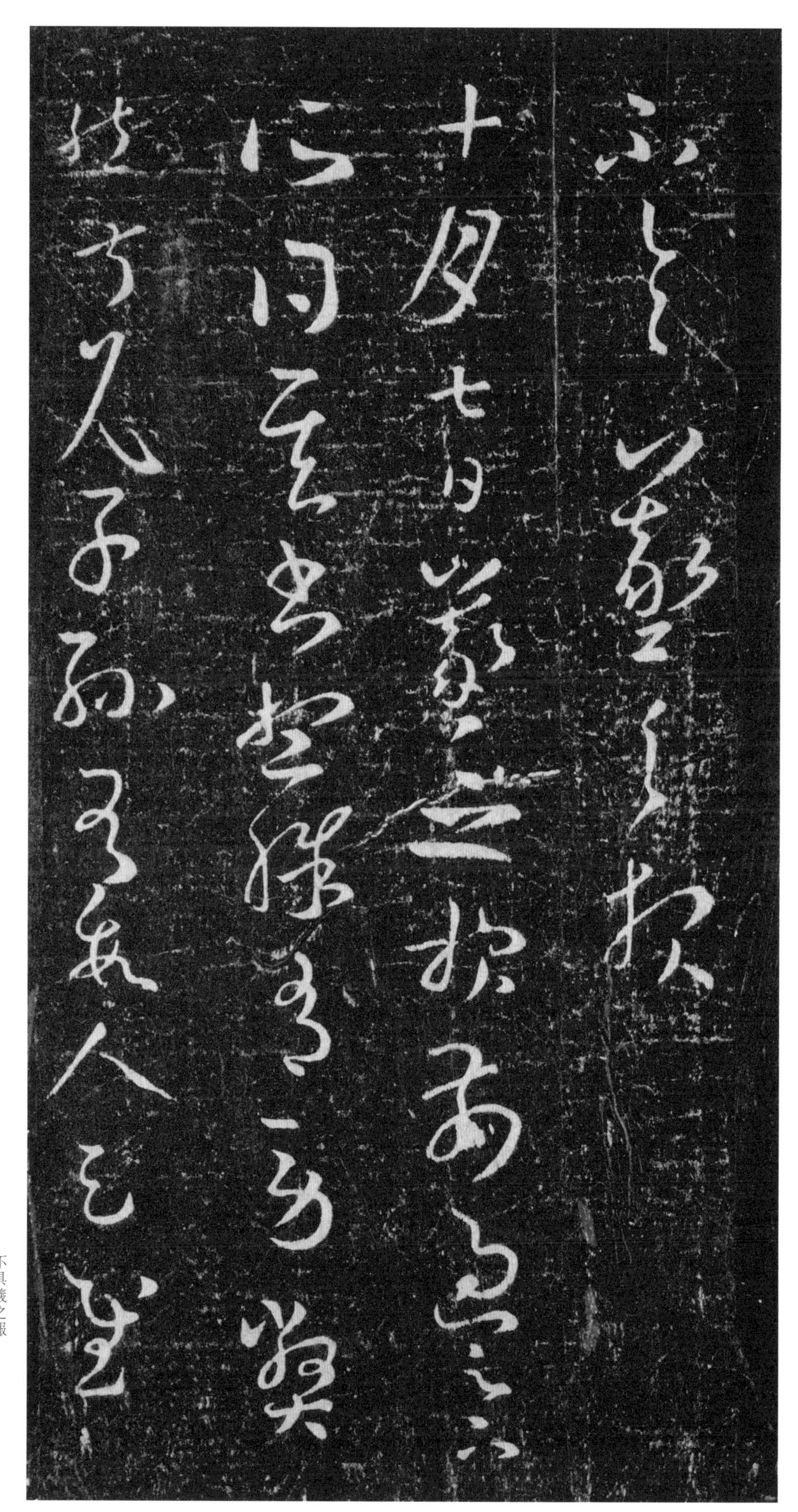

釋文：

不具羲之報

十月七日帖

十月七日羲之報前過足下

所得其書想殊有勞弊

然叔兄子孫有數人足慰

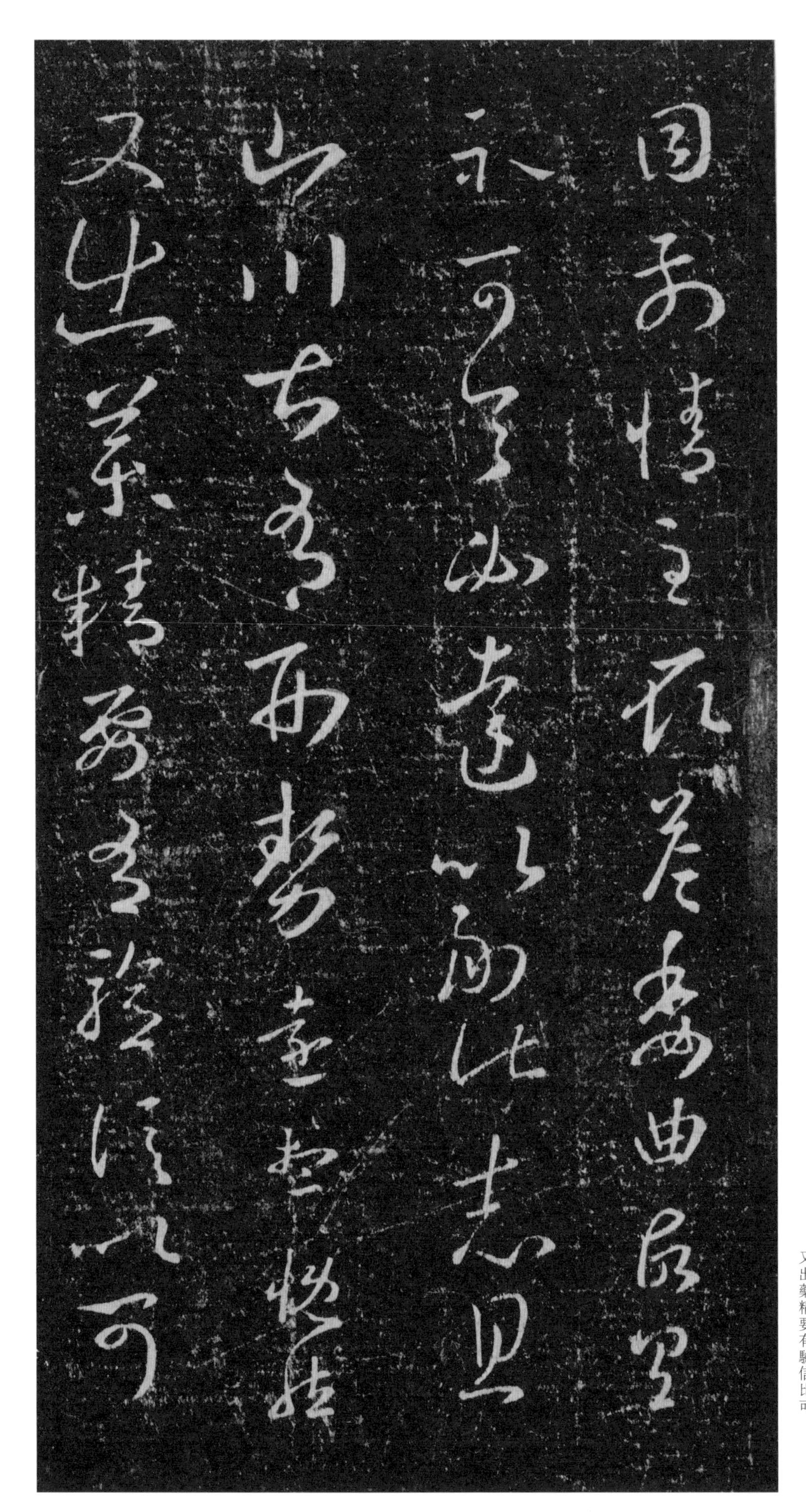

目前情至取答委曲故具
示可令必達以副此志且
山川甚有形勢遠想慨然
又出藥精要有驗信比可

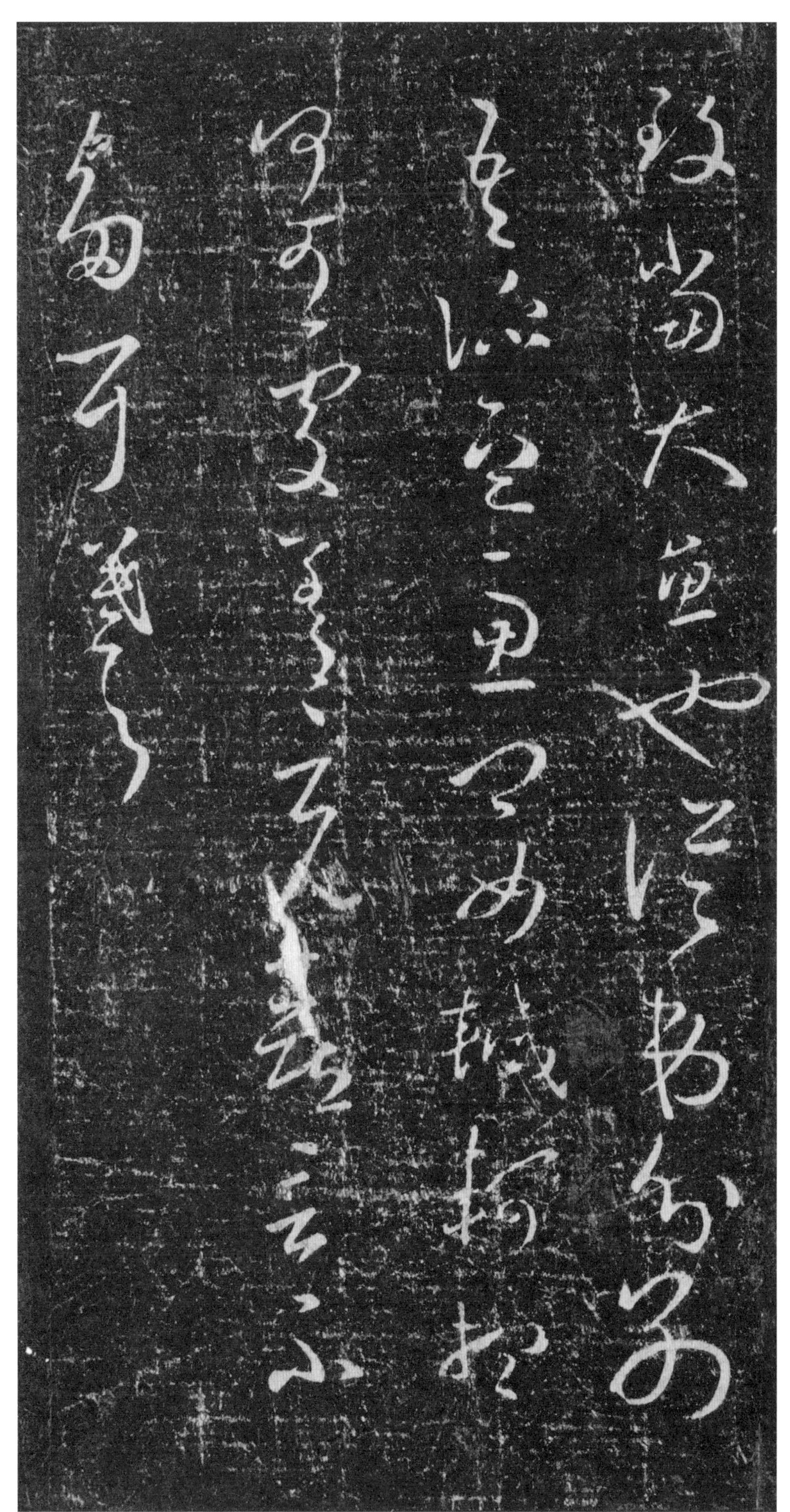

致當大患也從弟分別
吾深憂慮卿女轗軻想
何可處差充喜言不
多耳羲之

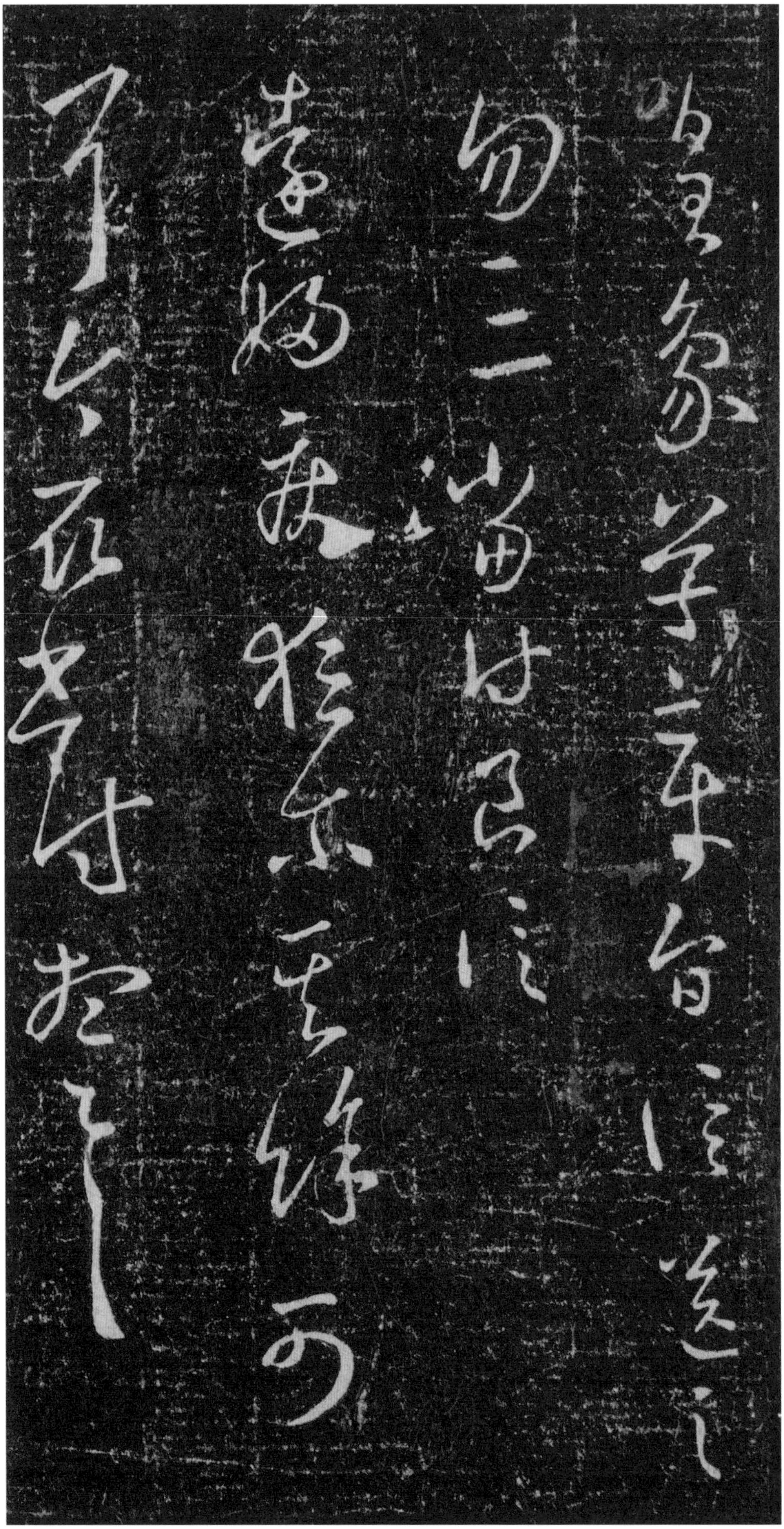

16

皇象帖

Huang Xiang Tie

17

遠婦帖

Yuan Fu Tie

皇象帖　釋文：

皇象草章旨信送之

勿三當付良信

遠婦帖　釋文：

遠婦疾猶爾其餘可

耳今取書付想具

18

阮生帖
Ruan Sheng Tie

19

君晚帖
Jun Wan Tie

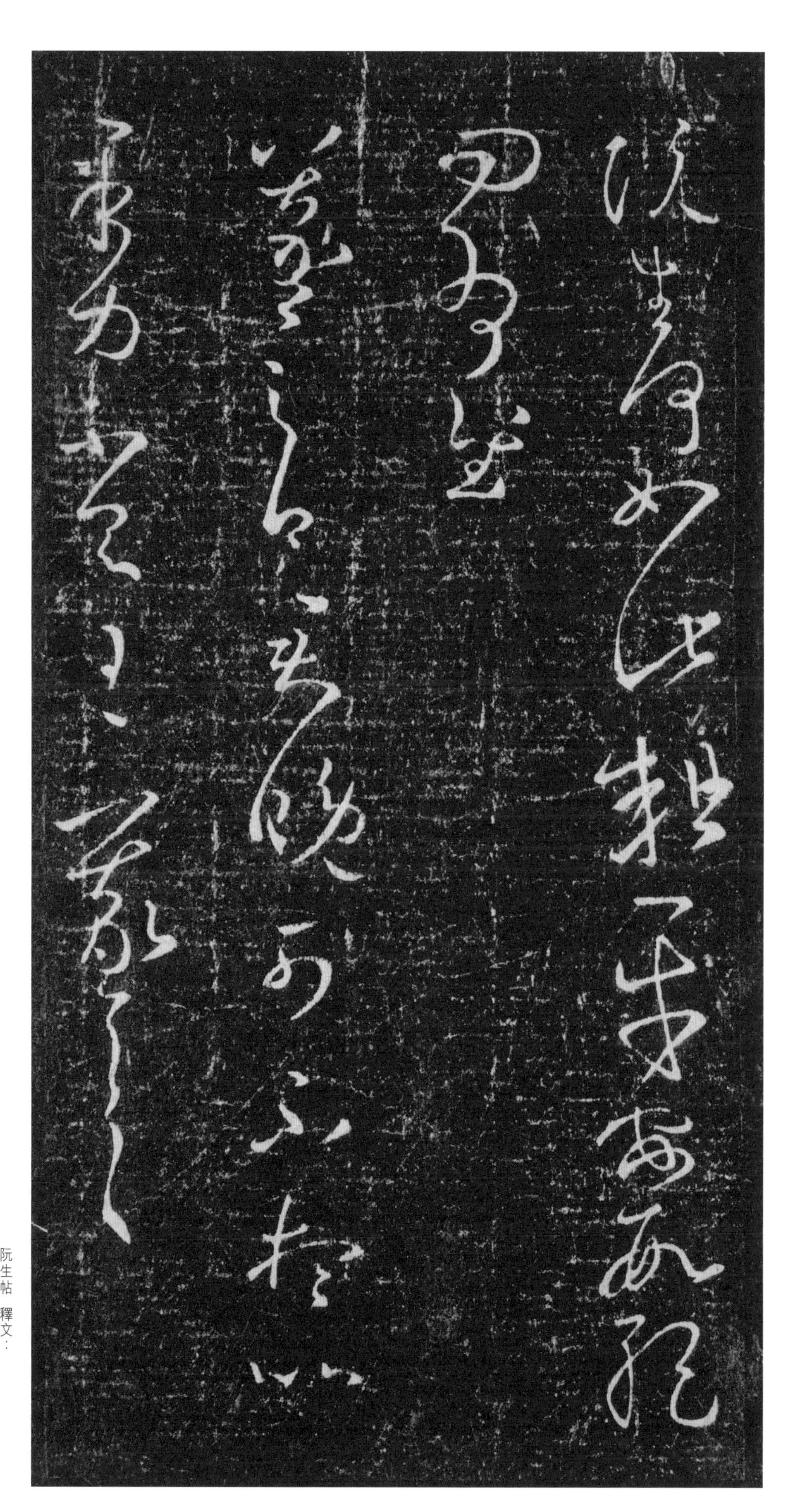

阮生帖 釋文：
阮生何如此粗平安數絕
問為慰
君晚帖 釋文：
羲之白君晚可不想比
果力不具王羲之白

20

嘉興帖

Jia Xing Tie

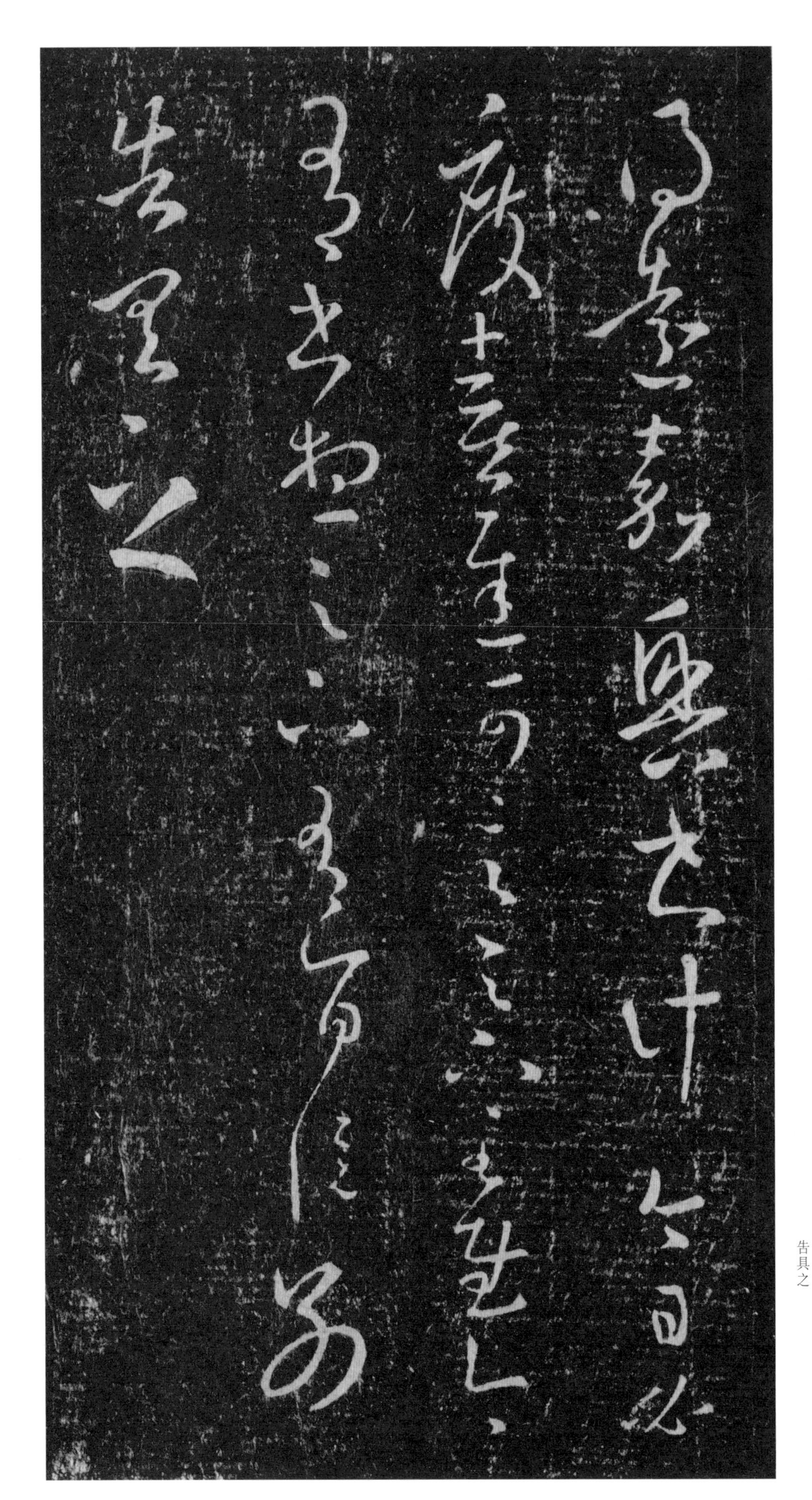

嘉興帖　釋文：

得遠嘉興書計今日必
度喜遲可言足下至慰今
有書想足下有旨信別
告具之

21

尚停帖

Shang Ting Tie

22

足下疾苦帖

Zu Xia Ji Ku Tie

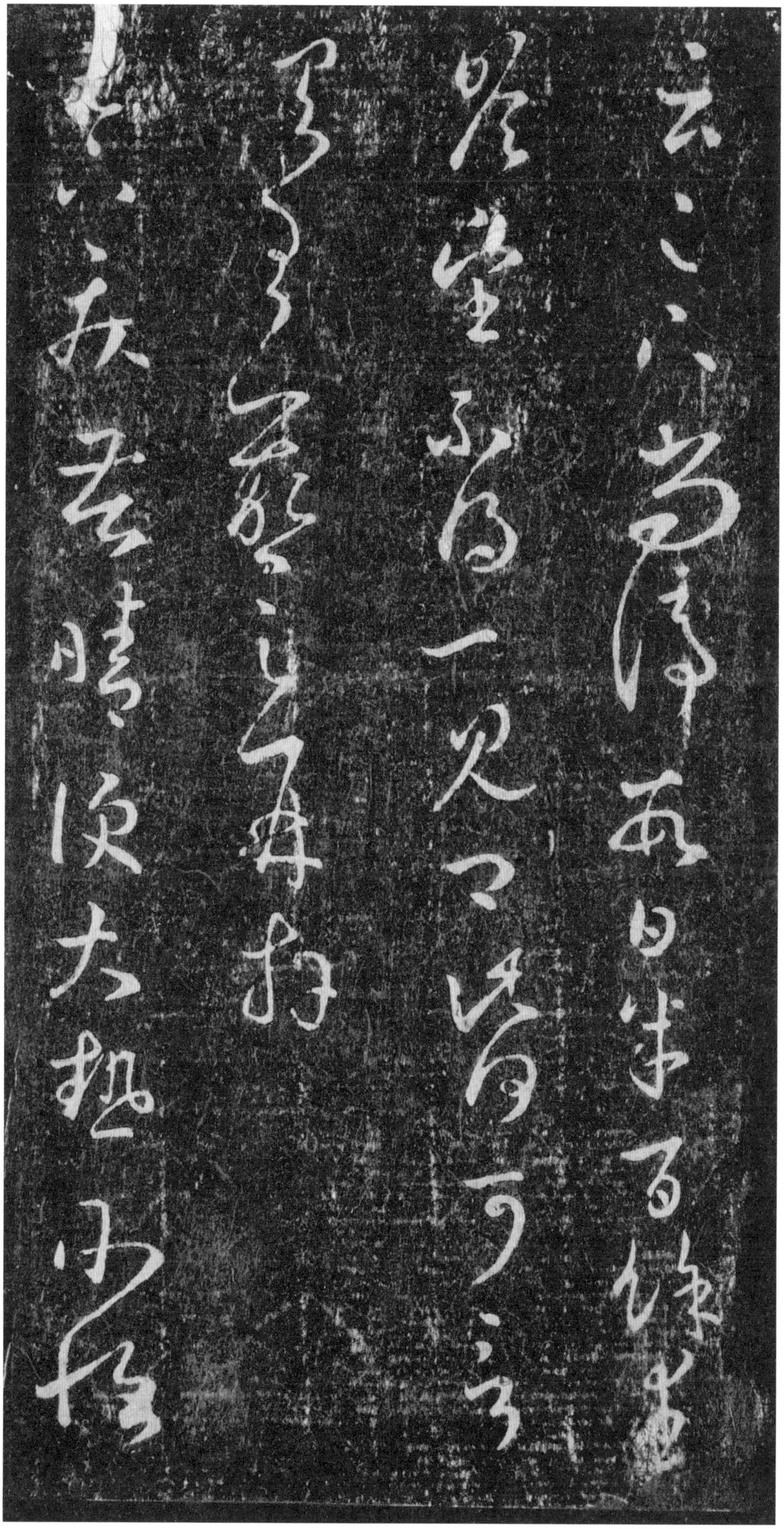

尚停帖　釋文：

云足下尚停數日半百餘里

瞻望不得一見卿此何可言

具王羲之再拜

足下疾苦帖　釋文：

足下疾苦晴便大熱如恒

23
長平帖
Chang Ping Tie

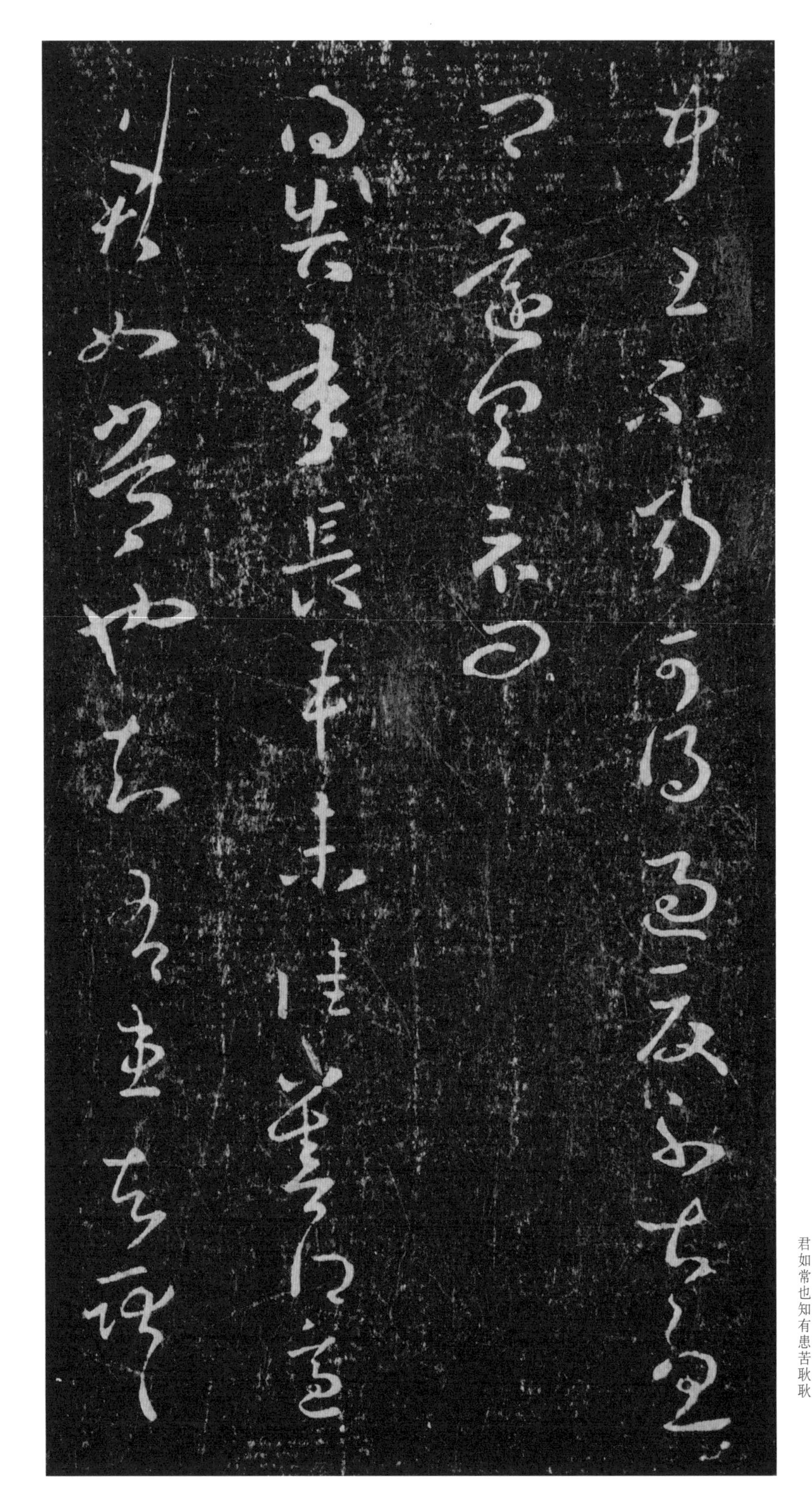

中至不易可得過夏不甚憂
卿還具示問
長平帖　釋文：
得告承長平未佳善得適
君如常也知有患苦耿耿

24

諸疾帖

Zhu Ji Tie

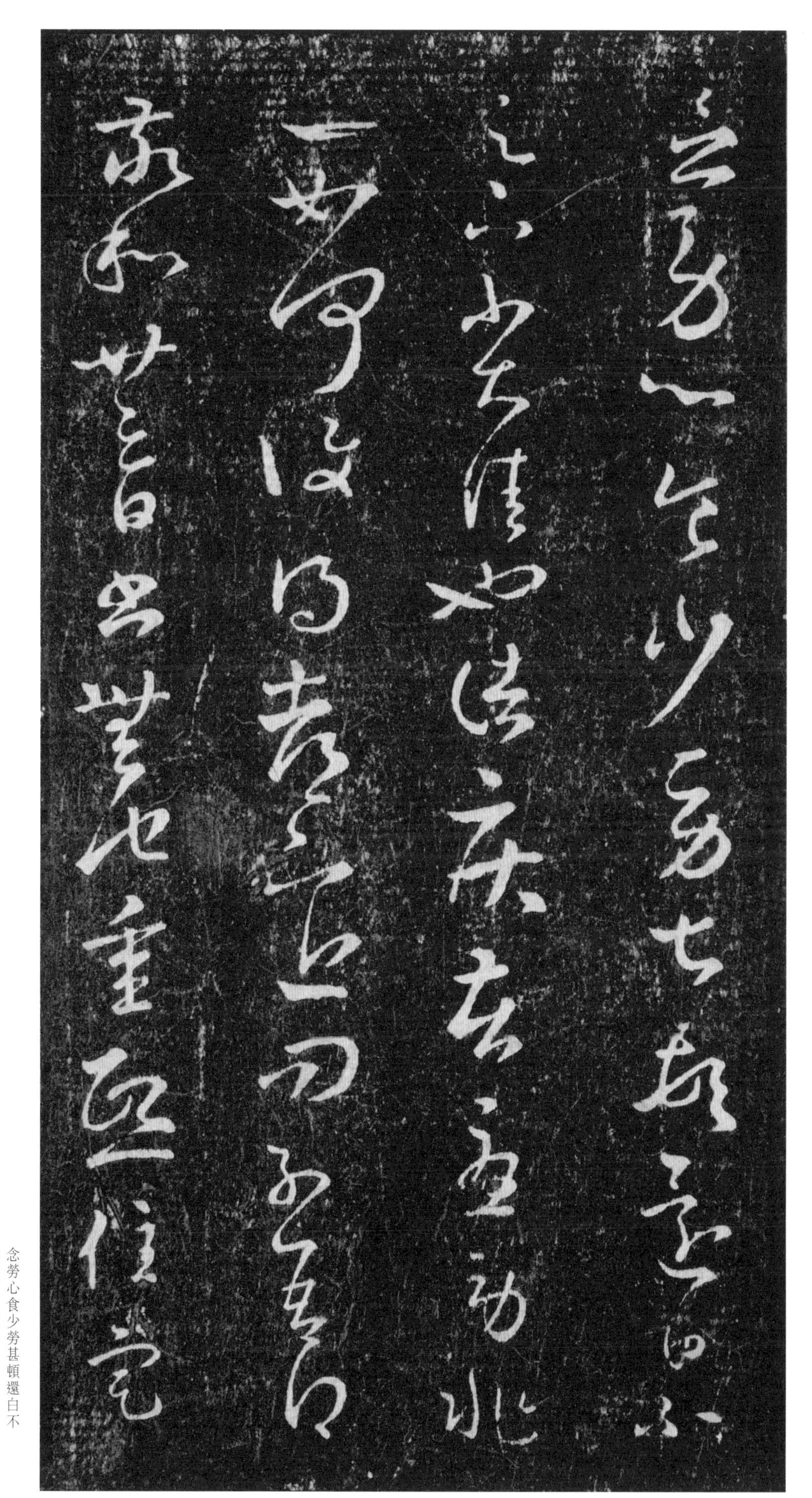

念勞心食少勞甚頓還白不

諸疾帖　釋文：

足下小大佳也諸疾苦憂勞非
一如何復得都下近問不吾得
敬和廿三日書無他重熙住定

省飛白帖
Sheng Fei Bai Tie

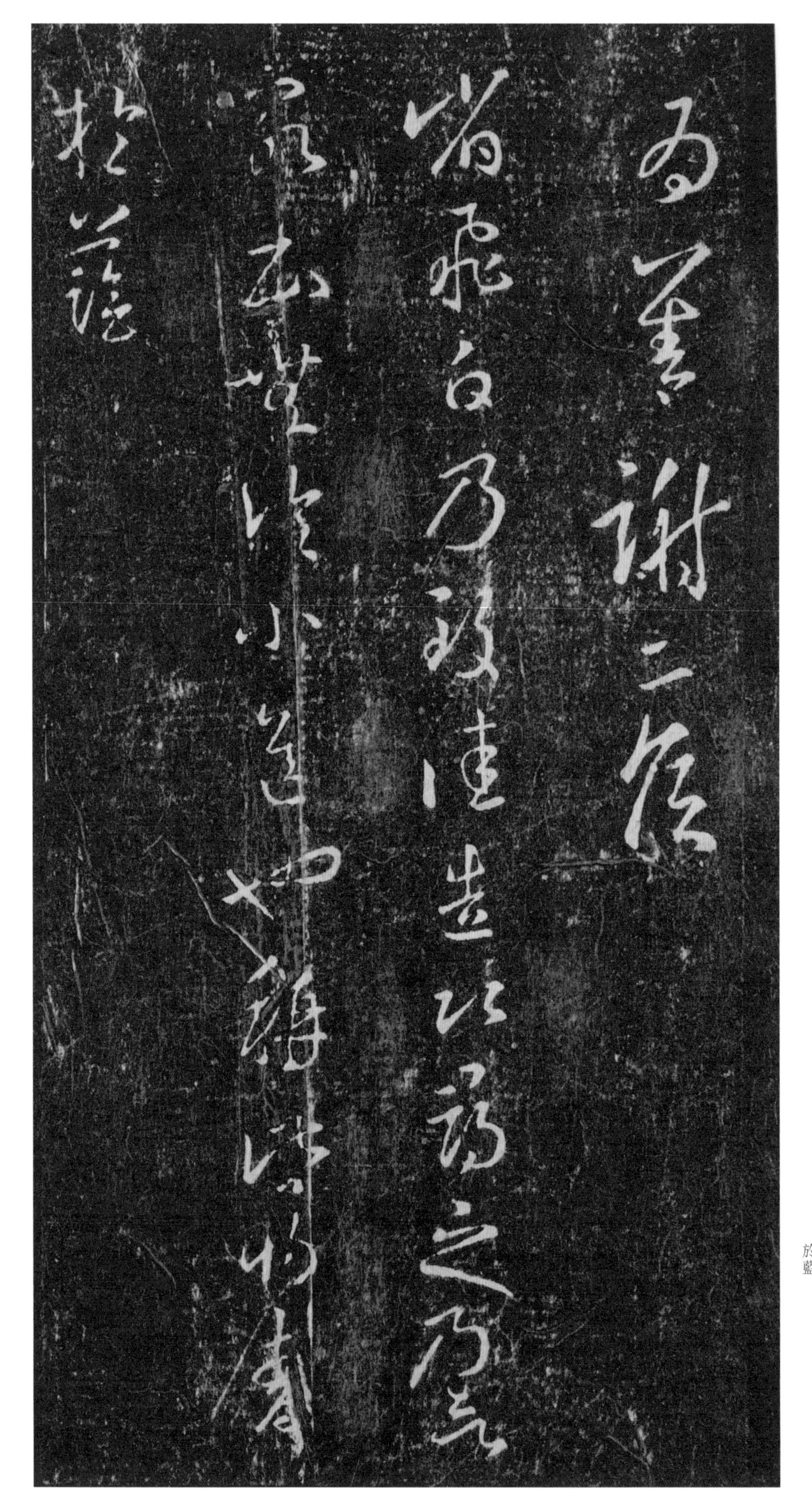

為善謝二侯
省飛白帖 釋文：
省飛白乃致佳造次尋之乃欲
窮本無論小進也稱此將青
於藍

26

丹楊帖
Dan Yang Tie

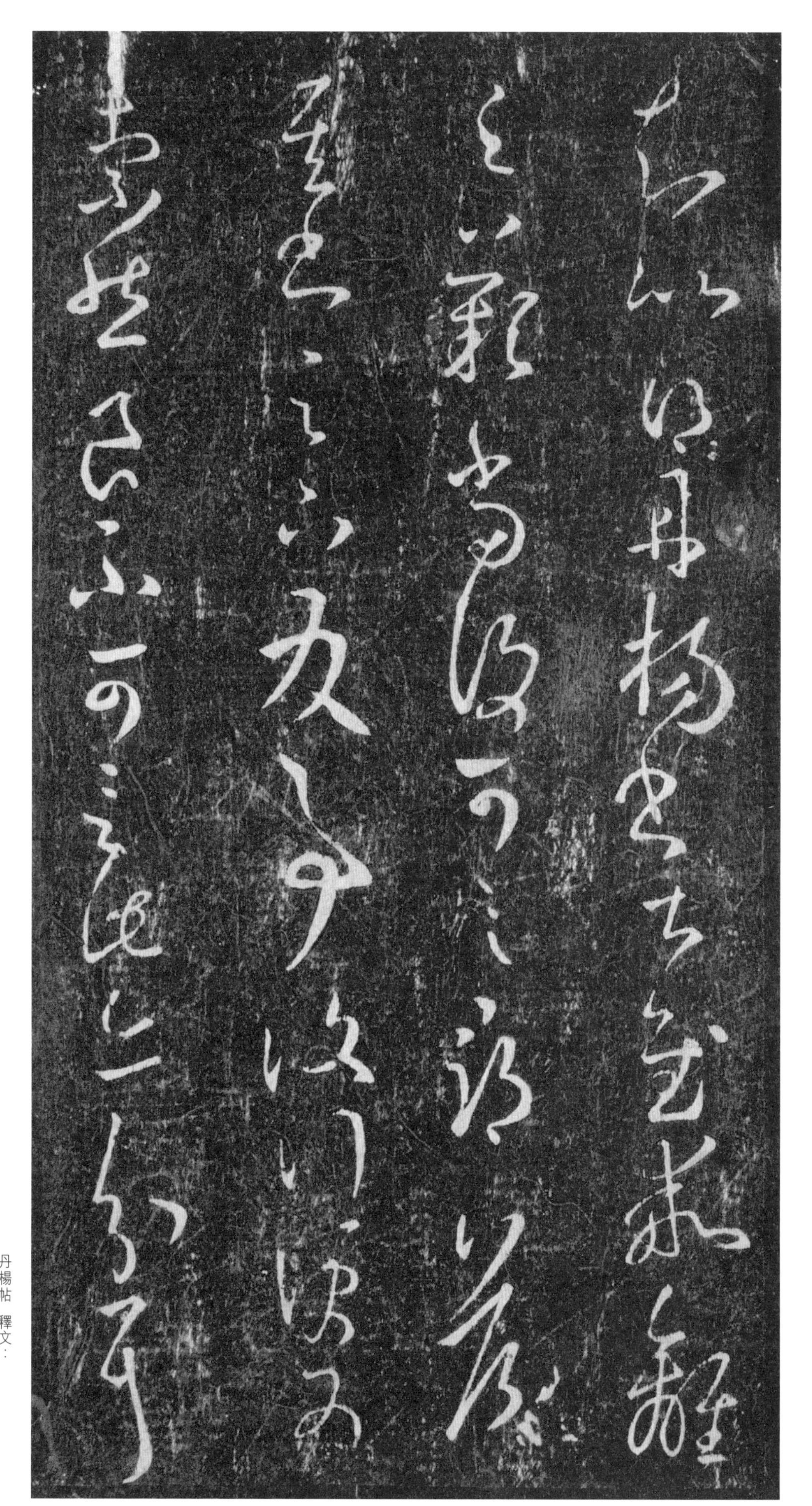

丹楊帖　釋文：
知比得丹楊書甚慰乖離
之歎當復可言尋答
其書足下反事復行便為
索然良不可言此亦分耳

27

太常帖

Tai Chang Tie

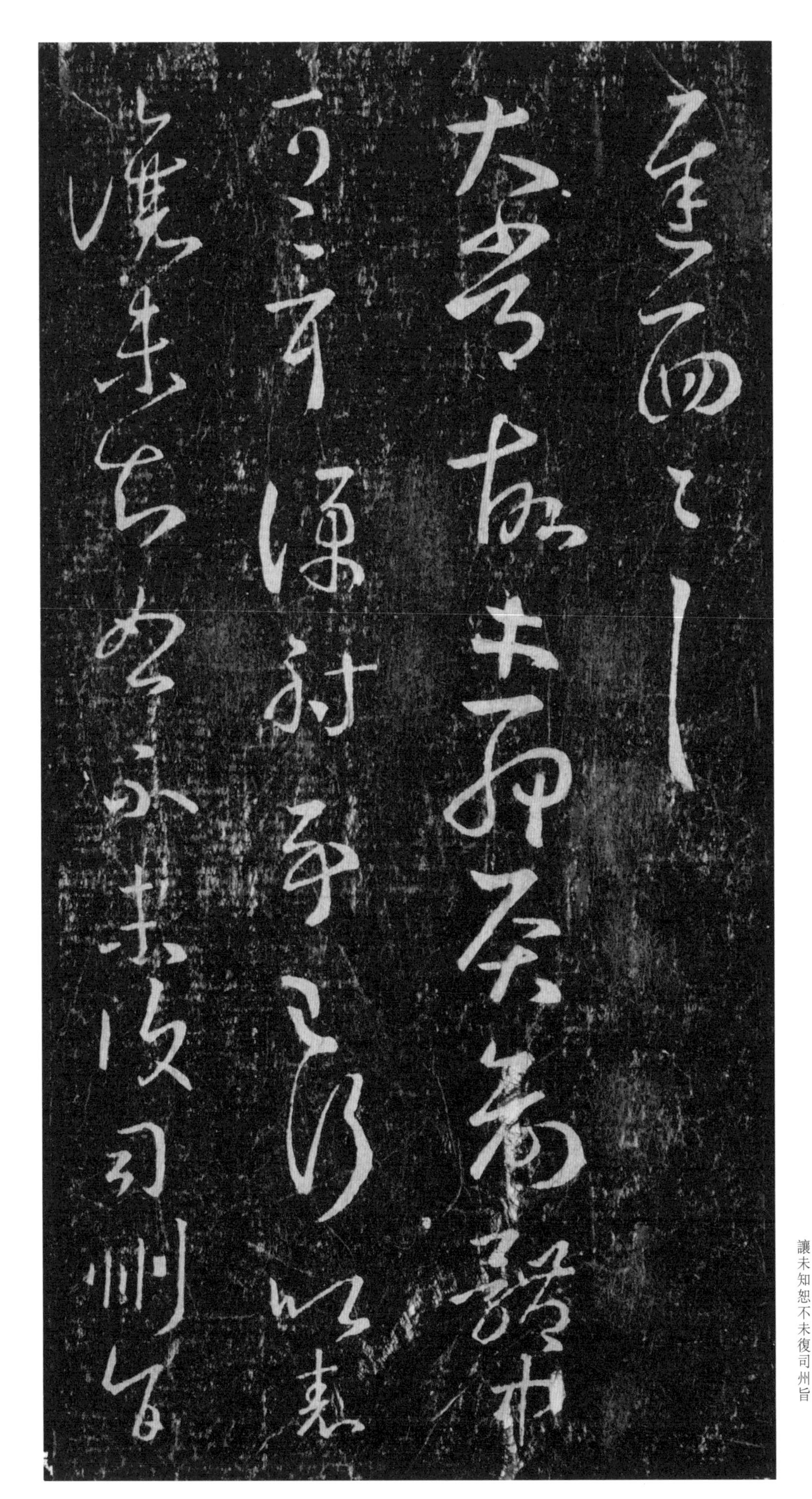

遲面具

太常帖　釋文：

太常故患胛灸俞體中

可可耳僕射事已行以表

讓未知恕不未復司州旨

28

得萬書帖

De Wan Shu Tie

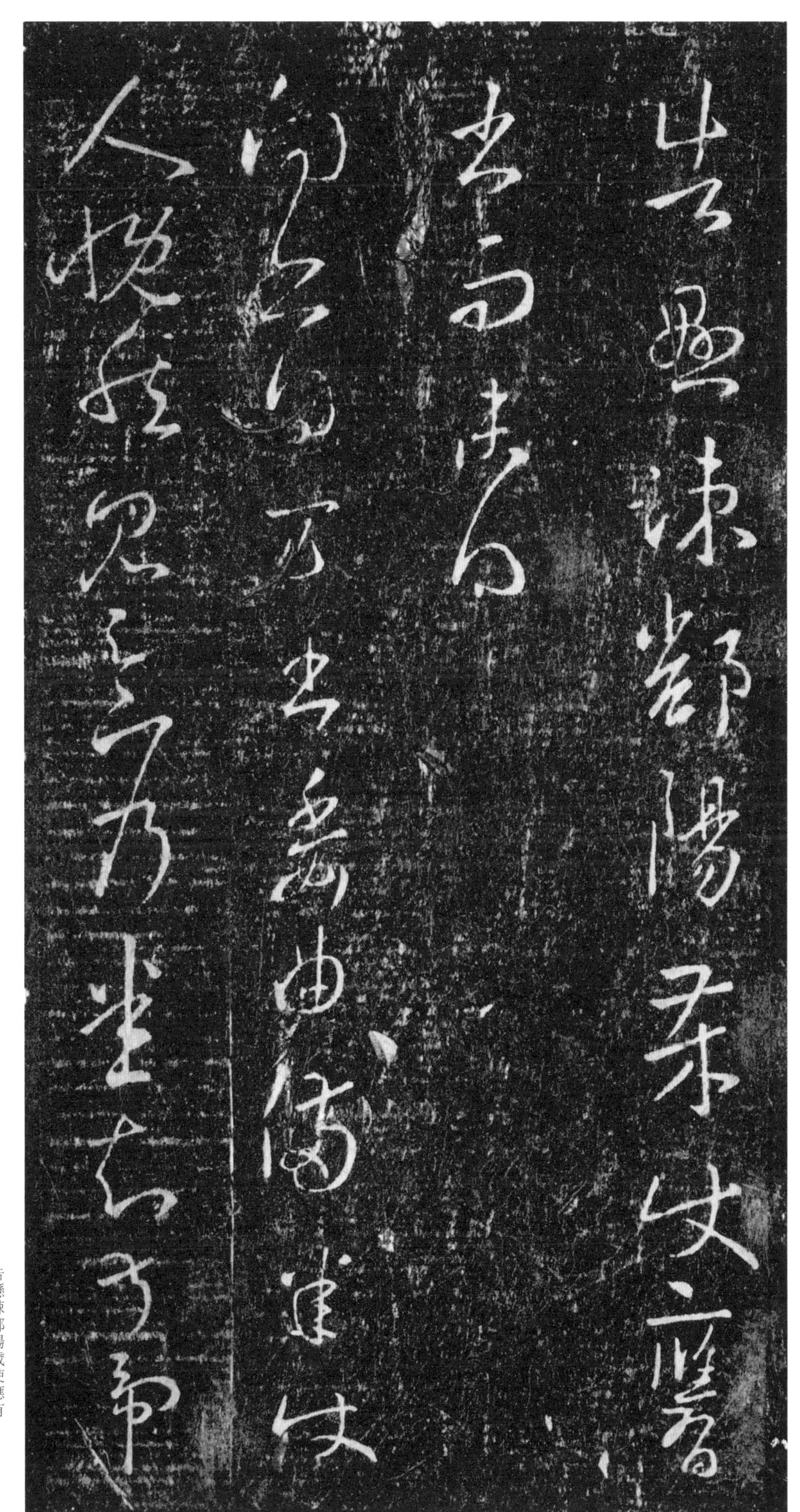

得萬書帖　釋文：

告懸辣鄱陽歲使應有
書而未得
向亦得萬書委曲備悉使
人慨然見足下乃悉知叔虎

熱日帖
Re Ri Tie

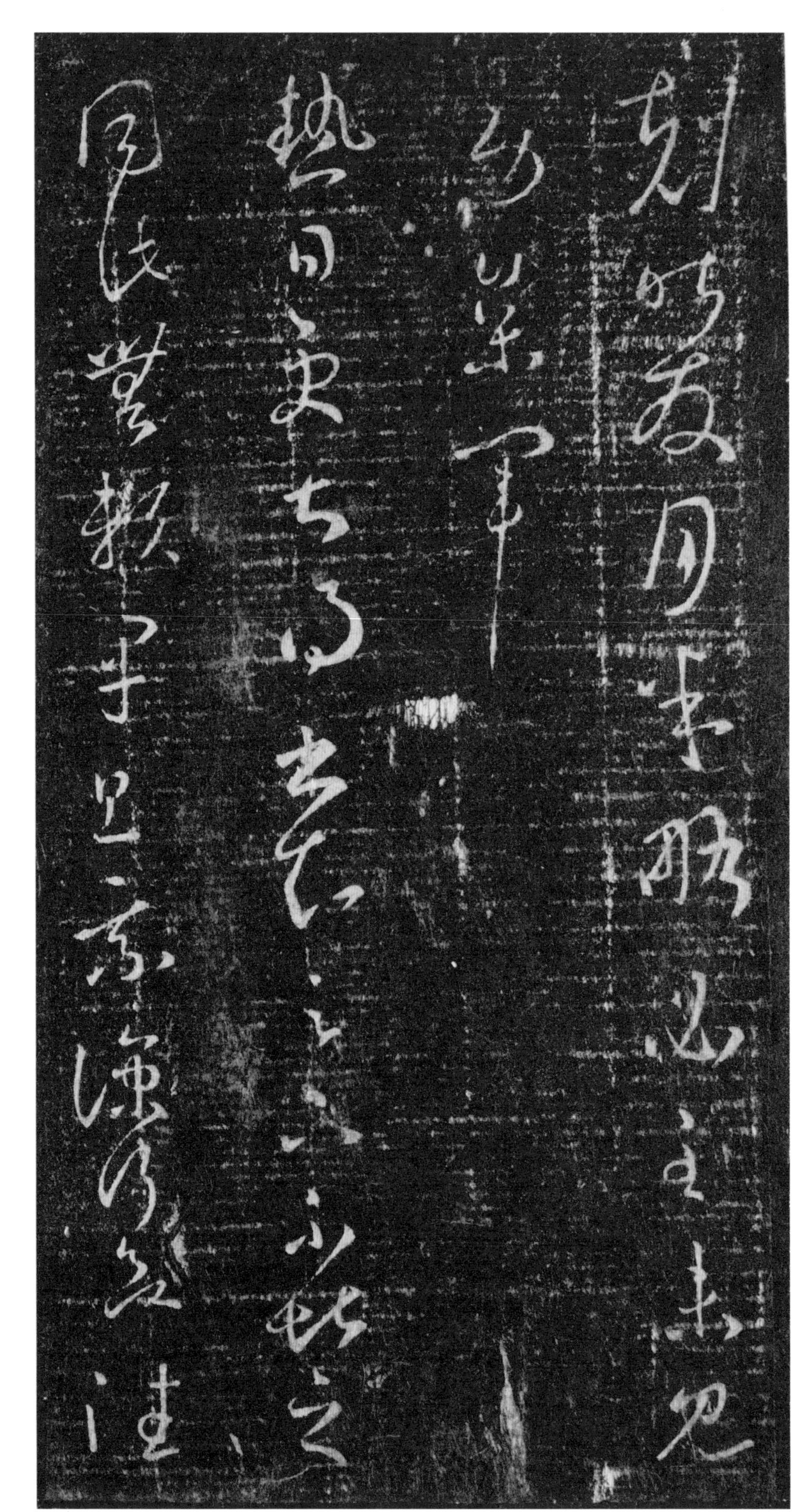

剡昨發月半略必至未見
勞參軍

熱日帖　釋文：
熱日更甚得書知足下不堪之
同此無賴早且乘涼行欲往

30

賢室帖

Xian Shi Tie

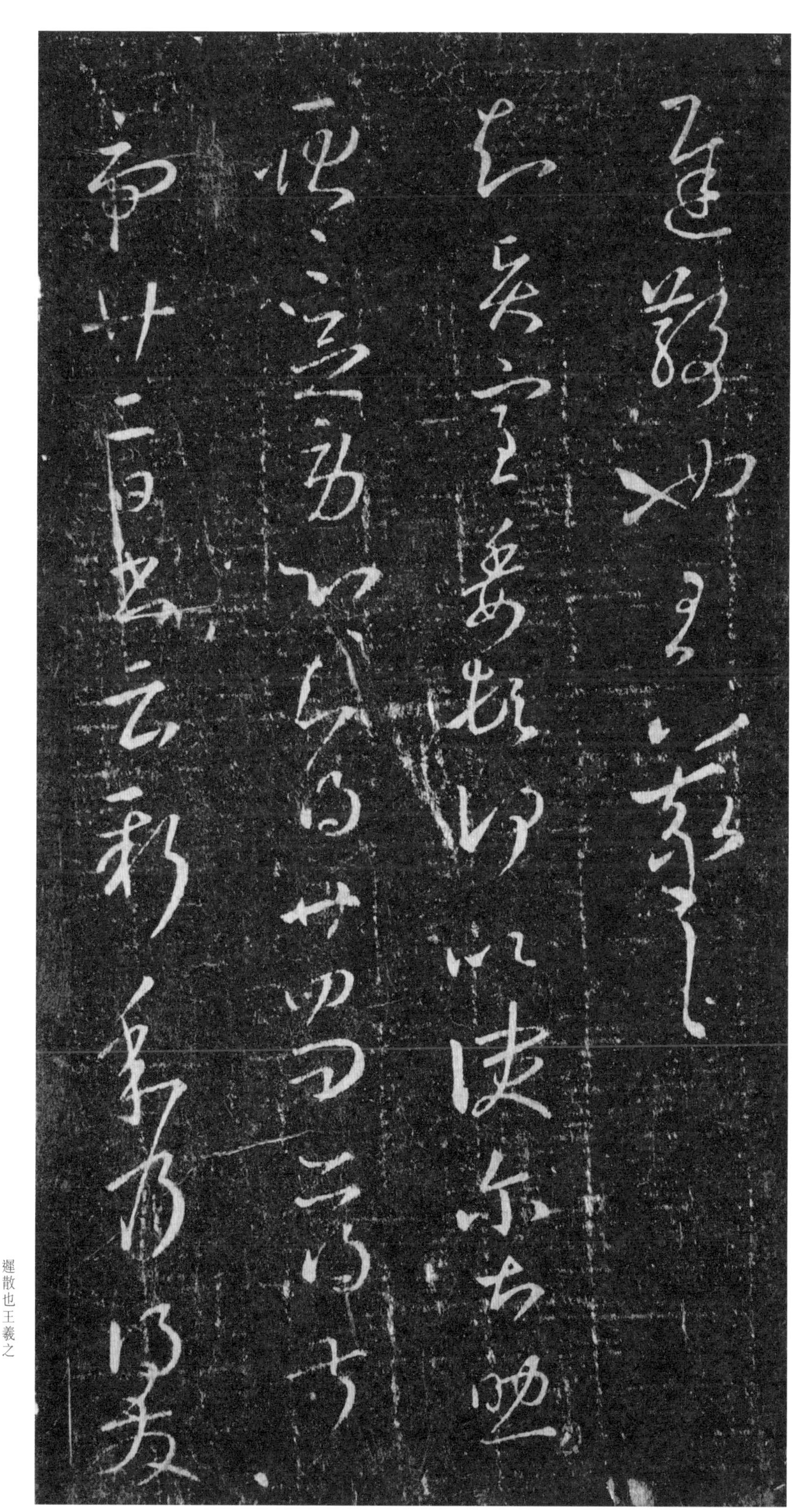

遲散也王羲之

賢室帖 釋文：

知賢室委頓何以便爾甚助

耿耿念勞心知得廿四問亦得叔

虎廿二日書云新年乃得發

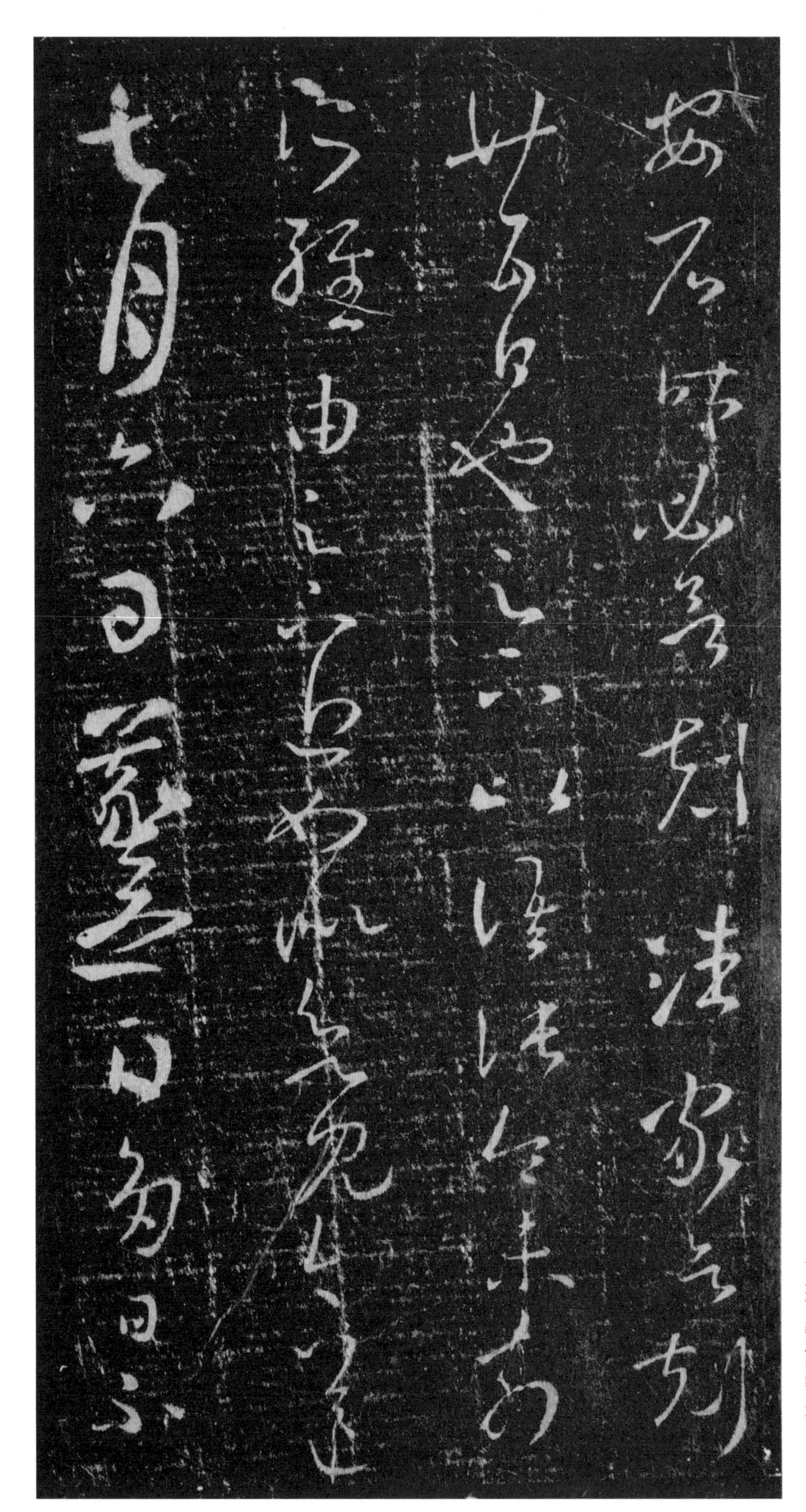

31

多日帖

Duo Ri Tie

多日帖　釋文：

安石昨必欲刻潘家欲刻

廿五日也足下以語張令未前

所經由足下近如似欲見今送

七月六日羲之白多日不

32

期已至帖

Qi Yi Zhi Tie

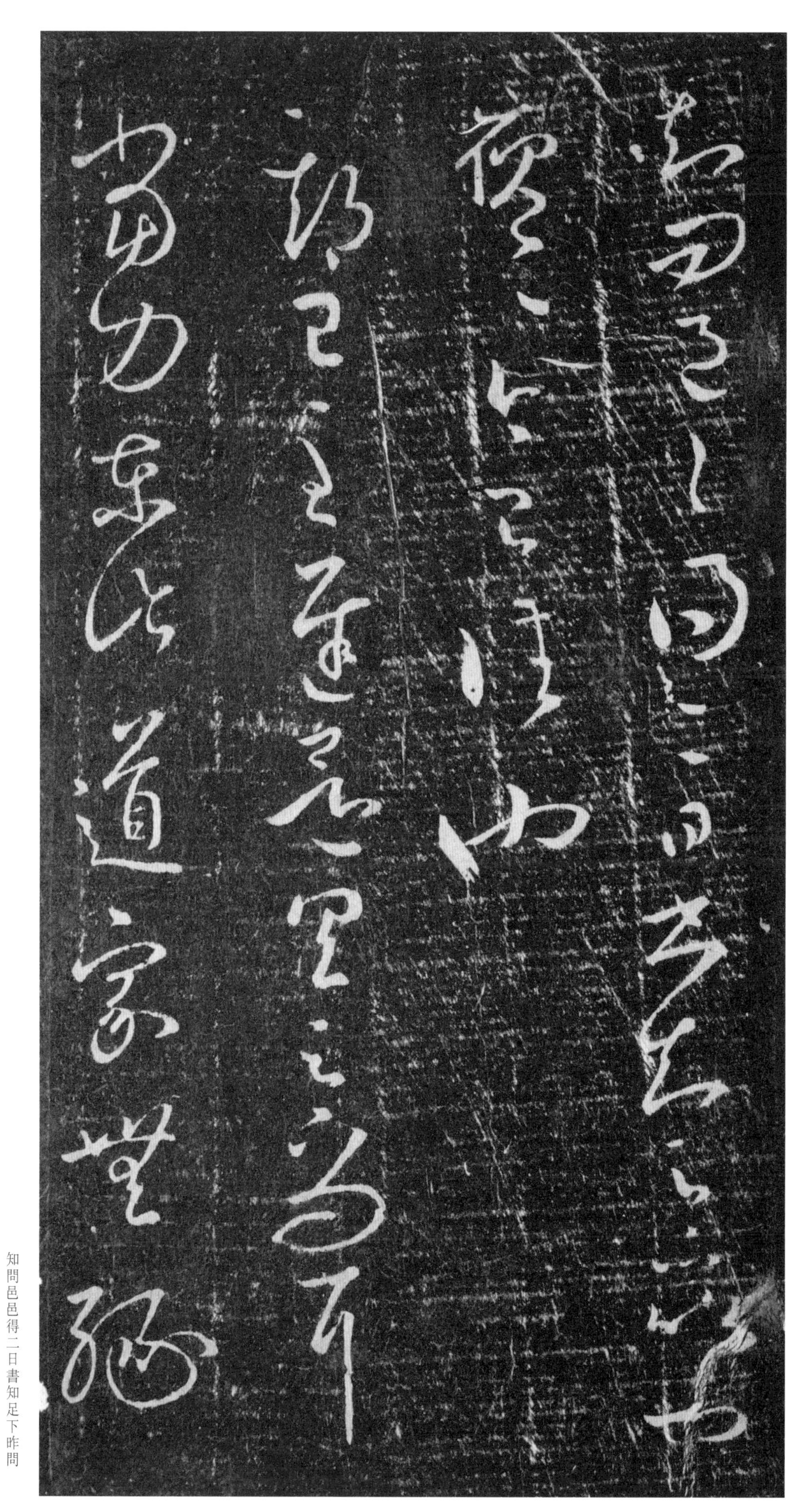

知問邑邑得二日書知足下昨問耿耿今已佳也

期已至帖　釋文：

期已至遲還遠具足下問耳當力東治道家無緣

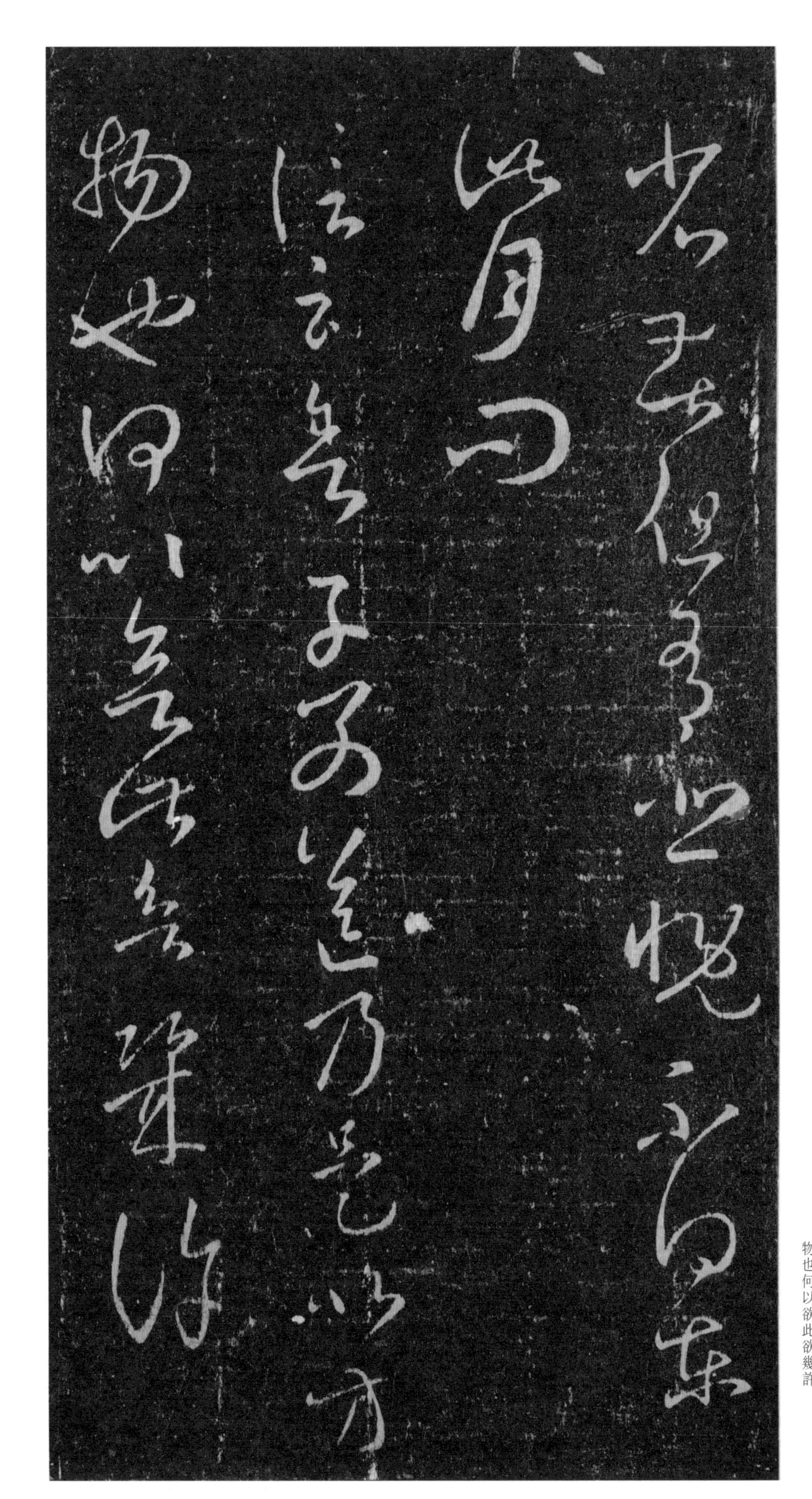

舍子帖
She Zi Tie

33

舍子帖　釋文：

信云舍子別送乃是北方
物也何以欲此欲幾許
省苦但有悲慨不得東
此月問

34

四紙飛白帖

Si Zhi Fei Bai Tie

35

月末帖

Yue Mo Tie

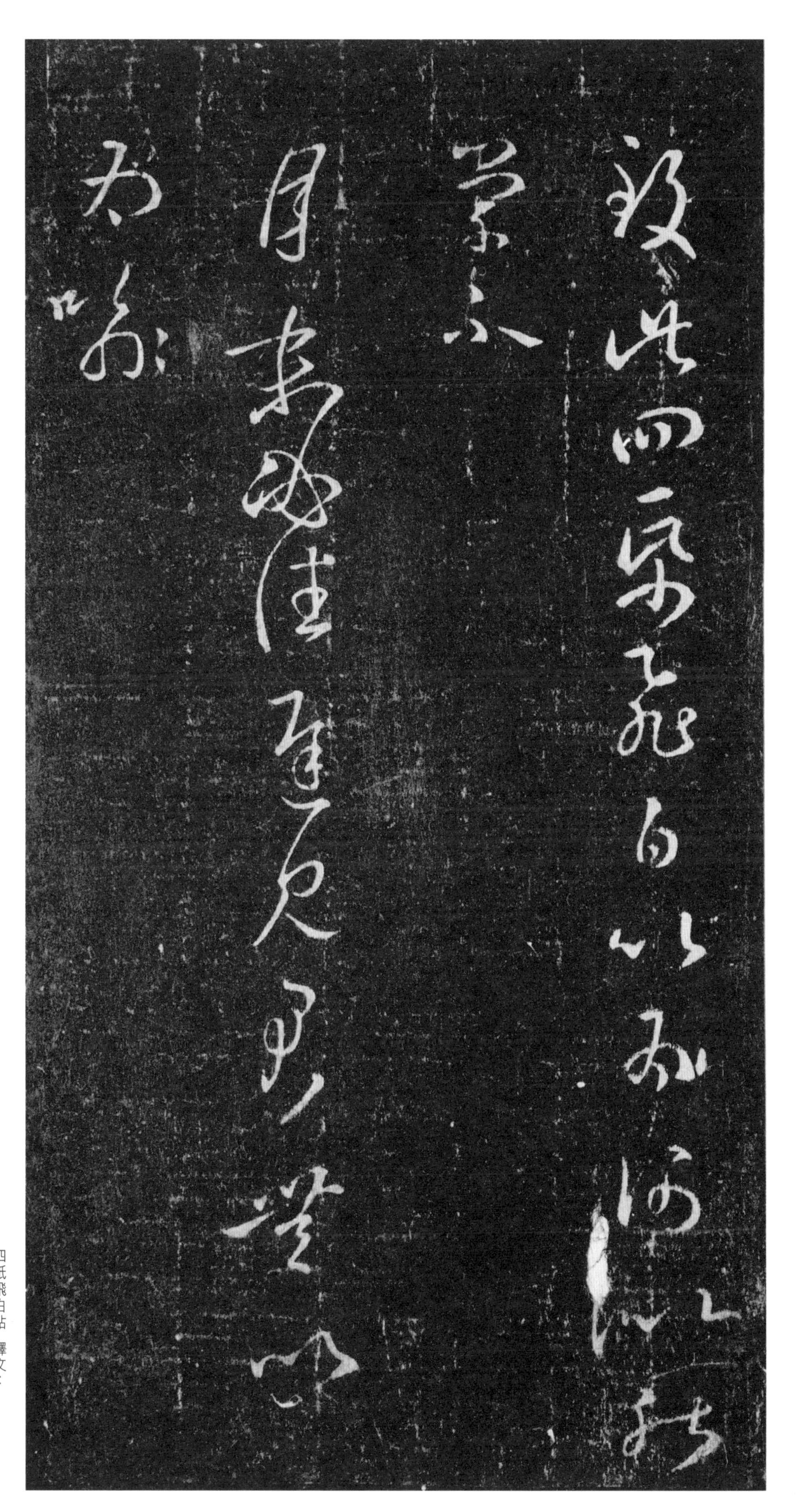

四紙飛白帖　釋文：

致此四紙飛白以為何似能學不

月末帖　釋文：

月末必往遲見君無以為喻

36

擇藥帖
Ze Yao Tie

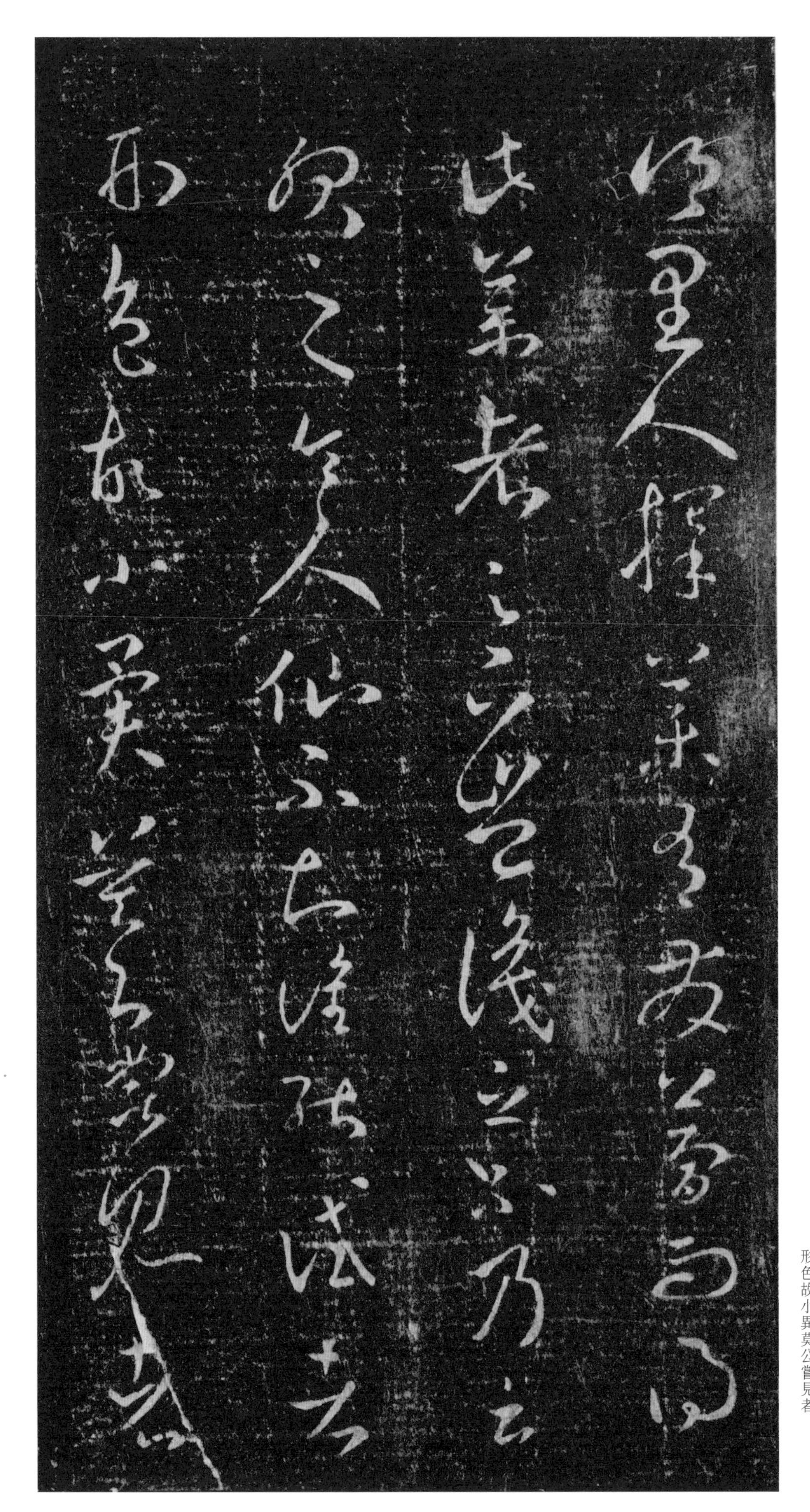

擇藥帖　釋文：
鄉里人擇藥有發夢而得
此藥者足下豈識之不乃云
服之令人仙不知誰能試者
形色故小異莫公嘗見者

37

昨見帖

Zuo Jian Tie

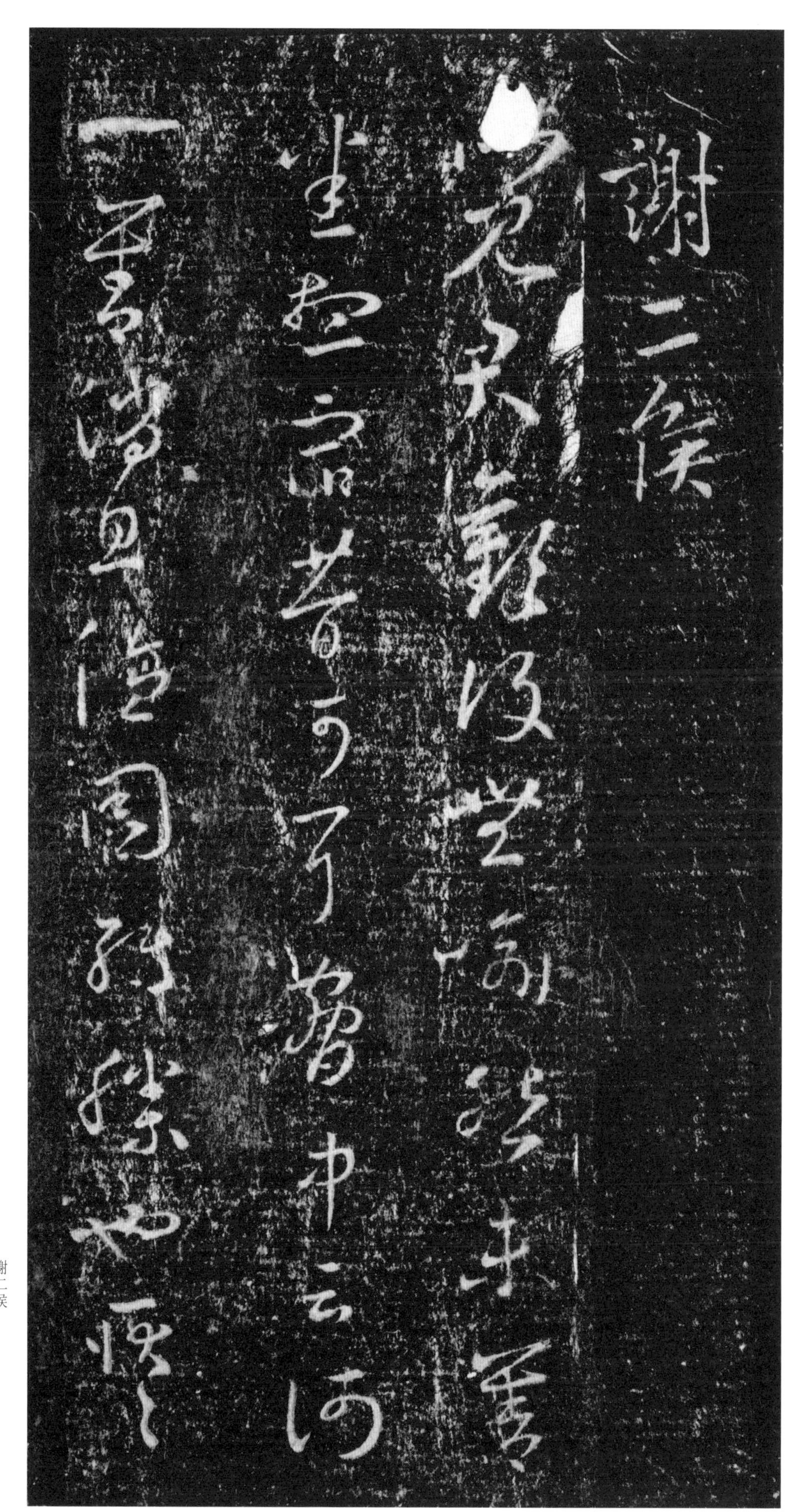

謝二侯

昨見帖　釋文：

昨見君歡復無喻然未善

悉想宿昔可耳脅中云何

一善消息德周轉勝也耿耿

還來帖

Huan Lai Tie

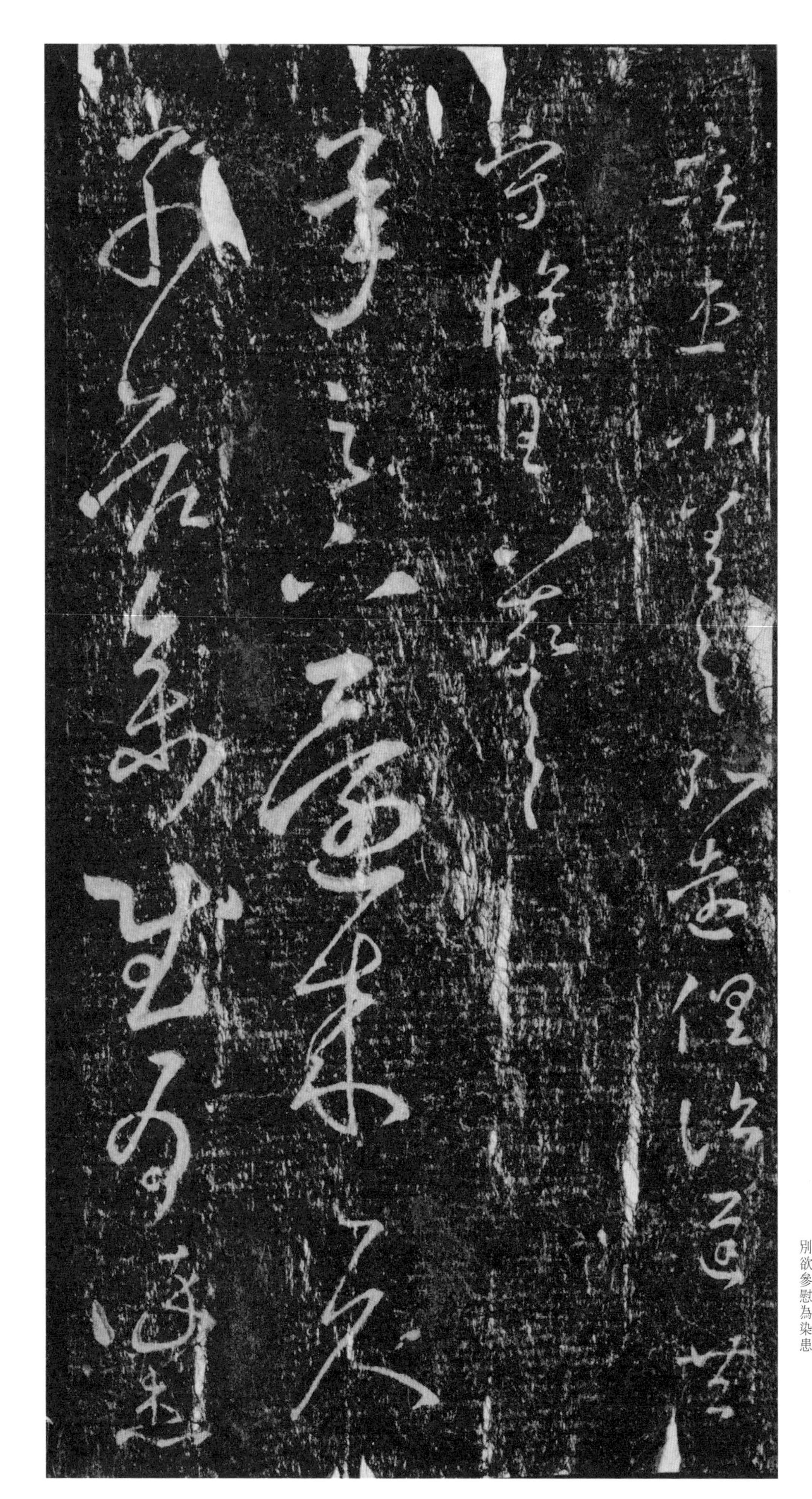

寫懷王羲之

還來帖　釋文：

承足下還來已久

別欲參慰為染患

疾患小差與弘遠俱詣遲共

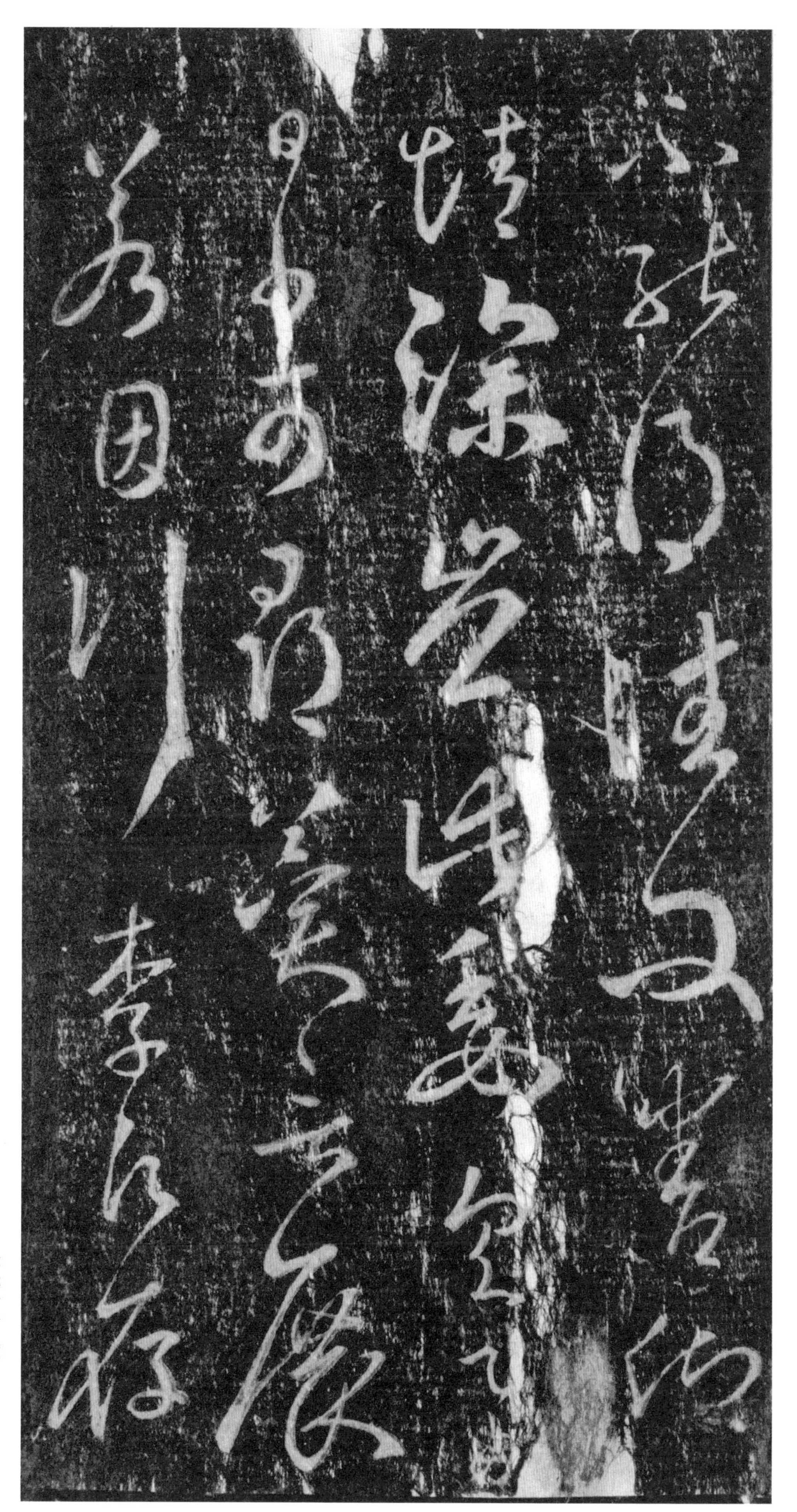

不能得往問眷仰
情深豈此委具一兩
日少可尋冀言展
若因行李願存

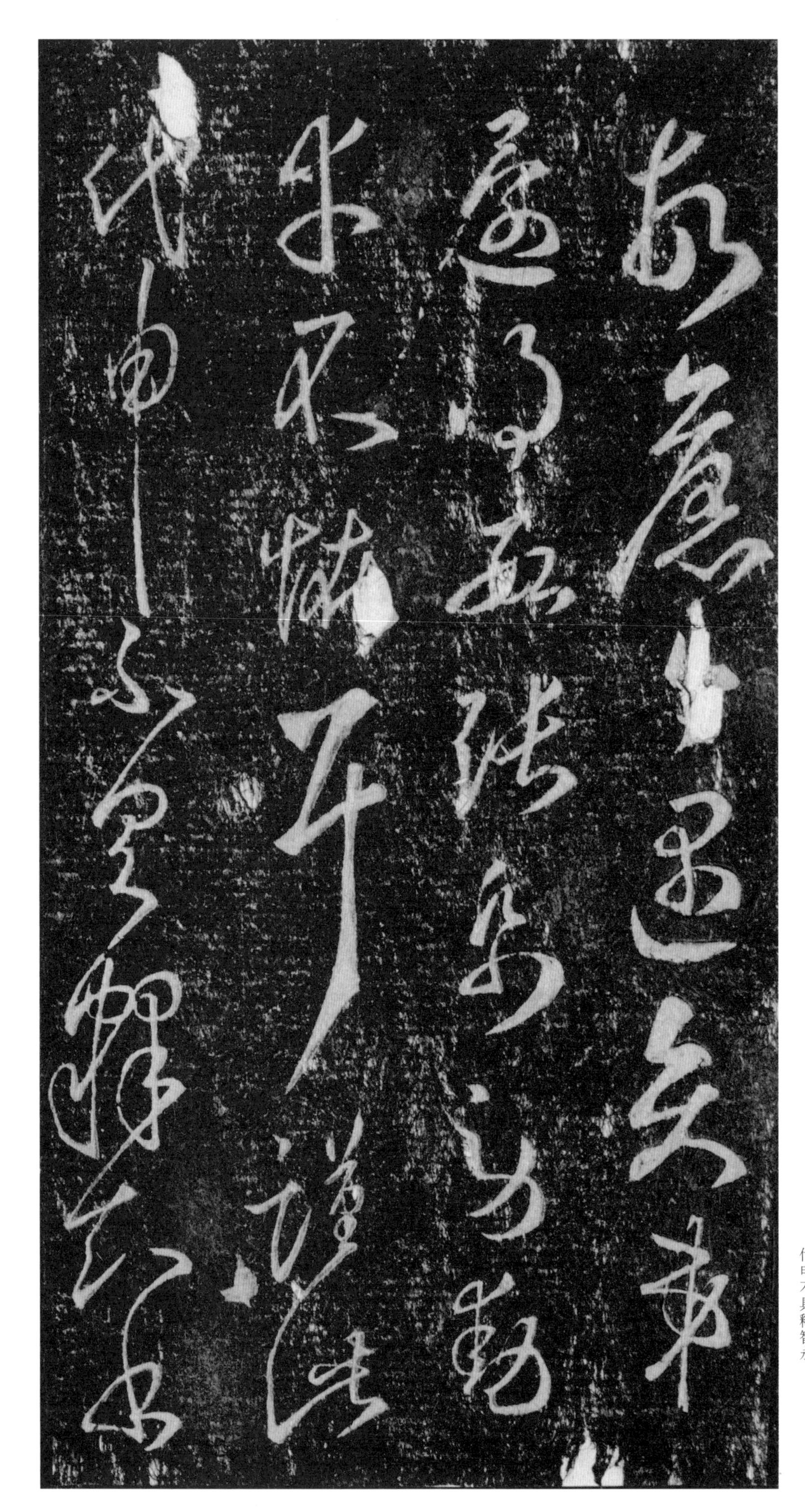

故慮今遇賢弟
還得數張紙勞動
幸不怪耳謹此
代申不具釋智永

39

雪候帖
Xue Hou Tie

40

知遠帖
Zhi Yuan Tie

雪候帖　釋文：
雪候既不已寒甚盛冬
余可苦患足下亦當不堪之
轉復知問王羲之

知遠帖　釋文：
知遠比當造頃遲見

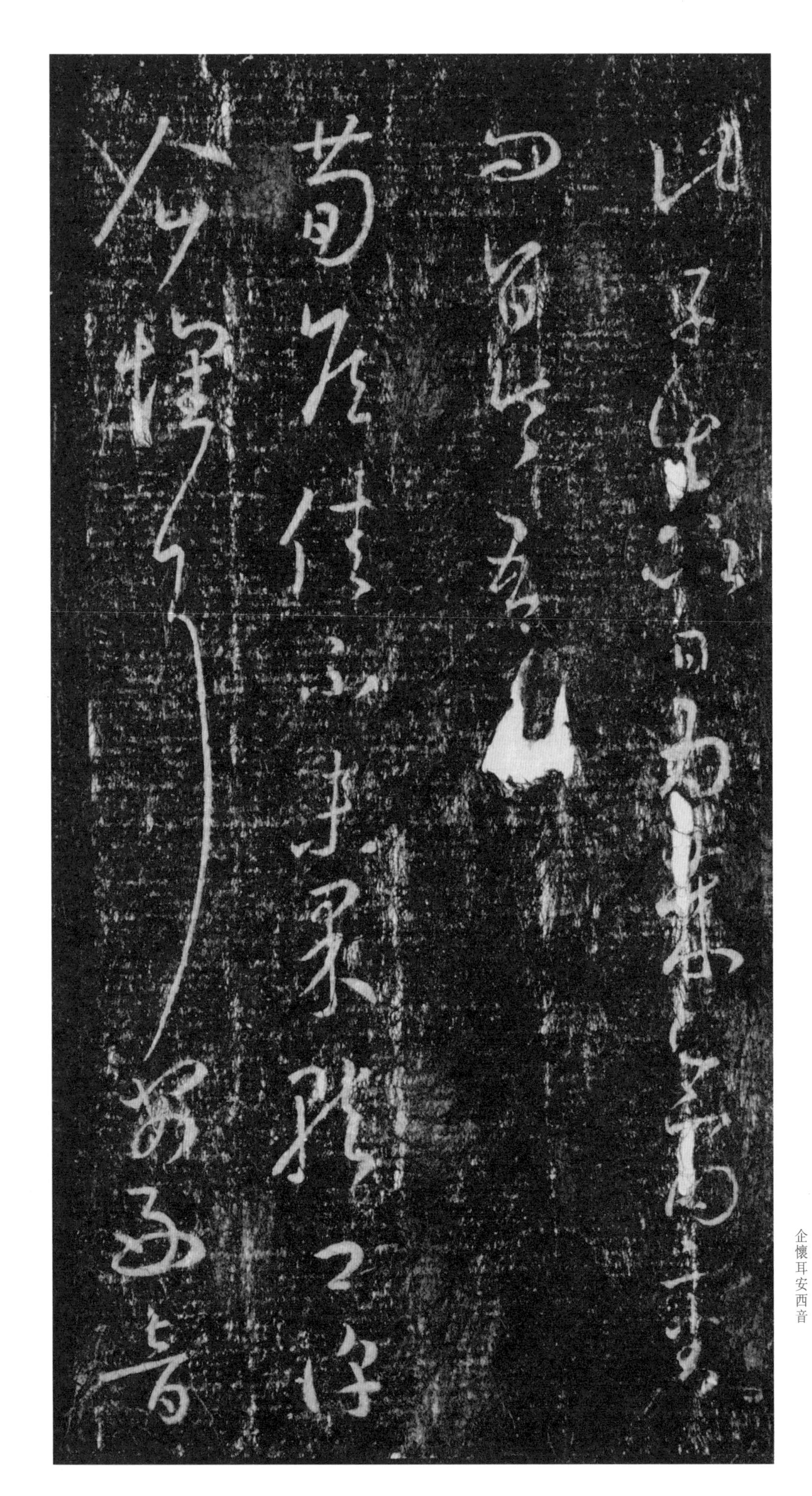

41

荀侯帖
Xun Hou Tie

此子真以日為歲足下得審
問旨令吾
荀侯帖 釋文：
荀侯佳不未果就卿深
企懷耳安西音

42

分住帖
Fen Zhu Tie

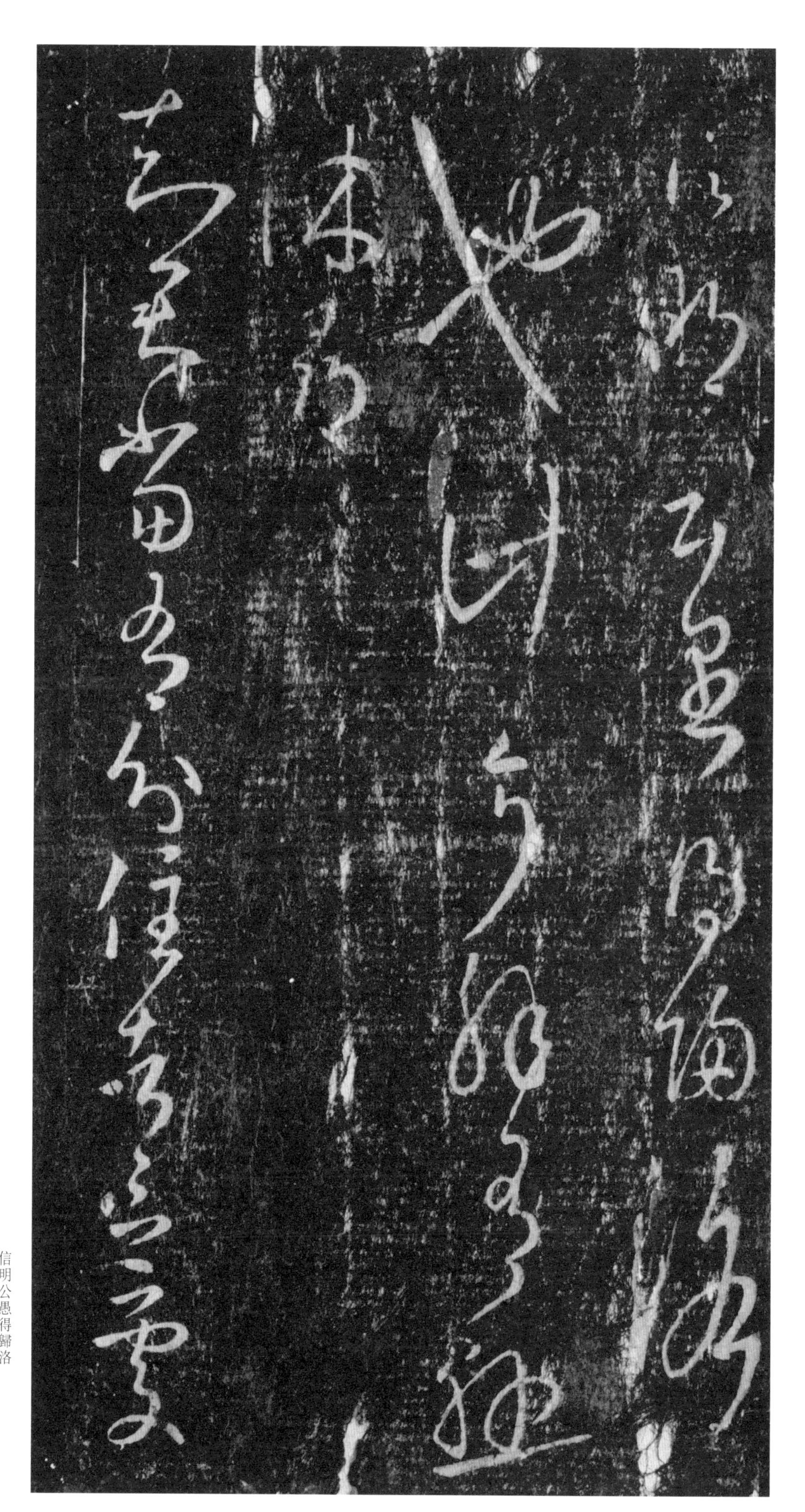

分住帖 釋文：
知君當有分住者念處
休尋
也計介解有懸
信明公愚得歸洛

旦反帖

Dan Fan Tie

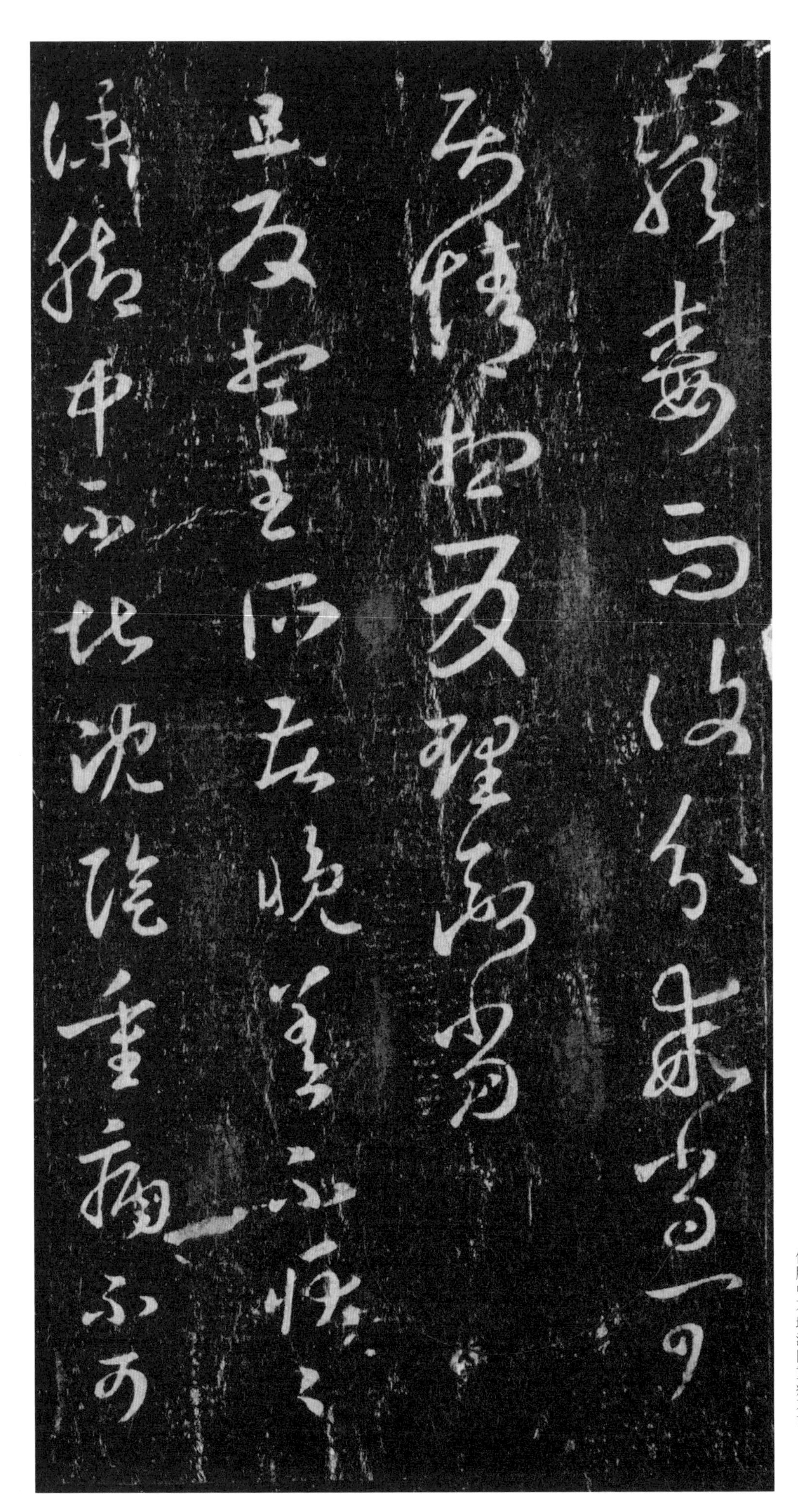

旦反帖 釋文：

窮毒而復分乖尚可
居情想反理斷當
旦反想主所苦晚差不耿耿
僕腳中不堪沉陰重痛不可

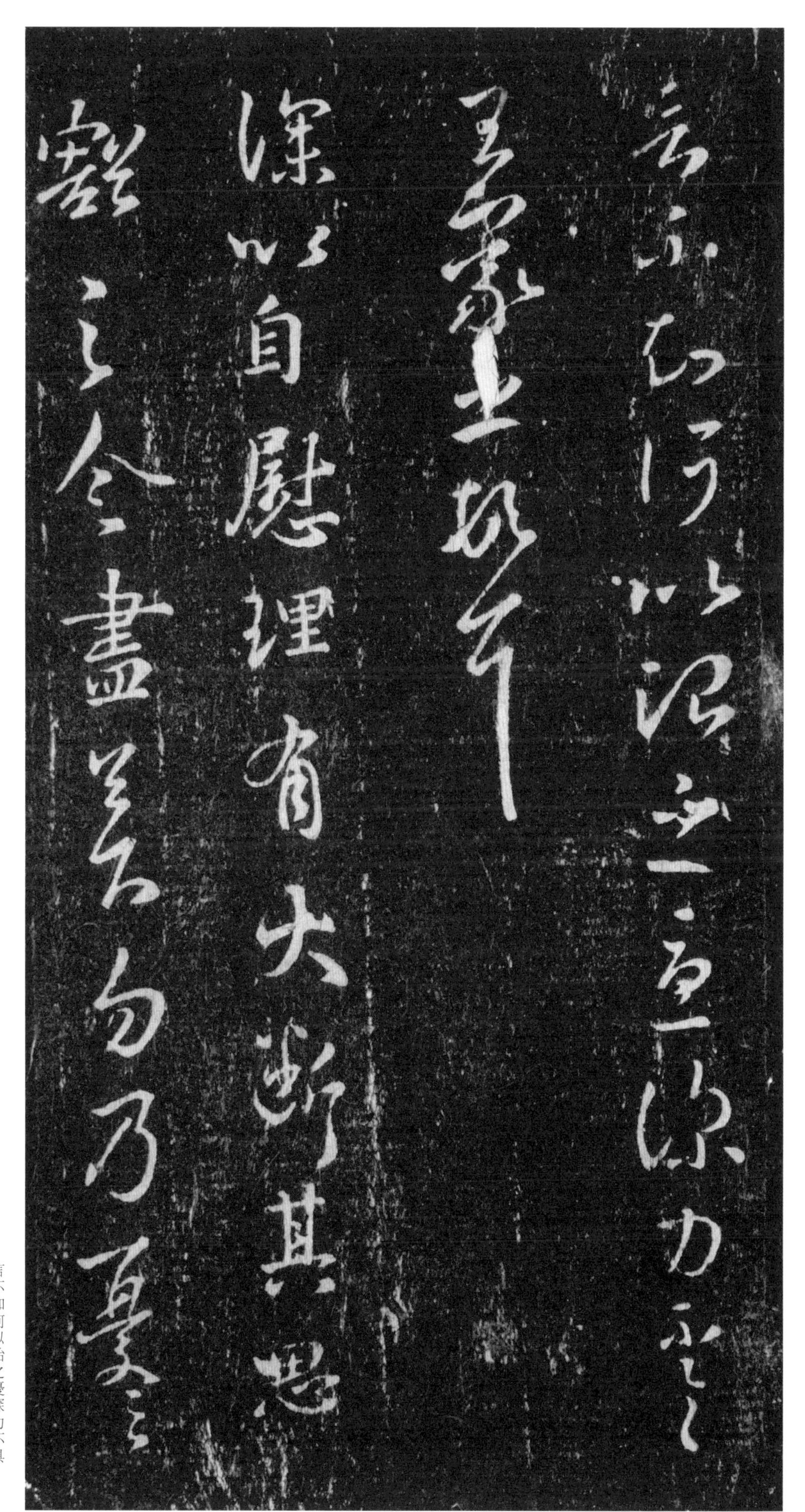

言不知何以治之憂深力不具
王羲之頓首

自慰帖　釋文：
深以自慰理有大斷其思
豁之令盡足下勿乃憂之

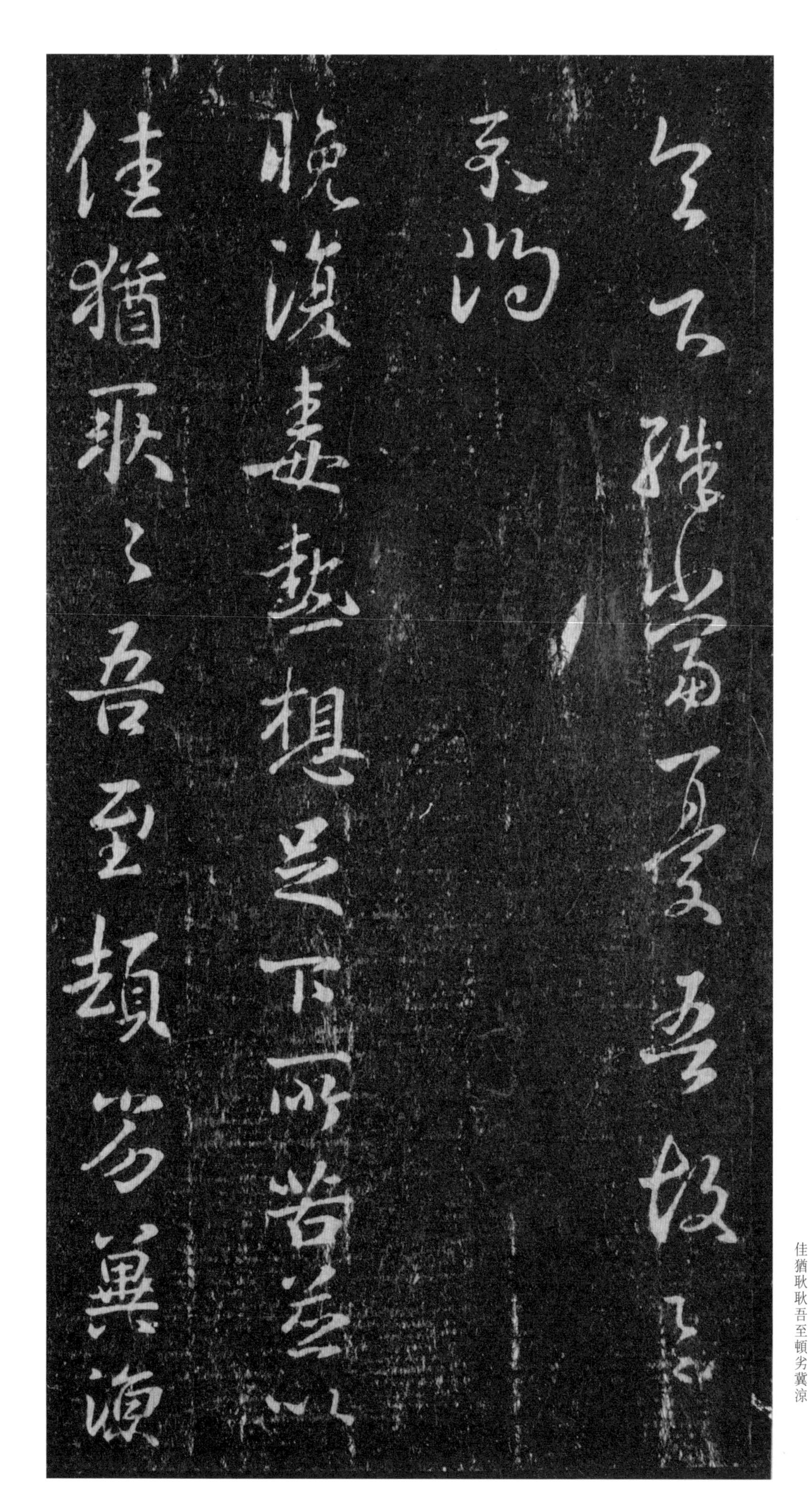

45

晚復帖

Wan Fu Tie

足下殊當憂吾故具
示問

晚復帖　釋文：
晚復毒熱想足下所苦並以
佳猶耿耿吾至頓劣冀涼

46

足下家帖

Zu Xia Jia Tie

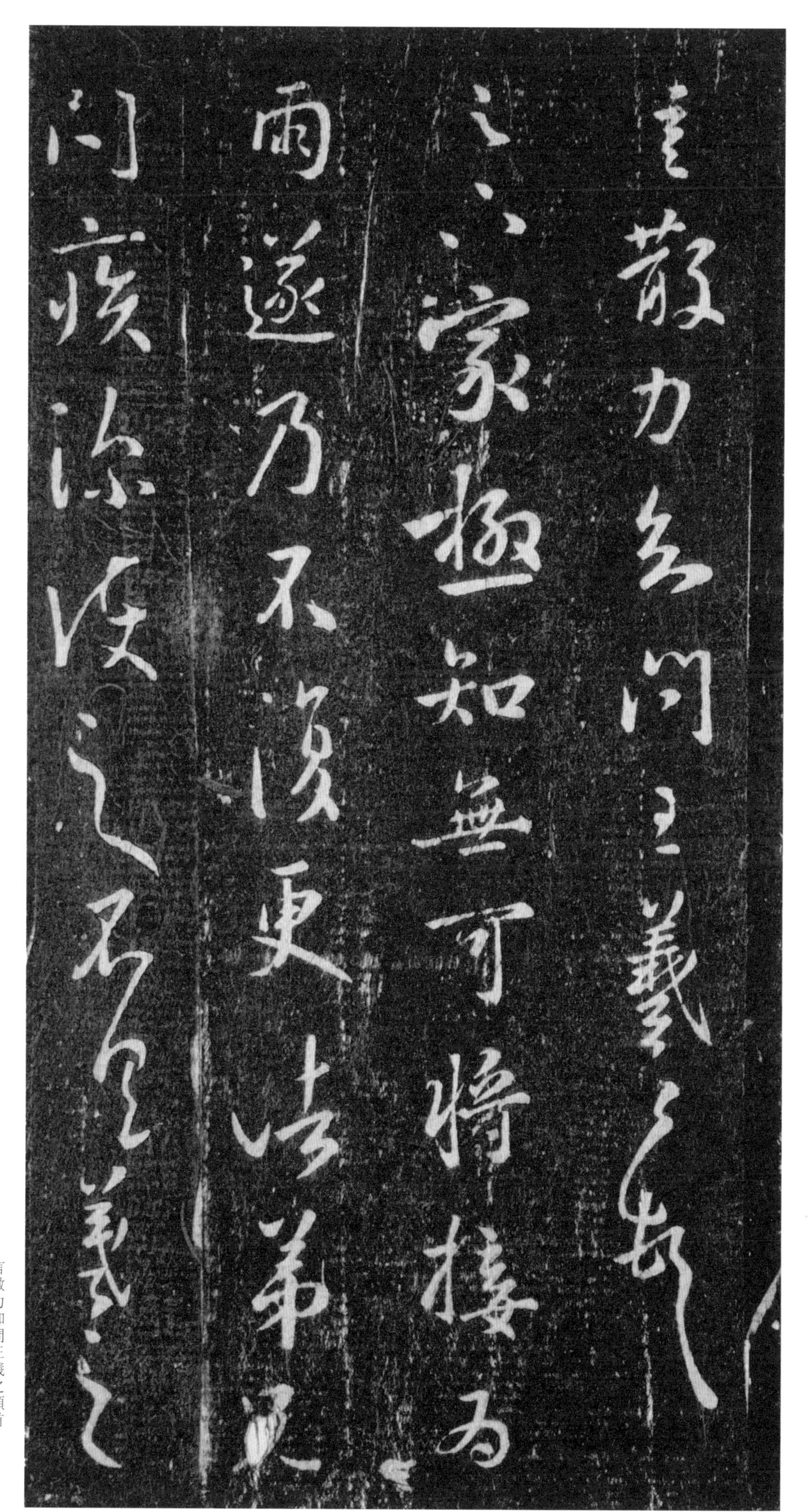

言散力知問王羲之頓首

足下家帖　釋文：

足下家極知無可將接為

雨遂乃不復更諸弟兄

問疾深護之不具羲之

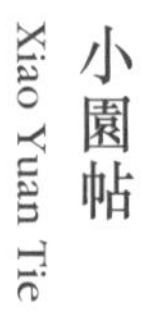

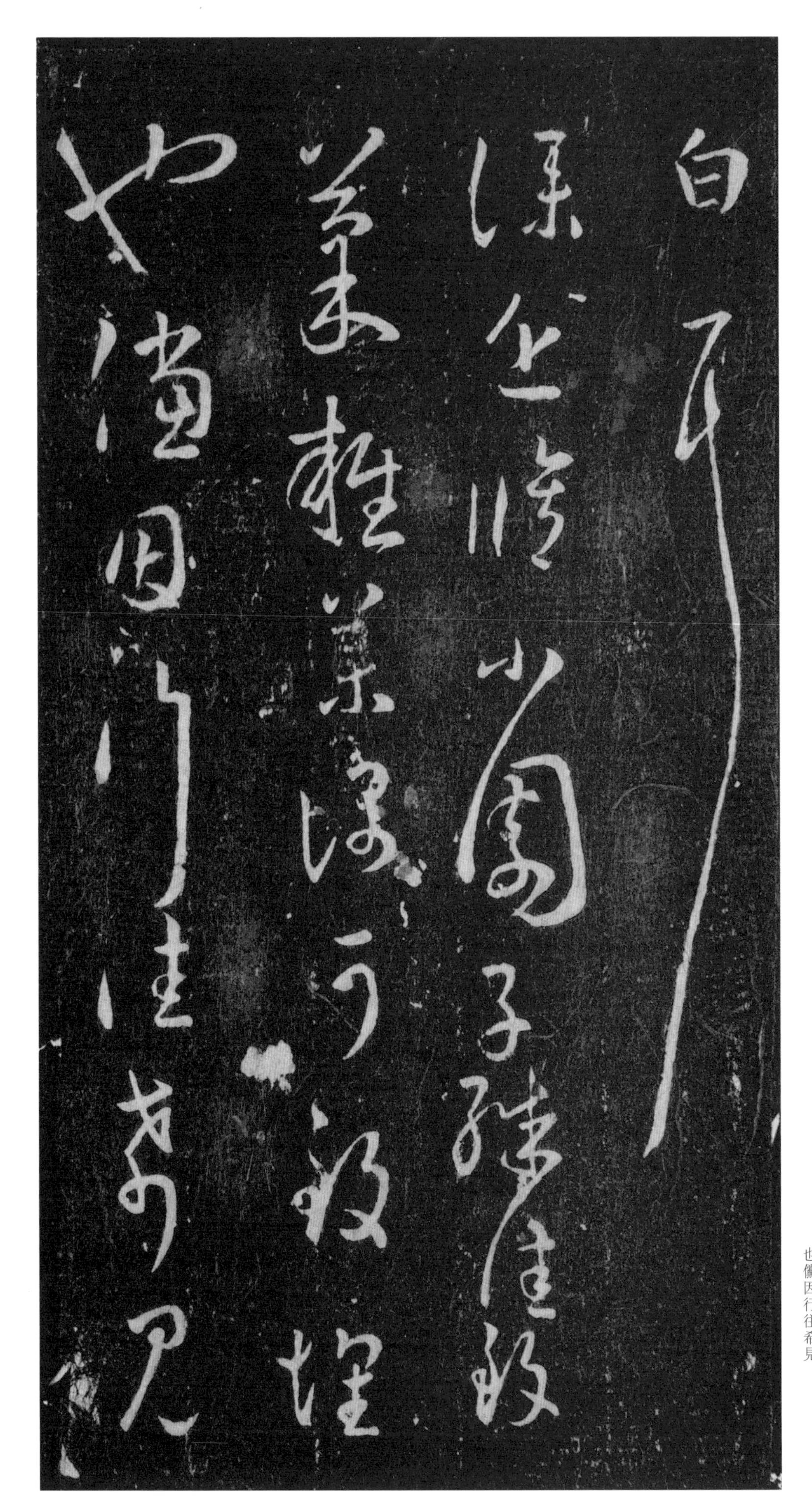

白耳

小園帖　釋文：

僕近脩小園子殊佳致

菓雜藥深可致懷

也儻因行往希見

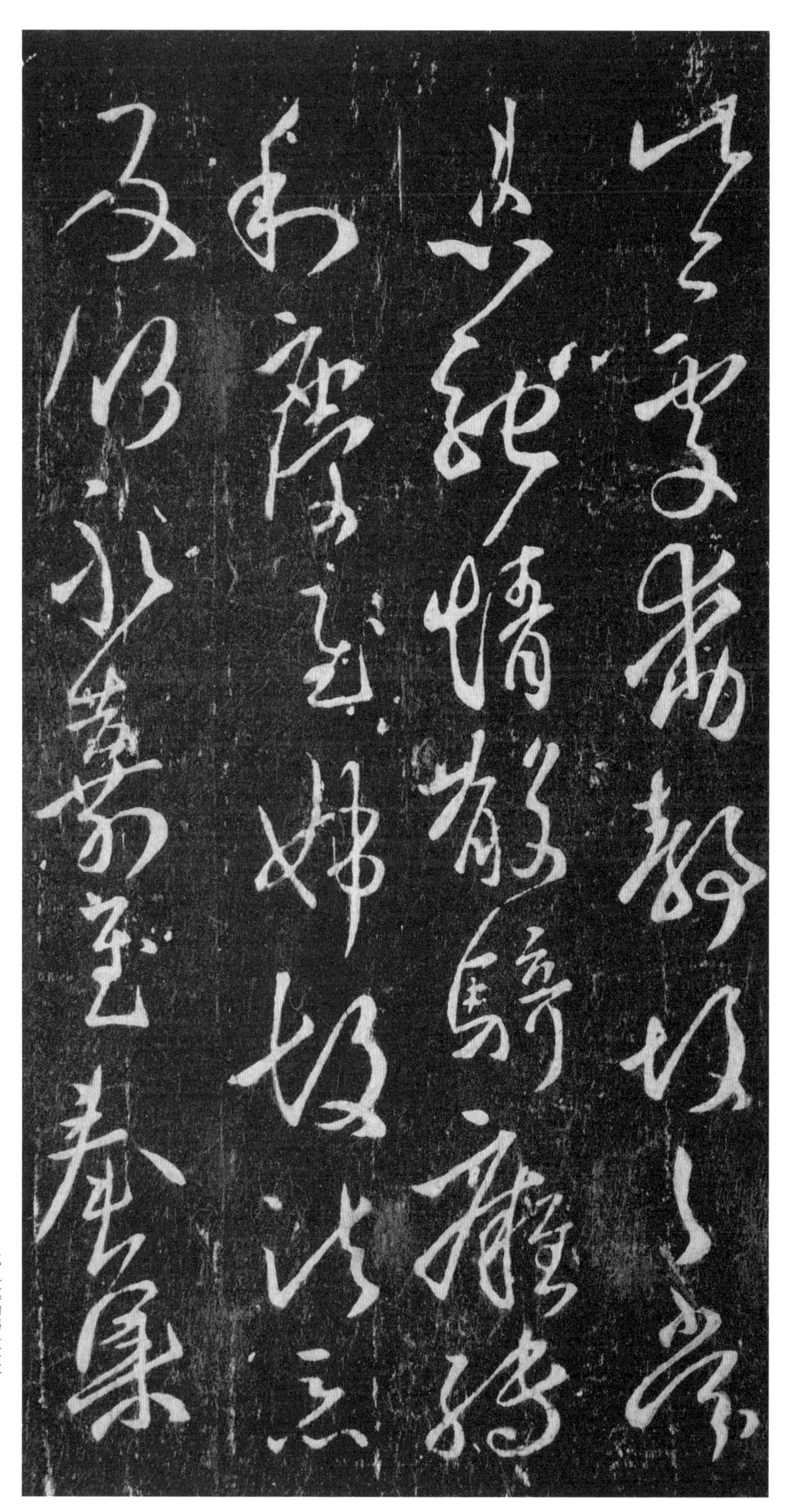

比二處動靜故故常
患馳情散騎䧢轉
利慶慰姊故諸惡
及比永嘉慰奉集

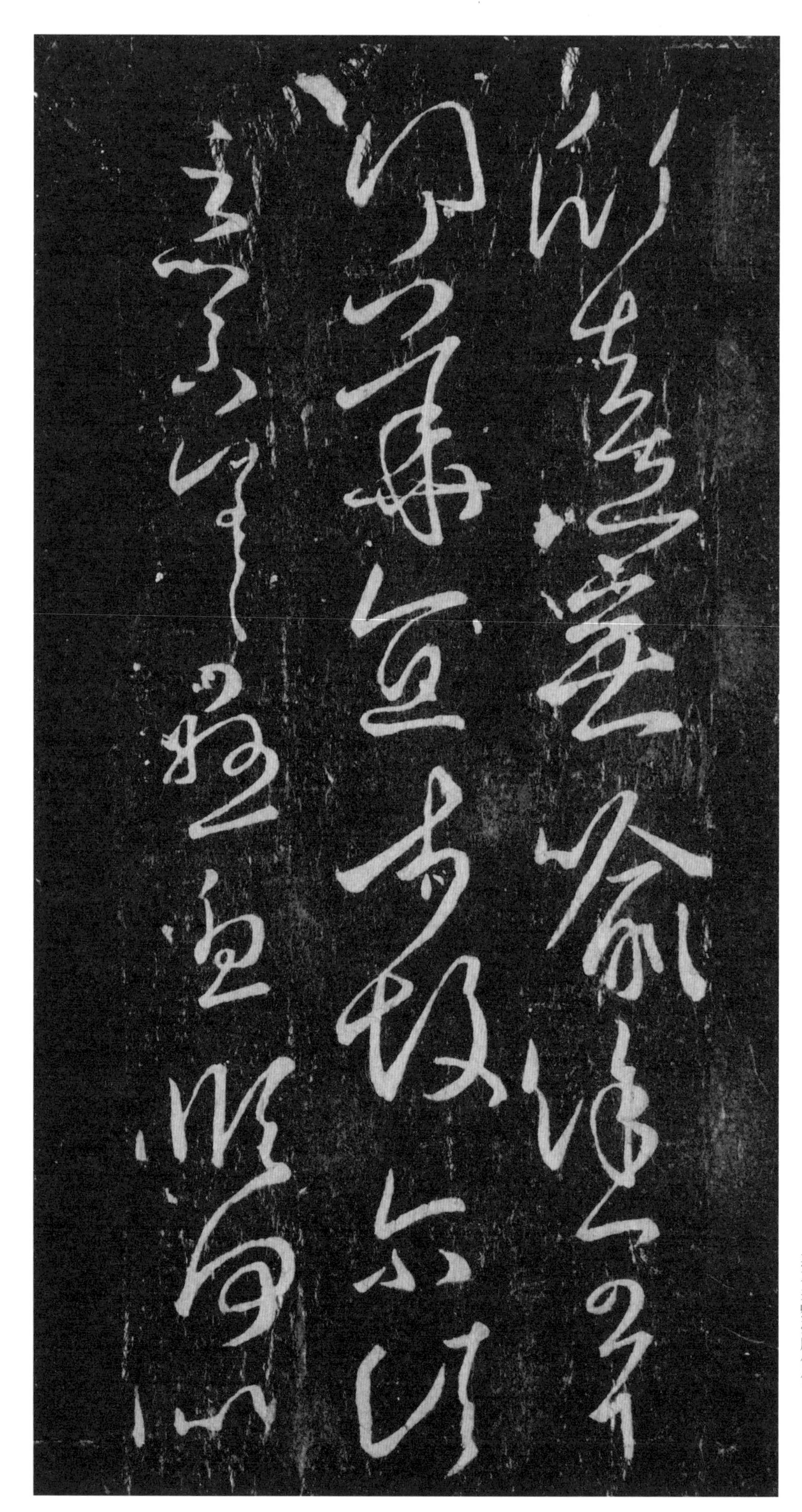

欣喜無喻餘可耳
得華直疏故爾諸
惡不差懸憂順何似

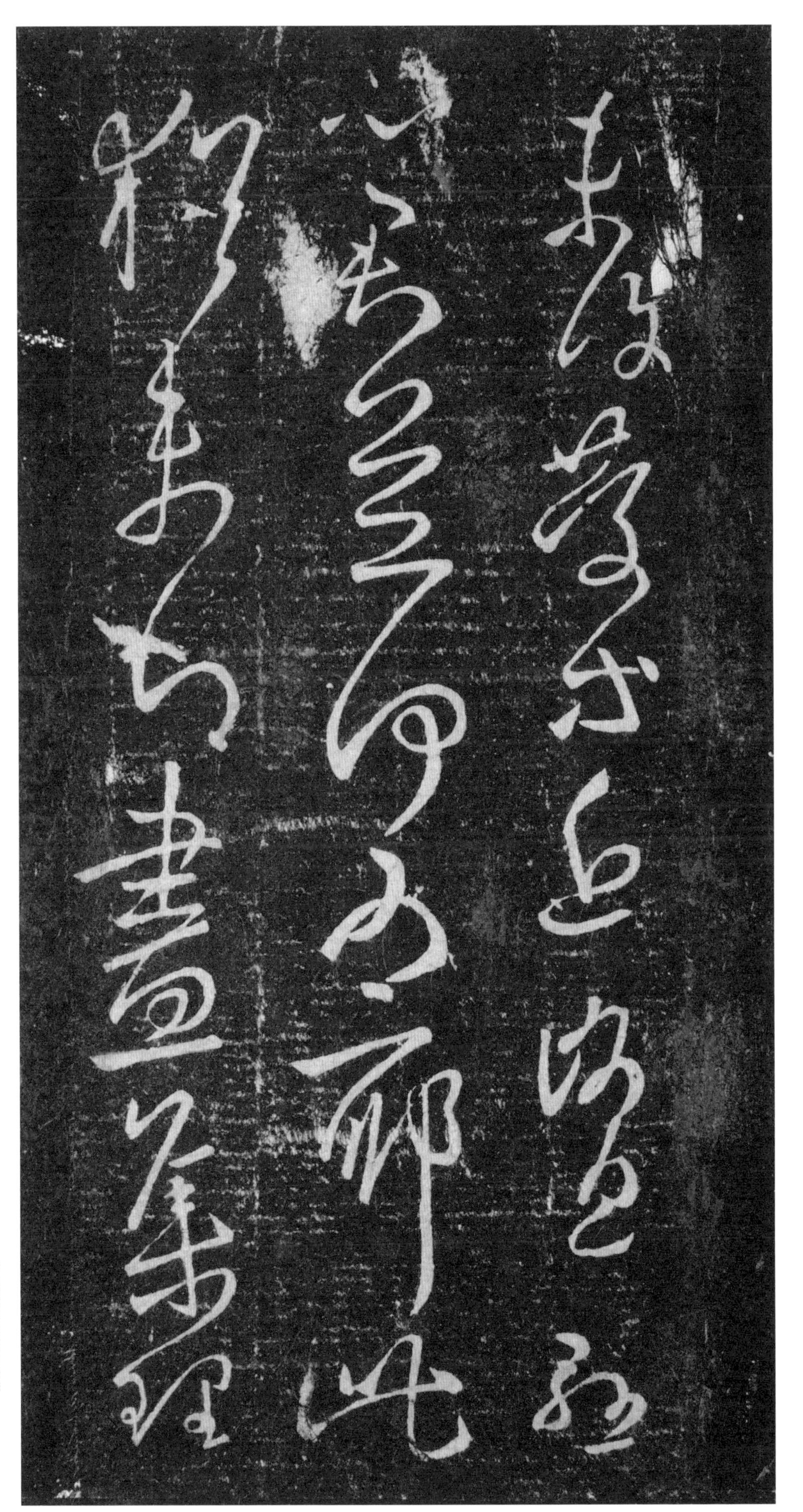

未復慶等近消息懸
心君並何為耶此
猶未得盡集理

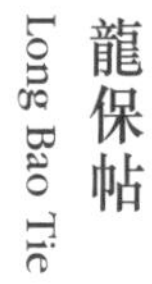

龍保帖

Long Bao Tie

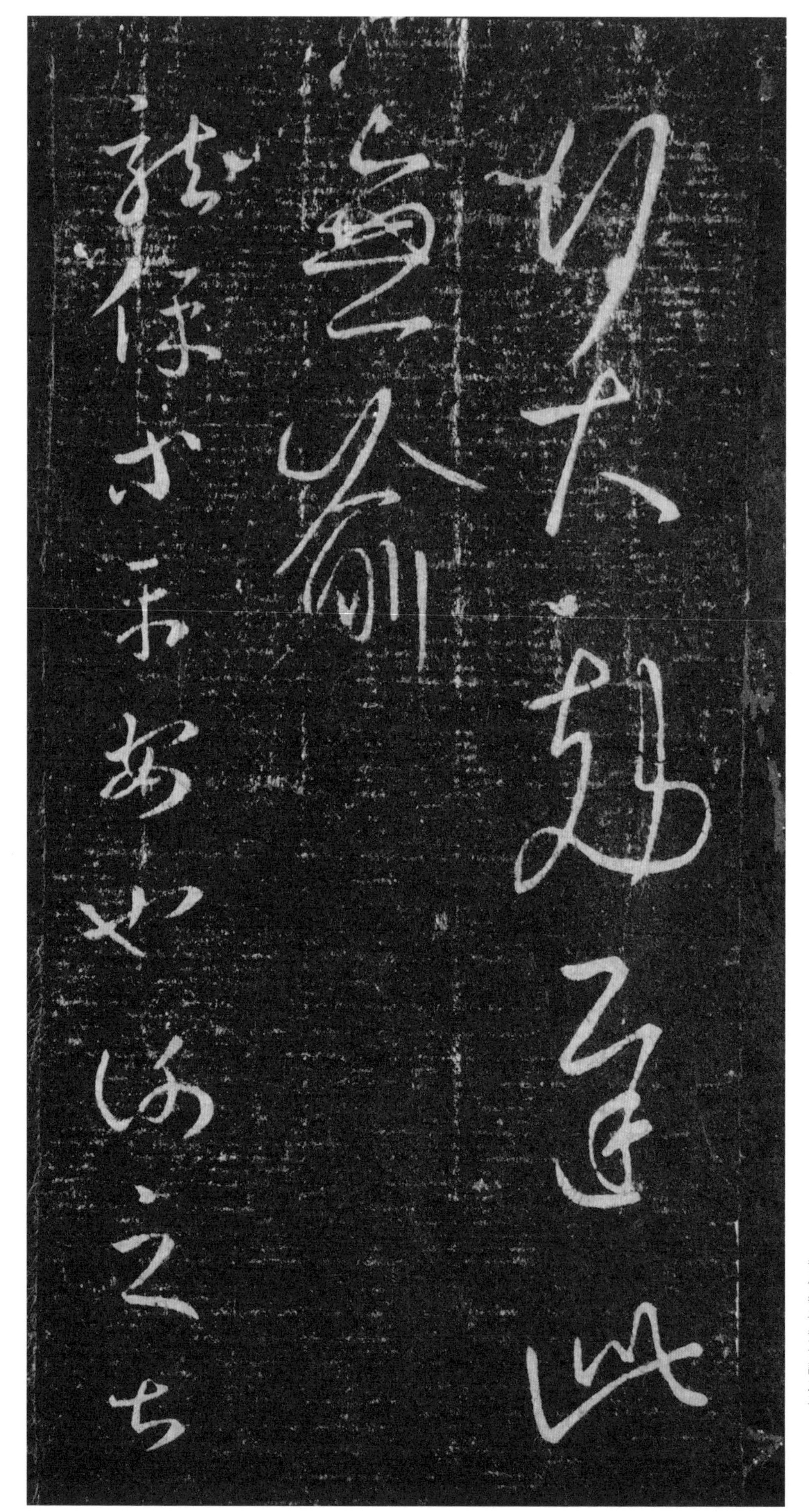

龍保帖　釋文：

龍保等平安也謝之甚

無喻

行大剋遲此

49

離不帖
Li Bu Tie

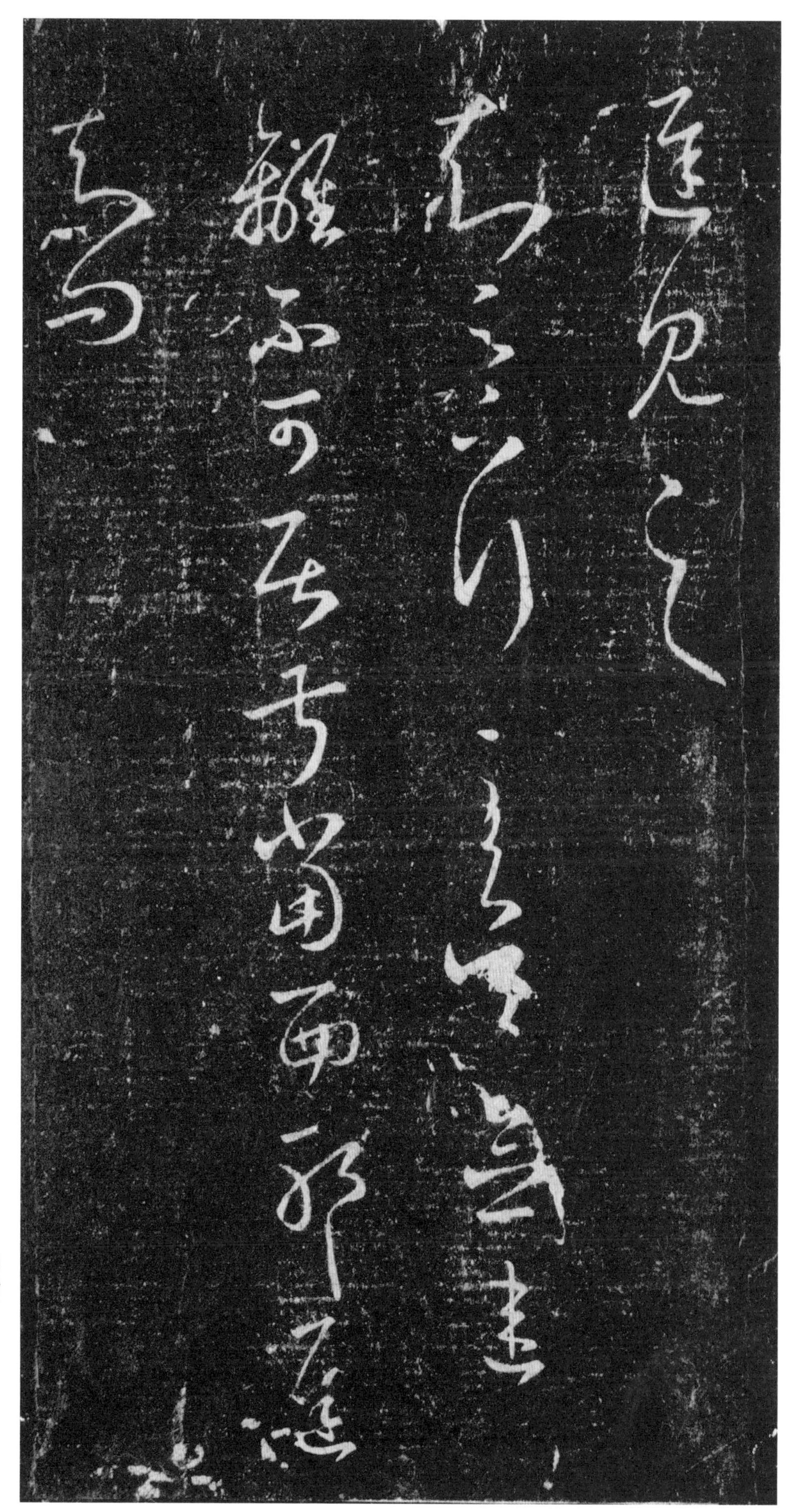

離不帖　釋文：

知足下行至吳念違離不可居叔當西耶遲知問遲見之

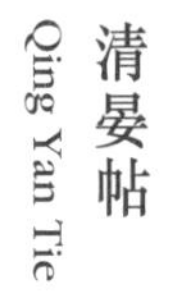

清晏帖
Qing Yan Tie

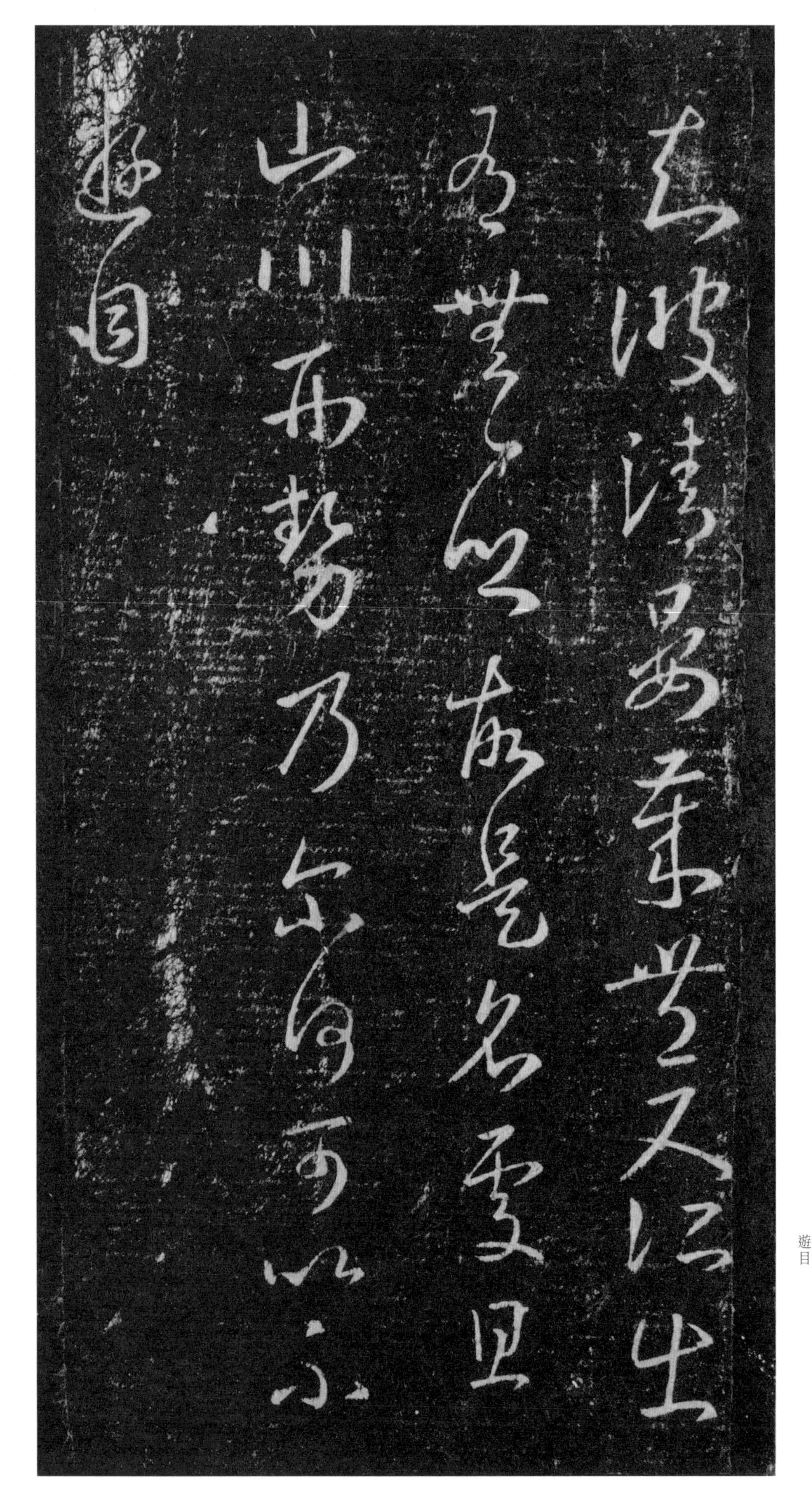

清晏帖　釋文：
知彼清晏歲豐又所出
有無卿故是名處且
山川形勢乃爾何可以不
遊目

51

朱處仁帖

Zhu Chu Ren Tie

52

愛為帖

Ai Wei Tie

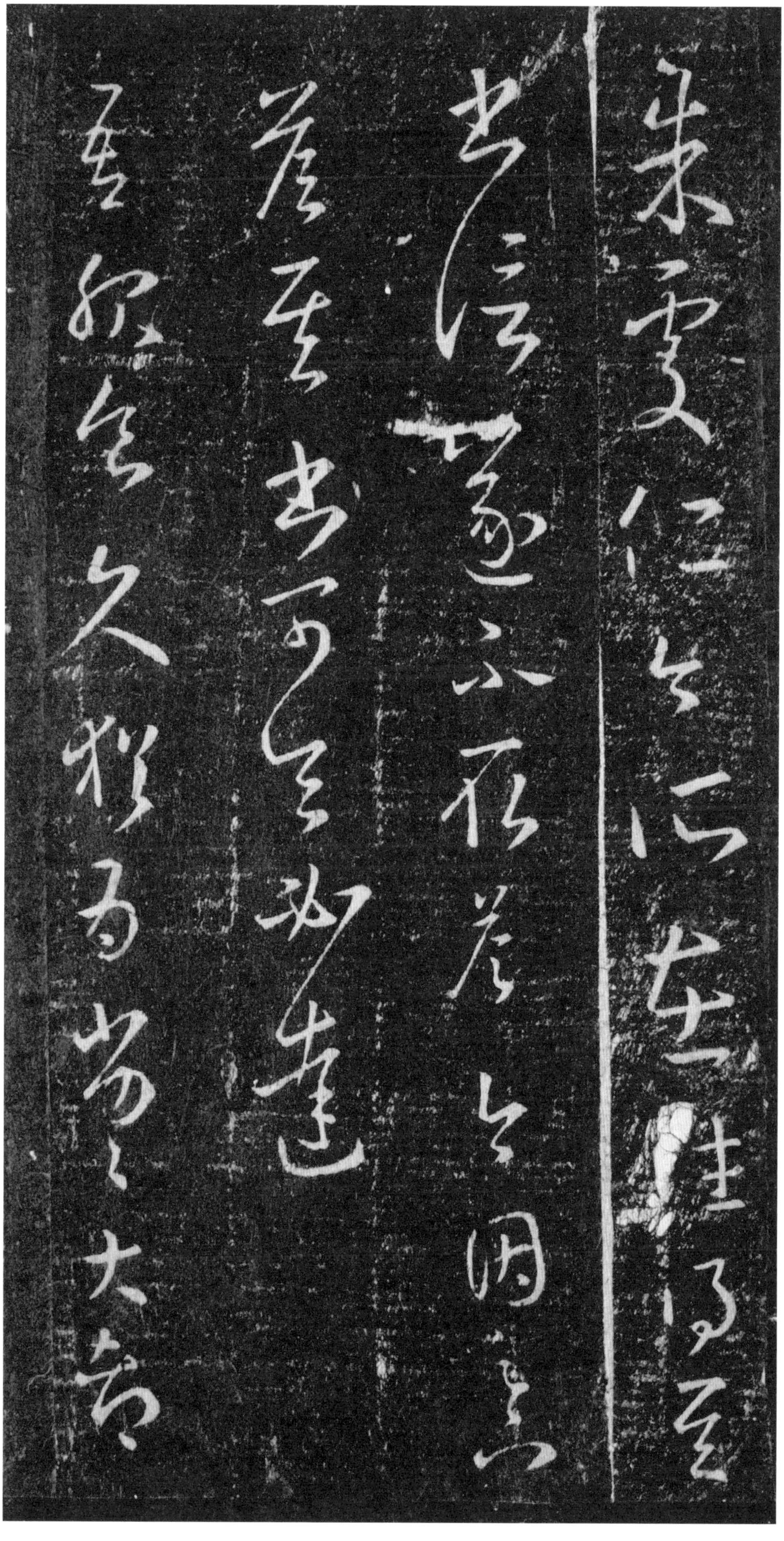

朱處仁帖　釋文：

朱處仁今所在往得其

書信遂不取答今因足下

答其書可令必達

愛為帖　釋文：

吾服食久猶為劣劣大都

鹽井帖
Yan Jing Tie

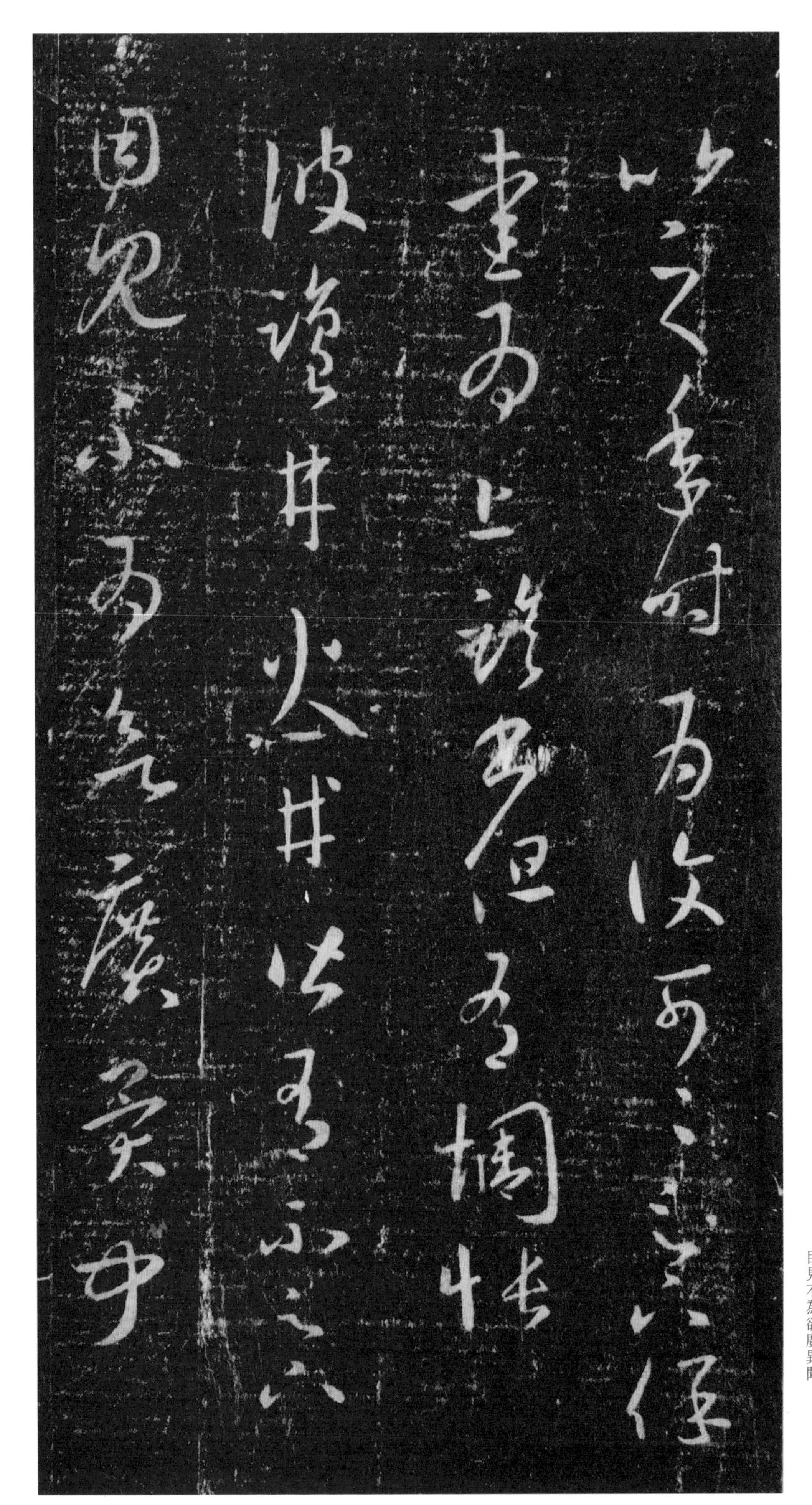

比之年時為復可可足下保
愛為上臨書但有惆悵

鹽井帖　釋文：
彼鹽井火井皆有不足下
目見不為欲廣異聞

54 七十帖
Qi Shi Tie

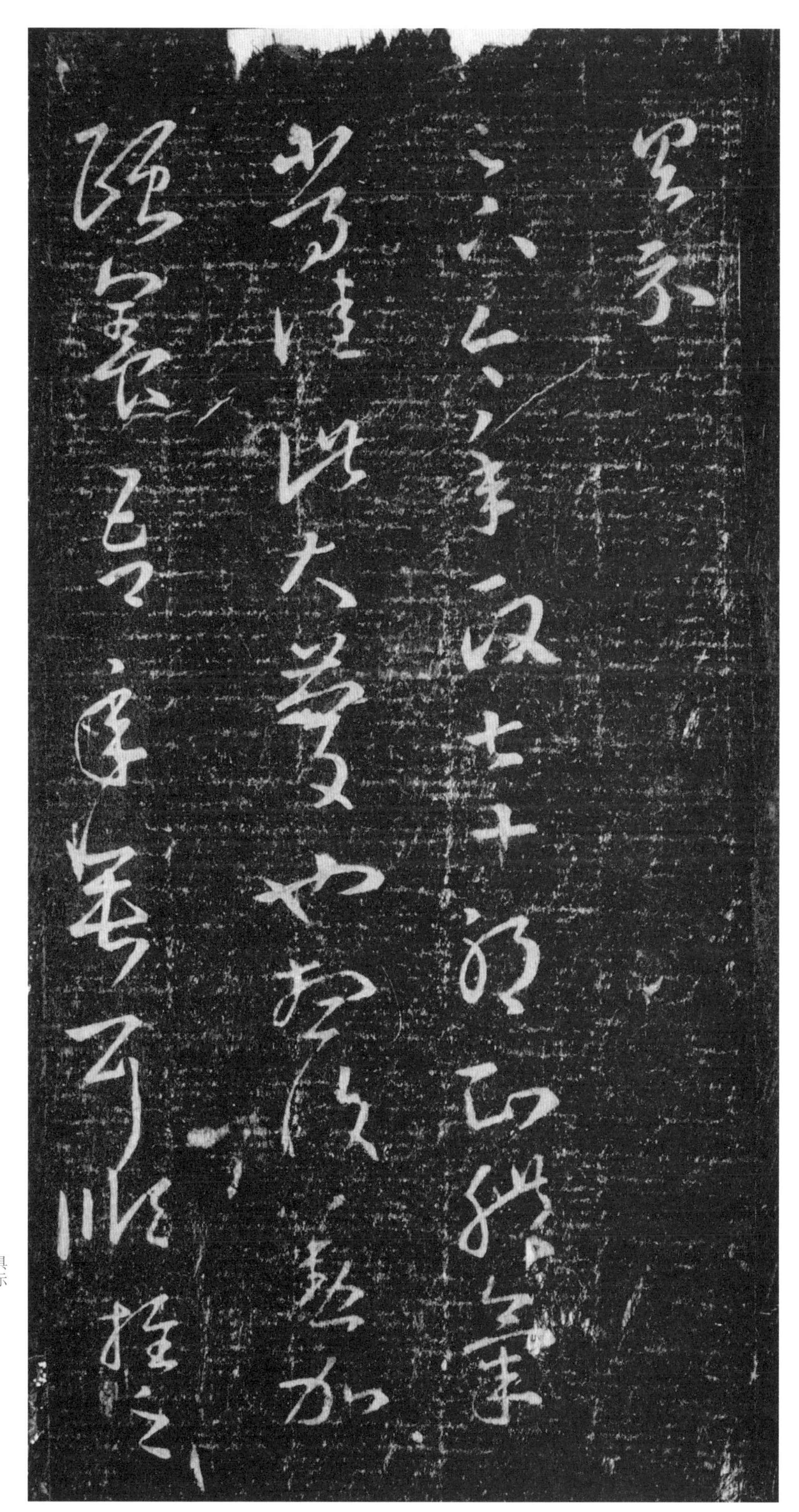

七十帖　釋文：
具示
足下今年政七十耶知體氣
常佳此大慶也想復懃加
頤養吾年垂耳順推之

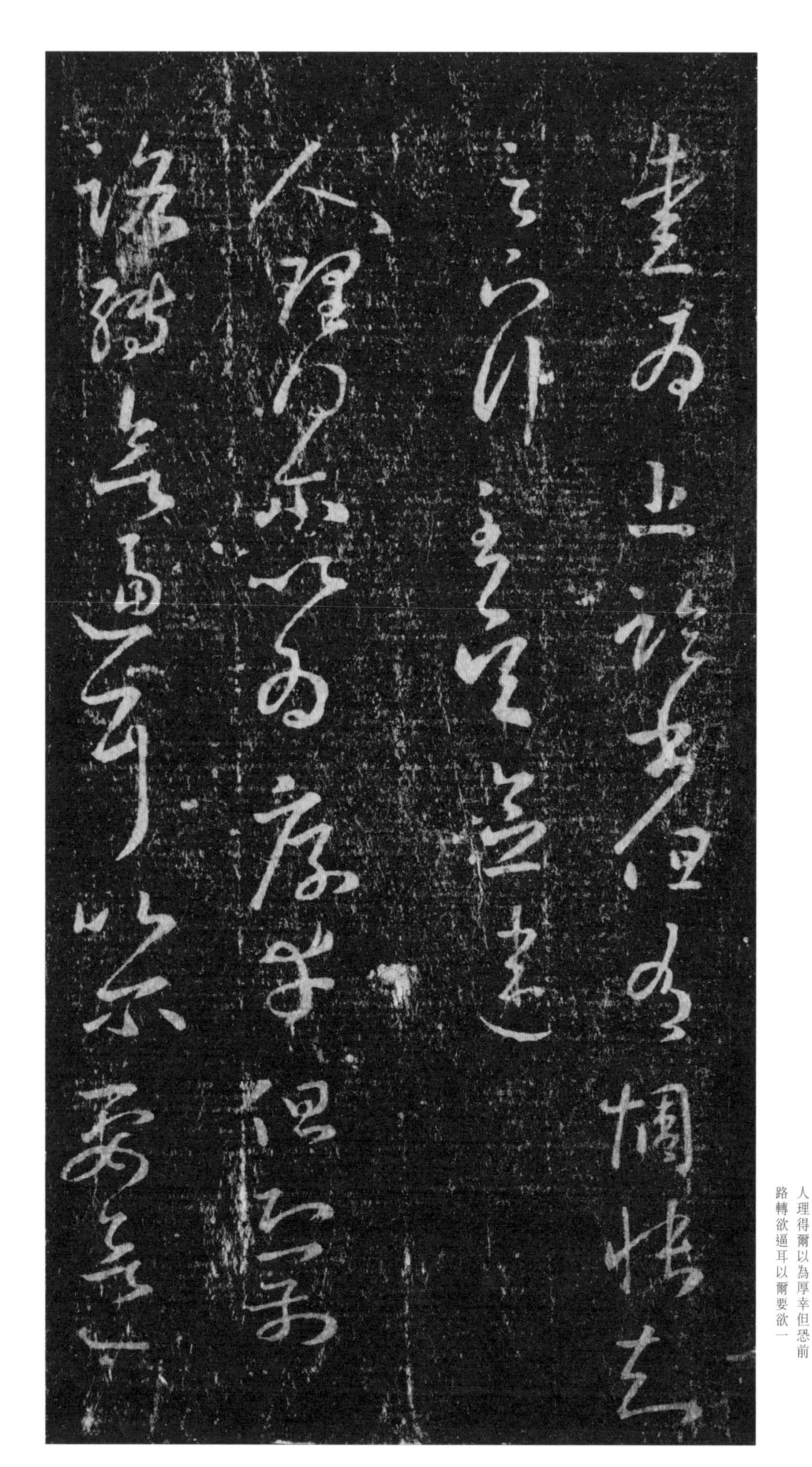

愛為上臨書但有惆悵（此二行帖文重出）
知足下行至吳念違（此二行帖文重出）
（接《七十帖》）
人理得爾以為厚幸但恐前
路轉欲逼耳以爾要欲一

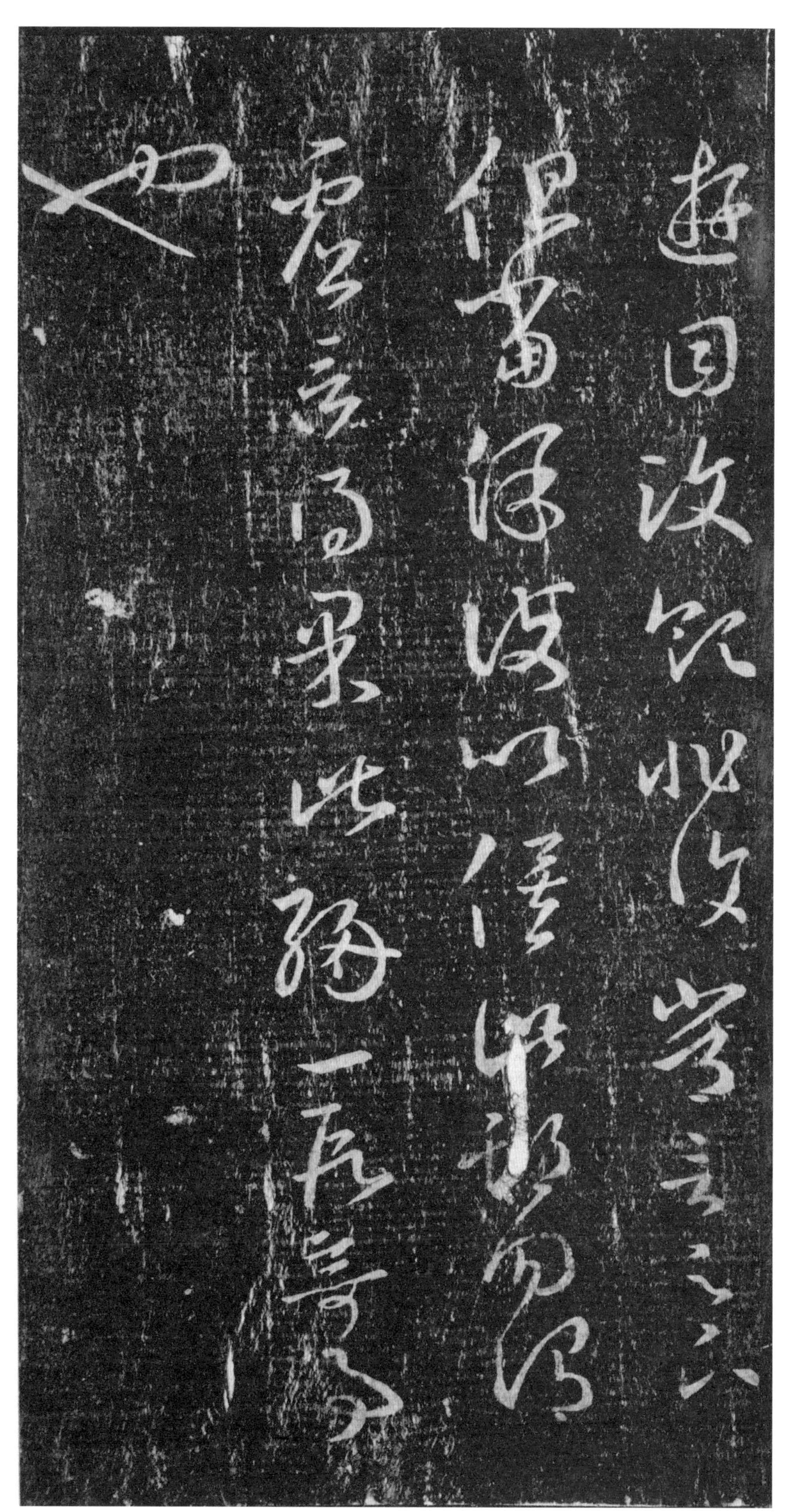

遊目汶領非復常言足下
但當保護以俟此期勿謂
虛言得果此緣一段奇事
也

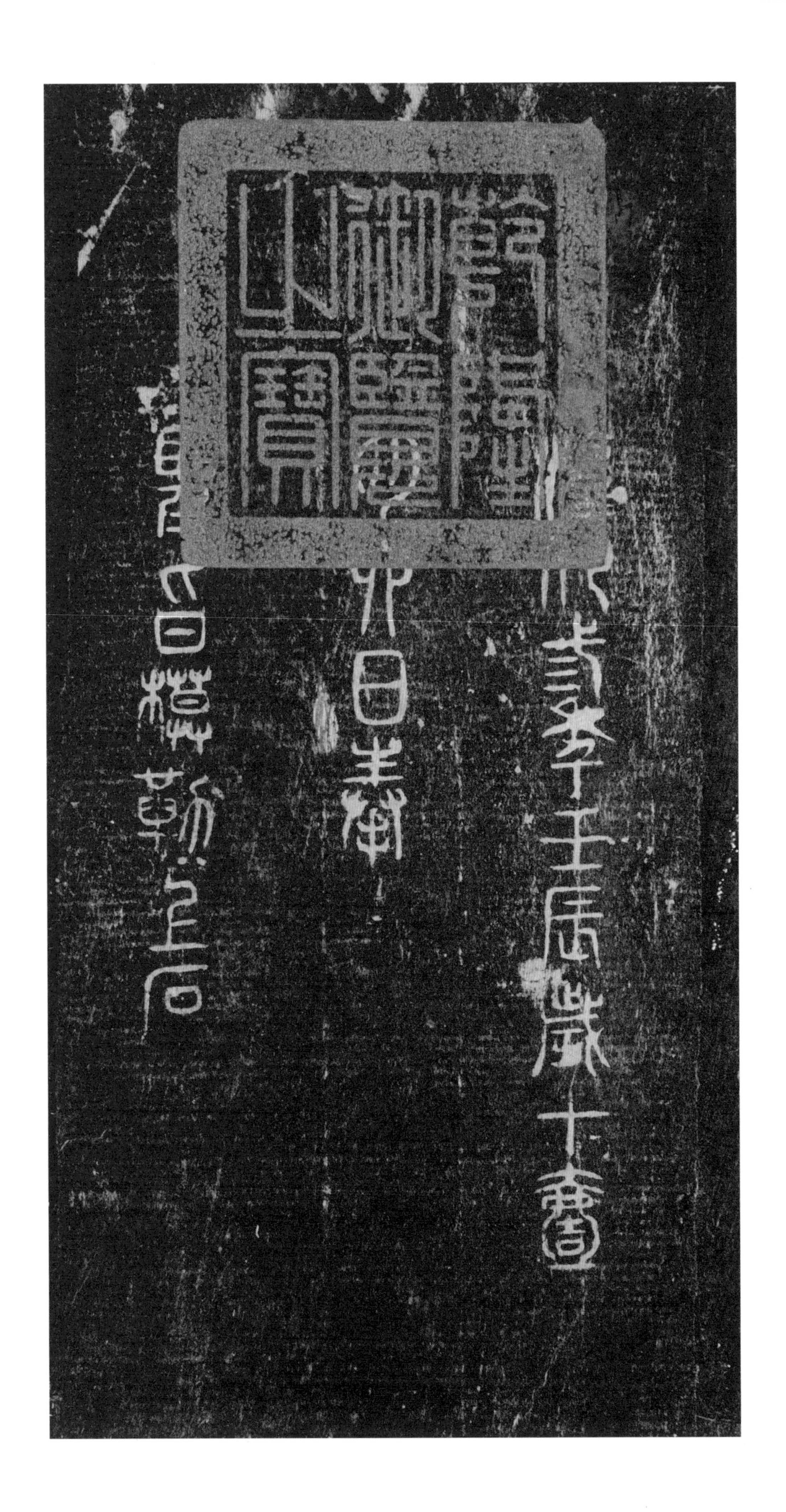
乾隆御覽之寶

法帖第八王羲之書三

Part Eight: Model Calligraphies of Wang Xizhi, Jin Dynasty (3)

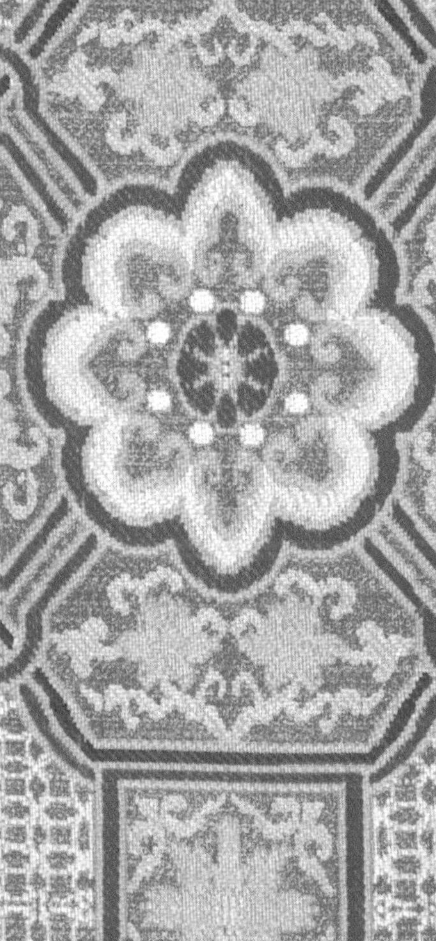
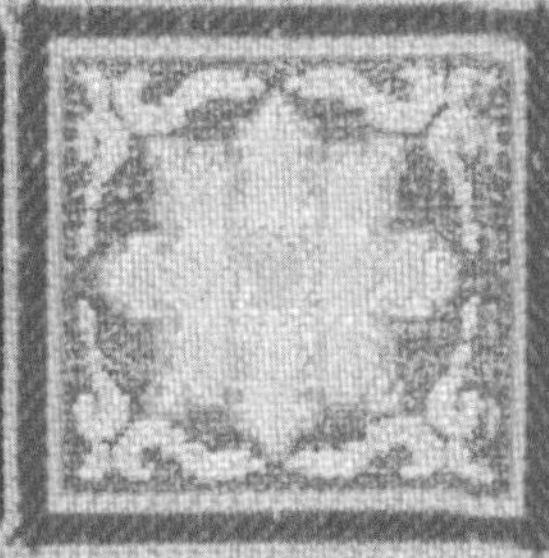
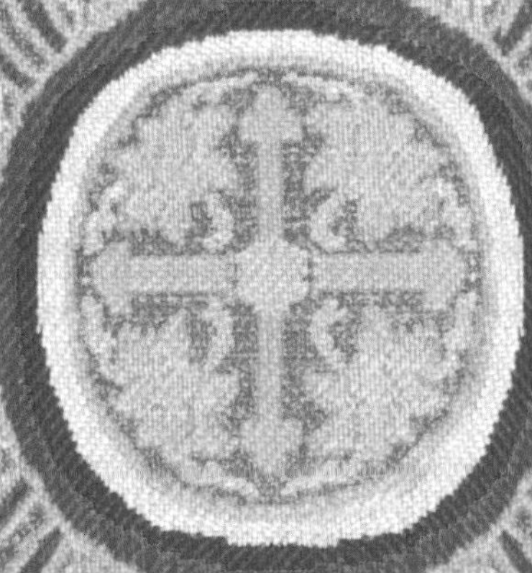
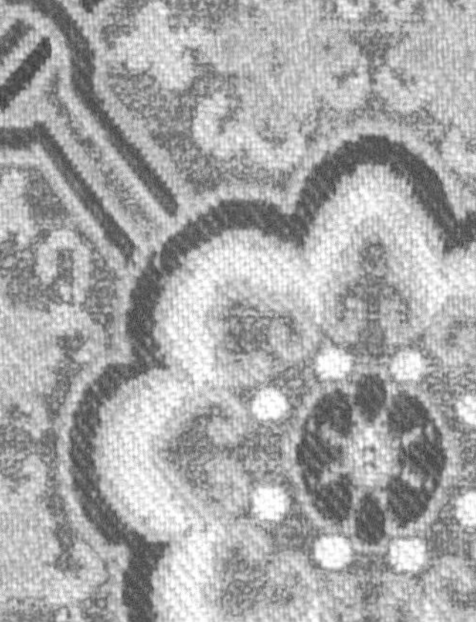
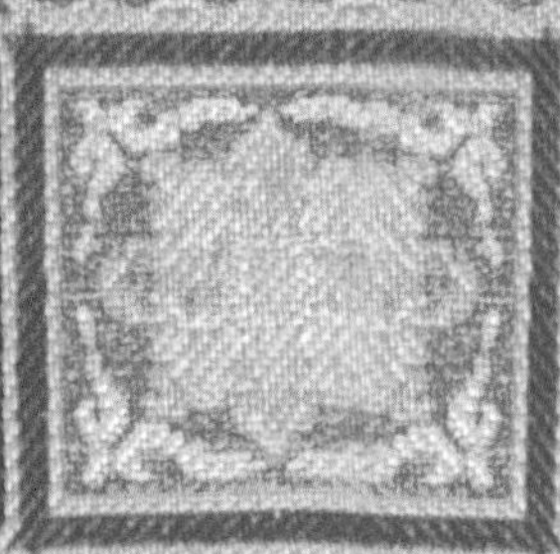

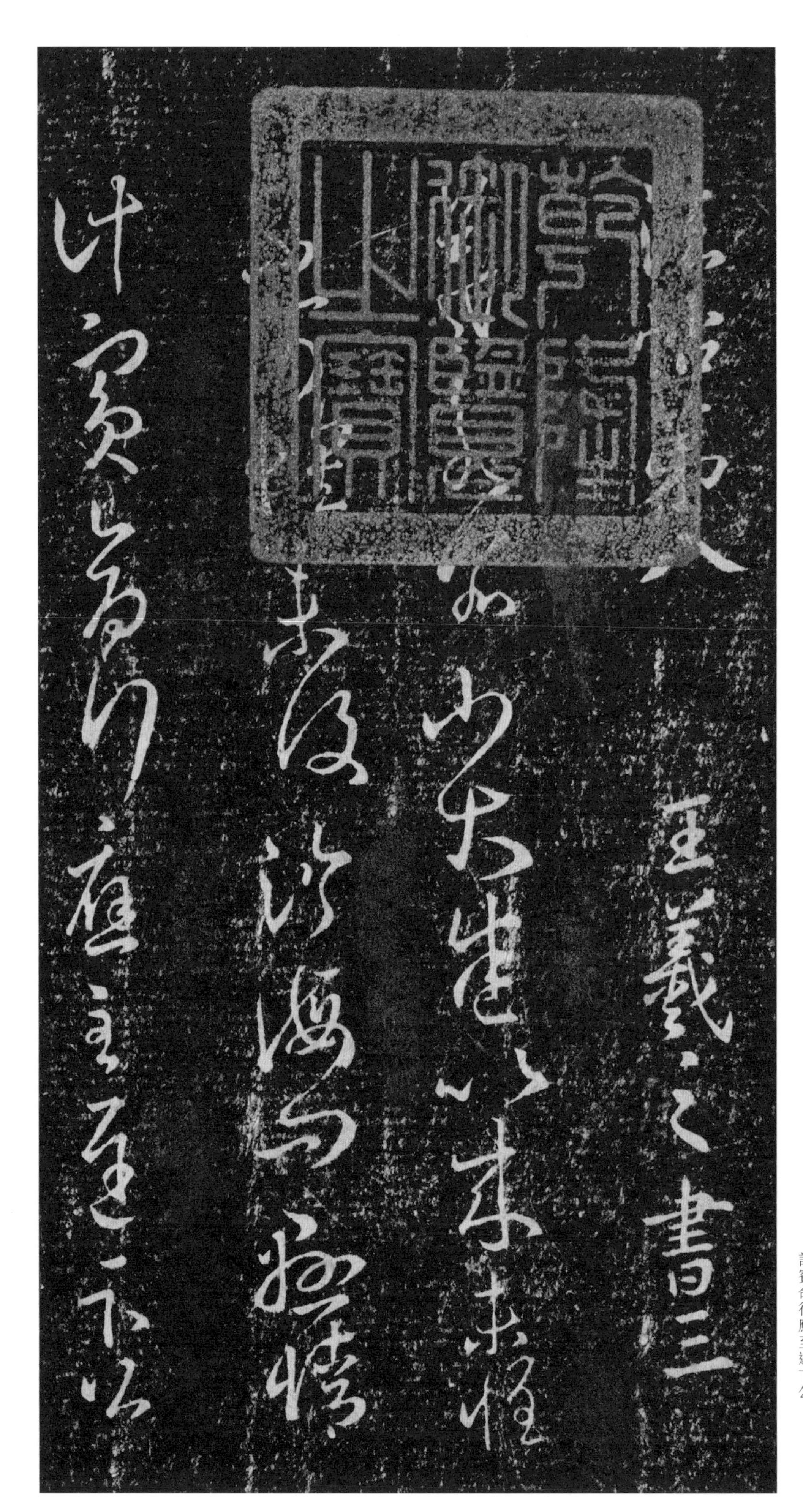

小大帖　釋文：
羲之死罪小大悉比來未惶
不可懷未復臨海問懸情
計賓命行應至遲卞公

2

遇信帖
Yu Xin Tie

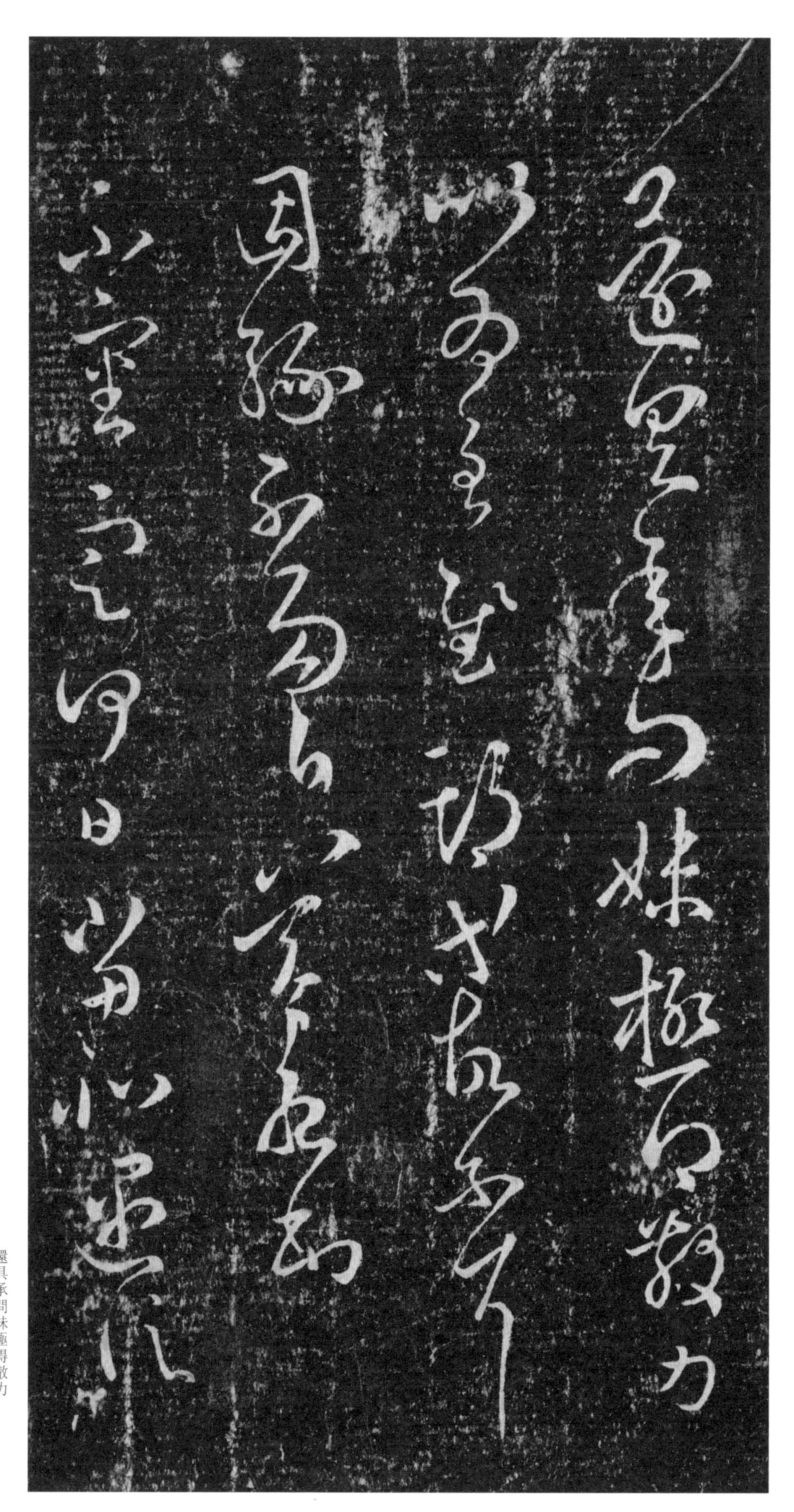

遇信帖　釋文：

還具承問妹極得散力以為至慰期等故爾耳因緣不多白義之死罪不審定何日當北遇信

3

伏想清和帖

Fu Xiang Qing He Tie

伏想清和帖 釋文：

復白遲承後問

伏想清和士人皆佳適

桓公十月末書為慰云

所在荒甚可憂殷生

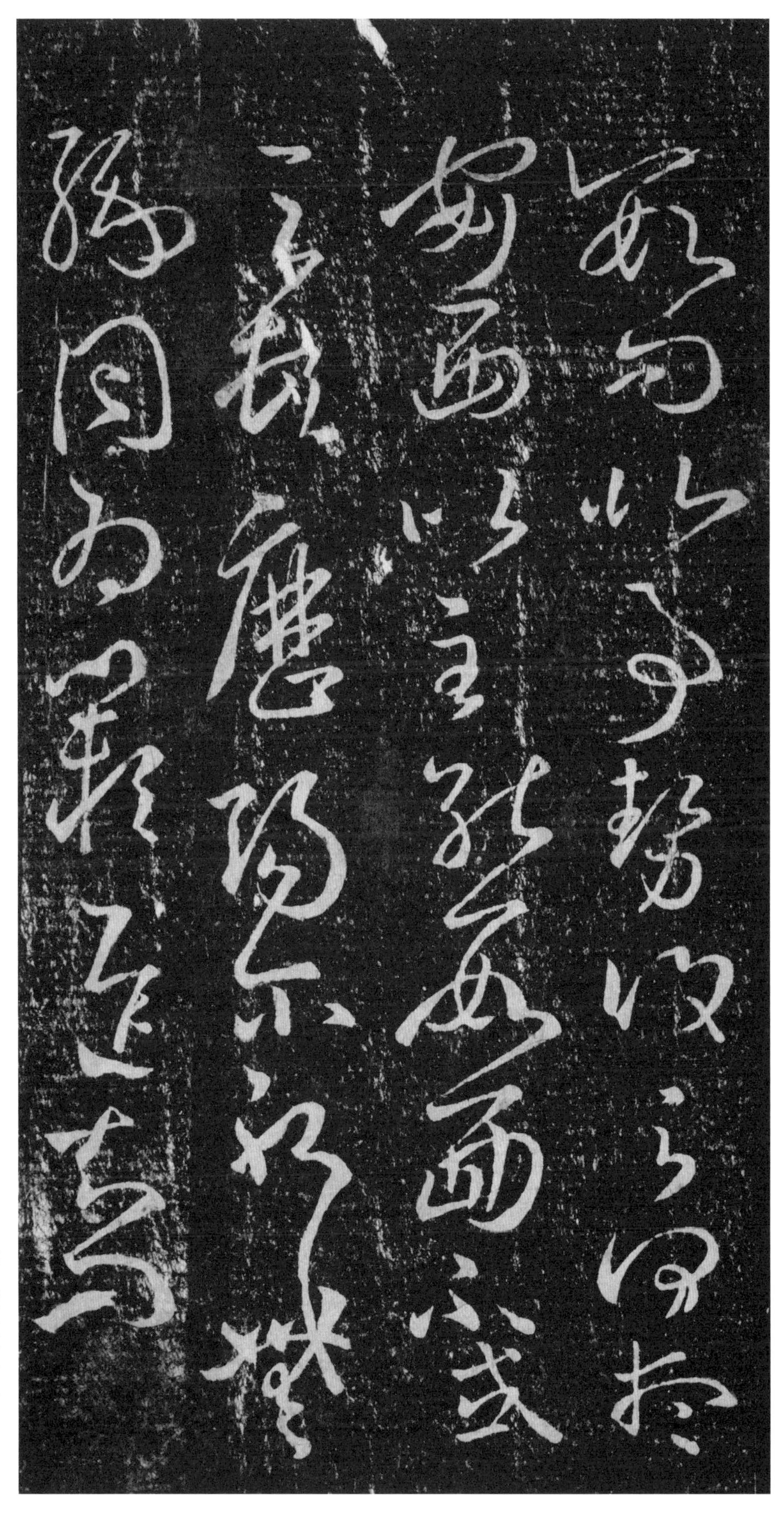

數問北事勢復云何想
安西以至能數面不或
云頓歷陽爾耶無
緣同為歎遲知問

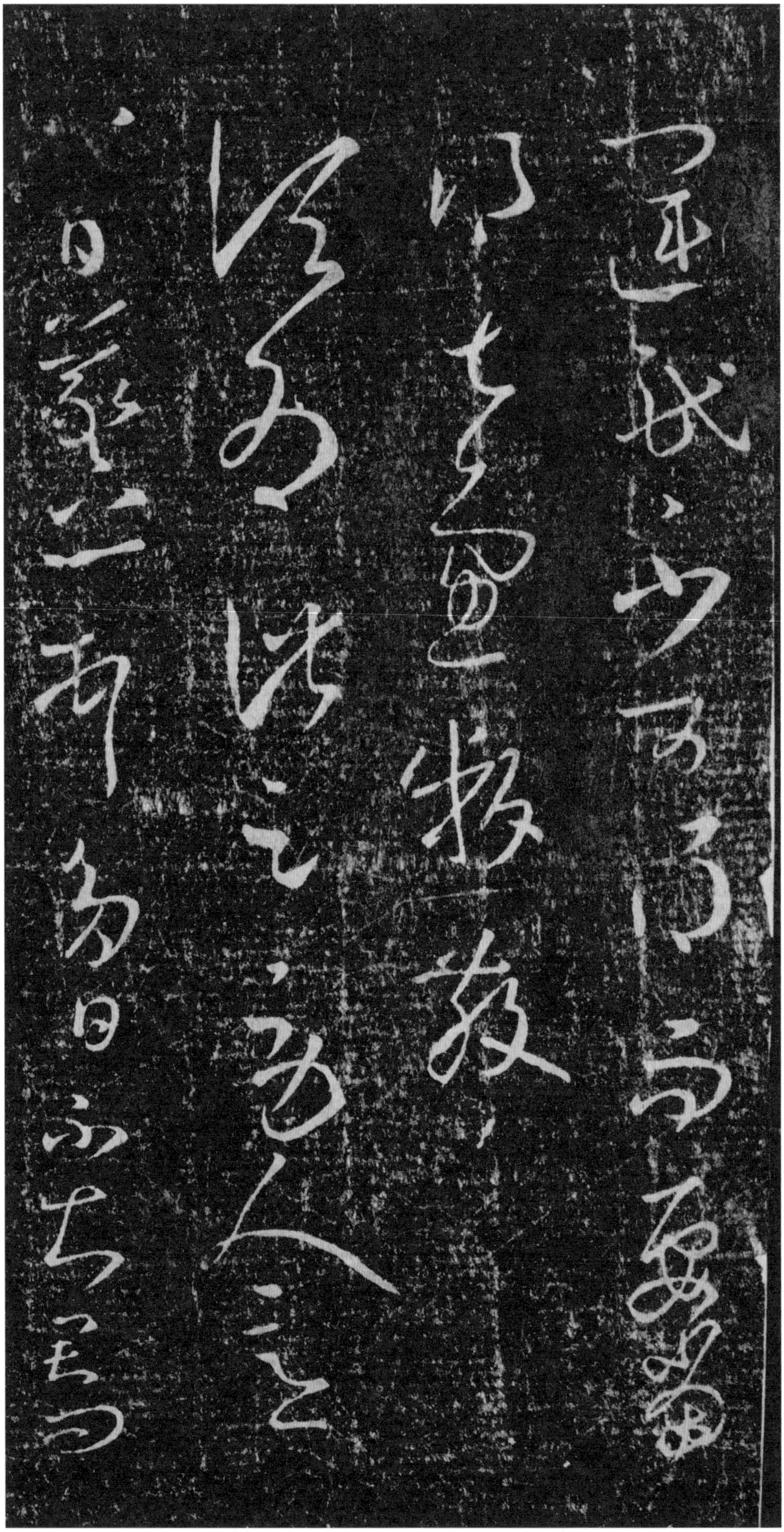

4

運民帖

Yun Min Tie

5

勞人帖

Lao Ren Tie

運民帖　釋文：

運民不可得而要當

得甚慮叛散

勞人帖　釋文：

頃為此足勞人意

八日帖　釋文：

八日羲之頓首多日不知君問

6

八日帖

Ba Ri Tie

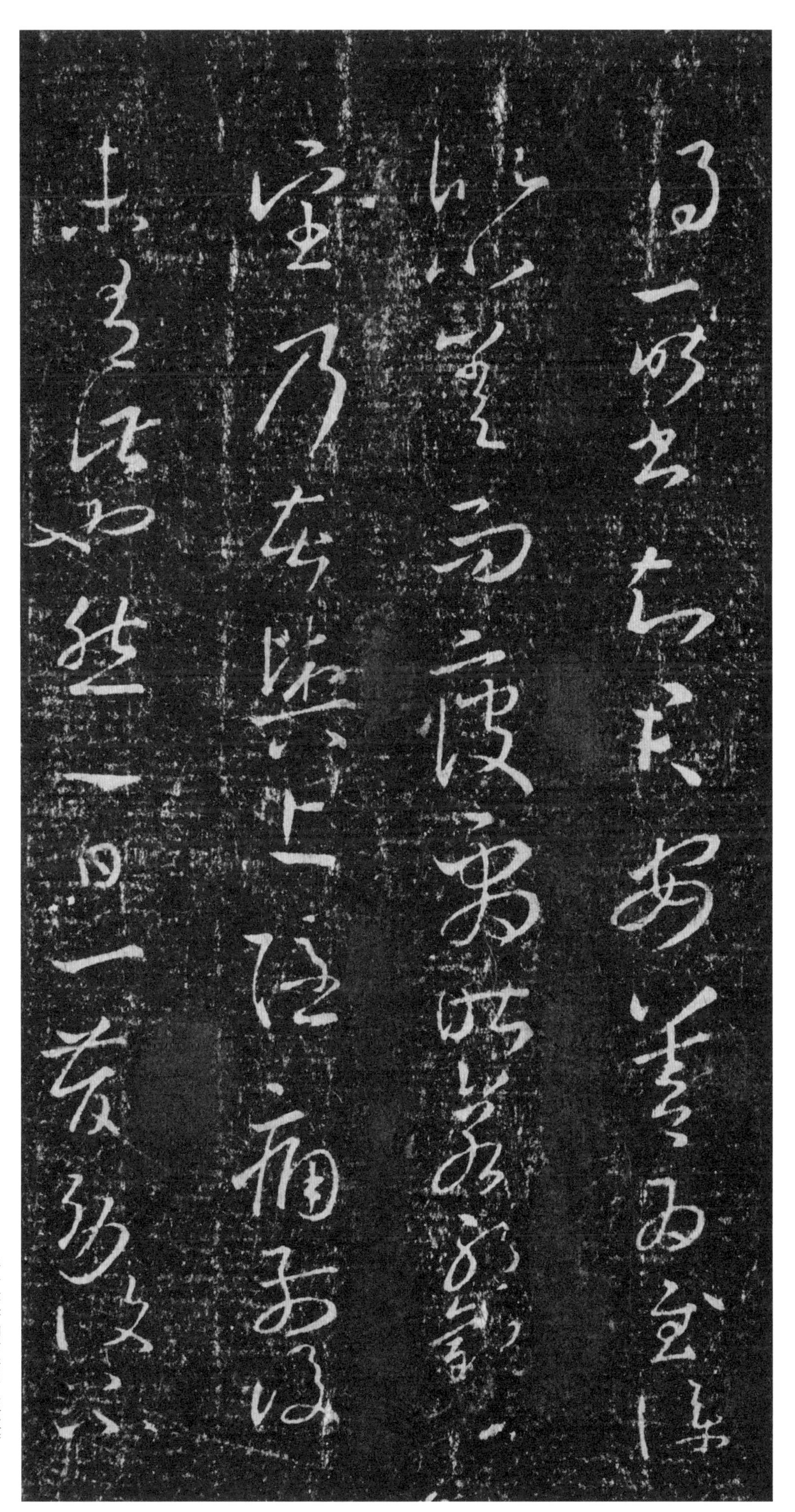

得一昨書知君安善為慰僕
比小差而疲劇昨若耶觀
望乃苦輿上隱痛前後
未有此也然一日一昔勞復不

7 縣戶帖 Xian Hu Tie

8 轉佳帖 Zhuan Jia Tie

極以此為慰耳力不

縣戶帖 **釋文：**

得里人樂著縣戶今
送其名可為領受

轉佳帖 **釋文：**

君頃就轉佳不僕自秋

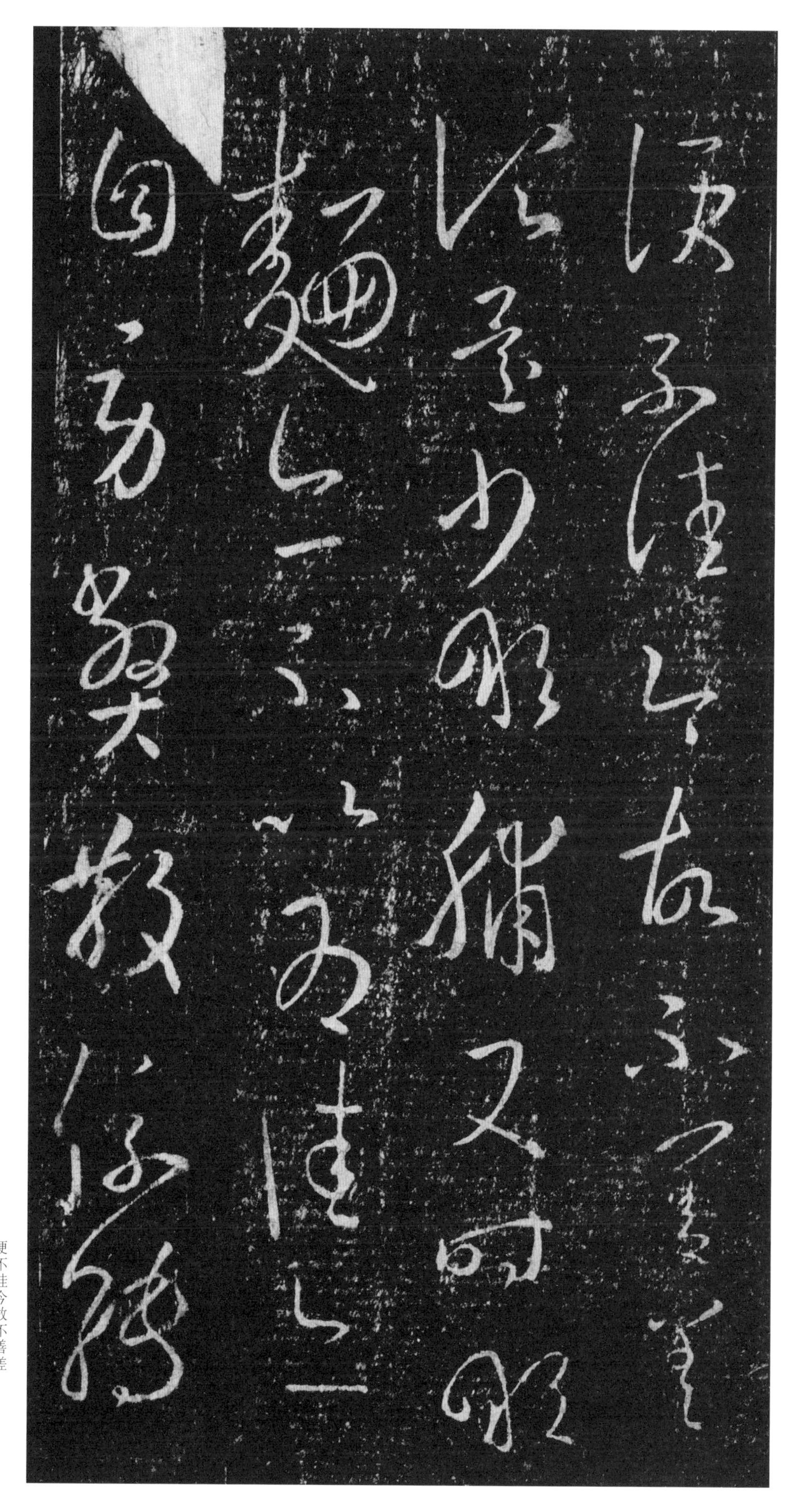

便不佳今故不善差
頃還少噉脯又時噉
麵亦不以為佳亦
自勞弊散係轉

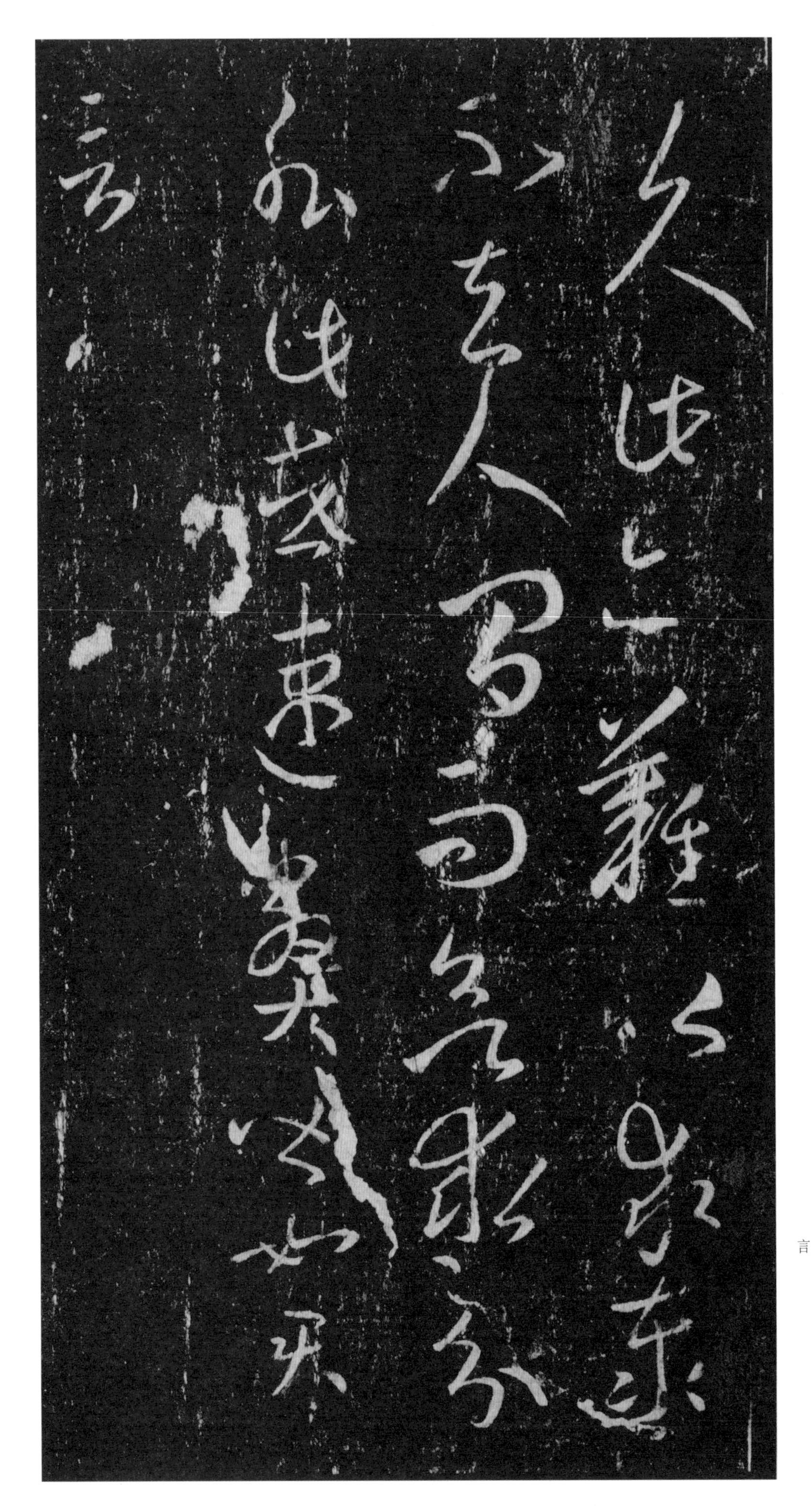

久此亦難以求泰
不去人間而欲求分
外此或速弊皆如君
言

9

大熱帖

Da Re Tie

10

周常侍帖

Zhou Chang Shi Tie

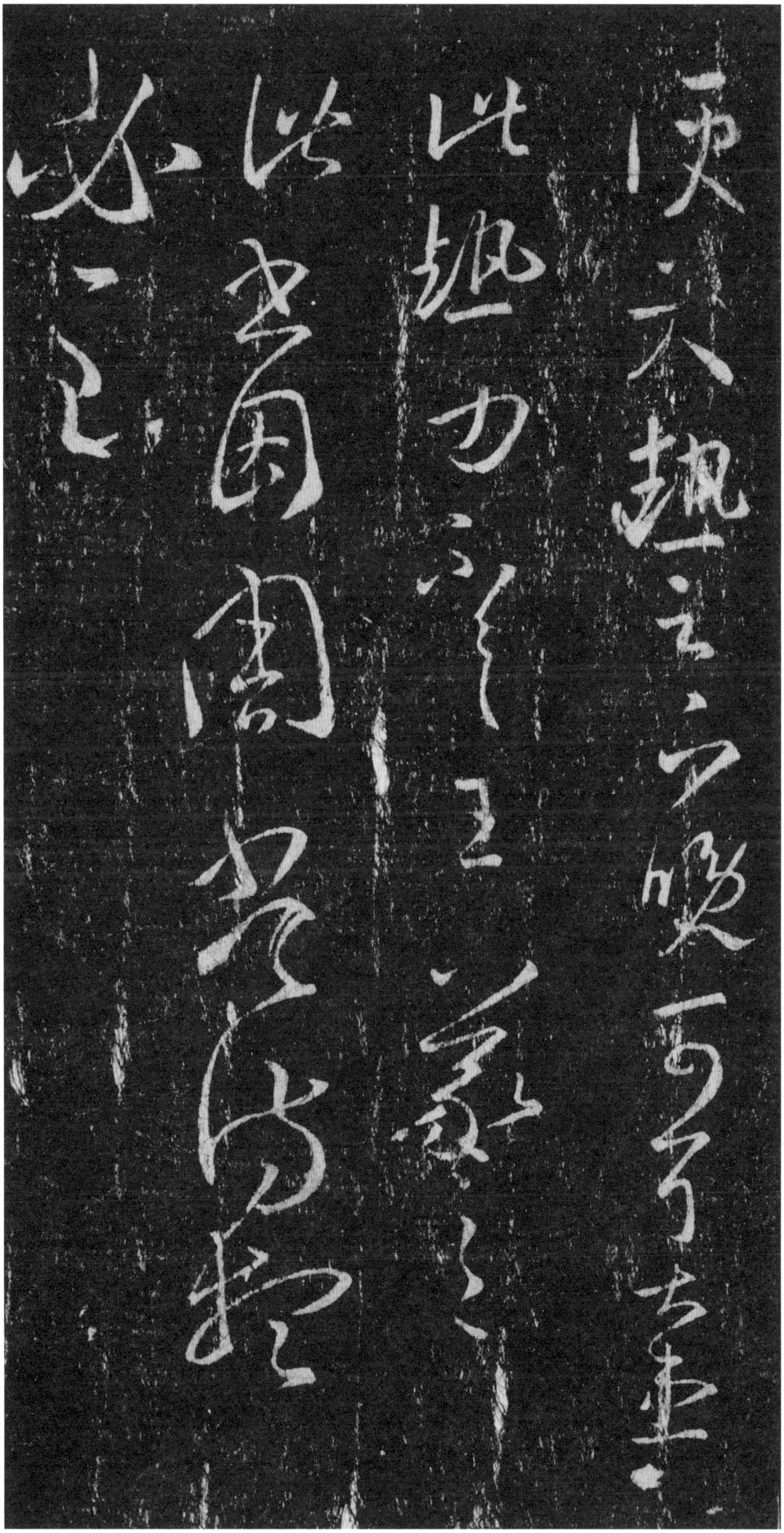

大熱帖　釋文：

便大熱足下晚可耳甚患

此熱力不具王羲之白

周常侍帖　釋文：

此書因周常侍想

必至

11

吾唯帖
Wu Wei Tie

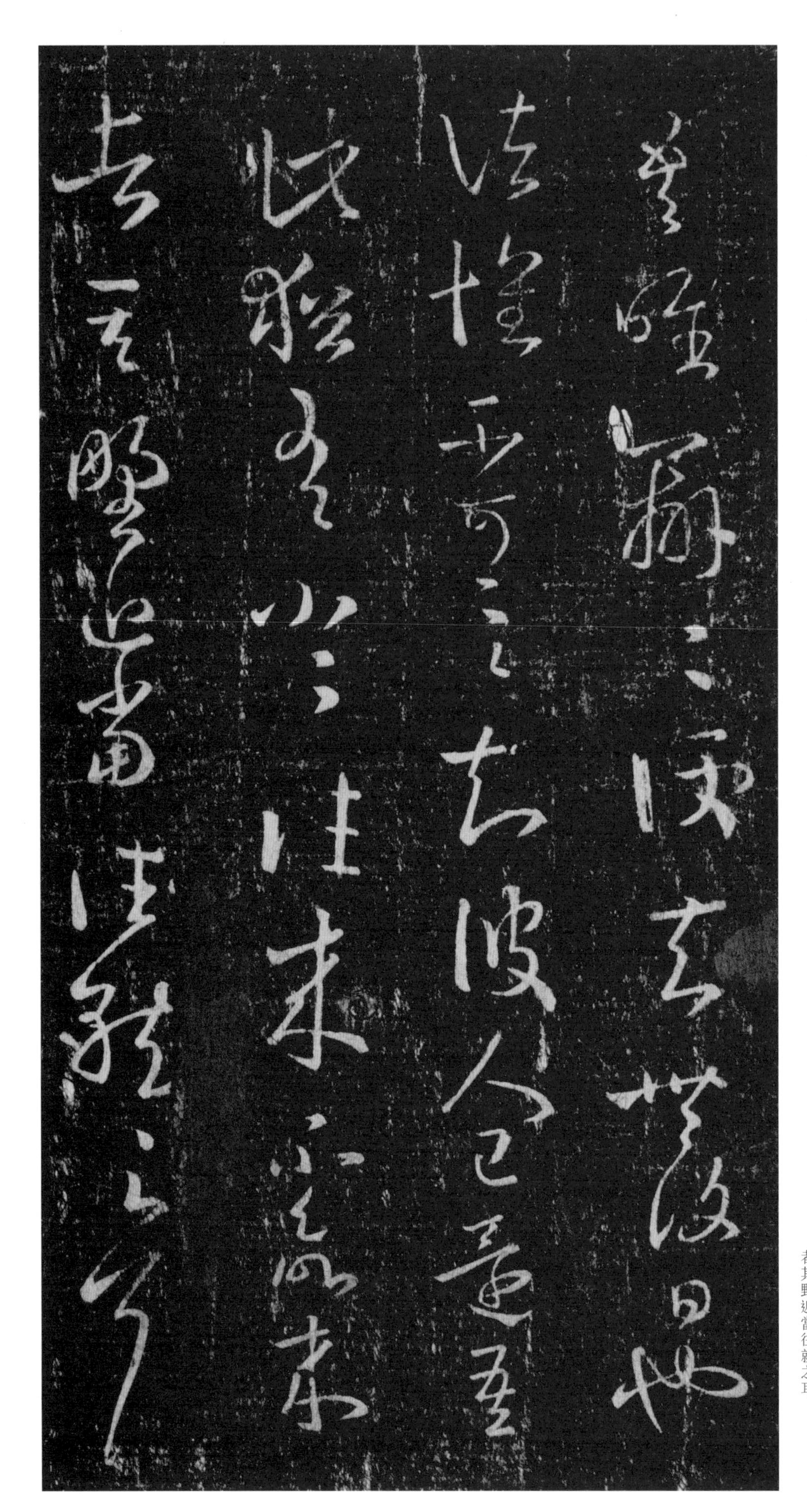

吾唯帖　釋文：
吾唯辨辨便知無復日也
諸懷不可言知彼人已還吾
此猶有小小往來不欲來
者其野近當往就之耳

12

不大思帖

Bu Da Si Tie

13

西問帖

Xi Wen Tie

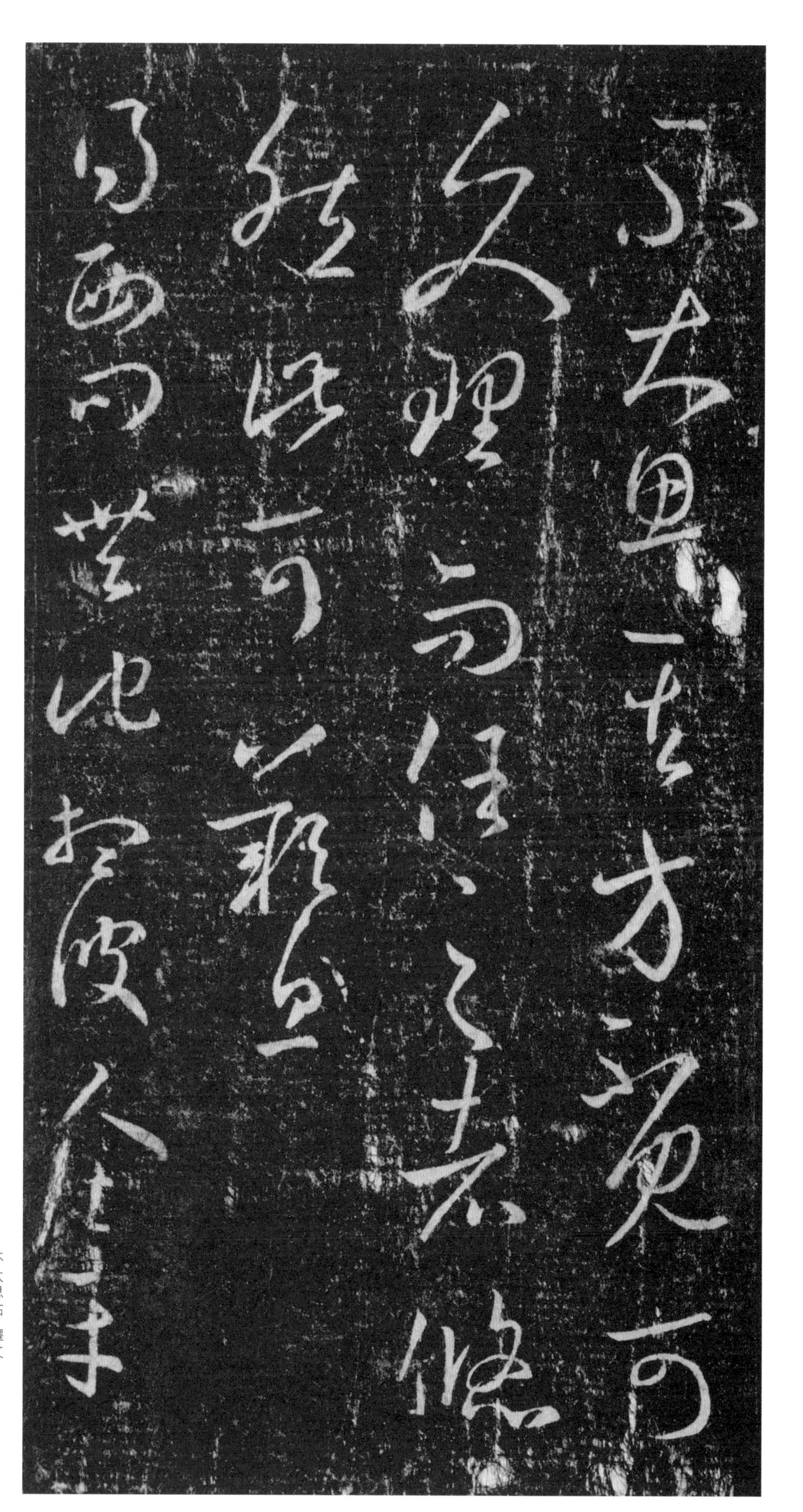

不大思帖　釋文：

不大思其方不見可

久理而任之者悠

然此可歎息

西問帖　釋文：

得西問無他想彼人甚平

14

中郎女帖
Zhong Lang Nu Tie

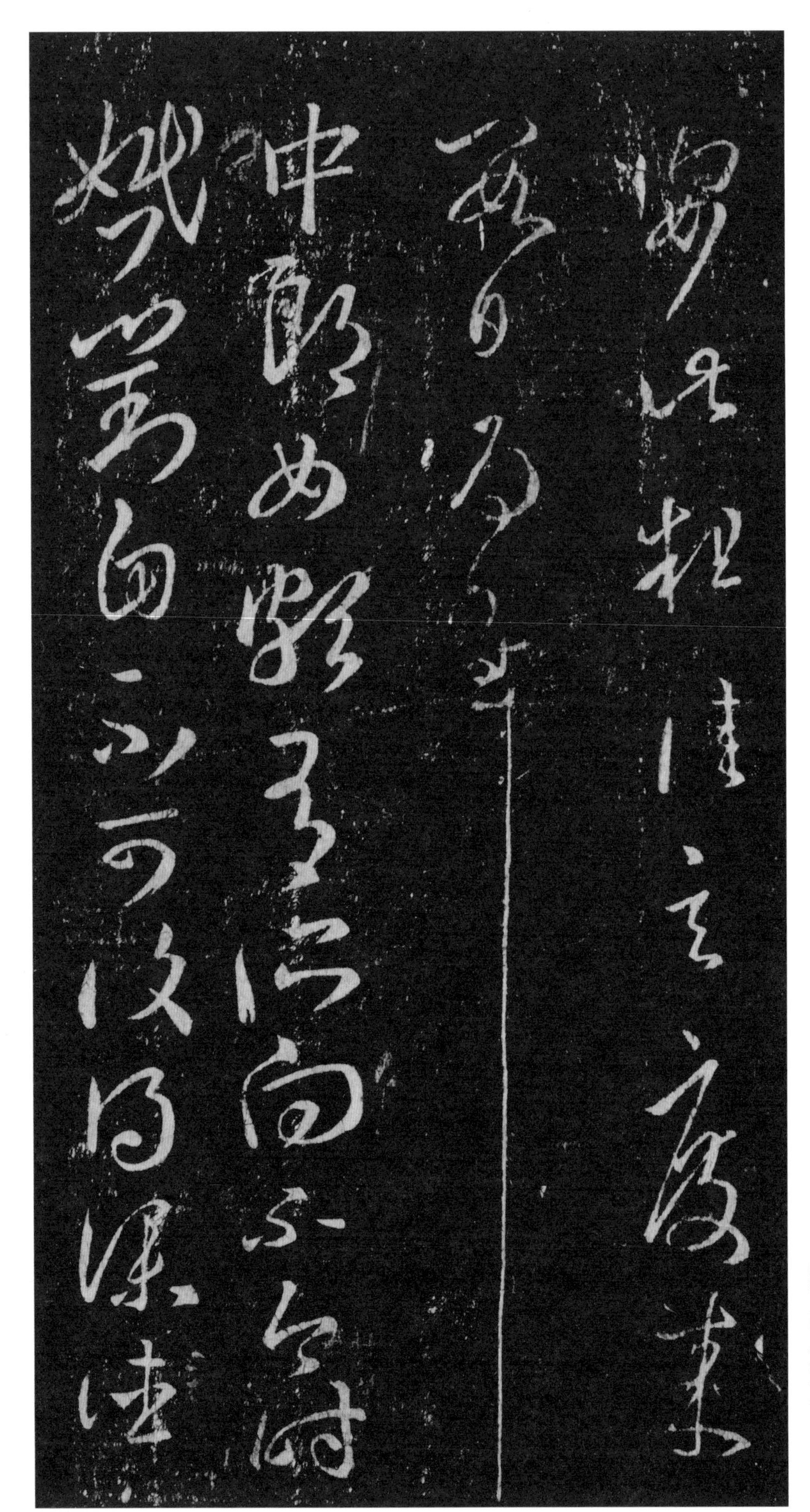

安此粗佳玄度來
數日為慰

中郎女帖 釋文：
中郎女頗有所向不今時
婚對自不可復得僕往

15

發瘧帖

Fa Nue Tie

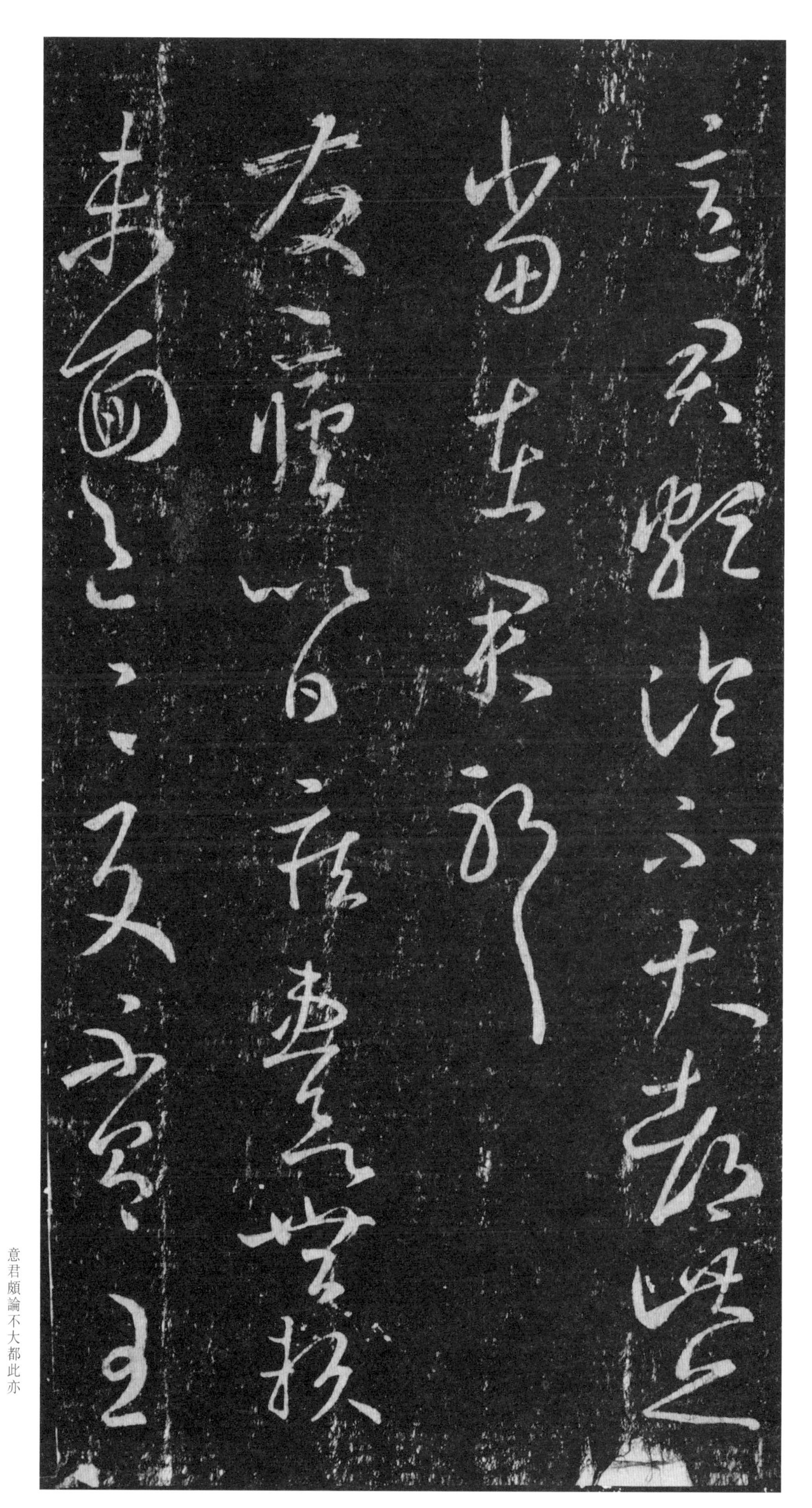

意君頗論不大都此亦當在君耶

發瘧帖　釋文：

發瘧比日疾患欲無賴未面邑邑反不具王

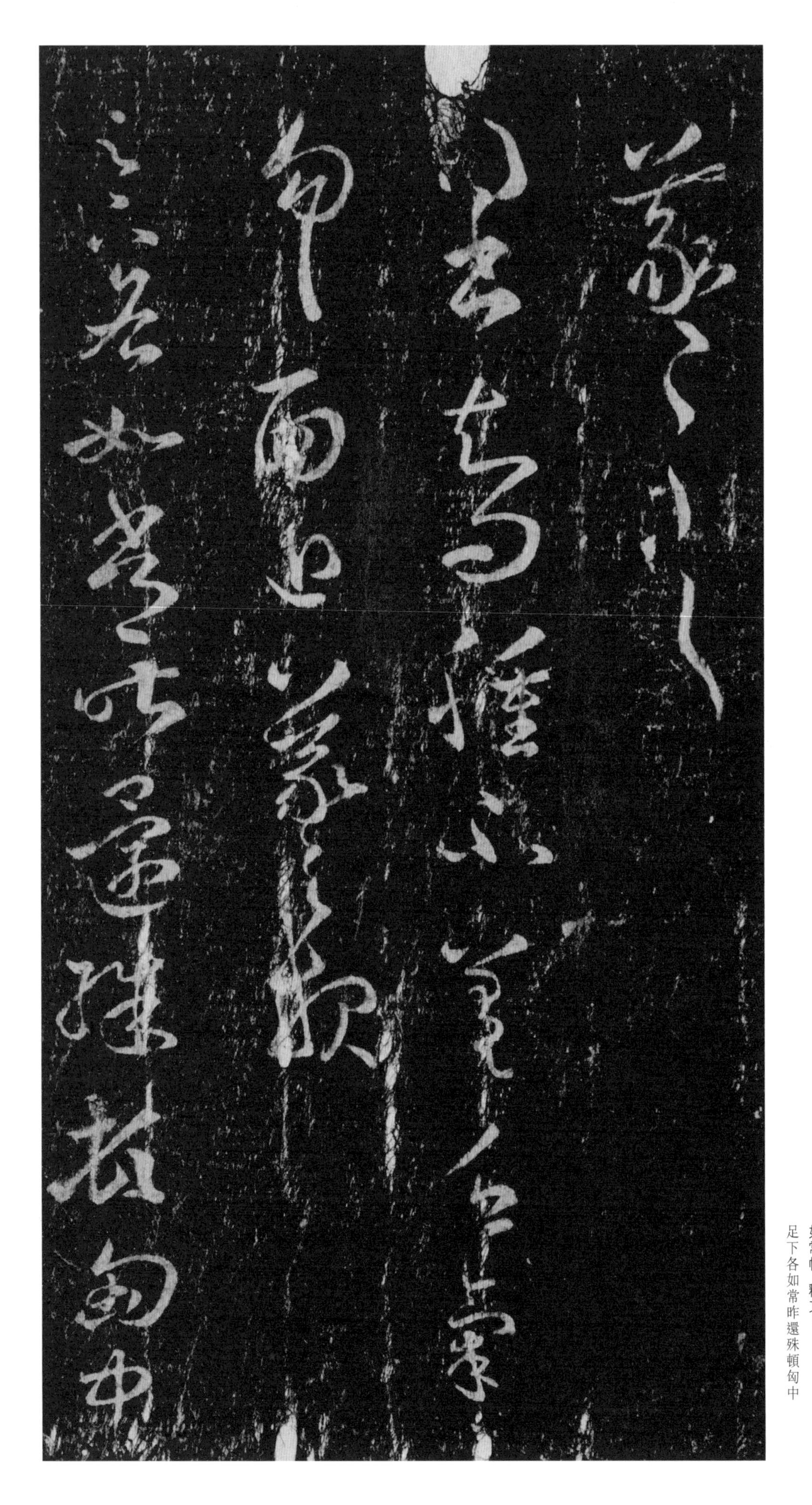

16

腫不差帖
Zhong Bu Cha Tie

17

如常帖
Ru Chang Tie

義之白

腫不差帖　釋文：

得書知問腫不差乏氣

匆匆面近義之報

如常帖　釋文：

足下各如常昨還殊頓匈中

18

賢內妹帖

Xian Nei Mei Tie

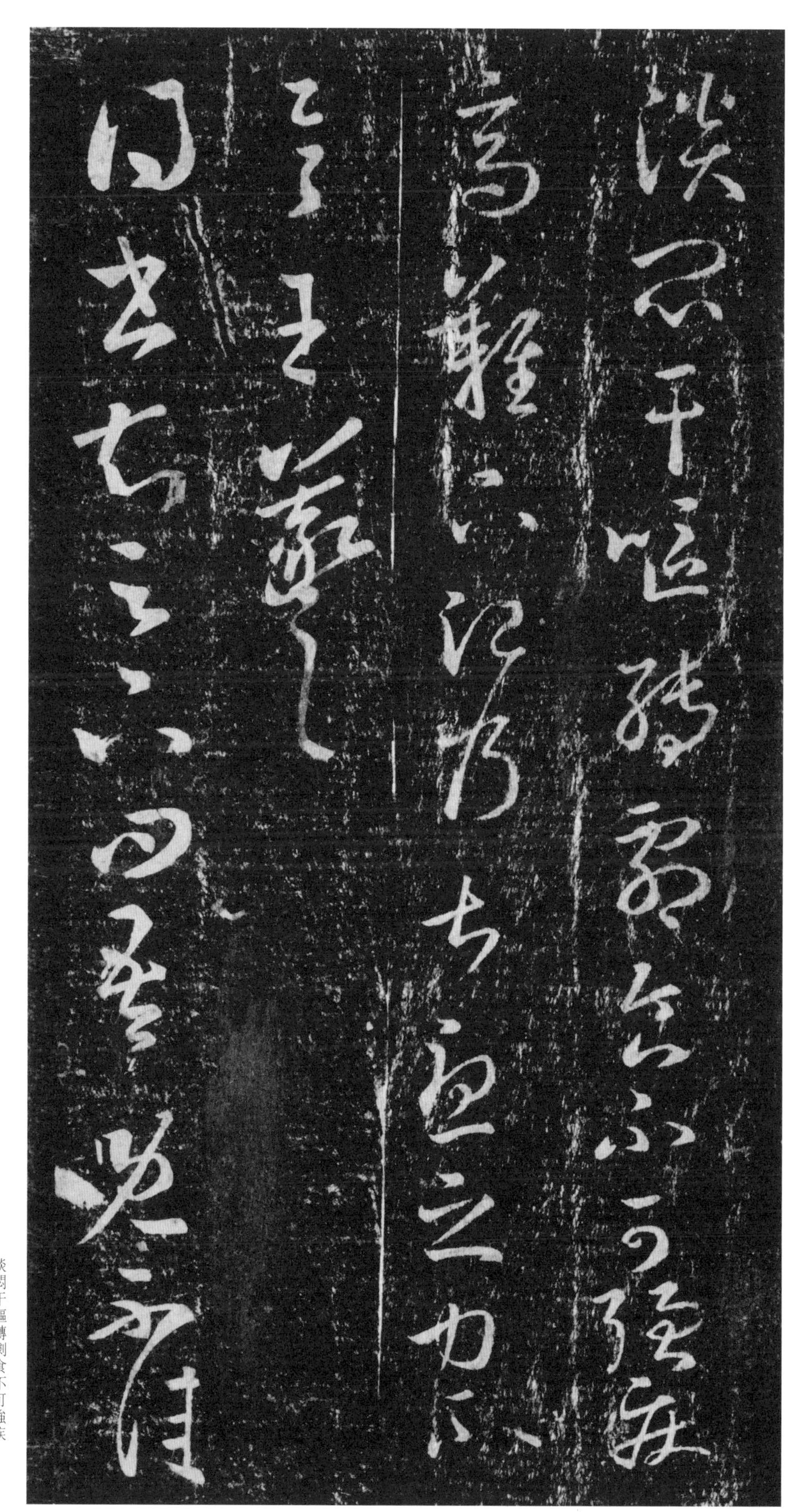

釋文：

淡悶干嘔轉劇食不可強疾高難下治乃甚憂之力不具王羲之

賢內妹帖　釋文：

得書知足下問吾既不佳

19

狼毒帖
Lang Du Tie

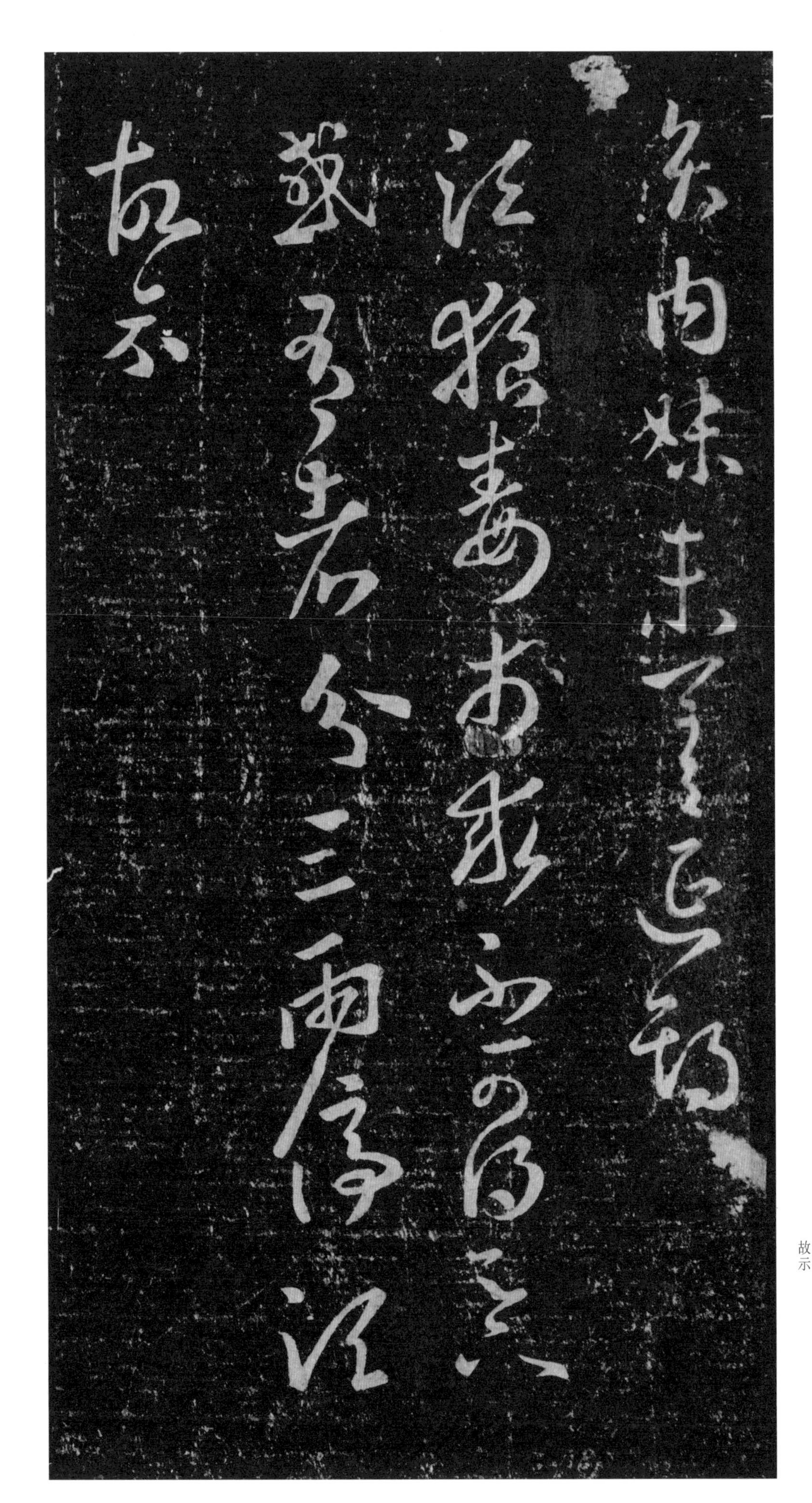

賢內妹未差延期
狼毒帖 釋文：
頃狼毒市求不可得足下
或有者分三兩停須
故示

20

腹痛帖
Fu Tong Tie

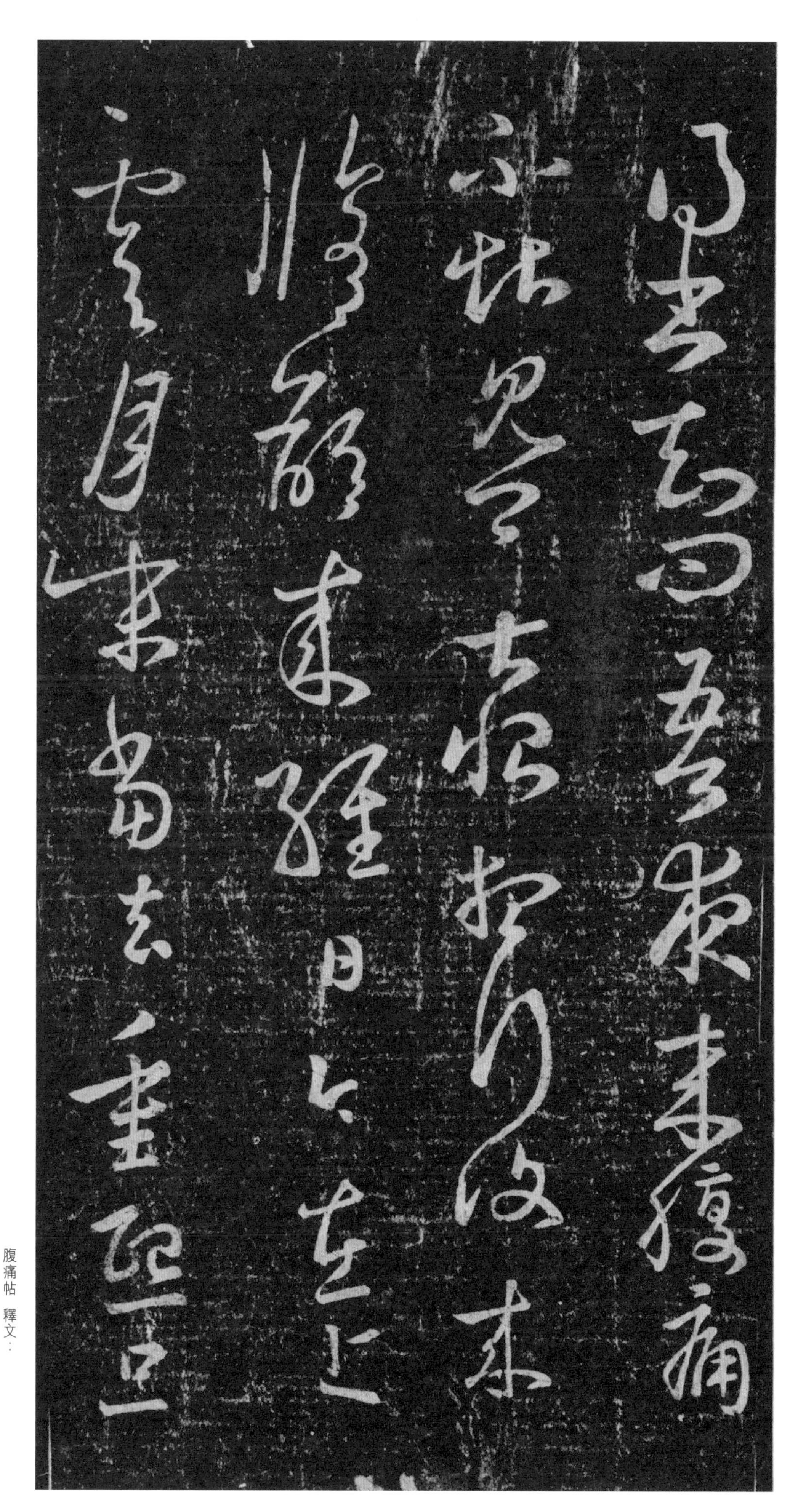

腹痛帖　釋文：
得書知問吾夜來腹痛
不堪見卿甚恨想行復來
修齡來經日今在上
虞月末當去重熙旦

21

安西帖
An Xi Tie

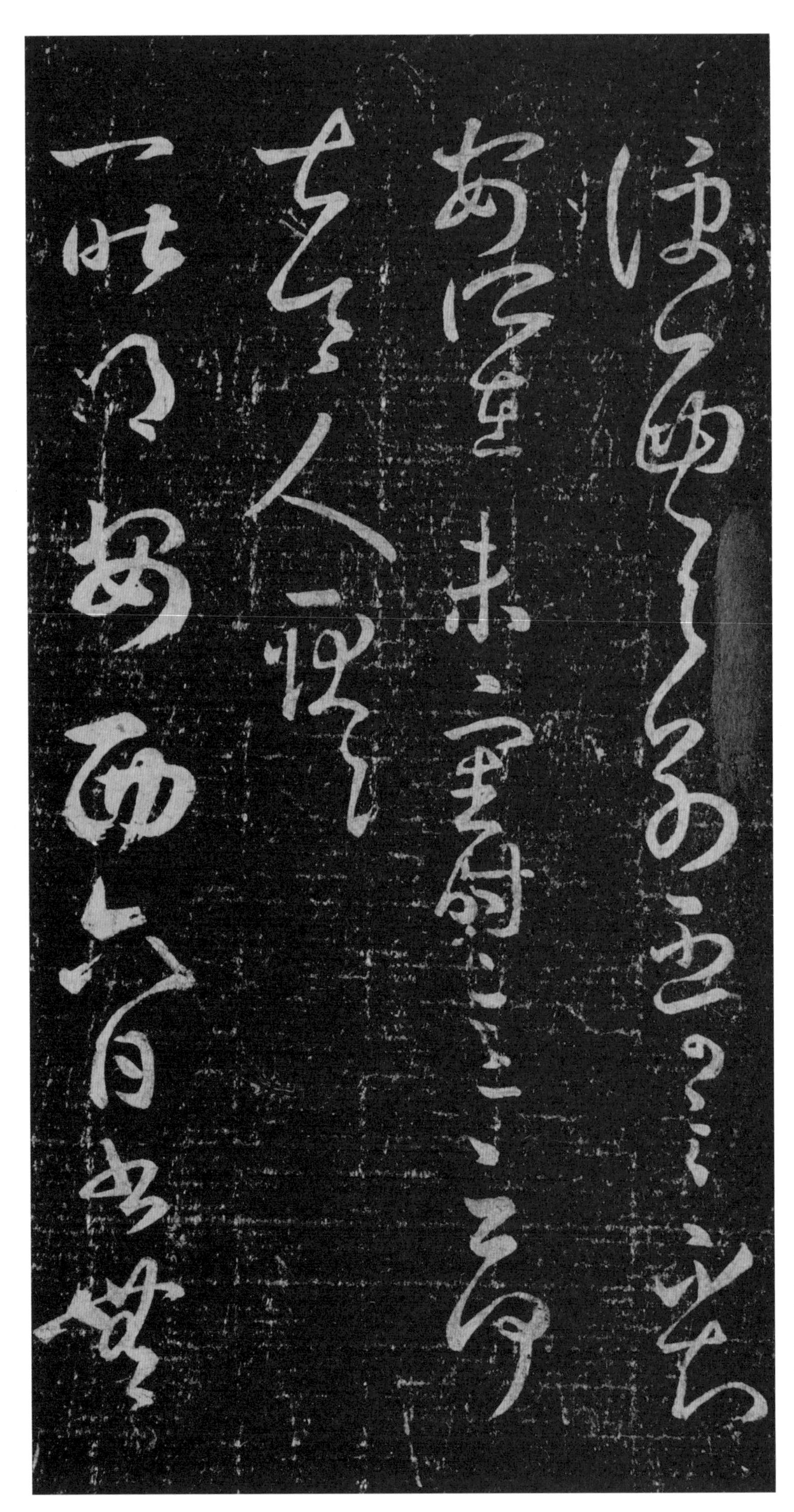

安西帖　釋文：

一昨得安西六日書無
甚令人耿耿
安所在未審時意云何
便西與別不可言不知

22 闊轉久帖 Kuo Zhuan Jiu Tie

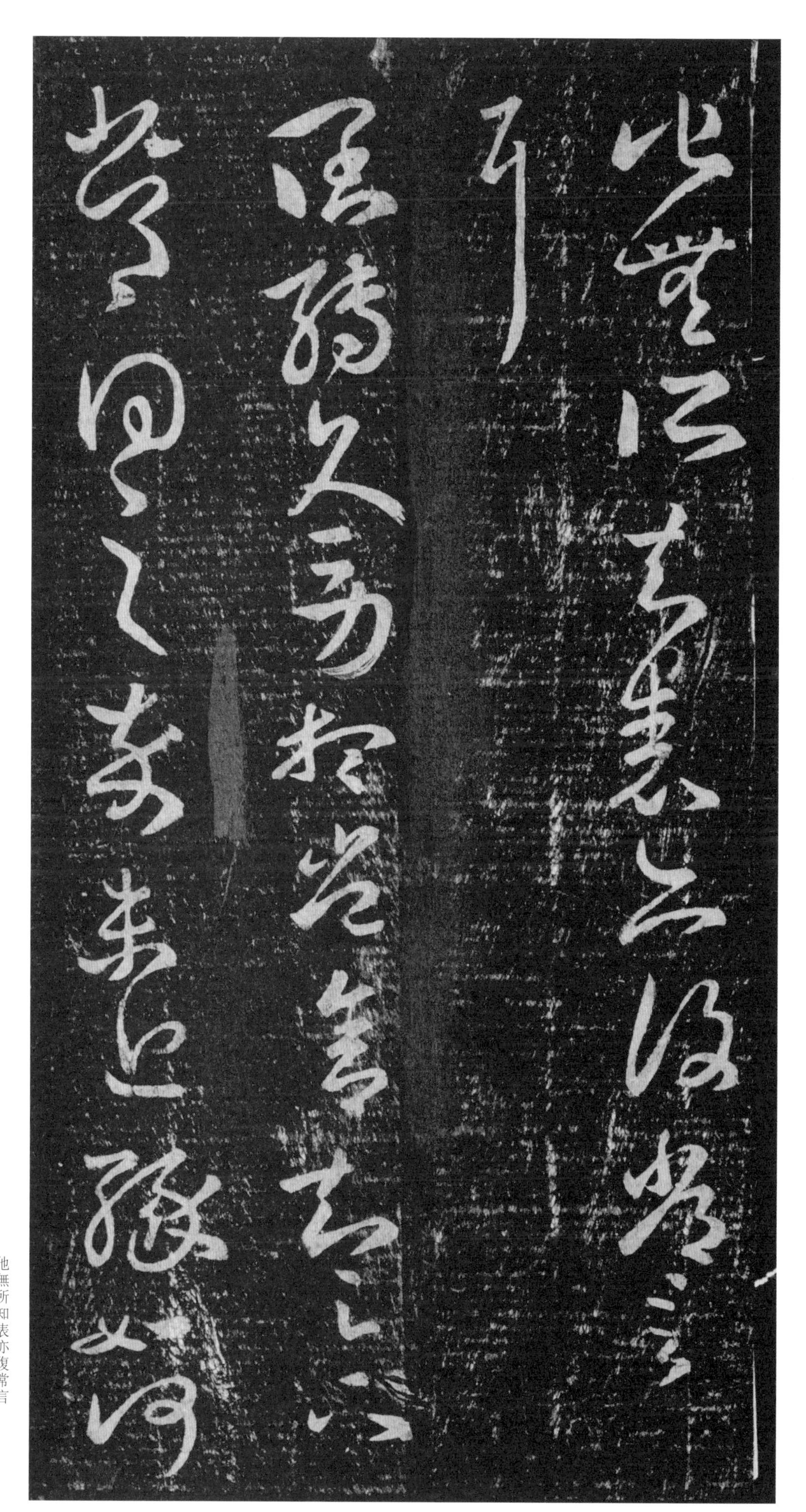

他無所知表亦復常言
耳

闊轉久帖　釋文：
闊轉久勞想豈舍知足下
常同之卒未近緣如何

23

冬中帖
Dong Zhong Tie

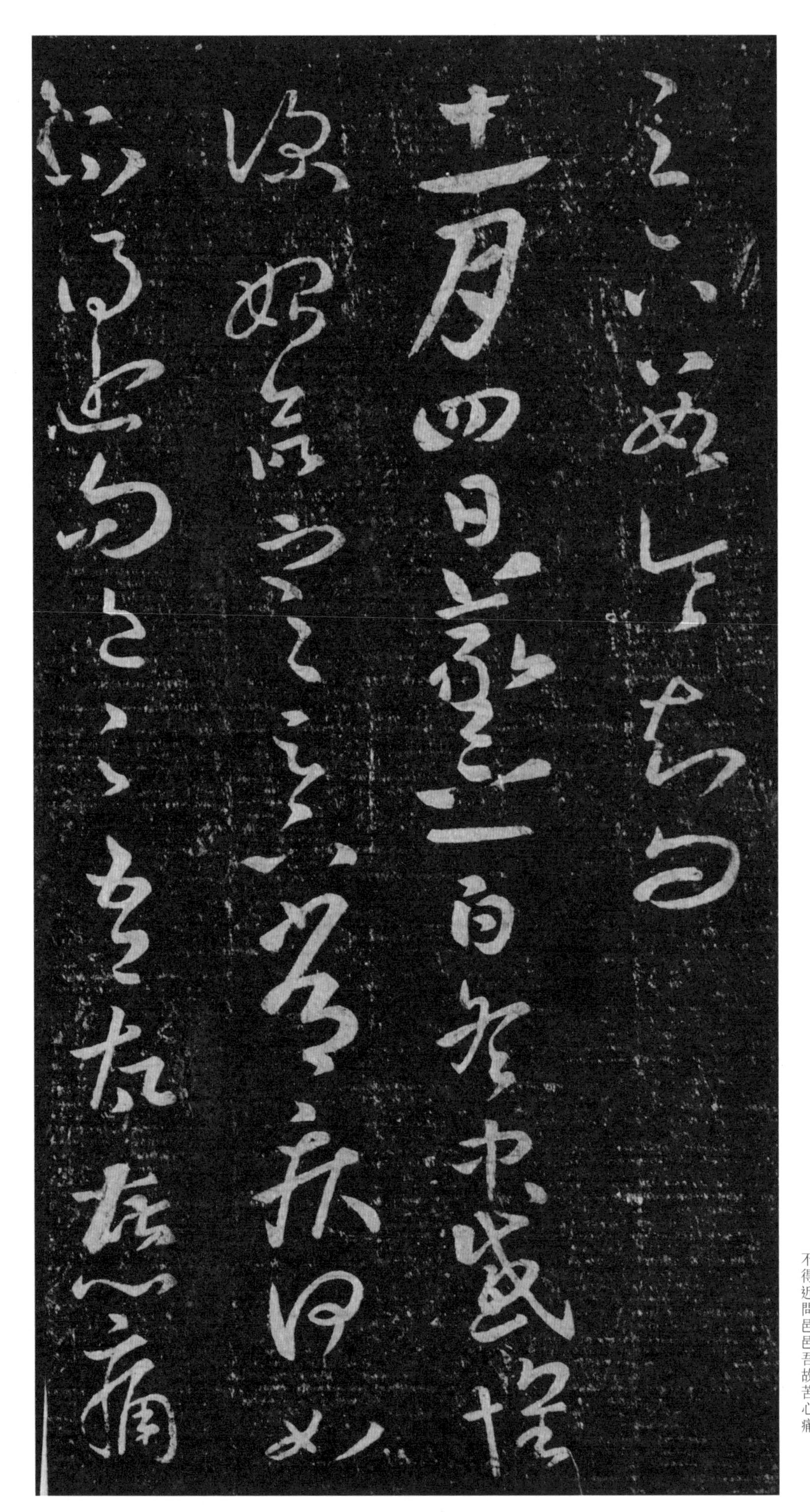

足下數令知問

冬中帖 釋文：
十一月四日羲之白冬中感懷
深始欲寒足下常疾何如
不得近問邑邑吾故苦心痛

周益州帖
Zhou Yi Zhou Tie

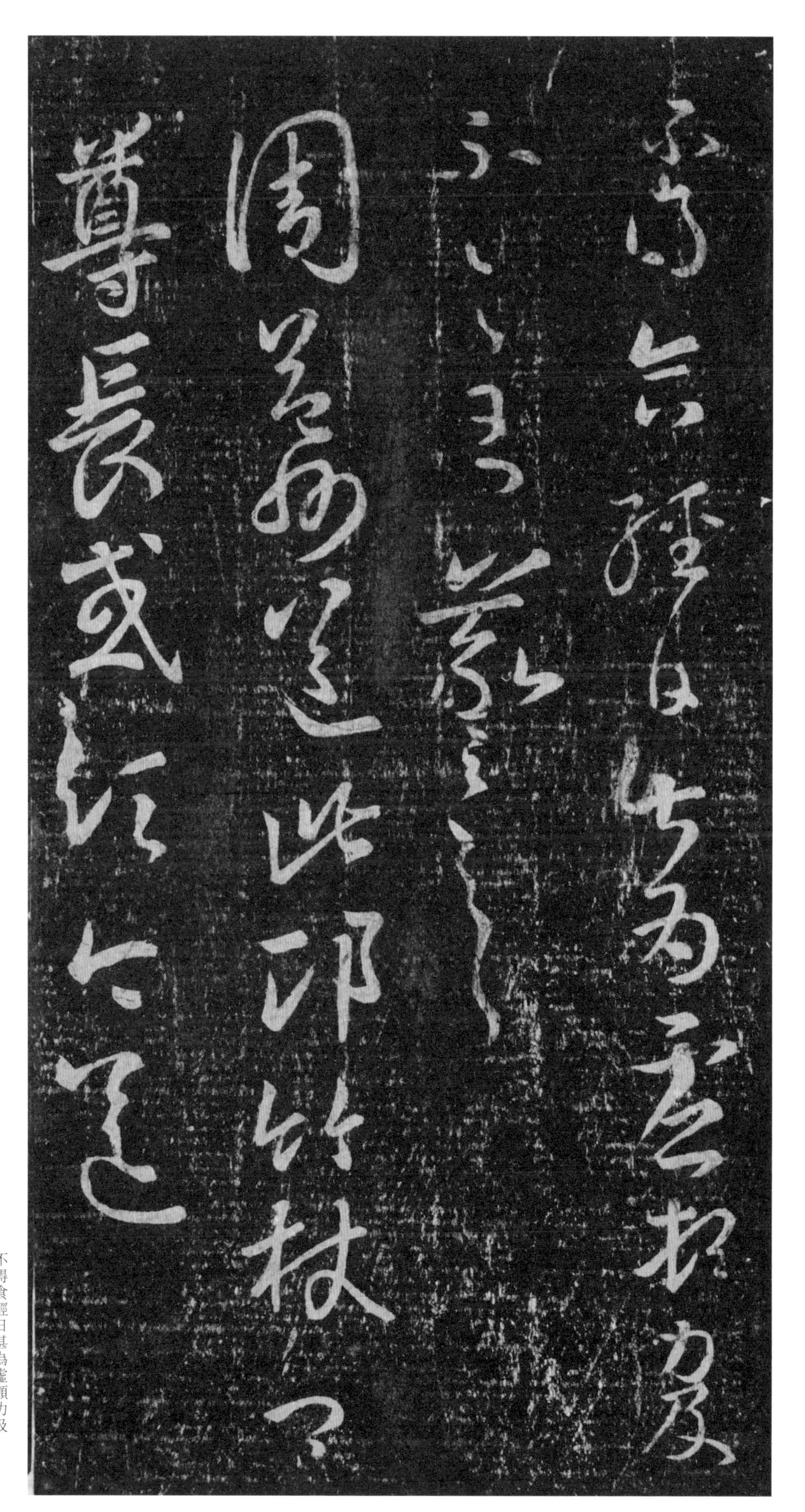

不得食經日甚為虛頓力及
不具王羲之白
周益州帖 釋文：
周益州送此邛竹杖卿
尊長或須今送

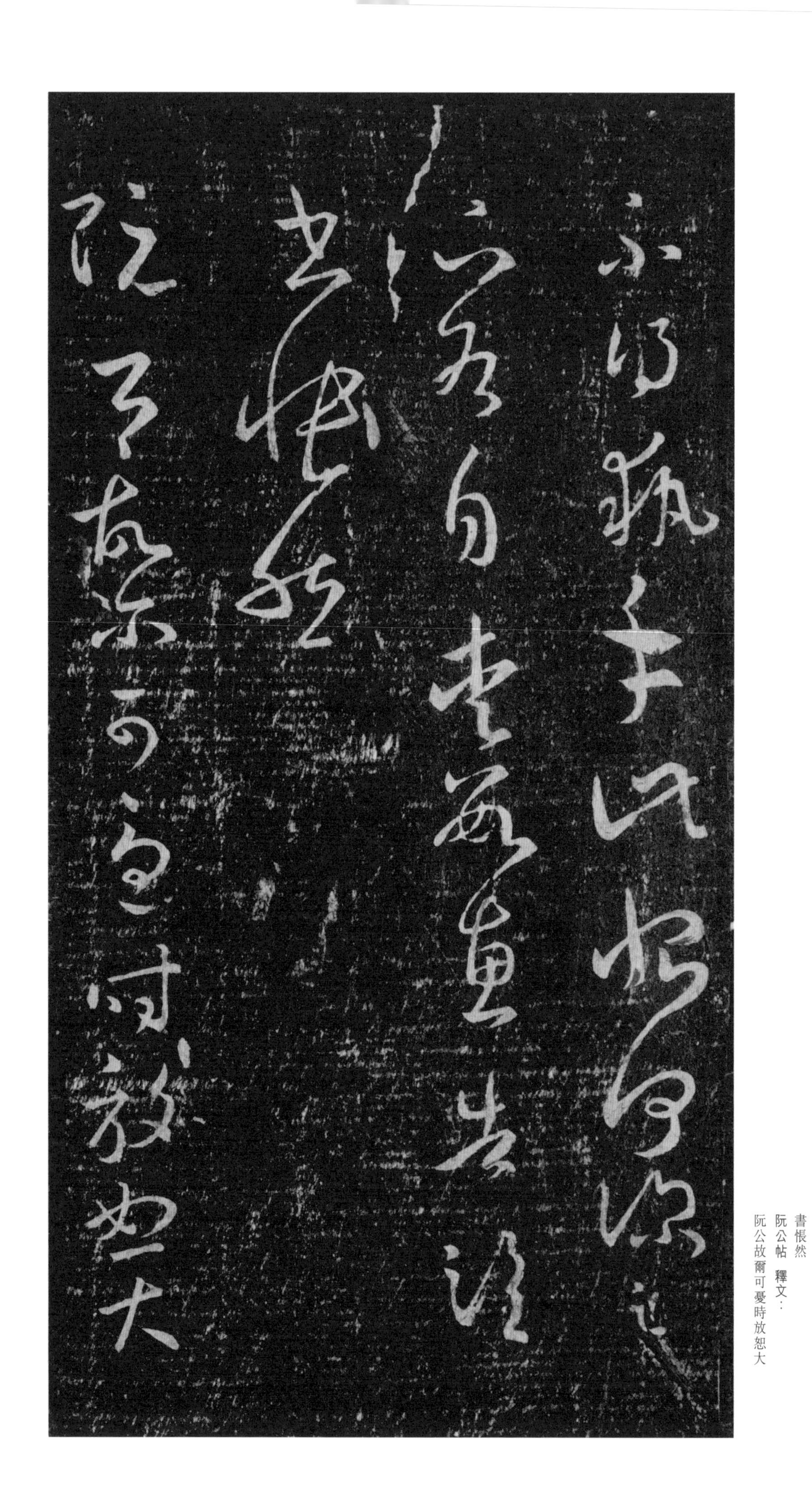

25

執手帖

Zhi Shou Tie

26

阮公帖

Ruan Gong Tie

執手帖　釋文：

不得執手此恨何深足

下各自愛數惠告臨

書悵然

阮公帖　釋文：

阮公故爾可憂時放恕大

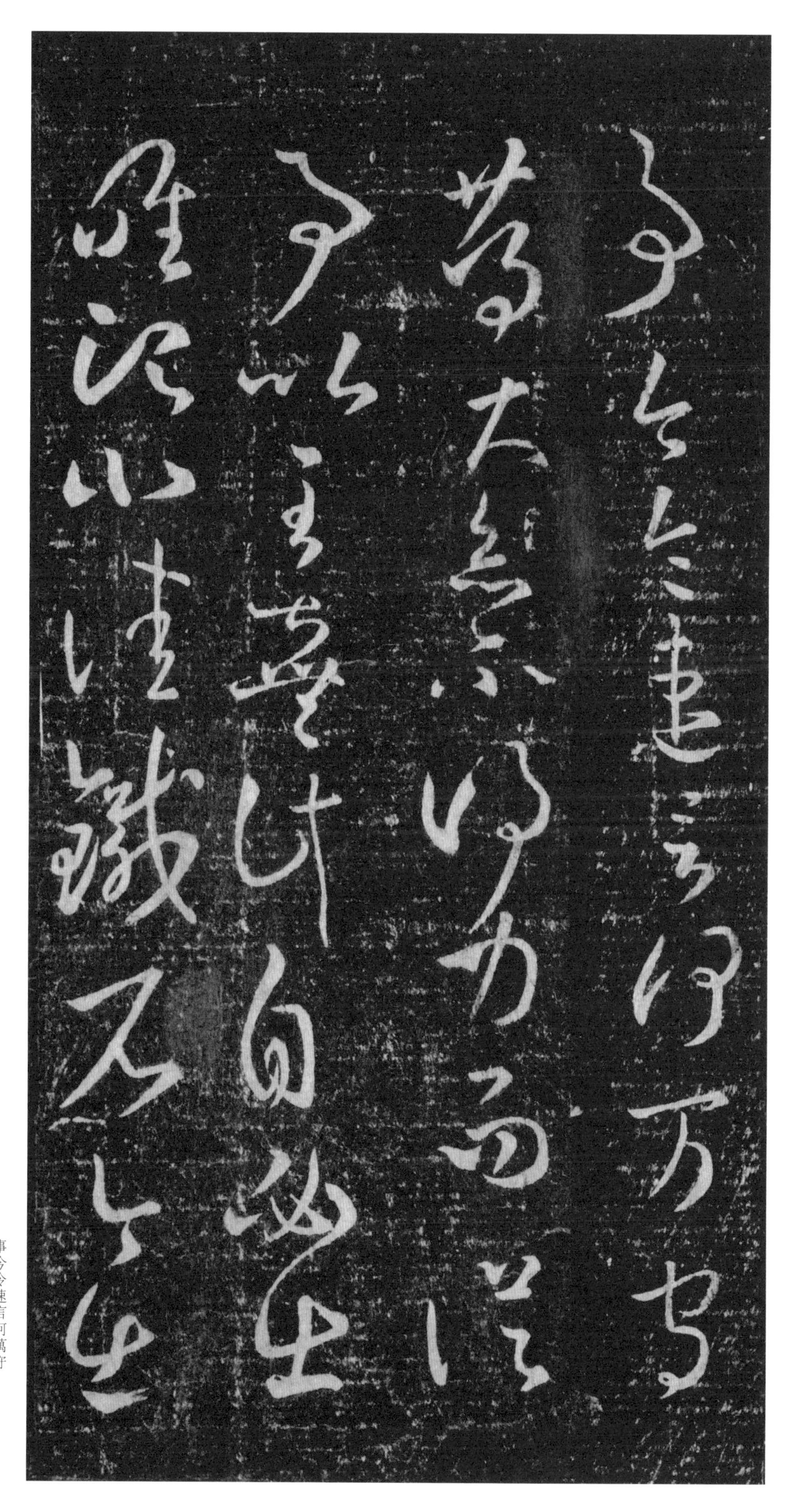

事今令速言何萬守
篤大灸不得力而從
事以至甚無計自必出
唯須小佳鐵石今出

27

家月末帖
Jia Yue Mo Tie

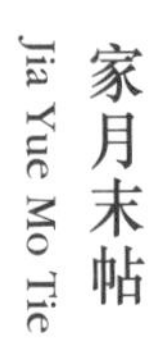

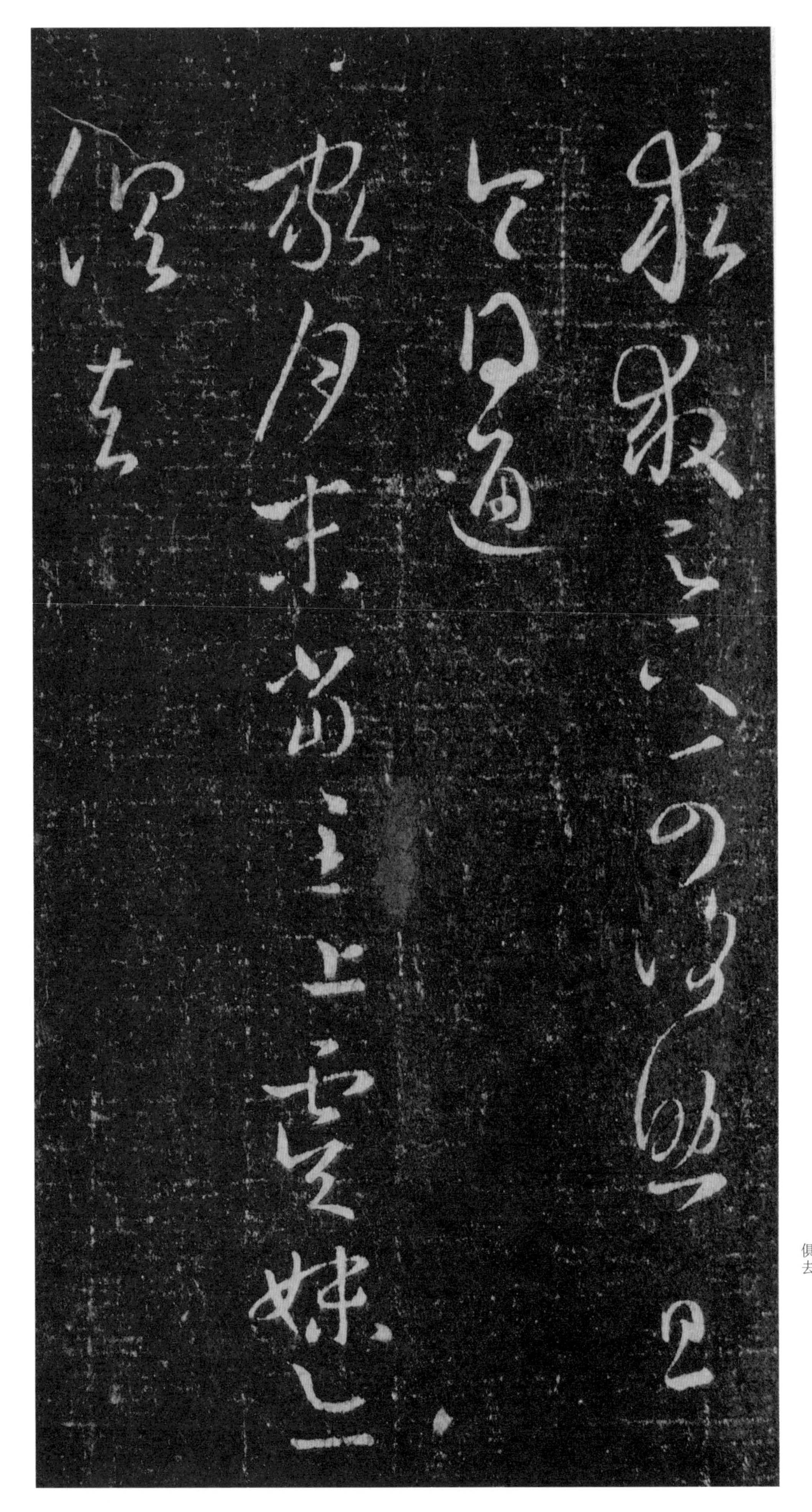

求救足下可復助旦
令得通

家月末帖　釋文：
家月末當至上虞妹亦
俱去

28

蒸濕帖

Zheng Shi Tie

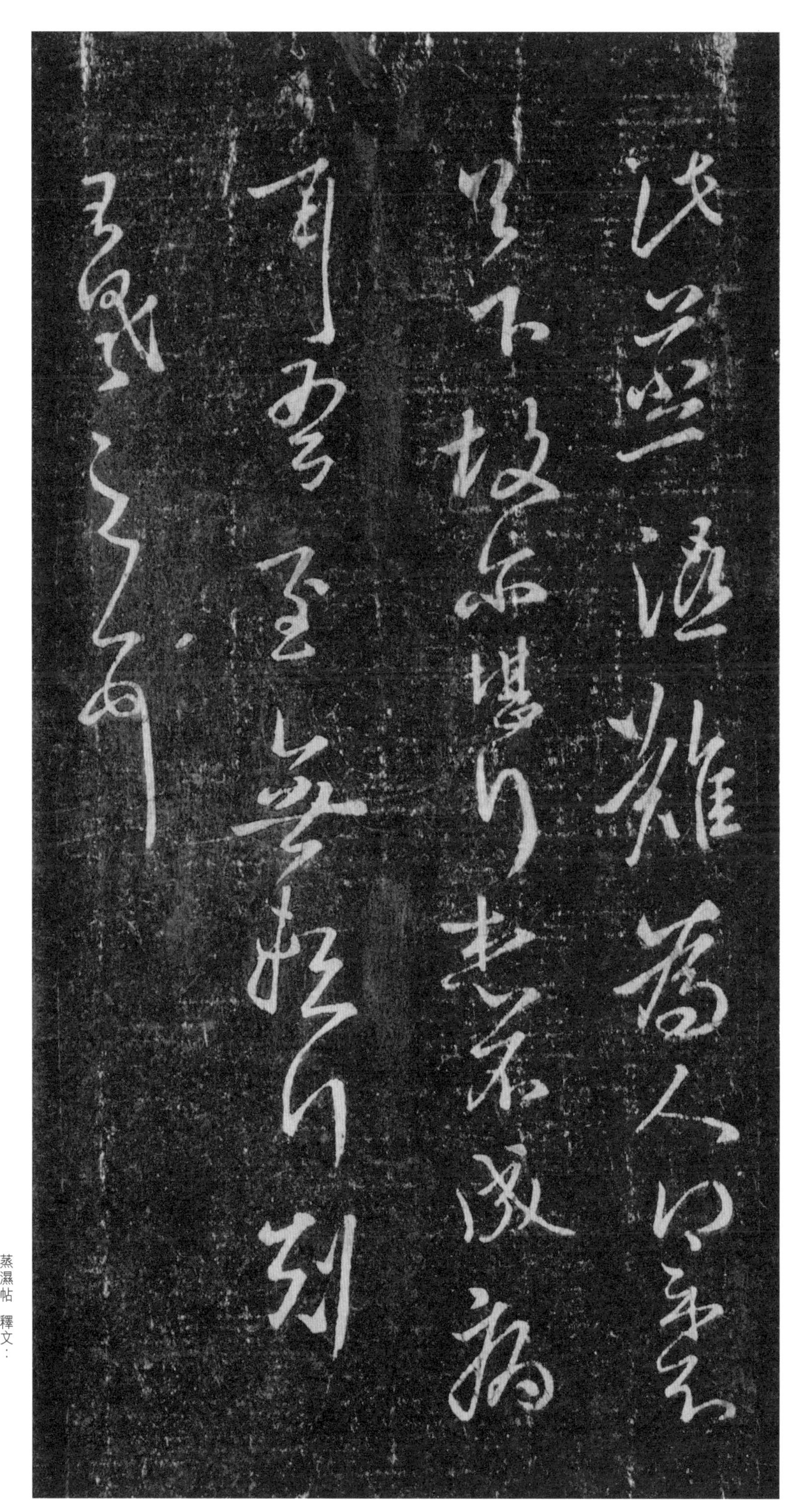

蒸濕帖　釋文：

此蒸濕難為人得示知

足下故爾堪行想不成病

耳吾至無賴行剋

王羲之頓首

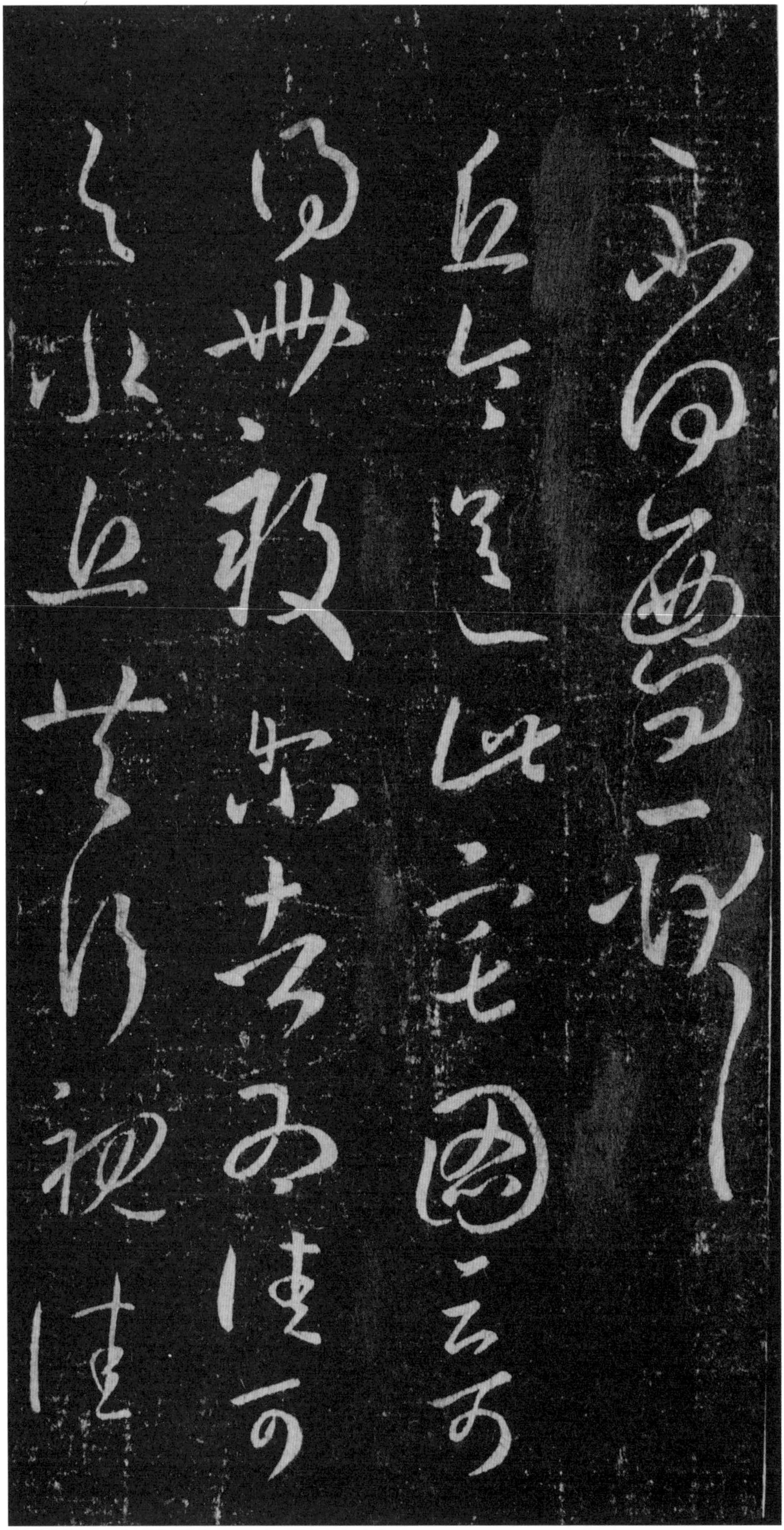

29 不得西問帖

Bu De Xi Wen Tie

30 丘令帖

Qiu Ling Tie

不得西問帖　釋文：
不得西問耿耿

丘令帖　釋文：
丘令送此宅圖云可
得卌畝爾者為佳可
與水丘共行視佳

31

謝生帖

Xie Sheng Tie

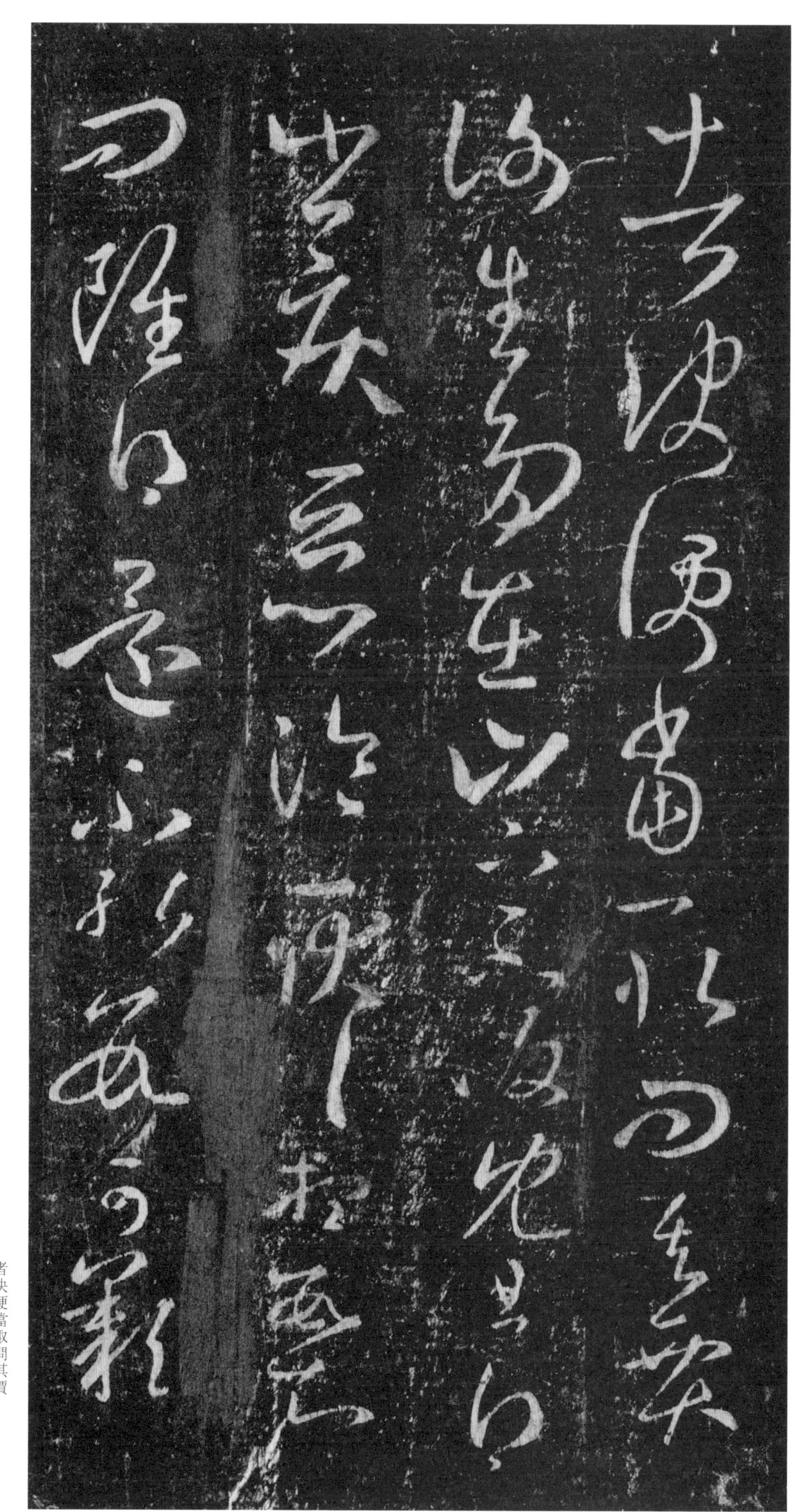

者決便當取問其賈

謝生帖　釋文：

謝生多在山下不復見旦得

書疾恶冷耿耿想數知

問雖得還不能數可歎

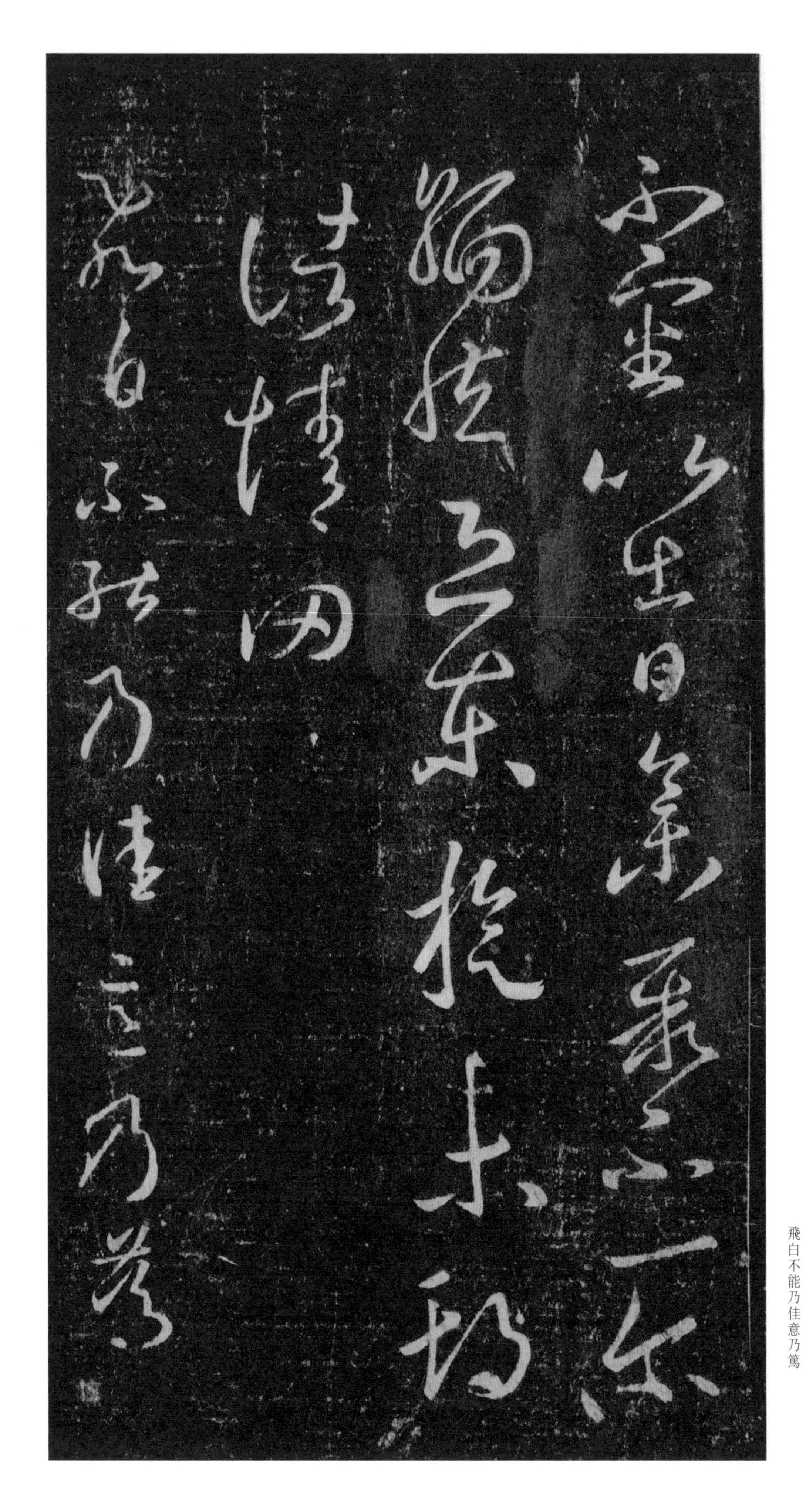

32

東旋帖

Dong Xuan Tie

33

飛白帖

Fei Bai Tie

東旋帖　釋文：

不審比出日集聚不一爾

緬然恐東旋未期

諸情罔

飛白帖　釋文：

飛白不能乃佳意乃篤

34

遣書帖

Qian Shu Tie

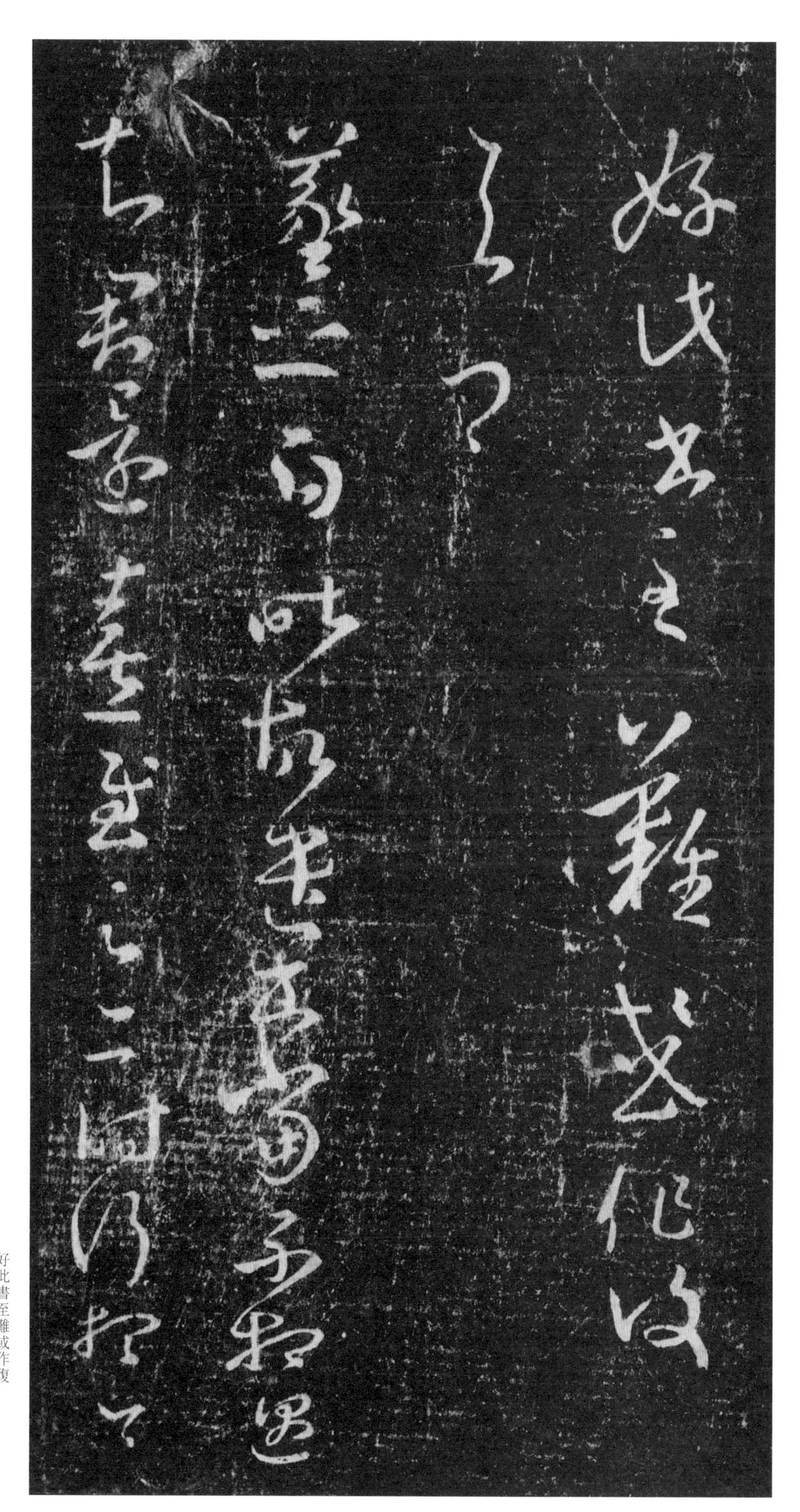

好此書至難或作復與卿

遣書帖　釋文：

羲之白昨故遣書當不相遇知君還喜慰足下時行想今

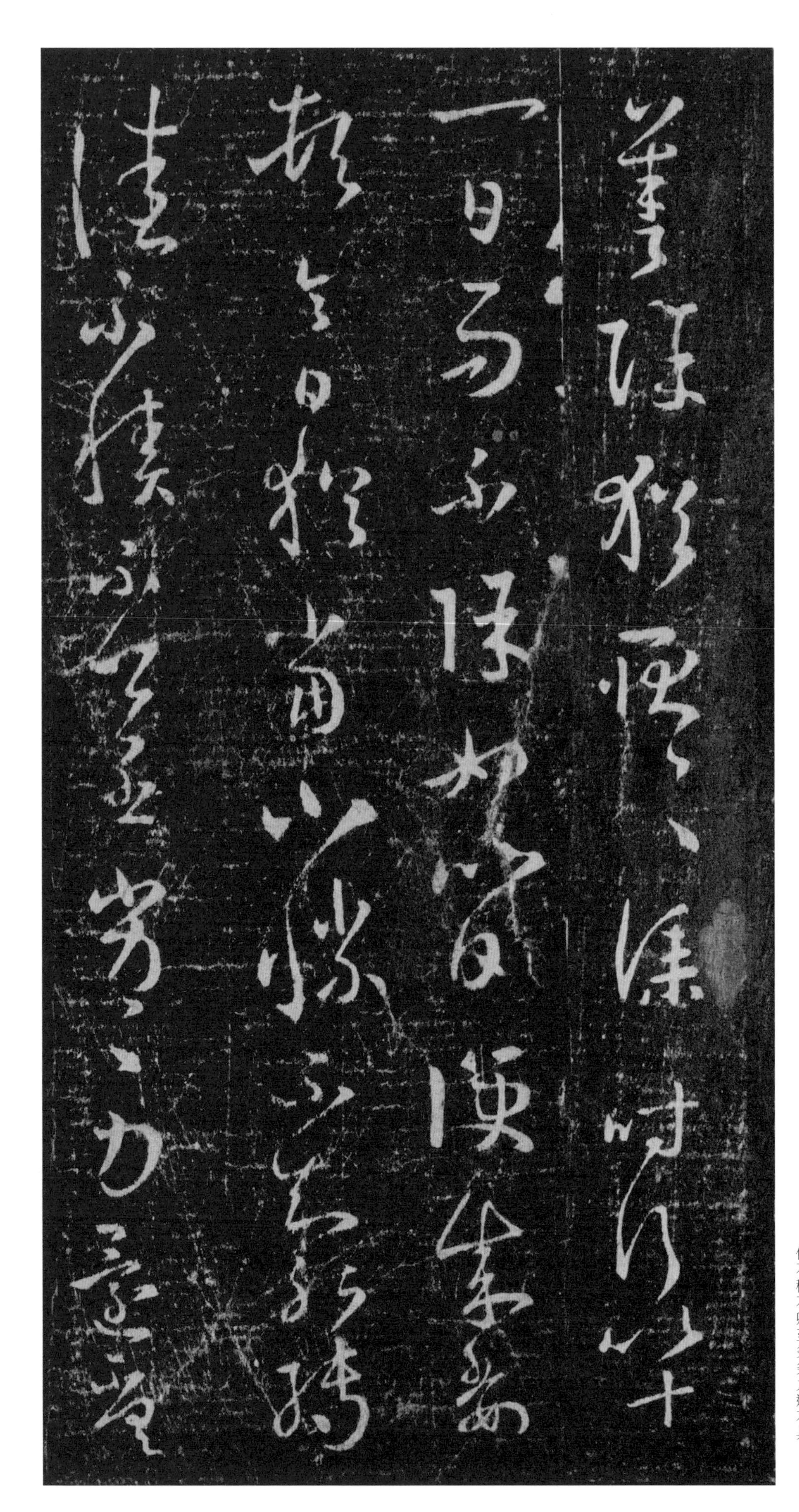

善除猶耿耿僕時行以十
一日而不除如比日便成委
頓今日猶當小勝不知能轉
佳不積不卿至劣劣力還不具

35

採菊帖

Cai Ju Tie

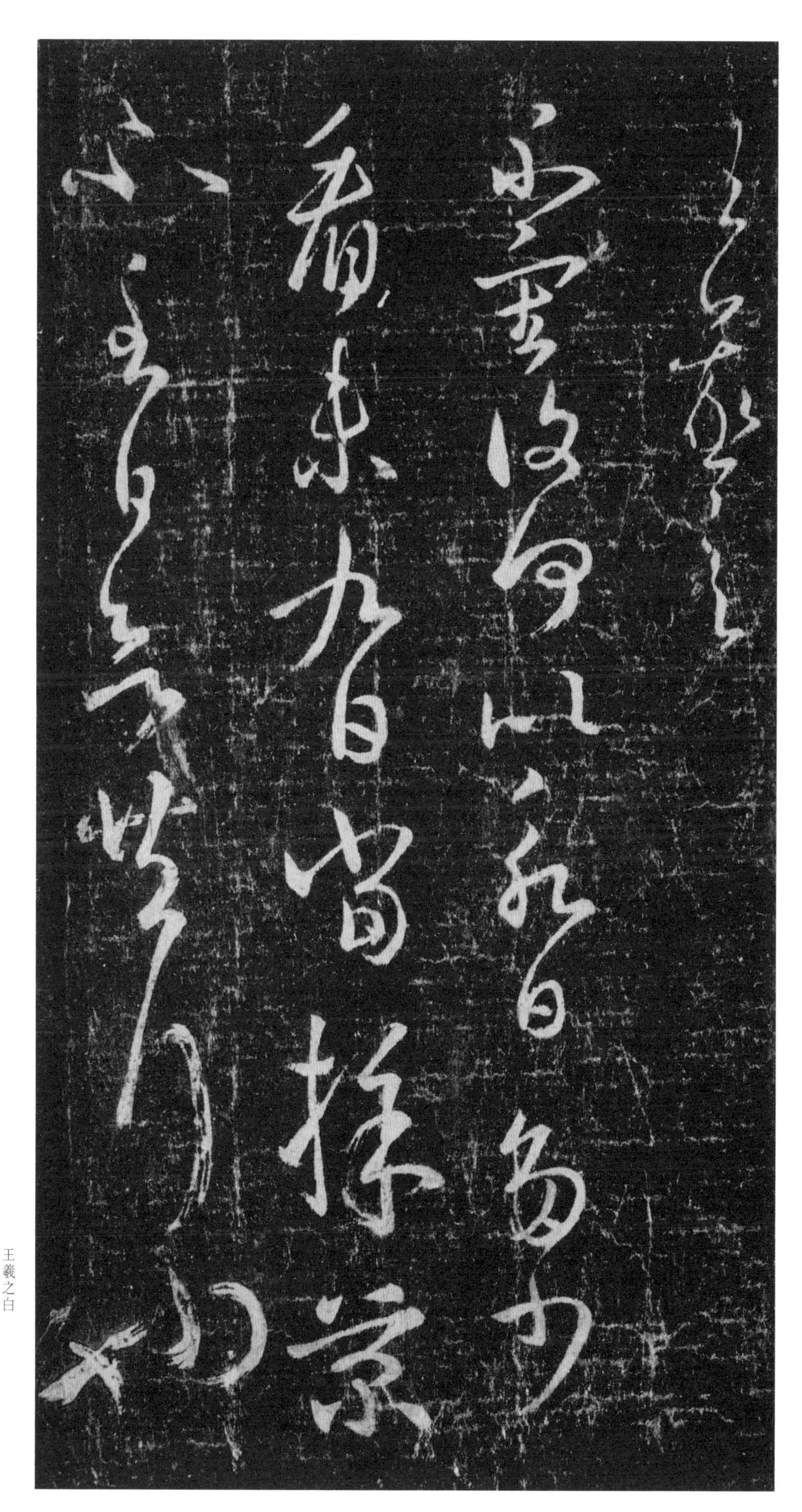

王羲之白

採菊帖　釋文：

不審復何以永日多少

看未九日當採菊

不至日欲共行也

36

增慨帖
Zeng Kai Tie

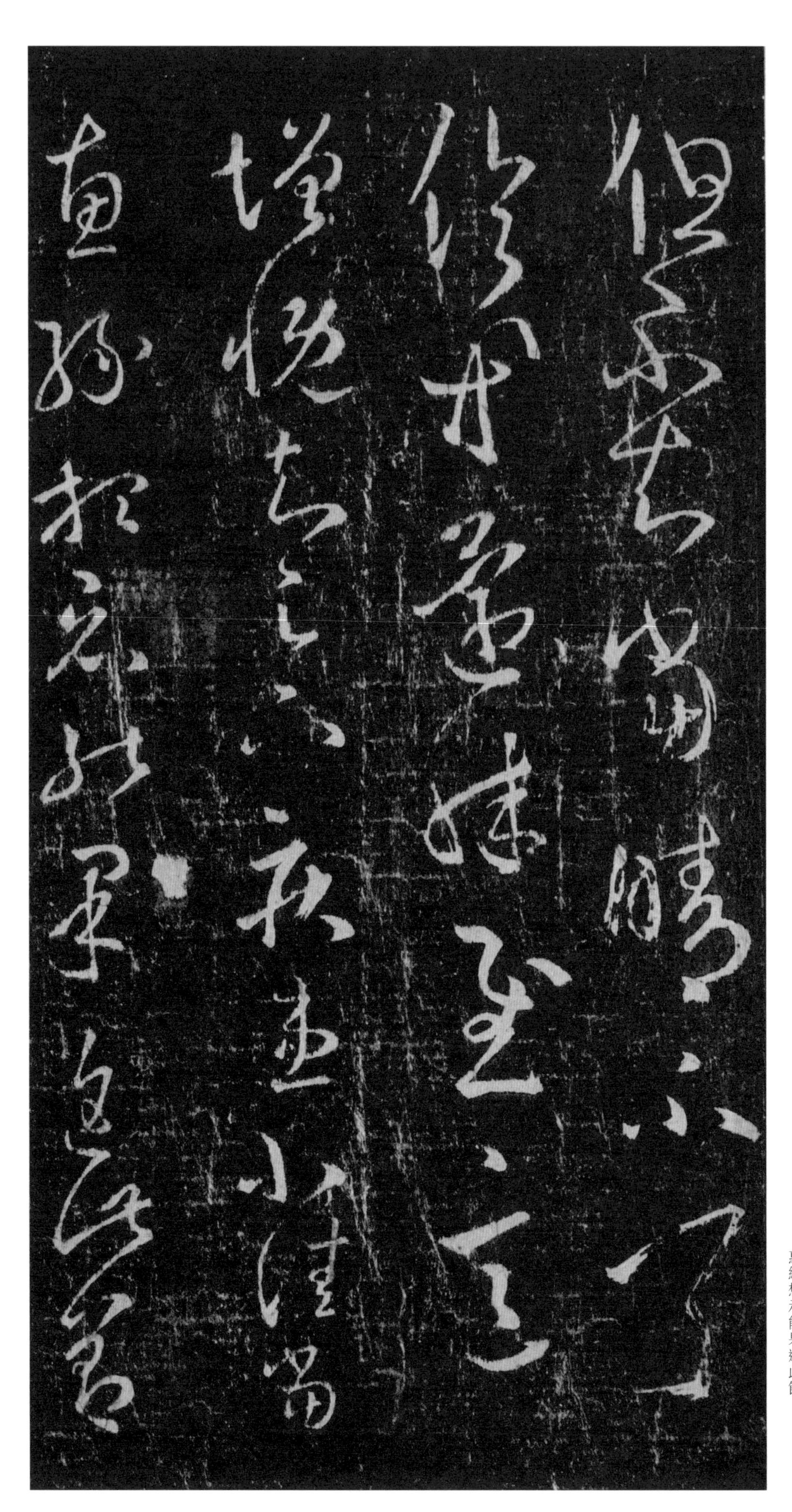

但不知當晴不耳
倫等還殊慰意

增慨帖　釋文：
增慨知足下疾患小佳當
惠緣想示能果遲此節

37 由為帖 You Wei Tie

38 月半哀感帖 Yue Ban Ai Gan Tie

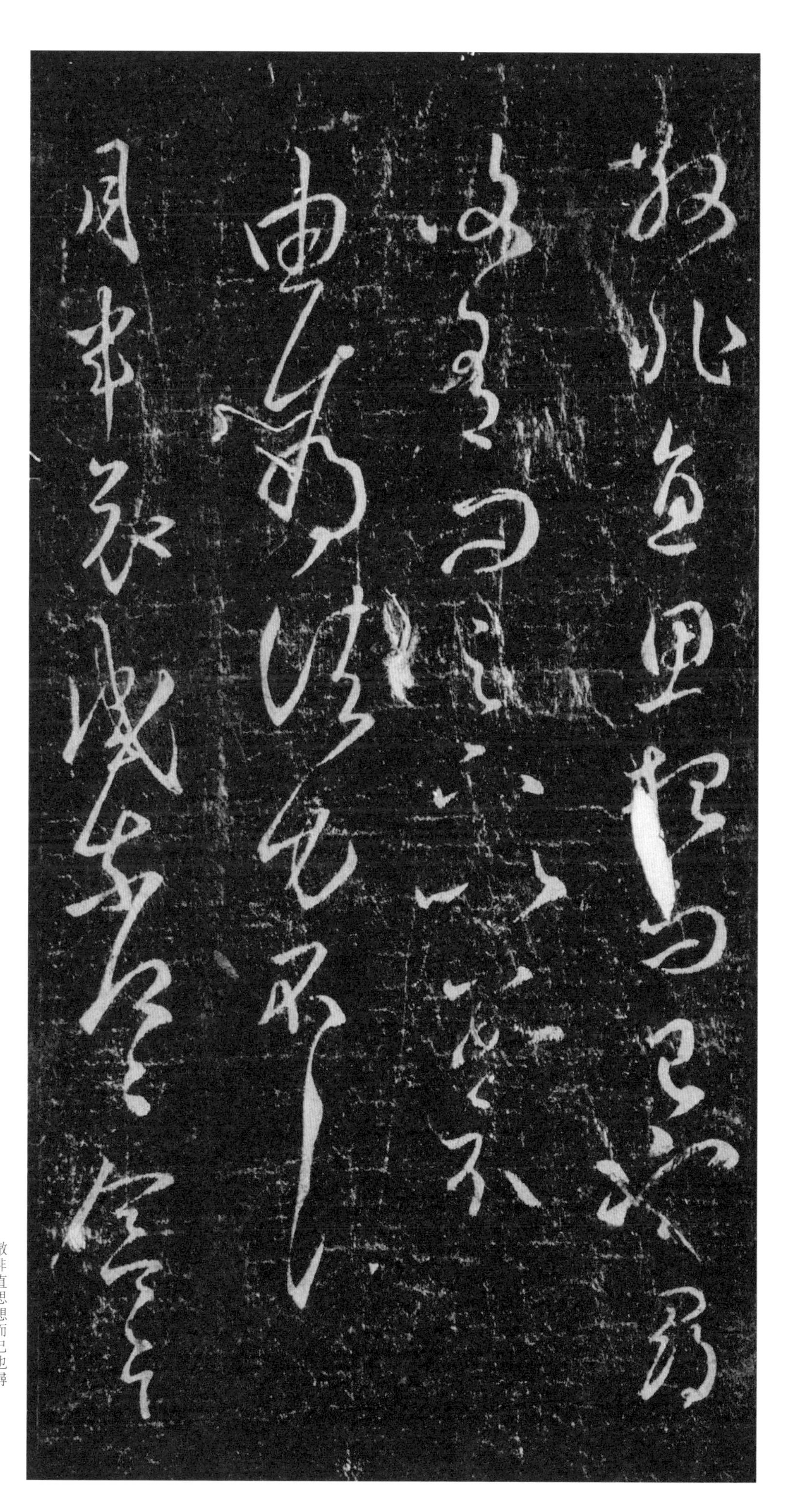

散非直思想而已也尋復有問足下以數示

由為帖　釋文：
由為諸力不具

月半哀感帖　釋文：
月半哀感奈何奈何念邑邑

39

獨坐帖

Du Zuo Tie

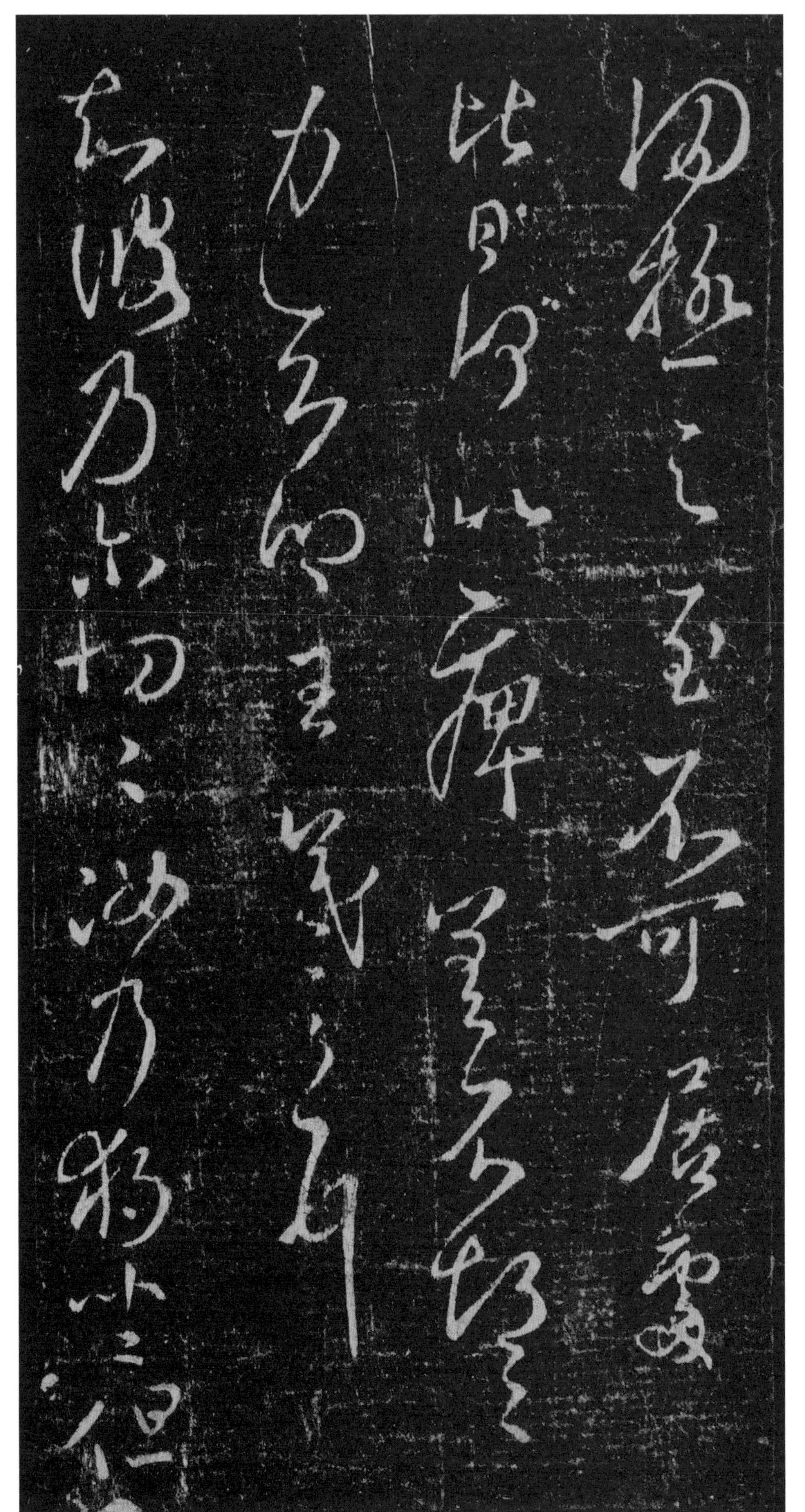

獨坐帖　釋文：

罔極之至不可居處

比日何似痺差不悒悒

力知問王羲之頓首

知彼乃爾切切汝乃獨坐但

40

安西帖

An Xi Tie

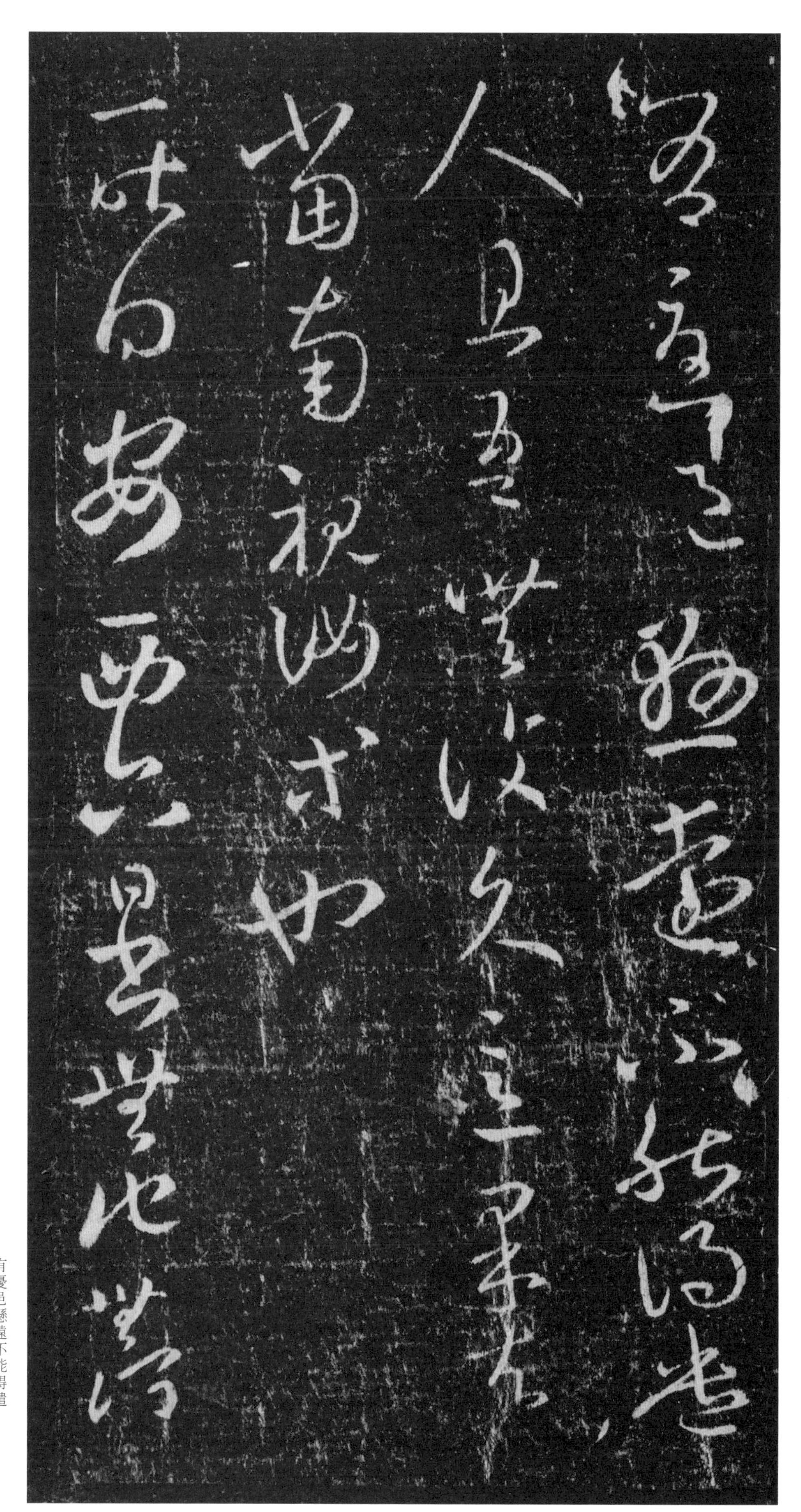

安西帖　釋文：

一昨得安西六日書無他無所

當南視汝等也

人且吾無復久意果去

有憂邑懸遠不能得遣

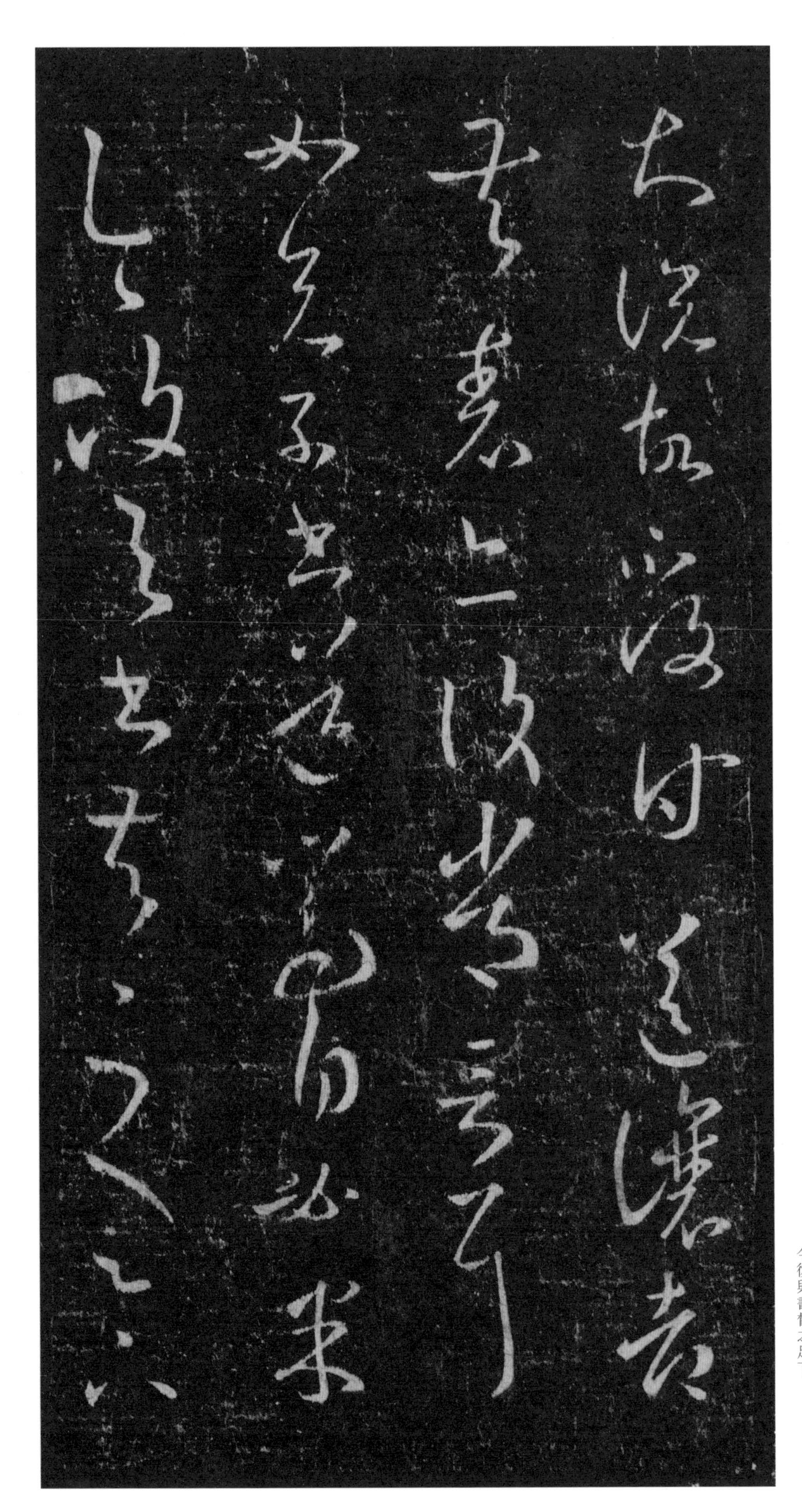

知說故不復付送讓都
督表亦復常言耳
如兄子書道嵩自必果
今復與書督之足下

41 黃甘帖

Huang Gan Tie

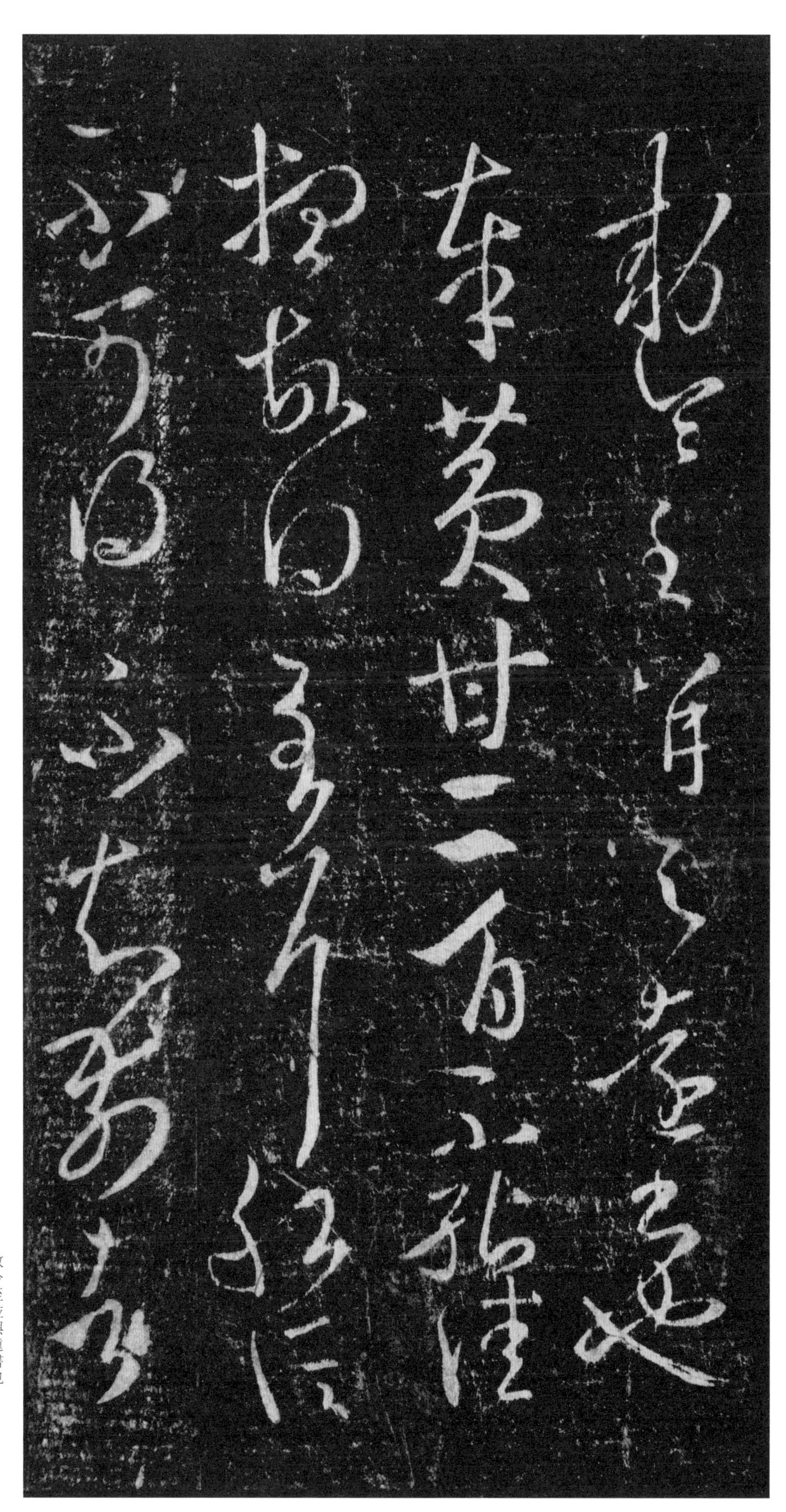

敇令至並與遠書也

黃甘帖 釋文：

奉黃甘二百不能佳

想故得至耳船信

不可得不知前者

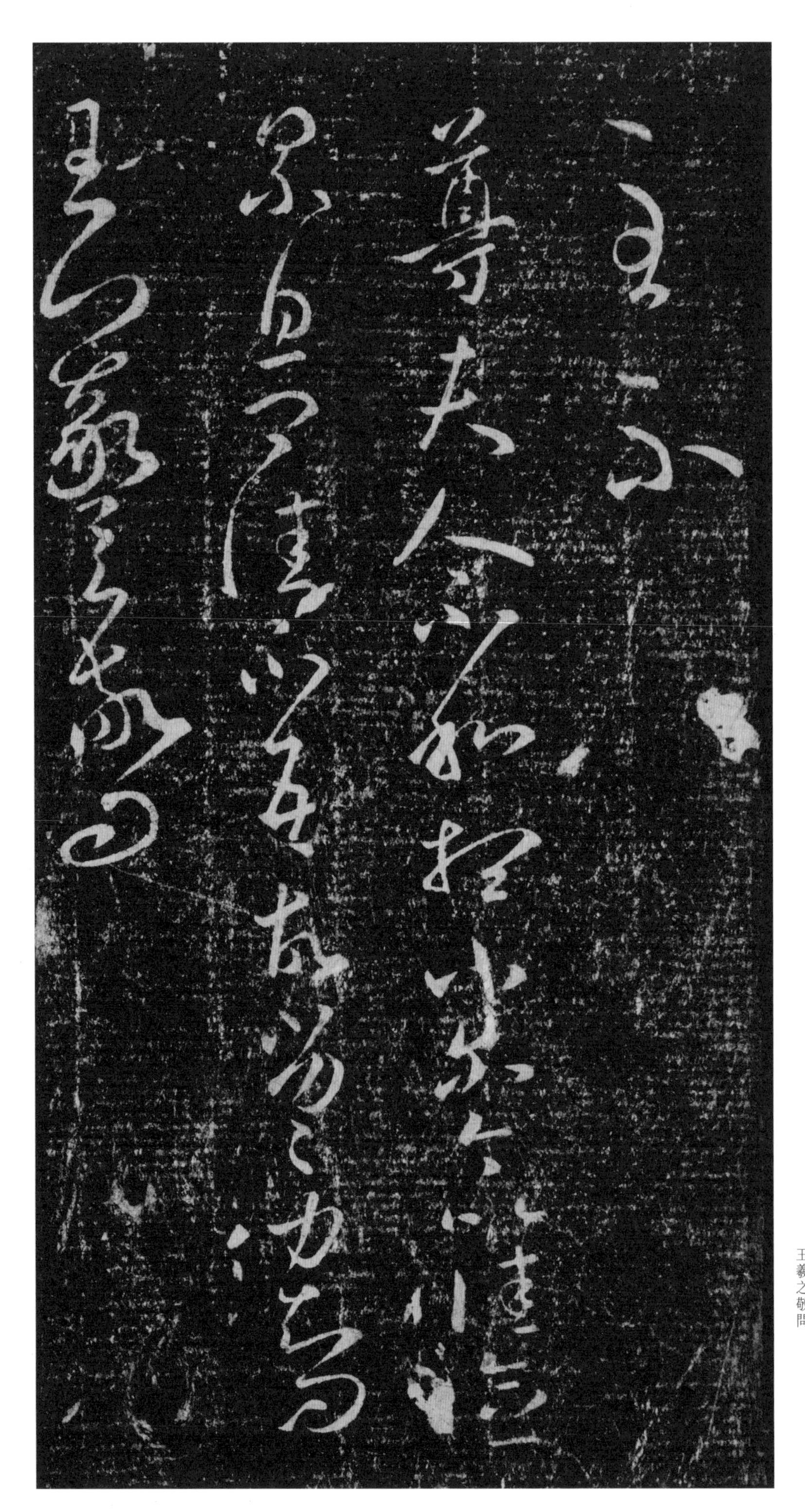

42

尊夫人帖
Zun Fu Ren Tie

至不

尊夫人帖　釋文：

尊夫人不和想小爾今以佳念

累息卿佳不吾故劣劣力知問

王羲之敬問

43

日五期帖

Ri Wu Qi Tie

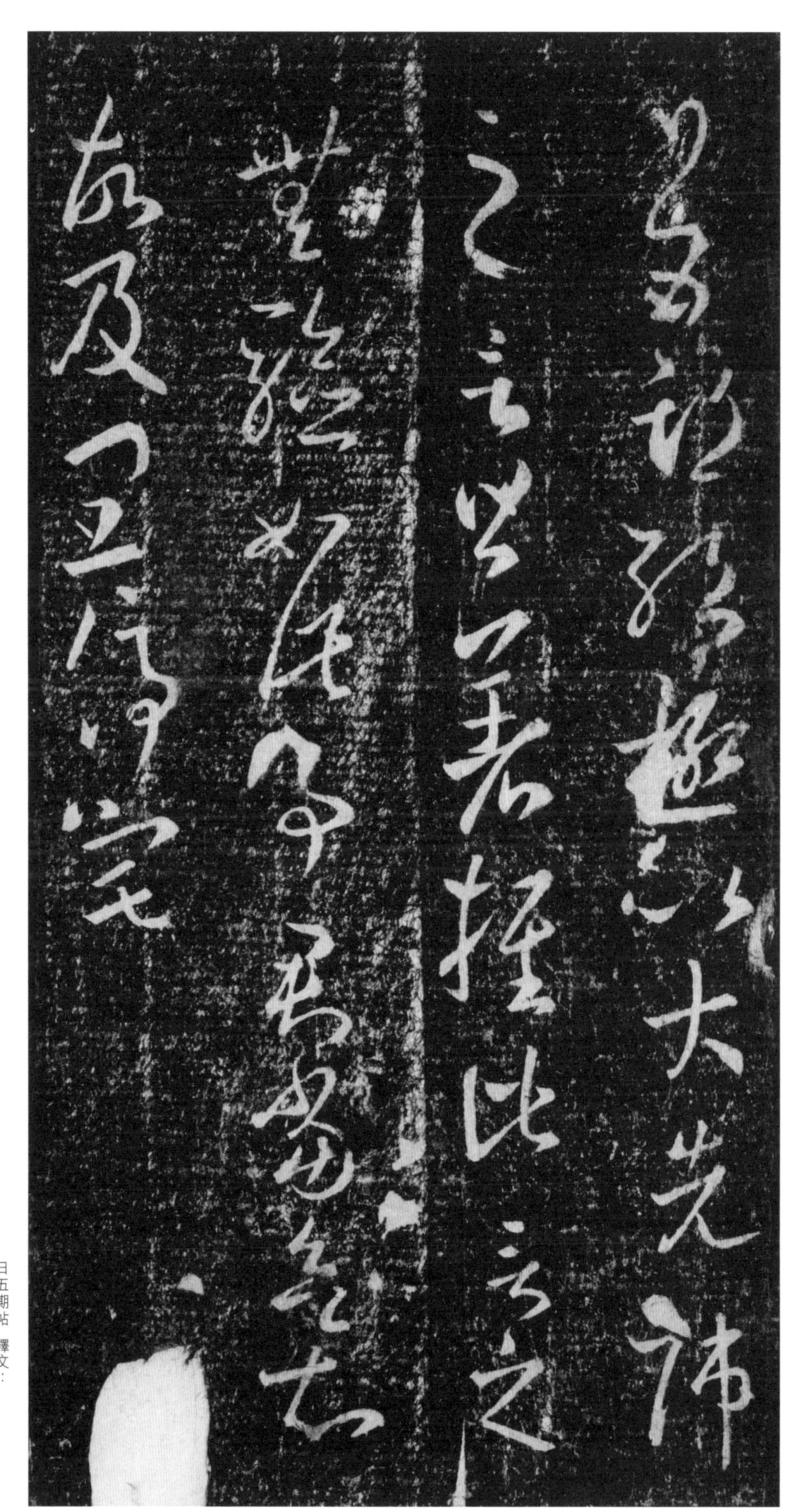

日五期帖　釋文：

日五期結極以大先師之言皆著推此言之無驗如此事君當欲知故及宜停宅

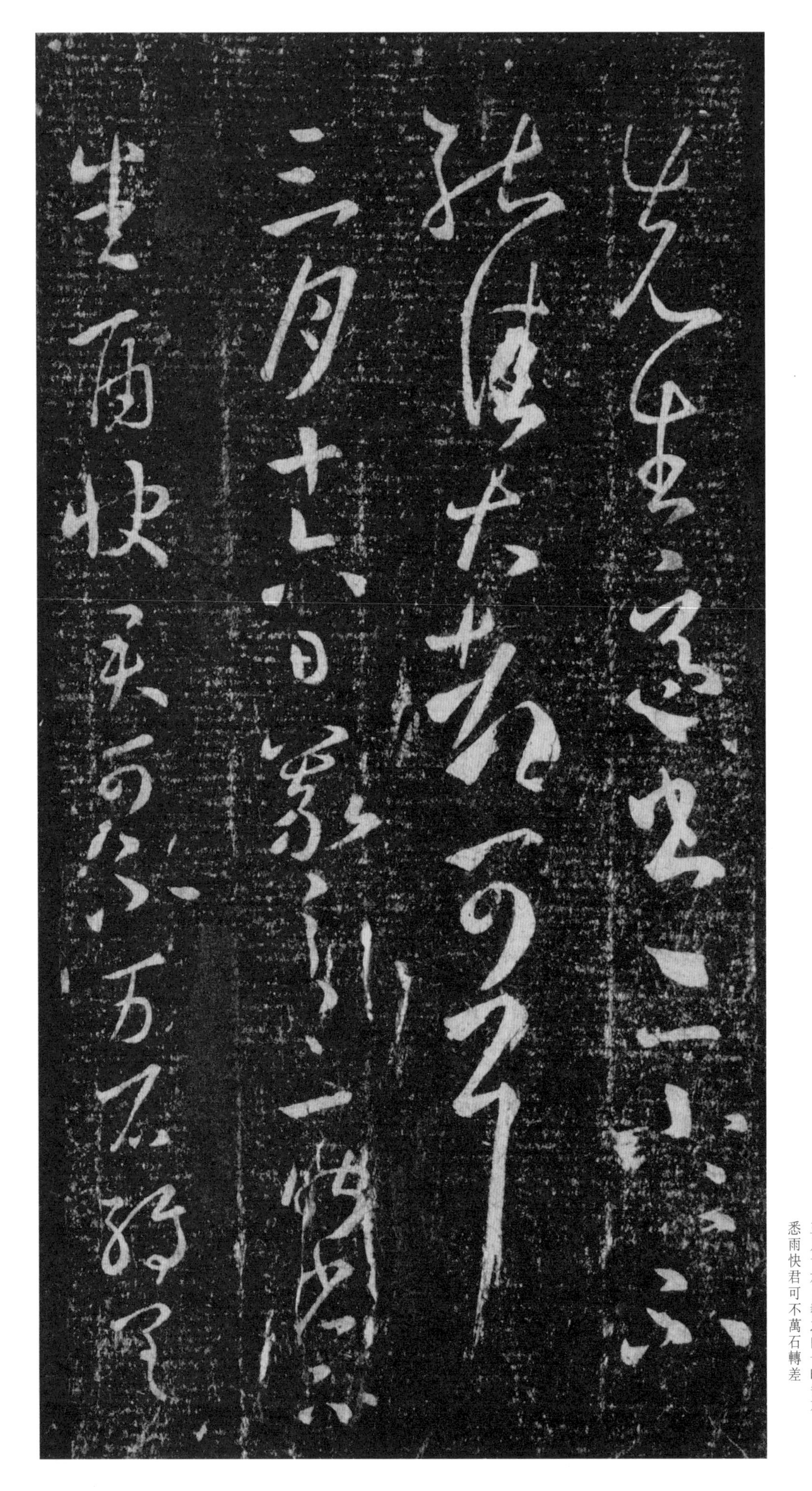

先生帖
Xian Sheng Tie

44

雨快帖
Yu Kuai Tie

45

先生帖　釋文：
先生適書亦小小不
能佳大都可耳
雨快帖　釋文：
三月十六日羲之白一昨省不
悉雨快君可不萬石轉差

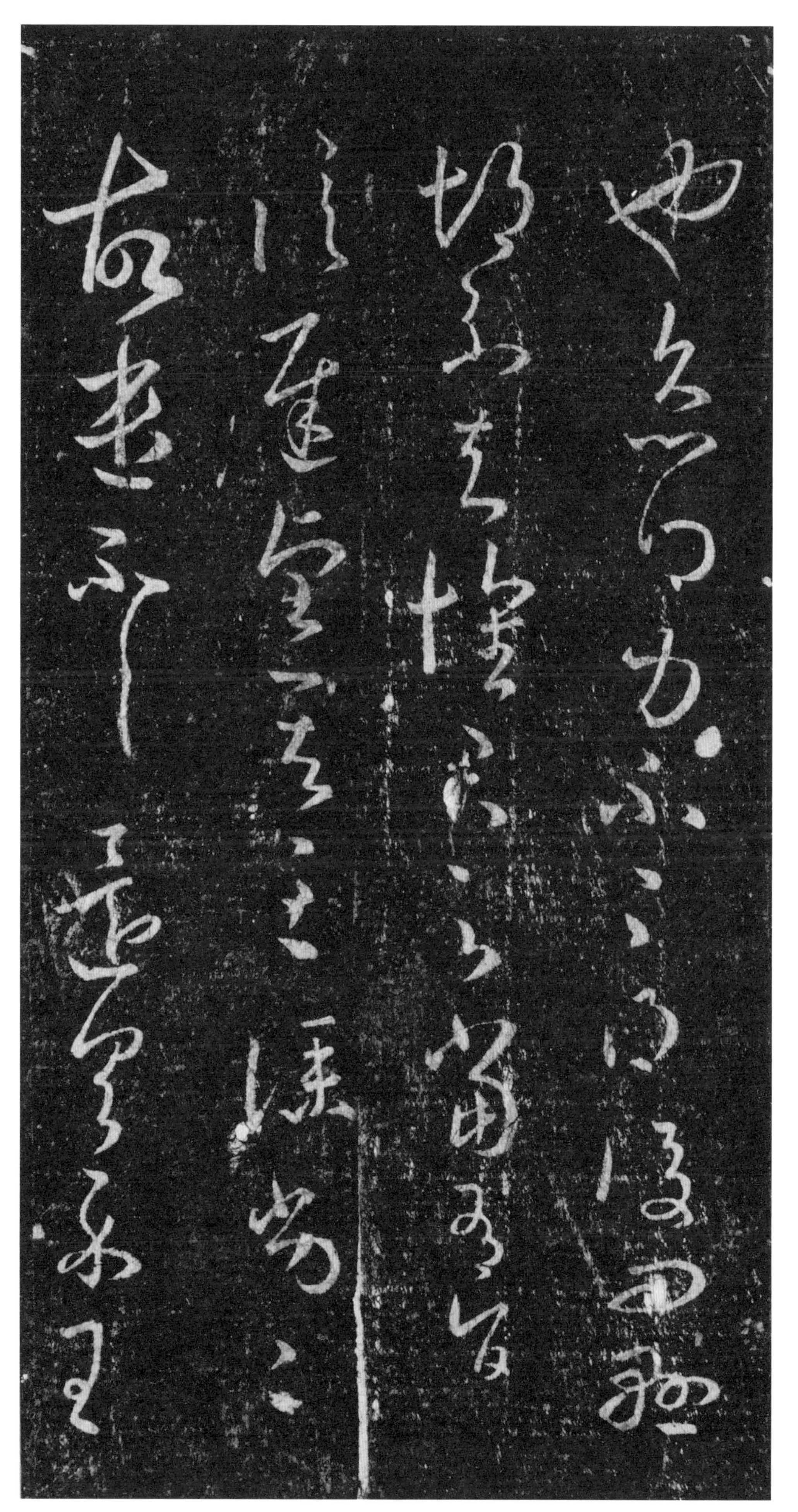

也灸得力不不得後問懸
悒不去懷君云當有旨
信遲望其至僕劣劣
故遣不具還具示王

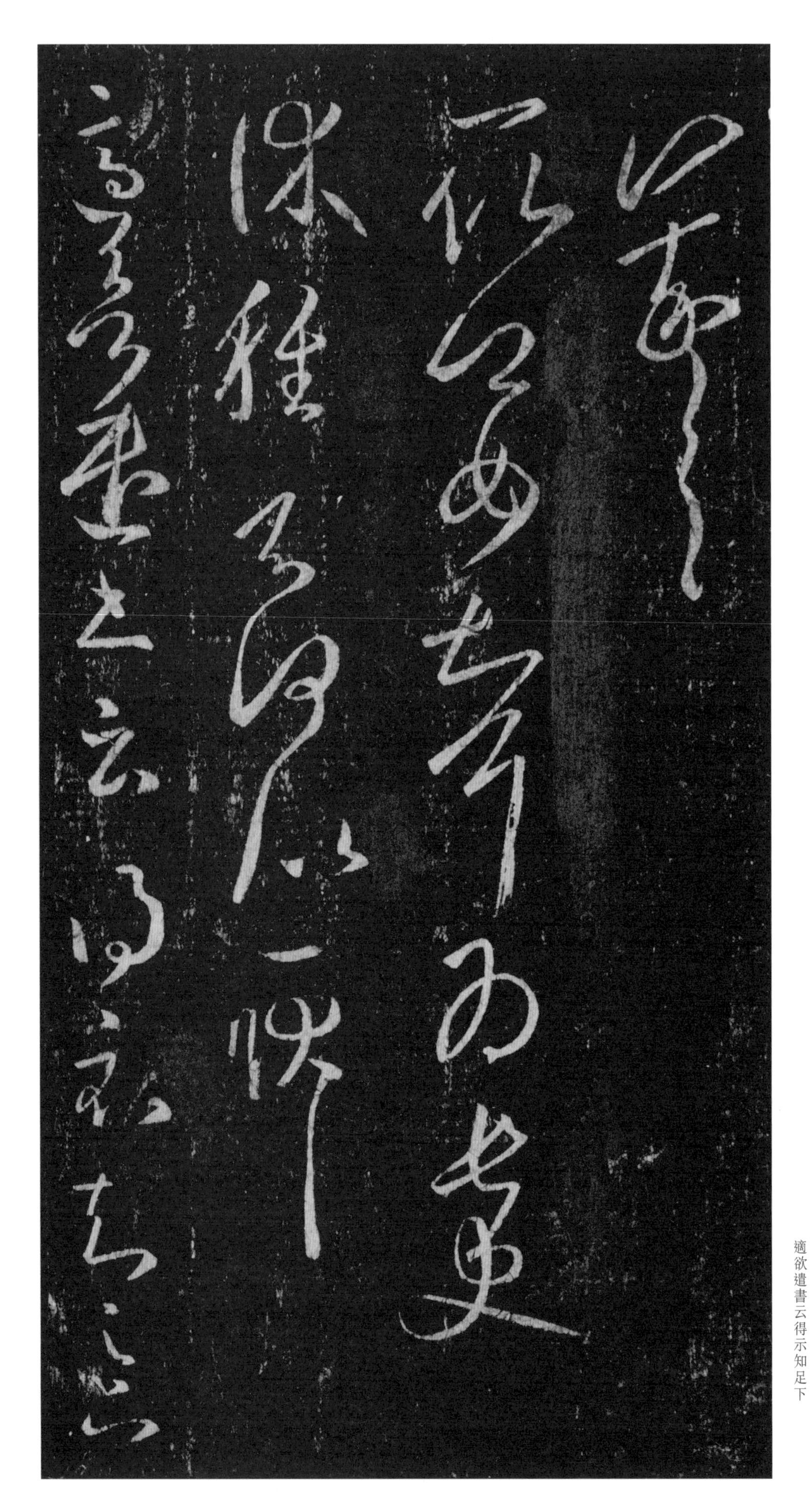

46

長史帖

Chang Shi Tie

47

得涼帖

De Liang Tie

羲之

長史帖　釋文：

取卿女聟為長史

休種意何似耿耿

得涼帖　釋文：

適欲遣書云得示知足下

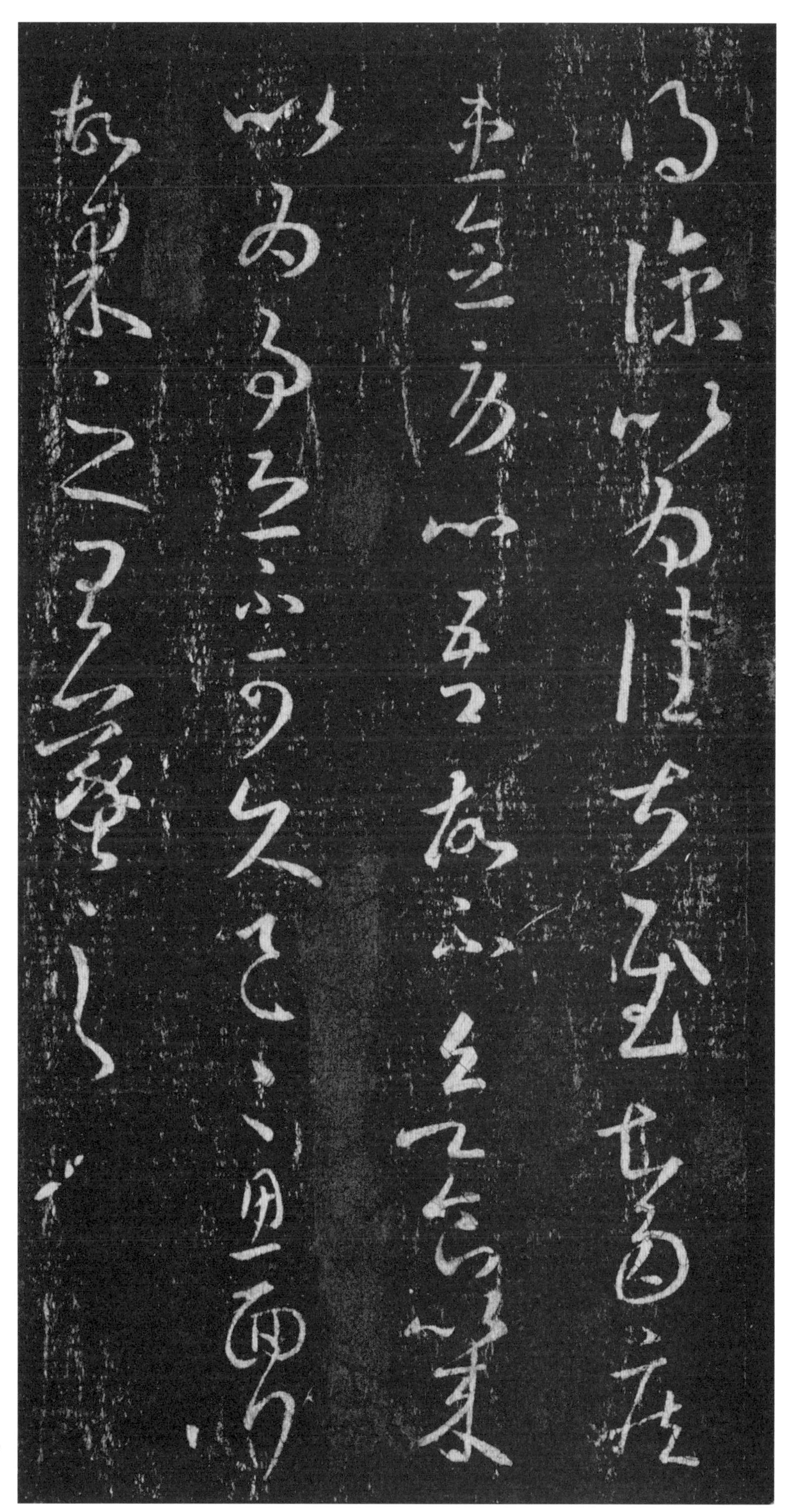

得涼以為佳甚慰知多疾
患念勞心吾故不欲食比來
以為事恐不可久邑邑思面行
故果之王羲之

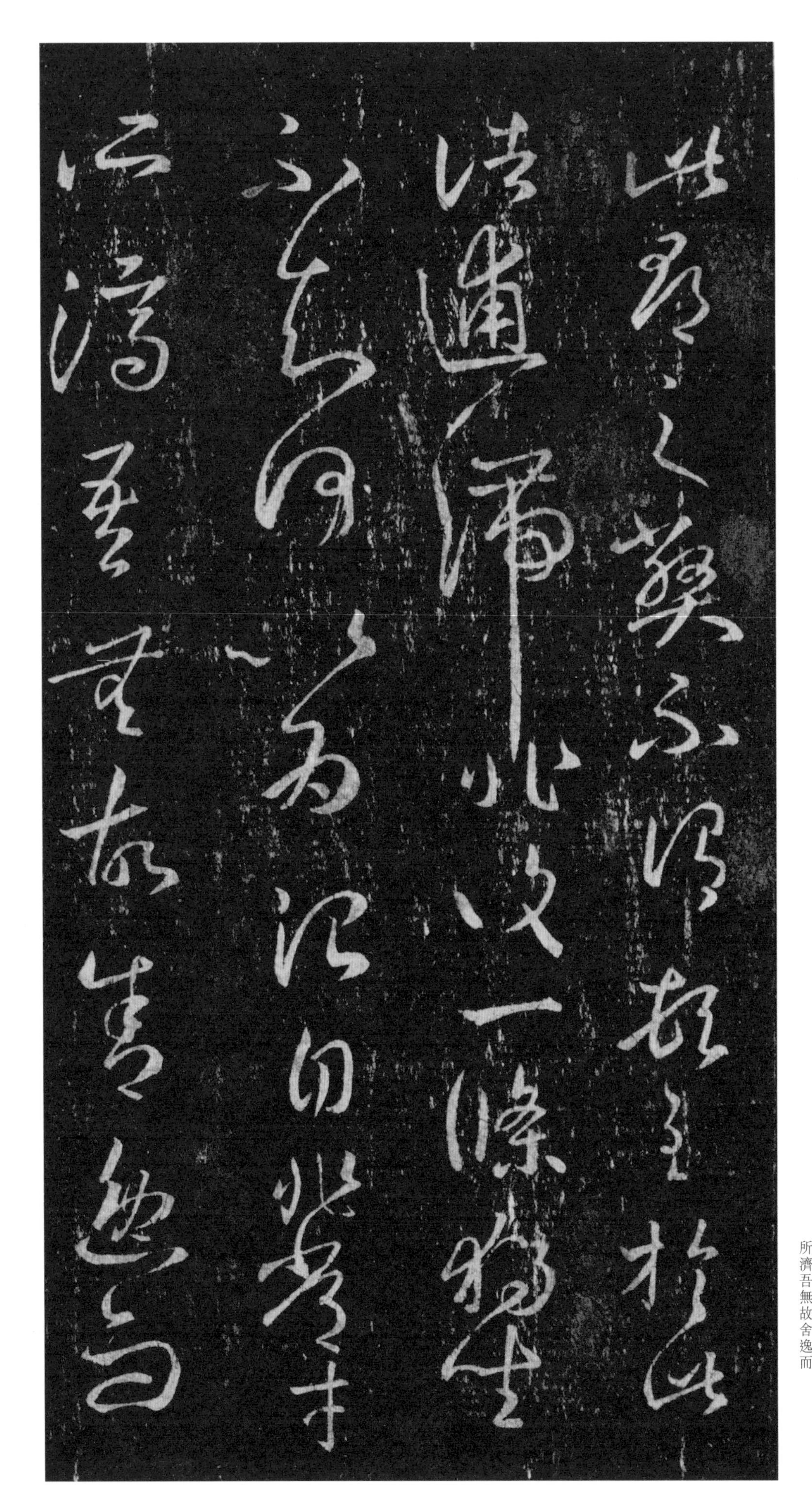

此郡帖　釋文：
此郡之弊不謂頓至於此
諸逋滯非復一條獨坐
不知何以為治自非常才
所濟吾無故舍逸而

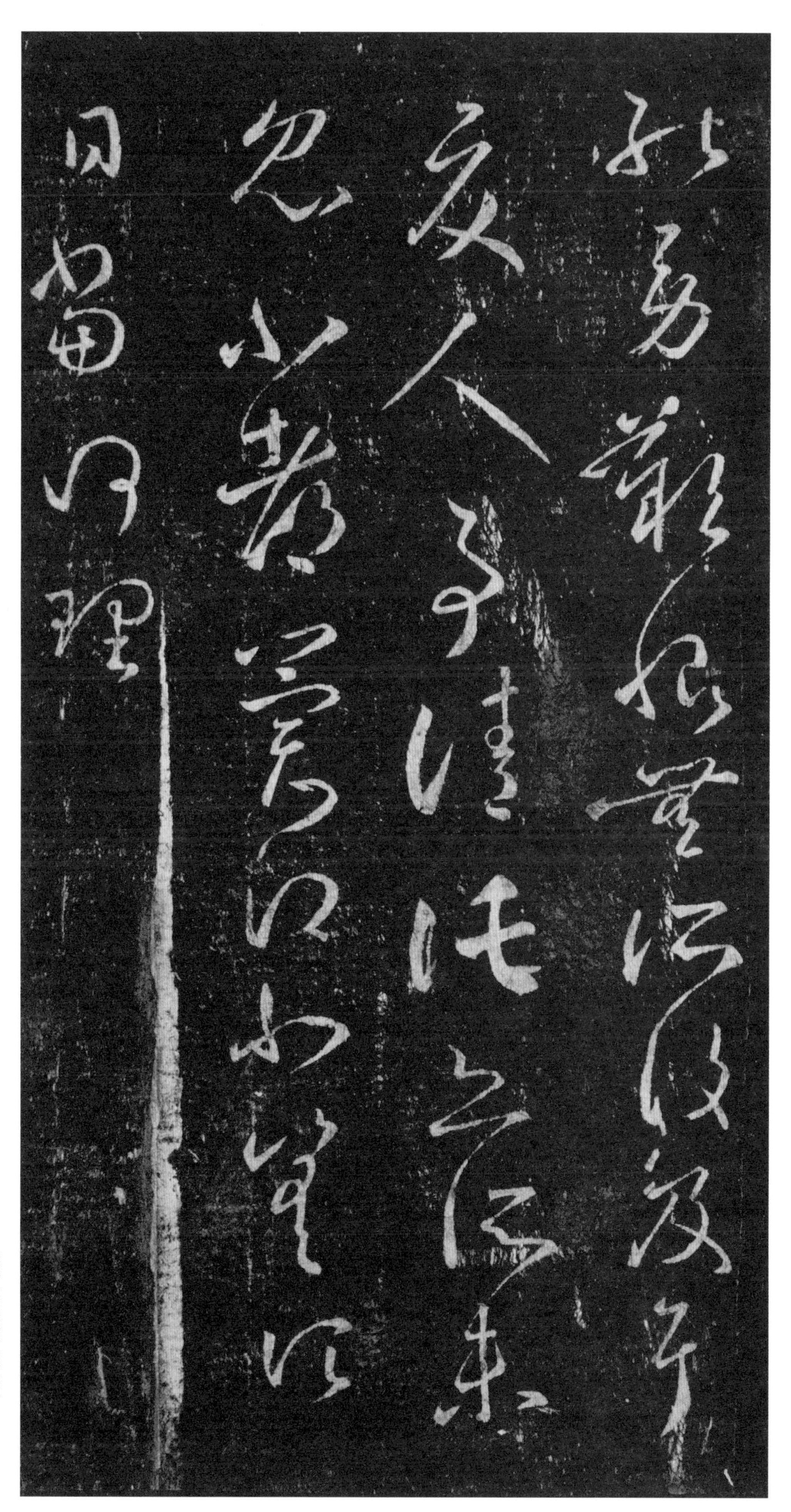

能勞歎恨無所復及耳
夏人事請託亦所未
見小都冀得小差頃
日當何理

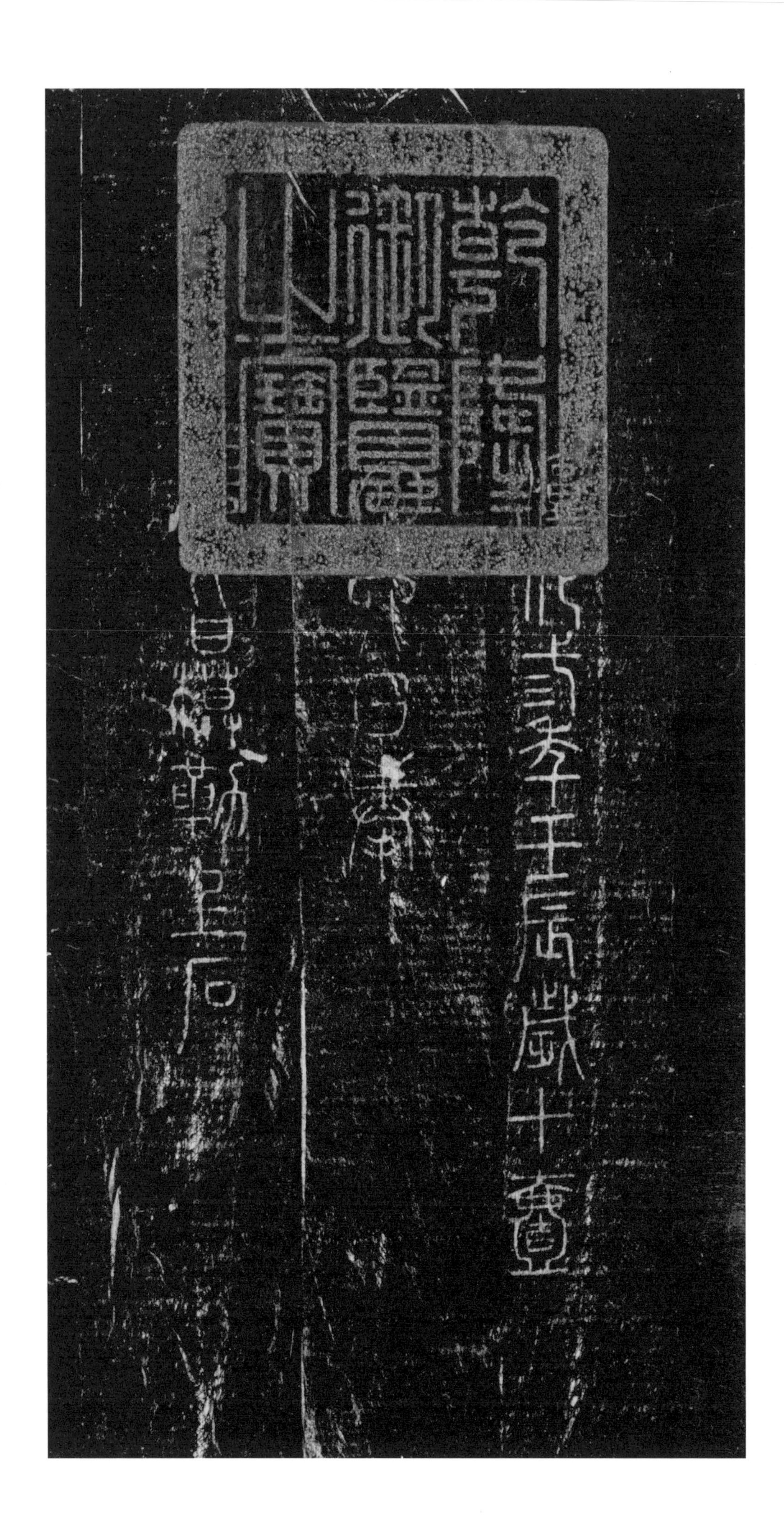

法帖第九王獻之書一

Part Nine: Model Calligraphies of Wang Xianzhi, Jin Dynasty (1)

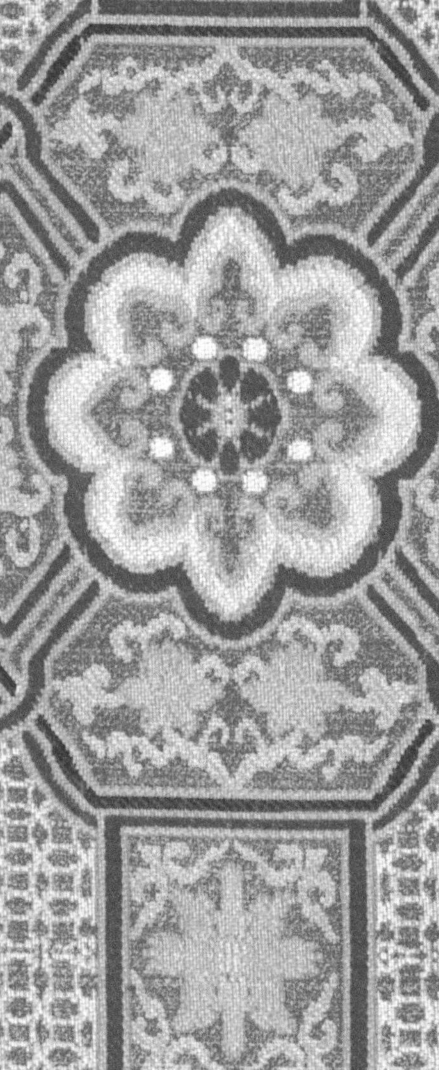
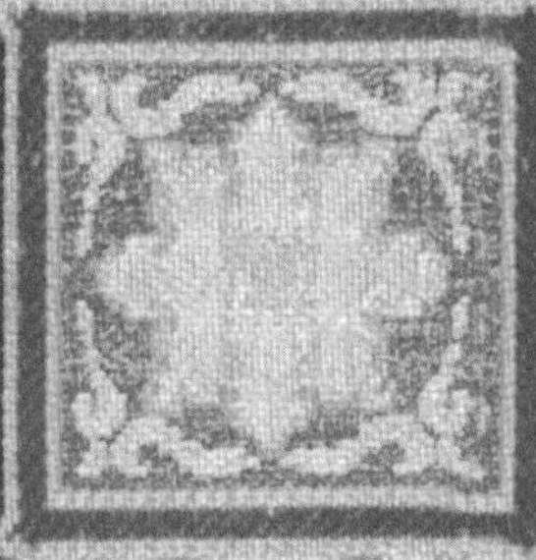
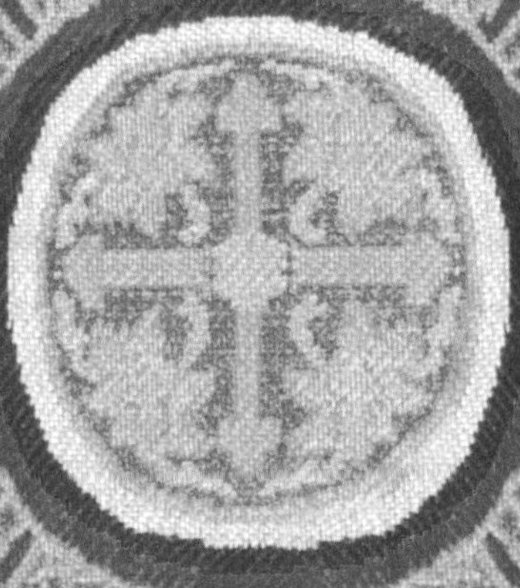
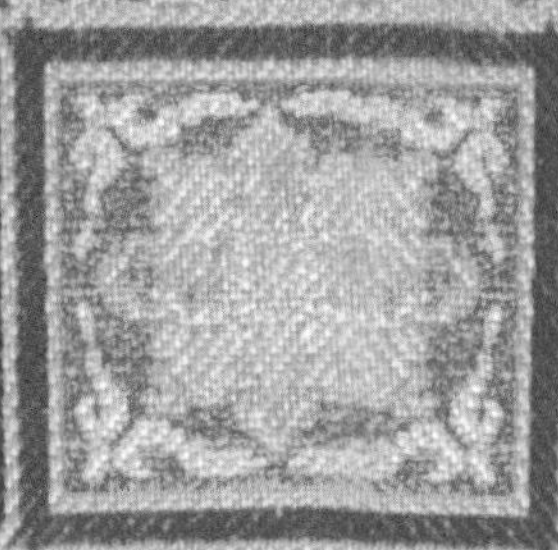

1

相過帖

Xiang Guo Tie

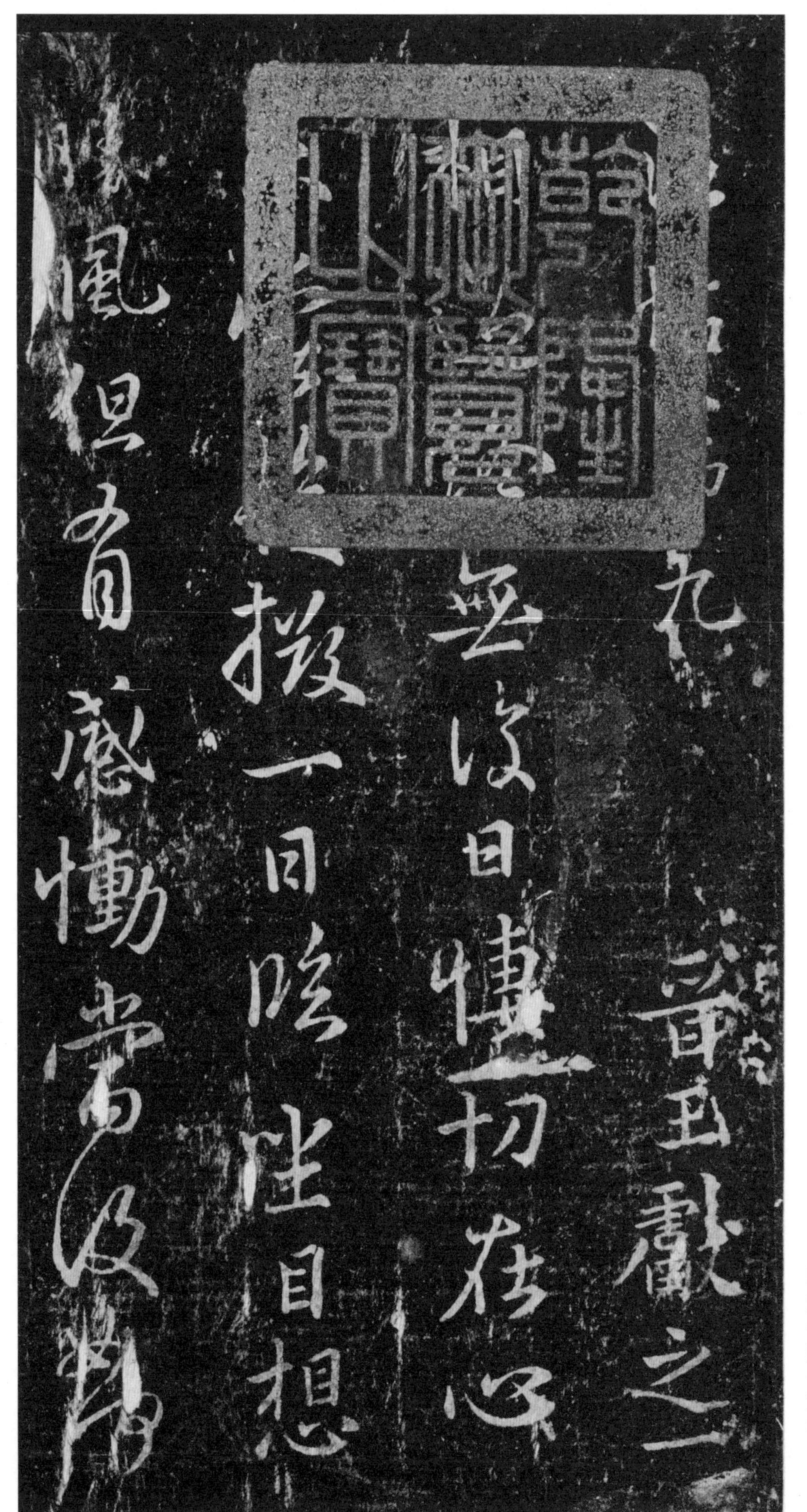

相過帖 釋文：

相過終無復日悽切在心

未嘗暫撥一日臨坐目想

勝風但有感慟當復如何

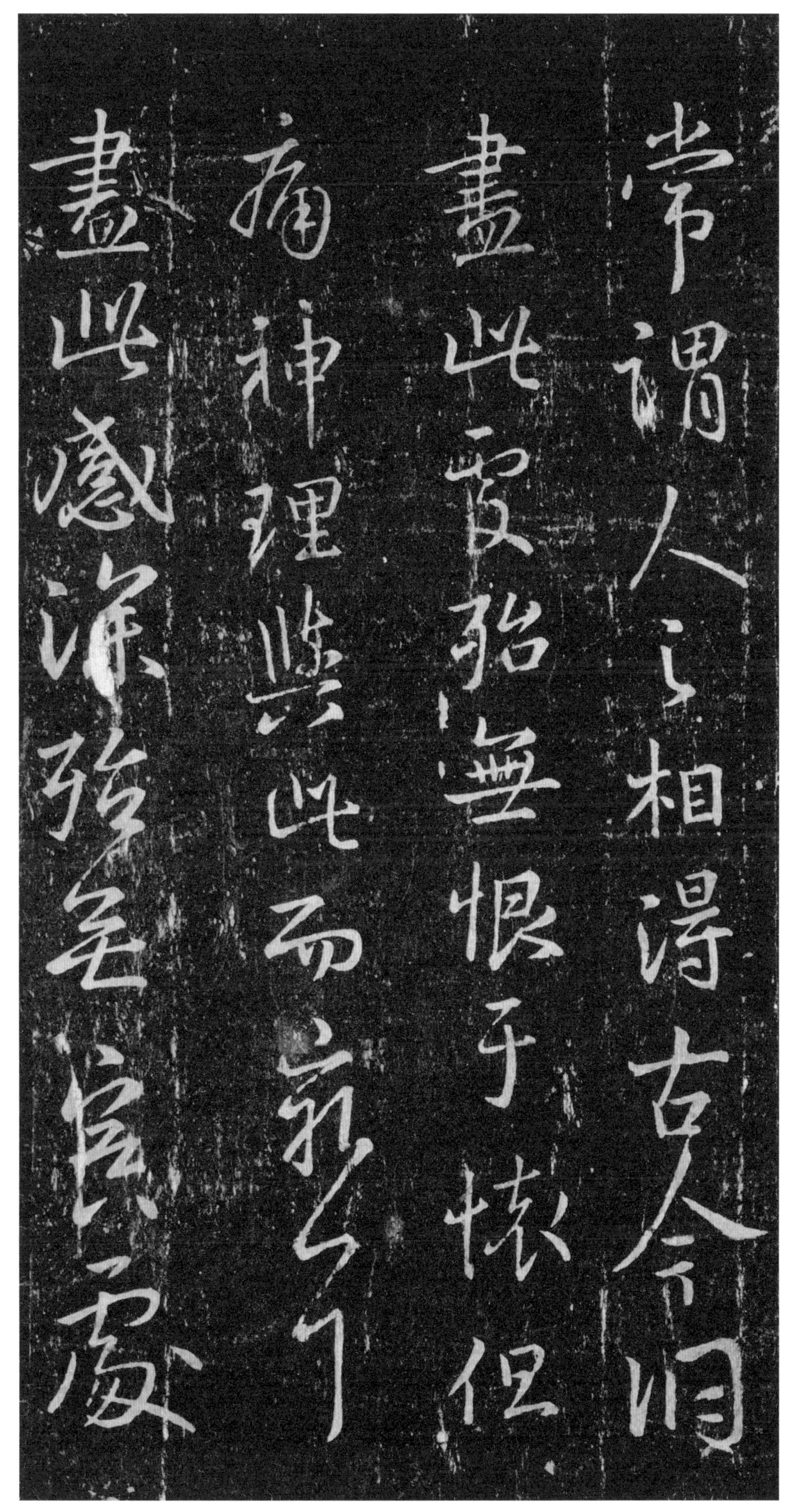

常謂人之相得古今洞
盡此處殆無恨於懷但
痛神理與此而窮耳
盡此感深殆無寘處

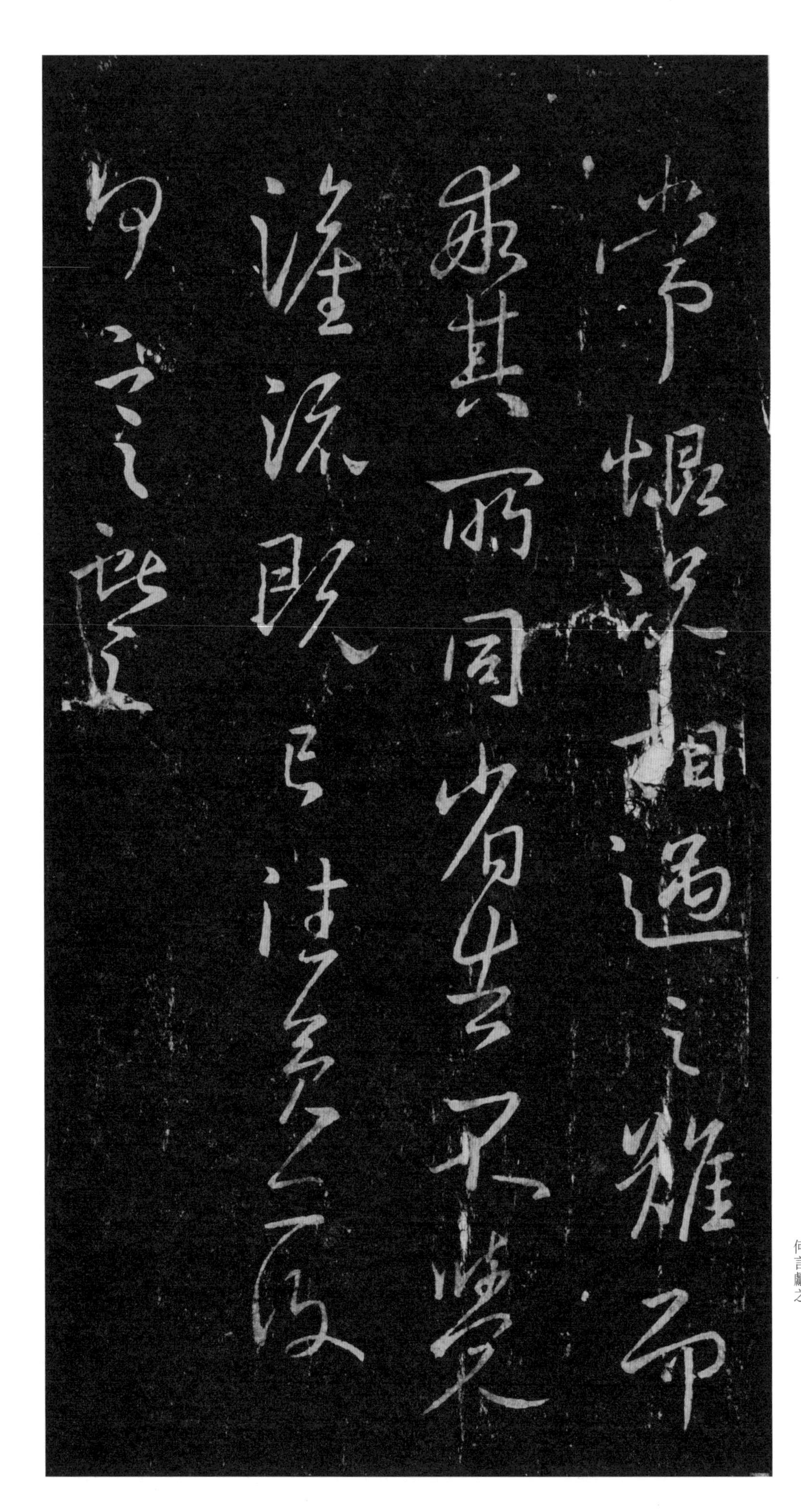

常恨況相遇之難而
乖其所同省告不覺
滏流既已往矣亦復
何言獻之

2

諸舍帖

Zhu She Tie

3

永嘉帖

Yong Jia Tie

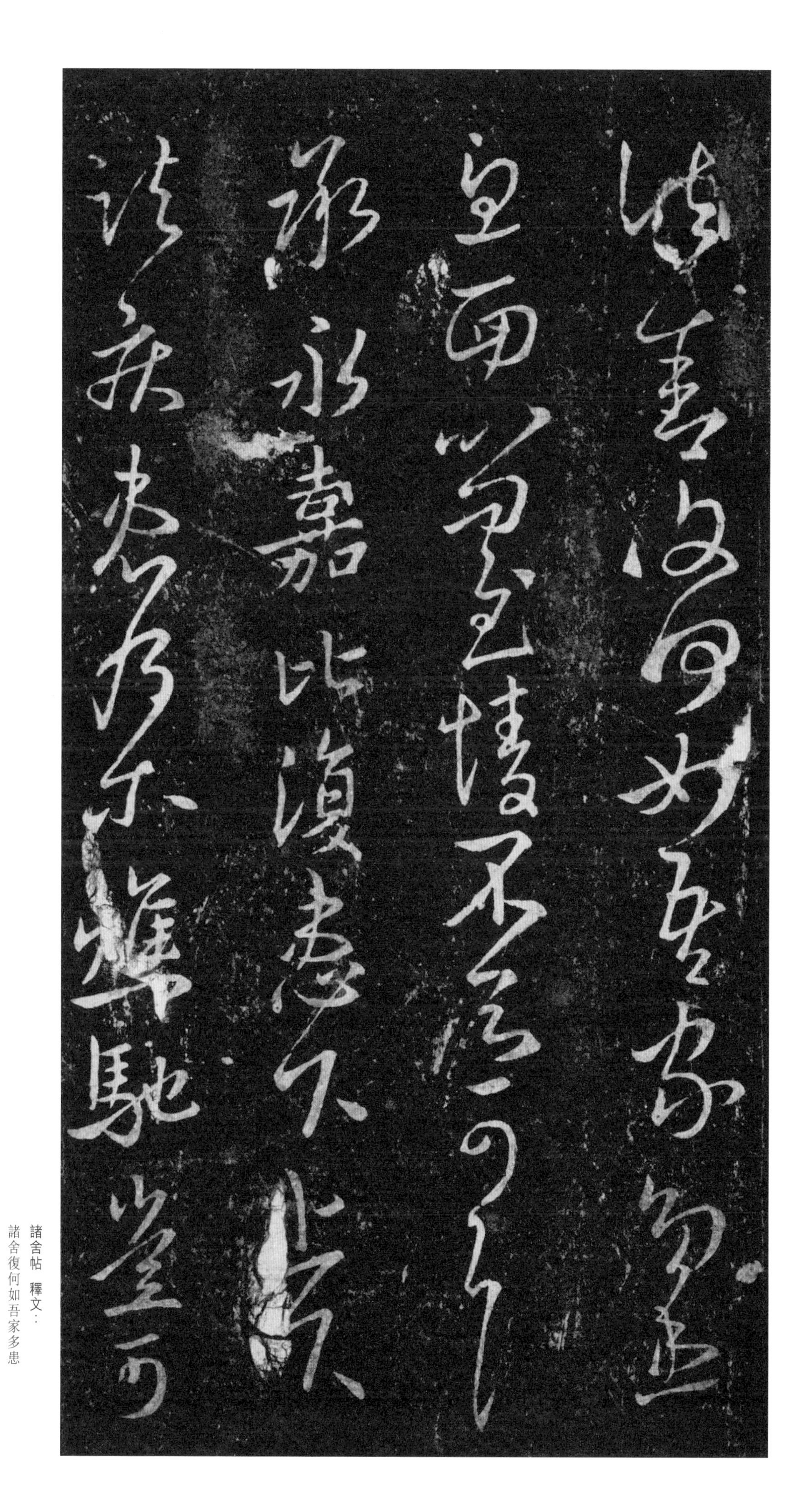

諸舍帖　釋文：

諸舍復何如吾家多患

憂面比問慰情不知可耳

永嘉帖　釋文：

承永嘉比復患下上下

諸疾患乃爾燋馳豈可

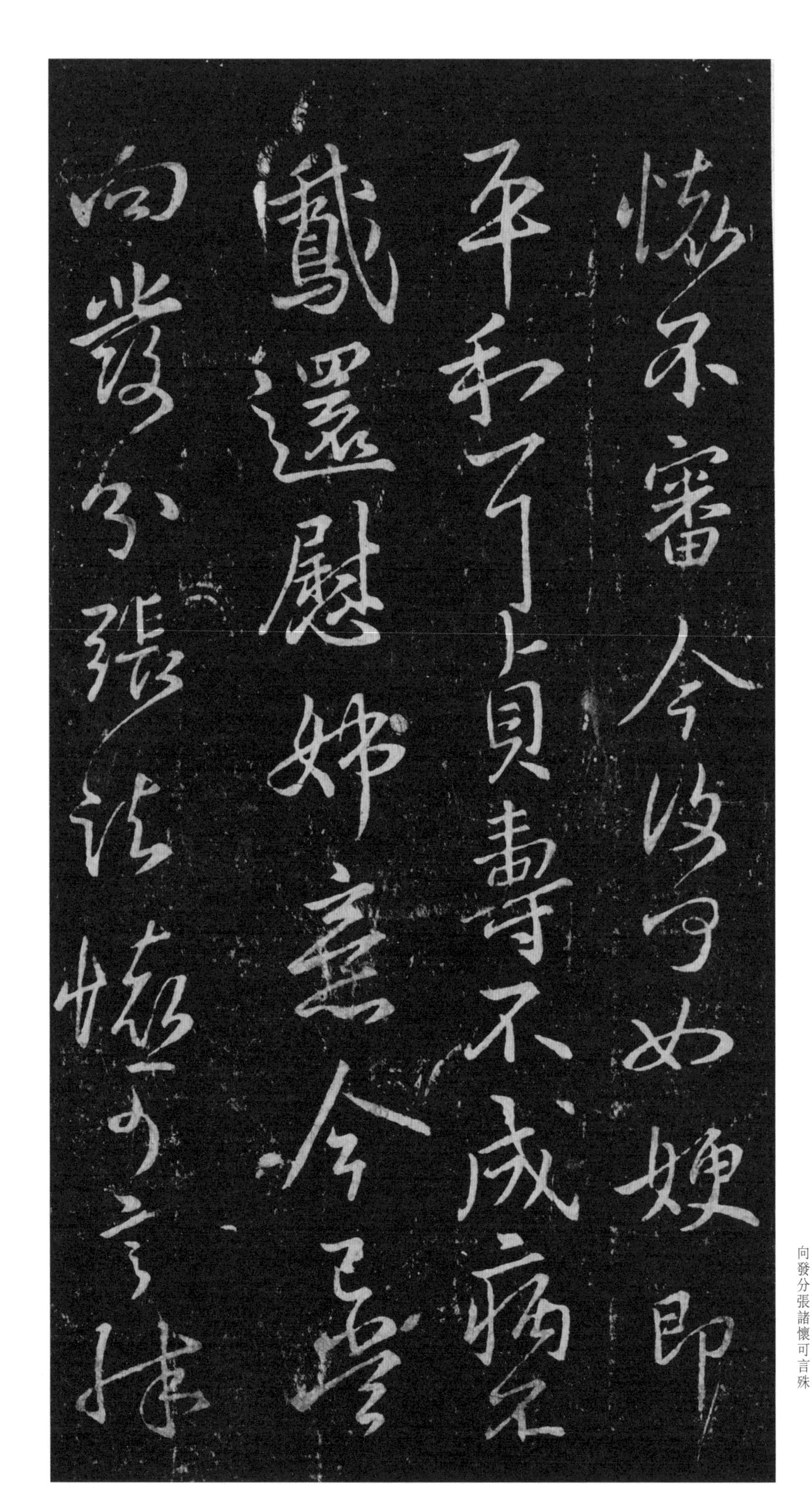

鵝還帖
E Huan Tie

4

懷不審今復何如嫂即
平和耳貞壽不成病不
鵝還帖　釋文：
鵝還慰姊意今已當
向發分張諸懷可言殊

5

諸女帖

Zhu Nu Tie

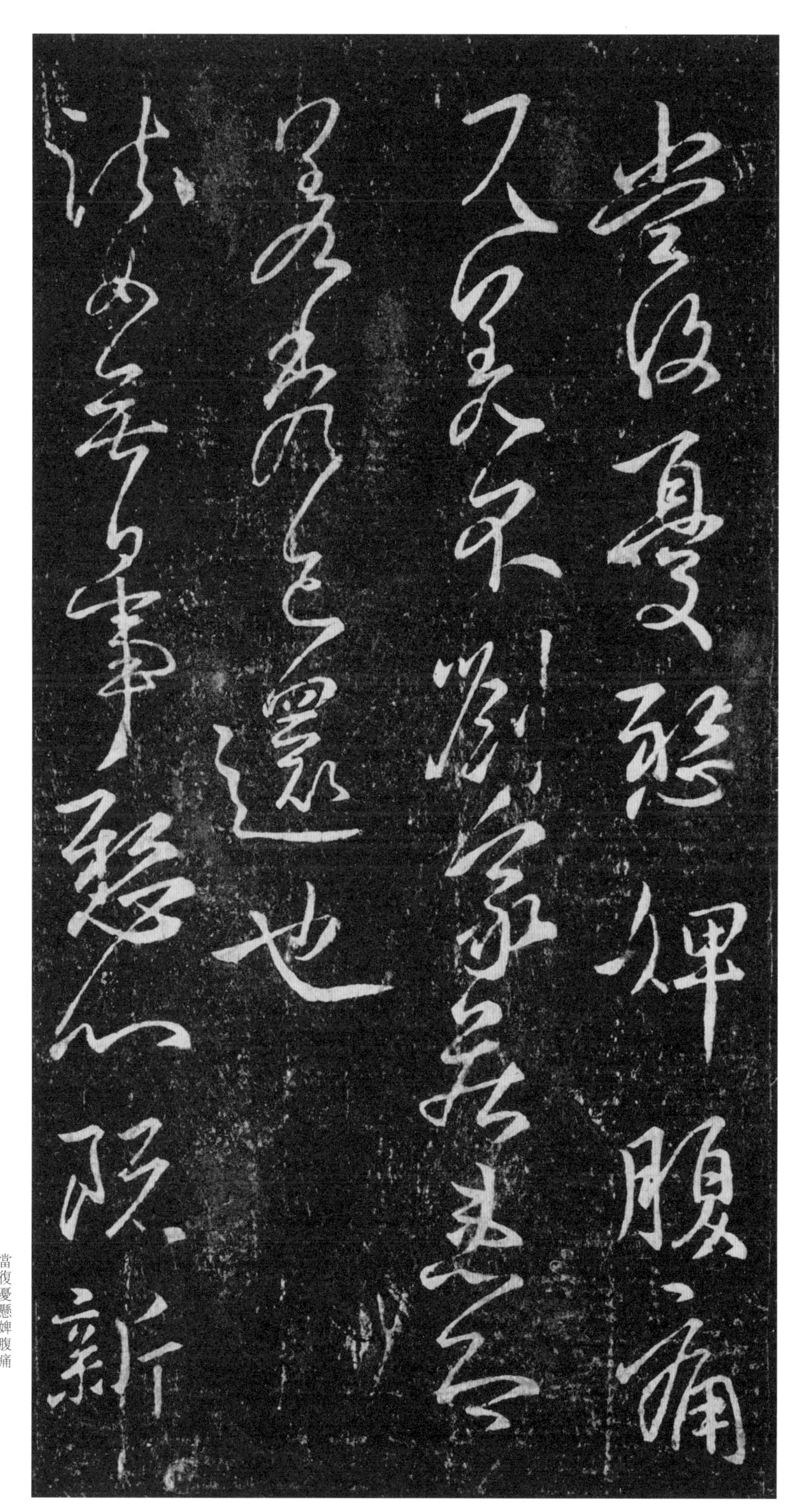

諸女帖　釋文：

當復憂懸婢腹痛

見差不劉家疾患即

差秀已還也

諸女無所事懸心阮新

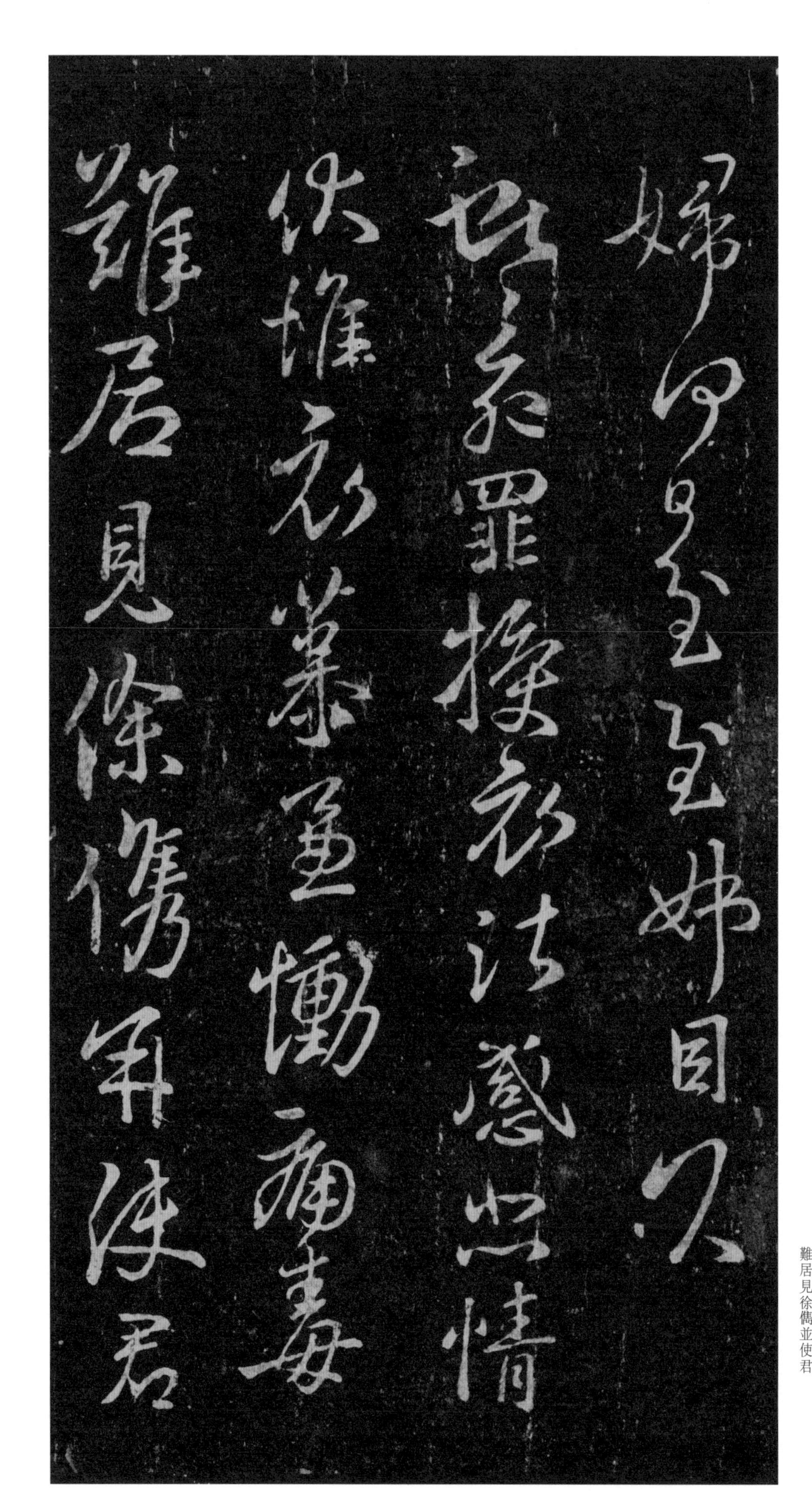

6

授衣帖
Shou Yi Tie

授衣帖　釋文：
婦何日至慰姊目下
獻之死罪授衣諸感悲情
伏惟哀慕兼慟痛毒
難居見徐偶並使君

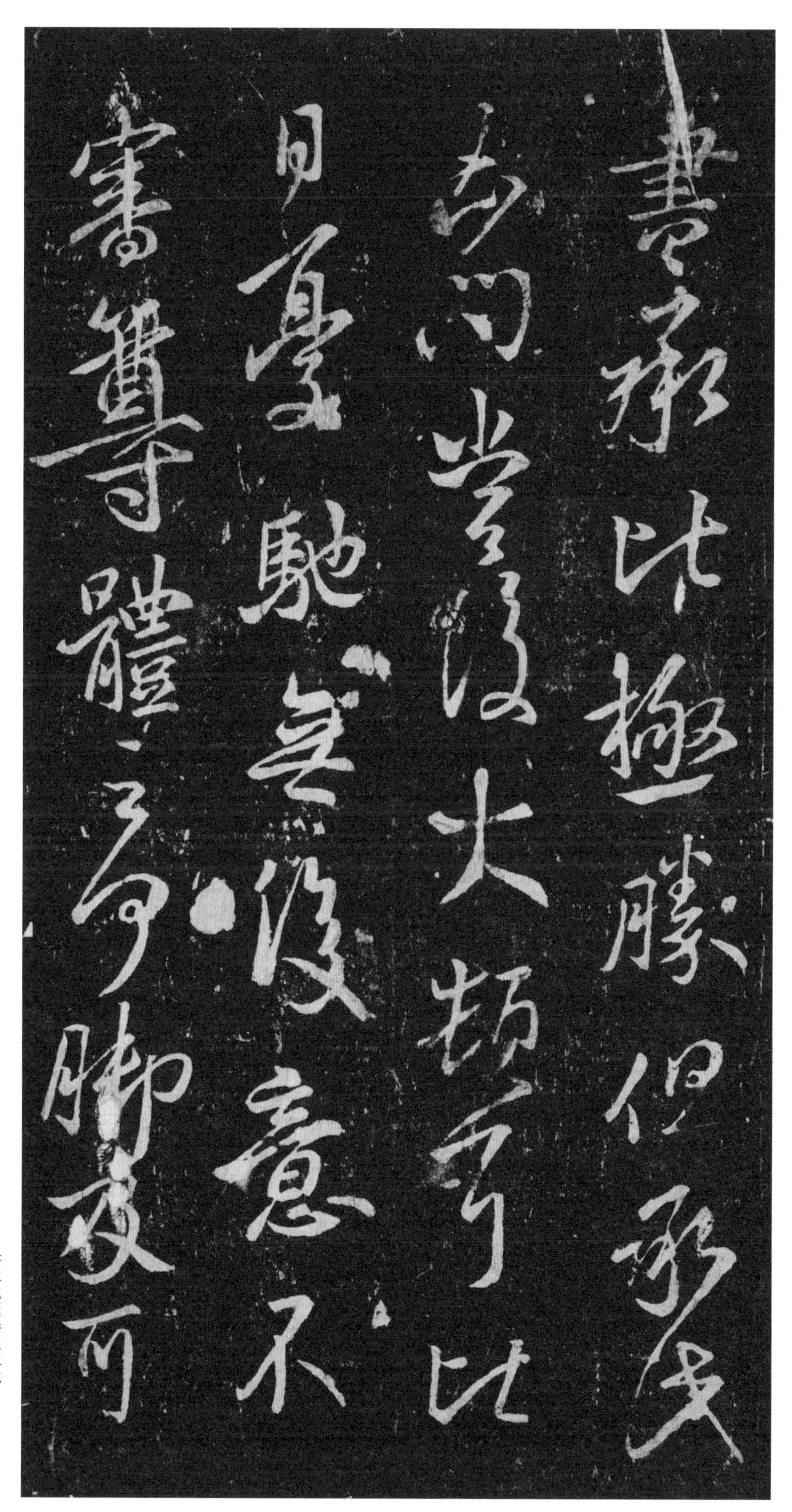

書承比極勝但承此
凶問當復大頓耳比
日憂馳無復意不
審尊體云何腳及耳

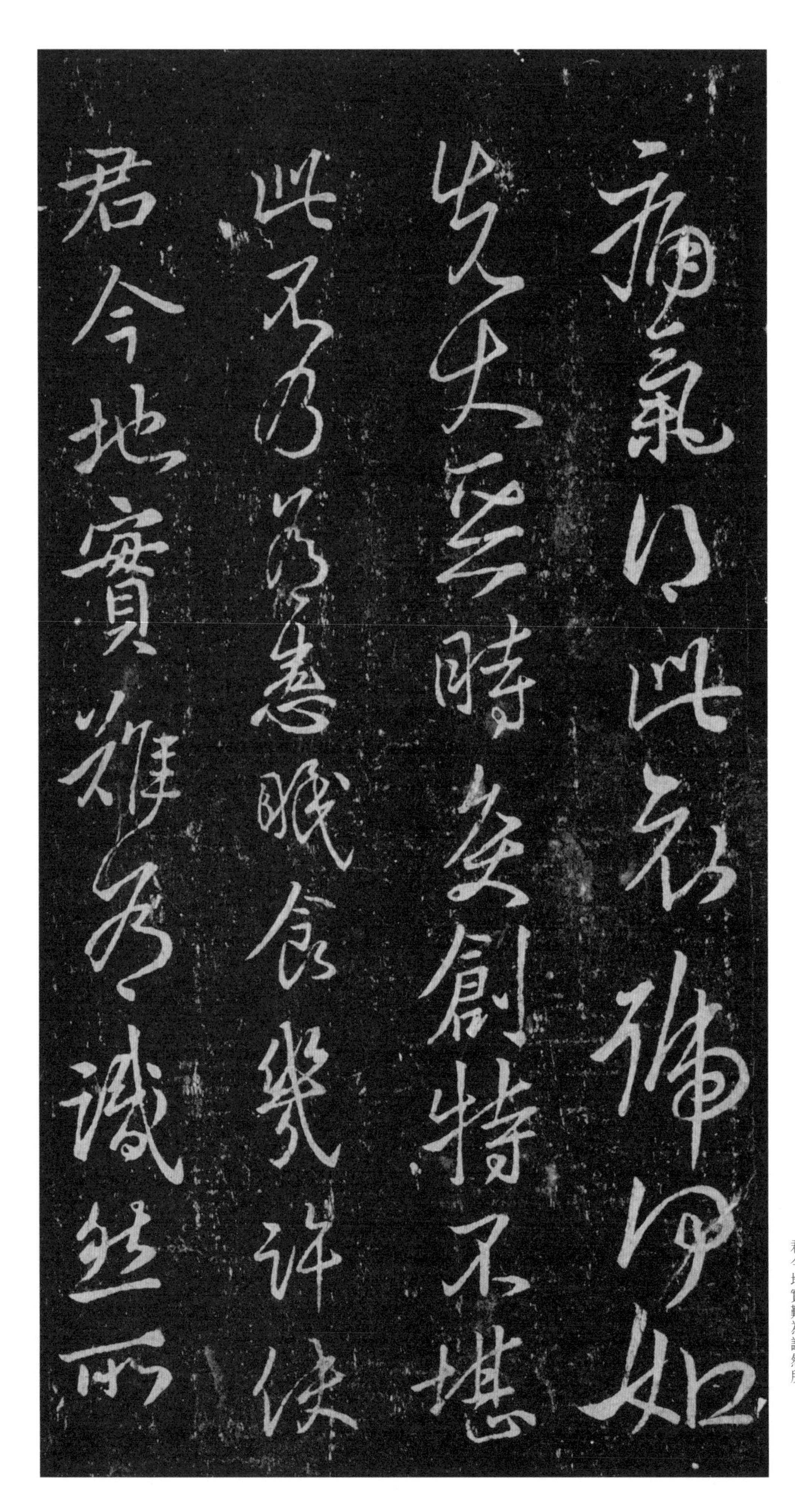

痛氣得此哀號何如
先大惡時灸創特不堪
此不乃為患眠食幾許使
君今地實難為識然所

7

奉別帖

Feng Bie Tie

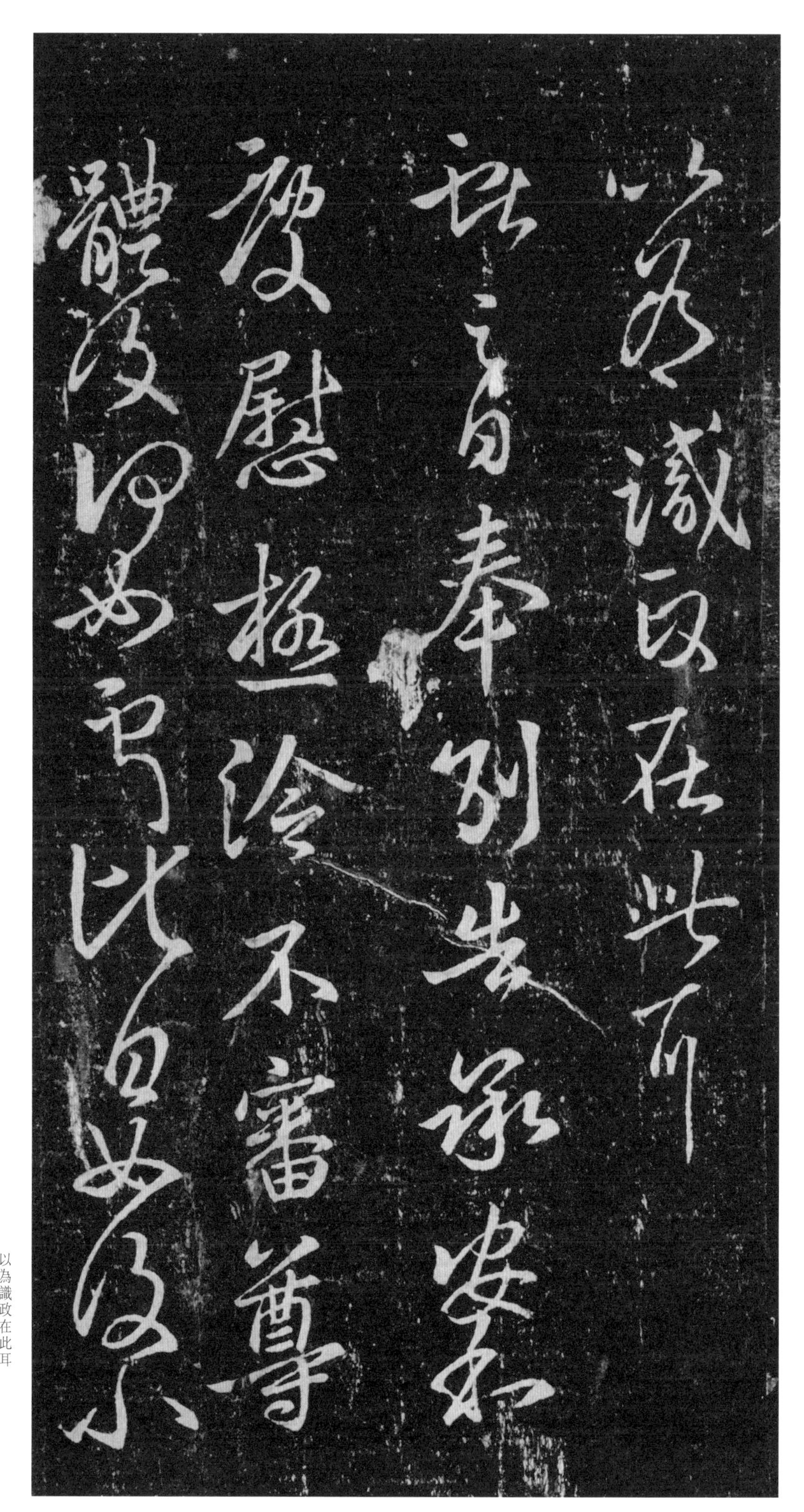

以為識政在此耳

奉別帖　釋文：

獻之白奉別告承安和

慶慰極冷不審尊

體復何如獻之比日如復小

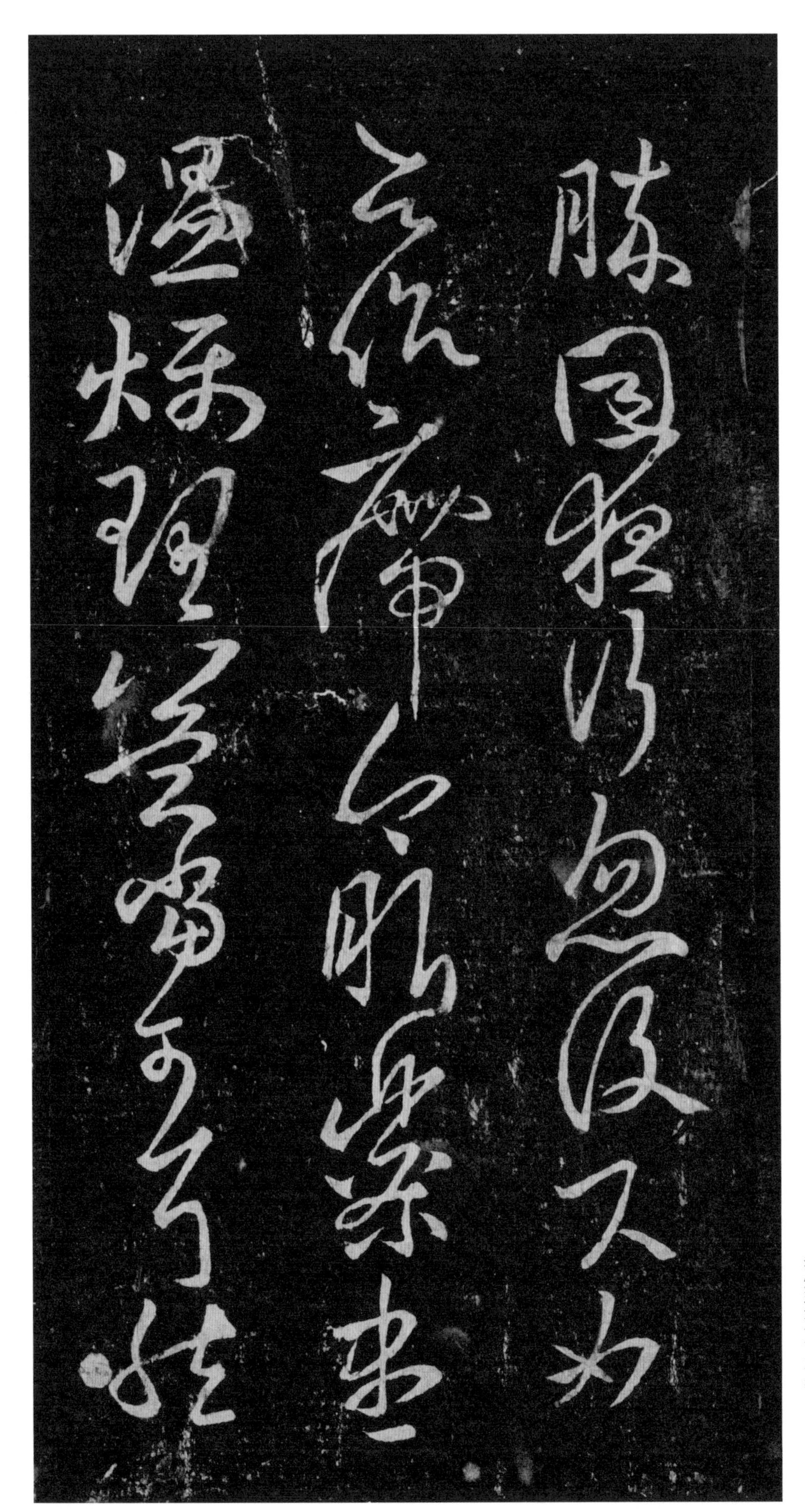

勝因夜行忽復下如
欲作痛今服藥盡
溫燥理冀當可耳然

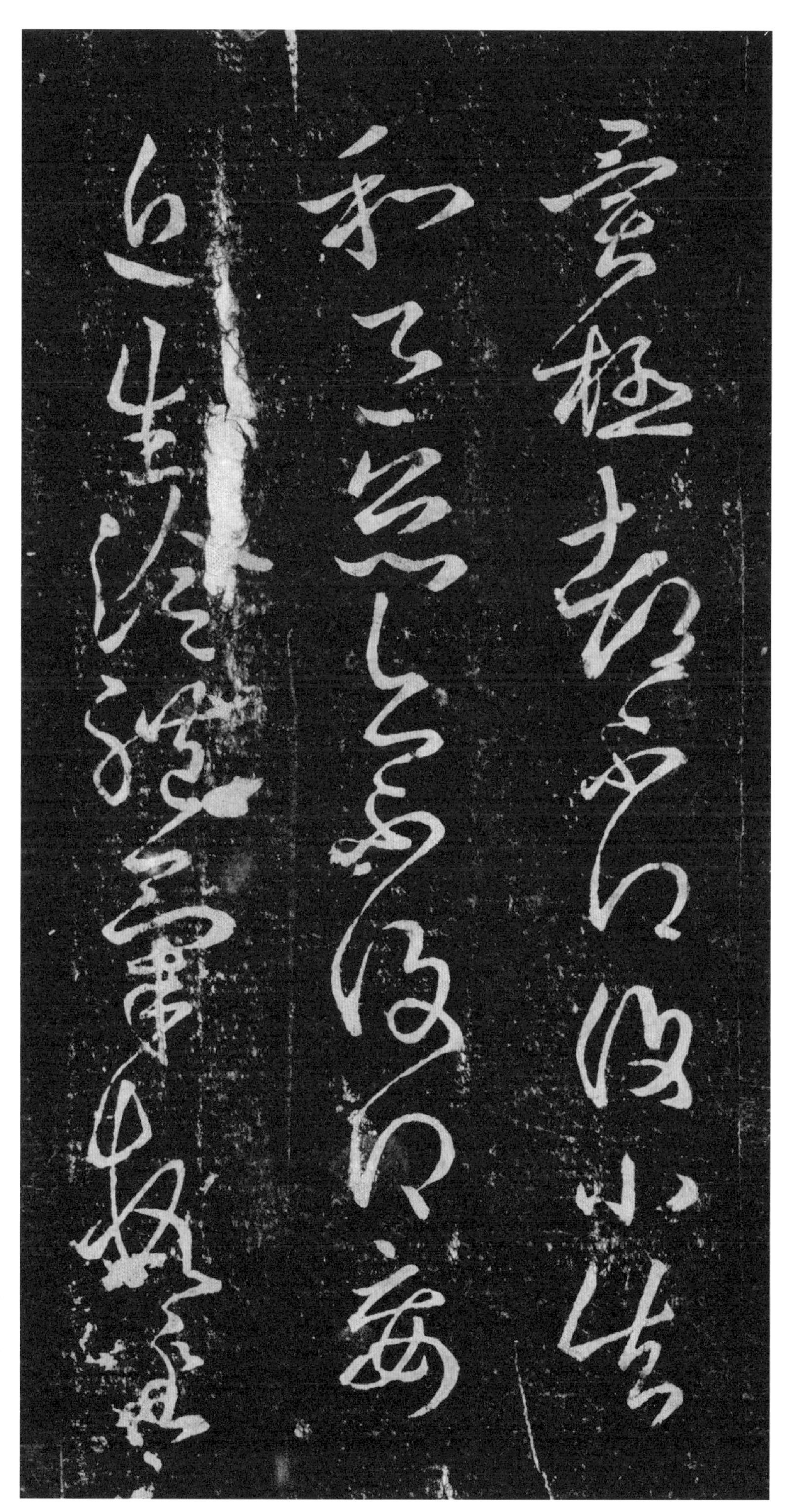

異極都不得復小失
和卿惡亦不復得妄
近生冷體氣頓至

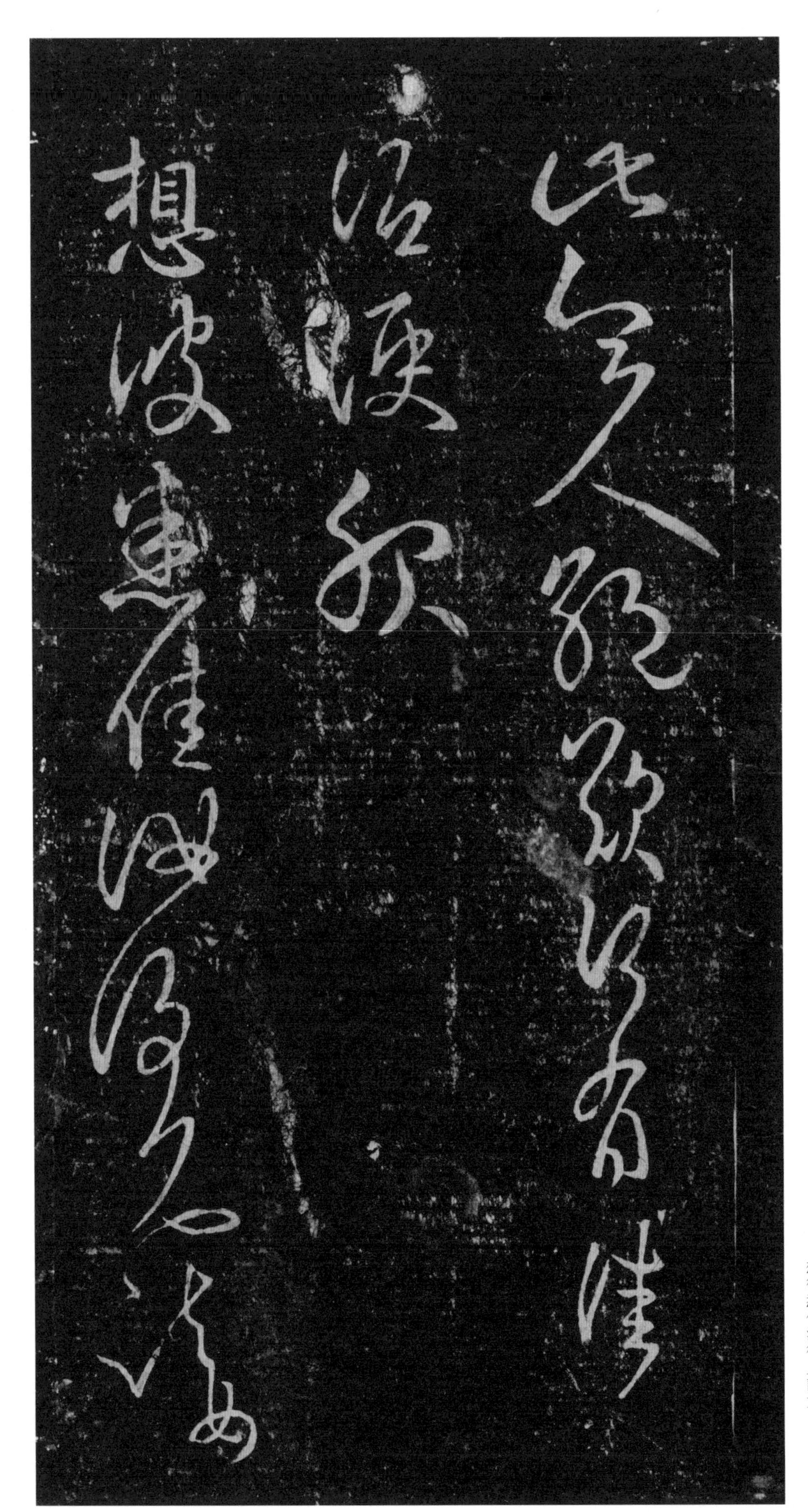

8

想彼帖
Xiang Bi Tie

此令人絕歎行有佳
酒便服
想彼帖　釋文：
想彼悉佳汝復見諸女

9

承姑帖
Cheng Gu Tie

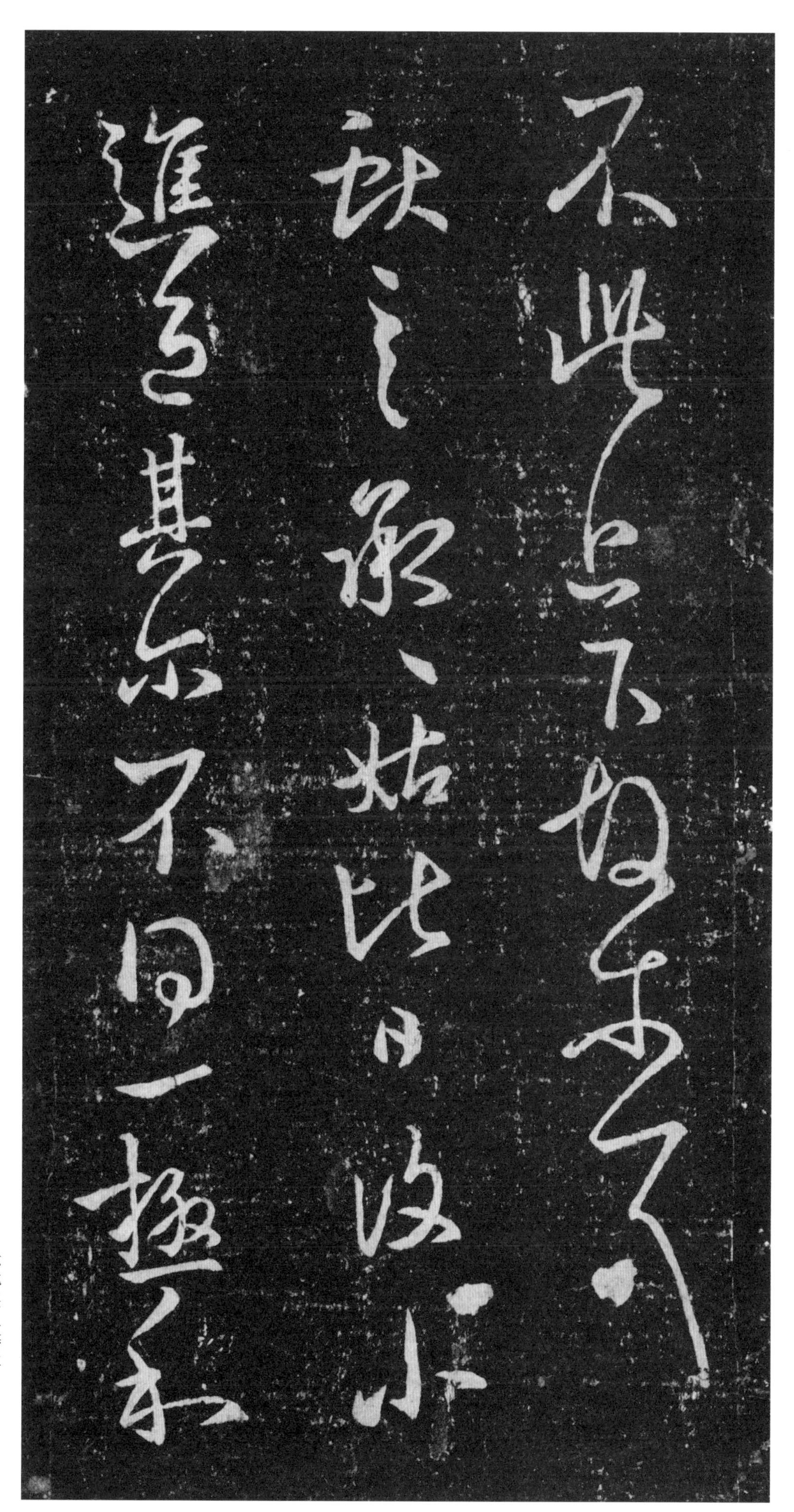

不此上下故爾耳

承姑帖　釋文：
獻之白承承姑比日復小
進退其爾不得一極和

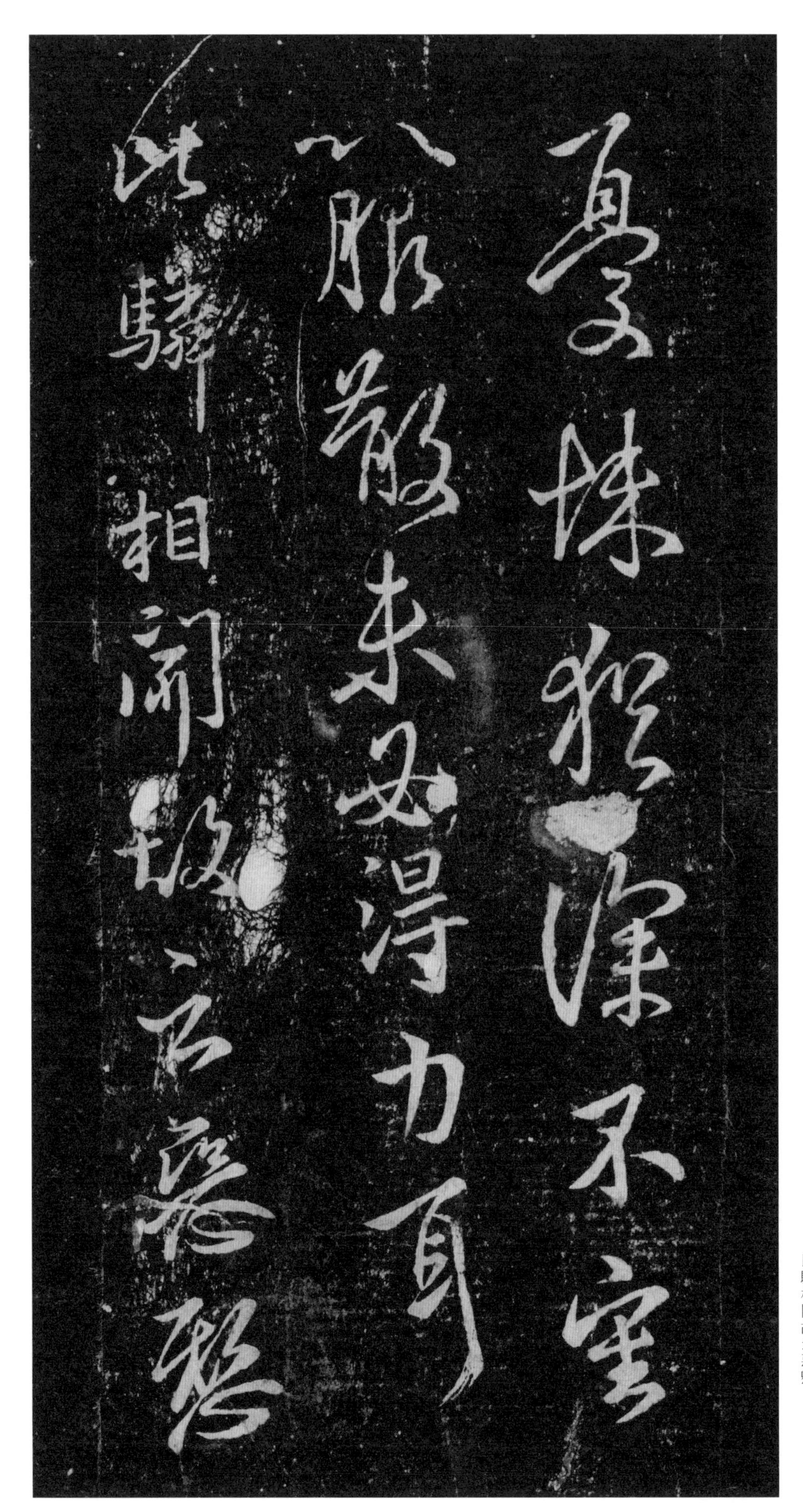

憂悚猶深不審
以服散未必得力耳
比驎相聞故云惡懸

10

餘杭帖

Yu Hang Tie

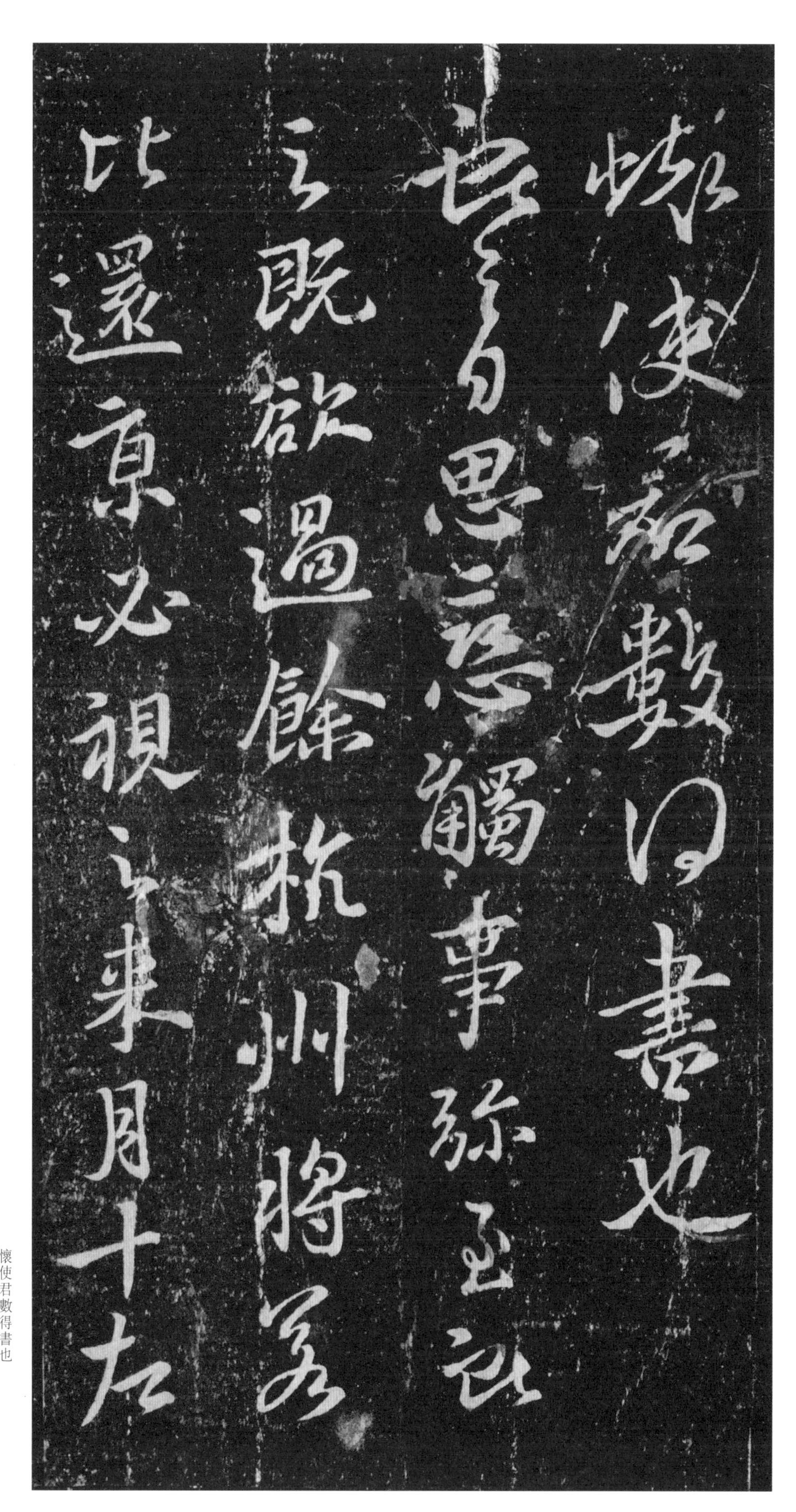

餘杭帖 釋文：

懷使君數得書也

獻之白思戀觸事彌至獻

之既欲過餘杭州將若

比還京必視之來月十左

11

節過帖

Jie Guo Tie

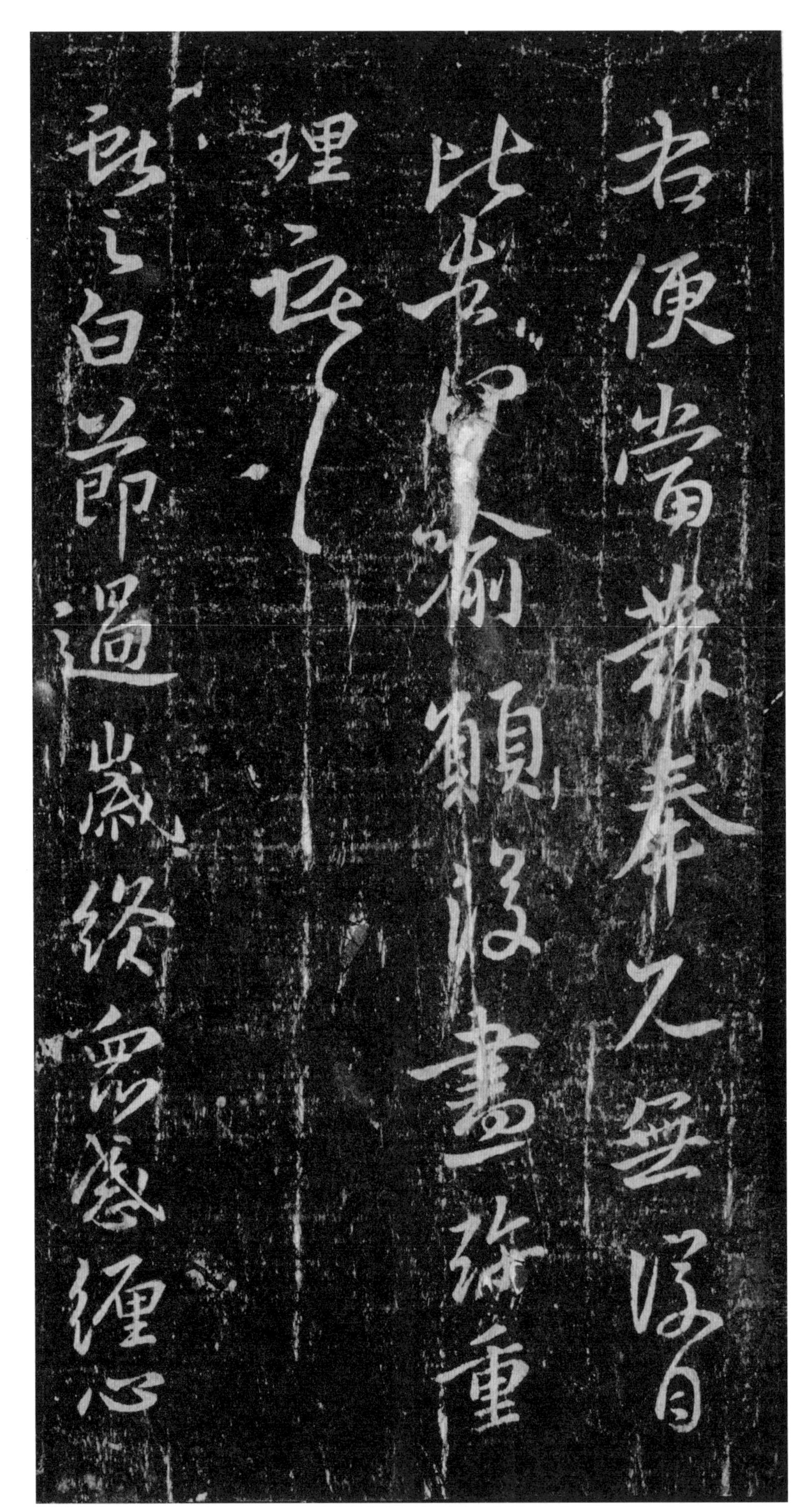

右便當發奉見無復日
比告何喻願復盡珍重
理獻之白

節過帖 釋文：

獻之白節過歲終眾感纏心

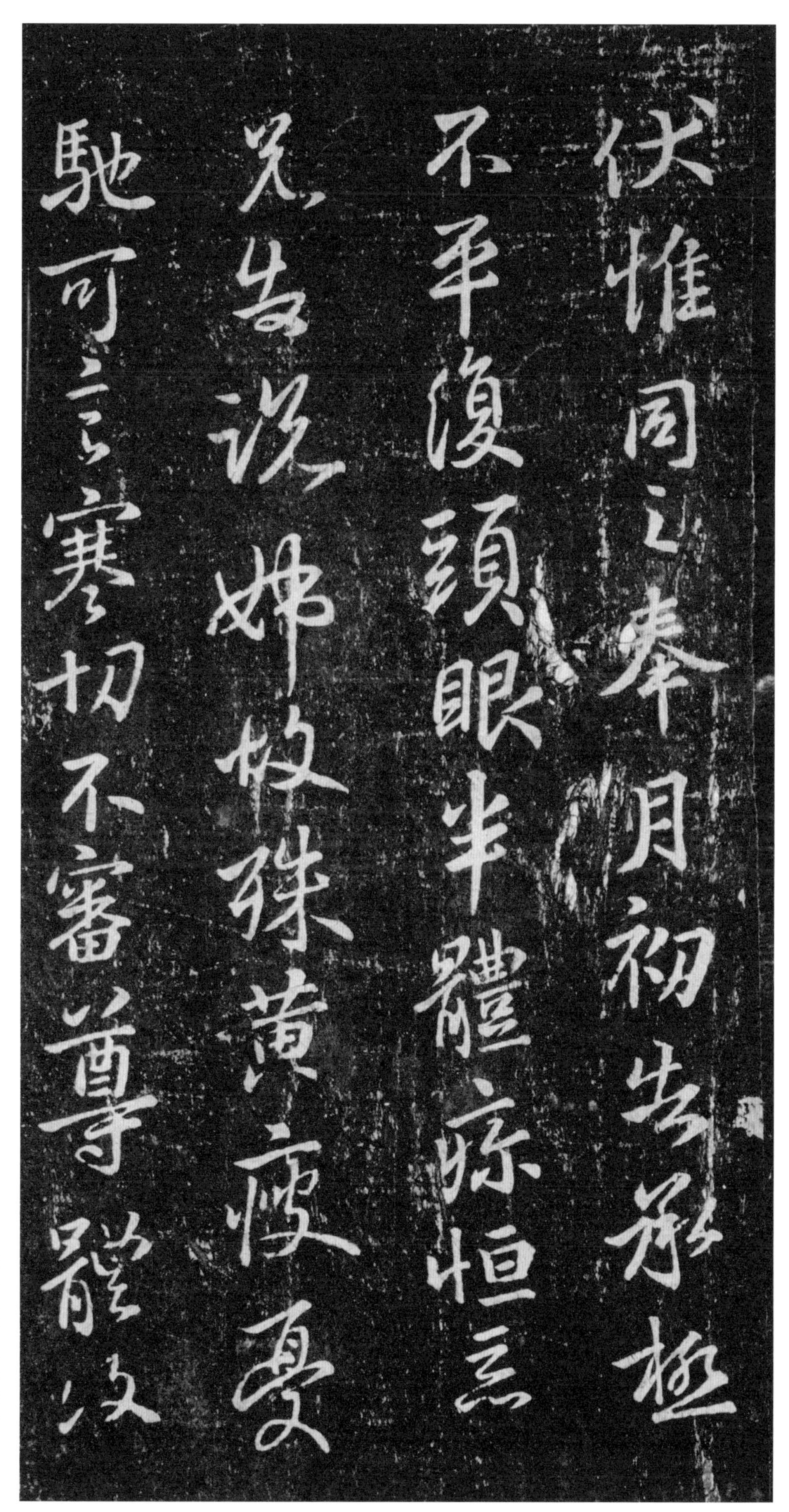

伏惟同之奉月初告承極
不平復頭眼半體疹恒惡
兄告説姊故殊黃瘦憂
馳可言寒切不審尊體復

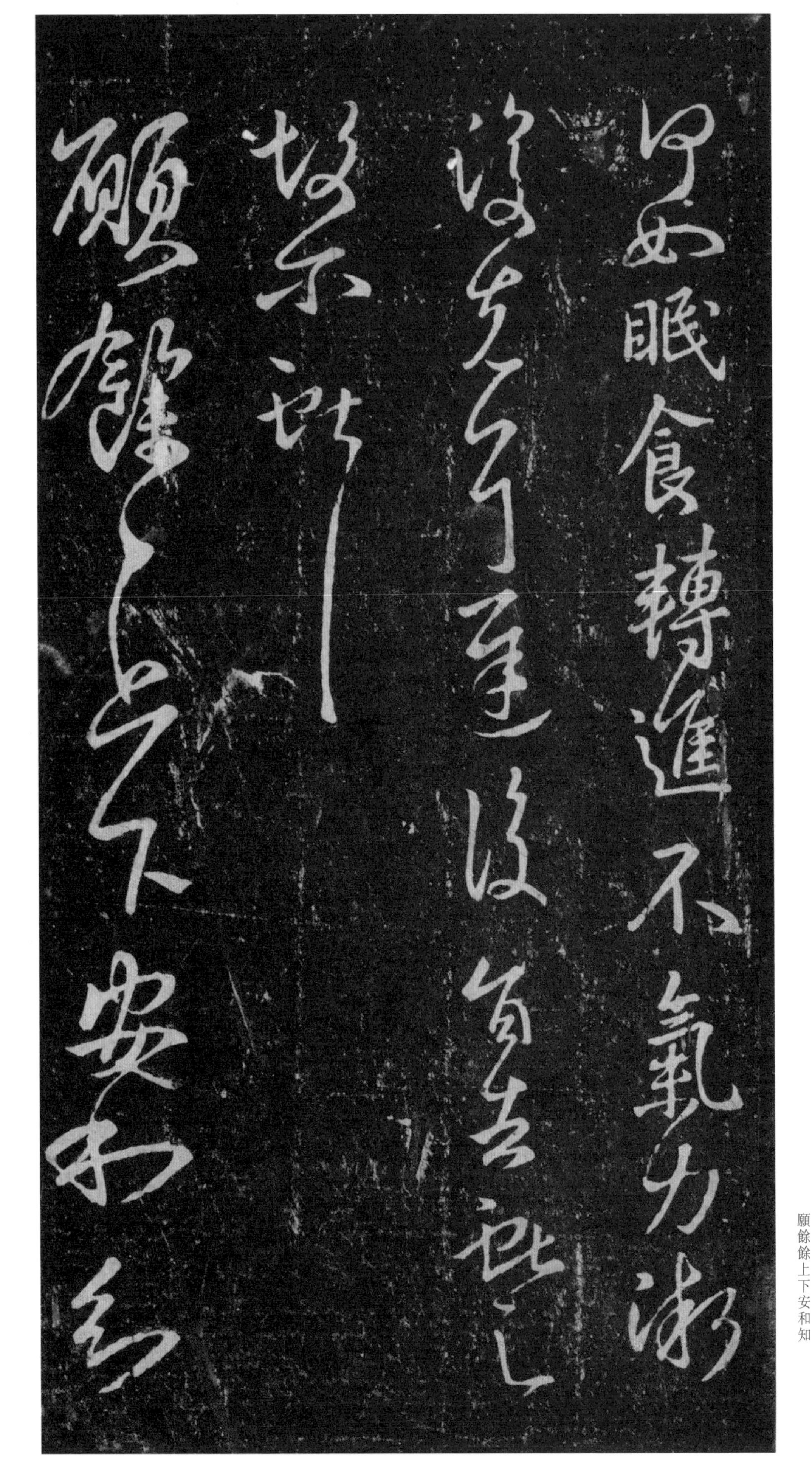

願餘帖
Yuan Yu Tie

12

何如眠食轉進不氣力漸
復先耳遲復旨告獻之
故爾獻之

願餘帖　釋文：
願餘餘上下安和知

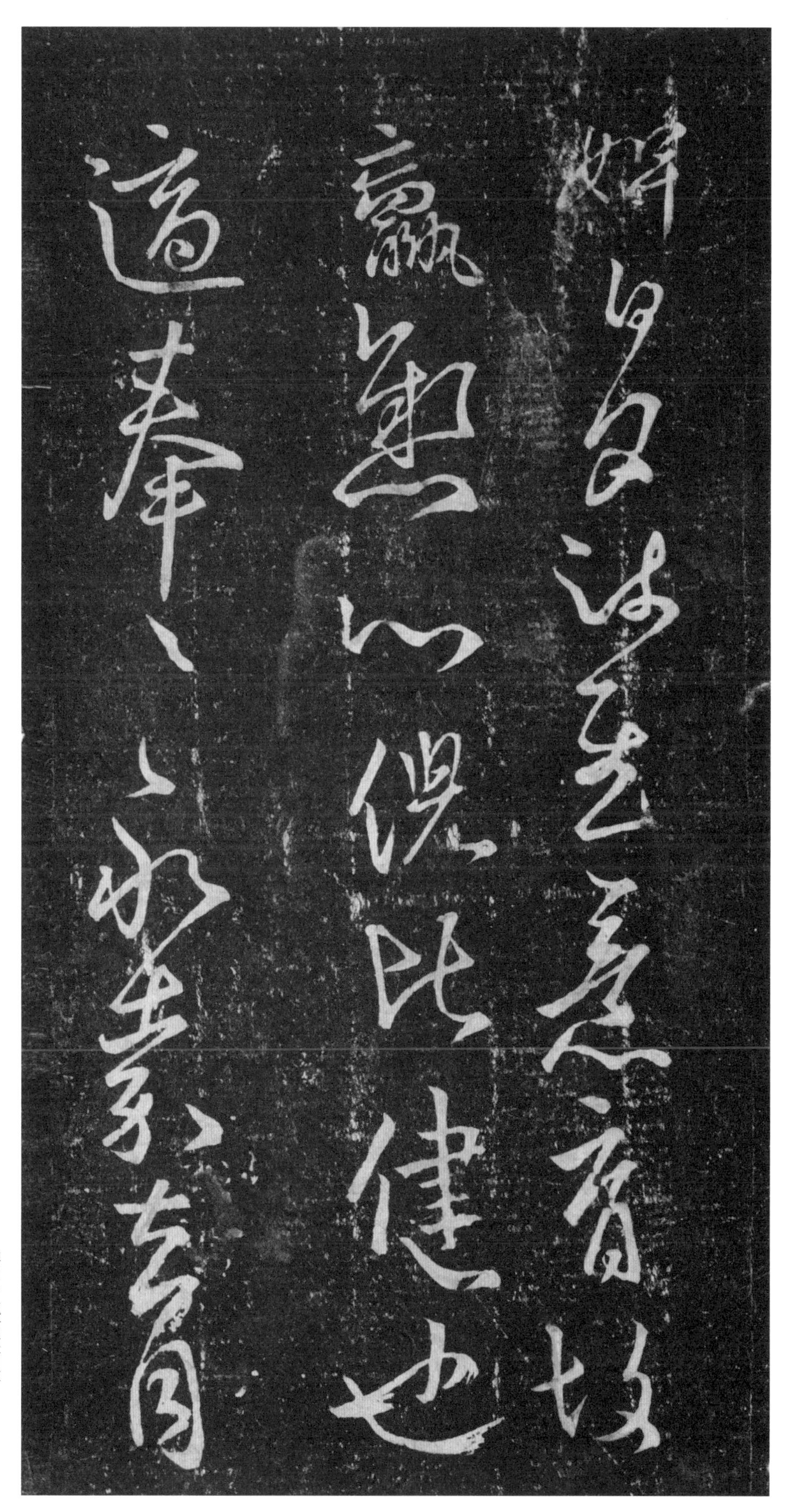

婢日夕疏尉意育故
贏懸心倪比健也
適奉奉永嘉去月

13

夏節帖
Xia Jie Tie

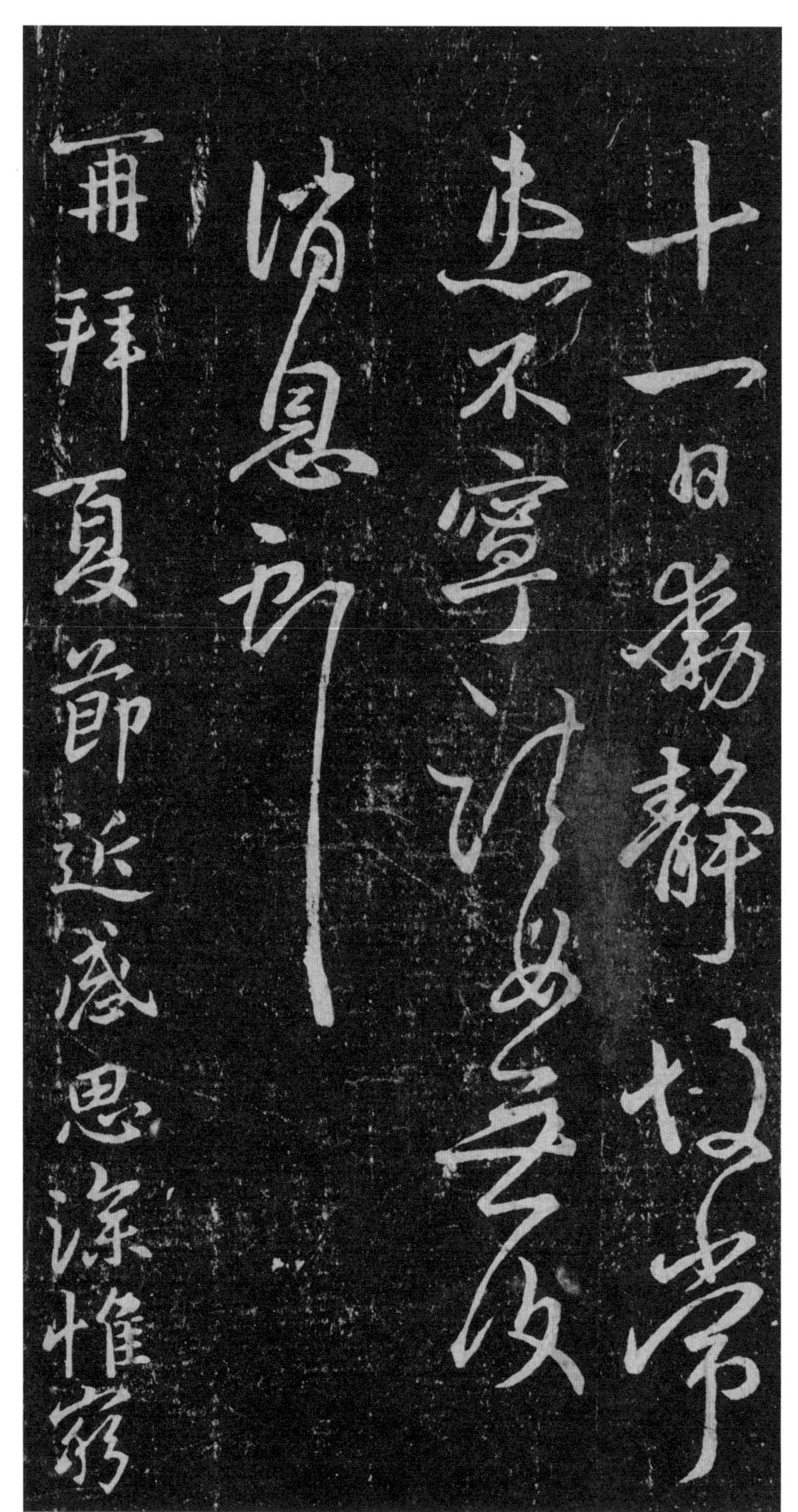

十一日動靜故常
患不寧諸女無復
消息獻之

夏節帖 釋文：
再拜夏節近感思深惟窮

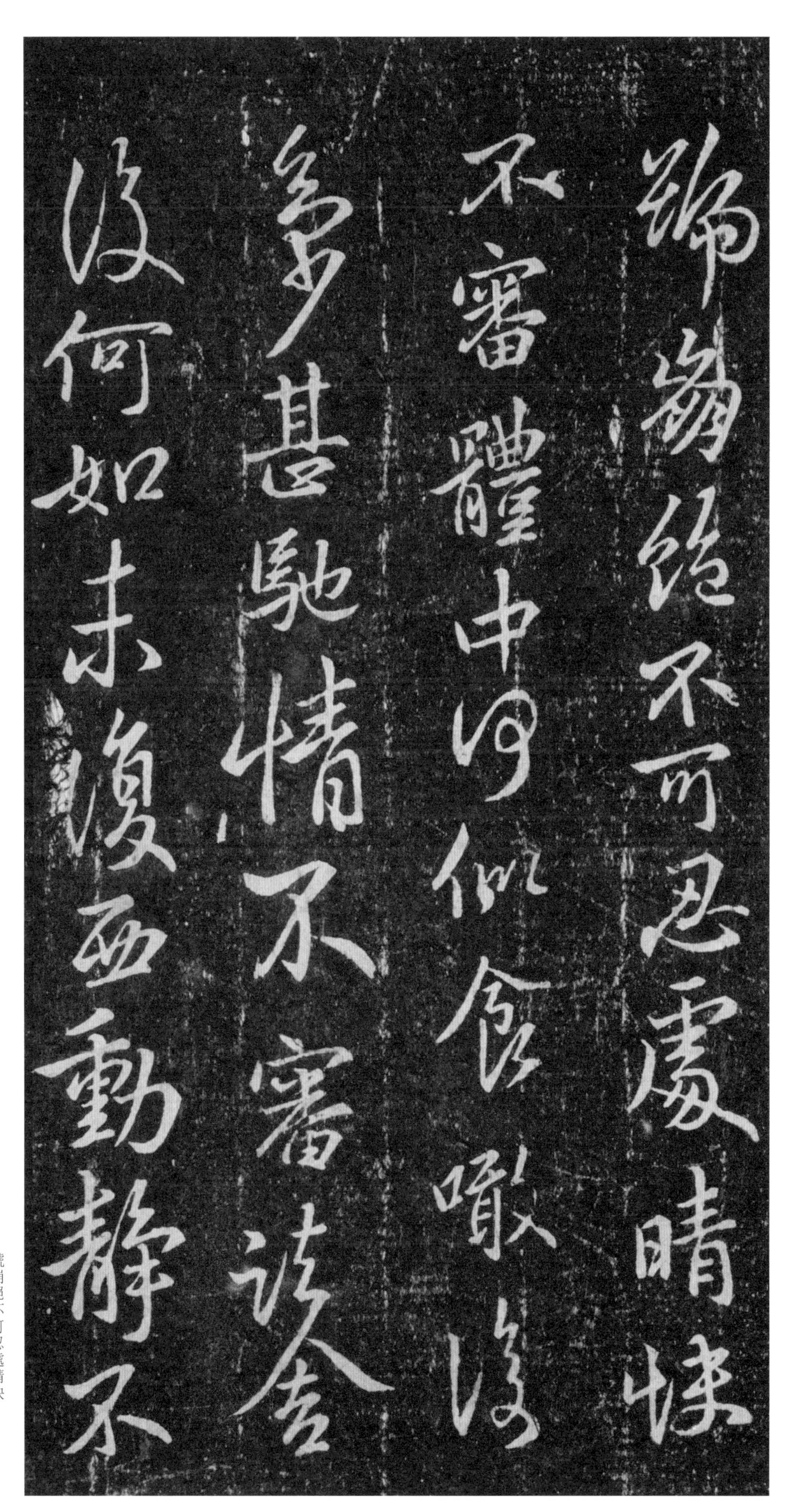

號崩絕不可忍處晴快
不審體中何似食噉復
多少甚馳情不審諸舍
復何如未復西動靜不

14

思戀無往帖
Si Lian Wu Wang Tie

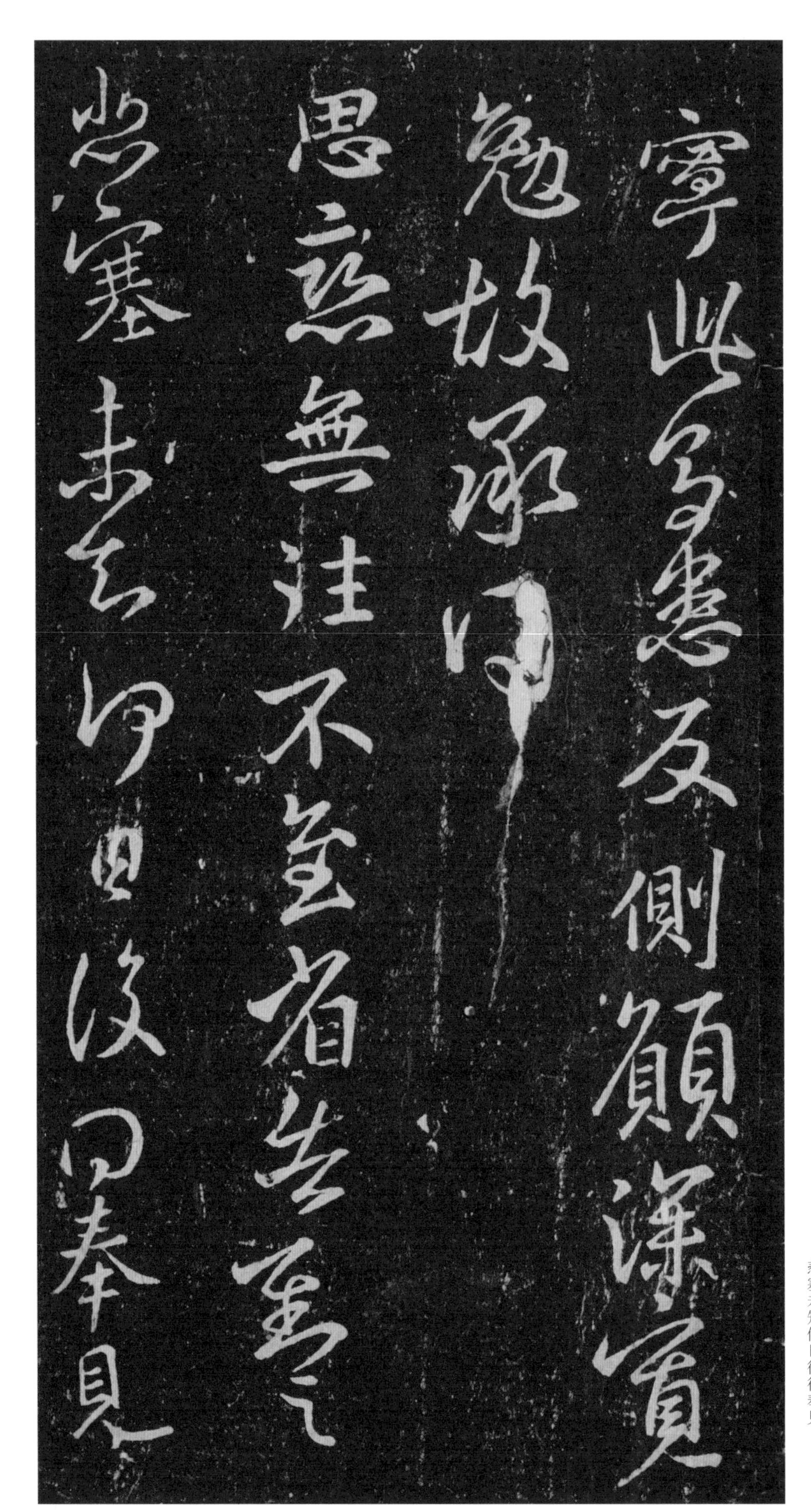

寧此多患反側顧深寬
勉故承問
思戀無往帖 釋文：
思戀無往不慰省告對之
悲塞未知何日復得奉見

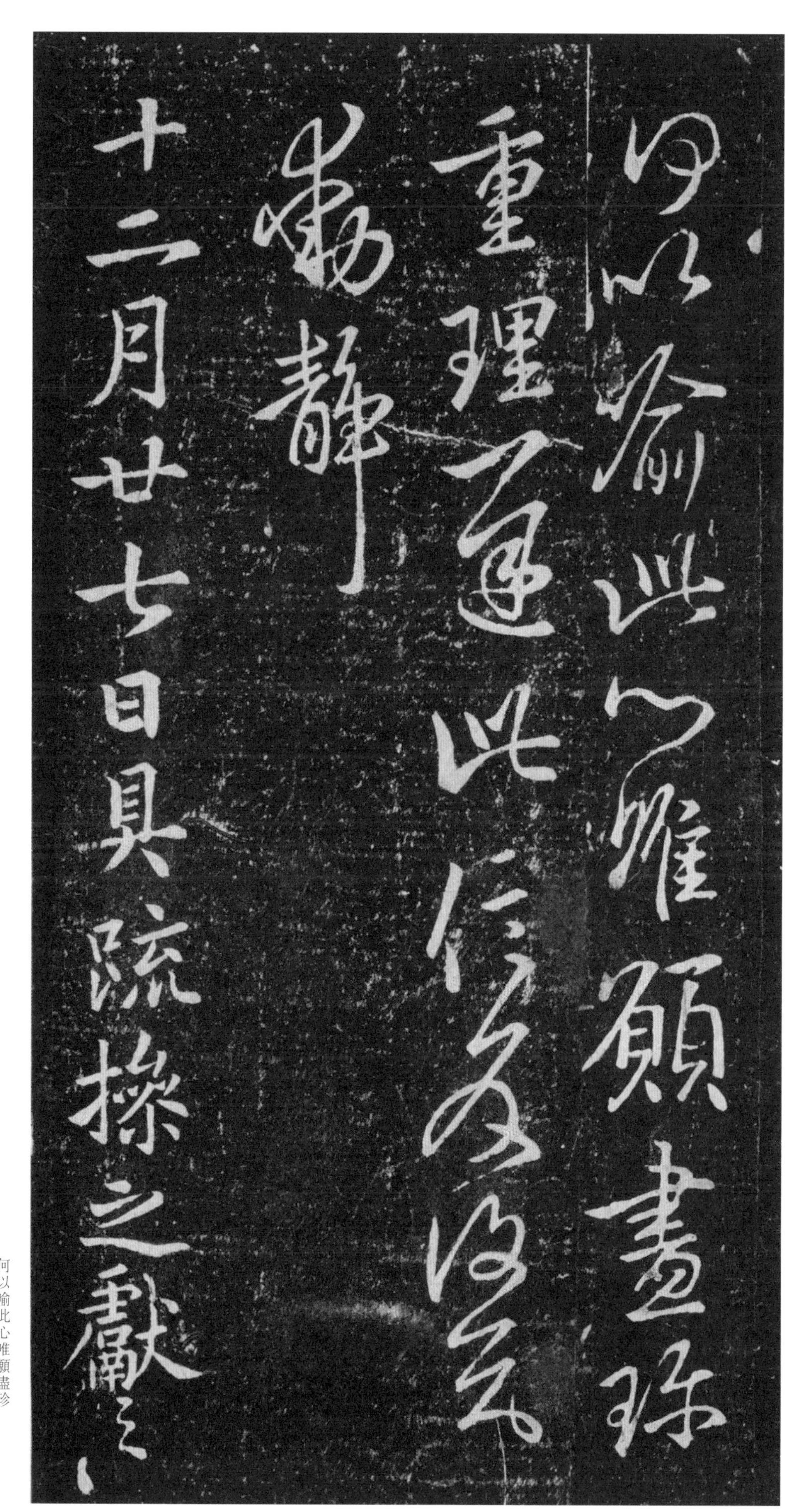

歲盡帖　釋文：
十二月廿七日具疏操之獻之
動靜
重理遲此信反復知
何以喻此心唯願盡珍

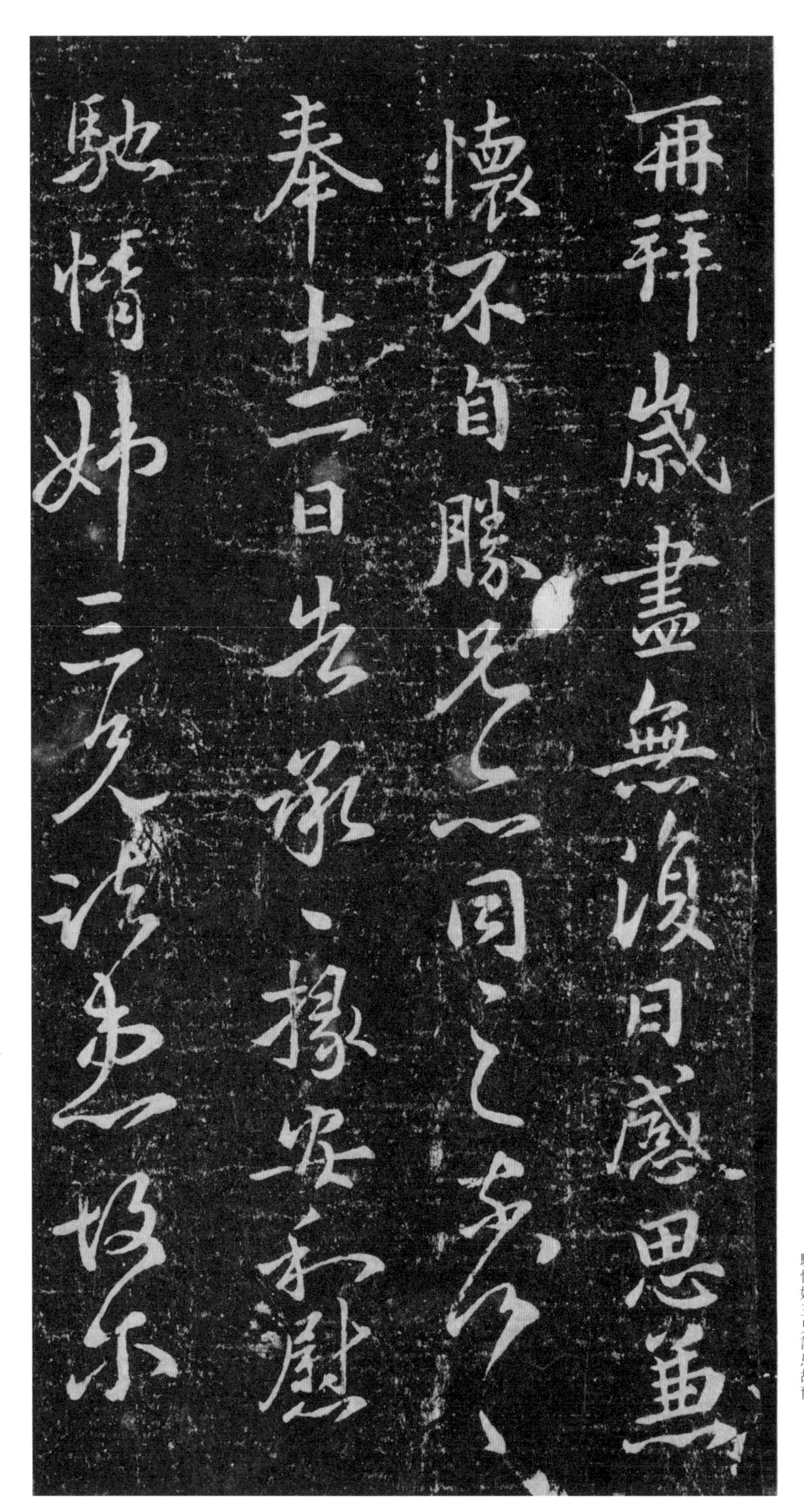

再拜歲盡無復日感思兼
懷不自勝兄亦同之奈何奈何
奉十二日告承掾安和慰
馳情姊三兄諸患故爾

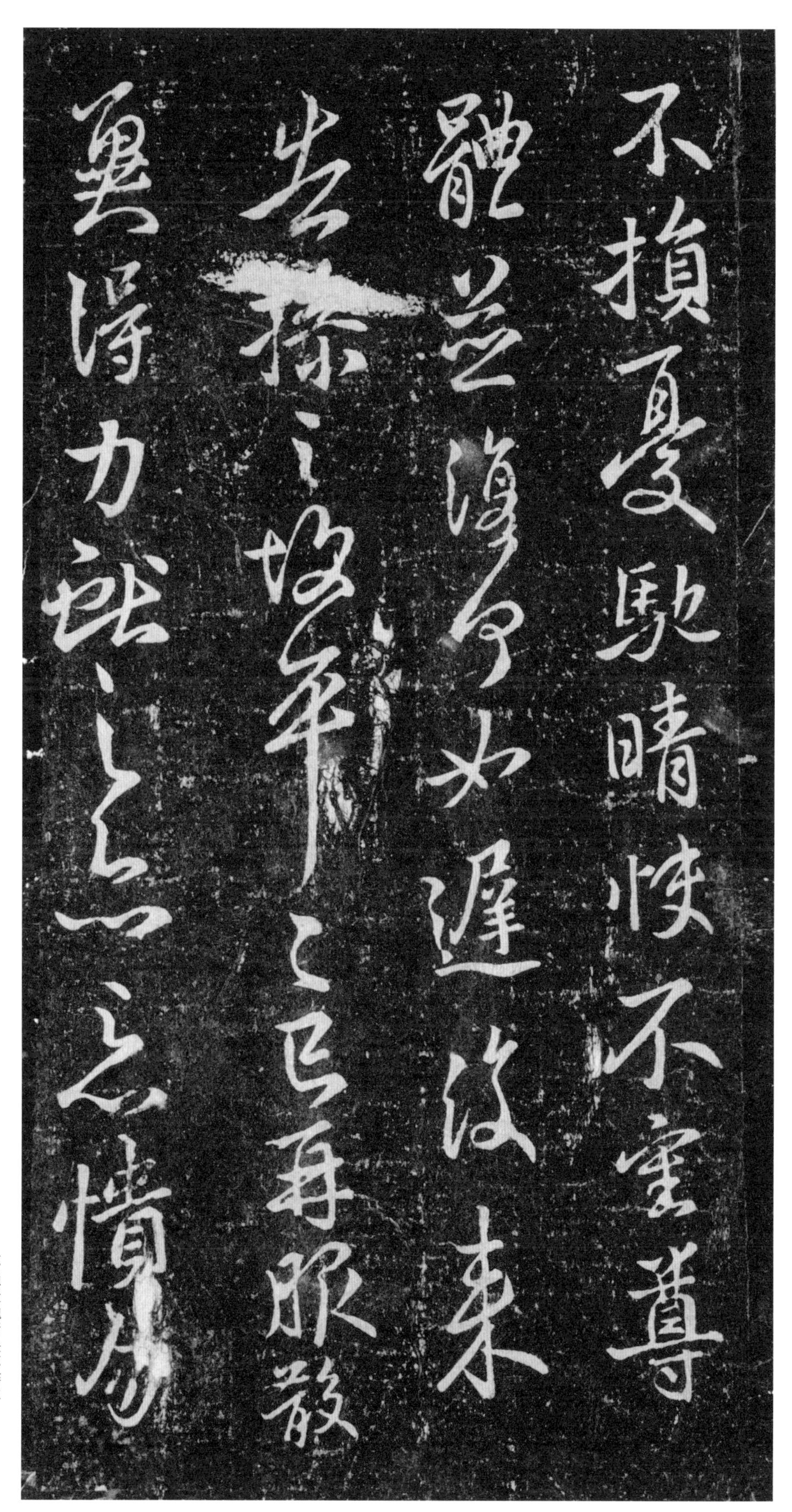

不損憂馳晴快不審尊
體並復何如遲復來
告操之故平平已再服散
冀得力獻之亦惡憒勿

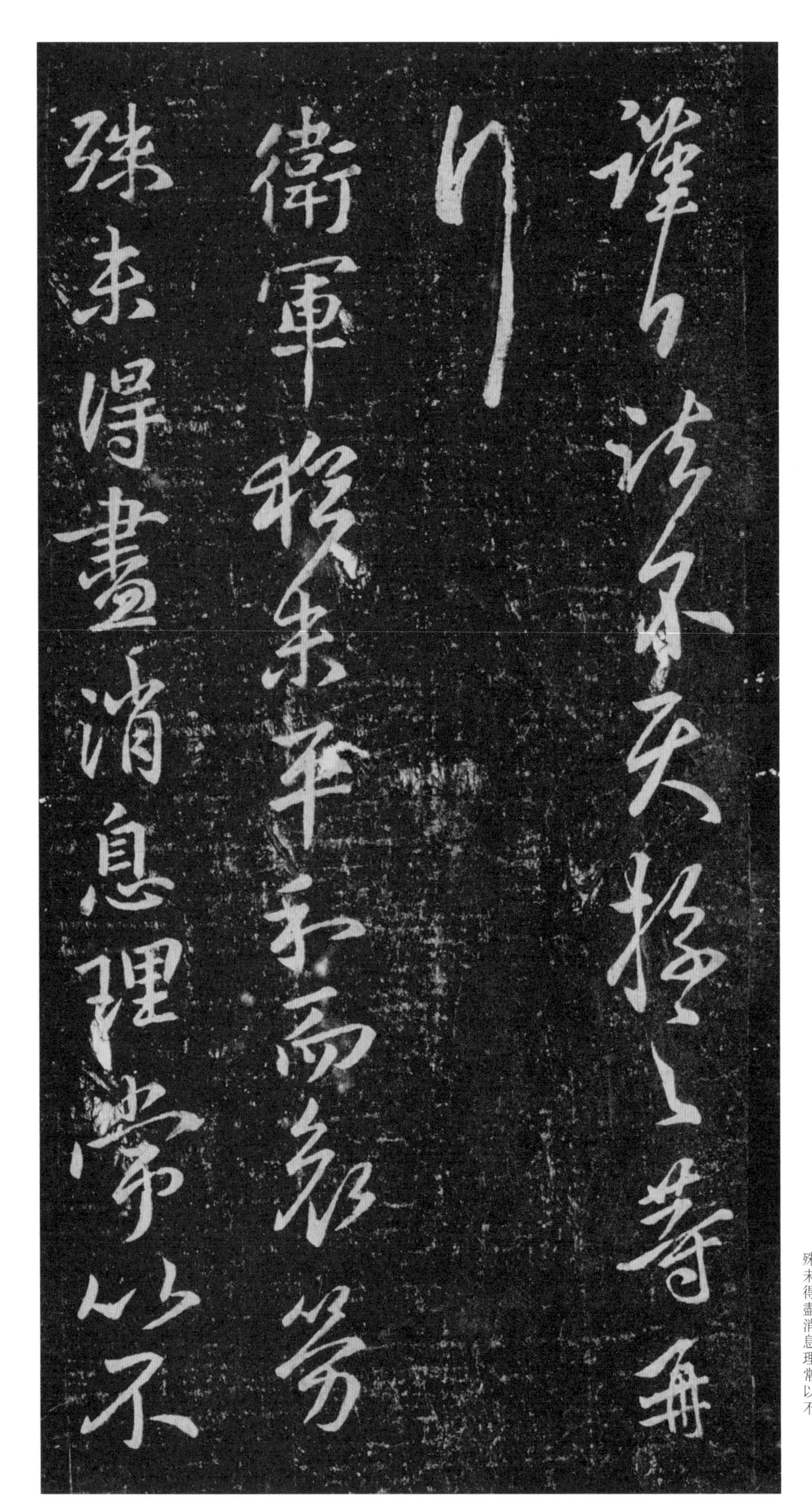

衛軍帖

Wei Jun Tie

16

謹白諸不具操之等再拜

衛軍帖　釋文：

衛軍猶未平和而哀勞殊未得盡消息理常以不

17

靜息帖
Jing Xi Tie

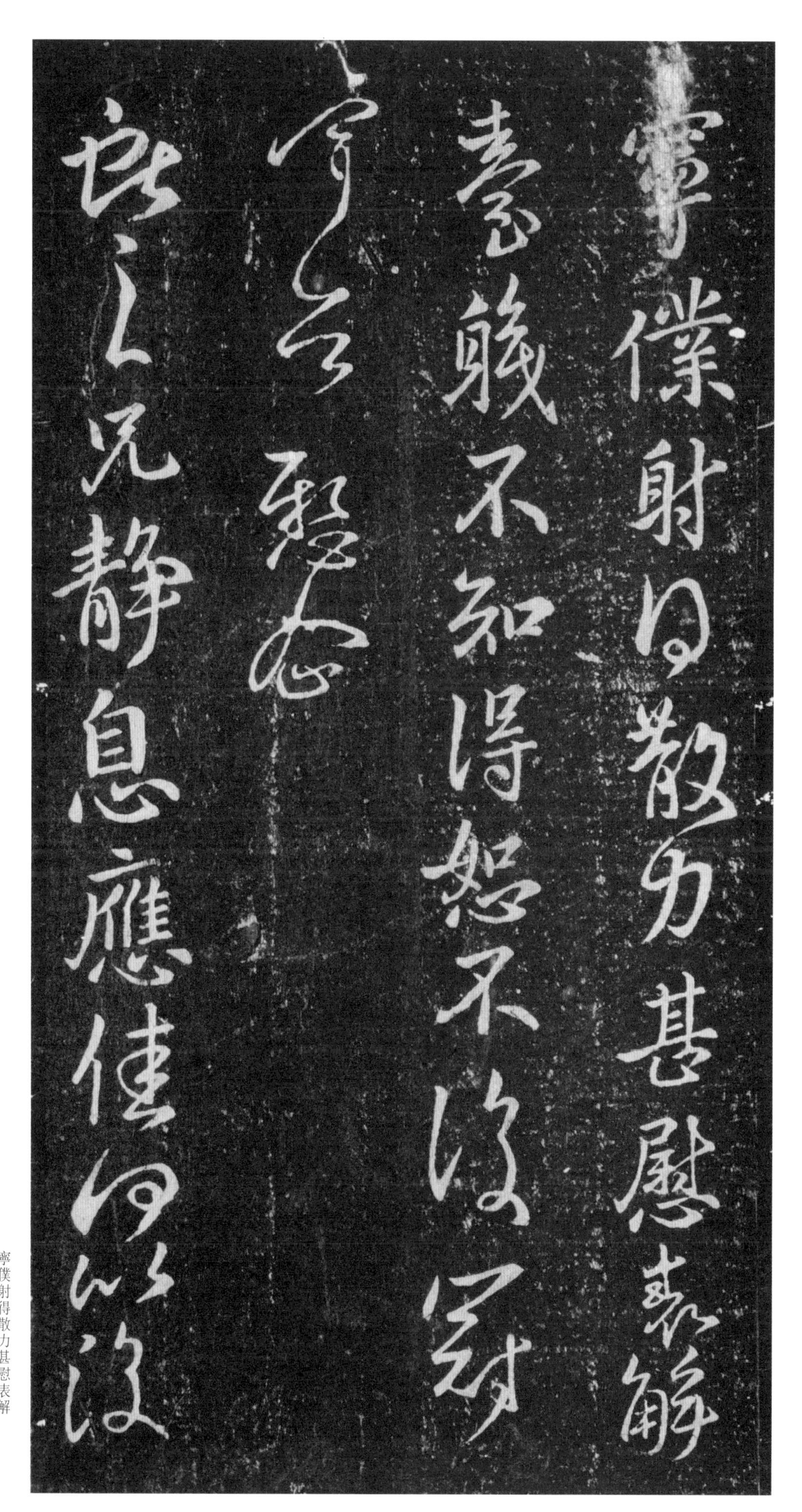

寧僕射得散力甚慰表解
臺職不知得怨不復冠
軍首懸企
靜息帖　釋文：
獻之白兄靜息應佳何以復

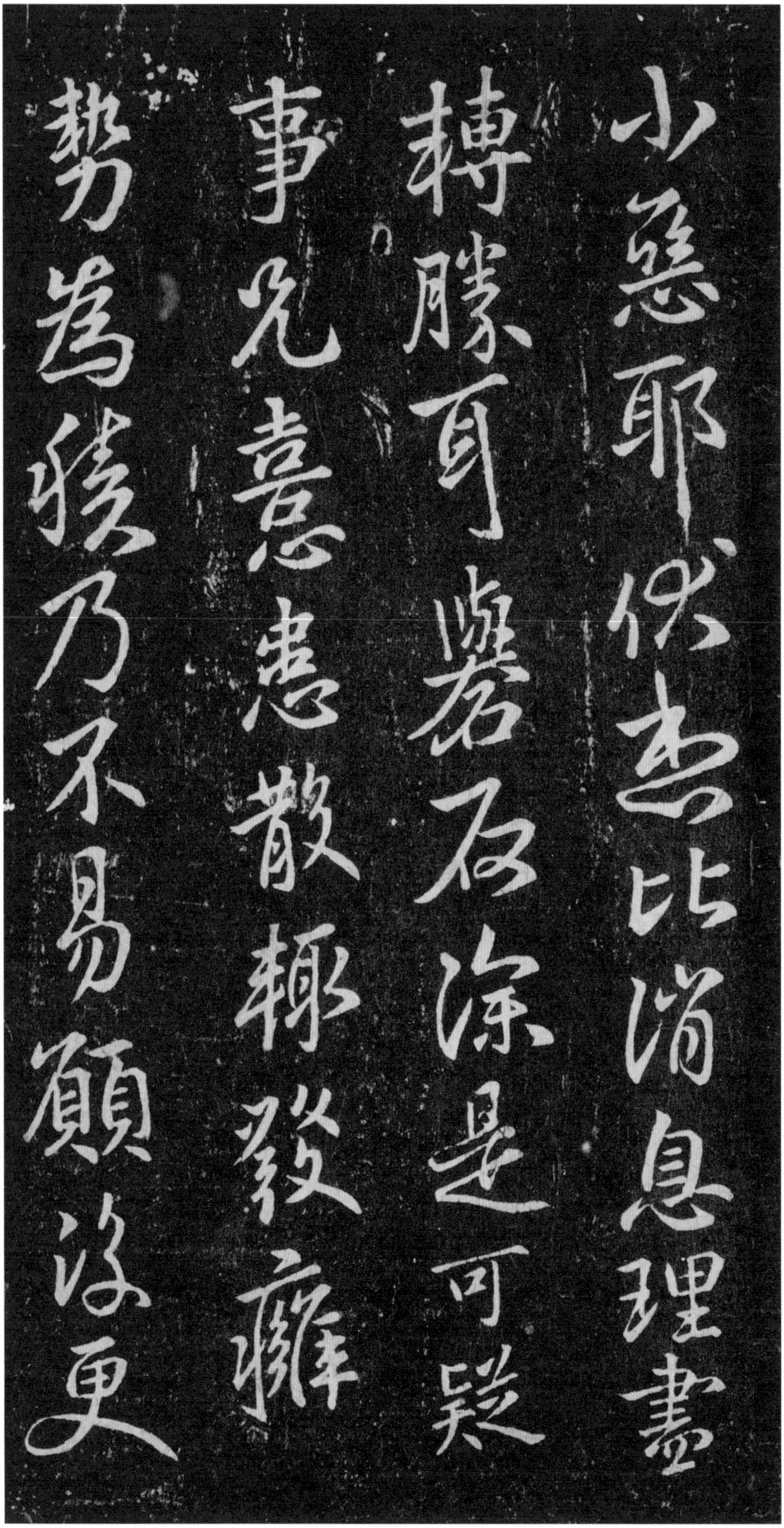

小惡耶伏想比消息理盡
轉勝耳礜石深是可疑
事兄喜患散輒發癰
勢為積乃不易願復更

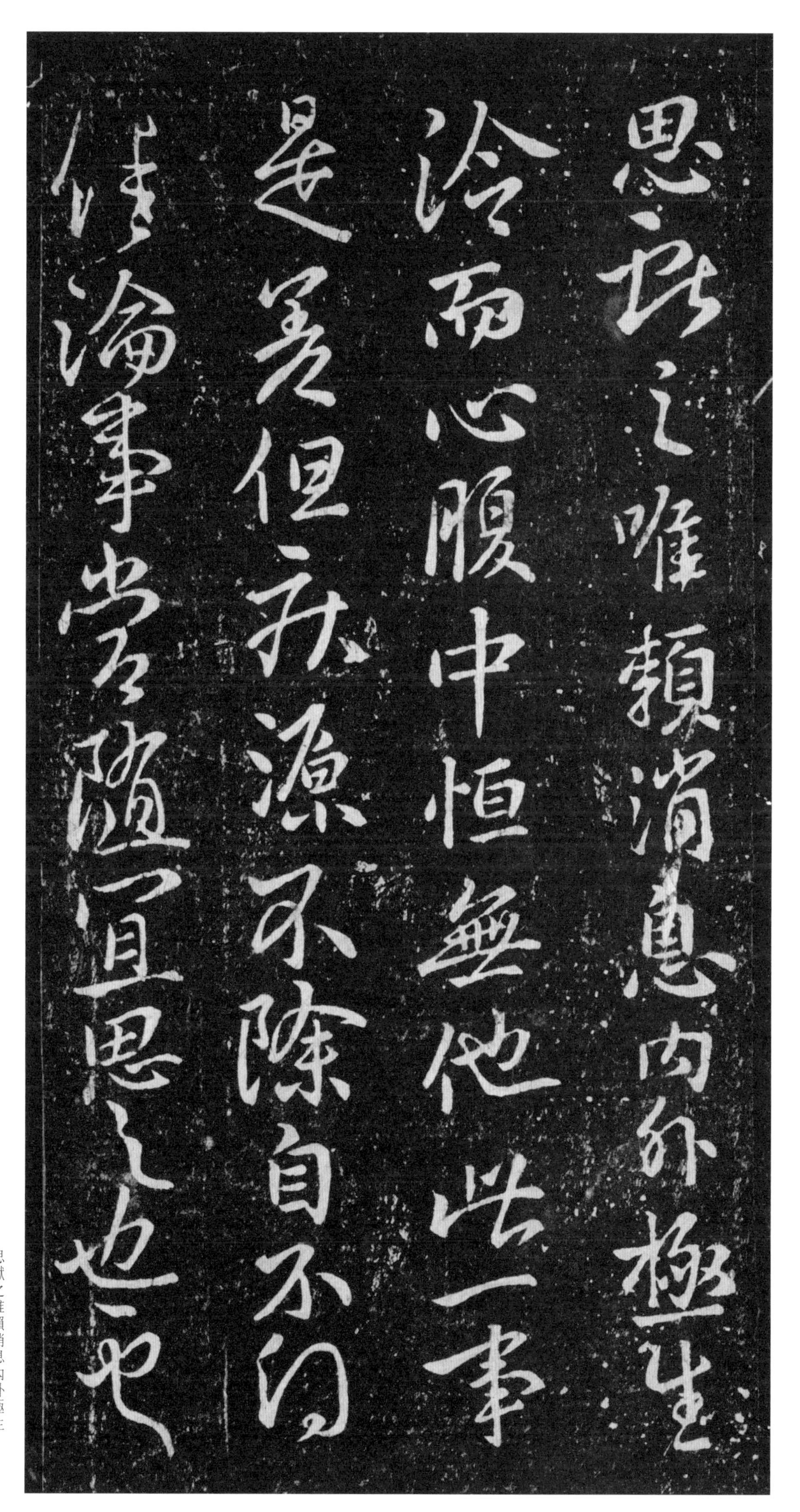

思獻之唯賴消息內外極生
冷而心腹中恒無他此一事
是差但疾源不除自不得
佳論事當隨宜思之也獻之

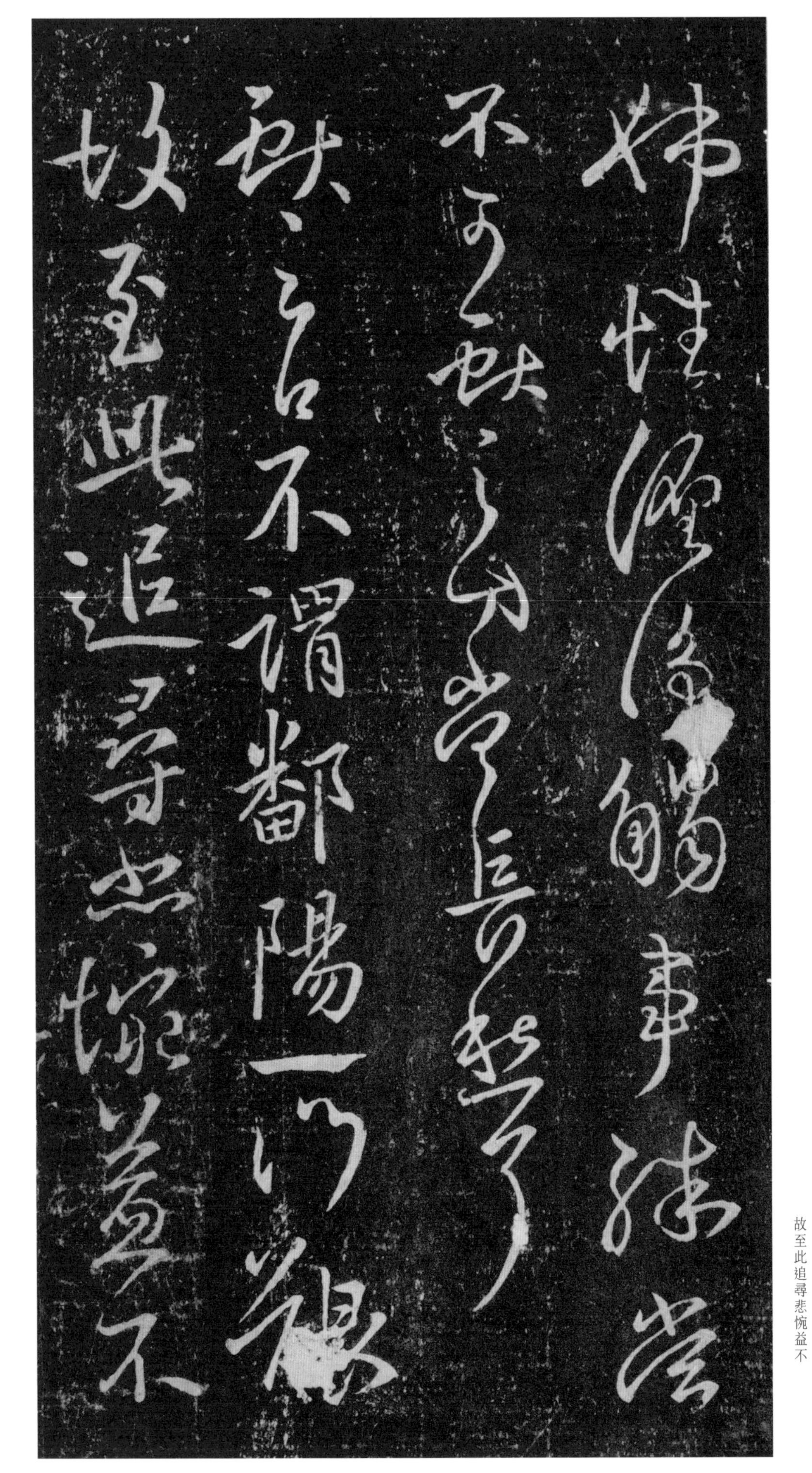

18 姊性帖 Zi Xing Tie

19 不謂帖 Bu Wei Tie

姊性帖　釋文：
姊性纏綿觸事殊當
不可獻之方當長愁耳

不謂帖　釋文：
獻之白不謂鄱陽一門艱
故至此追尋悲惋益不

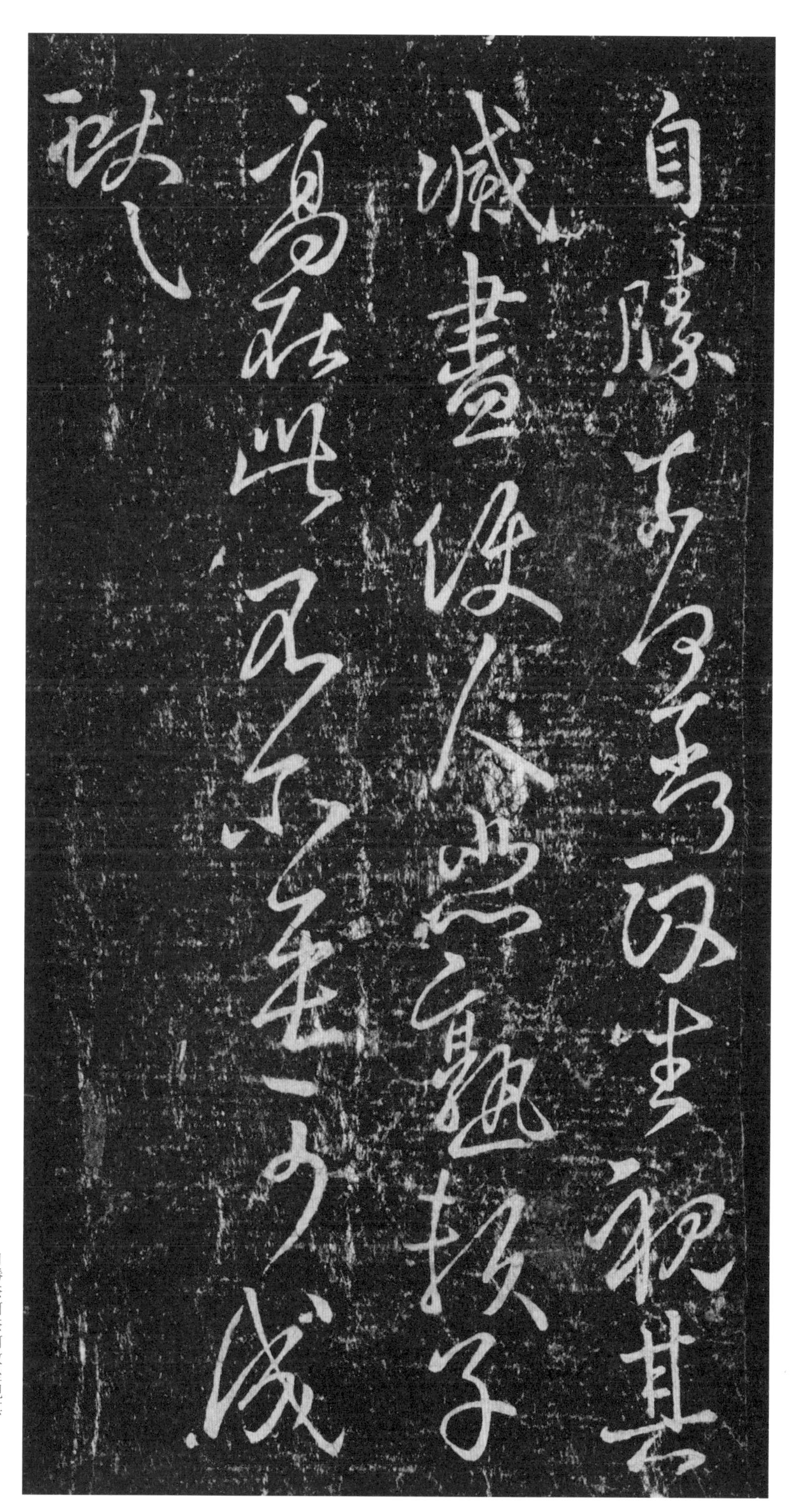

自勝奈何奈何政坐視其
滅盡使人悲熟賴子
高在此不爾無可成
獻之

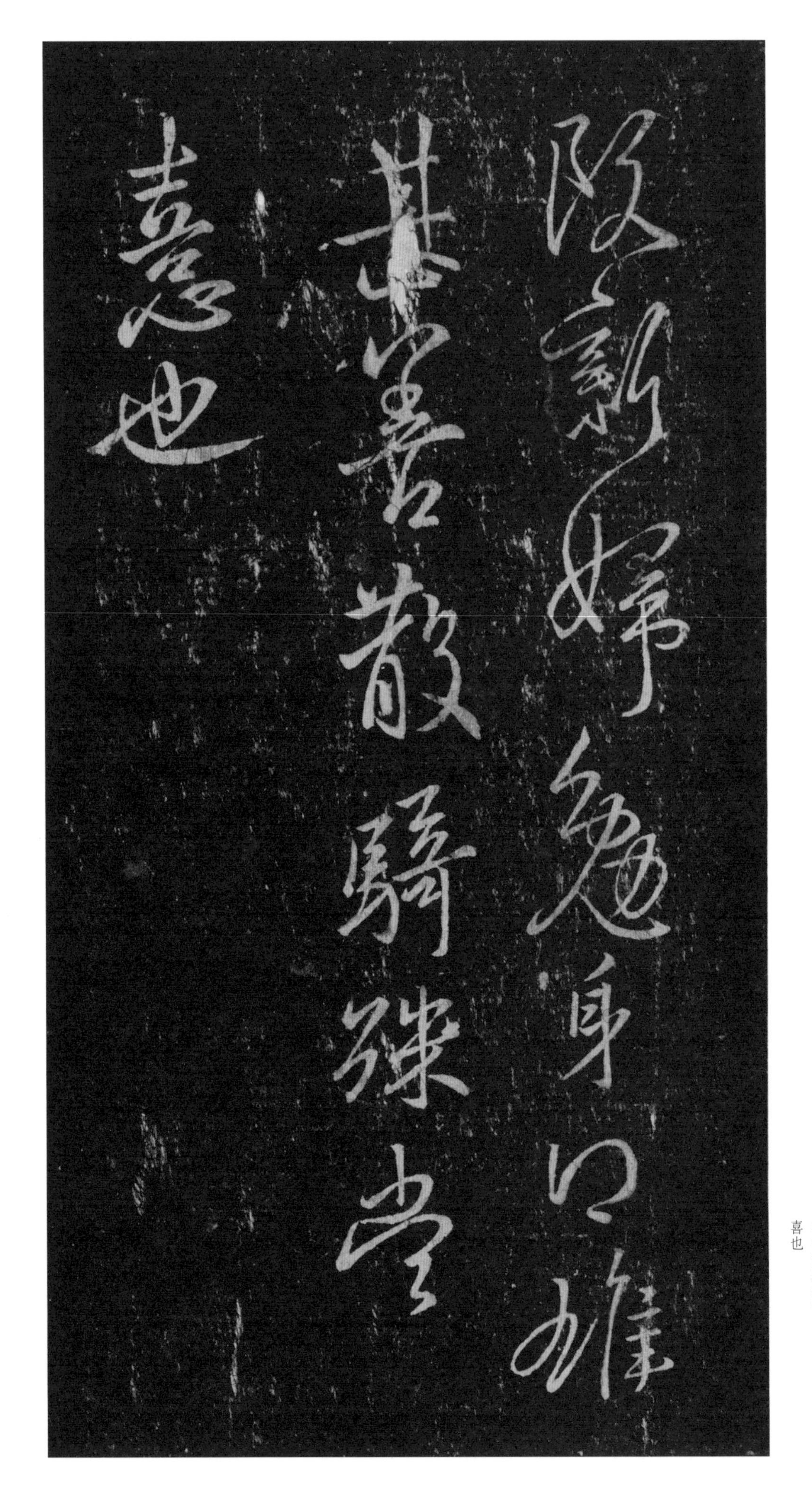

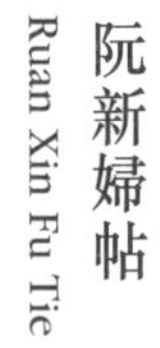

阮新婦帖

Ruan Xin Fu Tie

阮新婦帖　釋文：

阮新婦勉身得雄

甚善散騎殊當

喜也

21

奉對帖

Feng Dui Tie

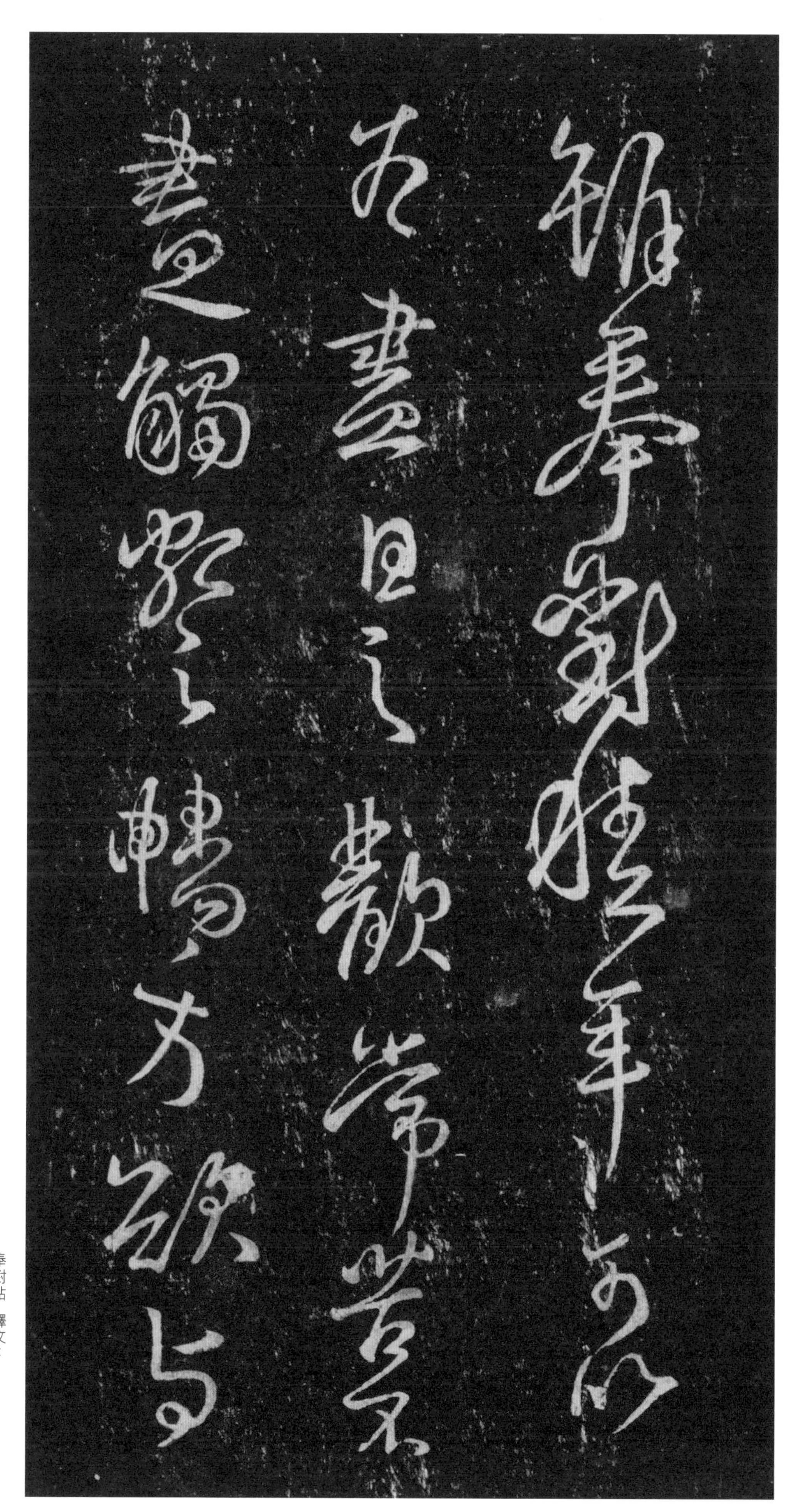

奉對帖　釋文：

雖奉對積年可以

為盡日之歡常苦不

盡觸額之暢方欲與

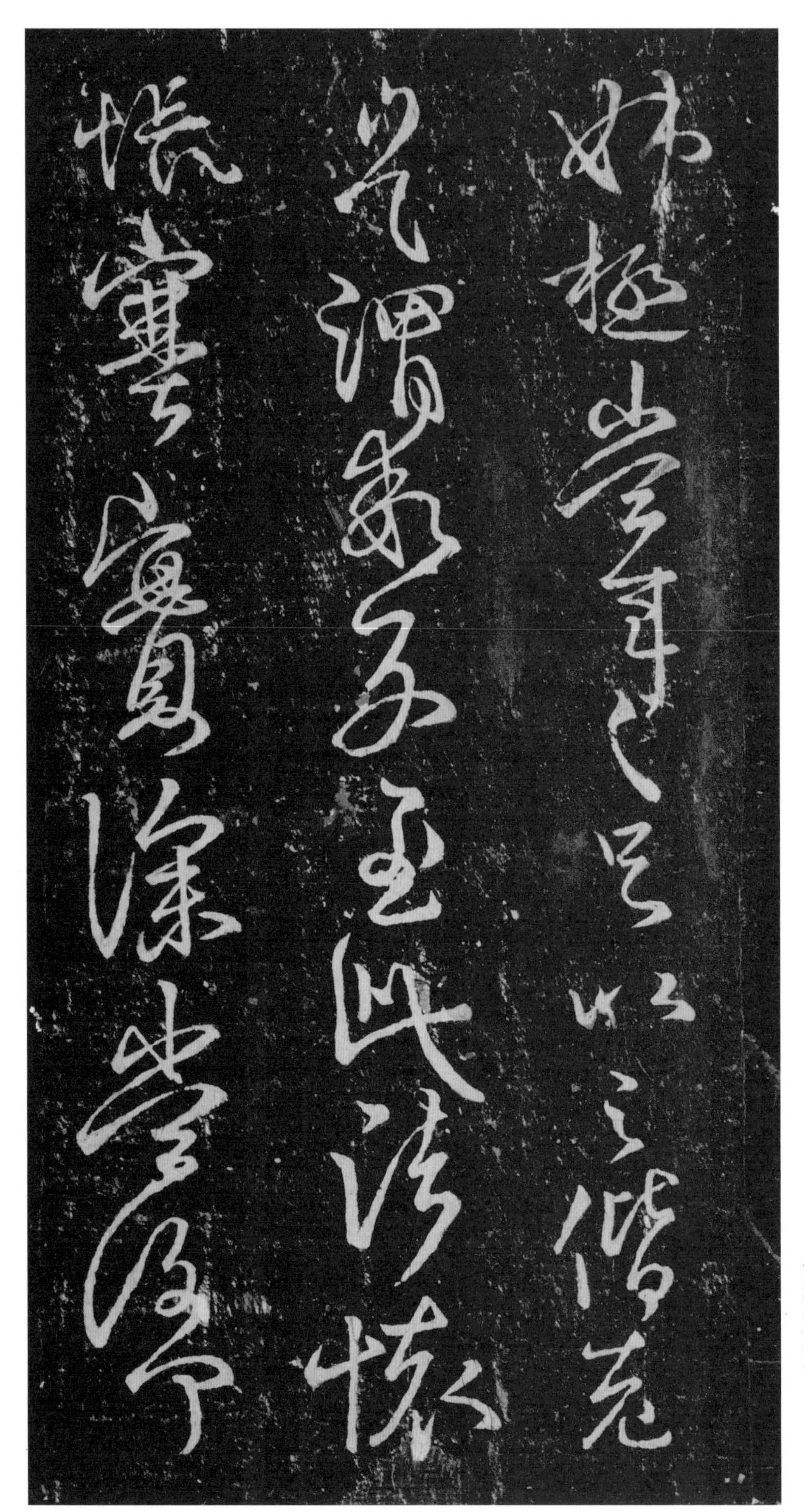

姊極當年之足以之偕老
豈謂乖別至此諸懷
悵塞實深當復何

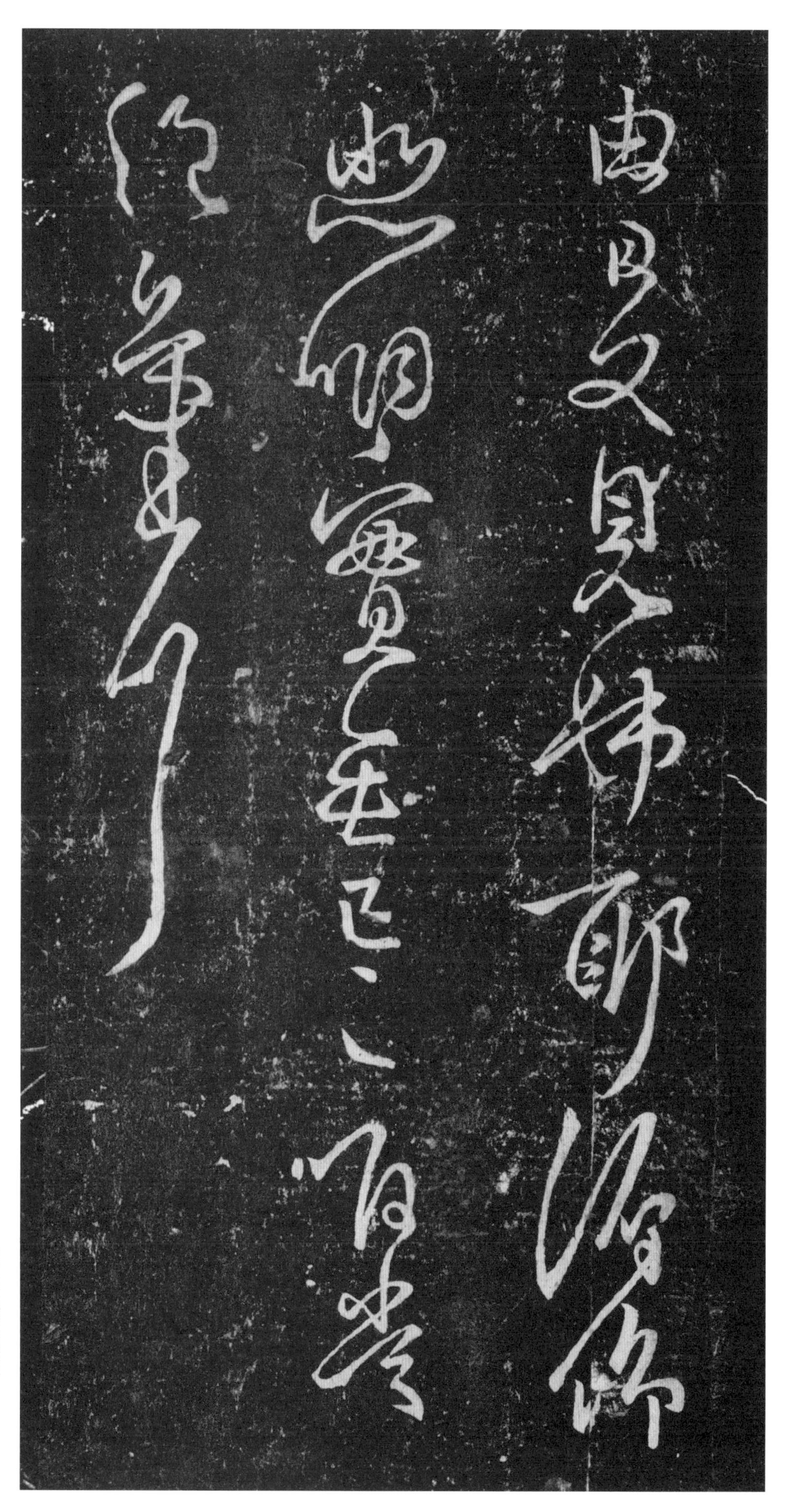

由日夕見姊耶俯仰
悲咽實無已已唯當
絕氣耳

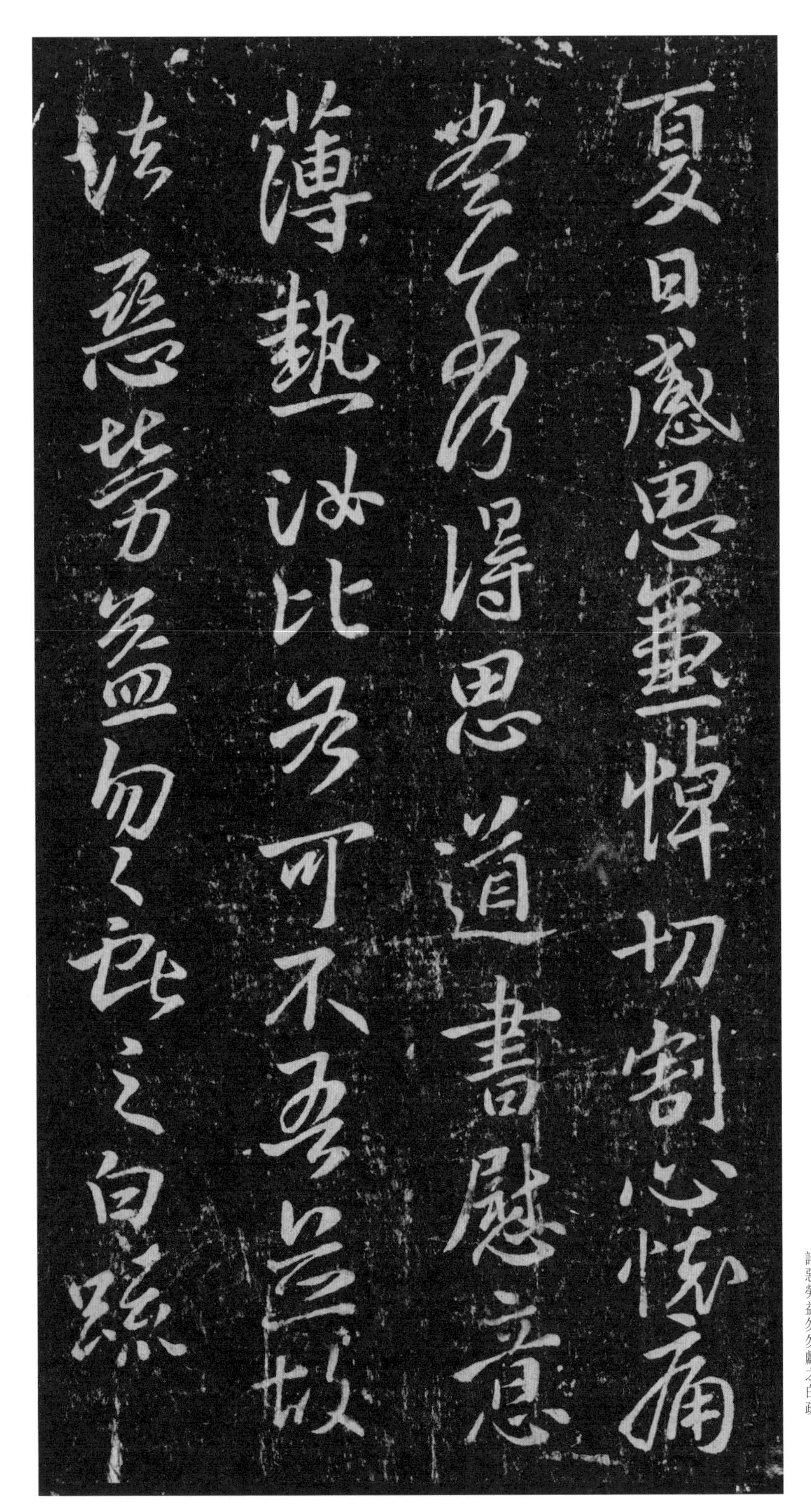

夏日帖
Xia Ri Tie

22

夏日帖 釋文：
夏日感思兼悼切割心懷痛
當奈何奈何得思道書慰意
薄熱汝比各可不吾並故
諸惡勞益勿勿獻之白疏

23

思戀帖

Si Lian Tie

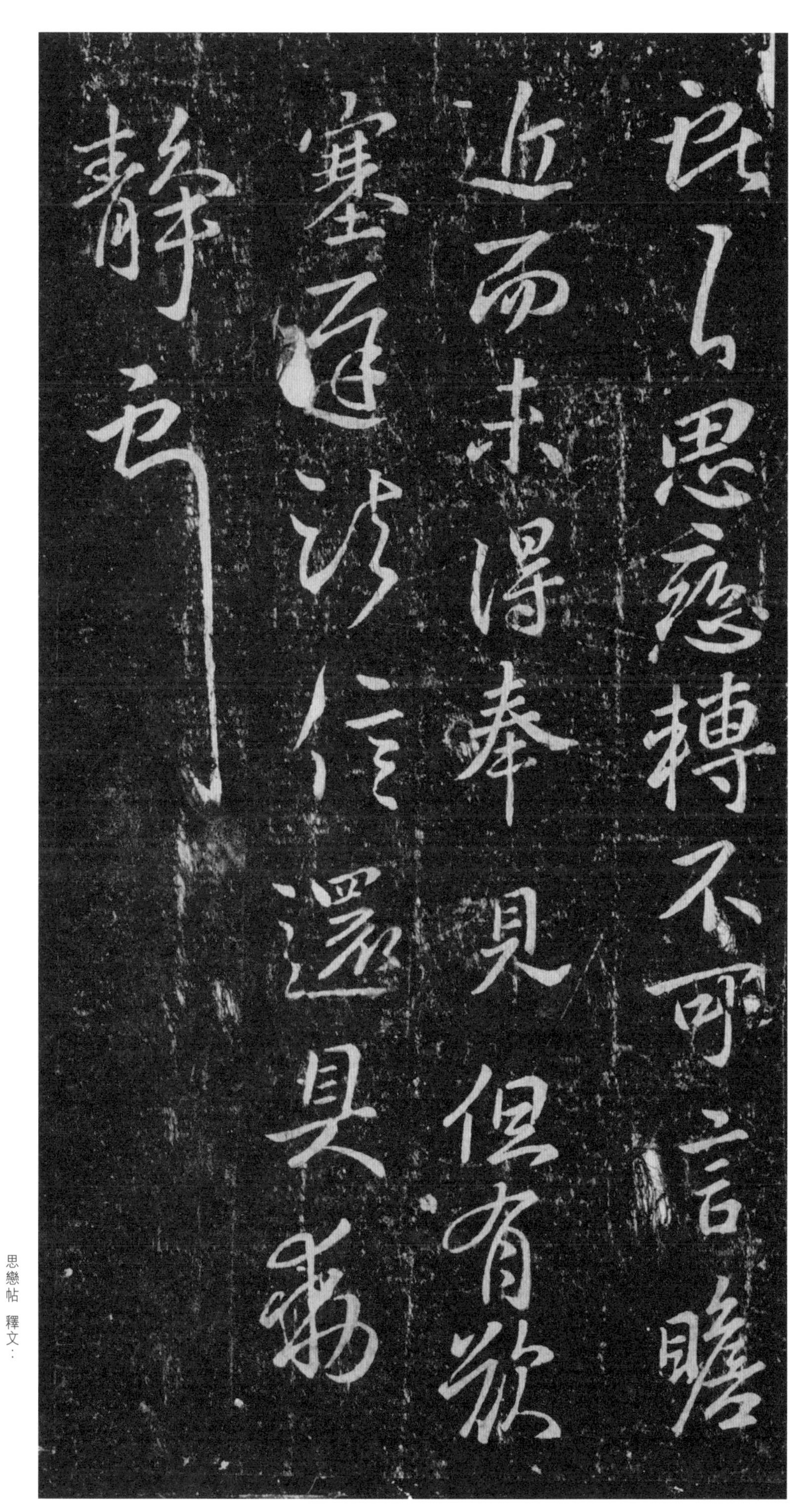

思戀帖 釋文：

獻之白思戀轉不可言瞻

近而未得奉見但有歎

塞遲諸信還具動

靜獻之白

24

天寶帖
Tian Bao Tie

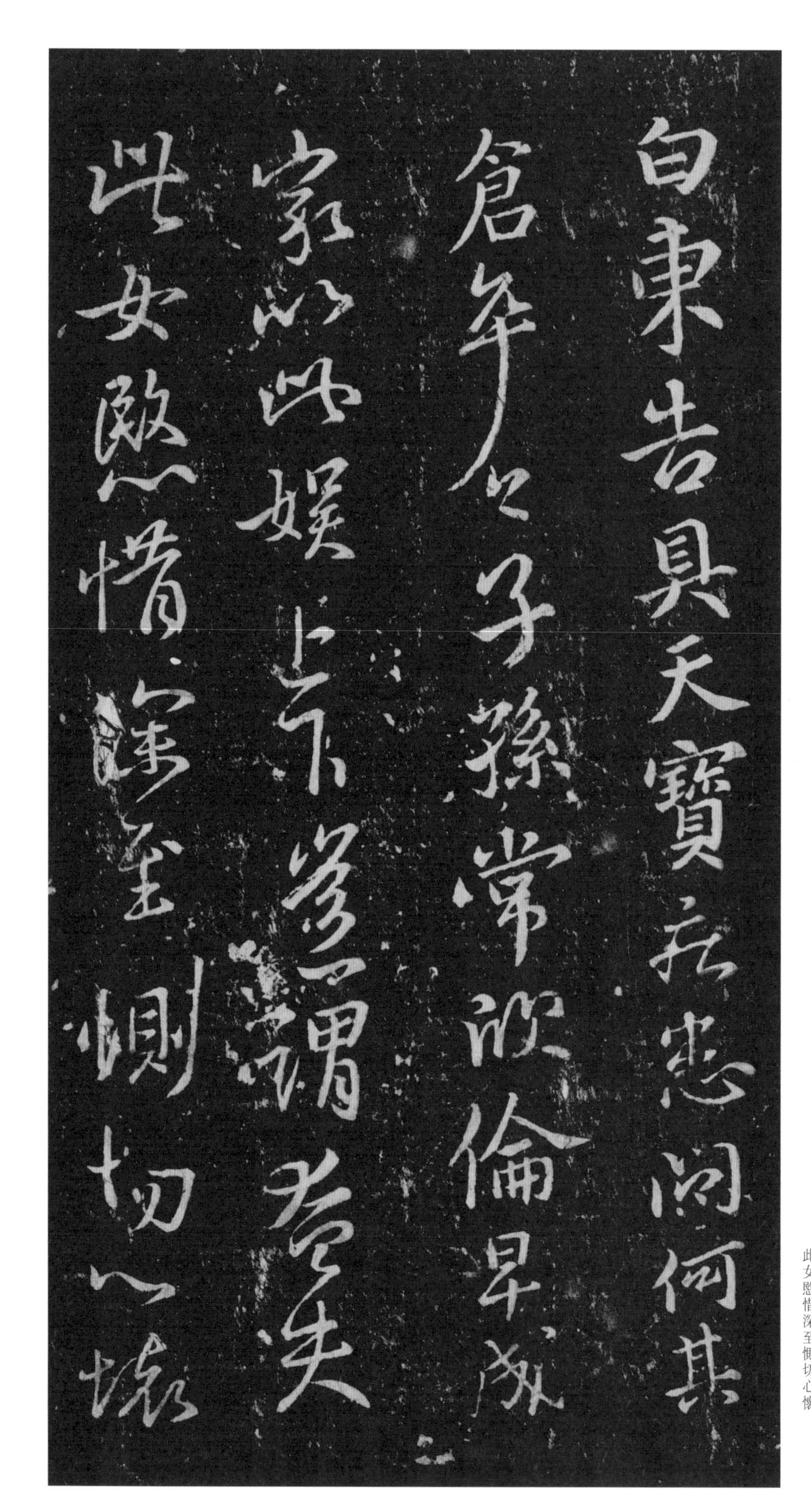

天寶帖　釋文：
白東告具天寶疾患問何其
倉卒乏子孫常欣倫早成
家以此娛上下豈謂奄失
此女愍惜深至惻切心懷

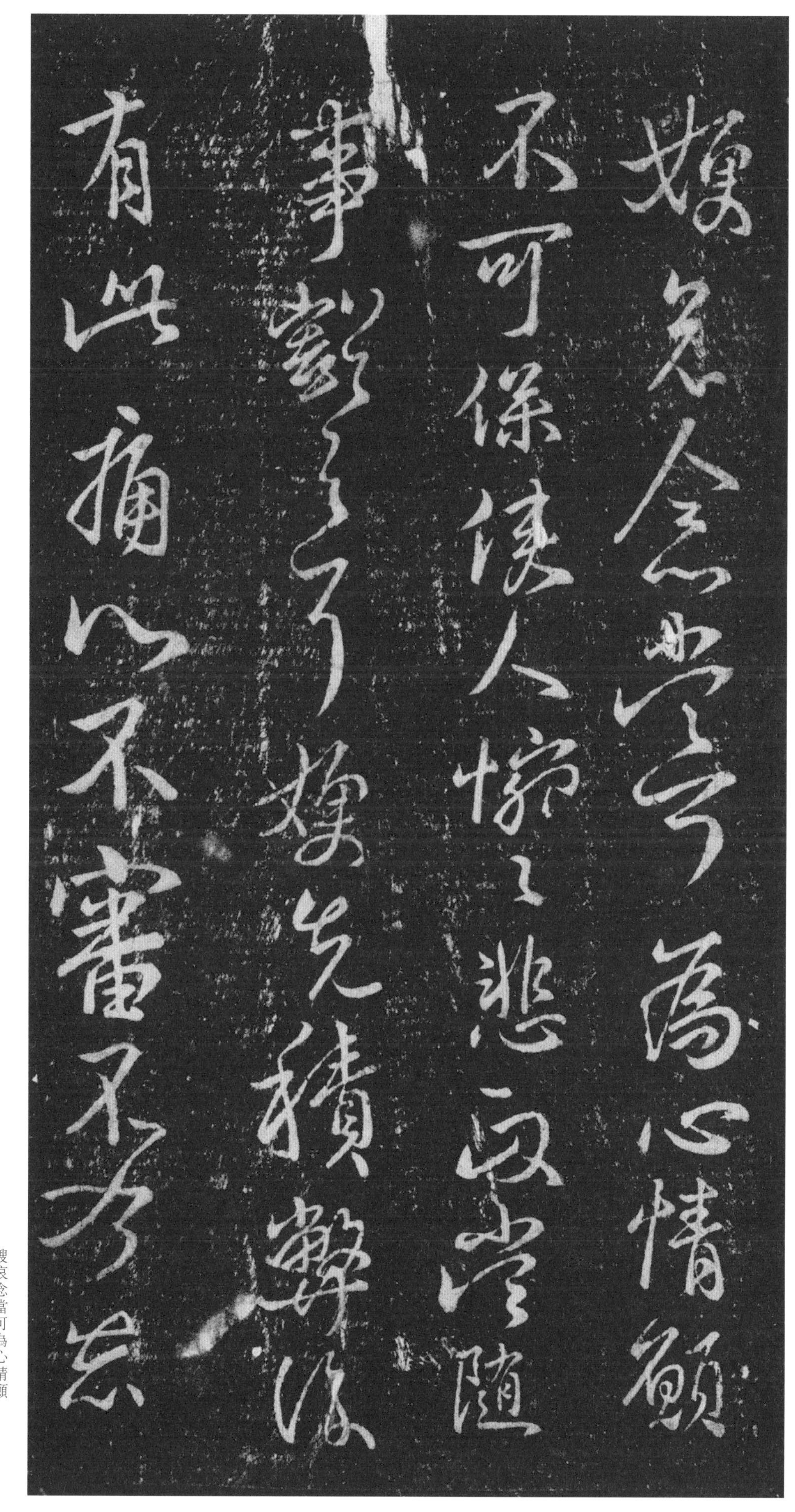

嫂哀念當可為心情願
不可保使人惋惋悲政當隨
事豁之耳嫂先積弊復
有此痛心不審不乃惡

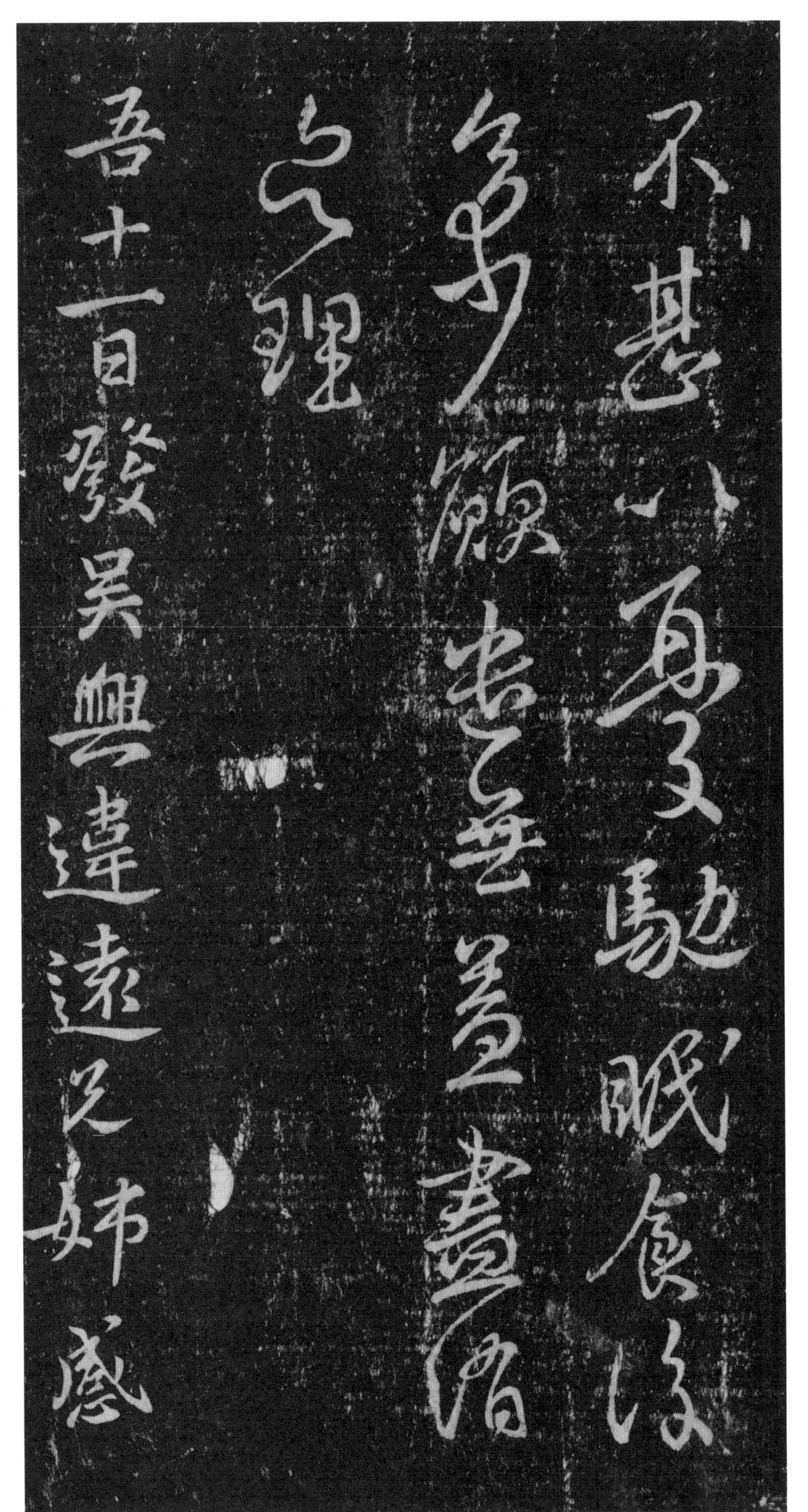

不甚以憂馳眠食復
多少願遣無益盡消
息理

吳興帖　釋文：
吾十一日發吳興違遠兄姊感

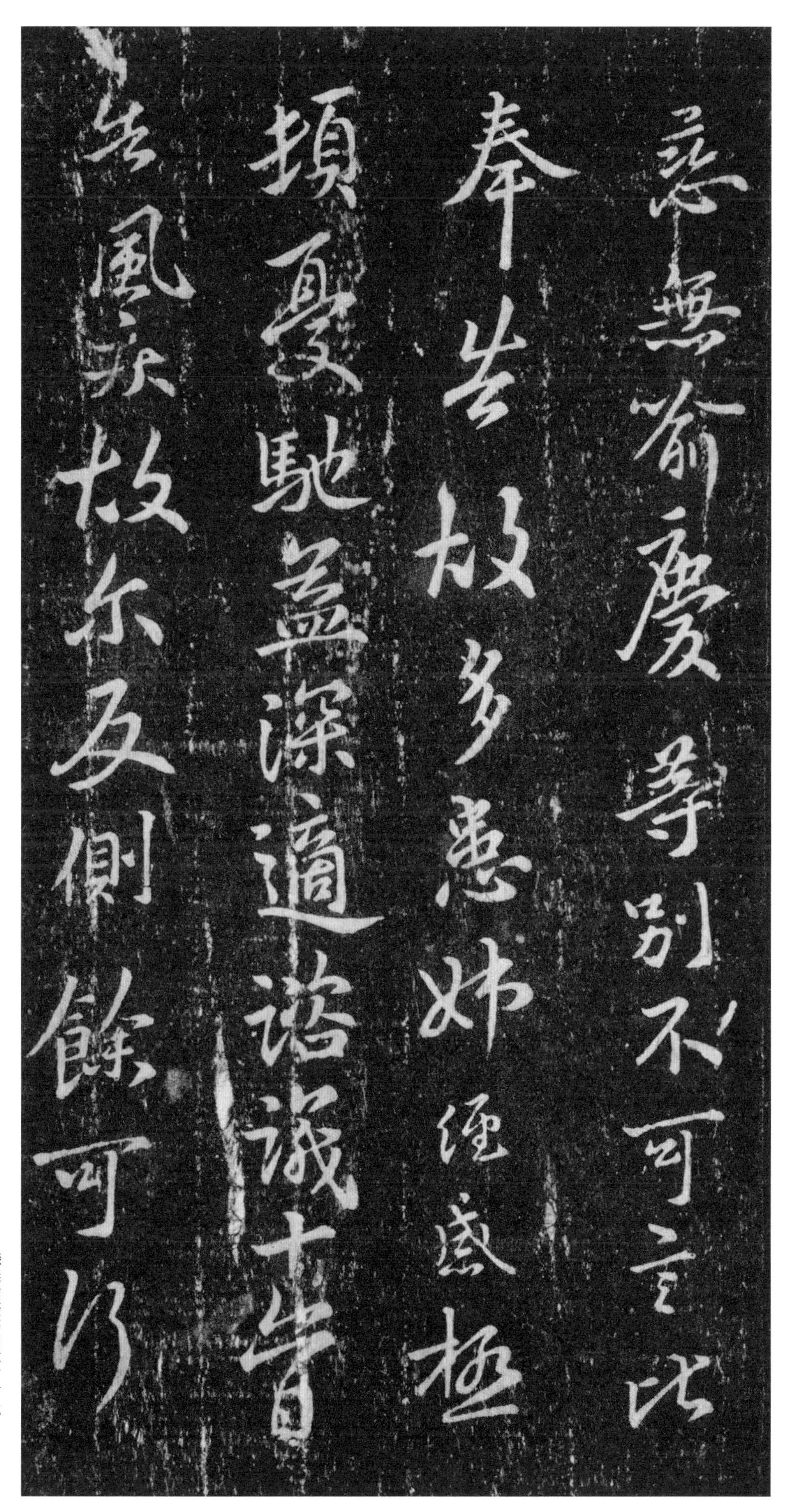

戀無喻慶等別不可言比
奉告故多患姊經感極
頓憂馳益深適諸議十六日
告風疾故爾反側餘可行

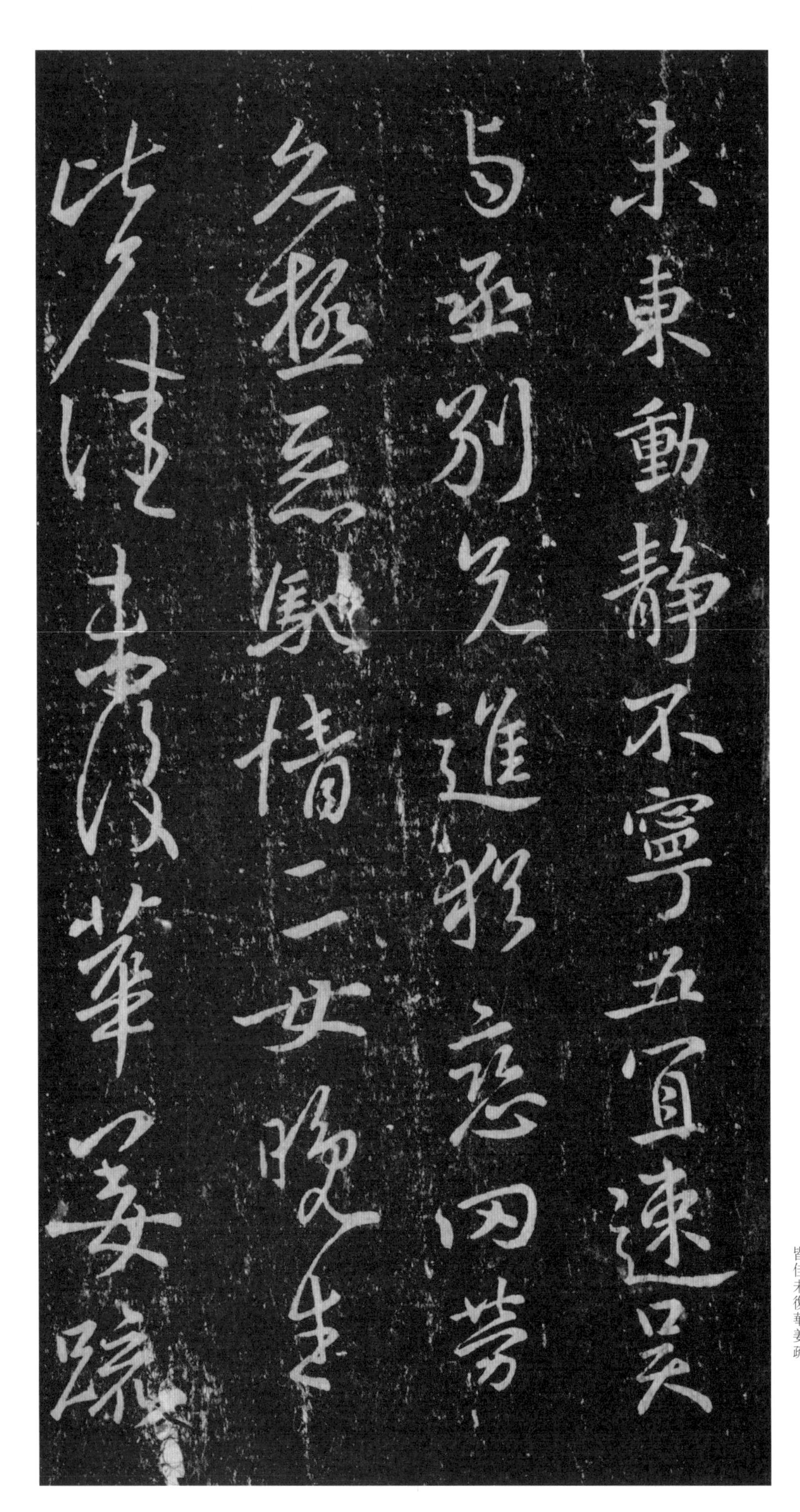

未東動靜不寧五宜速吳
与丞別兄進猶戀罔勞
亦極惡馳情二女晚生
皆佳未復華姜疏

26 廿九日帖

Nian Jiu Ri Tie

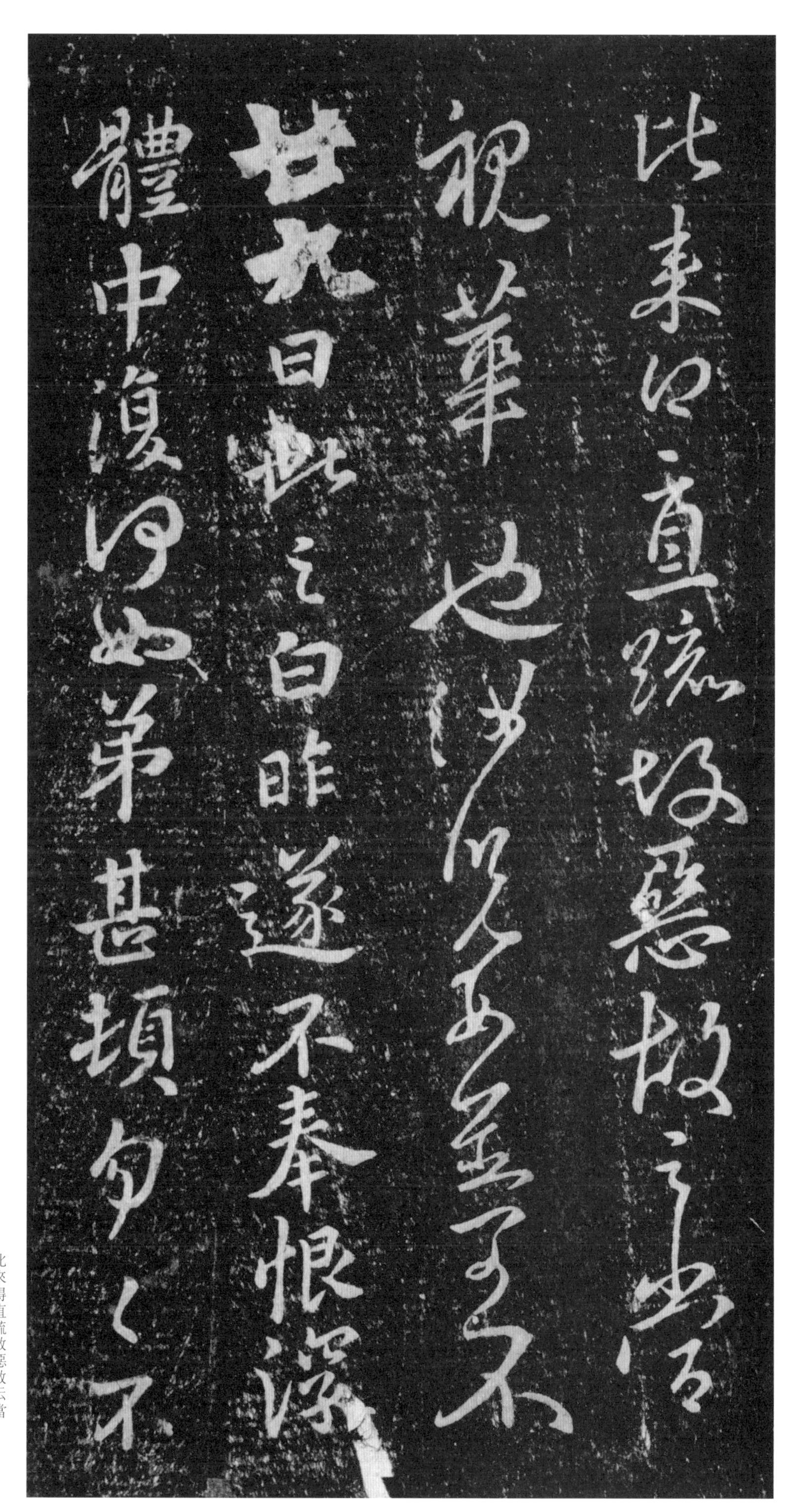

比來得直疏故惡故云當

視華也汝兒女並可不

廿九日帖　釋文：

廿九日獻之白昨遂不奉恨深

體中復何如弟甚頓勿勿不

27

腎氣丸帖
Shen Qi Wan Tie

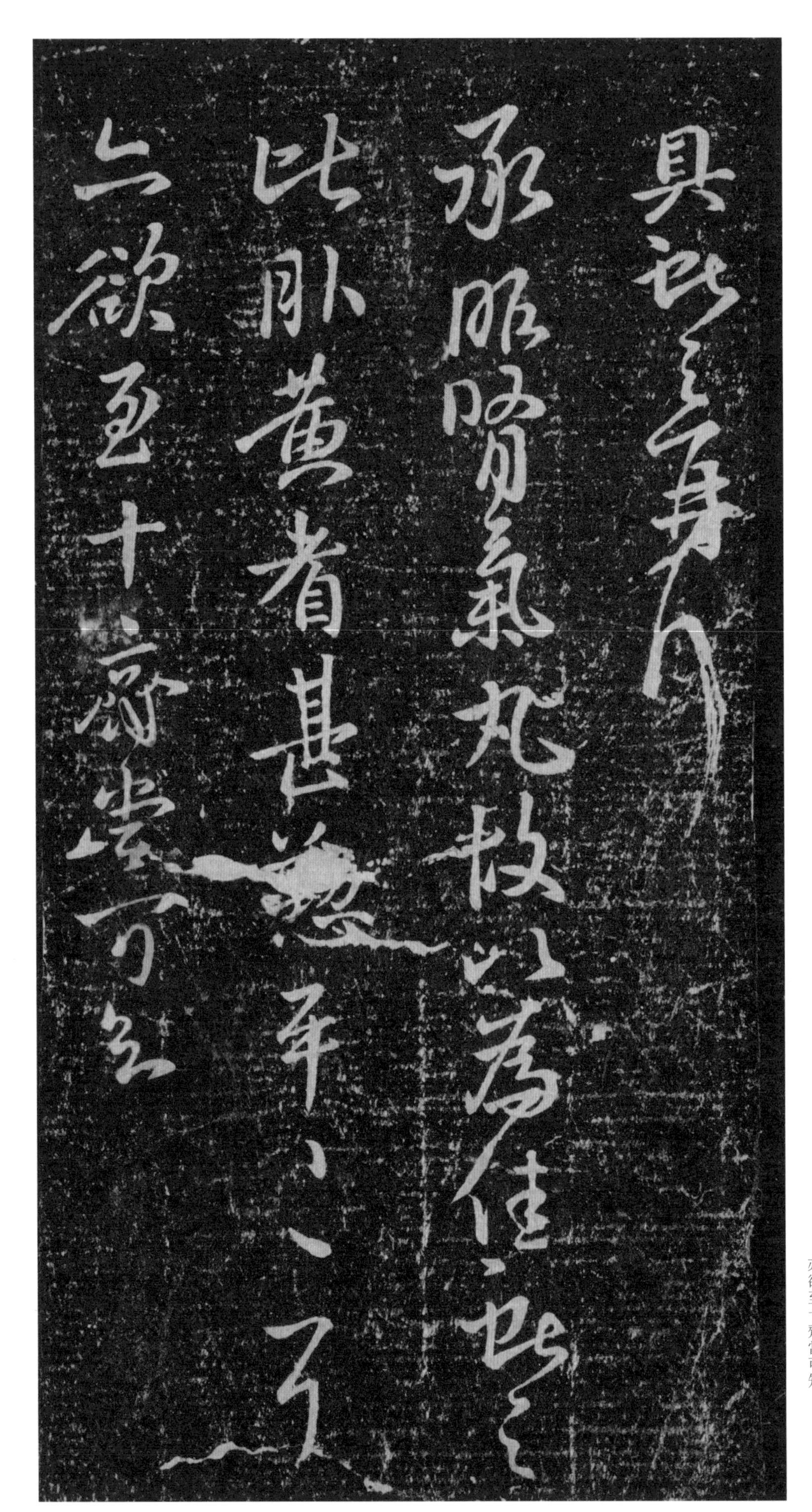

具獻之再拜

腎氣丸帖 釋文：

承服腎氣丸故以為佳獻之
比服黃耆甚勲平平耳
亦欲至十齊當可知

28

先夜帖
Xian Ye Tie

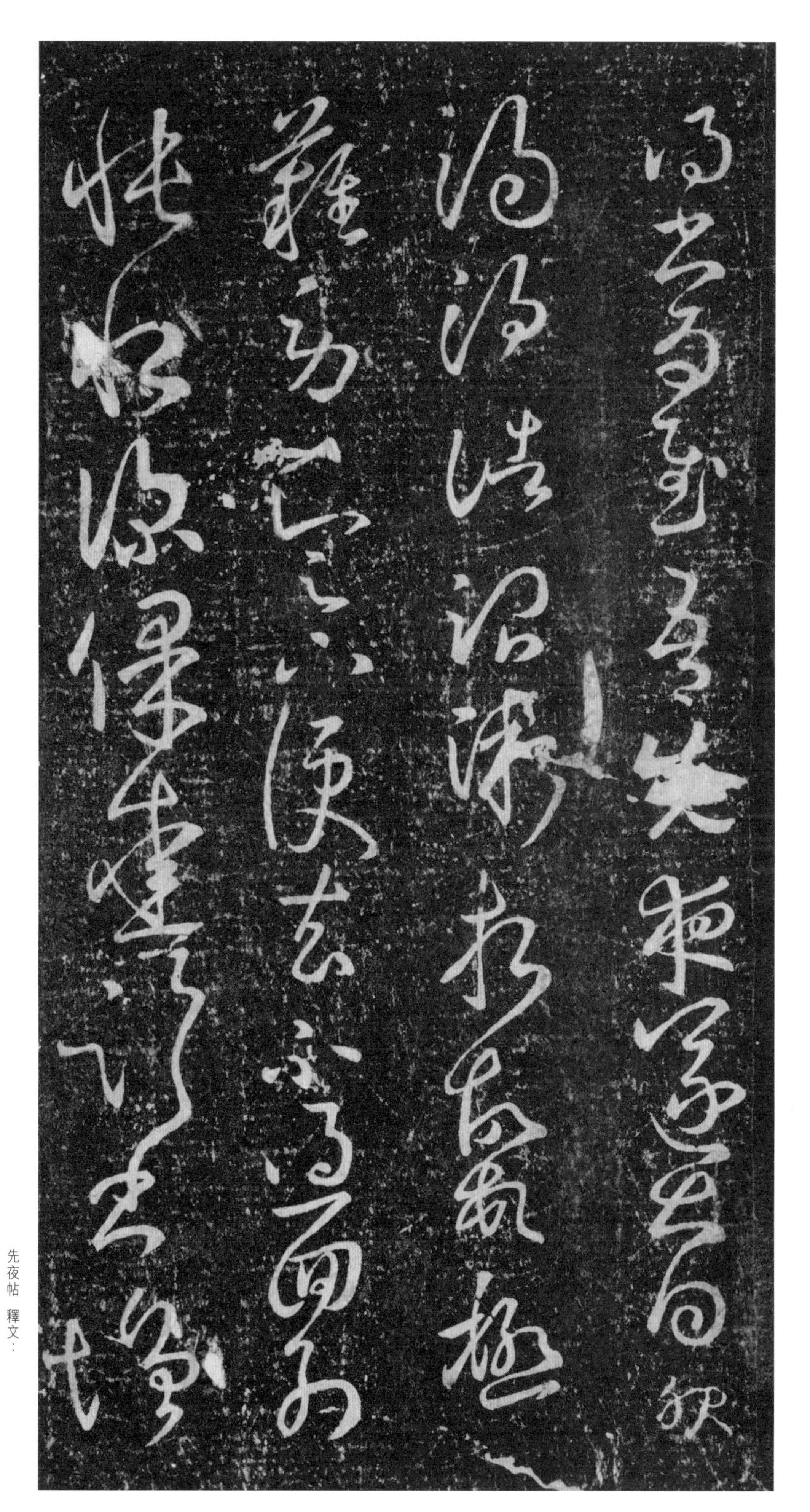

先夜帖　釋文：
得書為慰吾先夜遂大得服
湯酒諸治漸折故頓極
難勞知足下便去不得面別
悵恨深保愛臨書增

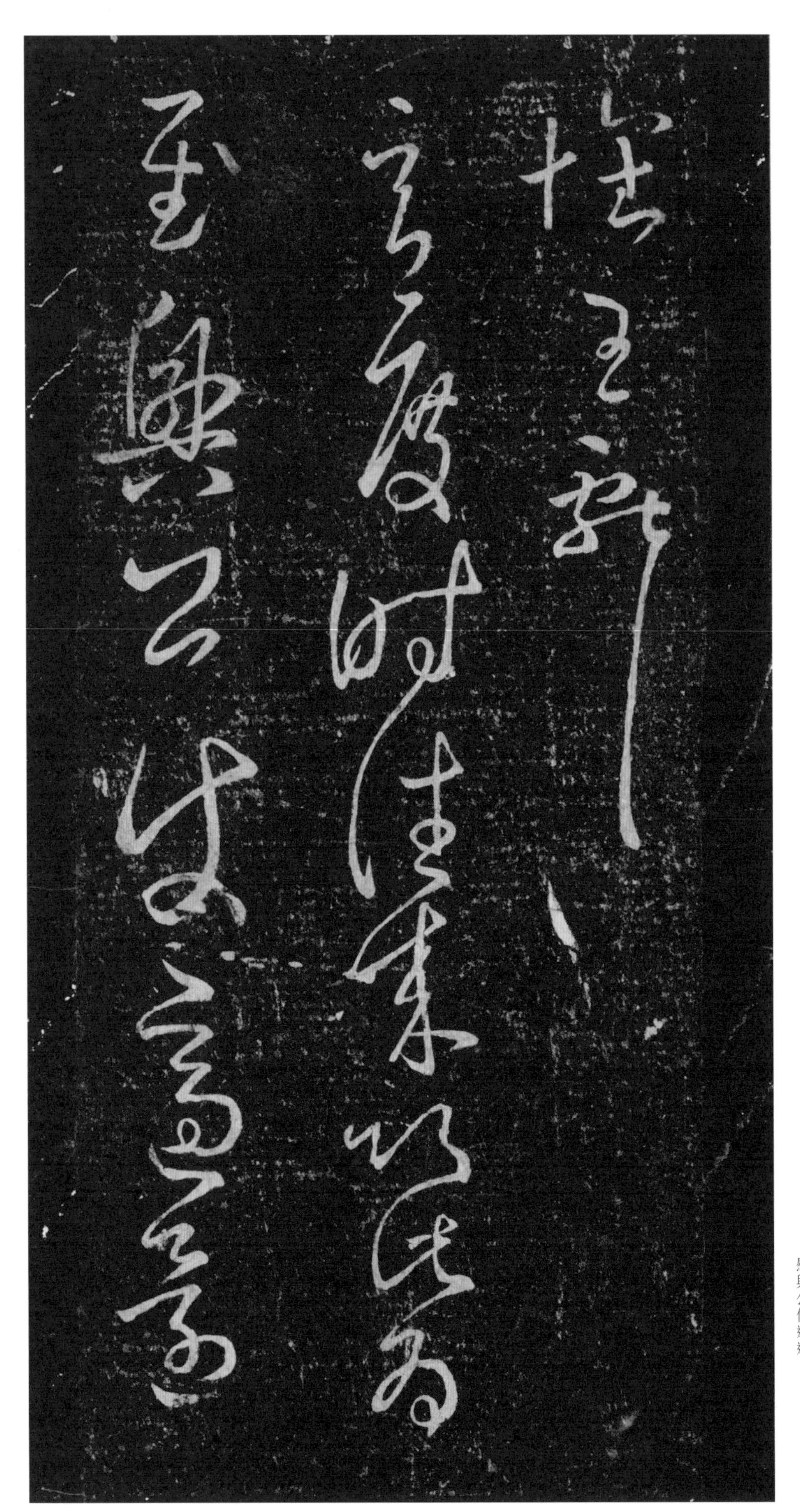

懷王獻之
玄度帖 釋文：
玄度時往來以此為
慰與公使適還

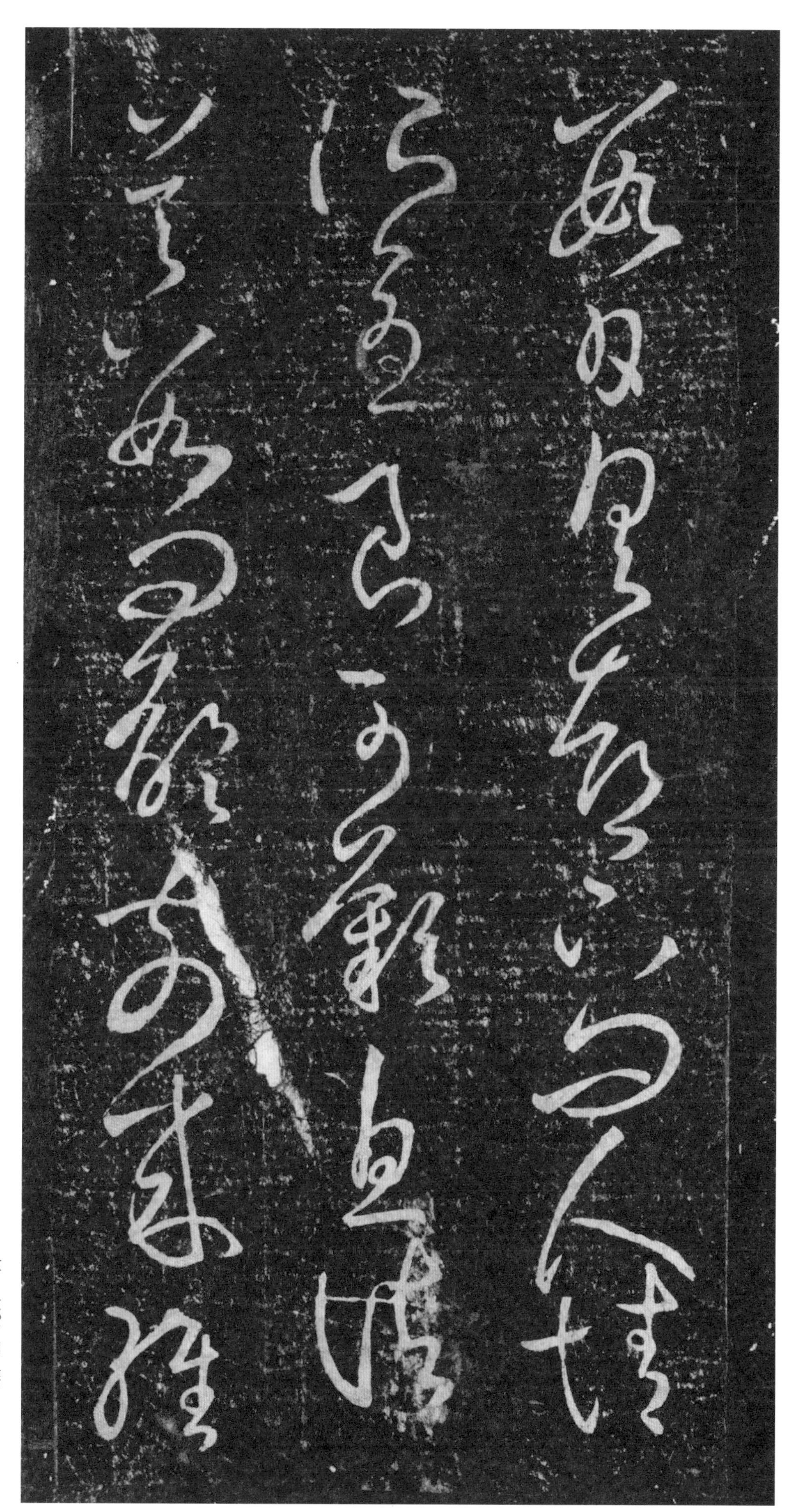

數日具都下問人情
所憂良可歎息諸
吳數問齡前來經

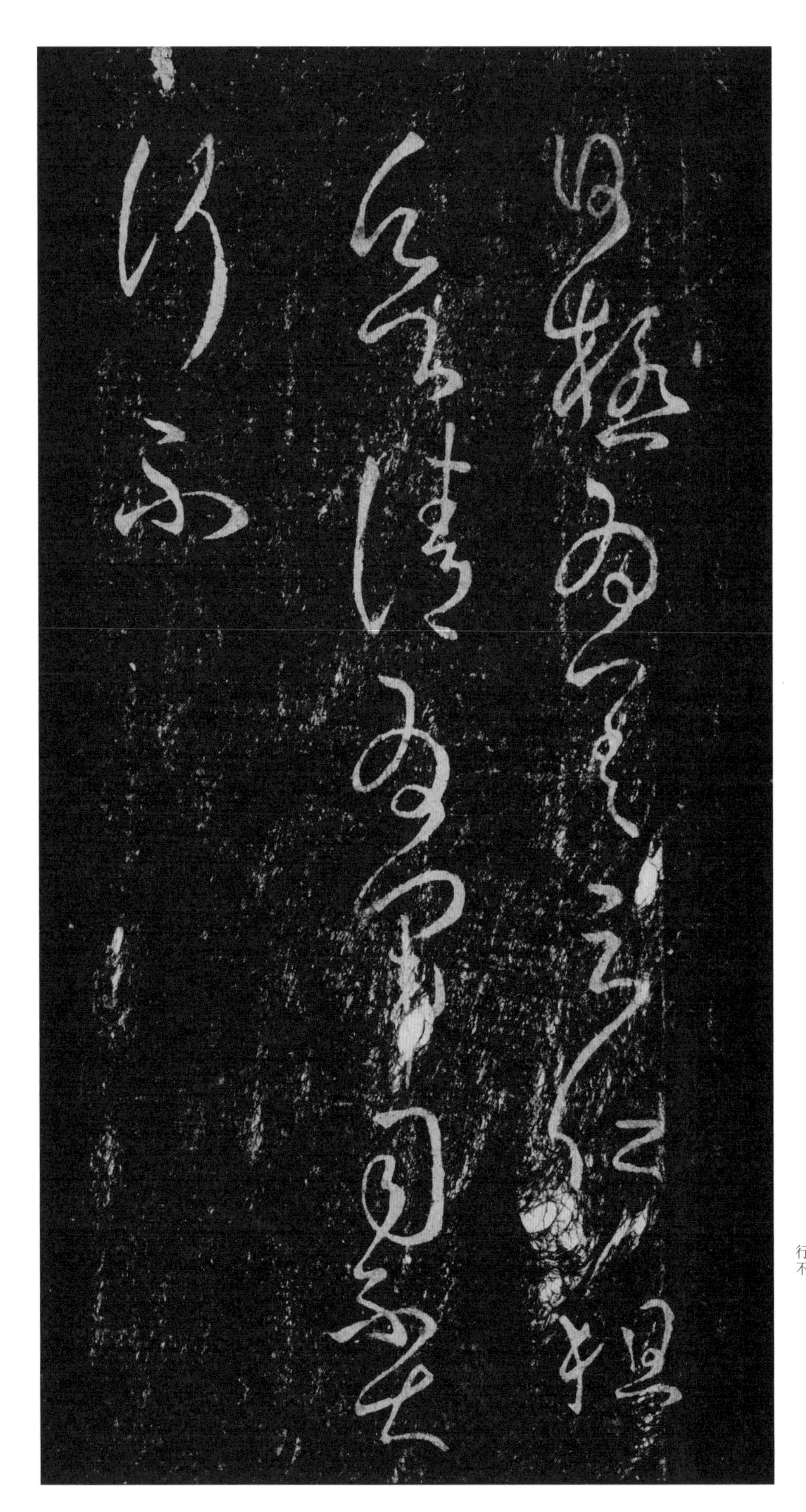

日極為差云仁祖
欲請為軍司不知
行不

30

慕容帖

Mu Rong Tie

31

薄冷帖

Bo Leng Tie

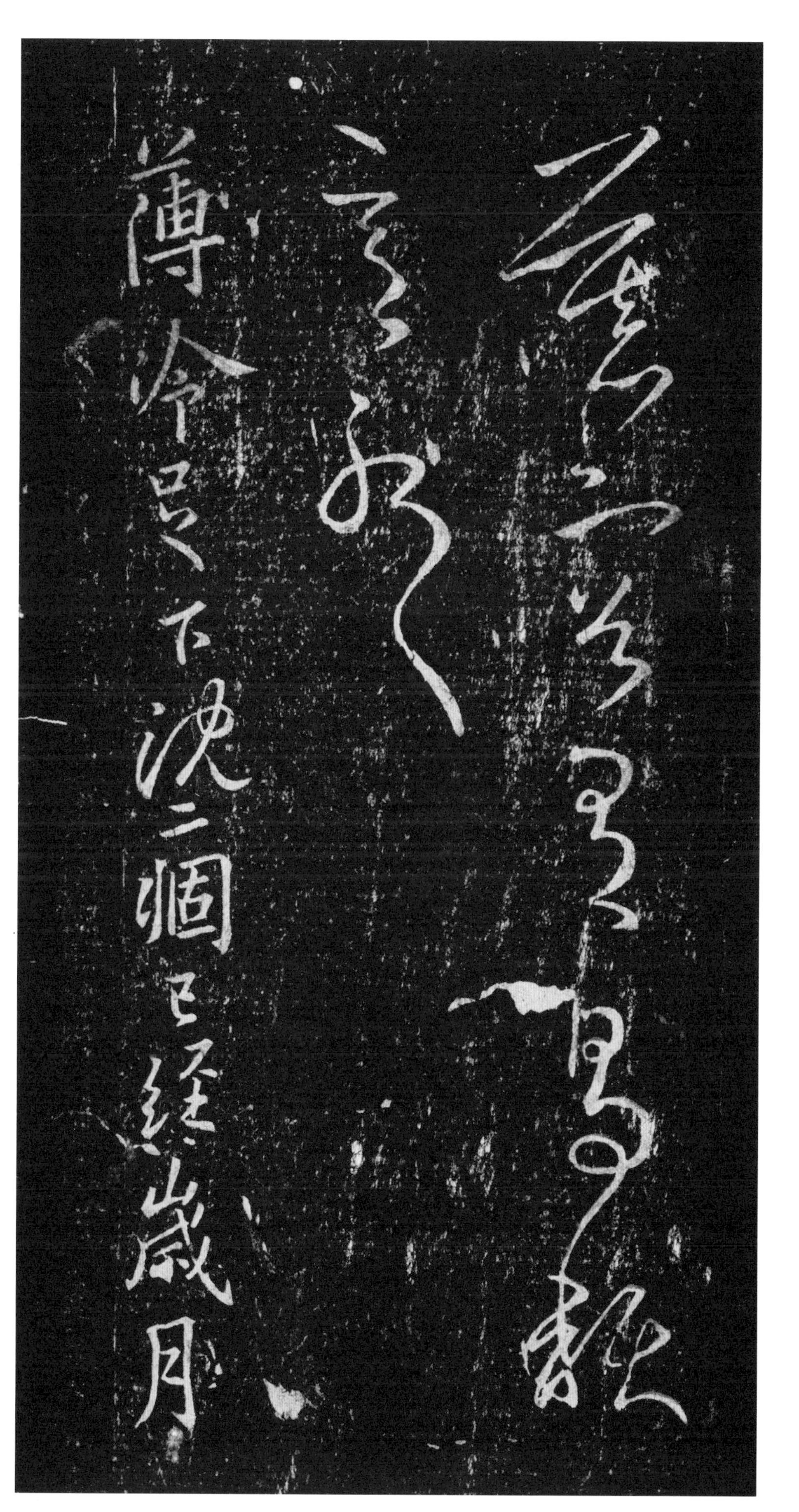

慕容帖 釋文：

慕容有易賴

意耶

薄冷帖 釋文：

薄冷足下沈痼已經歲月

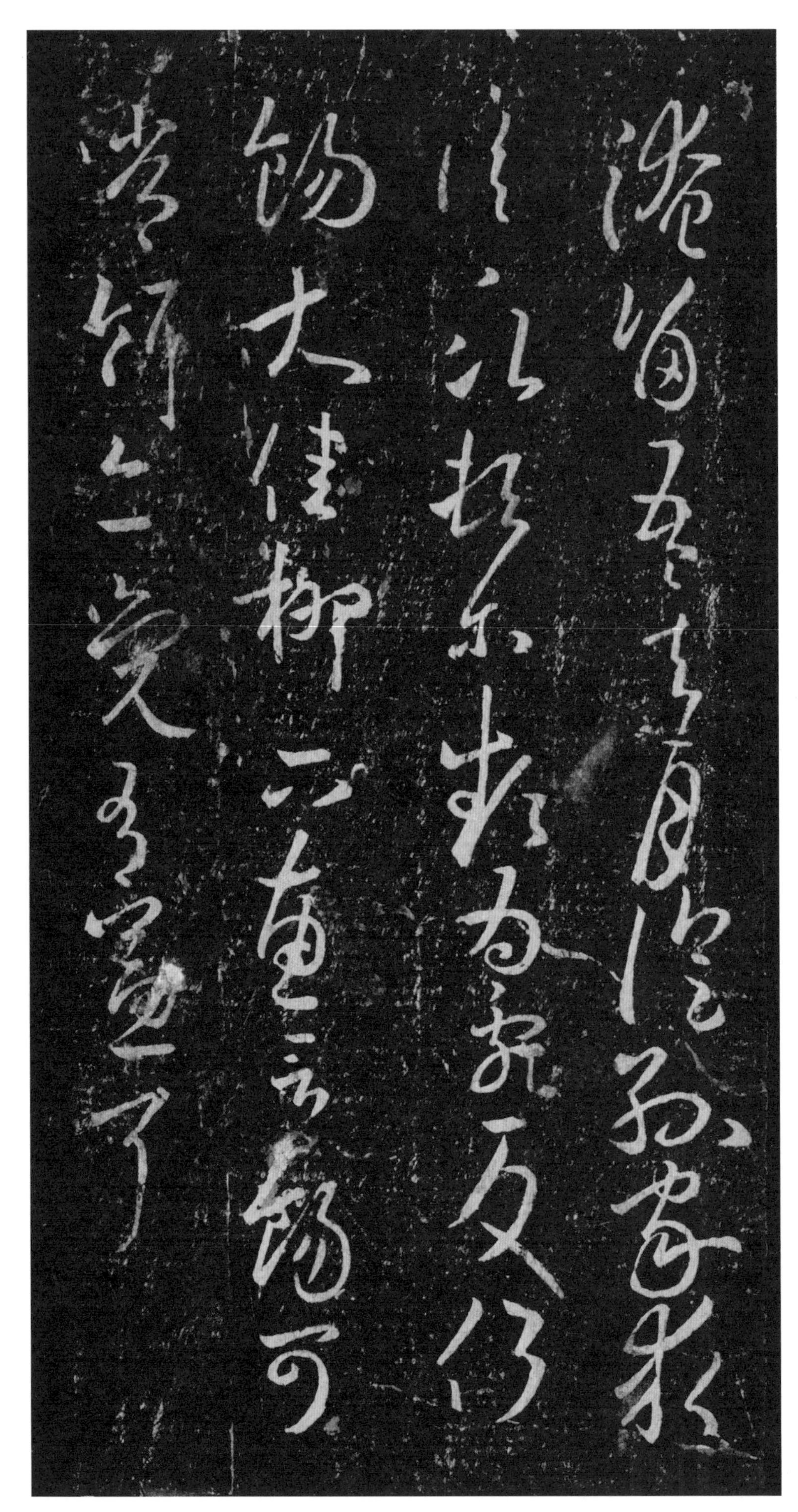

淹留吾去月從孫家求
信信次頓爾頻為亂反側
錫大佳柳下惠言錫可
常餌亦覺有益耳（《益部帖》句）

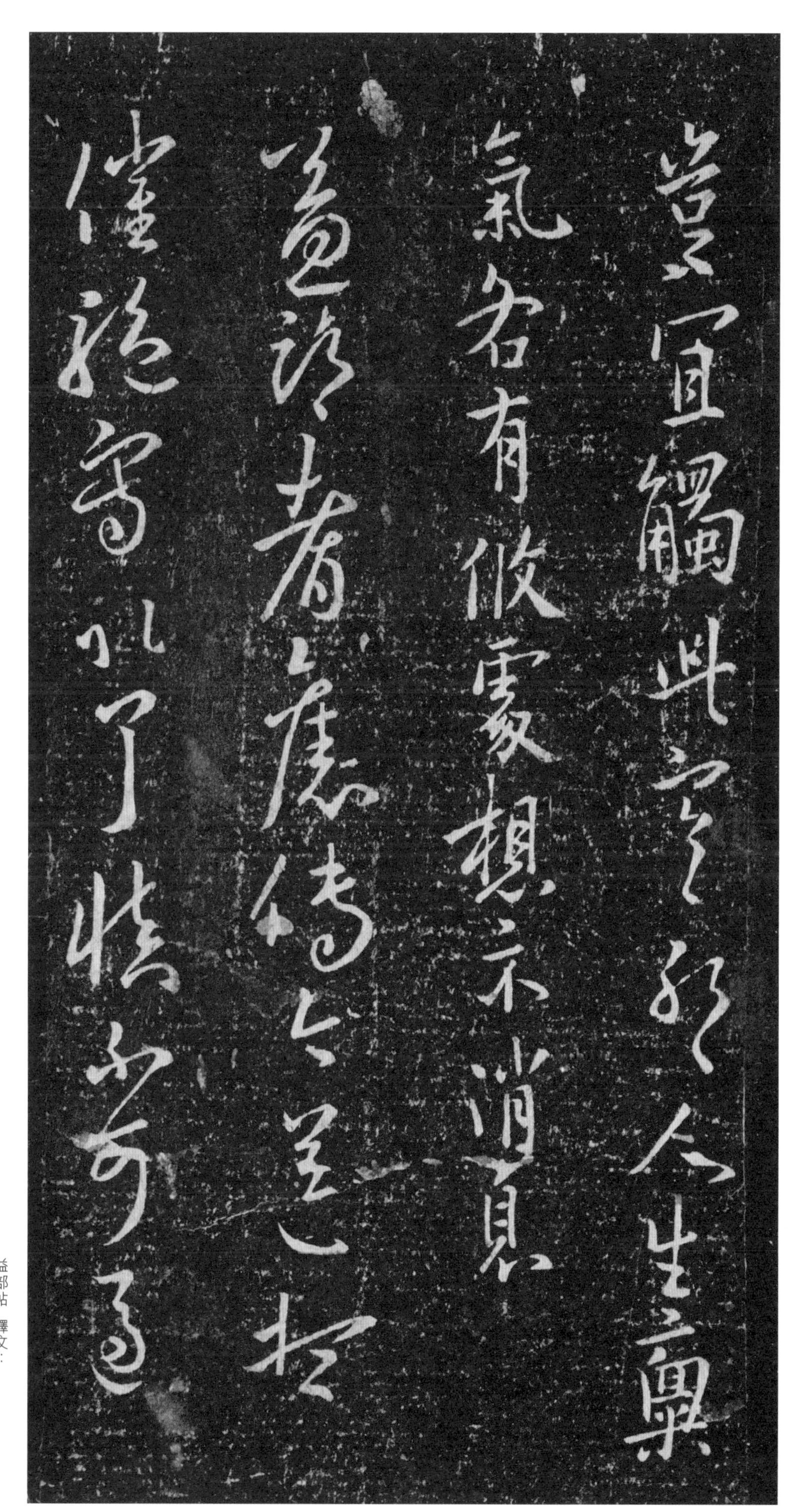

益部帖　釋文：

豈宜觸此寒耶人生稟
氣各有攸處想示消息（《薄冷帖》句）
益部耆舊傳今送想
催驅寫取耳慎不可過

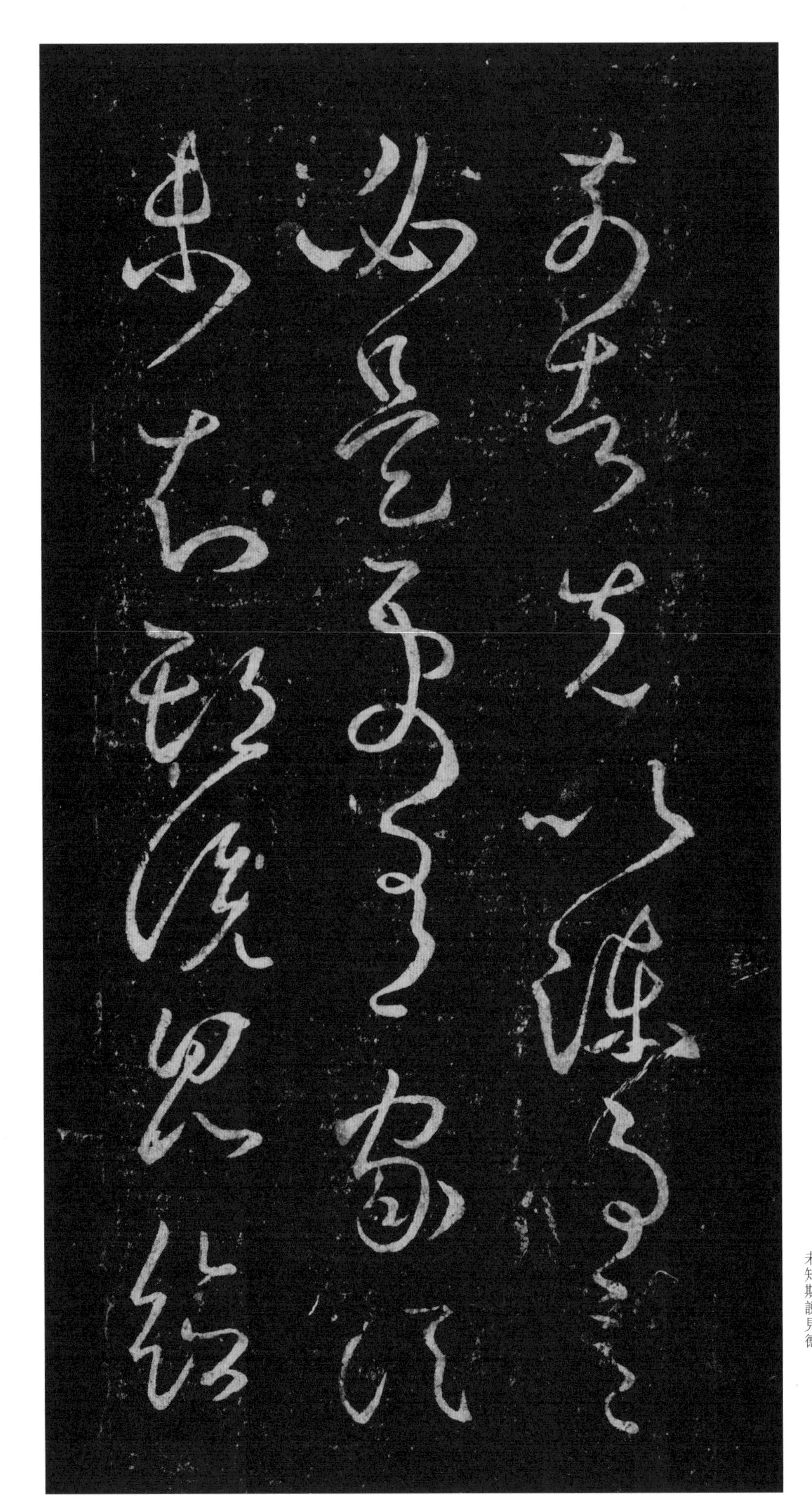

前告帖　釋文：
前告先以陳事意
必是更有家信
未知期說見德

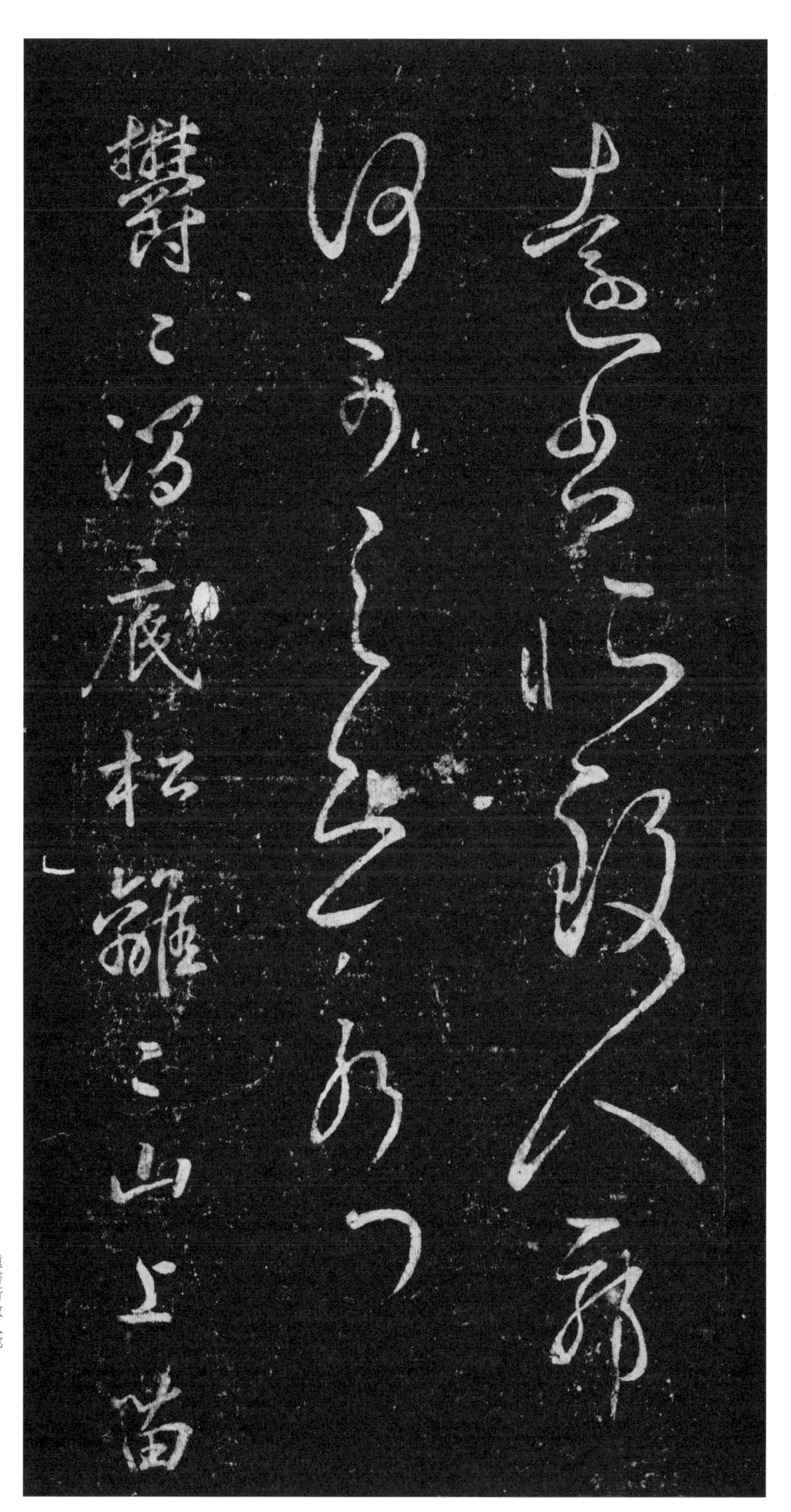

澗松詩 釋文：

遠書所致人耶
何可足念耶
鬱鬱澗底松離離山上苗

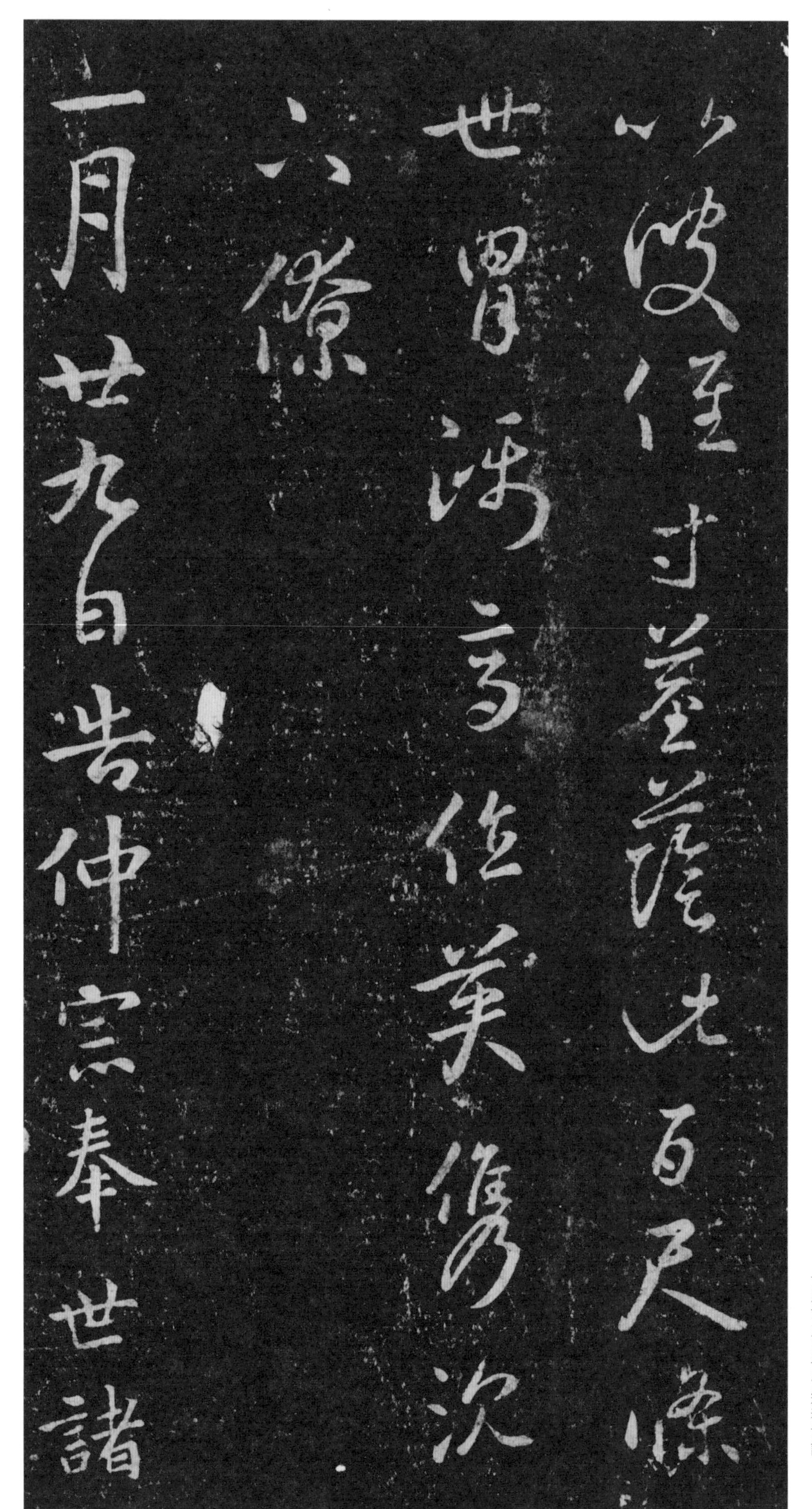

以彼徑寸莖蔭此百尺條
世冑躡高位英儁沈
下僚

仲宗帖　釋文：
一月廿九日告仲宗奉世諸

36

黃門帖
Huang Men Tie

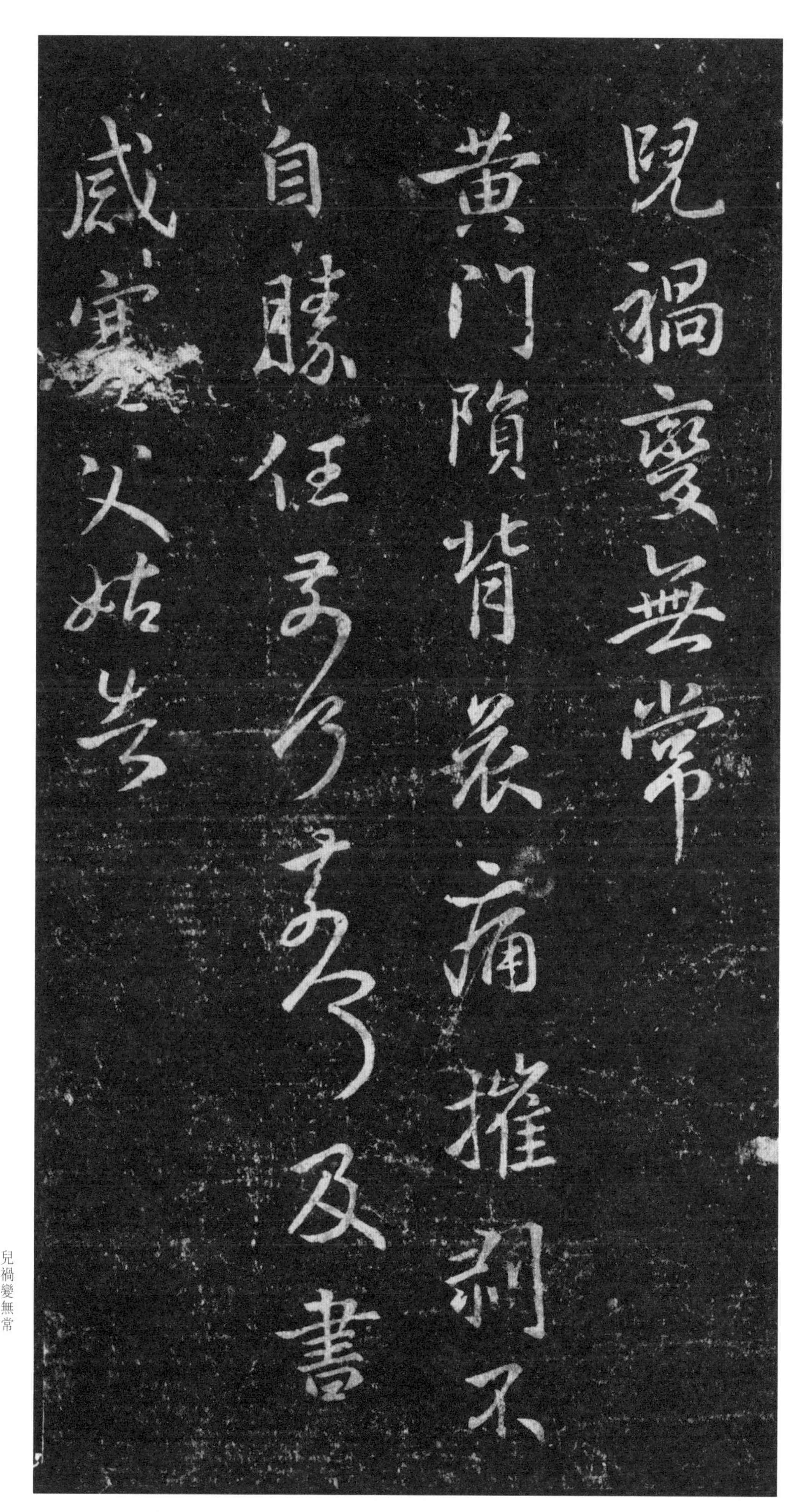

黃門帖　釋文：
兒禍變無常
黃門隕背哀痛摧剝不
自勝任奈何奈何及書
感塞父姑告

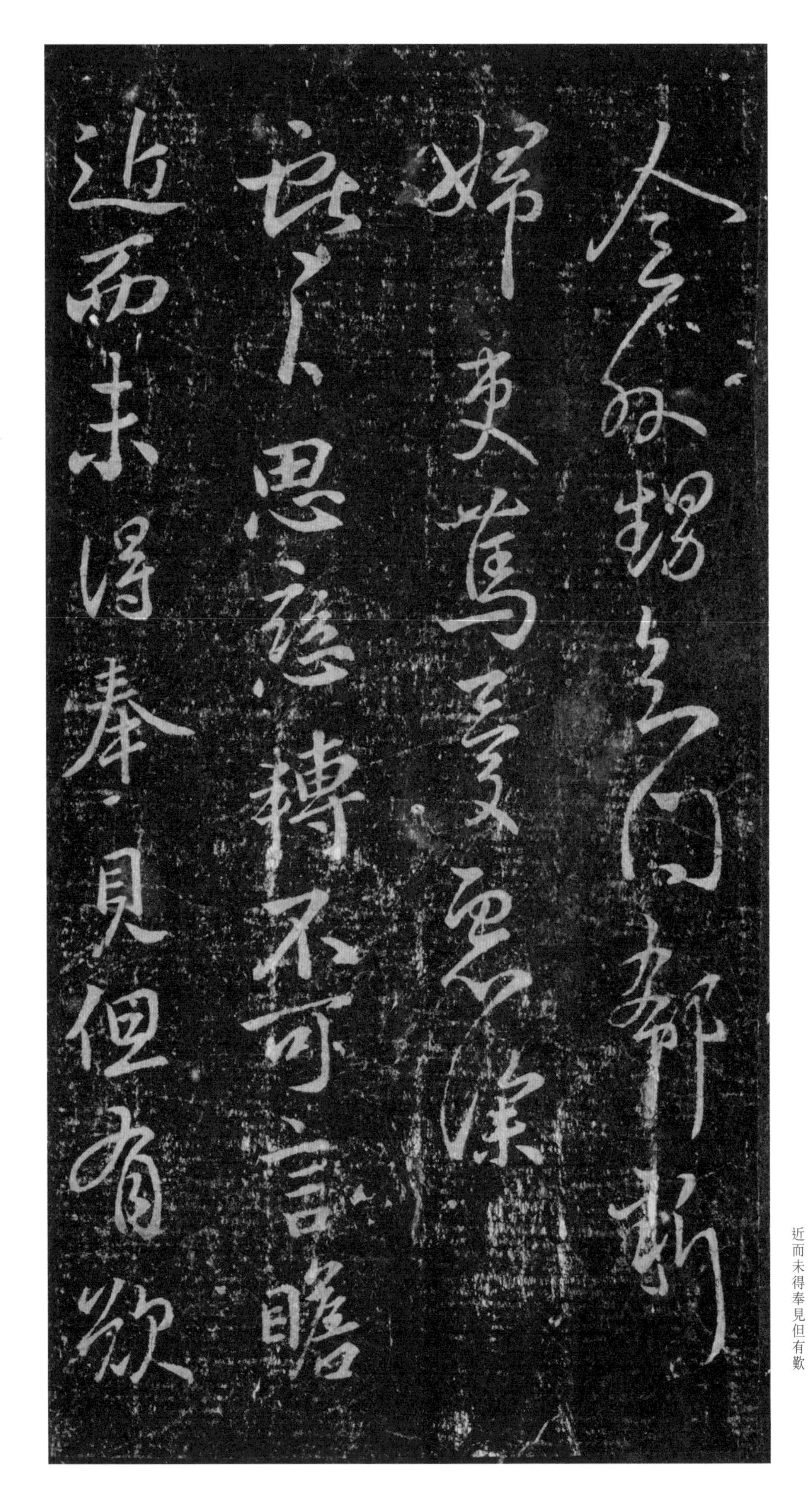

37

外甥帖

Wai Sheng Tie

38

思戀帖

Si Lian Tie

外甥帖　釋文：
令外甥知問郗新
婦更篤憂慮深

思戀帖　釋文：
獻之白思戀轉不可言瞻
近而未得奉見但有歎

39

冠軍帖

Guan Jun Tie

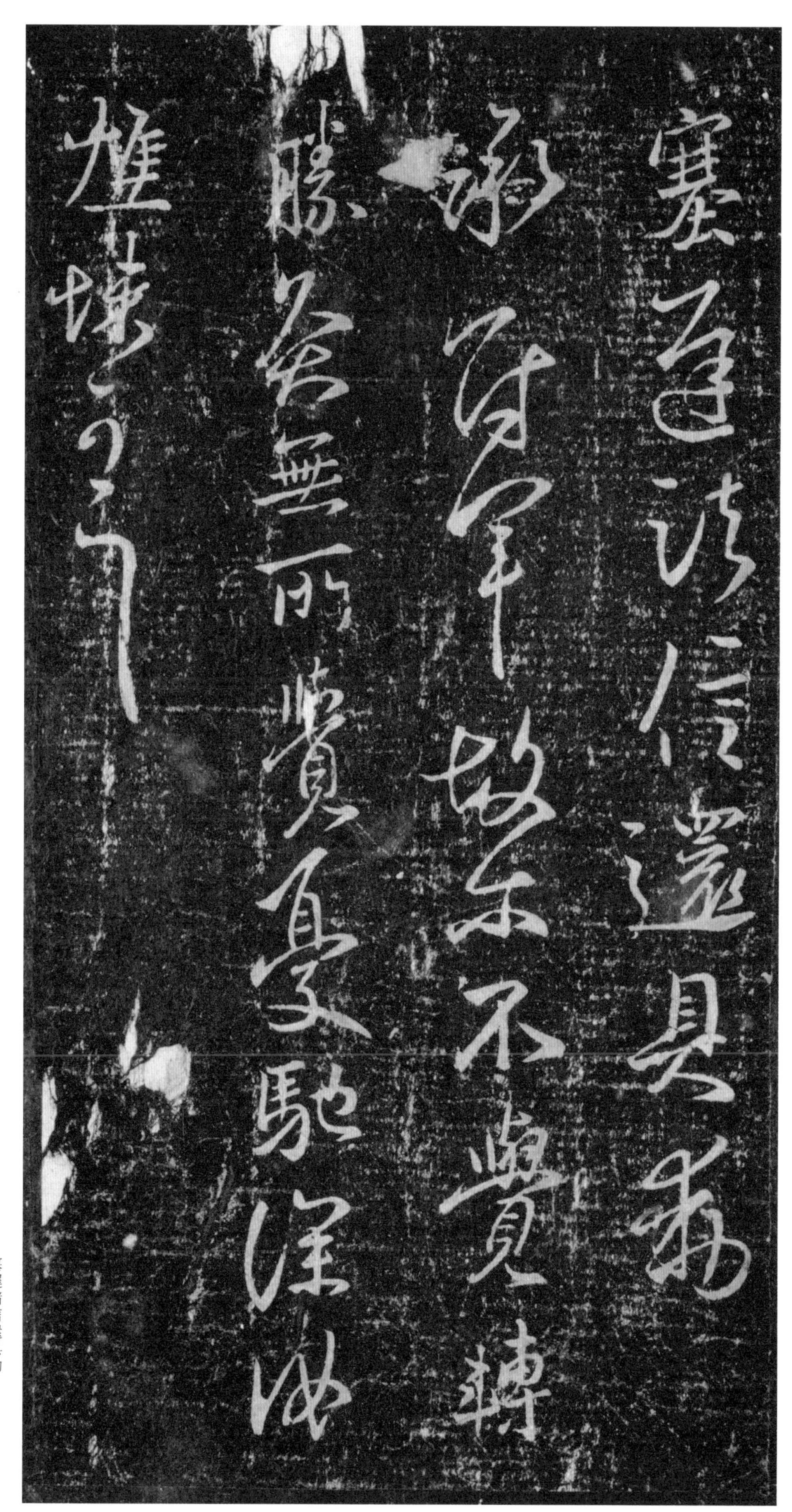

冠軍帖 釋文：

塞遲諸信還具動

承冠軍故爾不覺轉

勝灸無所覺憂馳深汝

燋悚可言

40

可必不帖
Ke Bi Bu Tie

41

諸舍不帖
Zhu She Bu Tie

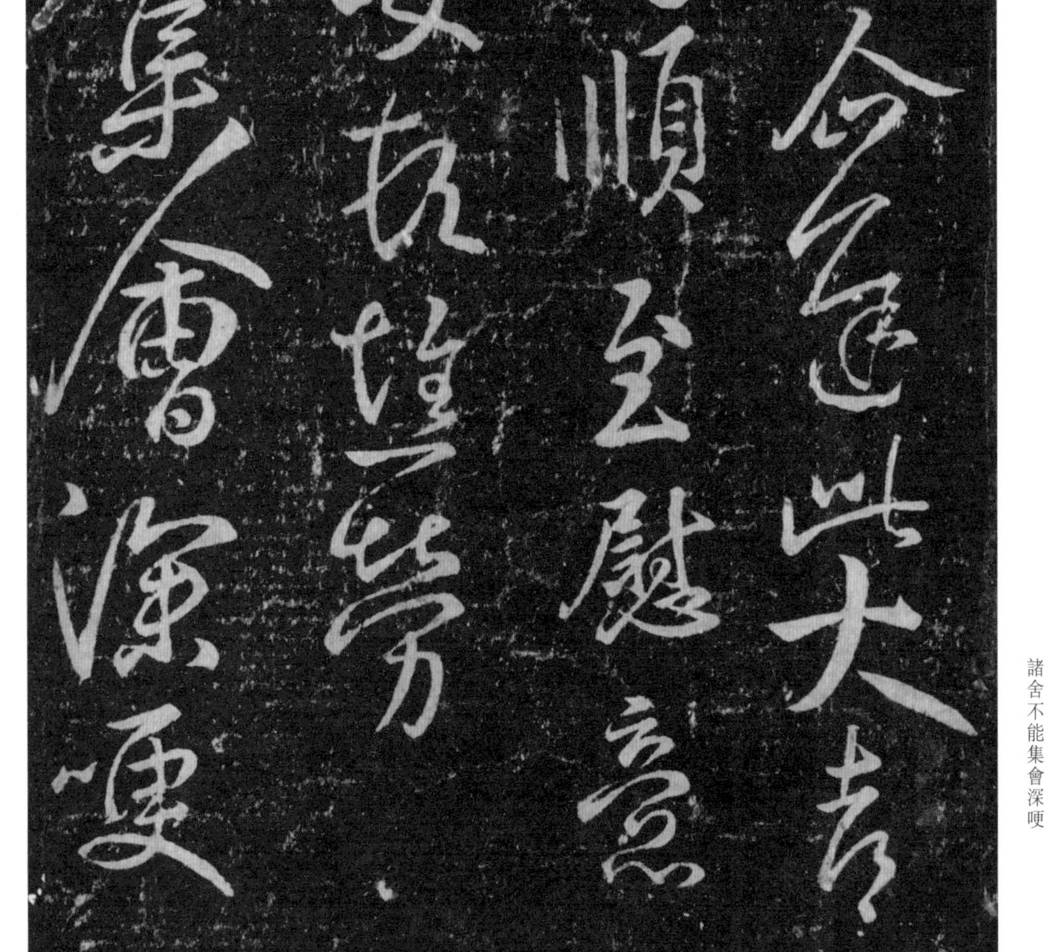

可必不帖　釋文：
可必不耳企遲此大都
如常秀順至慰意
順心痛委頓憔勞

諸舍不帖　釋文：
諸舍不能集會深哽

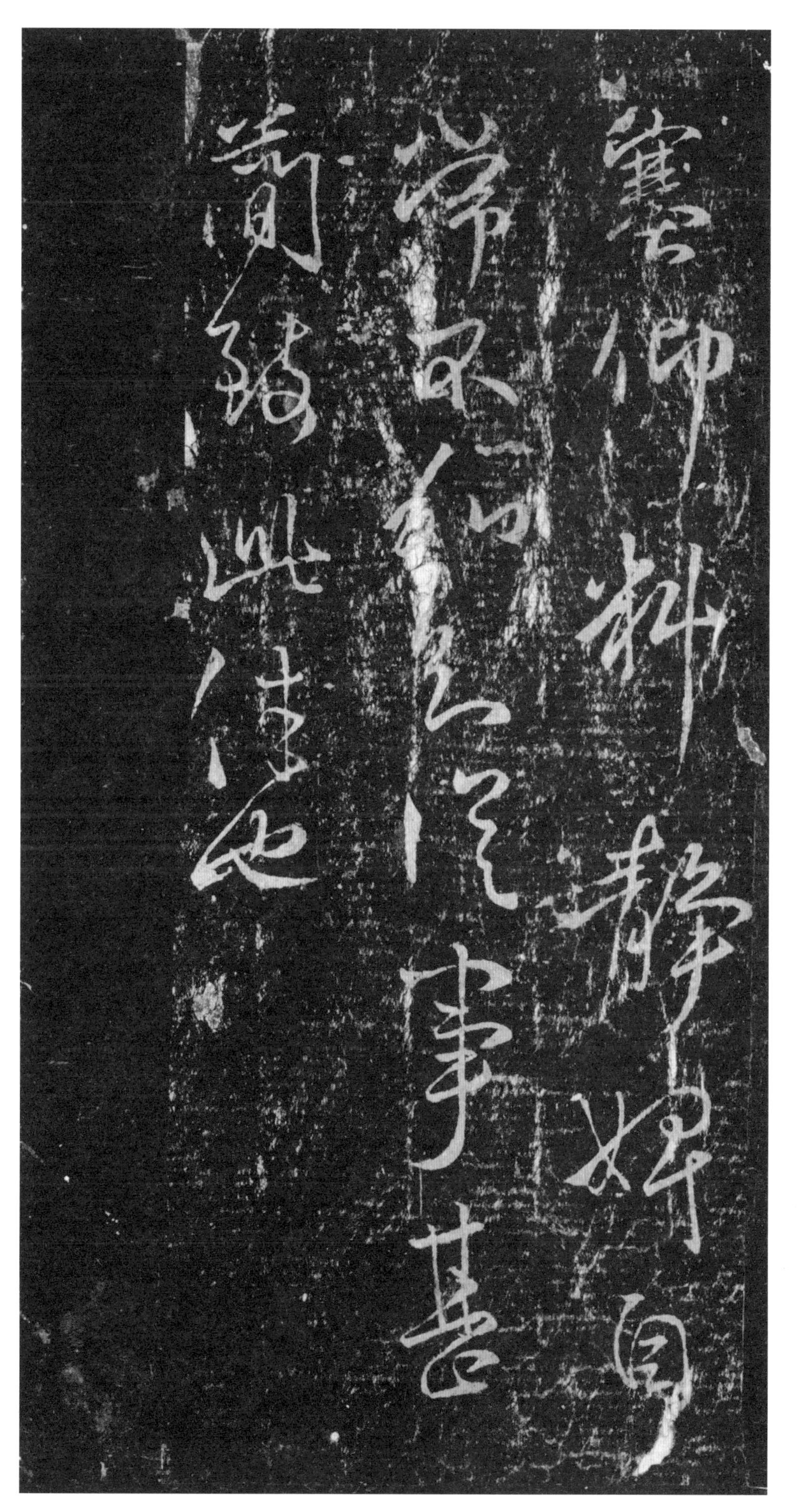

塞仰料靜婢自
常不和知從事甚
簡致此佳也

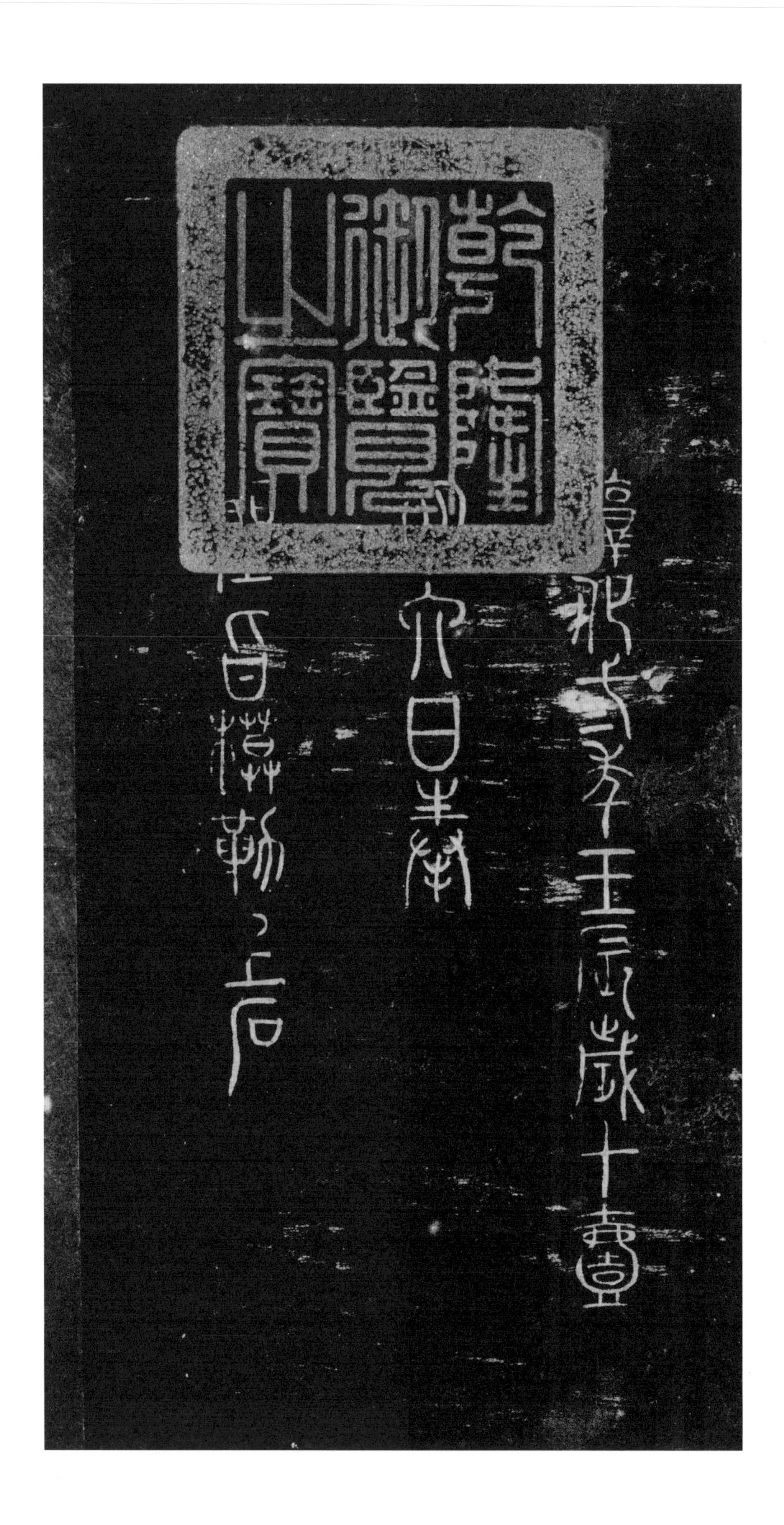

法帖第十王獻之書二

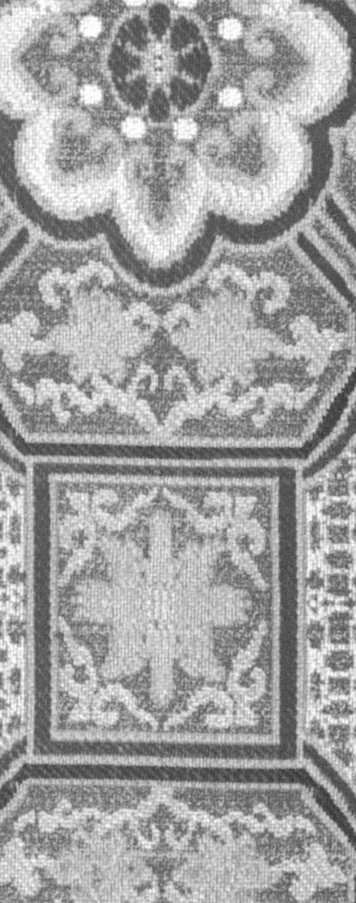

Part Ten: Model Calligraphies of Wang Xianzhi, Jin Dynasty (2)

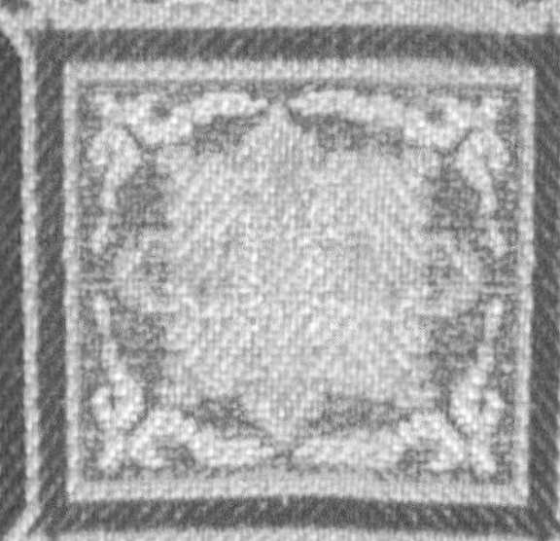

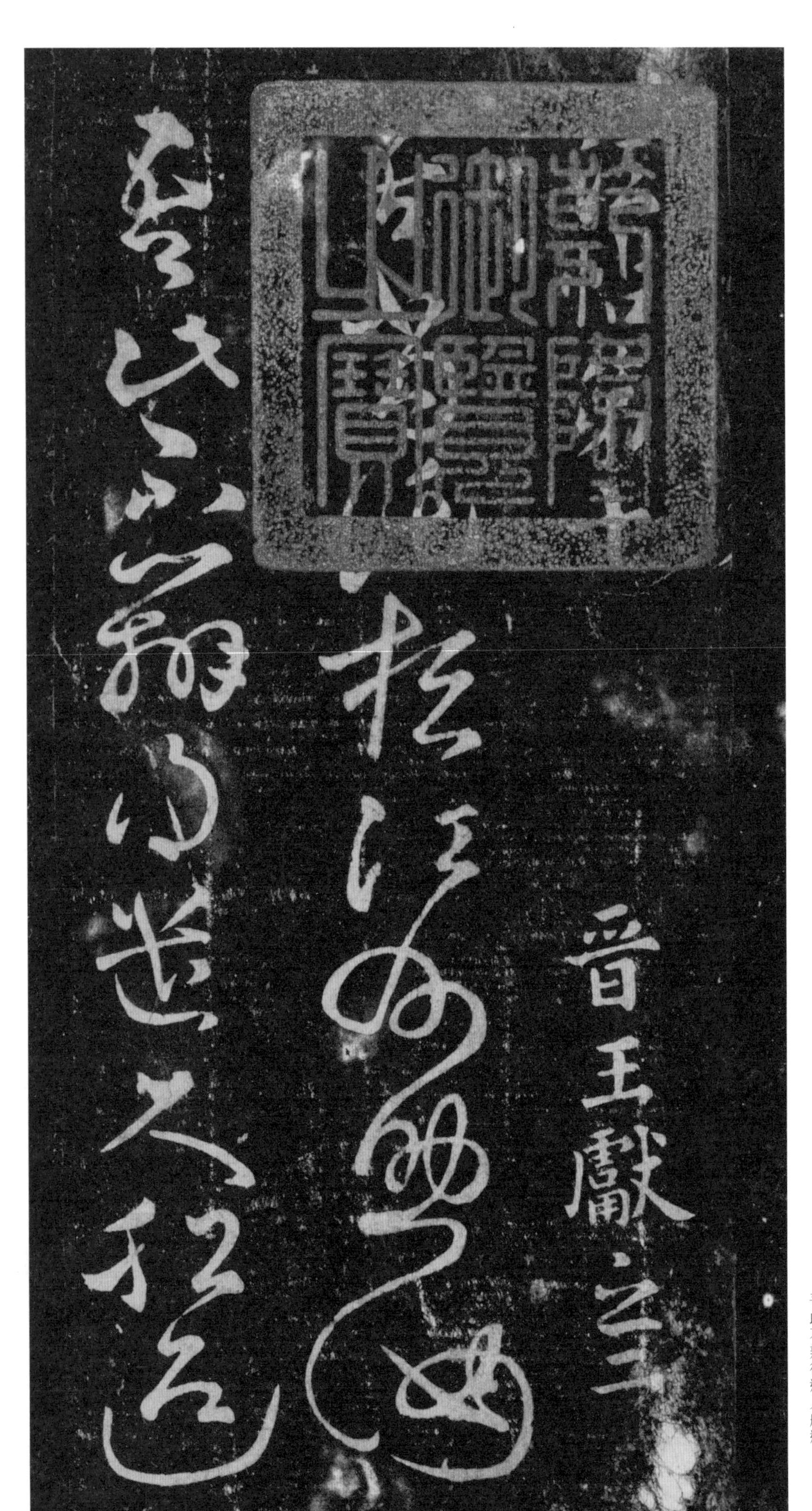

江州帖

Jiang Zhou Tie

1

江州帖　釋文：
吾當託桓江州助汝
吾此不辨得遣人船迎

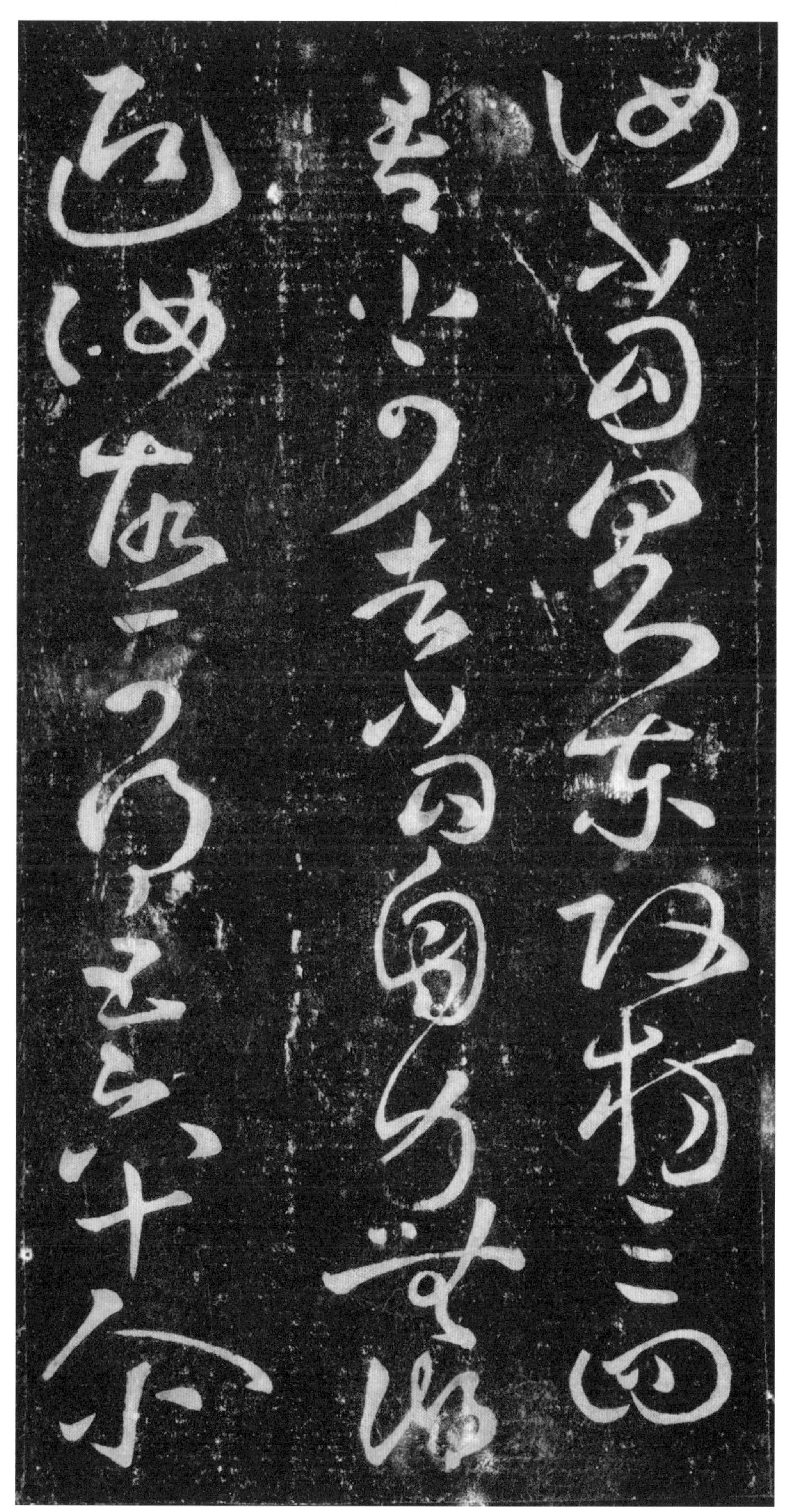

汝當具東改枋三四
吾小可者當自力無湖
迎汝故可得五六十人小

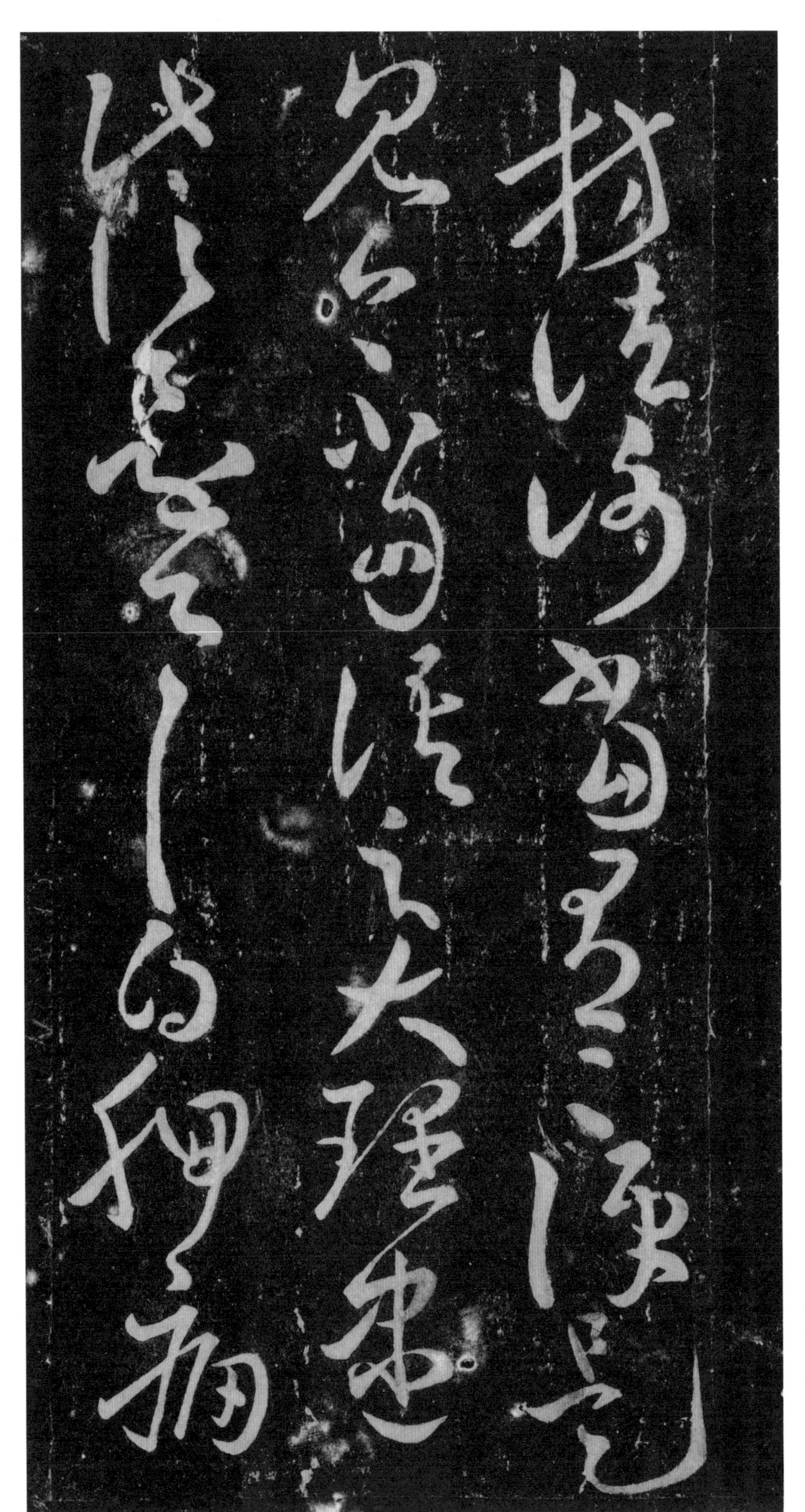

枋諸謝當有有便是
見今當語之大理盡
此信還具白胛痛

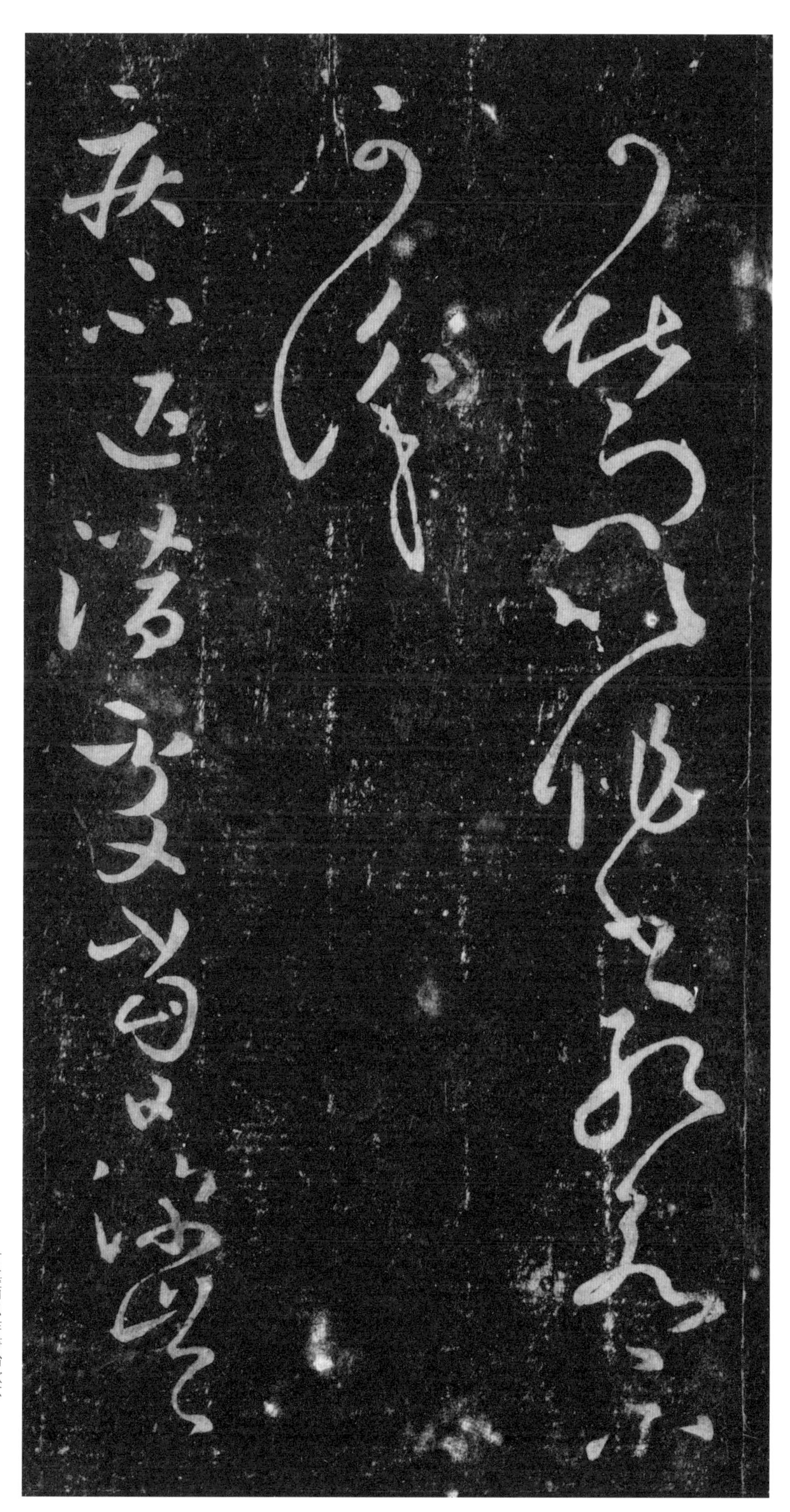

可堪而以作書殆欲不可識
疾不退帖 釋文：
疾不退潛處當日深豈

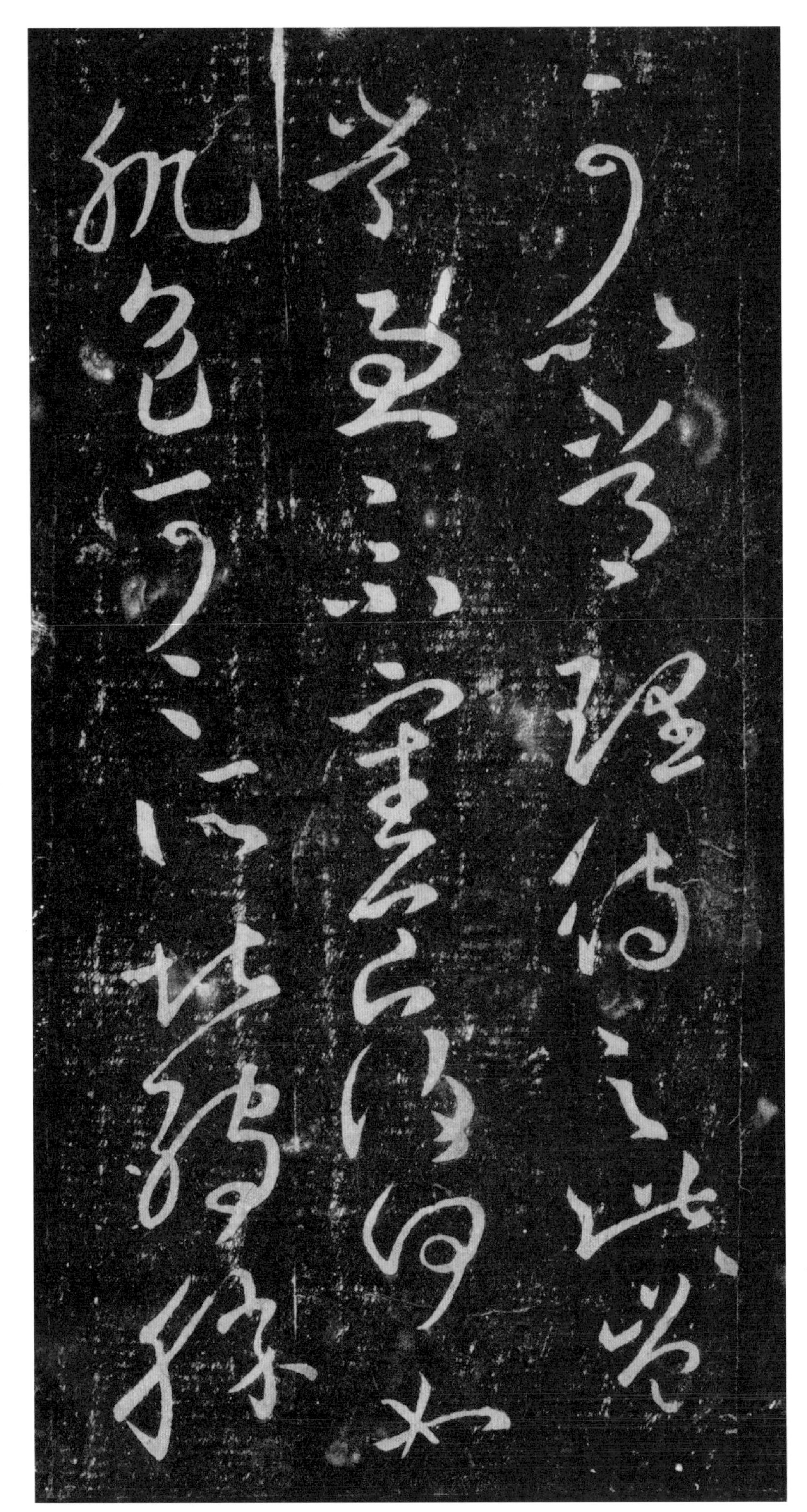

可以常理待之此豈
常急急不審食復何如
肌色可可所堪轉勝

3

消息帖
Xiao Xi Tie

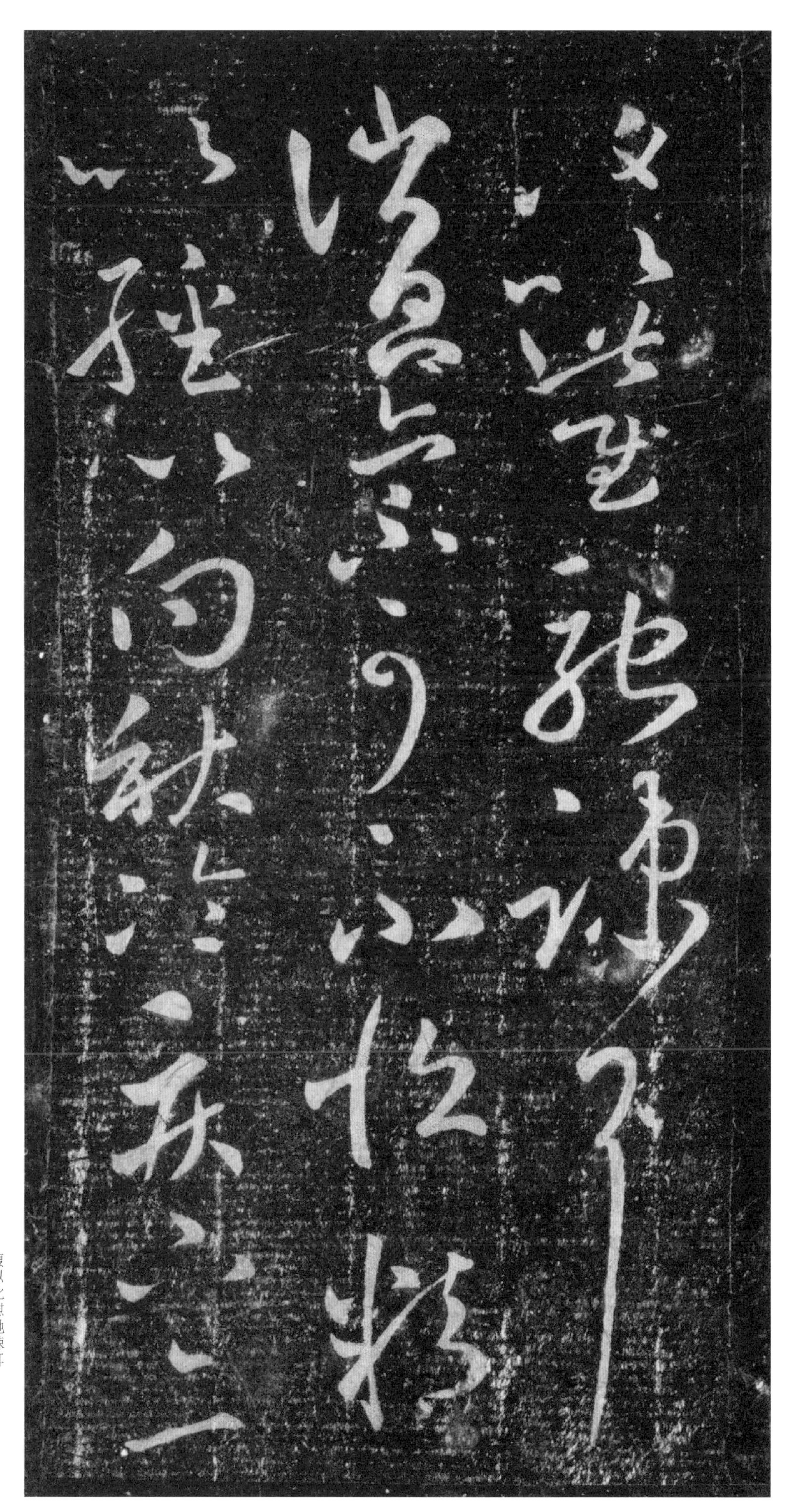

復以此慰馳竦耳

消息帖 釋文：
消息亦不可不恒精
以經心向秋冷疾下亦

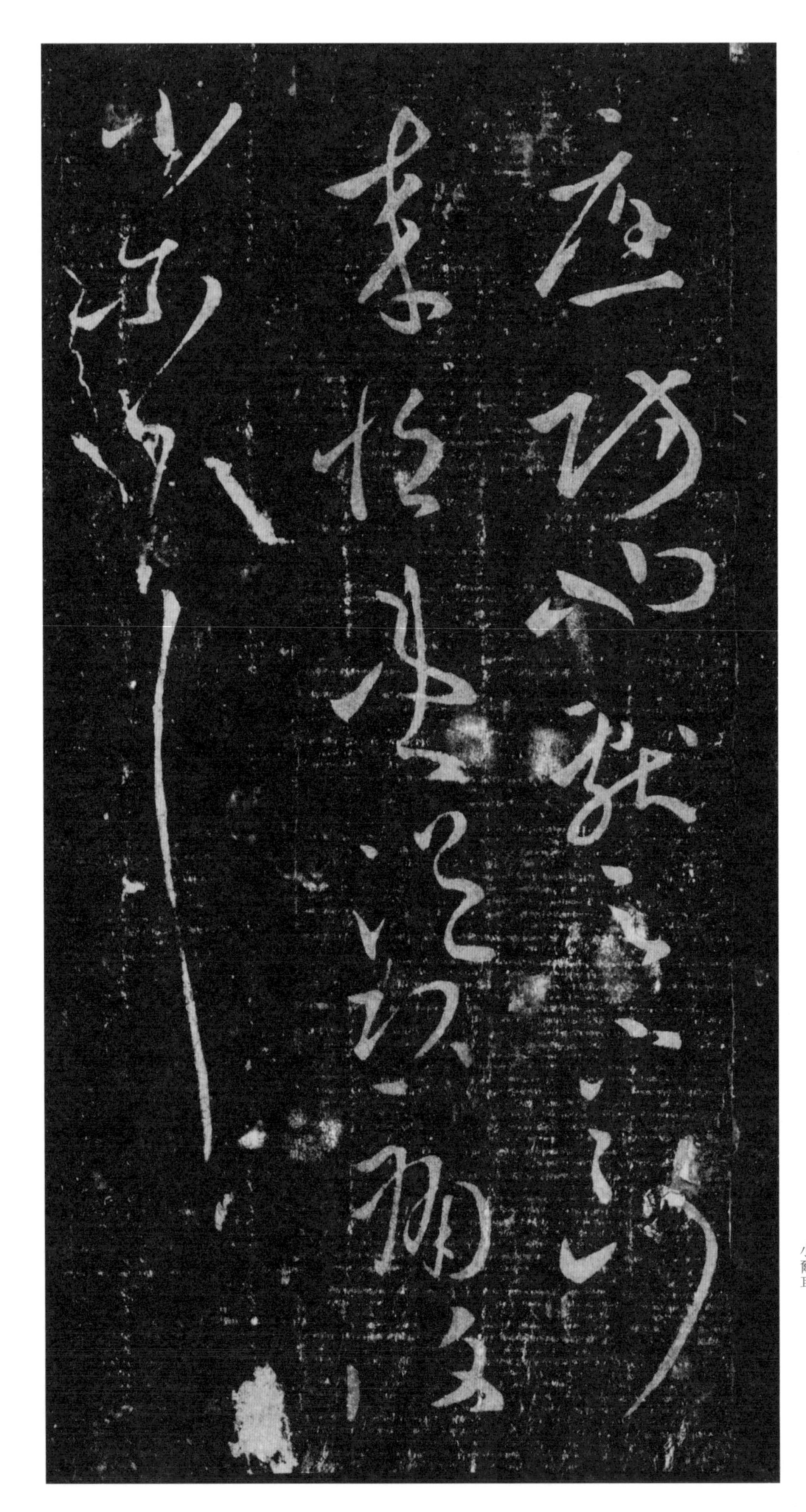

應防也獻之下斷
來恒患頭項痛復
小爾耳

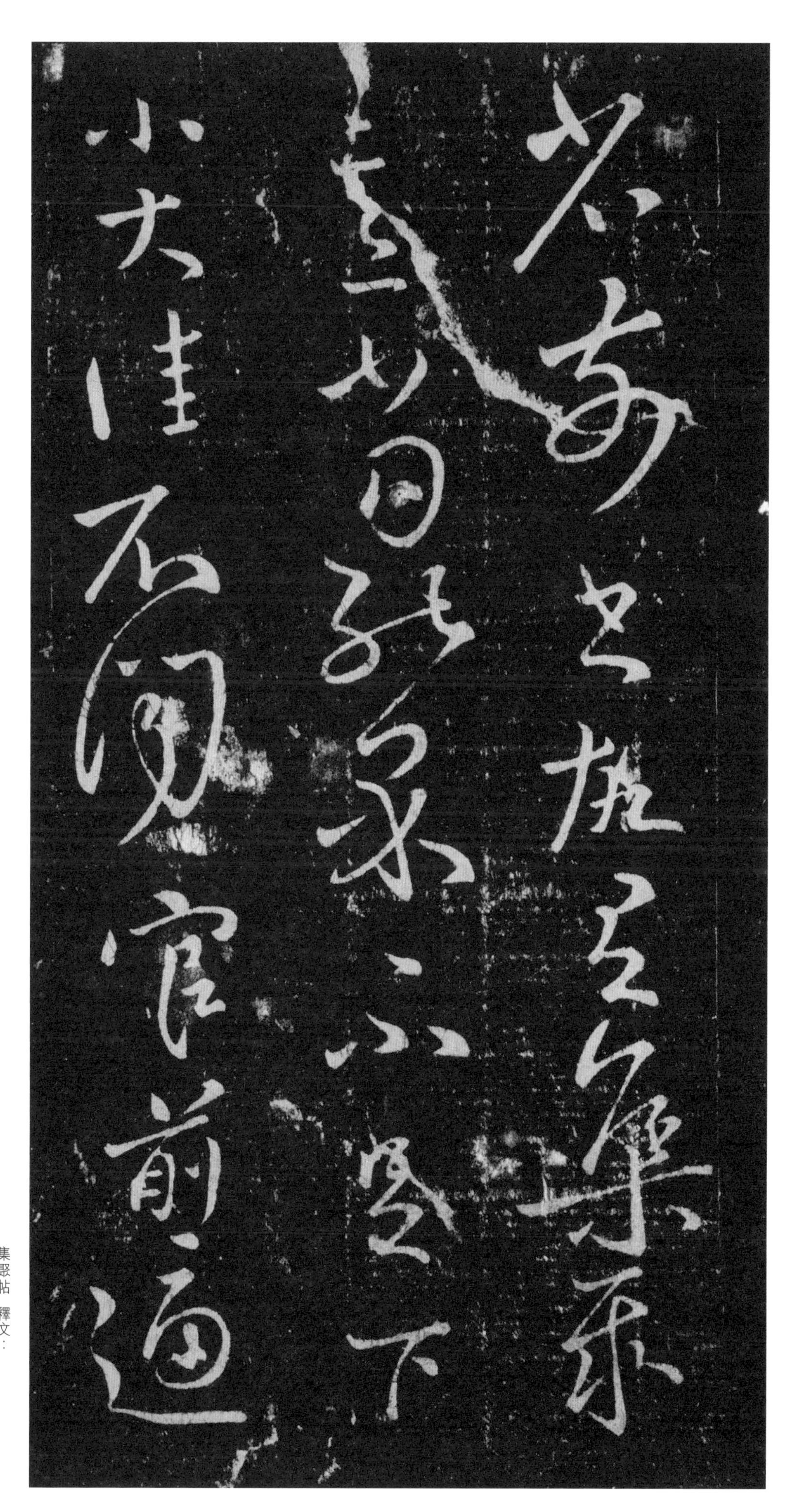

集聚帖　釋文：
省前書故有集聚
意當能果不足下
小大佳不聞官前逼

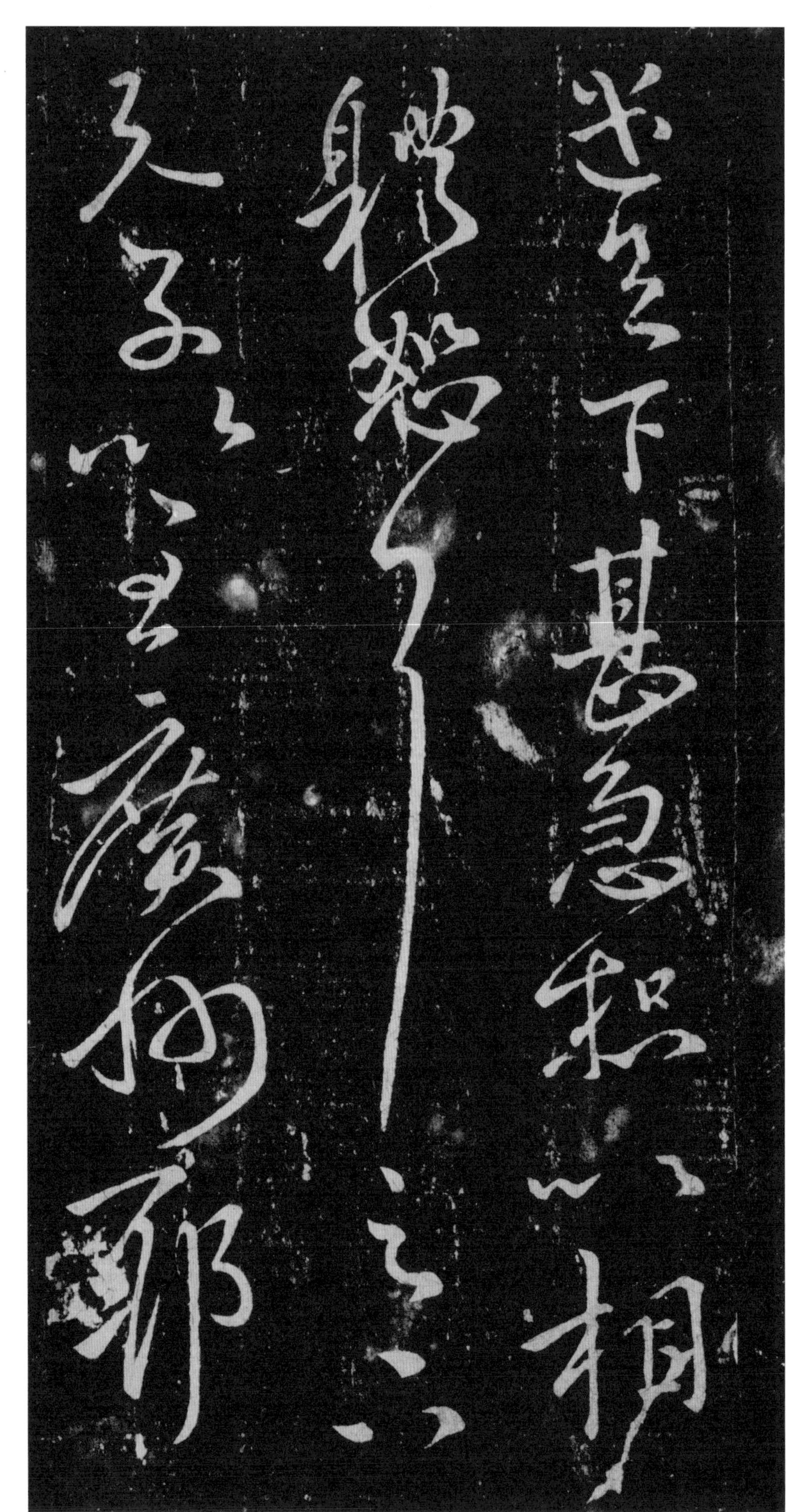

遣足下甚急想以相
體恕耳足下
兄子以至廣州耶

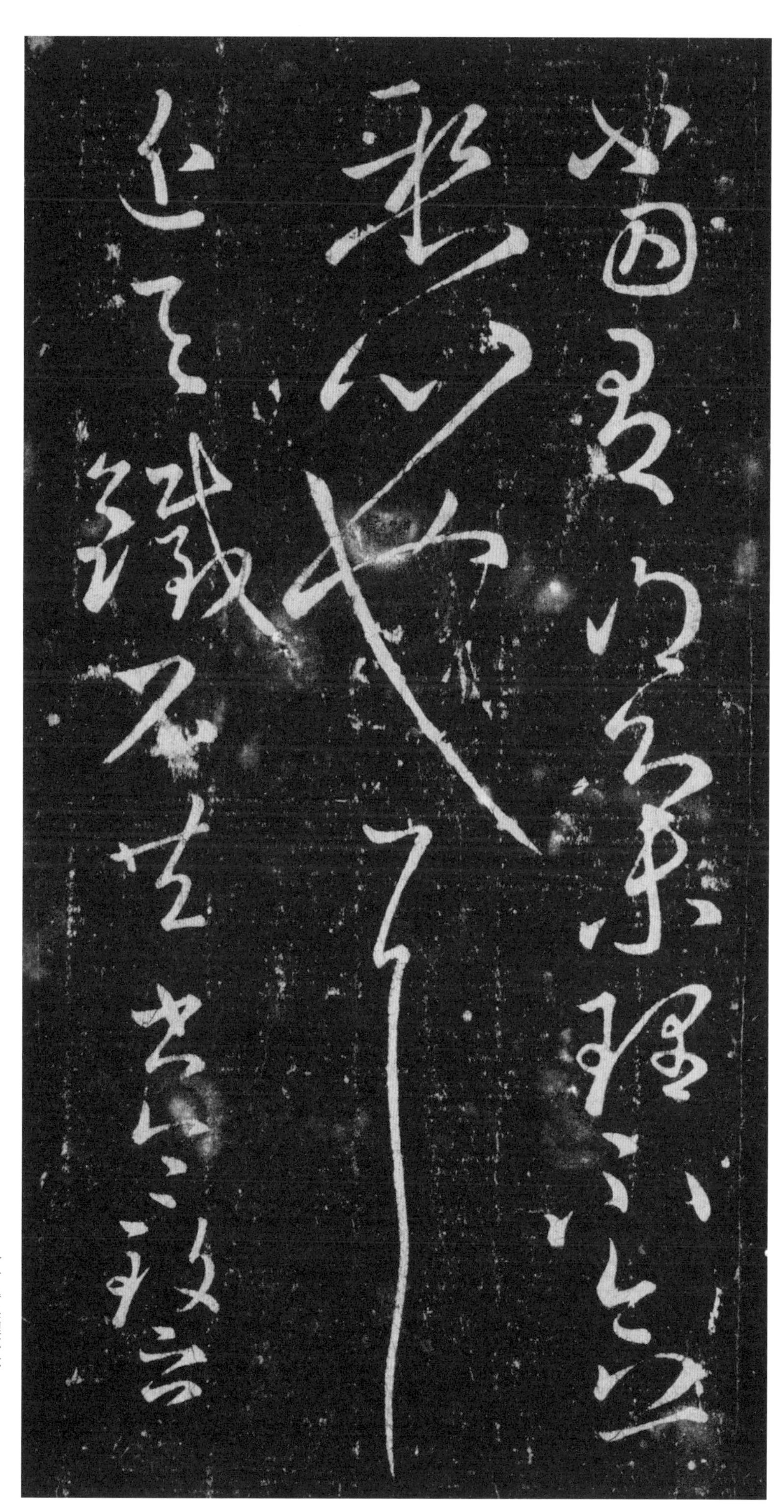

鐵石帖 釋文：
當有得集理不念
懸心也耳
近與鐵石共書令致之

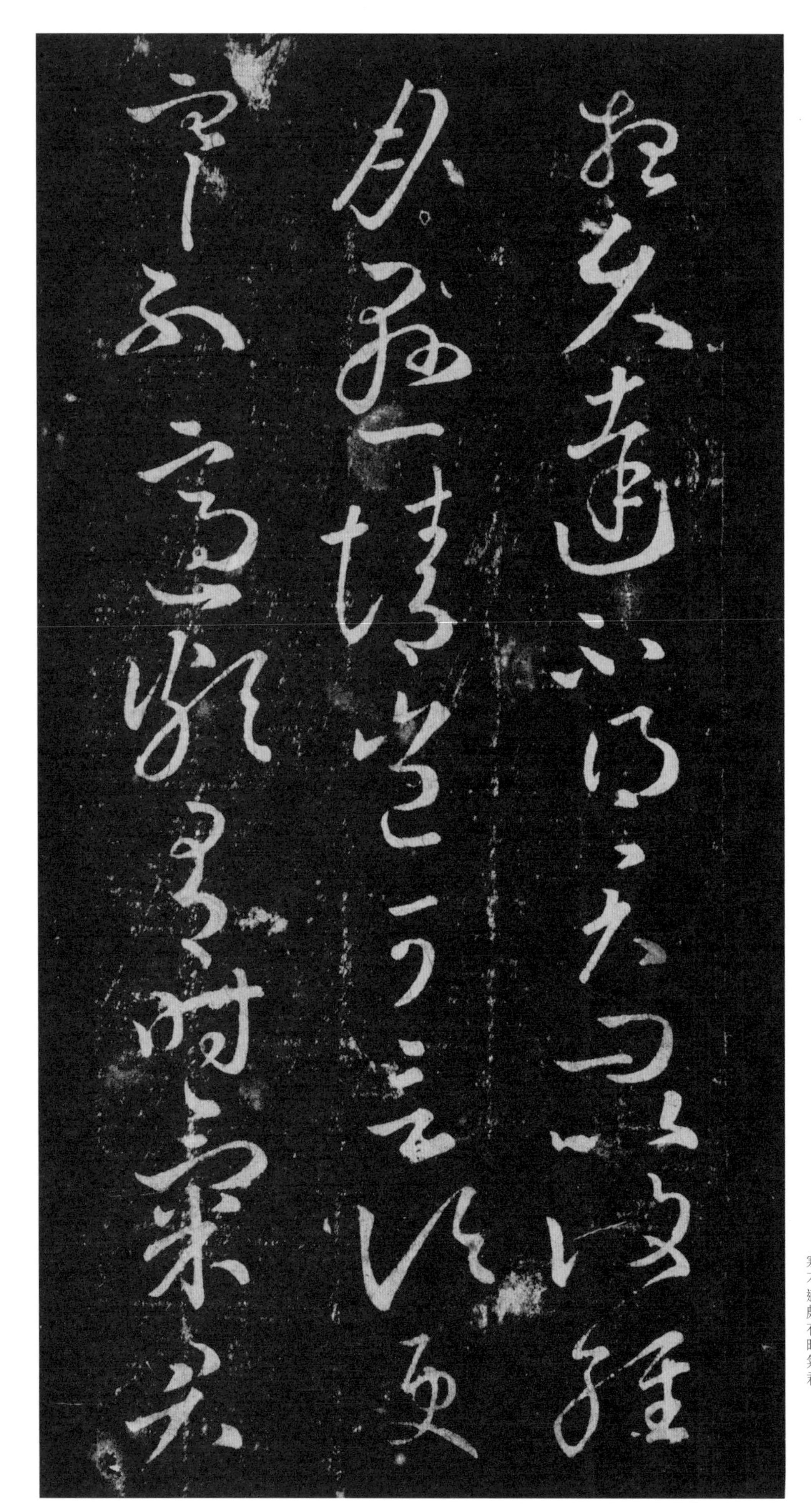

想久達不得君問以復經
月懸情豈可言頃更
寒不適頗有時氣君

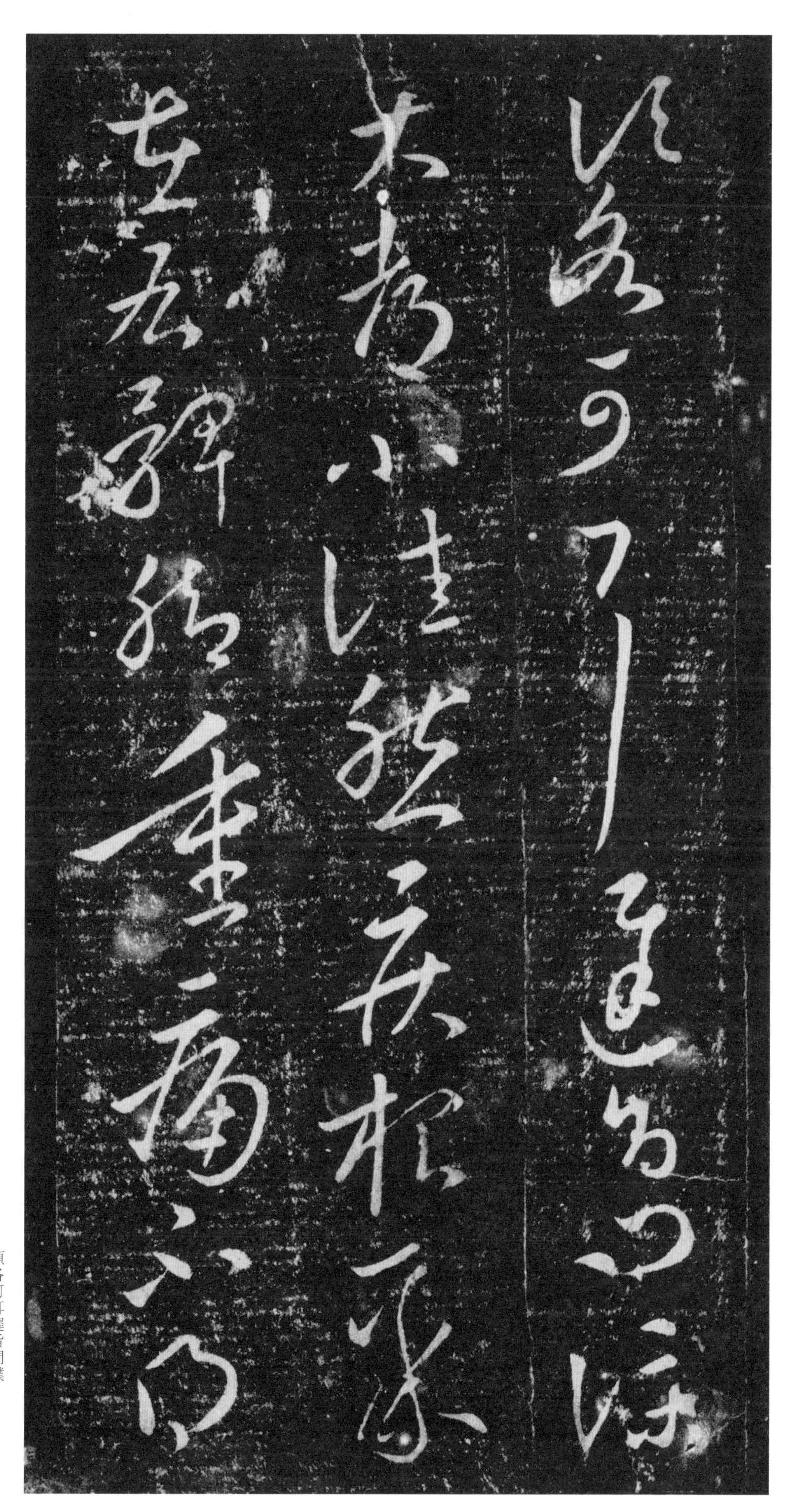

頃各可耳遲旨問僕
大都小佳然疾根聚
在右髀腳重痛不得

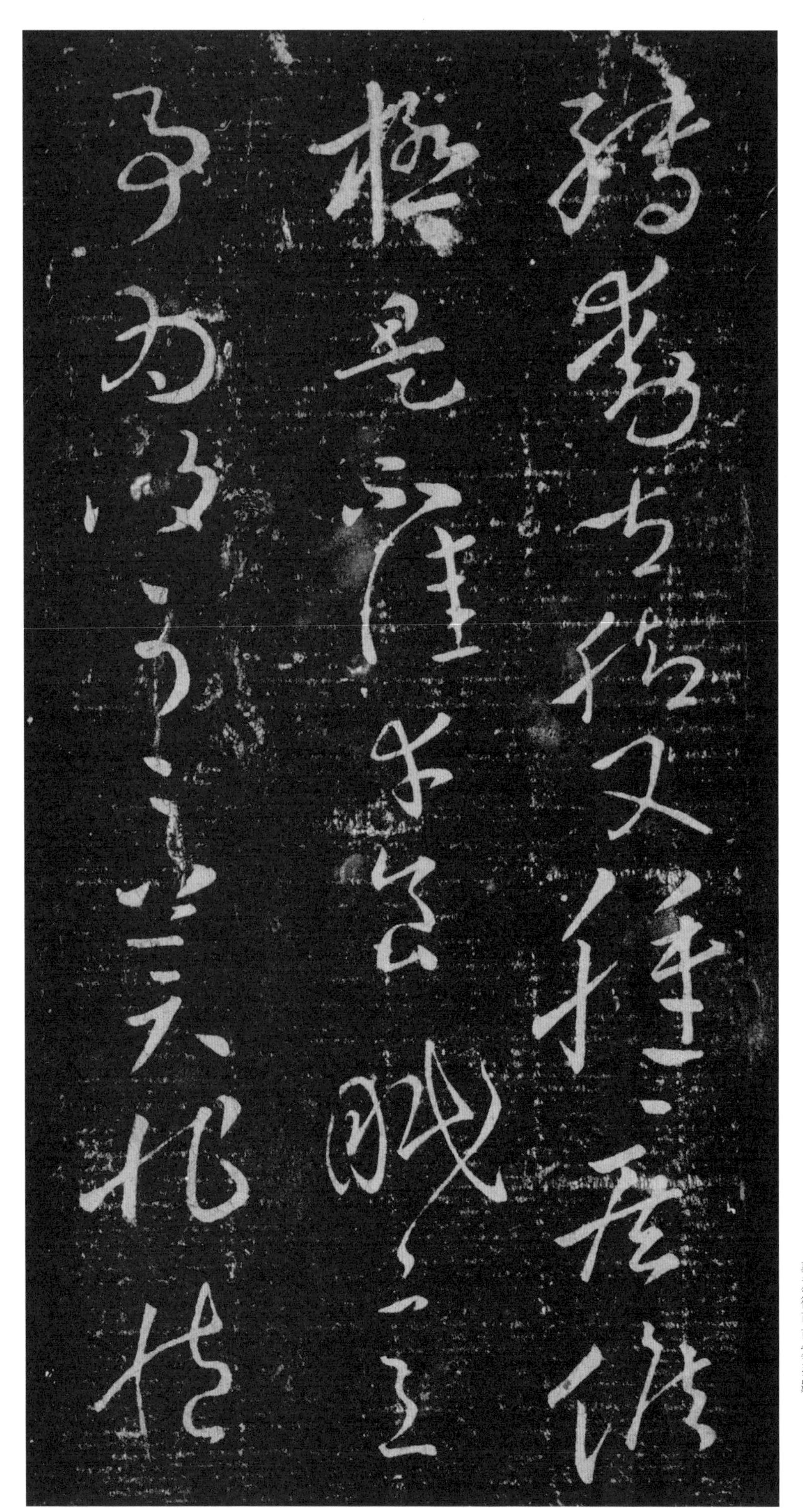

轉動左腳又腫疾候
極是不佳幸食眠意
事為復可可冀非臧

6

知鐵石帖

Zhi Tie Shi Tie

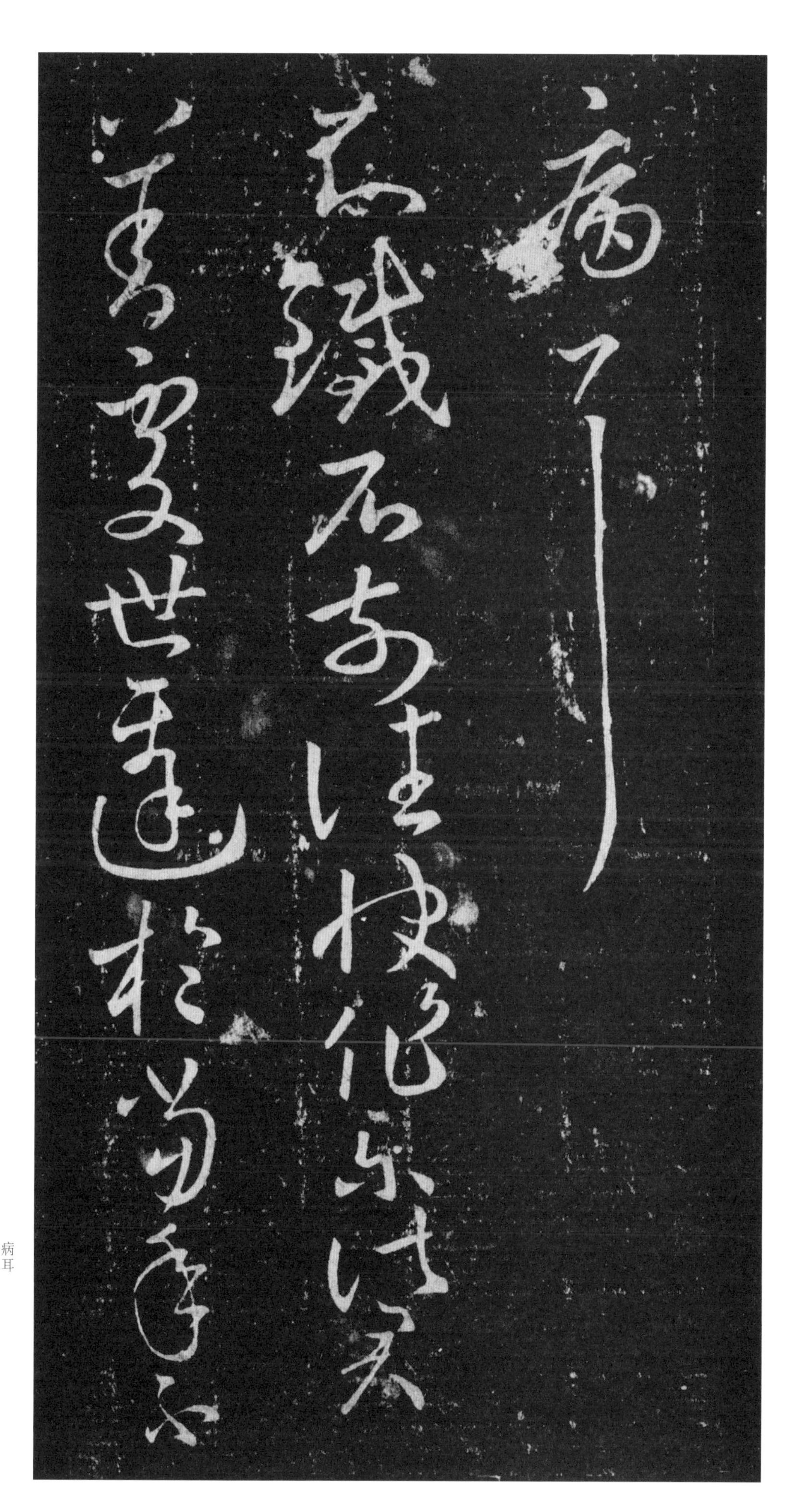

病耳

知鐵石帖　釋文：

知鐵石前往快作樂諸君

善處世達於當年不

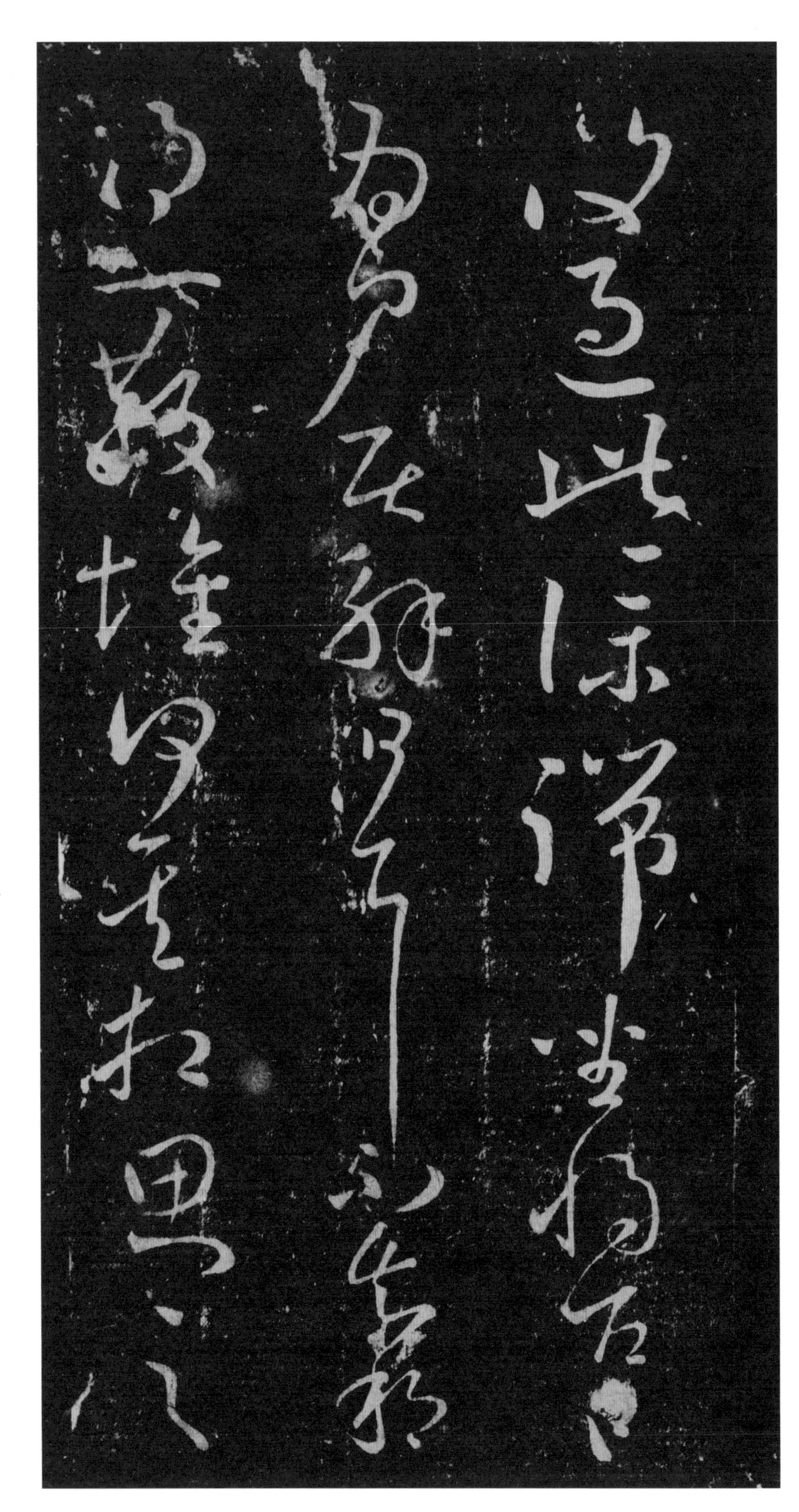

復過此僕端坐將百日
為尸居解日耳不知那
得一散懷何其相思之

7

玄度何來帖

Xaun Du He Lai Tie

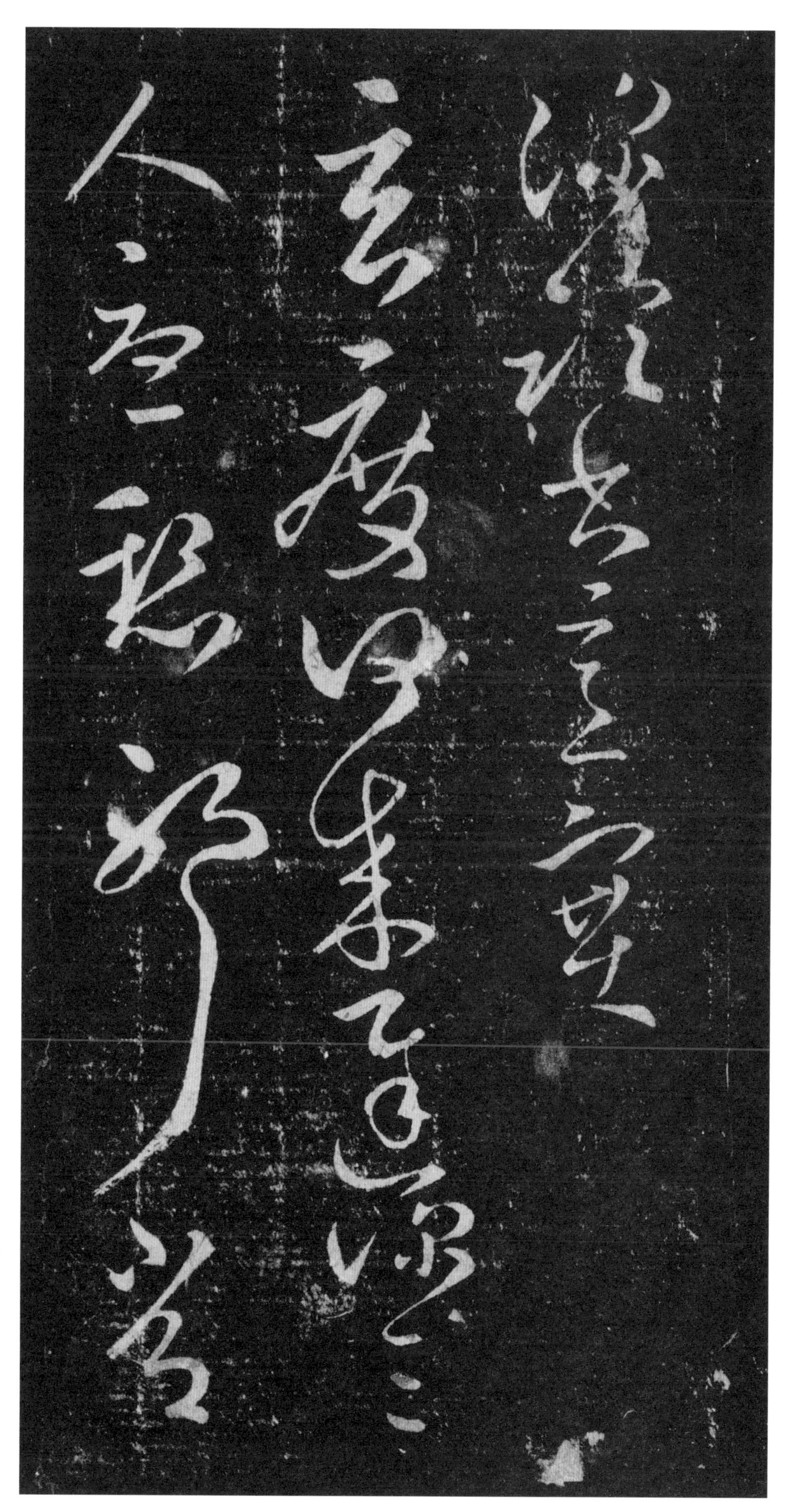

深臨書意塞

玄度何來帖 釋文：
玄度何來遲深令
人憂懸耶常

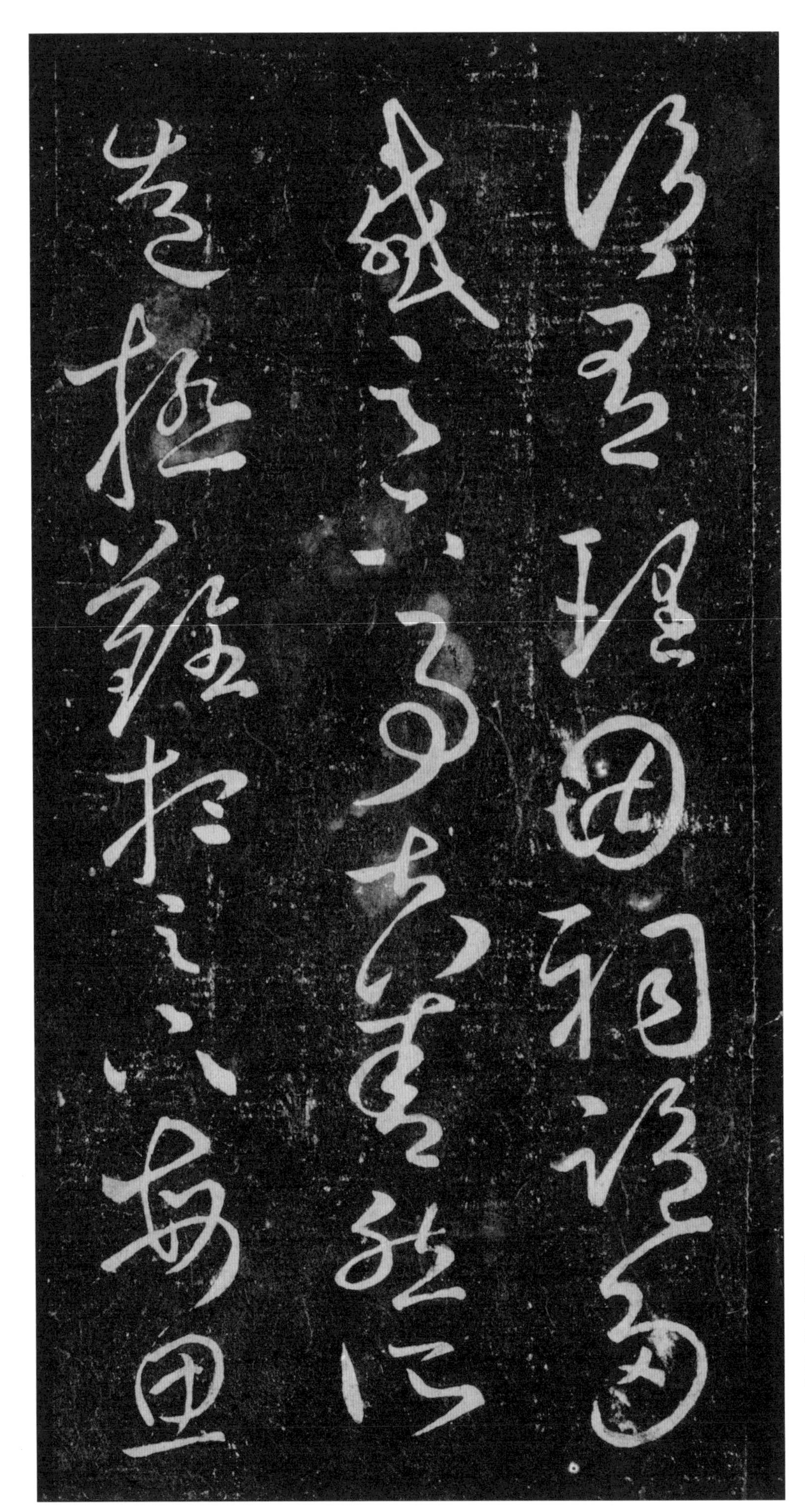

復有理因祠監多
感足下事甚善然所
造極難想足下每思

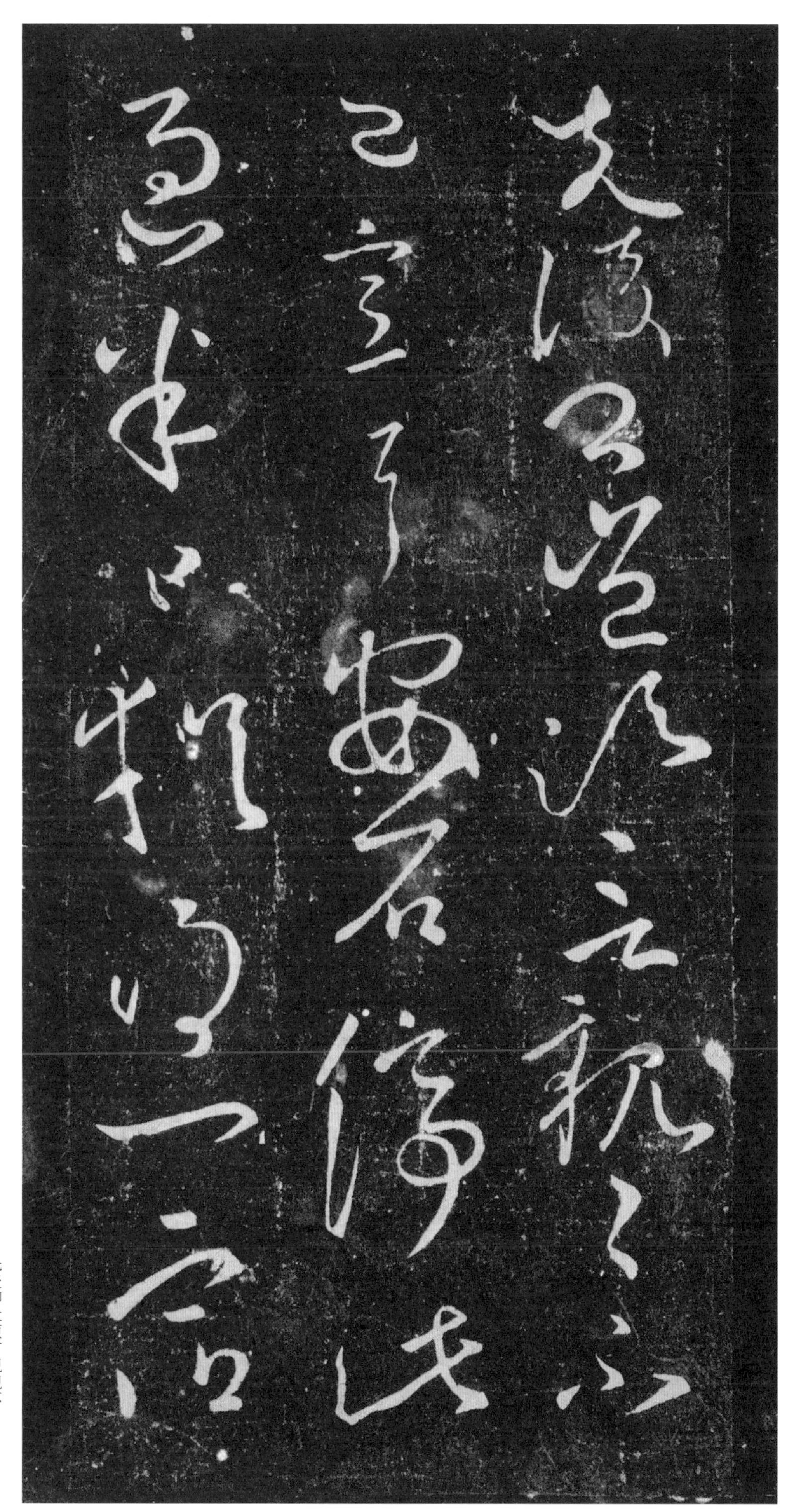

先後卿豈須言親親不
已意耳安石停此
過半日猶得一宿

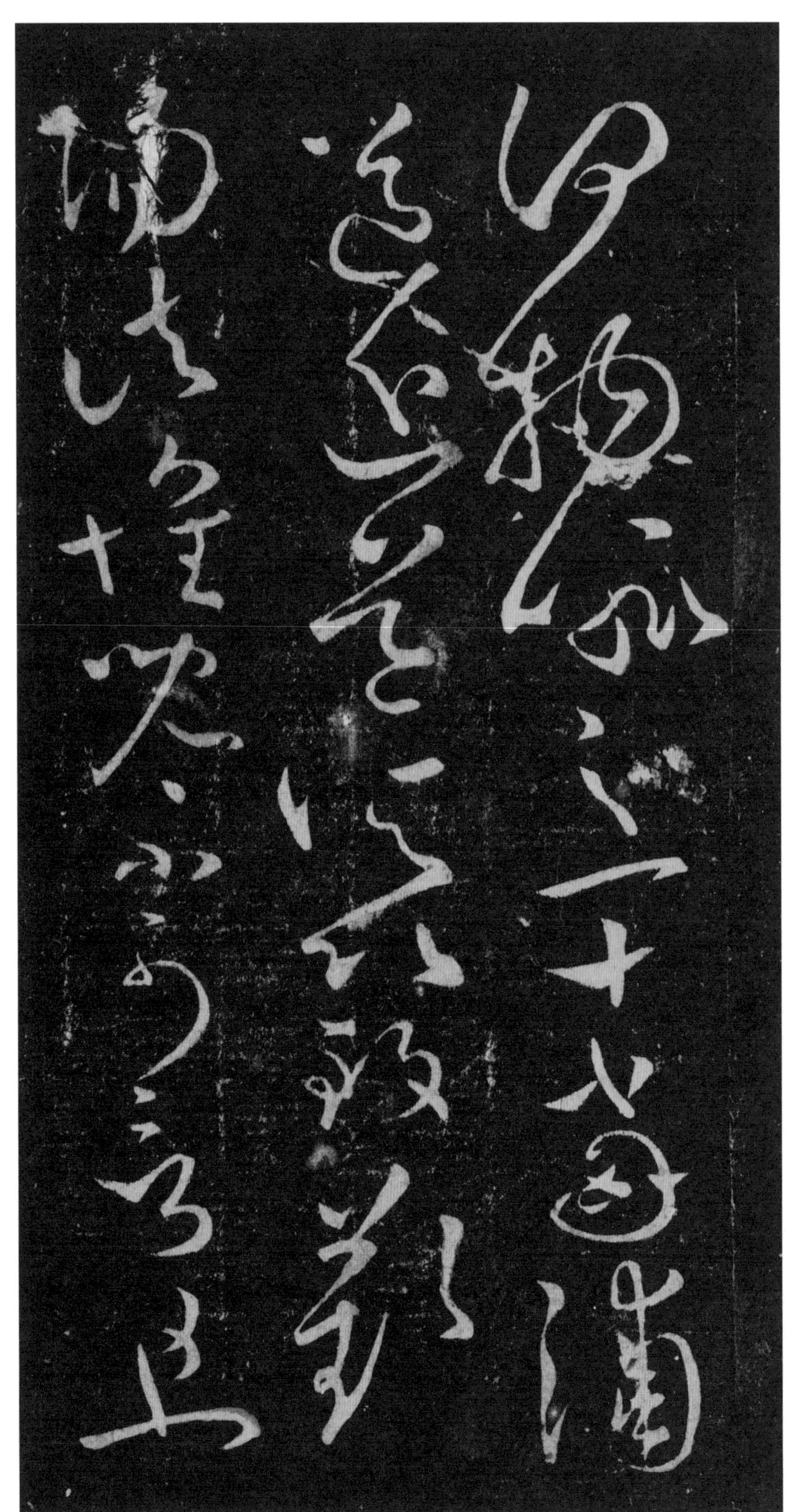

何物喻之一十當浦
送近道所以致歎
陽諸懷兒不可言且

8

忽動帖

Hu Dong Tie

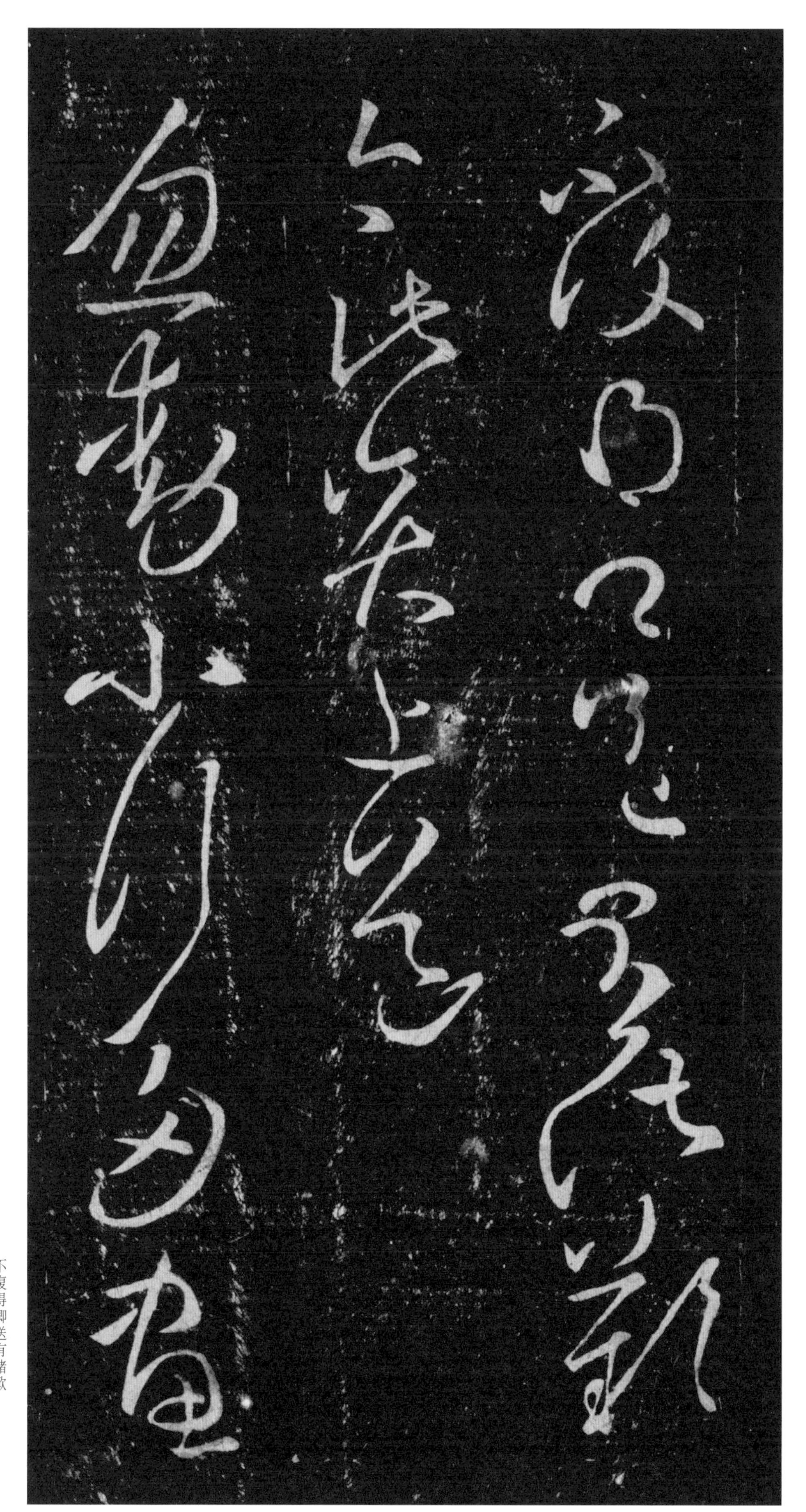

忽動帖　釋文：

忽動小行多晝

不復得卿送有諸歎

今此奕上道

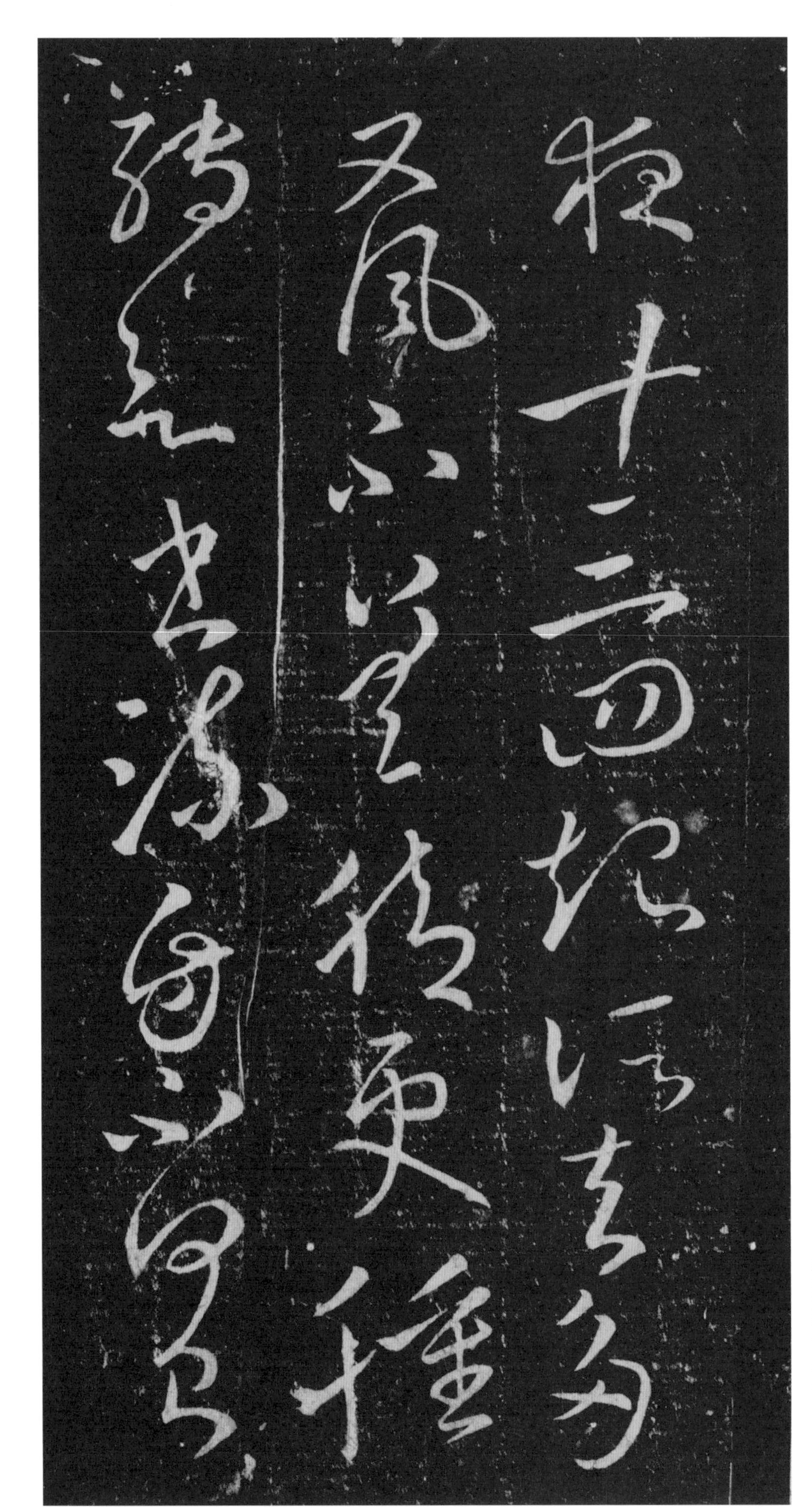

夜十三四起所去多
又風不差腳更腫
轉欲書疏自不可已

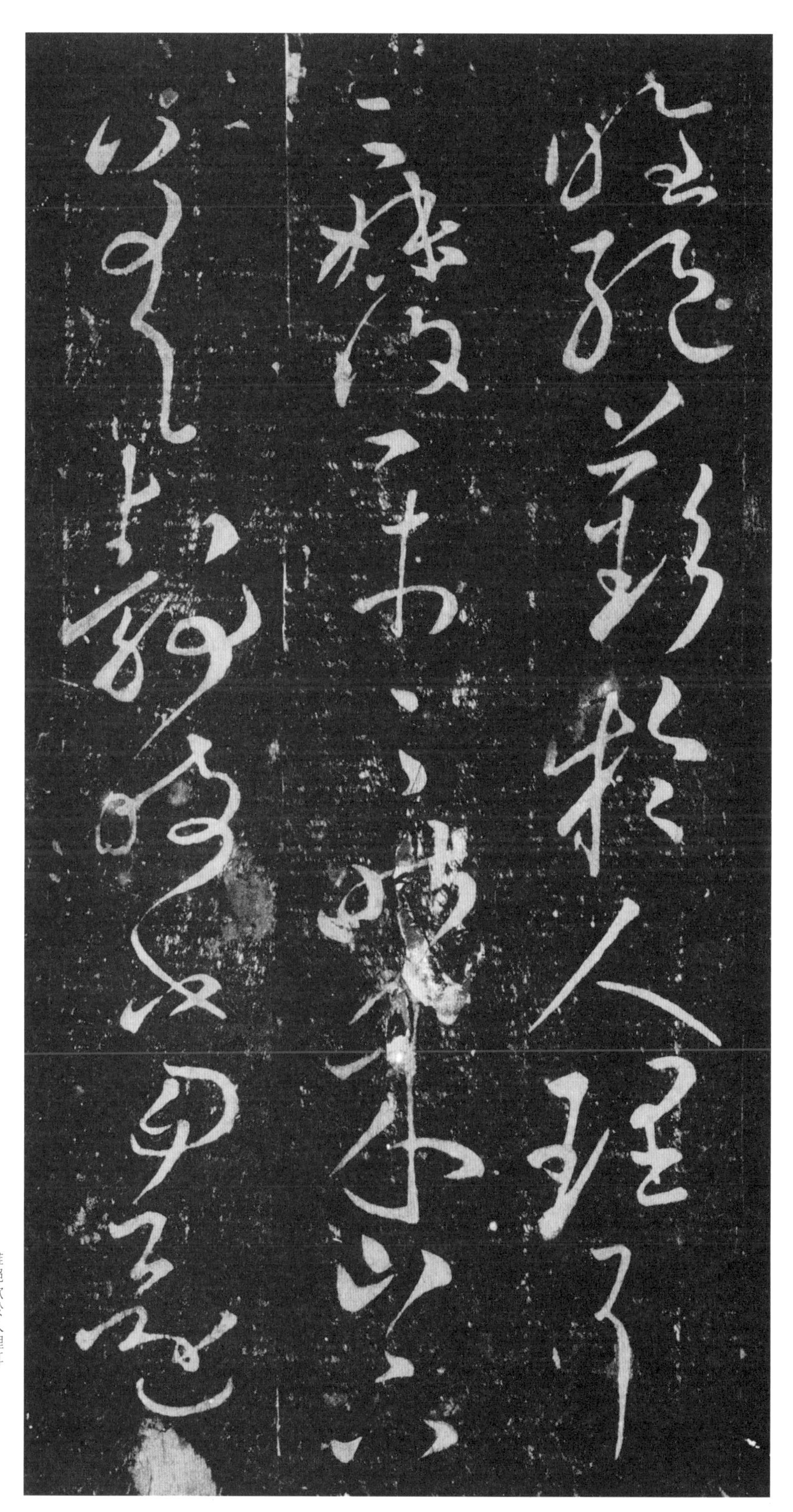

唯絕歎於人理耳
二妹復平平昨來山下
差靜岐當還

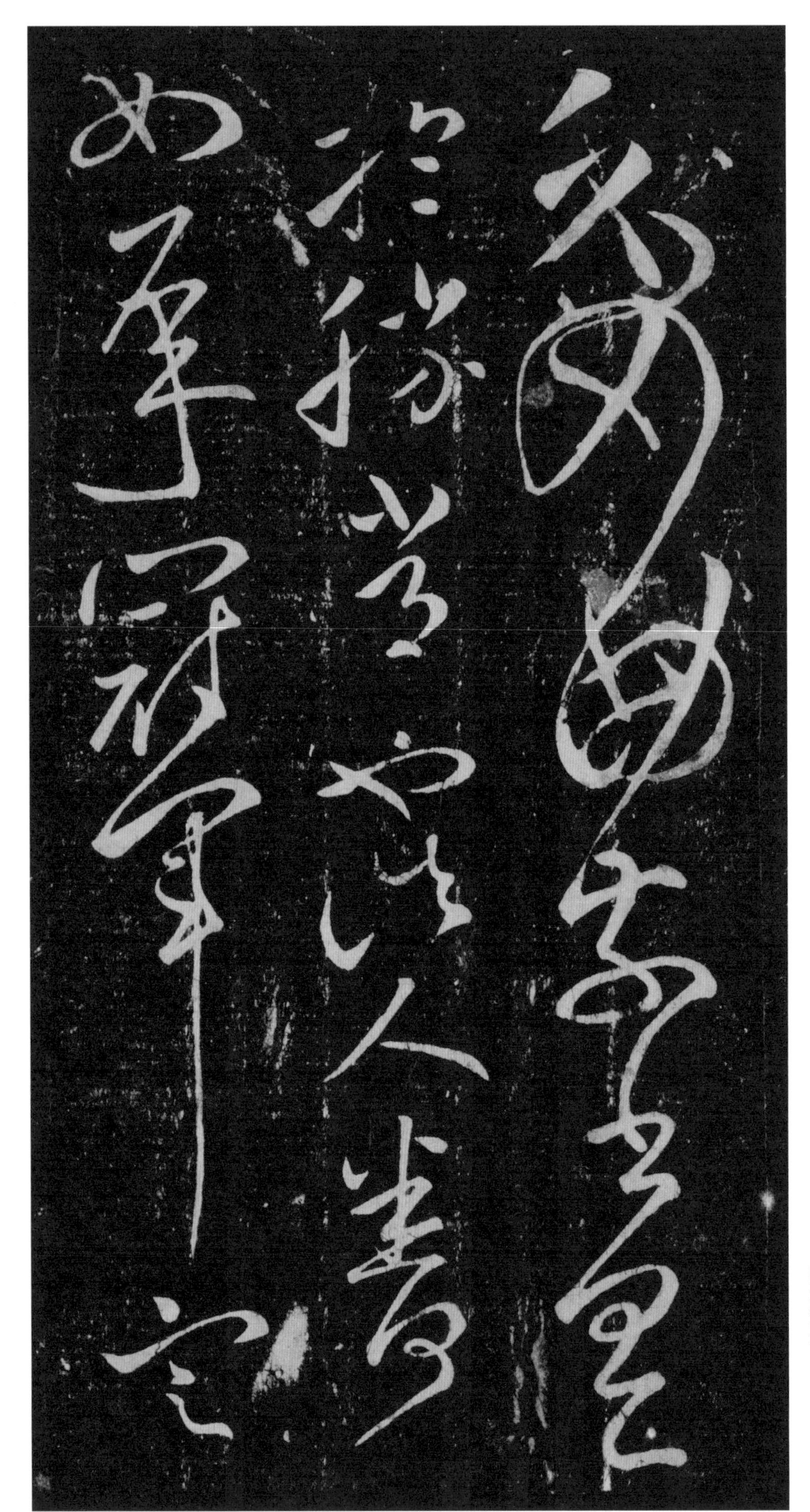

委曲前書具
想勝常也諸人悉何
如承冠軍定

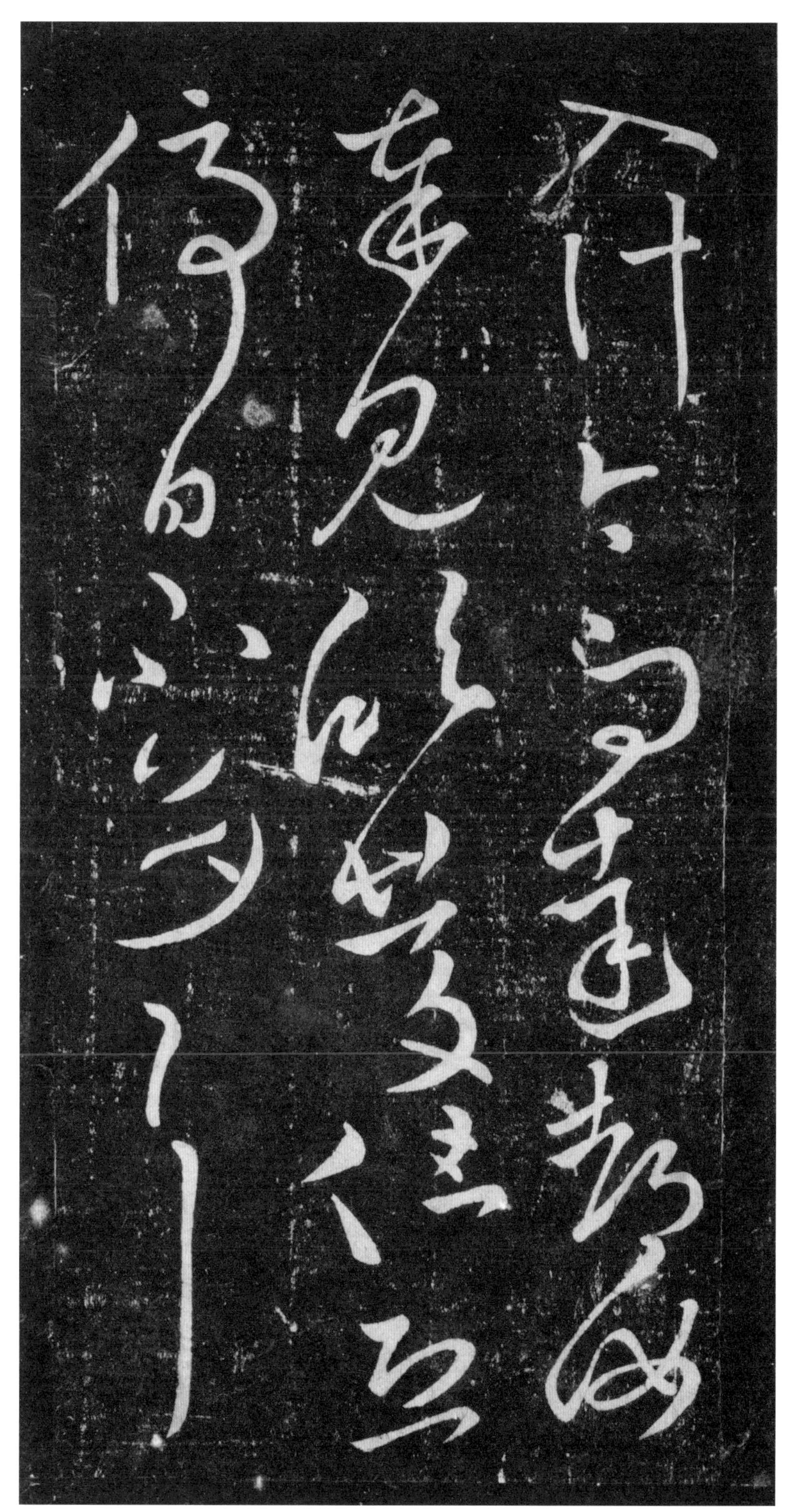

入計今向達都汝
奉見欣慶但恐
停日不多耳

9

慶等帖

Qing Deng Tie

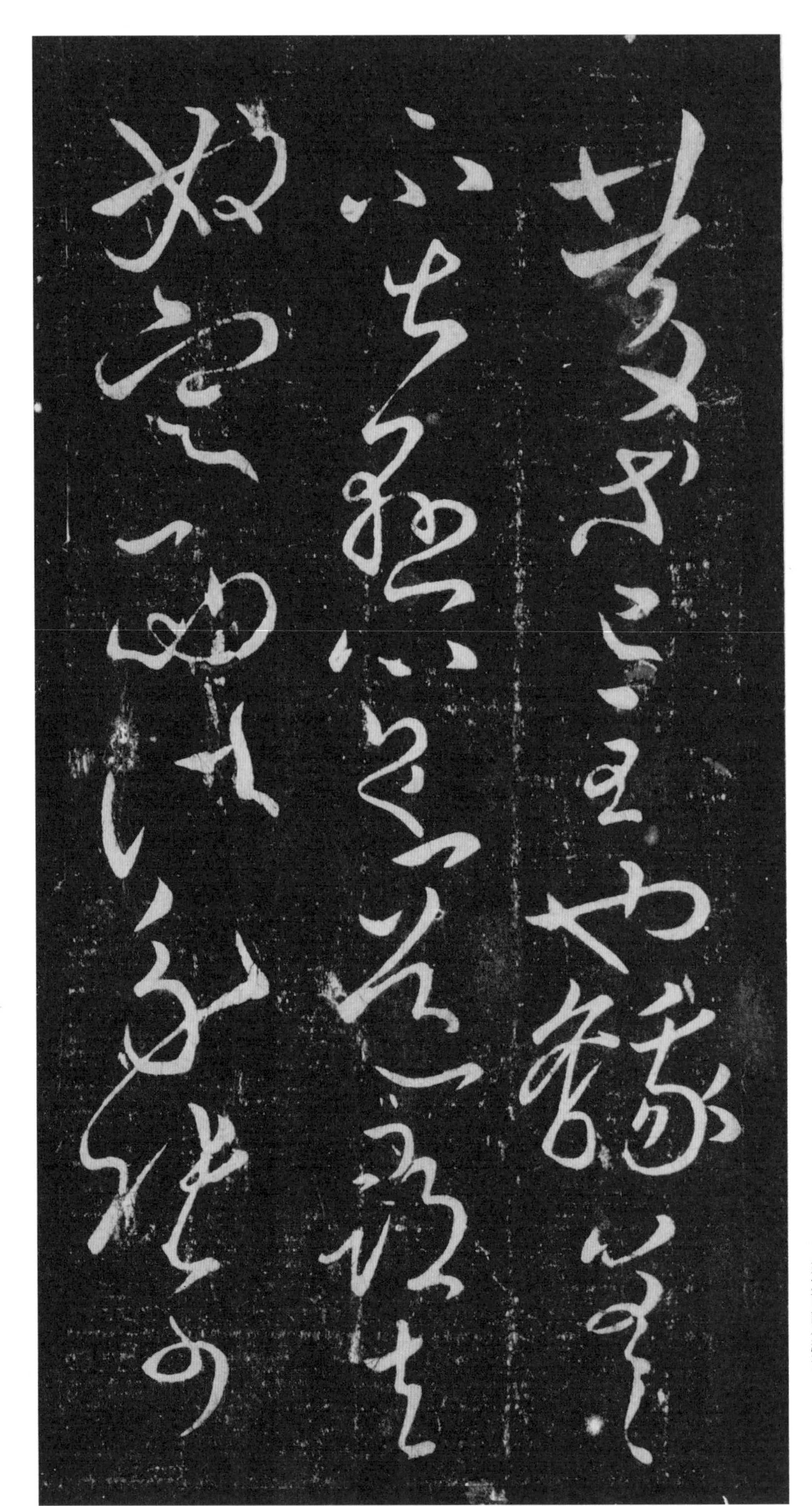

慶等帖 釋文：

慶等已至也鵝差

不甚懸心直道尋去

奴定西諸分張可

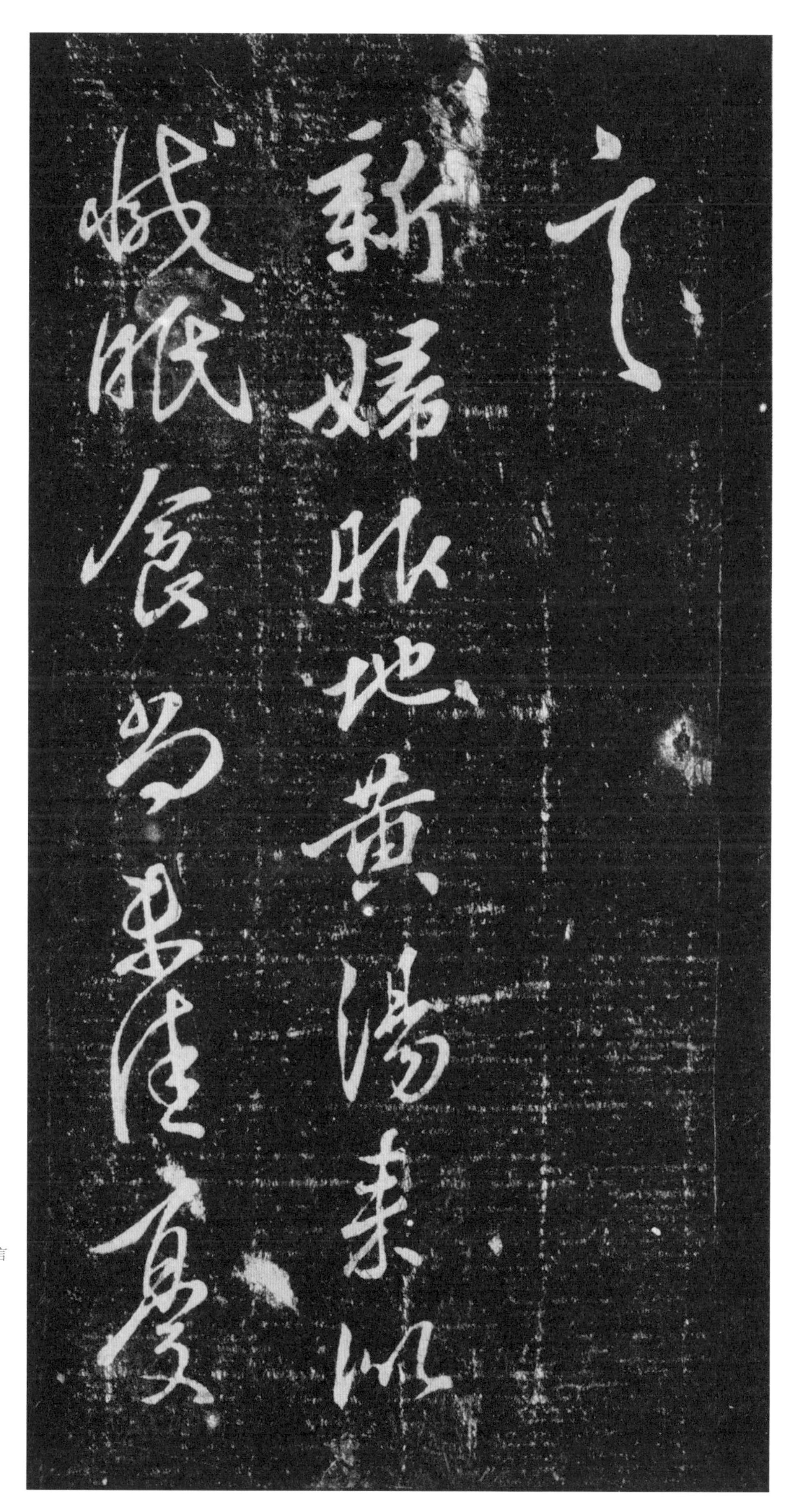

言
新婦帖　釋文：
新婦服地黃湯來似
減眠食尚未佳憂

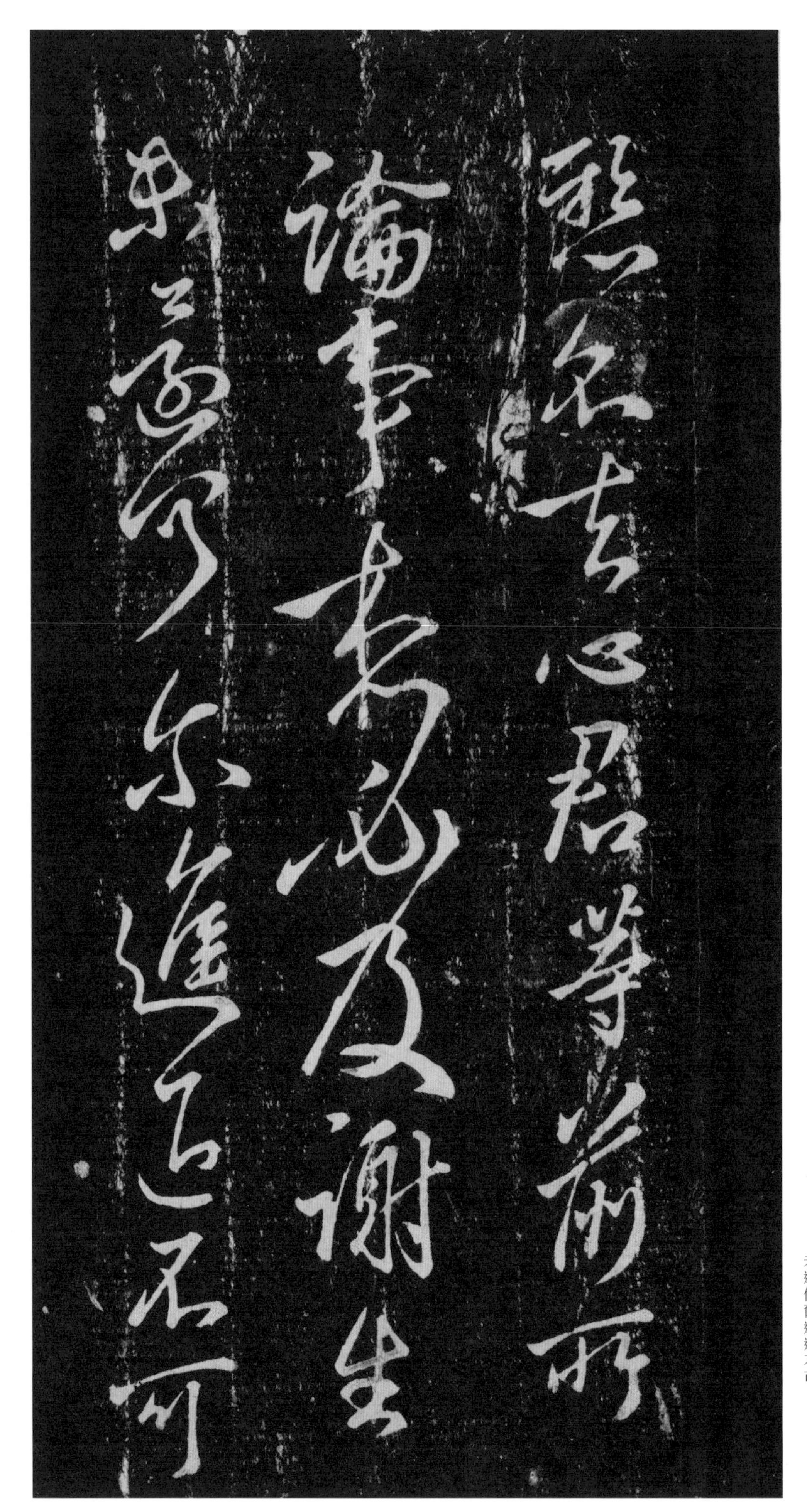

懸不去心君等前所
論事想必及謝生
未還何爾進退不可

11 鴨頭丸帖
Ya Tou Wan Tie

12 阿姨帖
A Yi Tie

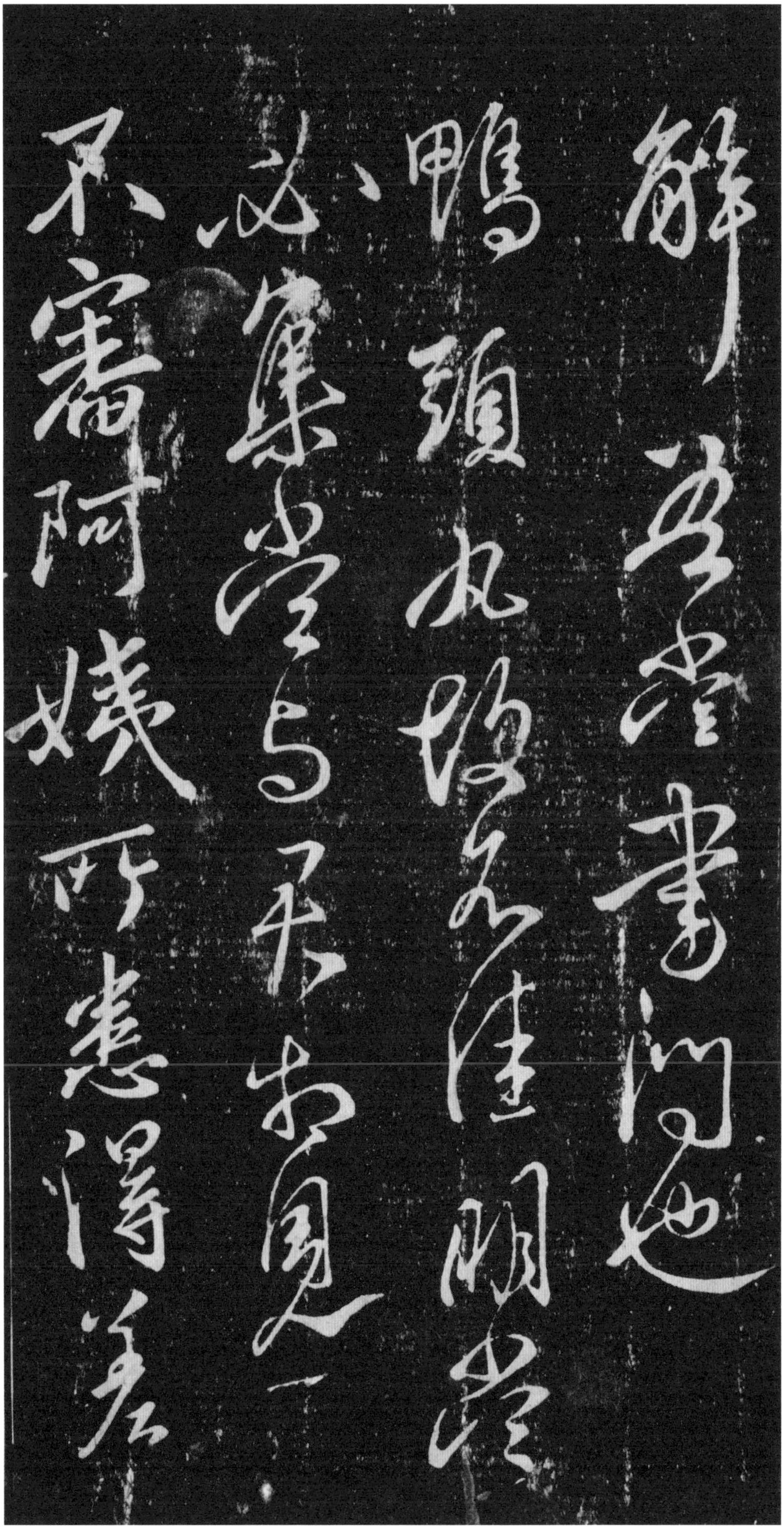

解吾當書問也
鴨頭丸帖 釋文：
鴨頭丸故不佳明當
必集當與君相見
阿姨帖 釋文：
不審阿姨所患得差

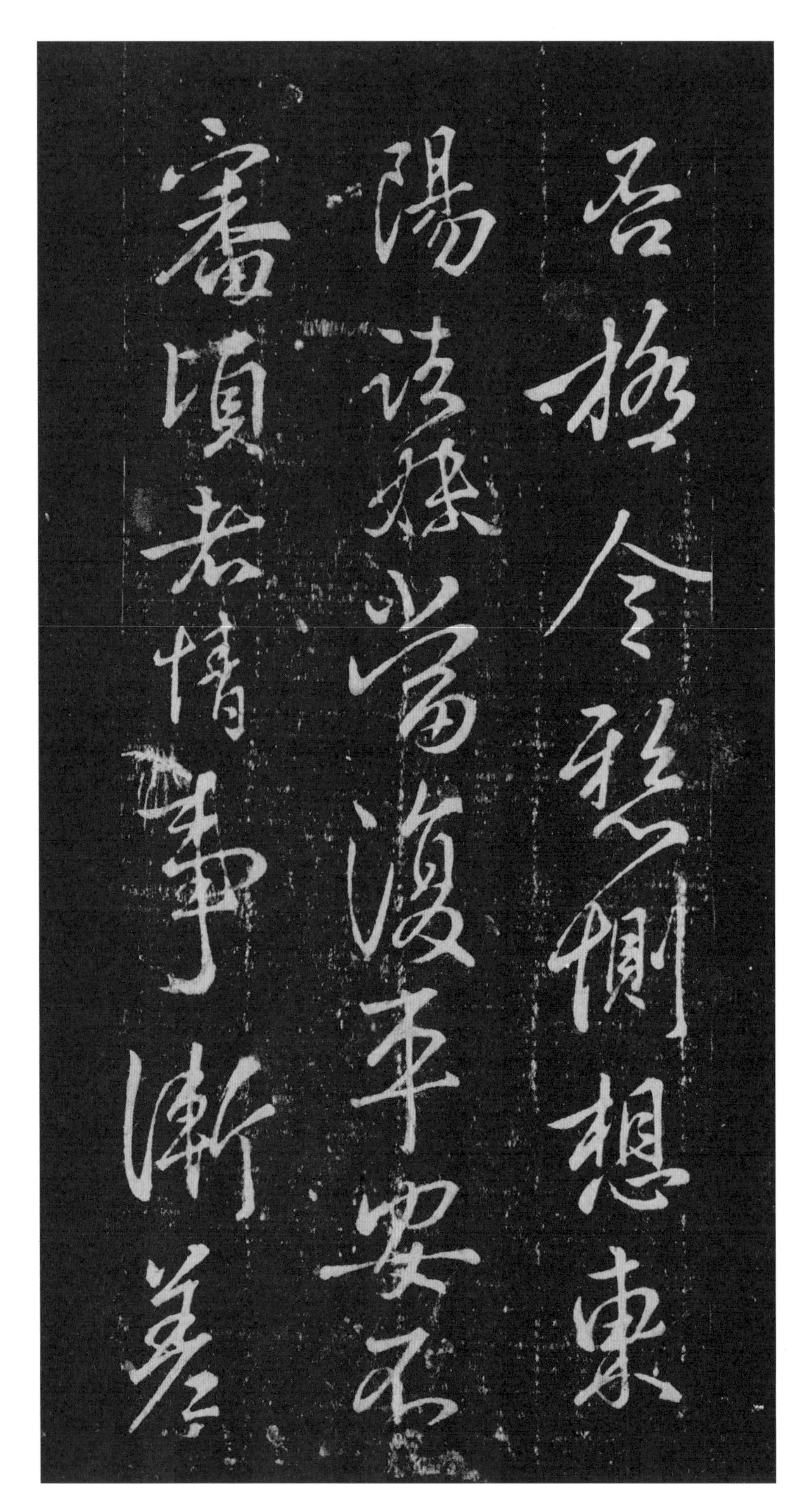

否極令懸惻想東
陽諸妹當復平安不
審頃者情事漸差

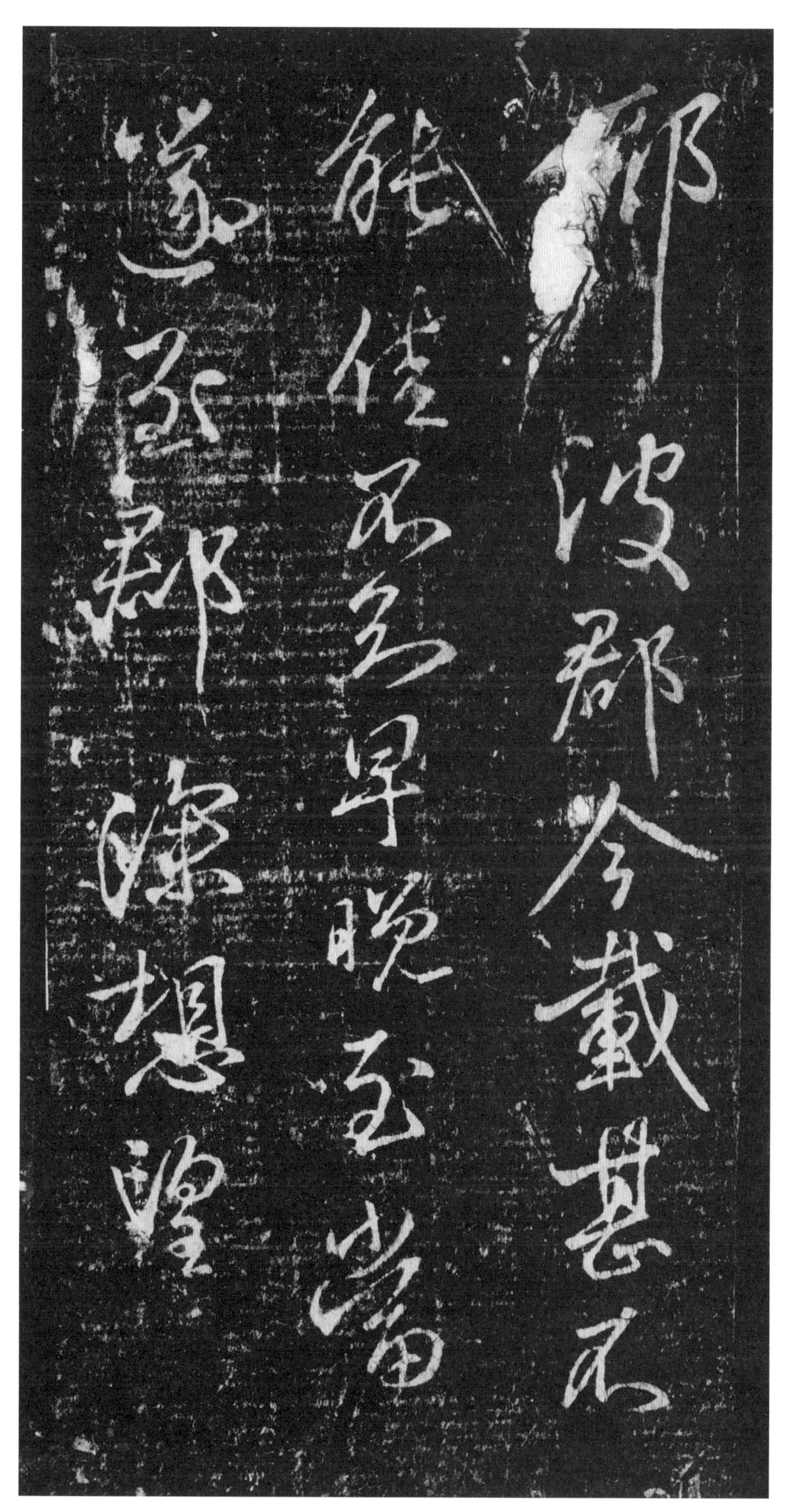

耶彼郡今載甚不
能佳不知早晚至當
遂至郡深想望

13

豹奴帖
Bao Nu Tie

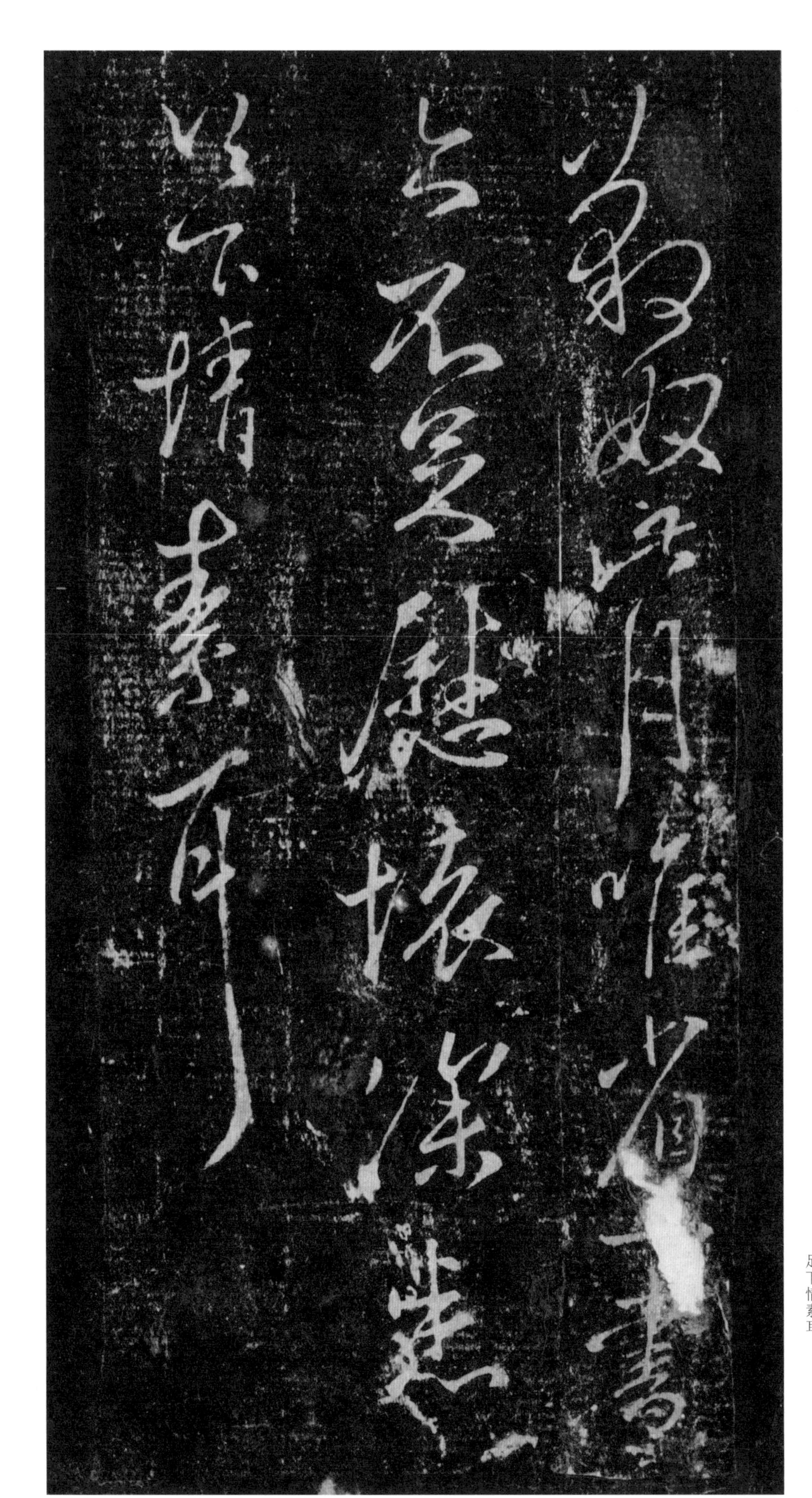

豹奴帖 釋文：
豹奴此月唯省一書
亦不足慰懷深悉
足下情素耳

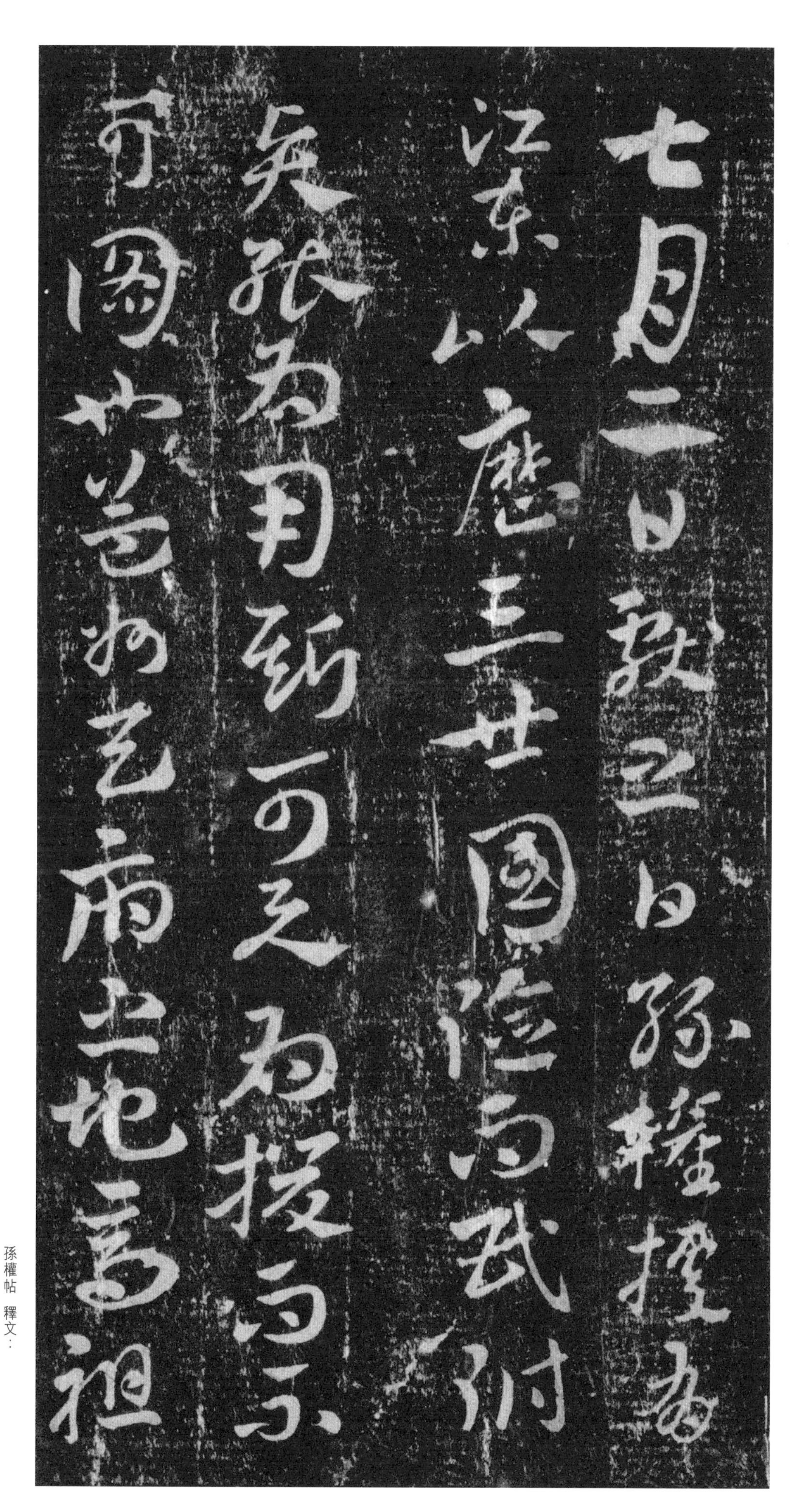

孫權帖　釋文：
七月二日獻之白孫權據有
江東以歷三世國險而民附
賢能為用斯可與為援而不
可圖也益州天府之地高祖

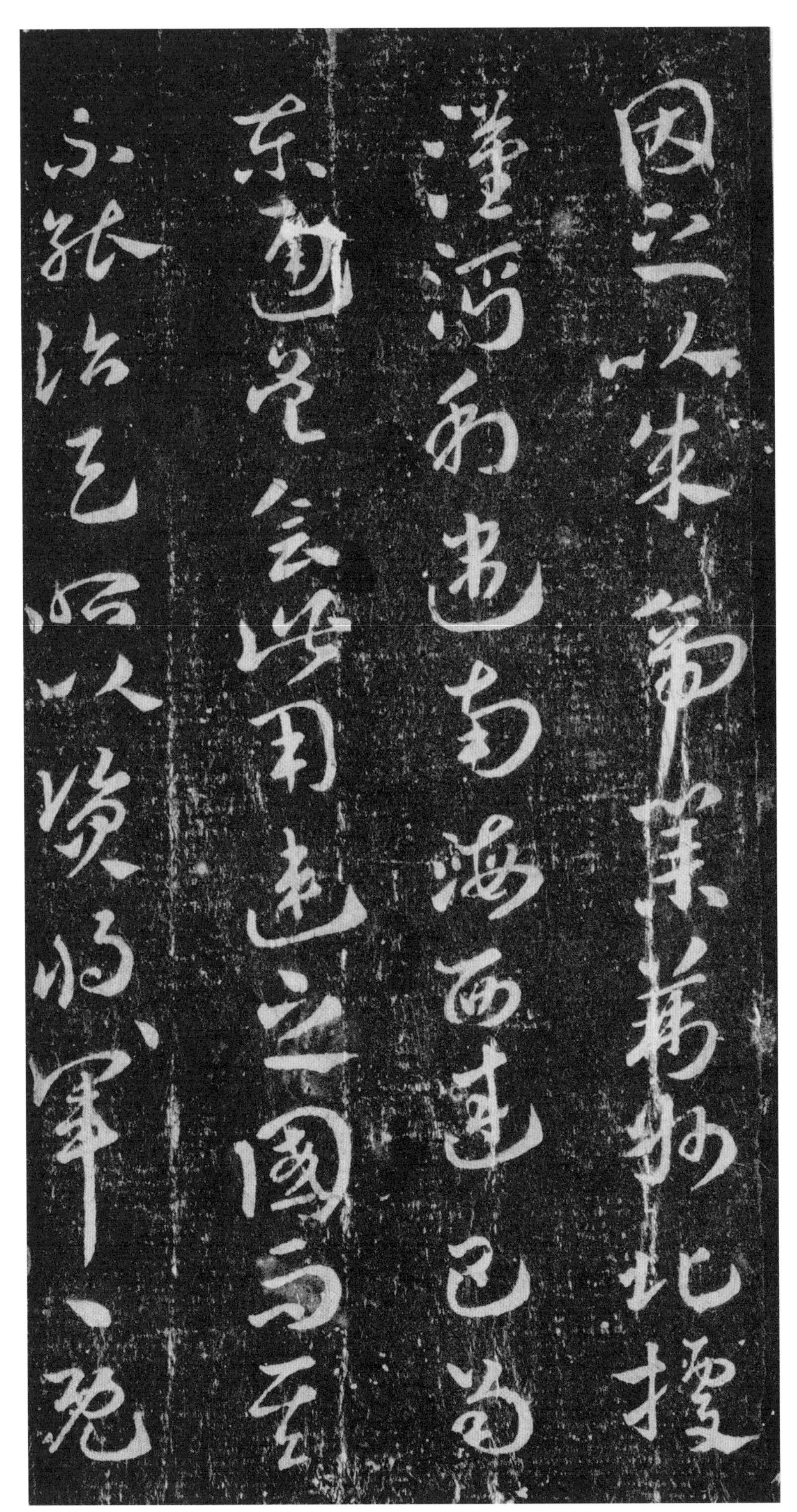

因之以成帝業荊州北據
漢河利盡南海西連巴蜀
東通吳會此用武之國而其
不能治天所以資將軍將軍既

15

鄱陽書帖

Po Yang Shu Tie

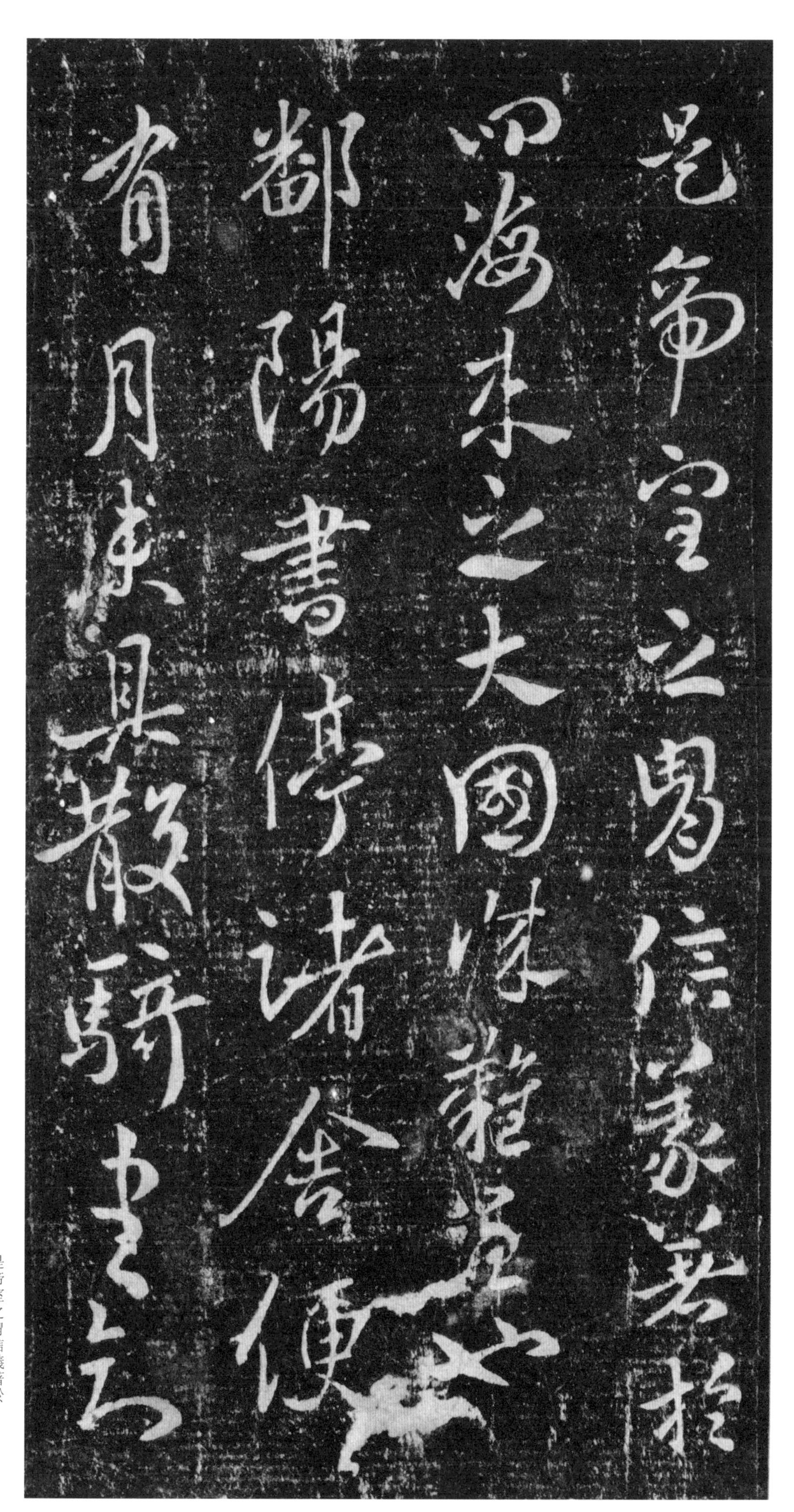

鄱陽書帖　釋文：

是帝室之冑信義著於

四海來之大國誠難至也

鄱陽書停諸舍便

有月未具散騎書知

16

疾得損帖
Ji De Sun Tie

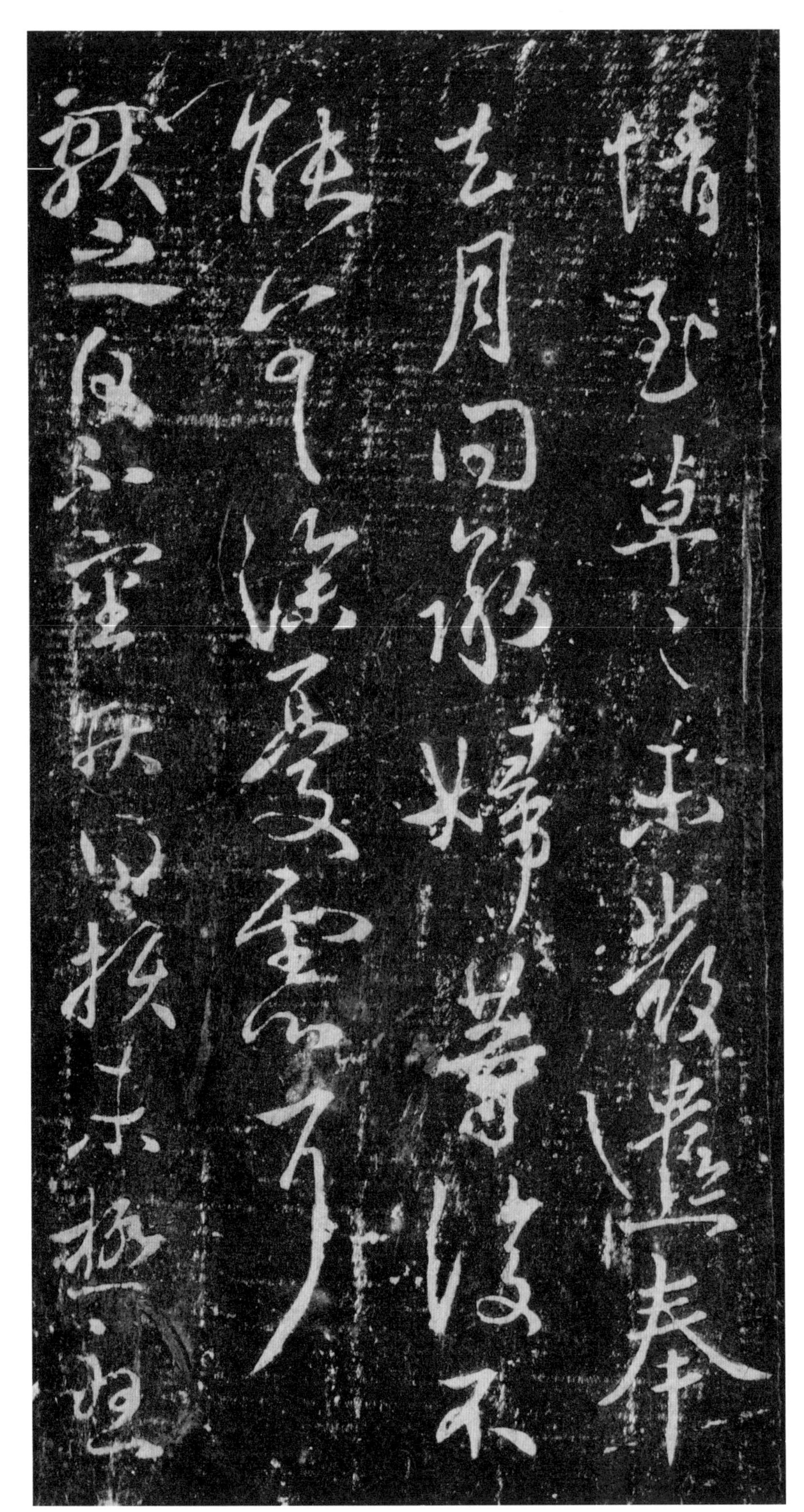

疾得損帖　釋文：
情至草草未發遣奉
去月問承婦等復不
能差深憂慮耳
獻之白不審疾得損未極憂

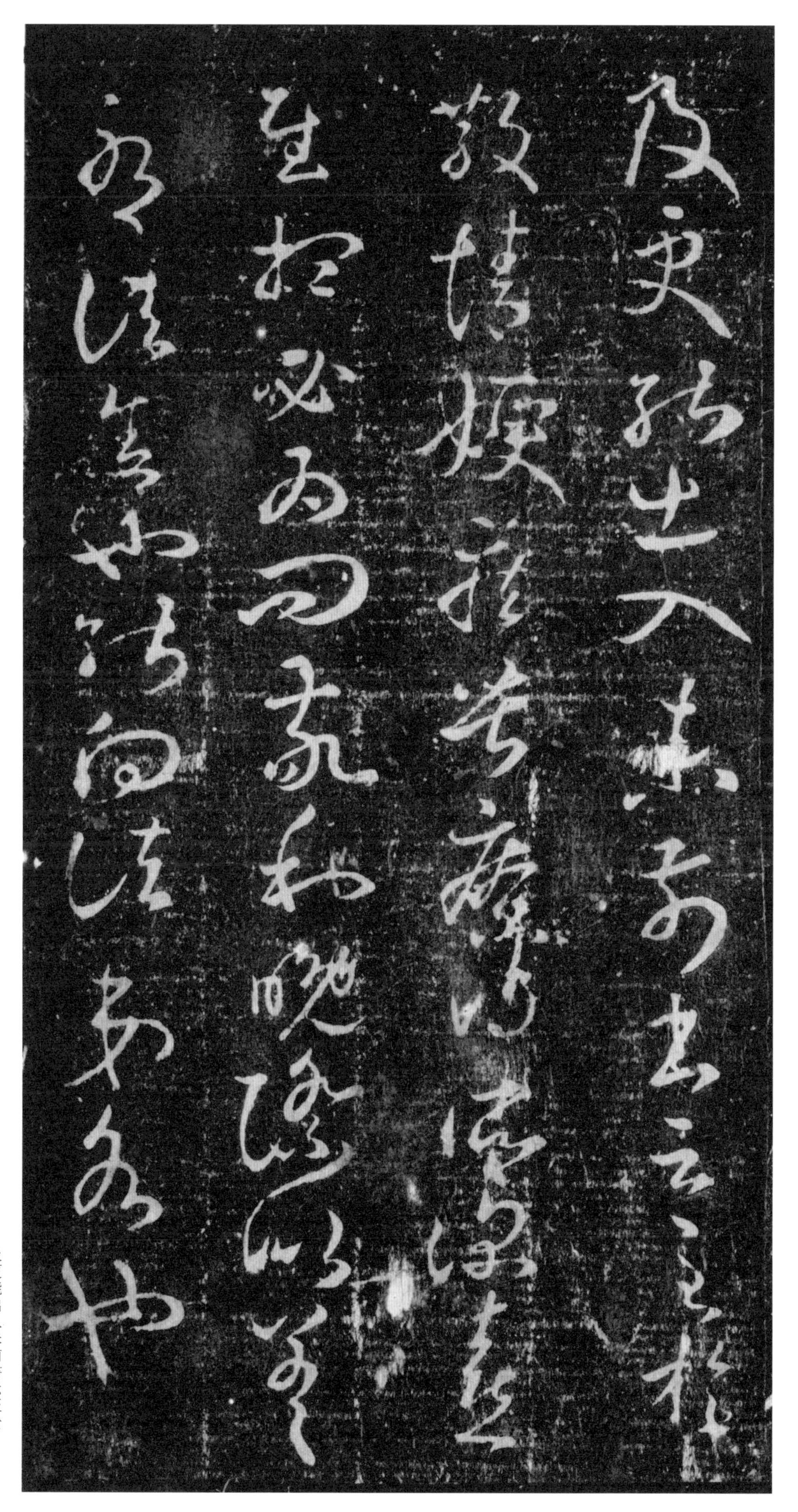

及更能出入未前書云至於
散情嫂疾苦療得所深喜
慰想必為問敬和晚際似差
耶諸舍也能向諸弟各也

極熱帖
Ji Re Tie

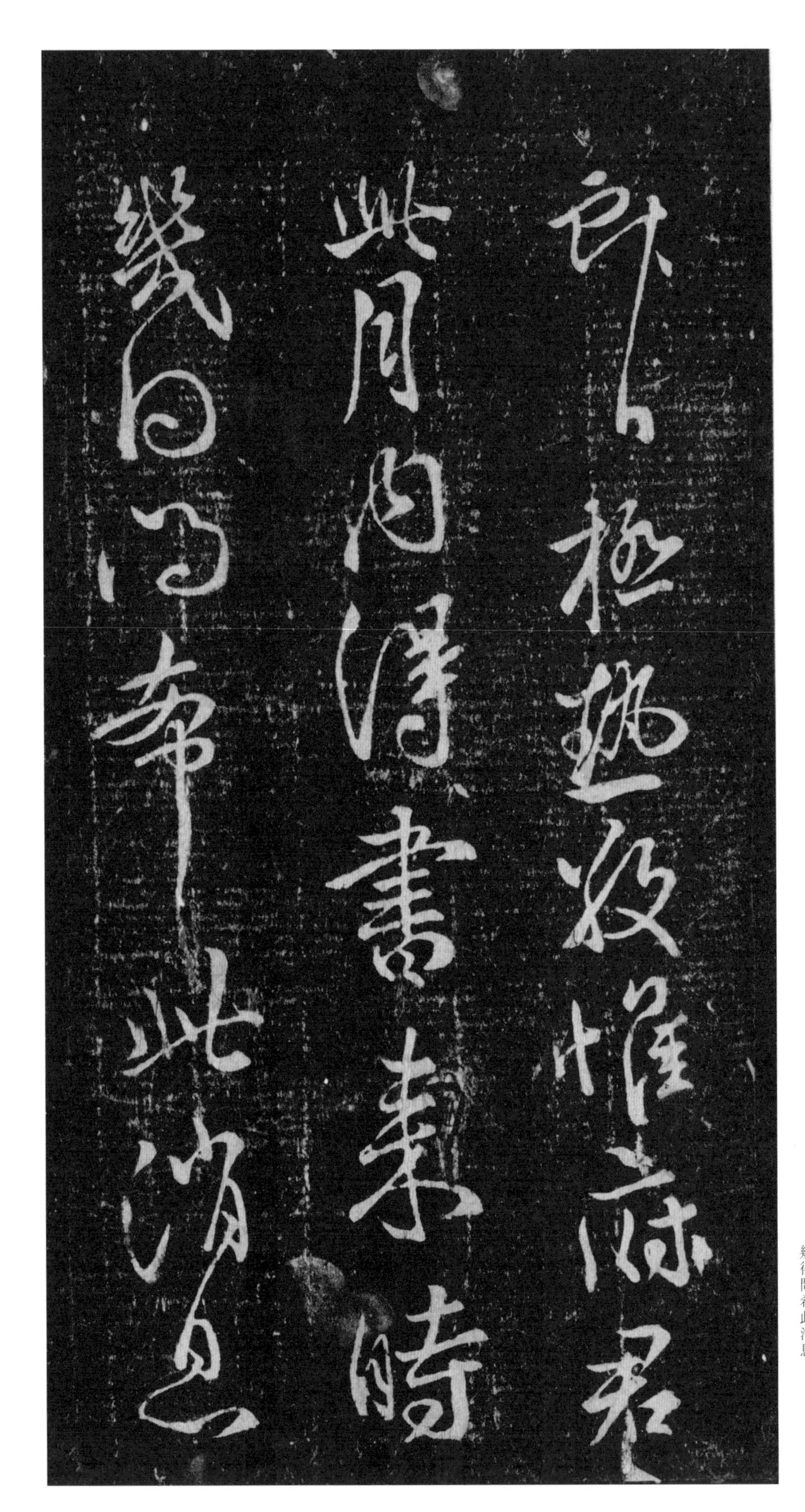

極熱帖　釋文：

獻之白極熱敬惟府君
此月內得書來時
幾得問希此消息

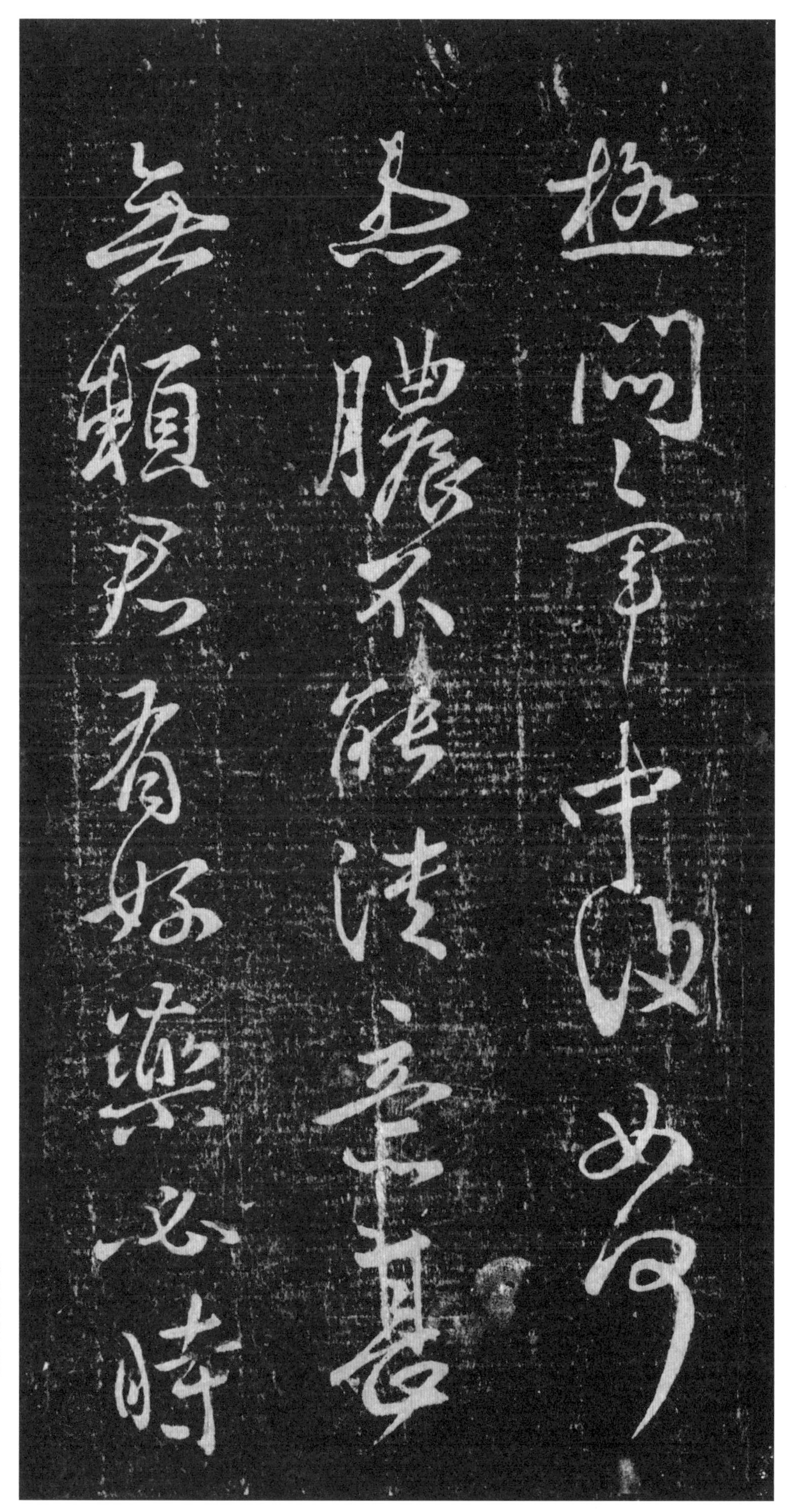

極悶悶軍中復如何
患膿不能潰意甚
無賴君有好藥必時

18

冠軍帖

Guan Jun Tie

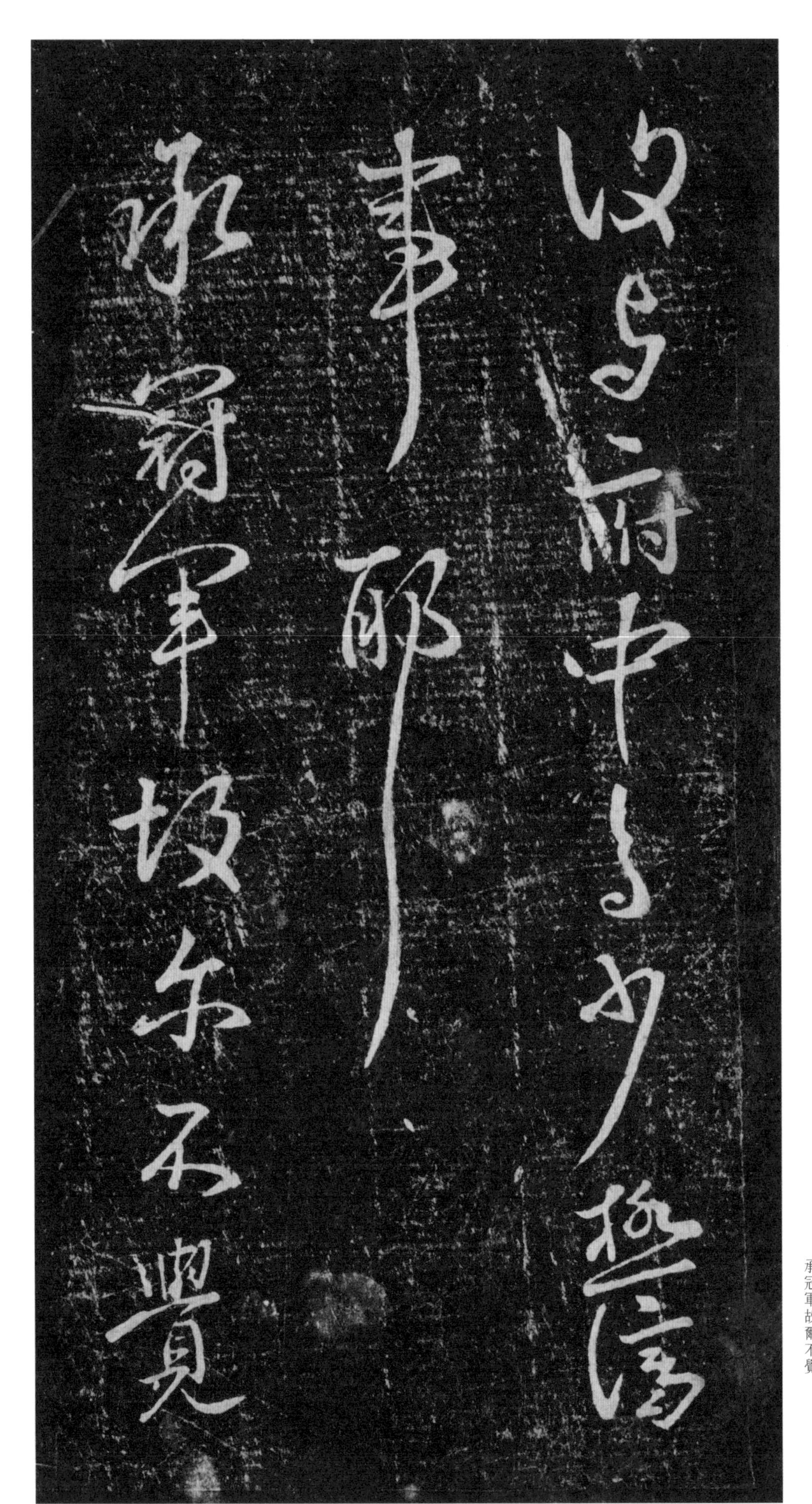

復與府中多少極濟事耶

冠軍帖　釋文：

承冠軍故爾不覺

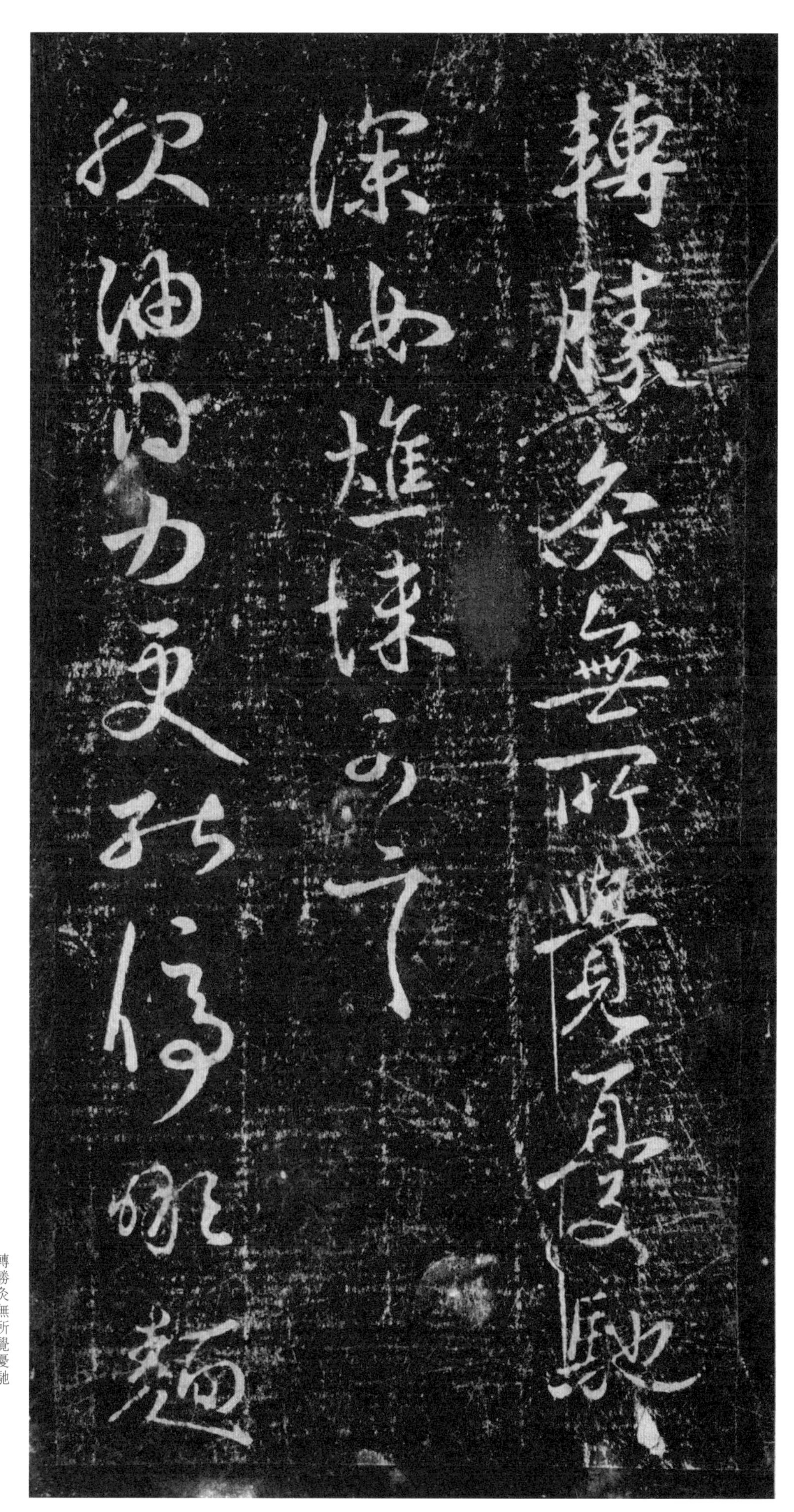

服油帖 釋文：
轉勝灸無所覺憂馳
深汝燋悚可言
服油得力更能停噉麵

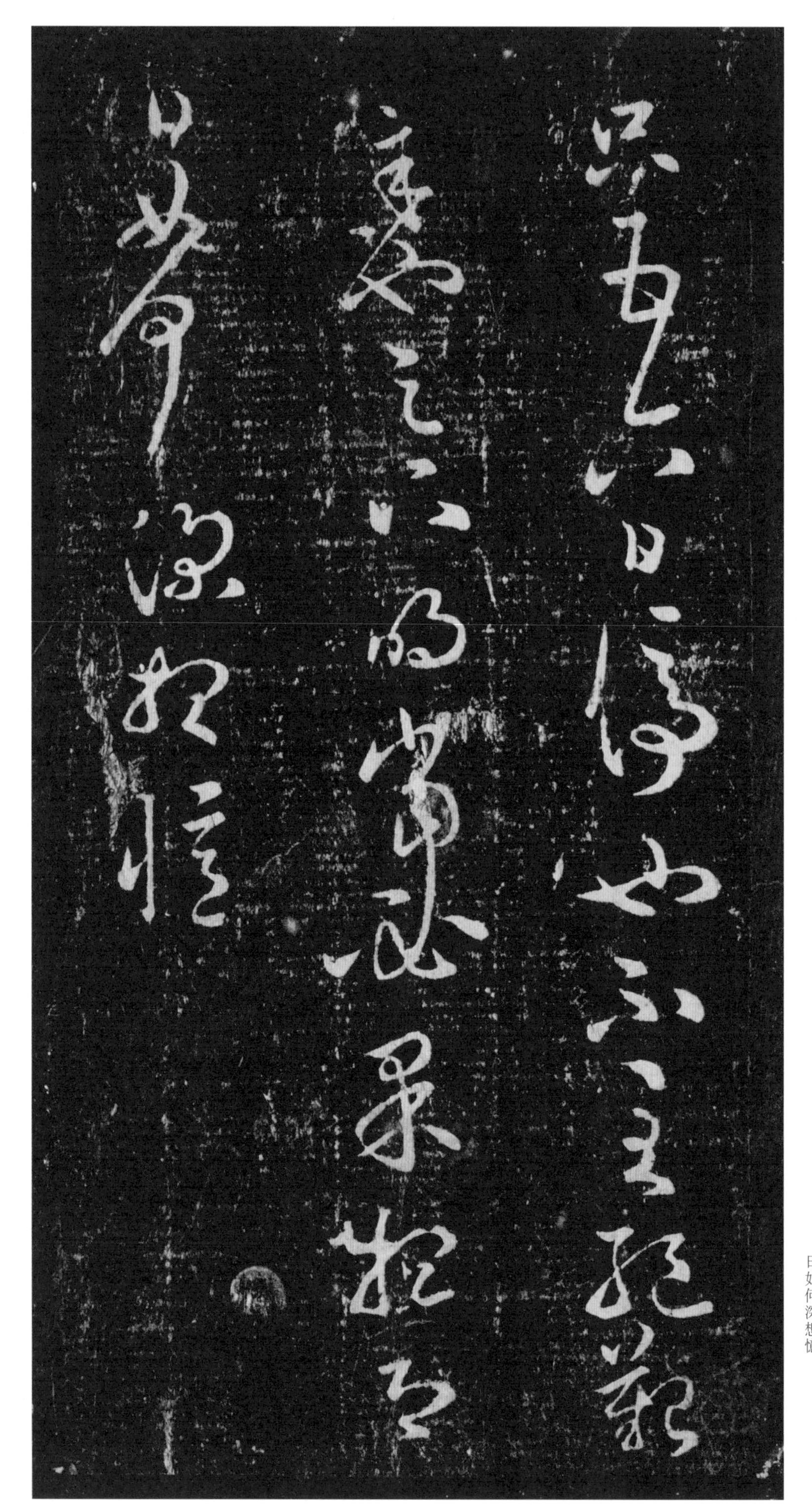

只五六日停也不至絕艱
辛也足下明當必果想即
日如何深想憶

20

阿姑帖
A Gu Tie

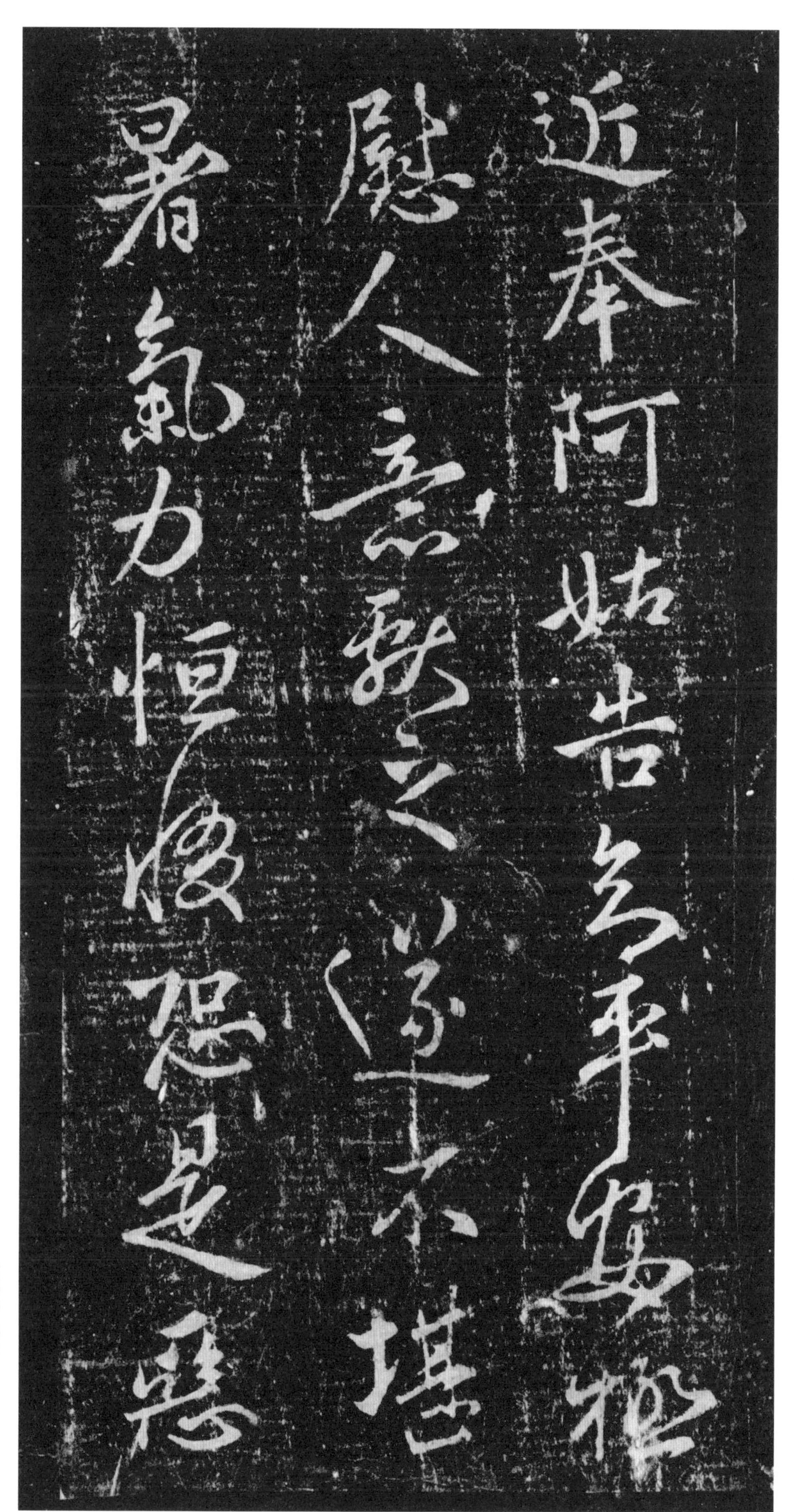

阿姑帖　釋文：
近奉阿姑告知平安極
慰人意獻之遂不堪
暑氣力恒惙恐是惡

舍內帖
She Nei Tie

21

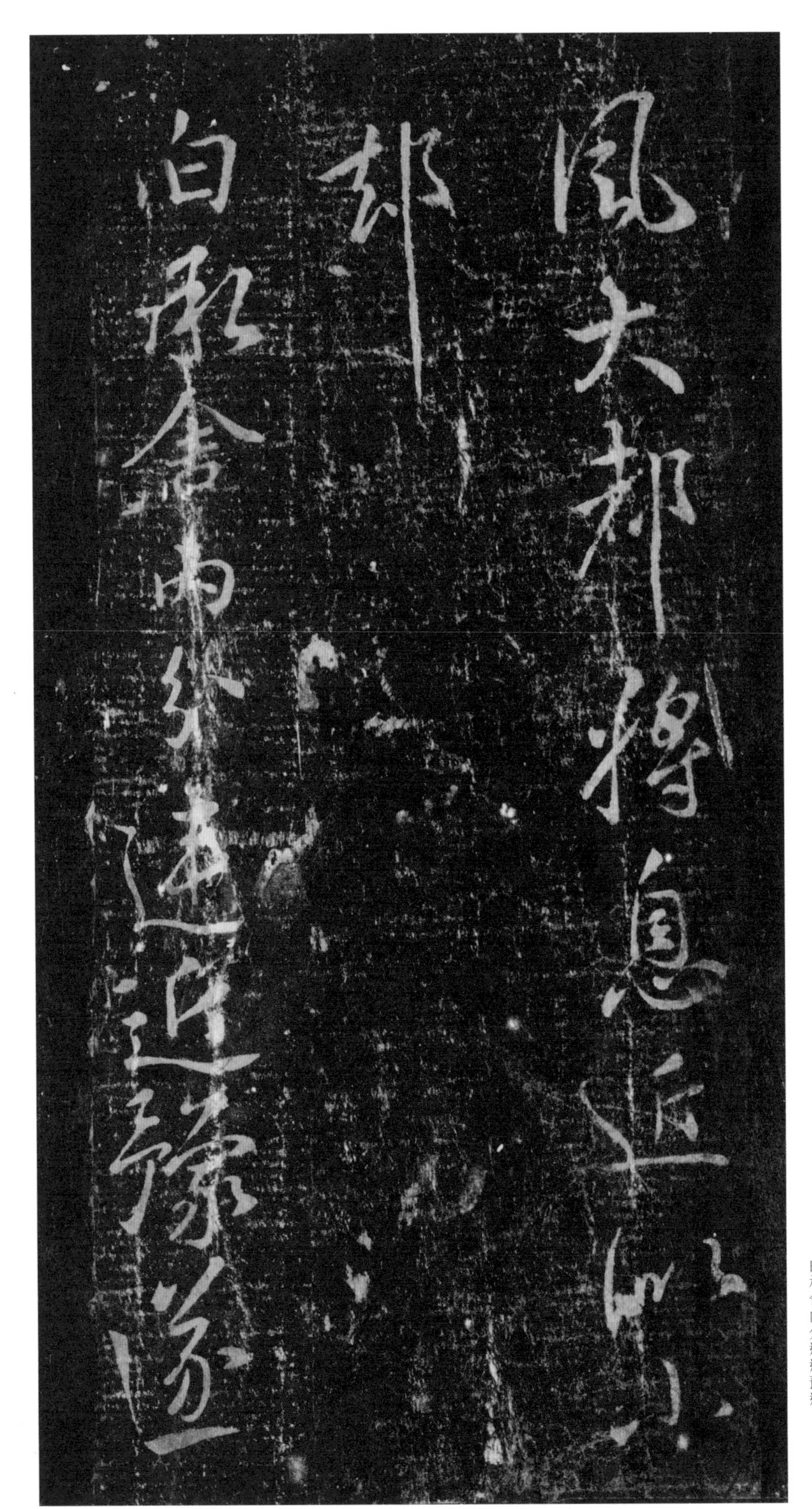

舍內帖　釋文：
白承舍內分違近豫遂
風大都將息近似小
卻

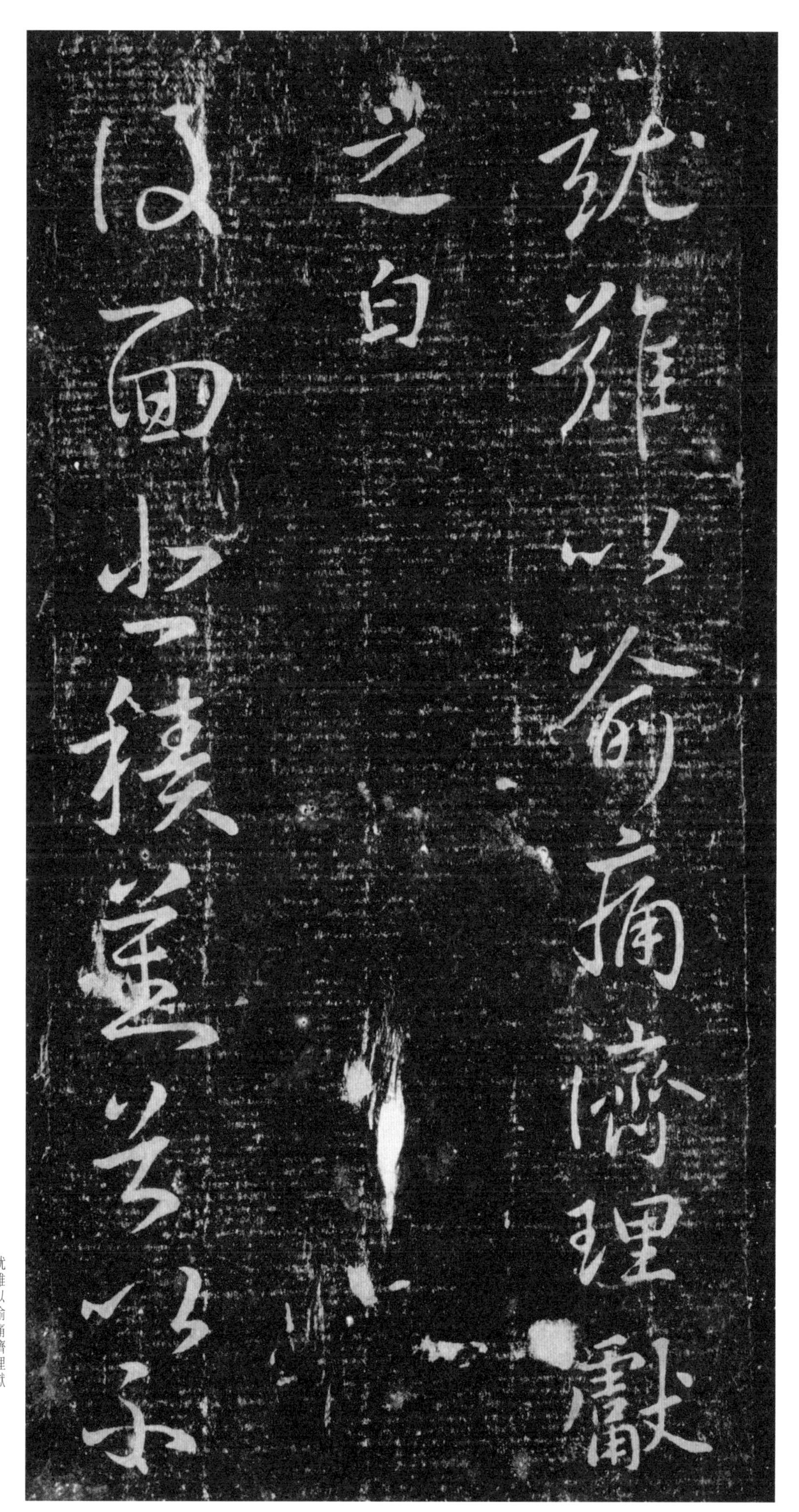

就難以喻痛濟理獻
之白
復面帖 釋文：
復面悲積蓄首以不

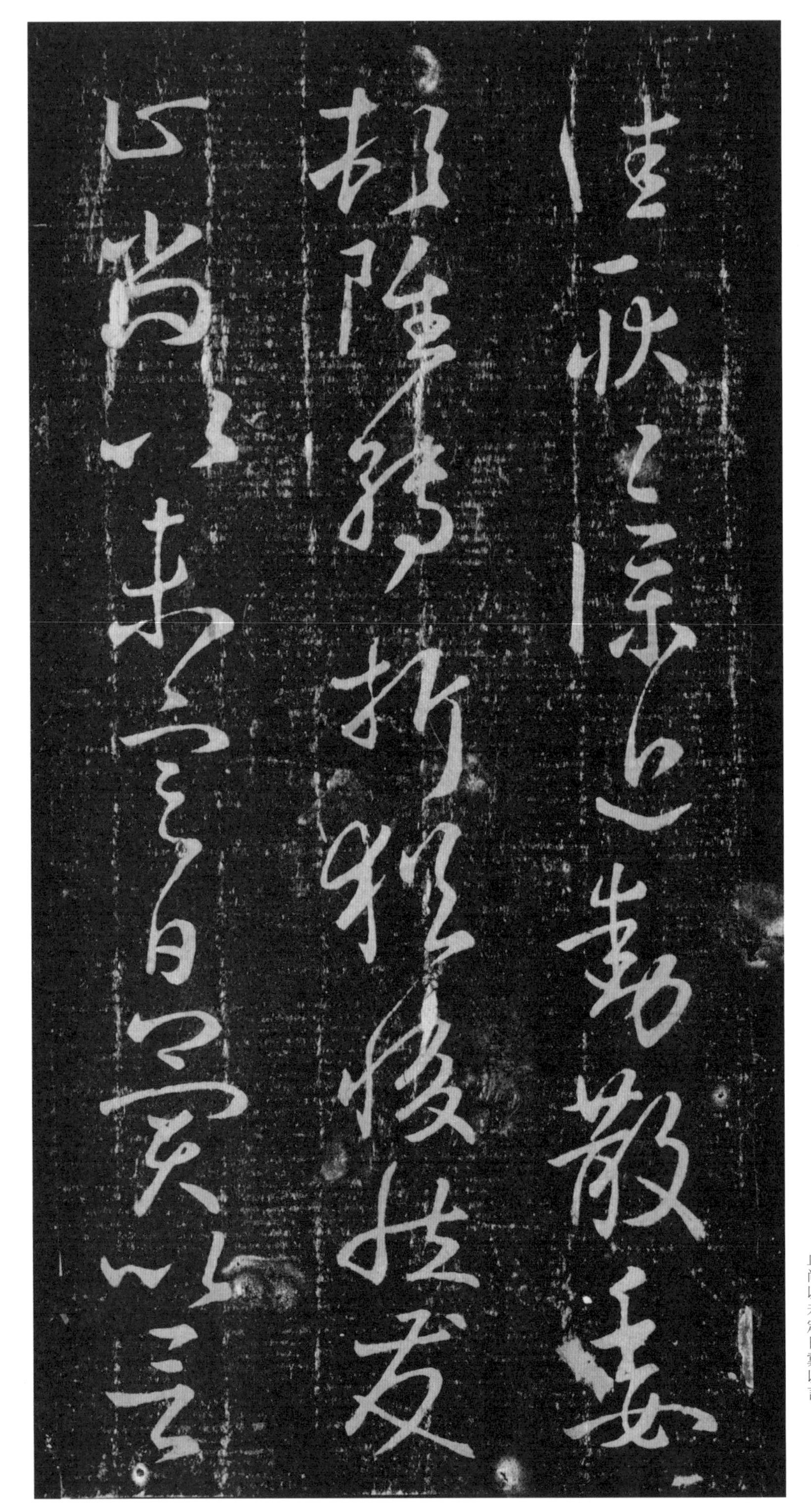

佳耿耿僕近動散委
頓雖轉折猶慨然發
止尚以未定日冀以言

23

還此帖

Huan Ci Tie

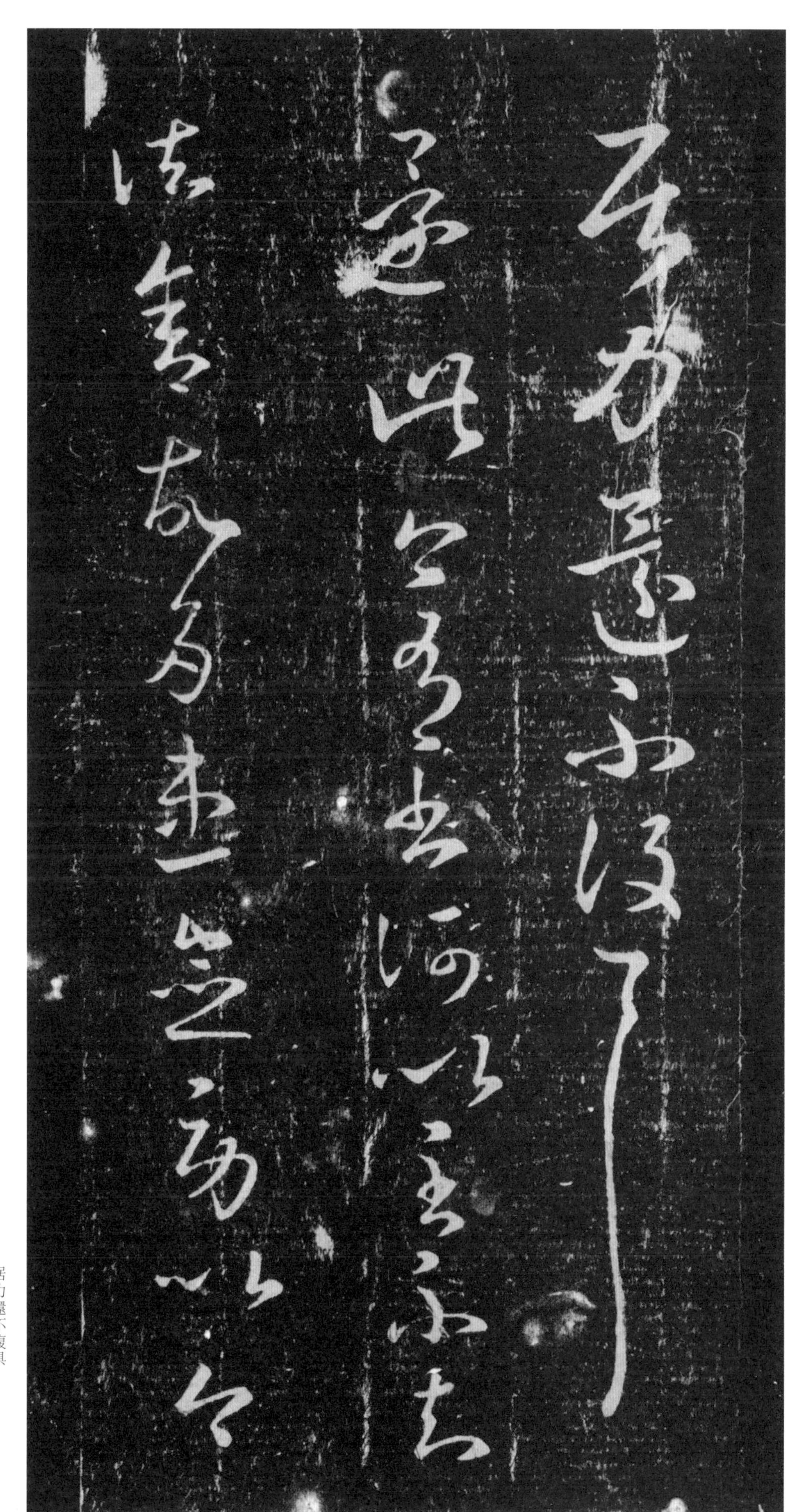

居力還不復具

還此帖　釋文：

還此今有書何以至不知

諸舍故多患念勞以今

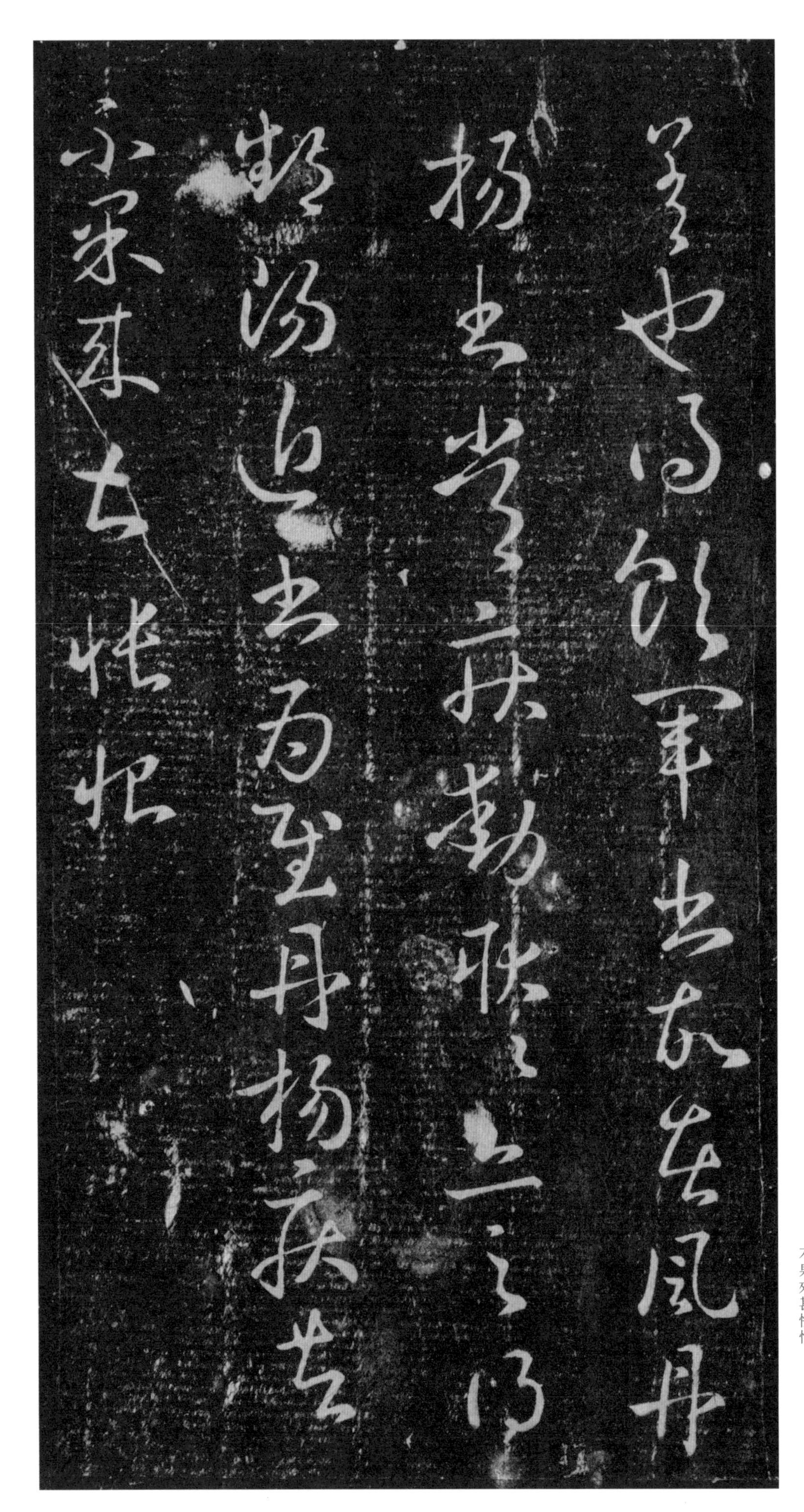

差也得領軍書故苦風丹
楊書常疾動耿耿亦云得
鄱陽近書為慰丹楊疾苦
不果來甚悵恨

24 西問帖 Xi Wen Tie

25 月終帖 Yue Zhong Tie

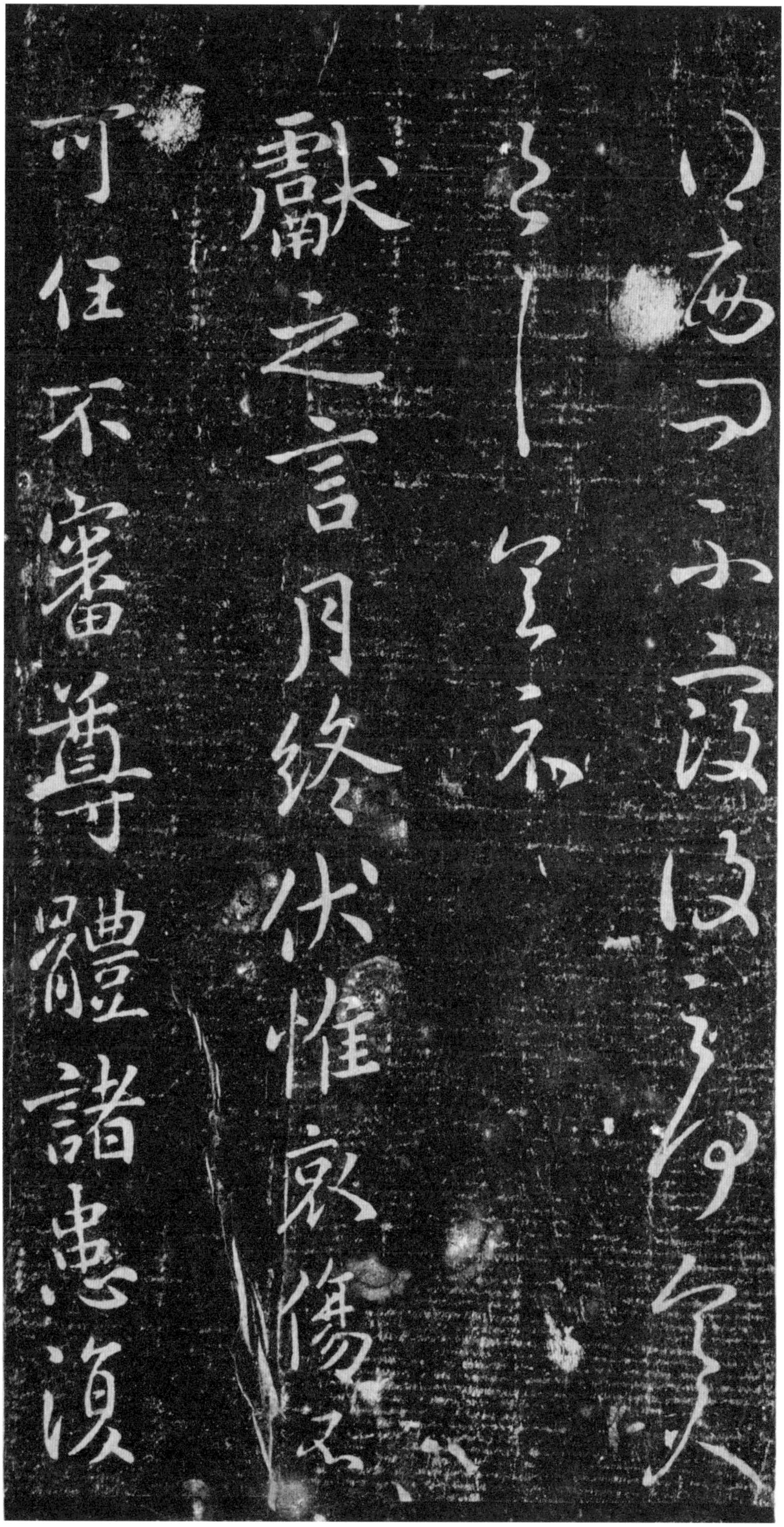

西問帖 釋文：
得西問不冠復云何令人
邑邑具示

月終帖 釋文：
獻之言月終伏惟哀傷不
可任不審尊體諸患復

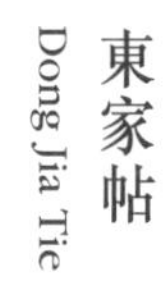

東家帖
Dong Jia Tie

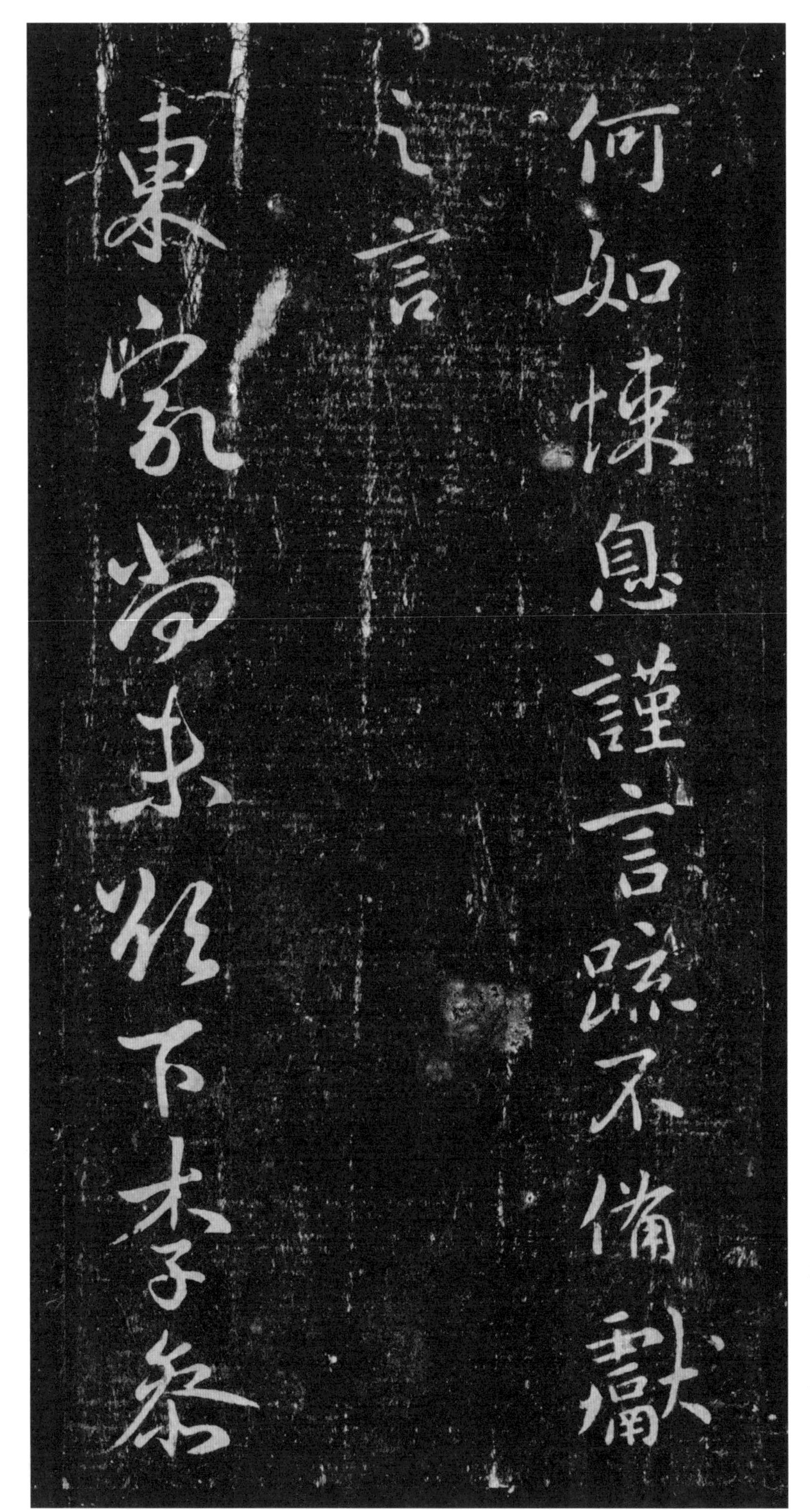

何如悚息謹言疏不備獻
之言

東家帖　釋文：
東家尚未欲下李參

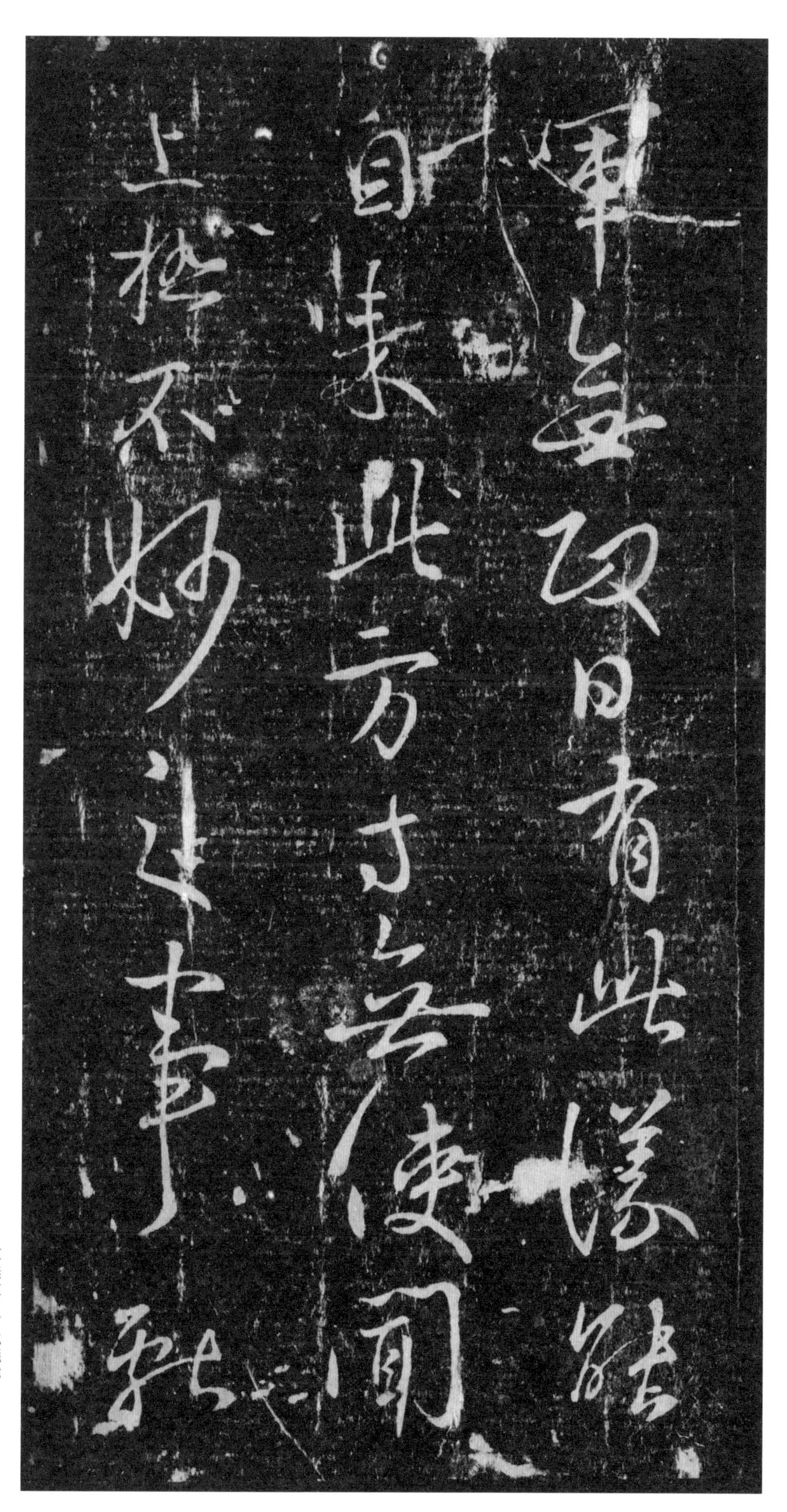

軍無政日有此議能
自來此方寸無使聞
上極不妙之事獻

諸願帖
Zhu Yuan Tie

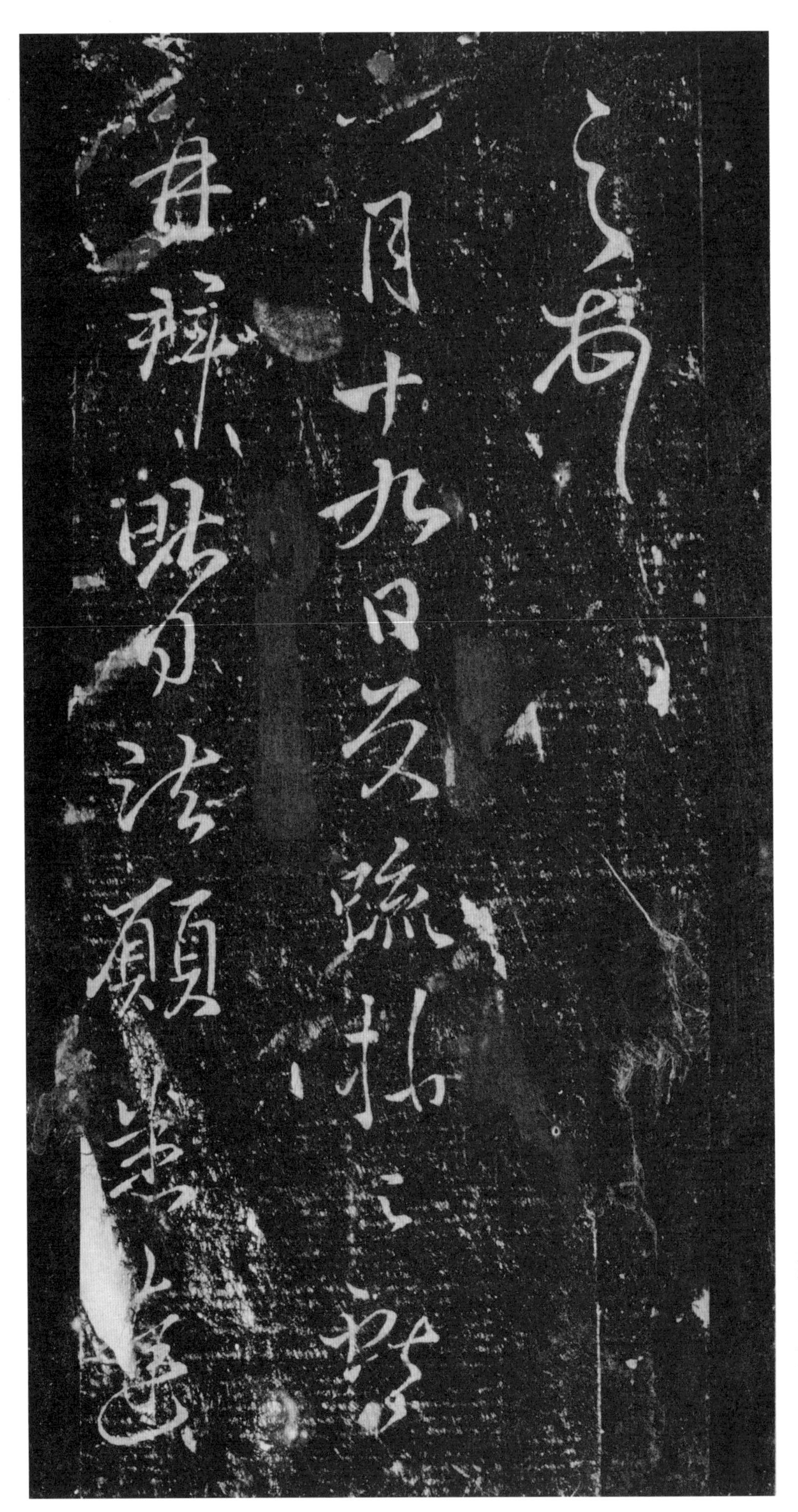

之頓首

諸願帖　釋文：

八月十九日具疏操之獻之

再拜昨日諸願悉達

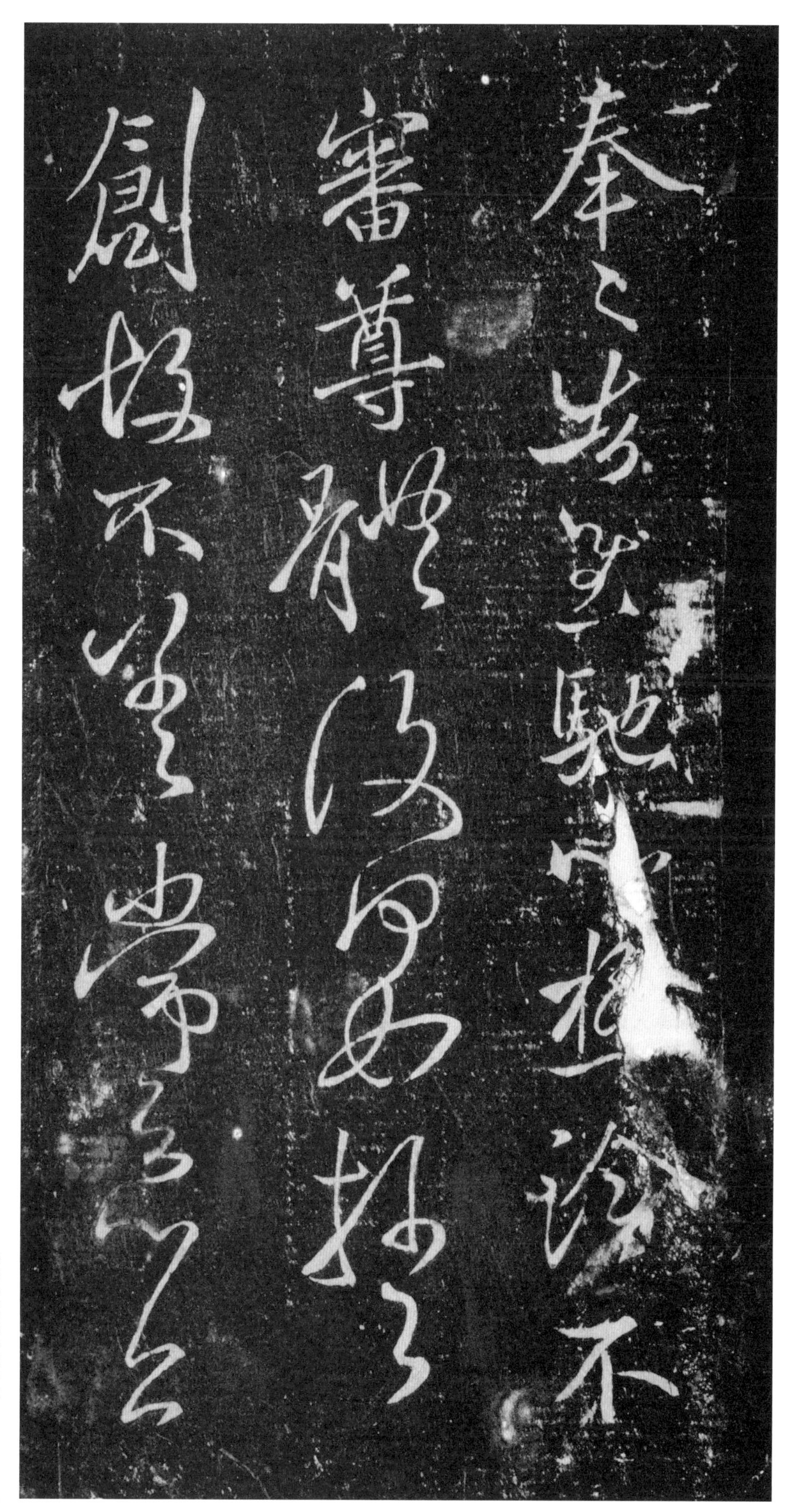

奉奉告慰馳心極冷不
審尊體復何如操之
創故不差常惡乏

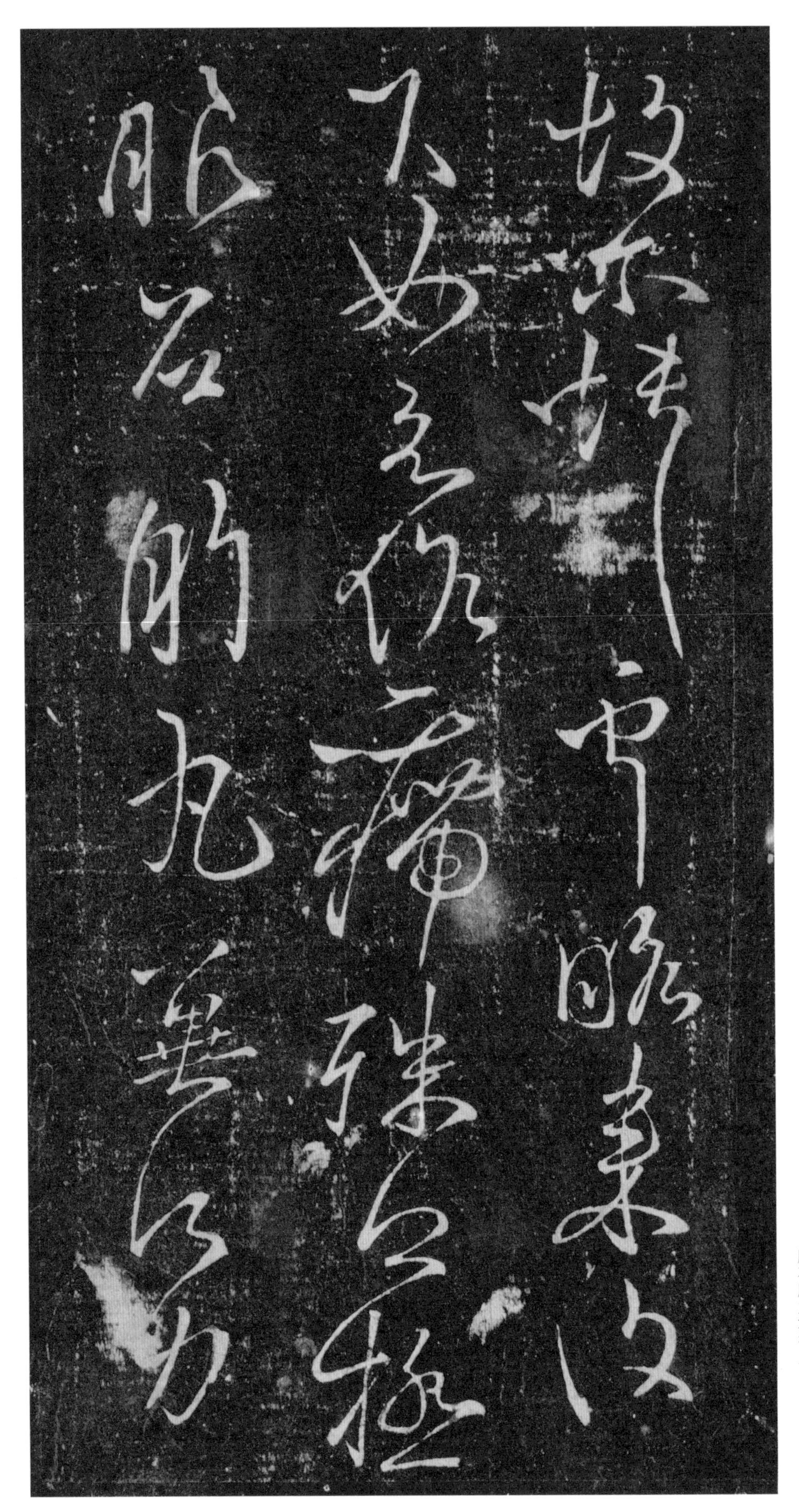

故爾怏怏獻之昨來復
下如欲作癤殊乏極
服石脂丸冀得力

28

夜眠帖

Ye Mian Tie

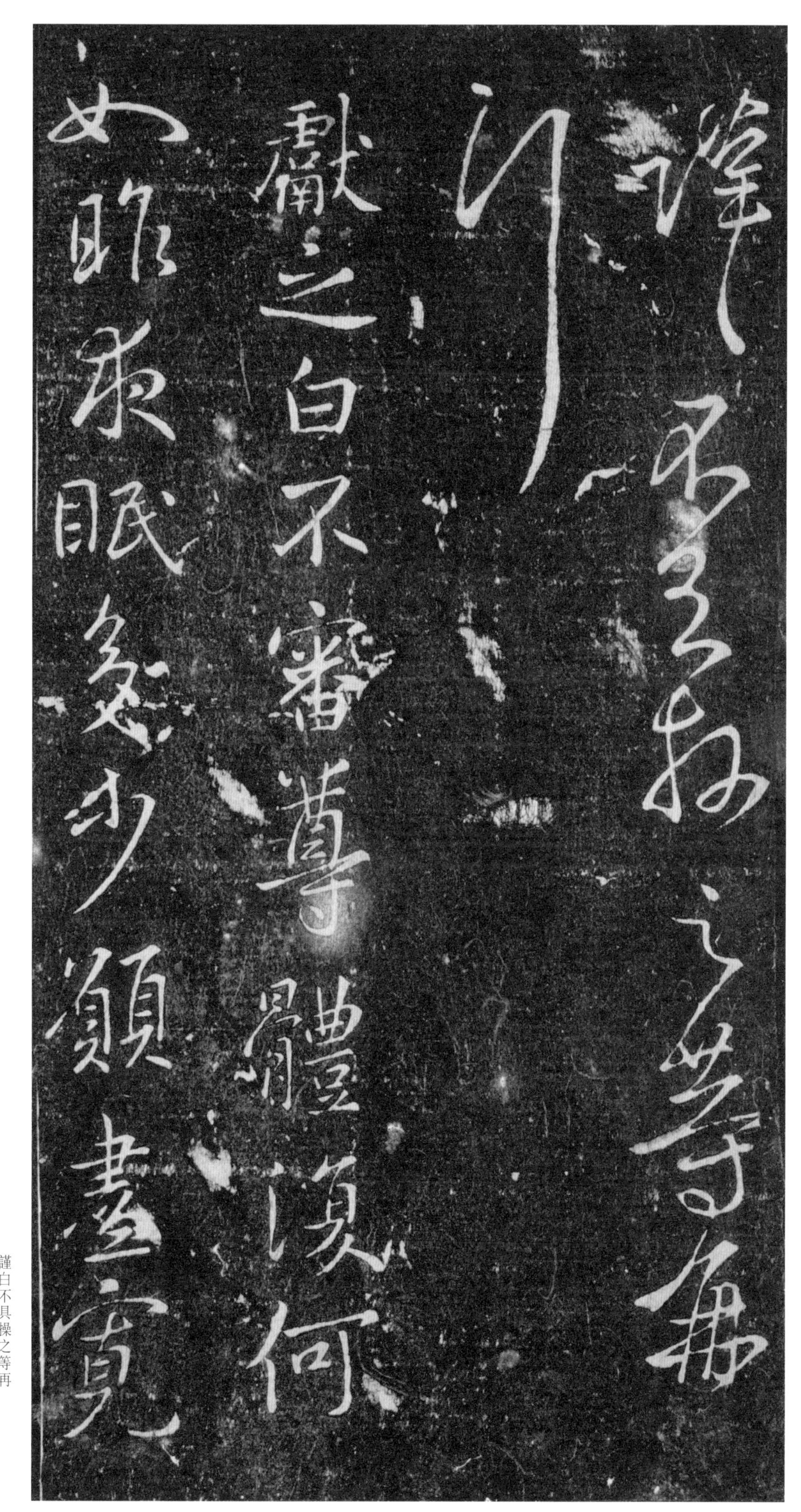

謹白不具操之等再拜

夜眠帖　釋文：

獻之白不審尊體復何如昨夜眠多少願盡寬

29

嫂等帖
Sao Deng Tie

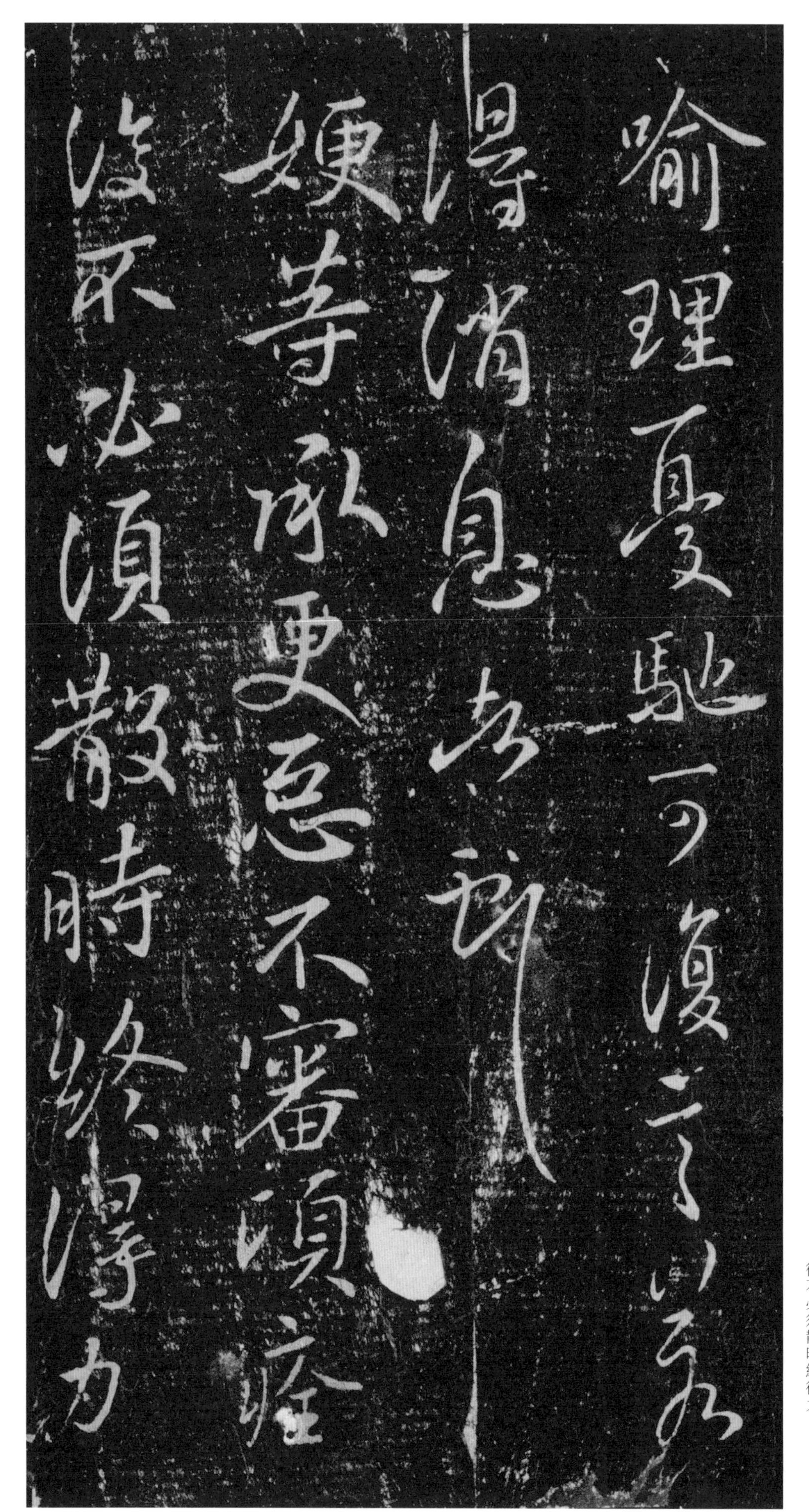

喻理憂馳可復言若
得消息者獻之
嫂等帖　釋文：
嫂等承更惡不審頃痊
復不必須散時終得力

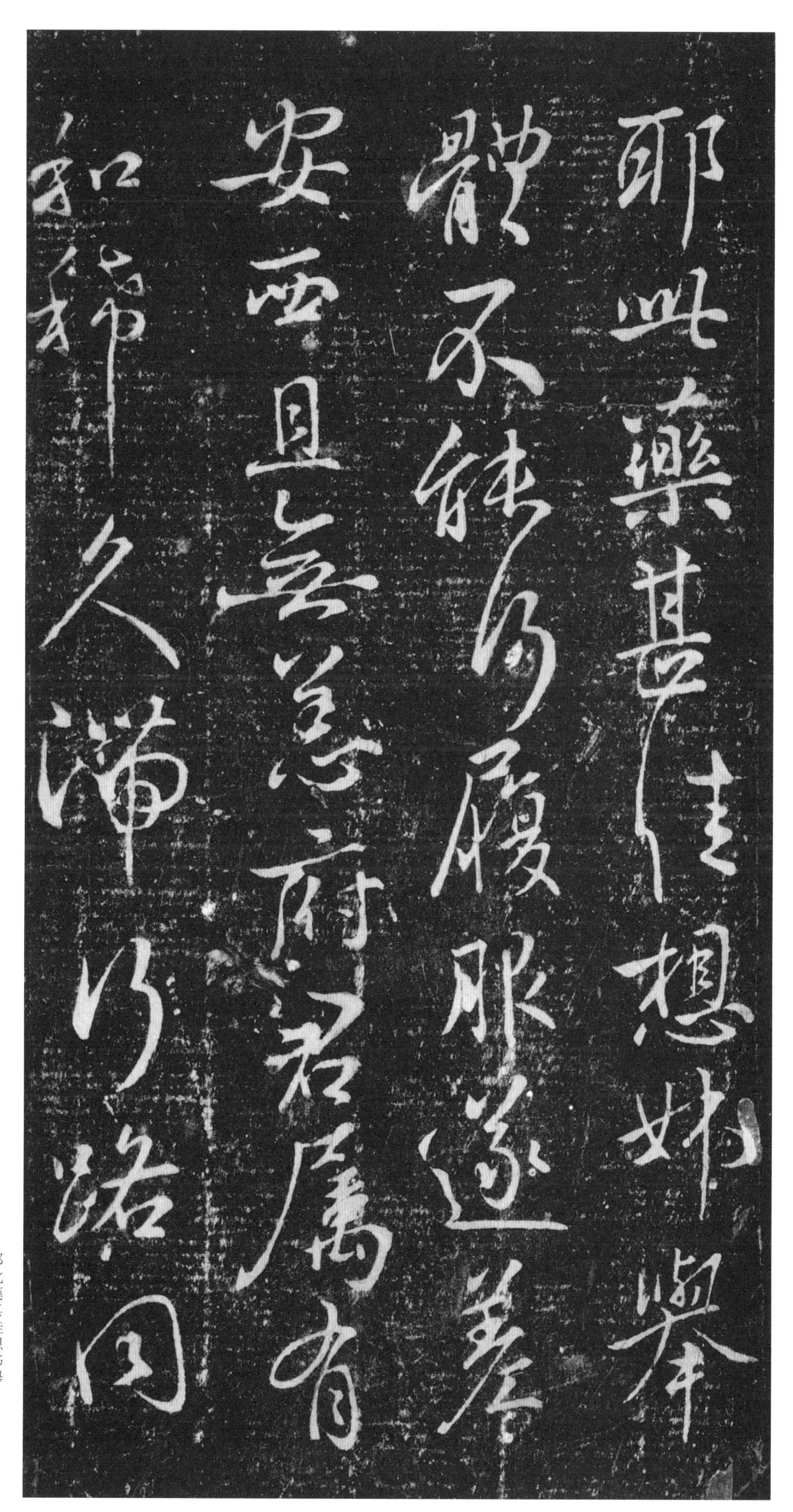

耶此藥甚佳想姊舉
體不能行履服遂差
安西且無恙府君屬有
和稀久滯行路同

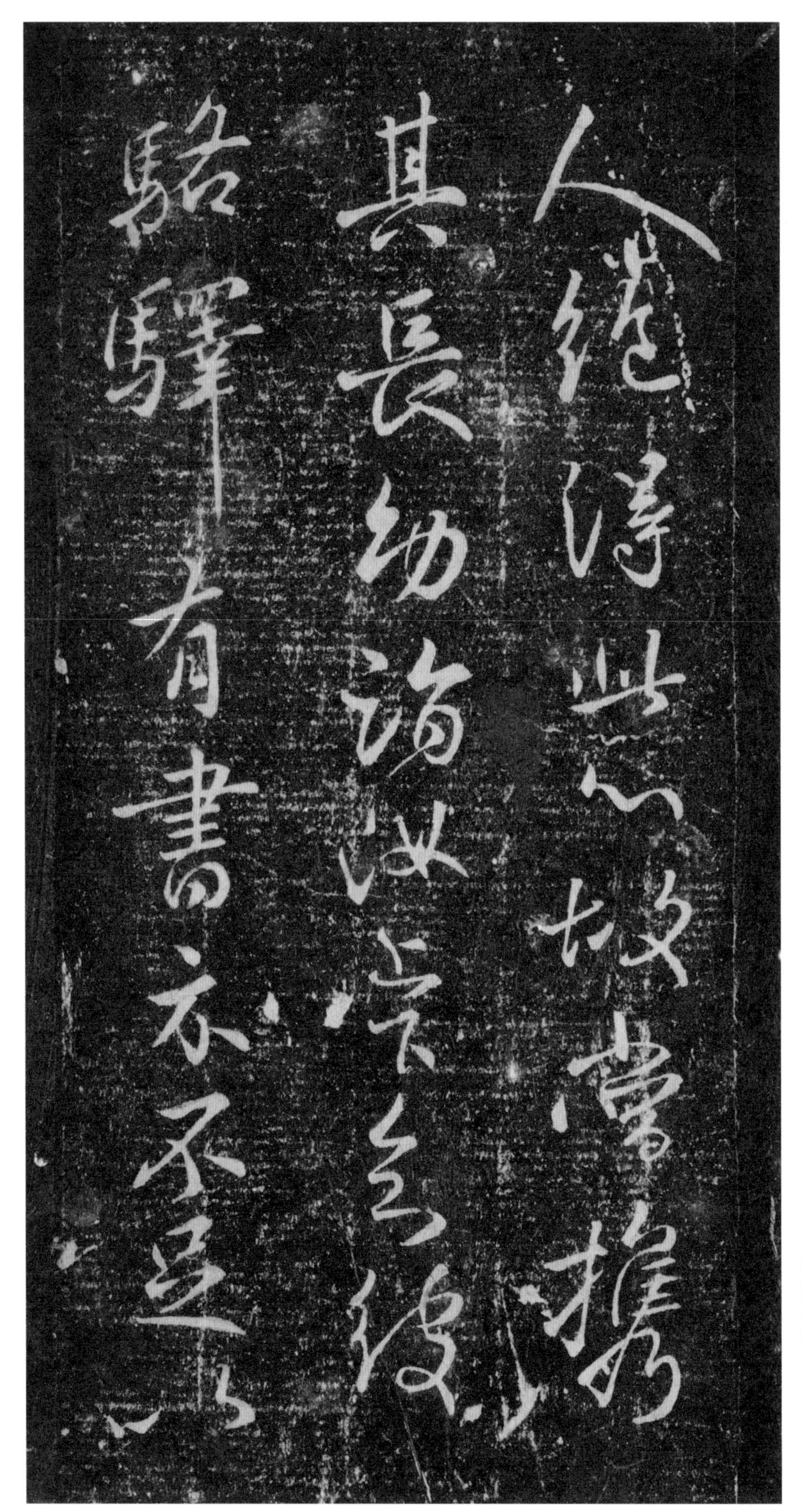

人絕得此心故當攜
其長幼詣汝上下知彼
駱驛有書示不足以

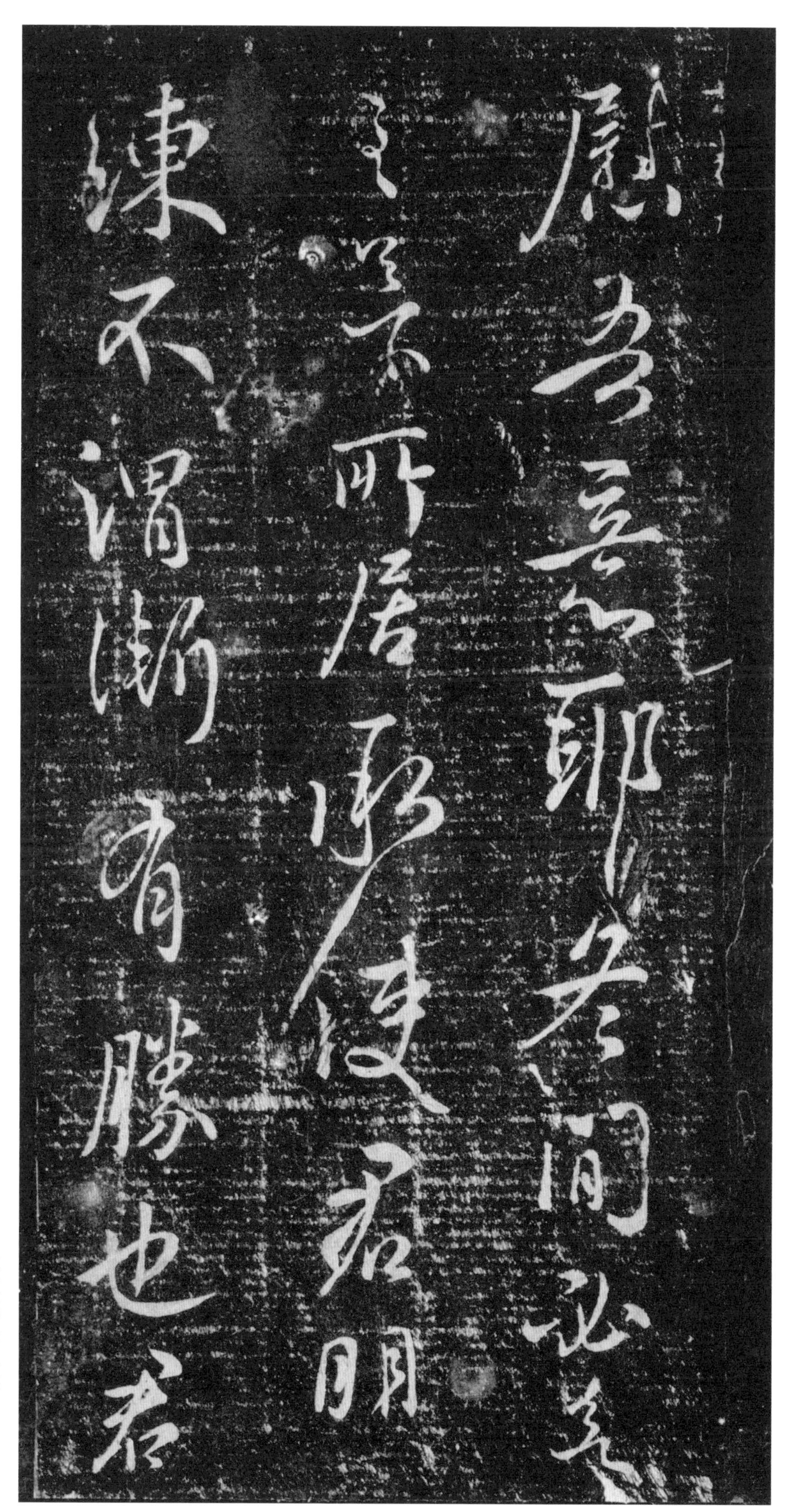

慰吾意耶冬問必欲
至足下所居承使君明
練不謂漸有勝也君

30

鄱陽帖
Po Yang Tie

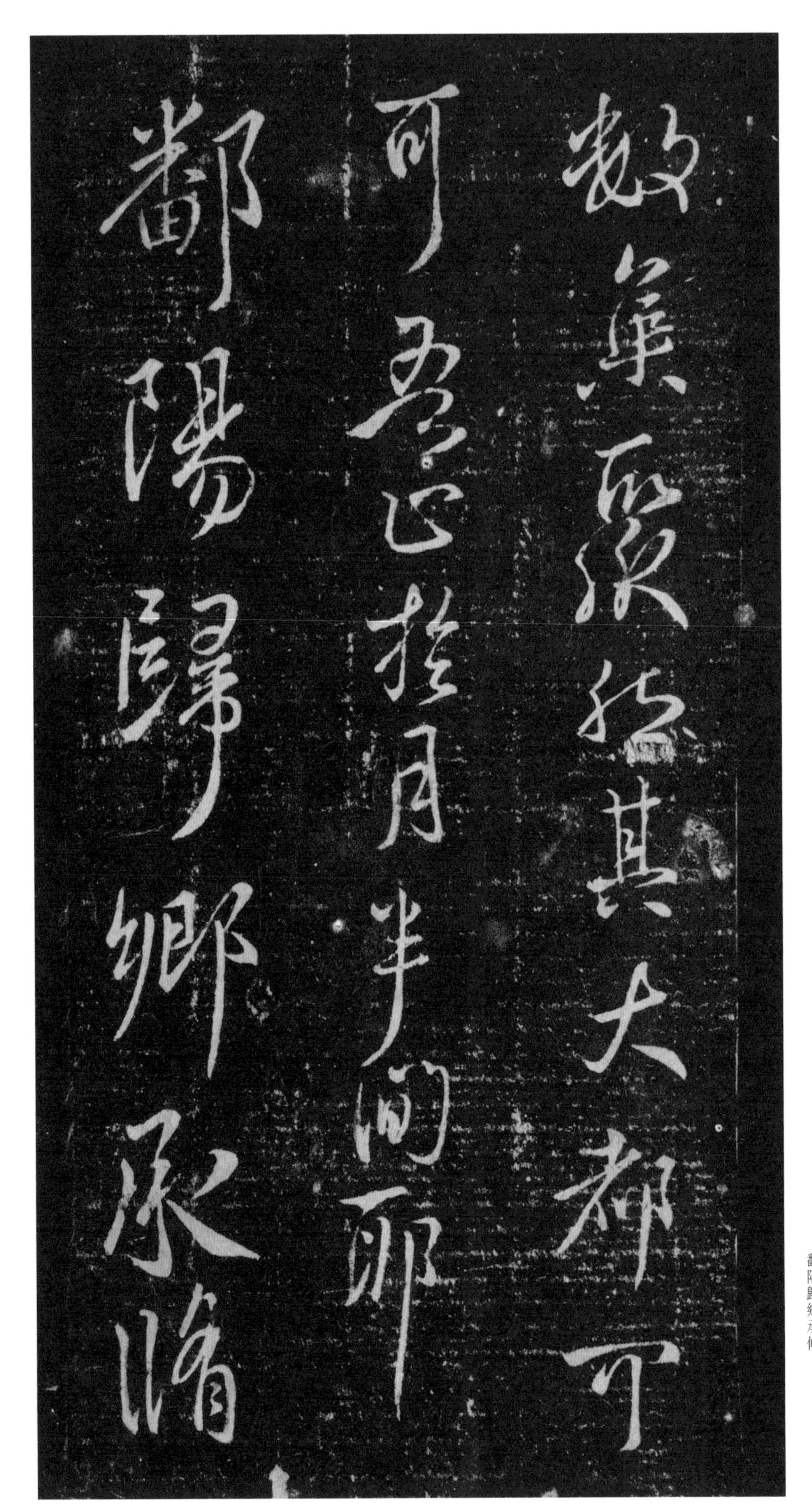

鄱陽帖　釋文：
鄱陽歸鄉承脩
耳吾止於月半間耶
數集聚然其大都可

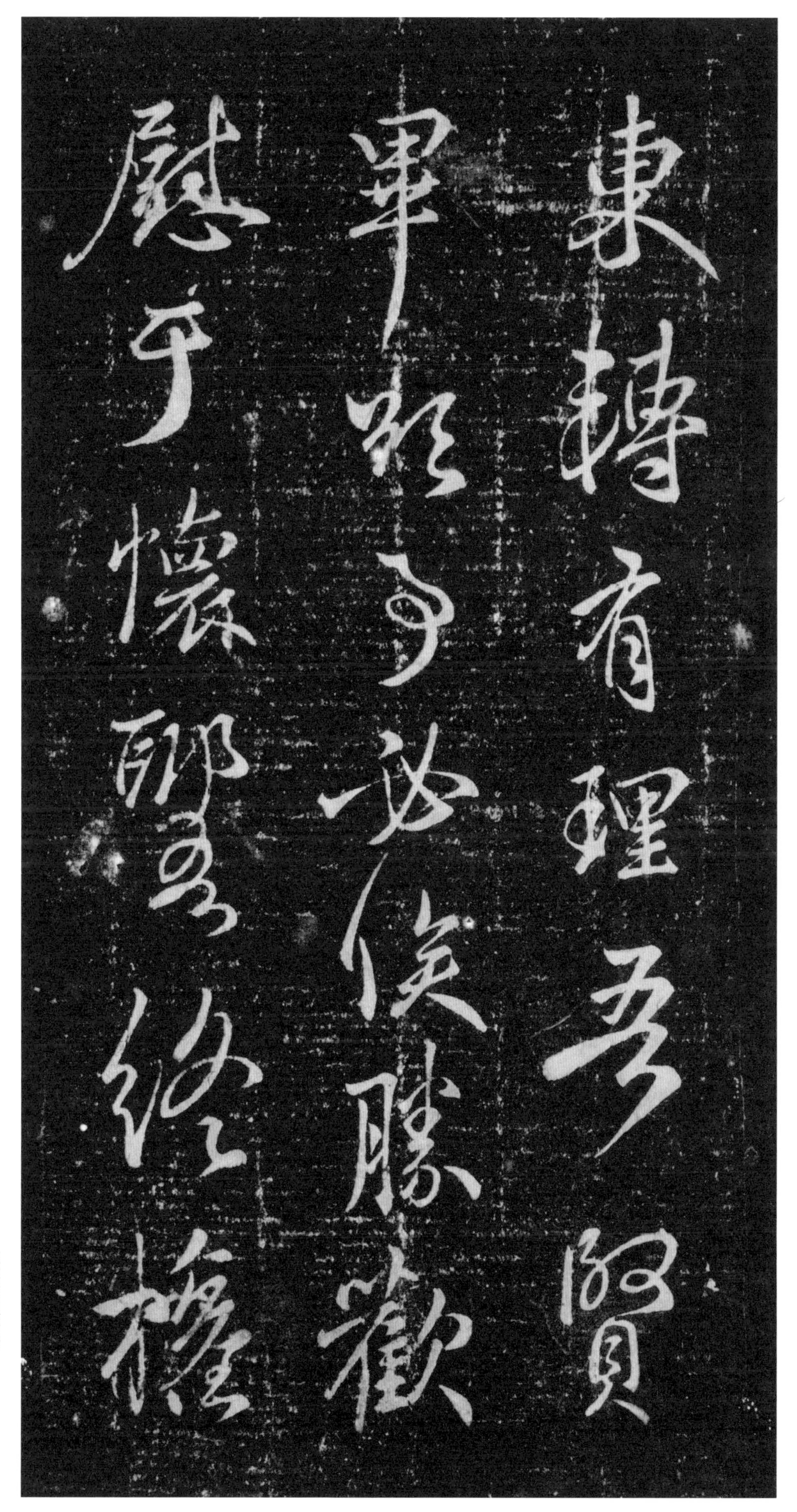

東轉有理吾賢
畢欲事必俟勝歡
慰於懷耶吾終權

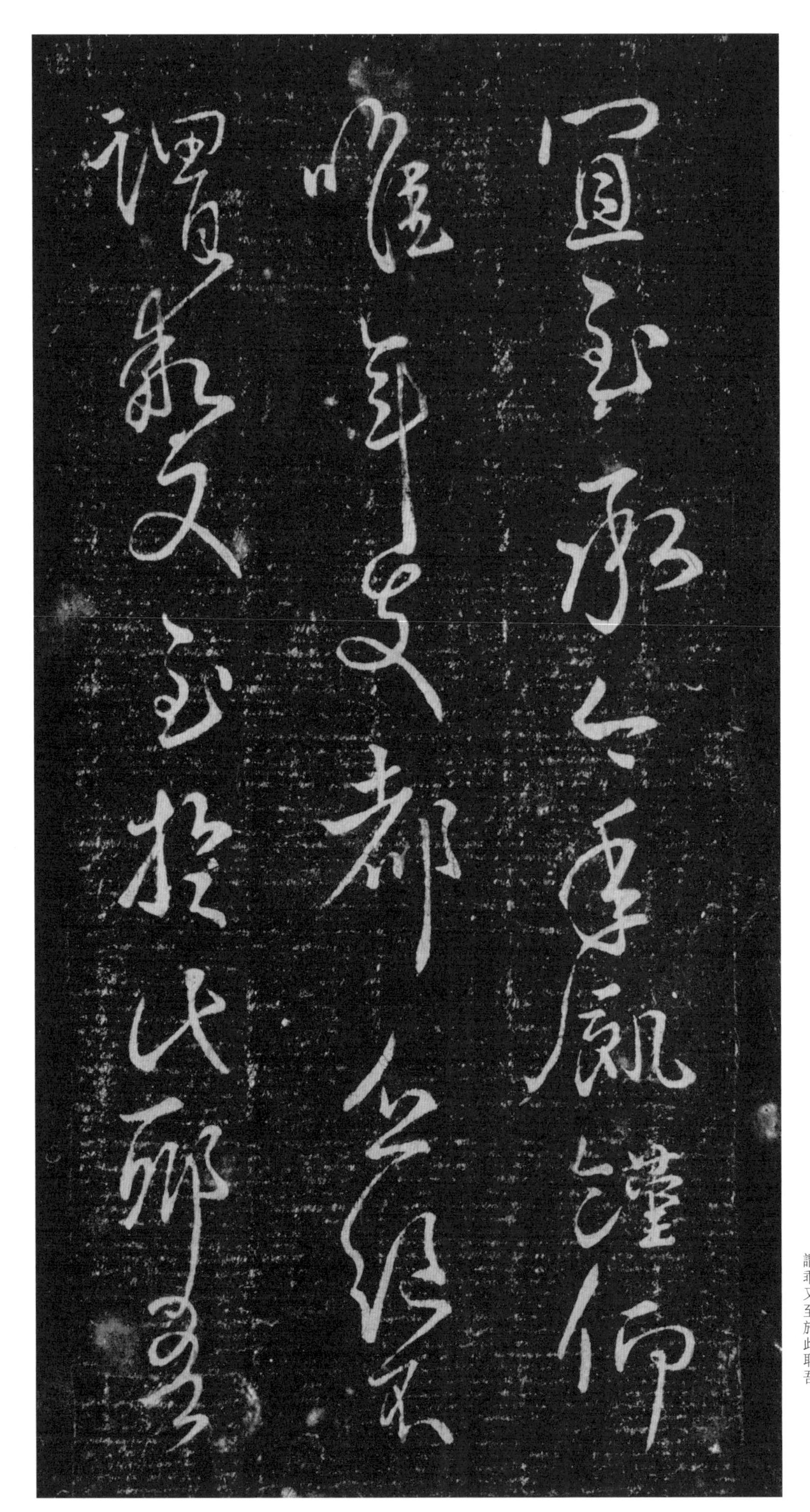

宜至承今年飢饉仰
唯年支都乏絕不
謂乖又至於此耶吾

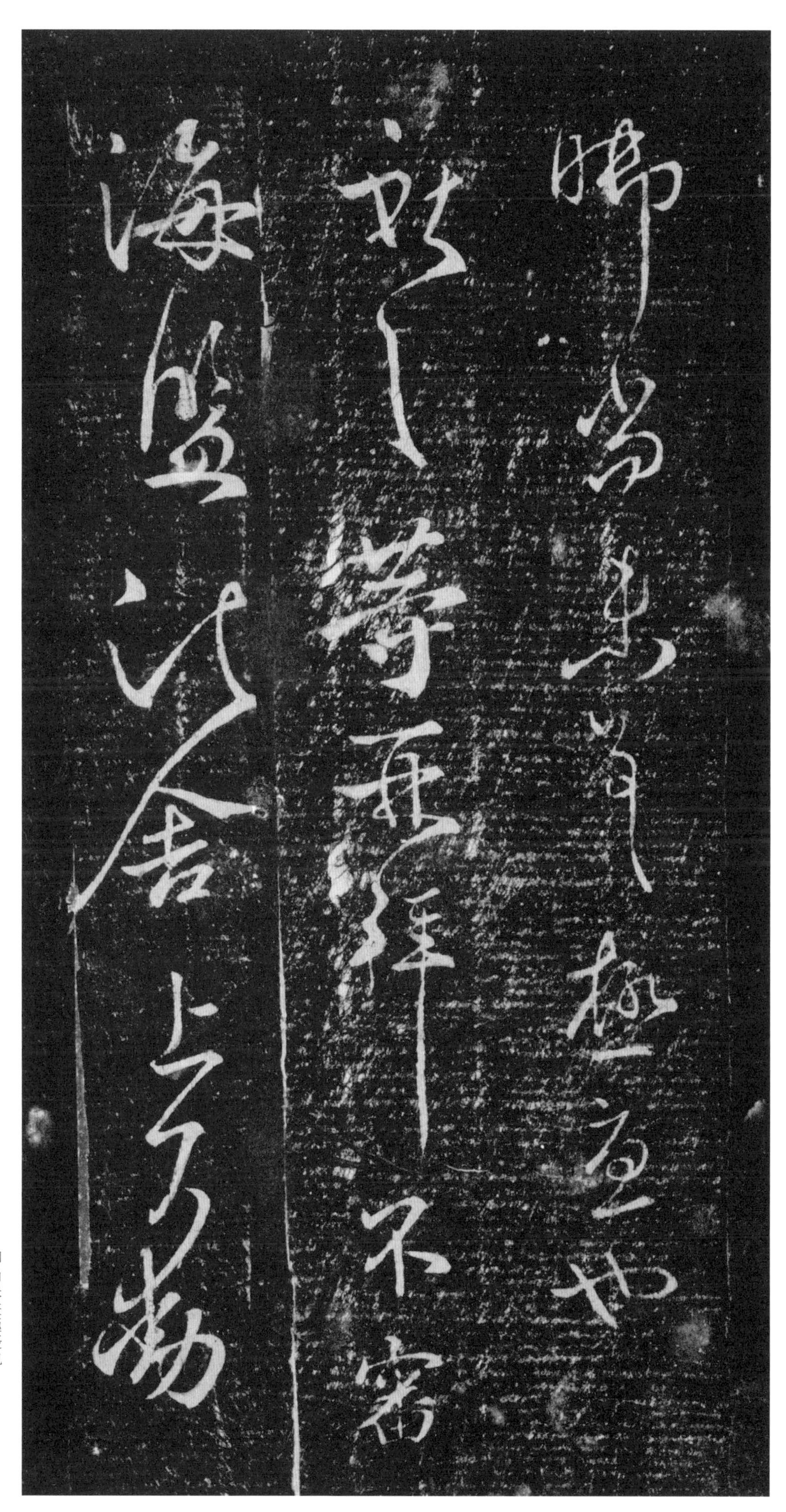

鵝羣帖 釋文：
腳尚未差極憂也
獻之等再拜不審
海監諸舍上下動

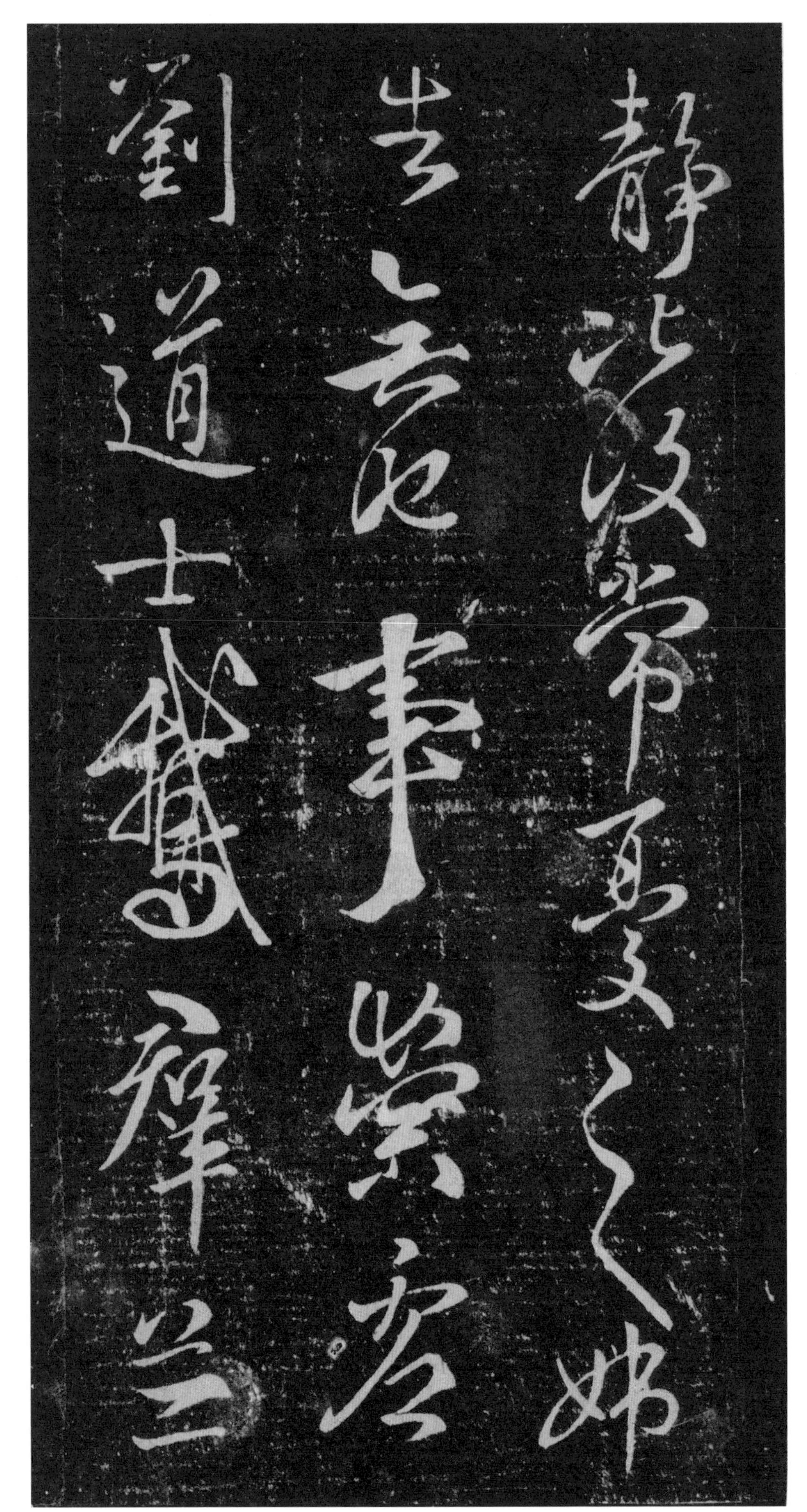

靜比復常憂之姊
告無他事崇虛
劉道士鵝羣並

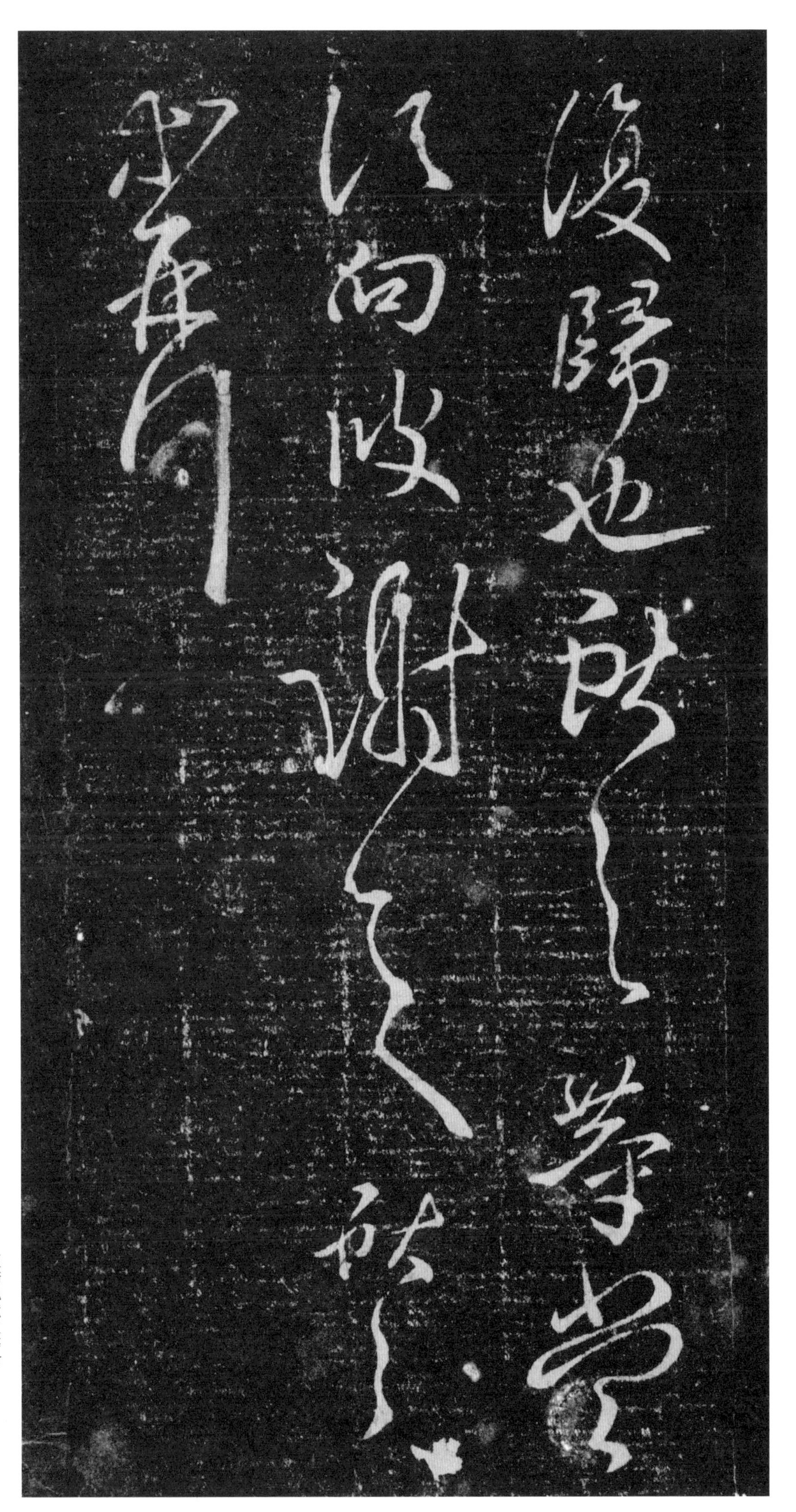

復歸也獻之等當
須向彼謝之獻之
等再拜

敬祖帖
Jing Zu Tie

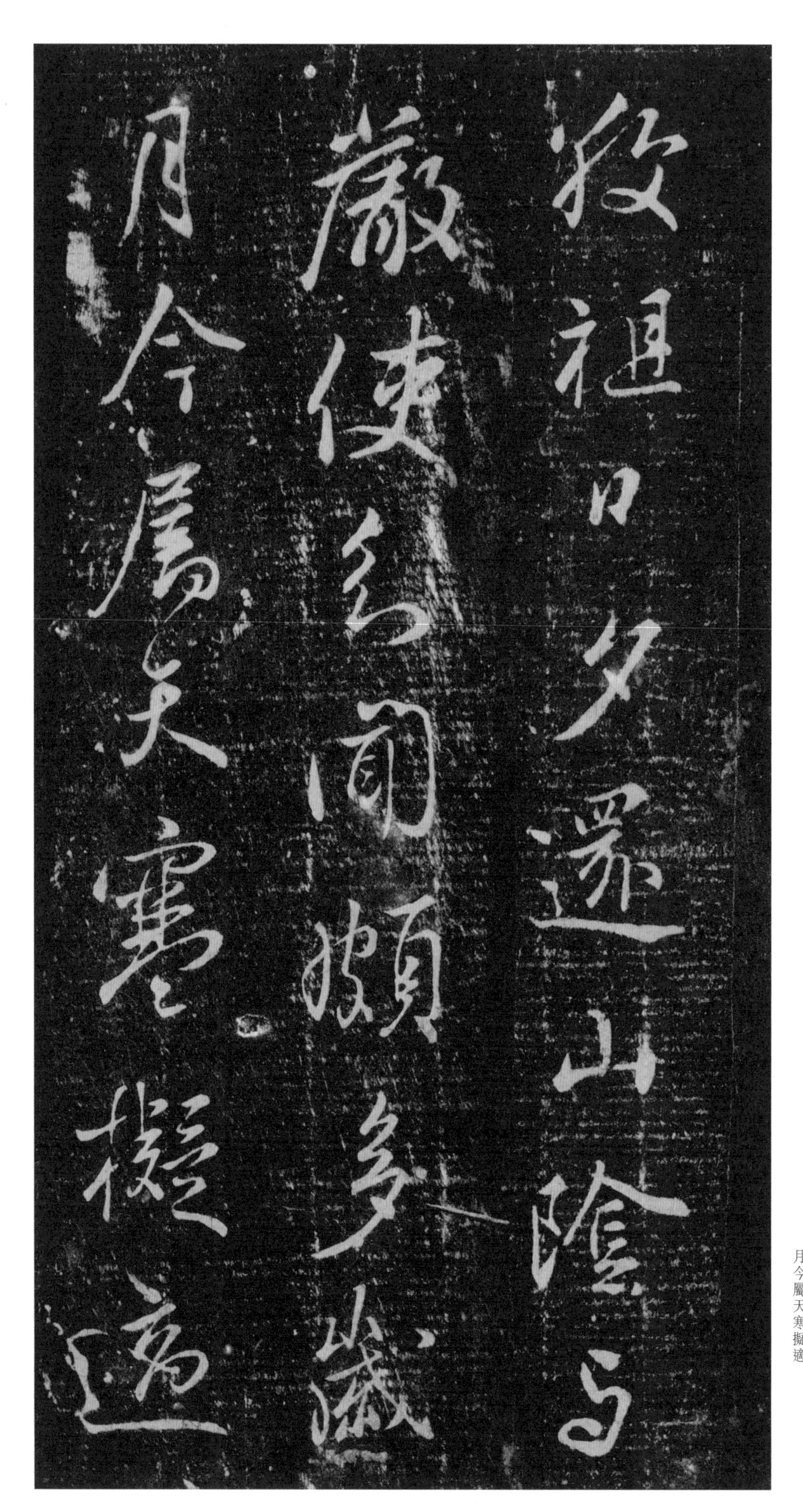

敬祖帖　釋文：
敬祖日夕還山陰與
嚴使知聞頗多歲
月今屬天寒擬適

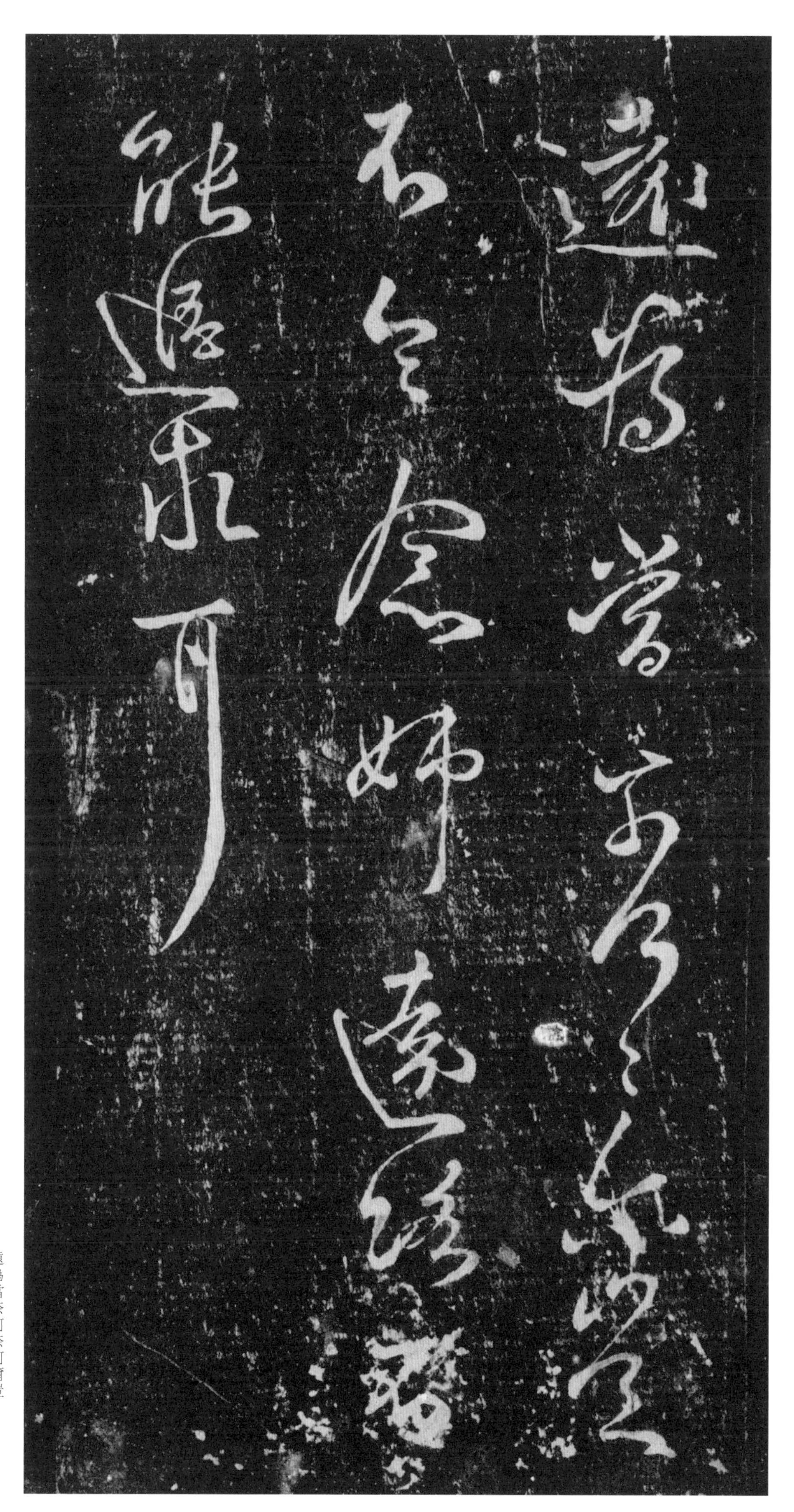

遠為當奈何奈何爾豈不令念姊遠路不能追求耳

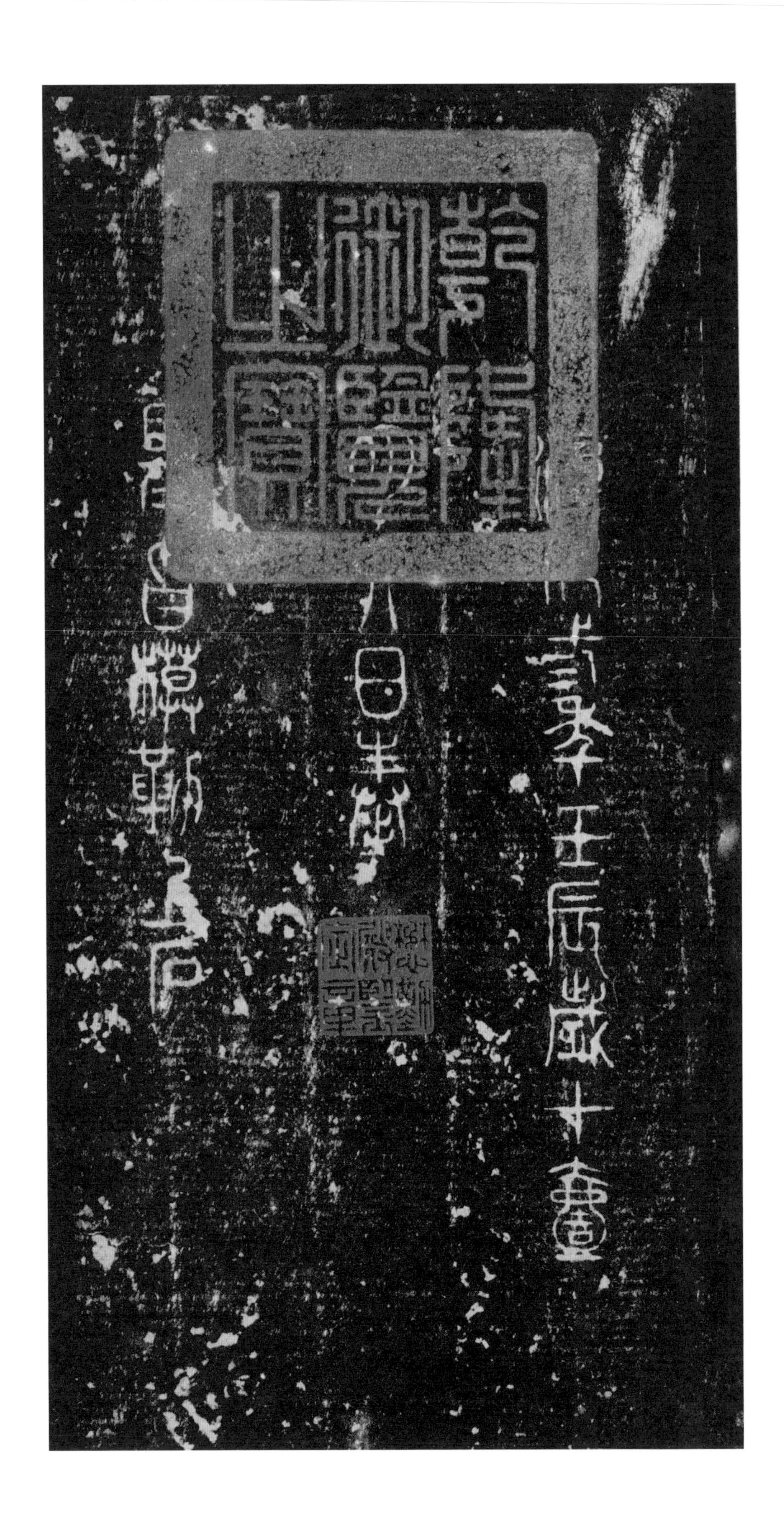
乾隆御覽之寶

懋勤殿本《淳化閣帖》重出帖情況

法帖	帖目	前帖內容及換行位置	法帖卷次	重出帖內容及換行位置
卷五	《敬祖帖》	敬祖口夕還山陰與嚴／使知聞頗多歲月今／屬天寒擬適遠為／當奈何奈何爾豈不令念／姊遠路不能追求耳（五行）	卷十	敬祖日夕還山陰與／嚴使知聞頗多歲／月今屬天寒擬適／遠為當奈何奈何爾豈／不令念姊遠路不／能追求耳（六行）
卷五	《鄱陽帖》	鄱陽歸鄉承脩／東轉有理吾賢畢／欲事必俟勝歡慰於／懷耶吾終權宜至承／今年饑饉仰唯年支／都乏絕不謂乖又至／於此耶吾腳尚未差／極憂也（八行）	卷十	鄱陽歸鄉承脩／東轉有理吾賢／畢欲事必俟勝歡／慰於懷耶吾終權／宜至承今年饑饉仰／唯年支都乏絕不／謂乖又至於此耶吾／腳尚未差極憂也（八行）
卷六	《疾不退帖》	疾不退潛損亦當日深豈／可以常理待之此豈常／憂不審食復何如云肌／色可可所堪轉勝復以此慰／馳竦耳（五行）	卷十	疾不退潛處當日深豈／可以常理待之此豈／常憂憂不審食復何如／肌色可可所堪轉勝／復以此慰馳竦耳（五行）
卷七	《謝生帖》	謝生多在山不復見旦得／書疾惡冷耿耿想數知／問雖得還不能數可歎（三行）	卷八	謝生多在山下不復見旦得／書疾惡冷耿耿想數知／問雖得還不能數可歎（三行）
卷七	《離不帖》	知足下行至吳念違／離不可居叔當西耶遲／知問（三行）	卷七	知／足卜行至吳念違（「知」連刻於重出的「愛為上臨書但有惆悵」後）
卷七	《愛為帖》	吾服食久猶為劣劣大都／比之年時為復可可足下保／愛為上臨書但有惆悵（三行）	卷七	愛為上臨書但有惆悵
卷八	《安西帖》	一昨得安西六日書無／他無所知表亦復常言／耳（三行）	卷八	一昨得安西六日書無他無所／知說故不復付送讓都／督表亦復常言耳（三行）
卷九	《思戀帖》	獻之白思戀轉不可言瞻／近而未得奉見但有歡／塞遲諸信還具動／靜獻之白（四行）	卷九	獻之白思戀轉不可言瞻／近而未得奉見但有歡／塞遲諸信還具動（三行）
卷九	《冠軍帖》	承冠軍故爾不覺轉／勝炙無所覺憂馳深汝／燋悚可言（三行）	卷十	承冠軍故爾不覺／轉勝炙無所覺憂馳／深汝焦悚可言（三行）

不同版本《淳化閣帖》文字對比

	帖名	懋勤殿本	安思遠本	潘允諒本	肅府本
卷一	東晉簡文帝《慶賜帖》	「正當」下部為「田」		為「曰」	同上
	唐太宗（一）《辱書帖》	「揀擇」書寫正常		缺封口橫筆	同上
	（二）《所疾帖》	首字為「卿」字		無「卿」字，空一字位	同上
	（三）《八柱帖》	「四維」為「四」		為「曰」	同上
	唐高宗《無事帖》	「無事」中部不連寫		連寫，為圈轉筆	同上
卷三	王劭《夏節帖》	「便夏節」，「便」缺左邊豎筆，「夏」中間為一小橫筆		「便」不缺筆，「夏」中間為一點筆	同上
卷四	蕭子雲（一）《國氏帖》	「雲雨之滂」書寫正常	同上	同上	為「旁」
	（二）《列子帖》	「山澤」右上部為「罒」	扁框中為一豎筆「日」	同上	為「田」字
		「亡殃」不缺筆	缺首橫筆	不缺筆	缺首橫筆
	褚遂良《潭府帖》	「多時」左為「日」部	「日」缺中橫筆 ▯	同上	為「日」部
	虞世南《疲朽帖》	「代面」字右無點	字右多刻一點	同上	同上
	柳公權《辱問帖》	「碑本」書寫正常	右部「田」下多一橫筆	同上	同上
卷五	智果《評書帖》	二行「揚州」部首為「木」		為「木」部	為「扌」部
		二十五行「布置」上為罒		為罒	為「曰」
		二十六行末「蓉」左側刻一小「山」字		無「山」字	同上
	何氏《投老帖》	「以此」不缺筆		缺首豎筆	同上
	古法帖《鄱陽帖》	「歡慰」尸下為「示」		為「干」	同上

卷六				
王羲之				
（一）《旦夕帖》	「使命」有一折筆	少一折筆	同上	同上
	「數書」有左上點	無點	有點	同上
（二）《月半帖》	「哀忤」書寫正常	右部撇筆上多一小點	無點	多一小點
	「再拜」左下不溢出	溢出一折筆	不溢出	同上
（三）《清和帖》	「清和」書寫正常	少一橫筆	同上	不少橫筆
（四）《追尋帖》	「痛心」無小彎折	有一小彎折	無小彎折	有一小彎折
卷七				
王羲之				
（一）《初月帖》	「感兼」中央筆斷（似「子」字連寫），上橫筆右端連寫	中央筆斷，上橫筆右端無連寫	中央筆斷（似「子」連寫），上橫筆右端連寫	中央筆斷，上橫筆右端無連寫
	「切心」末點連寫橫向左上，連筆圈大，向上挑勢弱	末點筆勢向左上，連筆圈小	同上	同上
	「不已」上部連筆彎折，無圈形牽帶筆勢	逆筆反手圈形牽帶	同上	同上
（二）《尚停帖》	帖後有「具王羲之再拜」一行六字（連刻，紙末剪裁）	此行在「長平帖」尾	同上	同上
（三）《龍保帖》	帖後有「知足下行至吳念違」一行八字（紙末剪裁）	此行接「愛為上帖」	同上	同上
《離不帖》	文為「知足下行至吳念違離不可居叔當西耶遲知問」	文為「離不可居叔當西耶遲知問」	同上	同上

帖名	懋勤殿本	安思遠本	潘允諒本	肅府本
卷七 (四)《朱處仁帖》	帖後有「吾服食久猶為劣劣大都」「比之年時為復可可足下保」二行，與「愛為上臨書但有惆悵」一行相連（紙無剪裁）	帖後無「吾服」二行，接「愛為上臨書但有惆悵知」「足下行至吳念違」二行	同上	同上
《愛為帖》	文為「吾服食久猶為劣劣大都比之年時為復可可足下保愛為上臨書但有惆悵」	文為「愛為上臨書但有惆悵知足下行至吳念違」	同上	同上
(五)《七十帖》	第三行後有「愛為上臨書但有惆悵知」「足下行至吳念違」二行（紙無剪裁）	無	同上	同上
卷八 王羲之 (一)《蒸濕帖》	「病」書寫正常	「丙」缺點	缺點	缺點
(二)《得涼帖》	「邑邑」筆畫順暢，末筆有向上的鈎挑	筆畫順暢，末筆無鈎挑	同上	同上
卷九 王獻之 (一)《想彼帖》	「諸」字下有一「女」字		無	有「女」字
(二)《奉對帖》	「與姊」書寫正常		「姊」缺中豎筆	同上
(三)《吳興帖》	「適諮議」上部為「商」		為「商」	為「商」
(四)《益部帖》	「柳下惠」橫筆書寫正常			為一折筆

卷十				
王獻之 (一)《知鐵石帖》	「作乐」書寫正常		橫筆左上刻一圓點	刻成「禾」字
(二)《孫權帖》	「漢沔」書寫正常		刻成「河」字	同上
(三)《嫂等帖》	「得力」「寸」字上多刻一拐筆		「寸」字上為一小撇筆	「寸」字上橫筆連寫